L'arbitre et les méthodes de détermination du droit applicable au fond

Logiques Juridiques

Fondée par Gérard Marcou

Dirigée par Jean-Claude Némery et Thomas Perroud

Le droit n'est pas seulement un savoir, il est d'abord un ensemble de rapports et pratiques que l'on rencontre dans presque toutes les formes de sociétés. C'est pourquoi il a toujours donné lieu à la fois à une littérature de juristes professionnels, produisant le savoir juridique, et à une littérature sur le droit, produite par des philosophes, des sociologues ou des économistes notamment.

Parce que le domaine du droit s'étend sans cesse et rend de plus en plus souvent nécessaire le recours au savoir juridique spécialisé, même dans des matières où il n'avait jadis qu'une importance secondaire, les ouvrages juridiques à caractère professionnel ou pédagogique dominent l'édition, et ils tendent à réduire la recherche en droit à sa seule dimension positive. À l'inverse de cette tendance, la collection « Logiques juridiques » des éditions L'Harmattan est ouverte à toutes les approches du droit. Tout en publiant aussi des ouvrages à vocation professionnelle ou pédagogique, elle se fixe avant tout pour but de contribuer à la publication et à la diffusion des recherches en droit, ainsi qu'au dialogue scientifique sur le droit. Comme son nom l'indique, elle se veut plurielle.

Dernières parutions

Laura BAUDIN, *Cyberattaques et droit international public. De la négociation entre États à l'intégration des acteurs privés pour parvenir à la cyberpaix ?*, 2023.
Ludovic BERTON, *Penser la démocratie sociale*, 2023.
Roger K. KOUDÉ, *La justice pénale internationale : un instrument idoine pour raisonner la raison d'Etat ?*, 2023
Cătălin-Silviu SARARU, *Le droit administratif en Roumanie*, 2022.
Robert VINCENT, *Les fédérations sportives françaises. Analyse par la gouvernance*, 2022.
Wiyao KAO, *Le contrat portant sur une chose future. Essai d'une théorie générale*, 2022.
Clemmy FRIEDRICH, *Les contrats de l'administration mis en discours, Une histoire doctrinale du droit administratif (1800-1960)*, Tome 2.
Clemmy FRIEDRICH, *Les contrats de l'administration mis en discours, Une histoire doctrinale du droit administratif (1800-1960)*, Tome 1.
Eric GILARDEAU, *L'empire du matérialisme juridique sur le contrat. La réforme du contrat dans les codes civils allemand et français*, 2022.

Nader ZGHAL

L'arbitre et les méthodes de détermination du droit applicable au fond

Préface de Sami JERBI

L'Harmattan

Ouvrages du même auteur

1- Clause compromissoire et contrat de travail : réflexions sur une antinomie discutable, Éditions Universitaires Européennes, Paris, avril 2020.

2- Le conflit de référentiel dans le Code du Statut Personnel : la question de la disparité du culte : exemple, Préf. du Pr. M.-K. CHARFEDDINE, Latrach Editions, 1ère éd., Tunis, 2022 (en arabe).

5-7, rue de l'École-Polytechnique, 75005 Paris

http://www.editions-harmattan.fr

ISBN : 978-2-14-028758-9
EAN : 9782140287589

PRÉFACE

Sami JERBI
Professeur émérite à la faculté de droit de Sfax, Université de Sfax
Fondateur de l'UR « Obligations et Arbitrage »
Avocat à la Cour de cassation

On dira avec certitude et évidence, que l'arbitre est un juge. Avec cette restriction, que contrairement à son homologue étatique, l'arbitre juge privé tire son investiture de la volonté des parties. Sa mission juridictionnelle présente toutes les similitudes de celle d'un juge étatique. Elle s'en démarque grâce à son fondement contractuel. Dire le droit, devient une fonction variable, au contenu plus nuancé s'agissant d'arbitrage.

Les travaux de la doctrine tunisienne sur le droit de l'arbitrage sont importants et féconds. La question de la résolution par l'arbitre de la loi applicable au fond est éclairée par la monographie rédigée par M. Nader ZGHAL. Une contribution intéressante, enrichie par la source du droit comparé, et appuyée par des références impressionnantes. Ces ingrédients sont présentés dans une démarche analytique et synthétique, d'une grande qualité scientifique.

Le caractère délocalisé de l'arbitrage offre à la loi applicable au fond une scène où, contrairement au juge étatique, tenue par l'impérativité de son droit étatique, l'arbitre a une boîte d'outils plus fournie. Les méthodes de détermination de la loi applicable par le juge privé sont plus assouplies. L'arbitre optera pour le droit le plus approprié. Solution consacrée par l'article 73 CA tunisien, l'article 1511 CPC français, et les règlements d'arbitrage, à l'instar du règlement CCI de 2021 dans son article 21, et du règlement HKIAC de 2018 dans son article 35.1. La liberté encadrée de l'arbitre se trouve inscrite dans une logique fidèle aux particularités du commerce international.

Comment scruter la galaxie arbitrale, et dresser une systématisation rebelle des solutions ? La tâche a été au centre de gravité de la thèse. A l'exposé exhaustif des sentences, a succédé une approche où des lignes directrices ont été tracées. La thèse tient à bras le corps sa problématique, pour scruter « l'étendue de la liberté de l'arbitre face au droit applicable au fond ».

La diversité des méthodes dans la pratique arbitrale, est ramenée par la doctrine à l'application des règles de conflit du siège du tribunal arbitral, à celle du ou des pays intéressés par le litige, ou celles qui sont de sources internationales, et enfin à la mise en œuvre de la voie directe. Présentée par certains, comme un évitement de la méthode conflictuelle, l'auteur de la thèse se rallie à la position qui y voit une règle de conflit élaborée par l'arbitrage international.

Le tour d'horizon de ces méthodes, appuyé par des analyses précises, pertinentes et fournies en références a révélé les avantages, mais aussi les limites respectives de chaque méthode. La pondération est effectuée par la balance de l'arbitre, avec l'objectif de satisfaire l'attente légitime des parties, et aussi de garantir l'efficacité de l'arbitrage. Le choix de la méthode appropriée reste tributaire de l'appréciation de l'arbitre, en l'absence de méthode standard. Car comme l'affirme P. MAYER « *entre les diverses méthodes, la jurisprudence arbitrale n'a pas opéré un choix : les sentences recourent tantôt à l'une, tantôt à l'autre, et souvent une même sentence recourt à des raisonnements convergents, voire à plusieurs* ».

La méthode de la voie directe s'accommode avec le pouvoir de l'arbitre d'appliquer le droit le plus approprié, que prévoit l'article 73 CA, comme d'autres codes étrangers (art. 1511 CPC français), et plusieurs règlements d'arbitrage. C'est le cas également des règlements CCI (2021 art. 21.1), CNUDCI (2010 art. 35.1), CMAP (art.12.2), ICDR (2021, art. 31.1).

La motivation de la désignation de la loi applicable par la voie directe varie selon les sentences. « *Plus le degré de précision dans la motivation est élevé, plus l'on se rapproche de la formulation d'une règle de conflit de lois par les arbitres eux-mêmes* », selon Ch. SERAGLINI et J. ORSCHTEIDT. L'idée est l'écho de ce qu'a préconisé B. GOLDMAN en 1963, pour créer un système arbitral de droit international privé. Sans occulter les difficultés pratiques qui infléchissent les mérites de la méthode, l'auteur rejoint le camp des partisans de cette idée. Au risque ambivalent de voir dans l'arbitre « un despote éclairé », s'ajoute l'écueil de la prévisibilité des solutions, composante essentielle de la sécurité juridique.

Mais la sécurité juridique se trouve fragilisée par le respect des lois de police, une double limite à la liberté de l'arbitre de désigner la règle de droit appropriée, mais aussi celle des parties. Premièrement car l'identification de cette catégorie de normes est malaisée et n'obéit pas à des critères précis. Pour certains, la notion devrait se détacher de l'ordre public international. Deuxièmement, car ces normes étatiques étant toutes étrangères à l'arbitre, l'invite à définir leur champ d'application. L'objectif majeur de l'arbitre est double : viser l'efficacité de la sentence, en considérant l'intensité du contrôle du juge étatique sur ce point, et veiller à l'efficacité et à « l'avenir de l'institution arbitrale ».

« L'arbitrage vaut par l'arbitre ». Mais, pourquoi pas aussi par sa doctrine ? Lorsqu'on tisse un tableau harmonieux et cohérent, pour rendre une discipline intelligible, avec tant de sagesse dans les débats, la discipline traitée gagne dans sa rigueur et sa prévisibilité. Comme la sagesse n'a pas d'âge, la jeunesse de l'auteur valorise davantage la qualité scientifique de la thèse. Elle augure, dès le début, d'une belle carrière académique et universitaire.

LISTE DES PRINCIPALES ABRÉVIATIONS

- AAA : American Arbitration Association (États-Unis)
- *Adde* : Ajouter
- ADR : Alternative Dispute Resolution
- AFDI : Annuaire Français de Droit International
- Am.J.Comp.L : The American Journal of Comparative Law
- Am. Rev. Int. Arb : American Review of International Arbitration
- A.P.D : Archive de Philosophie du Droit
- ATA : Association Française d'Arbitrage
- Al. : Alinéa
- art. : Article
- Arb int'l : Arbitration International
- Bibl. : Bibliothèque
- Bull ASA : Bulletin de l'association suisse de l'arbitrage
- Bull. CCAT : Bulletin du Centre de Conciliation et d'Arbitrage de la Tunisie.
- Bull CIA/CCI : Bulletin de la Cour International d'Arbitrage de la Chambre de Commerce International
- Bull. CCAT : Bulletin du Centre de Conciliation et d'Arbitrage de la Tunisie.
- BCC : Bulletin de la Cour de cassation
- CA : Code de l'arbitrage (tunisien)
- Cah. Arb : Cahiers de l'arbitrage
- C de D : Les Cahiers de droit
- CAIP : Arbitrale Internationale de Paris (depuis 2010)
- Cass. : Cassation
- CE : Communauté Européenne
- CCI : Chambre de commerce international
- CFA : Comité Français de l'Arbitrage
- CIRDI : Centre international pour le règlement des différends relatifs aux investissements

- CEJJ : Centre des Études Juridiques et Judiciaires
- *Cf.* : se reporter à ou voir
- Chron. : chronique
- CJCE : Cour de Justice des Communautés Européennes
- COC : Code des obligations et des contrats
- Com : Chambre commerciale
- Com. fr. DIP : Comité français de droit international privé
- CPC : Code de procédure civile
- CIJ : Cour International de Justice
- Civ. : civil
- CVIM : Convention des Nations Unies sur les contrats de vente internationale de marchandises conclue à Vienne le 11 avril 1980 (Convention de Vienne)
- D. : Recueil Dalloz
- D. S. : Recueil Dalloz Sirey
- D. H. : Recueil Dalloz Hebdomadaire
- D.P. : Recueil Dalloz Périodique
- Dir. : (sous la) direction
- Dr. et patr : Revue Droit et Patrimoine
- Éd. : Édition
- Ex. : Exemple
- Fasc. : Fascicule
- FDSPT : Faculté de Droit et des Sciences Politiques de Tunis
- GA : Grands arrêts de la jurisprudence française de droit international privé
- Gaz. Pal. : Gazette du Palais
- IBA : International Bar Association
- *Ibid.* : *ibidem* = Au même endroit
- *In* : Dans
- *In fine* : A la fin
- ICLC : The International and Comparative Law Quarterly, Londres
- ICCA : International Council for Commercial Arbitration

- *Infra.* : Ci-dessous
- J. Int. Arb : Journal of International Arbitration
- IR : informations rapides
- J-.Cl. : Jurisclasseur
- JCP : Jurisclasseur périodique. La semaine juridique
- JDI : Journal de droit international (Clunet), Paris
- JdT : Journal des Tribunaux, Lausanne
- Jnl. Int. Arb. : Journal of International Arbitration, Genève
- JOCE : Journal Officiel des Communautés européennes
- JORT : Journal Officiel de la République Tunisienne
- JT : Journal des tribunaux
- LCIA : Cour d'arbitrage international de Londres
- LGDJ : Librairie Générale de Droit et de Jurisprudence
- LPA : Les Petites Affiches
- Mc Gill : Revue de Règlement Des Différends de Mc Gill
- N.Y.L.J : *New York Law Journal*
- *Loc. cit.* : *Loco. Citato* = A l'endroit précité
- N° : Numéro
- Obs. : Observations
- OHADA : Organisation pour l'harmonisation en Afrique du droit des affaires
- *op.cit.* : *opus citatum*= dans l'ouvrage précité
- P. : Page
- PP : Pages
- f. : Préface
- PUAM : Presse Universitaire d'Aix-Marseille
- PUF : Presses Universitaires de France
- Rép. proc. civ. : Répertoire de Procédure Civile Dalloz
- Req. : Requête

- Règlement Rome I : Règlement (CE) n° 593/2008 du Parlement européen et du Conseil du 17 juin 2008 sur la loi applicable aux obligations contractuelles
- R.A: Revue de l'arbitrage
- R.A.A : Revue de l'arbitrage Arabe (Liban)
- R.A.E : Revue des Affaires Européenne
- R.C.A.D.I : Recueil des Cours de l'Académie de Droit International
- R.D.A.I/I.B.L.J : Revue de droit des affaires internationales
- R.D.A. : Revue de Droit Assas
- RDIDC : Revue de droit international et de droit comparé
- Rev. Cont : Revue des contrats
- R.D.A.I : Revue du droit des affaires internationales
- R.D.C : Revue du droit comparé
- R.D.Com : Revue du droit commerciale
- R.D.P : Revue du droit public
- R.D.U : Revue du droit uniforme
- Rev. hist. droit : Revue historique du droit français et étranger
- R.I.D.C : Revue Internationale de Droit Comparé
- R.I.D.E : Revue internationale de droit économique
- Rev crit DIP : Revue critique de droit international privé
- R.G.D.I.P : Revue générale de droit international public
- R.L.A : Revue Libanaise de l'Arbitrage
- R.R.J : Revue de la Recherche Juridique, droit Prospectif
- Rev.sui.dr.intern.et. : Revue Suisse de droit international et de droit européen Europ
- R.T.A : Revue tunisienne de l'Arbitrage
- R.T.D : Revue tunisienne de droit
- R.T.D civ : Revue trimestrielle de droit civil
- R.T.D com : Revue trimestrielle de droit commercial

- R.I.D.E : Revue internationale de droit économique
- R.J. com : Revue de jurisprudence commerciale
- R.J.L : Revue de la jurisprudence et de la législation
- S. : Sirey
- s. : suivantes
- Somm. : Sommaire
- Spéc. : Spécialement
- Supra : Ci-dessus
- T. : Tome
- TGI : Tribunal de Grande Instance
- TPI : Tribunal de Première Instance
- V. : Voir
- Vol. : Volume
- Trav. com fr. DIP : Travaux du Comité Français de droit international privé
- Y.C.A : Yearbook of Commercial Arbitration

SOMMAIRE

Dédicace

Je dédie ce travail,

À

Ma mère, à mon père, paix à son âme, pour tous les sacrifices consentis,

À

Mon épouse, pour sa patience,

À

Mon oncle Mustapha ZGHLA, paix à son âme pour toutes les sacrifices qu'il a fournis à la famille ZGHAL et pour ses encouragements incessants.

Sans oublier enfin tous les enseignants qui ont contribué à ma formation, je leur serais éternellement reconnaissant.

Nader

INTRODUCTION

« *Que l'arbitrage soit international* », *déclara en guise d'ouverture l'arbitre sage,* « *ceci ne fait aucun doute. Nul droit applicable, nulle loi désignée par la règle de conflit. Par surcroît les parties nous ont fait amiables compositeurs. Nous voici* ***libres****…* »

Jean-Denis BREDIN, « A la recherche de l'*aequitas Mercatoria* », in : *L'internationalisation du Droit*, Mélanges en l'honneur d'Yvon Loussouarn, Dalloz, 1994, p.110.

---

1. L'idée de recourir à un juge privé n'est pas nouvelle. La coexistence de la justice privée avec la justice étatique relevait des temps les plus reculés de l'histoire. Une doctrine autorisée soutient même qu': « *il serait faux de croire qu'on assiste à un renouveau de l'arbitrage depuis une vingtaine d'années ou, pire, à son émergence* (…) *il est en évolution constante depuis près de quatre mille ans*»[1]. C'est une institution enracinée profondément dans le temps et dans les pratiques de différents groupes humains et civilisations à travers le monde.

2. De nombreux spécialistes de procédure civile pensent que l'arbitrage a précédé la justice étatique[2]. « *A défaut même de toute institution méritant le nom de judiciaire, les parties sont amenées en quelque sorte, instinctivement à désigner celui qui les départage. Aussi l'histoire du droit voit-elle apparaitre l'arbitre partout*»[3]. L'arbitrage aurait été pour certains à l'origine du droit processuel et serait ainsi apparu antérieurement à la justice étatique. Max WEBER a le mérite de développer cette idée en lui accordant une grande importance :« *Le contrat d'arbitrage (écrit-il) issu des contrats d'expiation entre clans (...) est la source non seulement de tout le droit processuel mais aussi*

---

[1] **Th. CLAY**, *L'arbitre*, Préf. Ph. Fouchard, Nouvelle bibliothèque des thèses, Dalloz 2001, p. 1, n° 1.

[2] **H. SELMI**, *L'arbitrage et la justice étatique* : étude scientifique comparée, la Société Universitaire des Études, de Publication et de Distribution, C.E.J.J., 1ère éd., Tunis, 2008, (en arabe), spéc. p. 2 ; le même auteur : « L'autorité de la sentence arbitrale », *R.J.L.*, 2005, n° 5, p. 57 et s (en arabe), où il insiste sur l'antériorité de l'apparition de l'arbitrage par rapport à l'apparition de l'État et du droit.

[3] **G. RICHARD**, « Essai sur l'origine de l'idée de droit», *Revue Philosophique de la France et de l'Étranger*, 1893, p. 8.

(...) de tous anciens types de contrat de droit privé»[4]. Toutefois, cette position ne fait pas l'unanimité chez les historiens : si elle a pu être soutenue par certains, d'autres au contraire ont fortement insisté sur le fait que la justice étatique aurait été antérieure à toute autre forme de justice[5].

3. Une étude de l'histoire de l'arbitrage a été menée par les responsables de la Revue de l'arbitrage Française à la fin du XXe siècle. Six contributions ont ainsi déjà été publiées [6]. Il s'agirait d'un phénomène plus qu'international : « interculturel » [7]. Selon cette doctrine, comme l'apparition du droit spontané, l'arbitrage est apparu d'une manière spontanée. De ce fait, l'arbitrage serait l'une des formes

---

[4] Sociologie du droit (trad. J. Gros Claude), *P.U.F*, 1986, p. 49.

[5] Il faut préciser que la priorité de l'apparition de l'arbitrage à la justice étatique est une question controversée cf. notamment : **Th. CLAY**, *L'arbitre, op.cit.*, p. 2 et s, spéc. notes 6 et 7 et les références citées. En faveur de l'antériorité de l'arbitrage, **F. de MENTHON**, *Le rôle de l'arbitrage dans l'évolution judiciaire*, Thèse, Paris, 1926, spéc. p. 9 ; contra **J. GAUDEMET**, *Institutions de l'Antiquité*, 2e éd., *Sirey*, 1982, n° 283 ; **É. LOQUIN**, « Le juge et l'arbitre », in : *le juge et l'arbitrage* : actes du colloque de Tunis organisé les 25 et 26 avril 2013 à l'occasion du 20ème anniversaire du Code tunisien de l'arbitrage, sous la dir. de Sami BOSTANJI, Ferhat HORCHANI et Sébastien MANCIAUX, éd., A. Pédone, Paris 2014, p. 19 et s, spéc. p. 21. : *« La thèse selon laquelle l'arbitrage aurait précédé la justice d'État est à présent abandonnée par les historiens »* ; dans le même sens : V. **LEVY-BRUHL**, *Recherches sur les actions de la loi*, Paris, 1960, p. 1130 ; **ROUSSEAU** et **LAISNEY**, *Dictionnaire théorique et pratique de procédure*, Arthur Rousseau éd., 1983, p. 652. Sur les conséquences légères de cette controverse : V. **D. COHEN**, « Justice publique et justice privée », *A.P.D.*, 1997, t. 41, p.149, spéc. p. 153, n° 1, qui soutient : *« on ne peut tirer de l'élément d'antériorité d'une justice par rapport à une autre un quelconque gage de légitimité pour la première et un signe de méfiance pour la seconde »*.

[6] **J. VELISSAROPOPOULAS-KARAKOSTAS**, « L'arbitrage dans la Grèce antique. Époques archaïque et classique », *RA.*, 2000. 9 ; **D. PAPADATOU**, « L'arbitrage byzantin », *RA.*, 2000. 349 ; **S. DAUCHY**, « Le recours contre les décisions arbitrales en perspective historique. Aux origines des articles 1481-1491 NCPC », *RA.*, 1999. 763 ; **J.-F. POUDRET**, « Deux aspects de l'arbitrage dans les pays romands au moyen âge : l'arbitrabilité et le juge-arbitre » *RA.*, 1999. 3 ; **Y. JENCLOS**, « La pratique de l'arbitrage du XII e au XV e siècle. Éléments d'analyse », *RA.*, 1999. 417 ; **J. HILAIRE**, « L'arbitrage dans la période moderne (XVI e – XVIII e siècles) », *RA.*, 2000. 187. Plus récemment : **C. JALLAMION,** « La jurisprudence française et l'arbitrage de 1843 à 1958 : de la défaveur à la faveur jusqu'à l'avènement de l'arbitrage international (1ère partie), *RA.*, 2015, n° 3, p. 739.

[7] *Cf.* **J. JAKUBOUSKI**, *« Reflexions on the philosophy of international commercial arbitration and conciliation »,* in *The Art of Arbitration, Mélanges P. Sanders,* Kluwer 1982, p. 175.

de « *pluralisme juridique* »[8]. L'État ne monopolise ni la justice, ni la création des règles juridiques. La doctrine tunisienne confirme l'idée à maintes reprises[9].

4. L'arbitrage n'est pas étranger au patrimoine culturel tunisien. Déjà à *Hadrumète* les citoyens pratiquaient l'arbitrage. Une mosaïque conservée au musée de Sousse illustre une scène d'arbitrage. Même si la réglementation de l'arbitrage date plus d'un siècle, les historiens rapportent que les *Rustumides* qui ont constitué un État adoptant le rite des *Khawarij* à Tahert au moyen Maghreb pratiquaient l'arbitrage pour résoudre les conflits avec leurs ennemies[10].

5. Actuellement, l'arbitrage se trouve dans tous les États européens (de l'Est comme de l'Ouest), américains (du Nord ou du Sud) et presque dans tous les États africains et asiatiques [11] et dans

---

8 **J.-B. RACINE**, note sous Cass. 1ère ch. Civ., 6 mai 2003 et trois arrêts de la CA de Paris, *RA.*, 2004, n°2, p. 311 s, spéc. pp. 326-327

9 **N. GHAZOUANI**, Procédures *civiles et commerciales, le droit processuel général : service de la justice, théorie de la compétence et théorie du procès*, Publications Latrach Editions, Tunis 2012, p. 4 (en arabe). L'auteur affirme que : « *(...) L'État ne monopolise pas le droit de trancher les contestations, il a laissé le choix aux litigants de recourir à l'arbitrage afin de trancher les questions litigieuses relatives à leurs transactions, tout en instaurant un type de contrôle sur les sentences rendues par les arbitres...* » (Trad. personnelle) ; **H. SELMI**, *L'arbitrage et la justice de l'État*, thèse précitée, spéc. n° 65 (en arabe). Dans le titre 1er « *L'arbitrage : justice complète* », l'auteur précise justement que : « *S'agissant de l'autorité juridictionnelle de l'arbitrage, elle n'est pas soumise nécessairement à la souveraineté de l'État, tant que l'arbitrage est le principe dans la justice ou tant qu'il est une création d'une justice autonome de celle de l'État, et ce eu égard aux principes pré acquis instaurés par l'évolution rapide et spectaculaire de l'arbitrage notamment sur la plan international : principe de la liberté du recours à l'arbitrage et principe de l'autonomie de l'arbitrage ...* » (Trad. personnelle)

« ما الولاية القضائية للتحكيم، فإنها لا تخضع بالضرورة إلى سيادة الدولة سواء باعتبار التحكيم هو الأصل في القضاء، أو باعتباره منشئا لقضاء مستقل عن قضاء الدّولة، على أساس أن من المبادئ المسلمة التي كرسها التطور السريع والهائل للتحكيم بالخصوص على المستوى الدّولي : مبدأ حرية التحكيم ومبدأ استقلالية التحكيم »

10 **Ch. A. JULIEN**, *Histoire de l'Afrique du Nord*, vol. II, traduit en arabe par M. MZALI et B. B SLAMA, éd., STD, Tunis, p. 47.

11 Pour un tour d'horizon complet, *cf.* **R. DAVID**, *L'arbitrage dans le commerce international*, Économica 1982. Dans les pays arabes notamment : **N. NAJJAR**, *L'arbitrage dans les pays arabes face aux exigences du commerce international*, Préf. E. Gaillard, Bibliothèque de droit privé, L.G.D.J., 2004, T.442 ; **E. LE ROY**, « Le justiciable africain et la redécouverte d'une voie de règlement des conflits », *Afrique Contemporaine,* n° 156, 4/90, p. 111 à 120 ; **F. K. CAMARA** et **A. CISSÉ**, « Arbitrage et médiation dans les cultures négro-africaines entre la

l'Amérique latine[12]. Il suffit de se référer aux nombreuses listes d'État ayant signé des Conventions internationales comme celle de New York du 10 juin 1958 ou de Washington du 18 mars 1965 pour saisir le volume de la réception de l'arbitrage dans la quasi-totalité des législations dans le monde[13]. L'inadaptation de la Justice étatique aux spécificités du commerce international et la préoccupation de soumettre les litiges à un juge neutre, ont conduit les opérateurs du commerce international à voir dans l'arbitrage la justice répondant à leurs besoins[14].

---

prédisposition à dénouer et la mission de trancher », *RA.*, 2009, n°2, p. 285 et s ; **E. LE ROY**, *Les africains et l'Institution de la justice : entre mimétisme et métissages,* Paris, Dalloz 2004.

12 V. **D. VENTURA**, *Les asymétries entre le Mercosur et l'Union Européenne, les enjeux d'une association interrégionale*, Paris, L'Harmattan, 2003, p. 206, où cette auteure précise que l'adage « mieux *vaut un mauvais accord qu'un bon procès* » est très présent et influent dans les pratiques des États de l'Amérique latine.

13 Quatre Conventions multilatérales ont été élaborées concernant l'arbitrage international : 1- Le Protocole de Genève de 1923 pour l'exécution des sentences arbitrales étrangères. 2- La Convention de Genève du 26 septembre 1927 pour l'exécution des sentences arbitrales étrangères. 3- La Convention de New York du 10 juin 1958 pour la reconnaissance et l'exécution des sentences arbitrales étrangères. 4- La Convention de Genève du 21 avril 1961 nommée aussi la « Convention européenne sur l'arbitrage commercial international ». *cf.* Sur l'ensemble de ces instruments internationaux ainsi que les listes des États signataires : **Ph. FOUCHARD, E. GAILLAIRD, B. GOLDMAN**, *Traité de l'arbitrage commercial international*, Litec, 1996, Annexes, p. 1056. La Convention de New York de 1958 sur la reconnaissance et l'exécution des sentences arbitrales a été ratifiée à ce jour par **156** États (consulter le site suivant : www.uncitral.org). La Convention de Washington de 1965 CIRDI a été à ce jour ratifiée par **148** États (consulter le site de la banque mondiale suivant : www.worldbank.org. La Cour internationale d'arbitrage de la Chambre de Commerce Internationale (CCI) qui a été créée en 1923, dont le nombre d'affaires ne cesse de croître chaque année est aujourd'hui considérée comme le géant mondial parmi les institutions permanentes d'arbitrages. V. Bulletin de la Cour internationale d'arbitrage de la CCI, 2007, volume 18, n° 1.

14 **E. LOQUIN, L. B. BUCHMAN**, « Préférer l'arbitrage ! », *Gaz. Pal.,* 16 sept. 2008, n° 260, p. 9 et s; **P. TERCIER**, « La légitimité de l'arbitrage », *R.A.*, 2011, n° 3, p. 653. Sur l'ensemble de la question : **Ch. SERAGLINI & J. ORTSCHEIDT,** *Droit de l'arbitrage interne et international,* 1ère éd., Montchrestien, Domat-Droit privé, 2013, nos 44 s., p. 50.

§ I. La notion d'arbitrage

6. Sémantique. Très nombreuses sont les définitions de l'arbitrage[15]. L'on s'accorde cependant à y voir un mécanisme de justice privée à laquelle deux ou plusieurs personnes acceptent de se soumettre en confiant à un tiers le règlement du différend qui les oppose. L'arbitrage est placé sous la double influence de l'impartialité et de la sagesse[16]. La langue arabe semble accueillir ces deux sens dans le mot arbitre « *hakam* » *ou* « *mohakim* », puisque ça vient de la racine « *hakama* » qui signifie décider ou trancher. Le nom « el hikma » signifie la sagesse. Les deux langues arabe et française se recoupent dans le sens donné au mot arbitre. Dans l'*Iliade,* on trouve non l'arbitre, mais le juge-arbitre appelé *istor* c'est-à-dire : « celui qui sait»[17]

7. Juridique. En droit français, l'arbitrage a longtemps été considéré avec suspicion, puisque le Code civil, comme la Cour de cassation au XIXe siècle, prohibait la clause d'arbitrage en matière civile (article 2061 du code civil)[18]. Il a fallu attendre 1925 pour que la clause d'arbitrage soit admise en matière commerciale, et une loi du 15 mai 2001 pour que l'article 2061 soit réformé pour admettre la validité de la clause d'arbitrage dans les contrats concernant une activité professionnelle. Ce sont, peut-être, les raisons pour lesquelles l'arbitrage n'a pas de définition légale en droit français[19]. Une certaine

---

[15] V. nota : **J.-B. RACINE,** *Droit de l'arbitrage,* Thémis droit, P.U.F., 1ère éd., 2016, spéc. p. 3 s ; **B. OPPETIT,** « Sur le concept d'arbitrage », in Le droit des relations économiques internationales, Études B. Goldman, Litec, 1982, p. 229, reproduit in Théorie de l'arbitrage, P.U.F., 1998, p. 41 ; **M. BOISSÉSON**, *Le droit français de l'arbitrage interne et international*, GLN- éditions 1990, p. 5 ; **R. DAVID**, *L'arbitrage dans le commerce international*, *op. cit*., p. 9 ; **Ph. FOUCHARD**, *L'arbitrage commercial international*, Paris, Dalloz, Préf. B. Goldman., coll. « Bibliothèque de droit international privé », t. 2, 1965 (rééditée : Paris, Dalloz, 1965), spéc. n°11 ; **Ch. JARROSSON**, *La notion d'arbitrage*, Préf. B. Oppetit, LGDJ, 1987, coll. Bibliothèque de droit privé, t.198, p.15, n° 24 ; **P. MAYER**, *Droit international privé*, Montchrestien, 6e éd., 1998, p.15, n°24.

[16] **Ch. JARROSSON**, *op. cit*, n°4.

[17] *Iliade*, XXIII, 486 cité par **A. FOUSTOUCOS**, *L'arbitrage-interne et international- en droit privé hellénique*, Litec 1976, Préf. B. Goldman, spéc. n°2, note 1.

[18] Sur l'histoire de l'évolution de l'arbitrage en droit français V : **C. JALLAMION,** « La jurisprudence française et l'arbitrage de 1843 à 1958 : de la défaveur à la faveur jusqu'à l'avènement de l'arbitrage international (1ère partie), *RA*., 2015, n° 3, p. 739.

[19] Le Nouveau Code de procédure civile définit uniquement le compromis et la clause compromissoire. Il faut noter que lors de la dernière réforme du droit français de

doctrine relève le motif du caractère «*provisoire*» et « *infiniment perceptible des définitions juridiques*»[20]. Une autre ajoute le motif « *du caractère délicat d'une telle entreprise*»[21]. L'article premier du Code tunisien de l'arbitrage a défini l'arbitrage comme : « *Un procédé privé de règlement de certaines catégories de contestations par un tribunal arbitral auquel les parties confient la mission de les juger en vertu d'une convention* d'arbitrage» [22]. Certaines définitions doctrinales tiennent compte de l'aspect conventionnel de cette justice. C'est ainsi que MOTULSKY parle de *«justice privée dont l'origine est normalement conventionnelle*» [23]. C'est une définition qui semble réserver une place à l'arbitrage forcé, que cet auteur le considère comme un véritable arbitrage[24]. On lui reconnait très généralement une

---

l'arbitrage, en vertu du décret n° 2011-48 du 13 janvier 2011(JORF n° 0011 du 14 janvier 2011, p. 777), le législateur français n'a pas saisi l'occasion pour insérer une définition de l'arbitrage. Sur les définitions légales V. **G. CORNU**, « Les définitions dans la loi », in *Mélanges VINCENT,* Dalloz 1981.77. Sur ce décret V. **Th. CLAY**, « Liberté, Égalité, Efficacité » : La devise du nouveau droit français de l'arbitrage, commentaire article par article (deuxième partie), *J.D.I.* 2012, n° 3, p. 815 s.

[20] **F. GENY**, *Science et technique en droit privé positif, Nouvelle contribution à la critique de la méthode juridique,* (3ème partie), élaboration technique du droit positif, *Recueil Sirey*, 1921, T. 1, spéc. n° 52.

[21] **Ch. JARROSSON**, *La notion d'arbitrage*, *op.cit.*, pp. 368-369, spéc. n°779.

[22] Code issu de la loi n° 93-42 du 26 avril 1993, portant promulgation du code (JORT n° 33, du 4 mai 1993, p.580. Il faut noter qu'un comité chargée de la modifier a été instauré en décembre 2015 présidé par le procureur général, directeur général des études et de la législation auprès du ministère de la justice. Elle a déjà entamé ses travaux en janvier 2016. V. *Revue Infos Juridiques* n° 212/213, janvier 2016, p.5. Sur le Code en général : V. **K. MEZIOU & A. MEZGHANI**, « Le Code tunisien de l'arbitrage », *RA.*, 1993, p.521.

[23] *Écrits*, T. II, *Études et notes sur l'arbitrage*, Dalloz 1974, Préf. de B. Goldman et Ph. Fouchard, p.6.

[24] Sur le débat de la question de savoir si l'arbitrage forcé est un véritable arbitrage, la doctrine n'est pas unanime. Certains estiment que l'arbitrage obligatoire ou forcé n'est pas un véritable arbitrage en se basant sur le fondement conventionnel de l'arbitrage : **Ch. JAROSSON**, *La notion d'arbitrage*, *op.cit.*, p.13.spéc. n°15 ; **F. RIGAUX**, « Souveraineté des États et arbitrage transnational », *in Le droit des relations économiques internationales*, *Mélanges* B. Goldman, Litec 1983, n°5 ; **Ph. FOUCHARD**, « La nature juridique de l'arbitrage du tribunal des différends irano-américains », *Cahiers du CEDIN*, 1èrejournée d'actualité, 19 avril 1984, Avant-propos de B.STERN, p.32 ; **A. OUERFELLI**, *L'arbitrage international en droit tunisien et en droit comparé*, Préf. A. Hléli, *Groupement Latrach*, Tunis 2006, p.158 et s (en arabe), *Adde,* « L'arbitrage CIRDI, arbitrage forcé ? », *Rev. Tun de l'arbitrage*, n°3, p.65 ; **Th. CLAY**., « L'arbitrage en droit du travail : quel

nature mixte : conventionnelle par son origine, juridictionnelle par sa fonction[25].

§ II. Le mot « arbitre »

8. Etymologie. L'étymologie du mot « arbitre » est particulièrement riche de sens[26]. « Arbitre » vient du latin *arbiter*[27]qui dès la loi des XII Tables, avait le sens de juge privé[28]. Le terme *arbiter* est lui-même né de l'association de *ad* et *baetere*, qui signifie « *se rendre sur place pour examiner, expertiser, pour entendre les parties*»[29]. Par conséquent, l'on est très proche du sens effectif du terme « arbitre ».

9. Le mot français « arbitre » remontait à 1213 avant le mot « arbitrage » qui date de 1283[30]. Il aurait eu, dès cette époque, deux sens. L'un juridique, concernait la personne qui, désignée par des parties, tranchait un litige. L'autre, plus général, était synonyme de volonté. Dans une étude consacrée spécifiquement au statut de l'arbitre, Thomas CLAY a montré que le mot « arbitre » est apparu avant le mot « arbitrage » dans l'histoire de la langue française[31]. Ainsi, l'« arbitre » se voit le « mot-base » sur lequel s'est fondée l'institution arbitrale puisqu'il est le terme originaire à partir duquel se sont forgés tous les autres [32]. A la différence du vocable *arbiter,* les termes

---

avenir après le rapport de Barthélémy-Cette ? », *Rev. dr social*, n°9/10, 2010, spéc. n°s 29-31. D'autres pensent au contraire, que l'arbitrage forcé relève bel et bien de l'arbitrage et que son aspect coercitif ne l'exclut pas de ce mode privé de règlement des litiges. *Cf.* **H. SELMI**, *L'arbitrage et la justice de l'État, op. cit* ; **H. MOTULSKY**, *Études et notes de procédure civile*, Dalloz, 1973, spéc. p.311 ; *Études et notes sur l'arbitrage*, Dalloz, 1974, p.18 et p.122 et s.

[25] V. à titre d'exemple : **J. RUBELLIN-DEVICHI**, *L'arbitrage, nature juridique*, LGDJ, 1965, Préf. J. VINCENT.

[26] *Cf.* **G. CORNU**, *Linguistique juridique*. Montchrestien, coll. Domat-droit privé, 2e éd., 2000, spéc. n°29.

[27] **O. BLOCH** et **W. VON WARTBURG**, *Dictionnaire étymologique de la langue française*. PUF, 1996, *hoc verbo*.

[28] **Ch. JAROSSON**, *La notion d'arbitrage*, *op.cit.*, 1987, spéc. n°7.

[29] **M. HEMBERT**, « Arbitrage et jugement à Rome », *Dr et cult.,* vol. 28, 1994, spéc. p. 47, note 2.

[30] **A. REY** (dir.), *Dictionnaire historique de la langue française,* Le Robert, V°« Arbitre ».

[31] « L'arbitre est-il un être normal ? », in : *L'exigence de justice*, *Mélanges Robert BADINTER*, Dalloz 2016, pp. 225-247, spéc. p.226.

[32] *Ibid*, et les références citées.

arbitratore tamicabilis ont un autre sens. Une recherche minutieuse a été faite essentiellement pour les distinguer[33].

10. Dès les années soixante la doctrine, constatait un mouvement, qui était à l'époque encore à ses débuts, celui de l'autonomie de l'arbitrage commercial international[34]. Les auteurs n'ont cessé d'insister sur le fait que «*Toute l'évolution de l'arbitrage au cours des dernières décennies a consisté à renforcer son autonomie par rapport aux lois et aux juges des États*»[35]. Ce constat a été déjà confirmé en 1964 par GOLDMAN l'un des éminents spécialistes en la matière qui a affirmé que : « (…) *l'arbitrage commercial international (représente) à la fois moteur et expression de « la société internationale des négociants* »[36]. La formule consacrée par B. GOLDMAN en 1963, selon laquelle « *les arbitres n'ont pas de for* »[37], constitue un fil directeur des études qui ont suivi. L'autonomie se cristallise en un détachement de l'arbitrage commercial international des droits

---

[33] Sur la distinction : **A. LEFEBVRE- TEILLARD**, « *Arbiter, arbitrators eu Amicabilis Compositor* », in : *Études d'histoire du droit privé en souvenir de Maryse CARLIN*, éd., La mémoire du droit, Université de Nice- Sophia Antipolis, p. 551 et s.

[34] **F.-E KLEIN**, *RA.*, 1961, p. 60, qui relevait que l'idée d'un arbitrage détaché de toute législation nationale cheminait dans les esprits ; **Ph. FOUCHARD**, *L'arbitrage commercial international*, Paris, Dalloz, Préf. B. Goldman., coll. « Bibliothèque de droit international privé », t. 2, 1965. (Éditée aussi : Paris, Dalloz, 1965) ; *adde.*, **Ph. FOUCHARD**, « L'autonomie de l'arbitrage commercial international », *RA.*, 1965, n°3, p. 99 s.

[35] V. à titre d'ex : **Ph. FOUCHARD**, *RA.*, 1995, p. 507 ; formule presque reprise par **Th. CLAY** in : « Le siège de l'arbitrage international entre « *ORDEM* » et « *PROGESSO* », Cah. *Arb*, V.5 éd., Pédone, Paris, 2011, p 21 et, spéc. n° 28, publié aussi in: « *Le juge et l'arbitrage* » sous la dir. de S. BOSTANJI, F. HORCHANI et S. MANCIAUX, colloque de Tunis, A. Pédone, Paris, 2014, p. 45 s, sous le titre suivant :« A quoi sert le siège de l'arbitrage international ?», où il écrit : « *Toute l'histoire de (l'arbitrage international) …depuis une cinquantaine d'années, toute l'évolution même de l'arbitrage international a consisté à le détacher progressivement des contingences nationales…* » ; du même in « Liberté, égalité, efficacité », la devise du nouveau droit français de l'arbitrage », *J.D.I.*, 2012, p. 443 et 815.

[36] **B. GOLDMAN**, Préface de thèse pour le doctorat en droit : Ph. FOUCHARD, *L'arbitrage commercial international, op.cit.*

[37] **J.-F. POUDRET**, « L'arbitre n'a pas de for », in : Mélanges en l'honneur d'Henri-Robert SCHÜPBACH, Bâle/ Genève/Munich, Helbing & Lechtenhahn, 2000, p. 228.

nationaux c'est-à-dire une dénationalisation[38]ou bien délocalisation de l'arbitrage [39] . « *Le fonctionnement de l'arbitrage commercial international devrait, dans son ensemble, échapper aux cadres nationaux* »[40], tant au plan procédural, qu'au plan de la solution donnée au fond du litige[41]. « *L'arbitre exerce sa liberté de juger dans un contexte transnational, dénationalisé et déterritorialisé* »[42].

11. En effet, en France, une conception très libéraliste et autonomiste du droit de l'arbitrage s'est imposée dans la jurisprudence

---

[38] Pour plus détails sur ce phénomène *cf.* **T. GALLAUX**, *La « dénationalisation » de l'arbitrage commercial international*. Thèse Paris II, sous la direction d'Y. Loussouarn, dact., soutenue le 24 Juin 1998.

[39] Sur la notion d'arbitrage délocalisé V. **Ph. FOUCHARD, E. GAILLARD, B. GOLDMAN**, *Traité de l'arbitrage commercial international*, Litec, 1996, n°s 92-94 et 1687 ; **P. LALIVE, F.POUDRET & C. REYMOND**, *Le droit de l'arbitrage interne et international en Suisse*, Payot, Lausanne 1989, pp. 298-299 ; **S. BESSON & L. PITTET**, « La reconnaissance à l'étranger d'une sentence annulée dans son État d'origine—Réflexions à la suite de l'affaire Hilmarton, *Bull ASA* 1998, pp. 498-527, spéc. n°s 507-512 ; **P. MAYER**, « The Trend Towards Delocalization in the last 100 years, in : The Internationalization of International Arbitration, The LCIA Centenary Conference, Londres 1995, p. 37-46; **W.W. PARK**, Judicial Control in the Arbitral Process, *Arb. Int.* 1989, pp. 230-279 ; le même, *The Lex Loci Arbitri* and International Commercial Arbitration, *ICLQ* 1983, pp. 21-52 ; **J. PAULSSON**, Arbitration Unbound : Awards Detached from the Law of its Country of Origin, *ICLQ* 1981, pp. 358-387 ; le même, Delocalization of International Commercial Arbitration : When and Why It Matters, *ICLQ* 1983, pp. 53-61 ; **P. READ**, Delocalization of International Commercial Arbitration : Its Relevance in the New Millennium, *Am Rev. Int. Arb.* Vol. 10/2 (1999) ; **T. RENSMANN**, Anational Arbitral Awards, Legal Phenomenon or Academic Phantom ? *Jnl. Int. Arb*, 1998/2, pp. 37-65; **H. SMIT**, A-National Arbitration, 63 *Tulane Law Review*, pp. 629-645 (1988-1989).

[40] **T. GALLAUX**, *La « dénationalisation » de l'arbitrage commercial international, op.cit.*, p. 297.

[41] *Cf.*, sur le phénomène : **J.-B. RACINE**, « Réflexions sur l'autonomie de l'arbitrage commercial international », *R.A.,* 2005, n°2, p. 305 et s ; plus récemment, du même : *Droit de l'arbitrage*, Thémis, P.U.F. Paris 2016, n°s 41, 53, 79, 442, 573, 637, 674, 747, 767, 867, 928, 978, 992, 1028 ; *Adde* ,**E. GAILLARD**, *Aspects philosophiques du droit de l'arbitrage international,* Adi-Poche, 2008, spéc. n° 59 et s ; **L. CHÉDLY**, « L'efficacité de l'arbitrage commercial international », *R.C.A.D.I.*, 2019, t. 400, pp.9-624 ; **S. BABAY-YOUSSEF**, « L'autonomie de l'arbitrage international », in *Droit et droiture* : Mélanges en l'honneur du Pr. Mohamed ZINE, C.P.U., 2018, pp. 157-207.

[42] **J.-B. RACINE**, « Veille de la thèse de Dolores Bentolila : Arbitartors as law makers », 2017, 325 p, in *J.D.I.*, 2018, n° 4, biblio. 19.

et auprès d'une bonne partie de la doctrine[43]. L'absence d'un législateur international présidant à la création des règles de droit aptes à régir les rapports du commerce international a poussé l'arbitre à suppléer à cette lacune, « *en s'érigeant en véritable législateur doté d'une autorité* normative» [44]. Désormais affranchi de toute allégeance aux droits nationaux[45], on a pu constater que : « *l'arbitrage est le théâtre de la rencontre de règles issues de multiples systèmes de droit* »[46].

12. Parmi les questions qui préoccupent la mission de l'arbitre figure celle de la détermination du droit applicable au fond. On parle habituellement de *lex cause*, au sens strict, « la loi de la cause », expression préférable à celle de *lex contractus* car tous les litiges arbitraux ne sont pas relatifs à un contrat[47].

§ III. Intérêt de l'étude

13. Les rapports entre l'arbitre et le droit ont toujours soulevé des questions très difficiles, complexes et intéressantes pour les praticiens de l'arbitrage. La matière est fondamentale puisque c'est d'elle que dépend la solution du litige. Son intérêt est indéniable eu égard à la diversité des systèmes législatifs. La détermination du droit applicable est essentielle puisque ce droit va fonder la force obligatoire du contrat, déterminer sa validité, en fixer les effets, suppléer au silence du contrat[48]. En outre, les difficultés d'interprétation d'un contrat seront réglées par le droit applicable, qui va contribuer également à « *fixer*

---

[43] **J.-M. JACQUET**, « La *lex arbitrii* dans l'arbitrage commercial international : mythe ou réalité ? », *in Unité ou diversité du droit international*, Écrits en l'honneur du Pr. P.-M. DUPY, éd., par D. ALLAND, V. CHETAIL, O. de Fronville, J. Vinuales, M. Nijhoff, 2014, p. 669 s, spéc. p. 670.

[44] **F. OSMAN**, *Les principes généraux de la lex mercatoria : contribution à l'étude d'un ordre juridique anational*, thèse, Préf. É. Loquin, L.G.D.J., 1992, p. 314.

[45] **R. CHAABAN** (dir.), *L'arbitrage détaché des lois étatiques*, *Actes du colloque du Mans*, 15 déc. 2011, L'Epitoge et Lextenso, coll. « L'Unité du droit », 2012.

[46] **J. ORTSCHEIDT**, La réparation du dommage dans l'arbitrage commercial international, thèse de doctorat en droit de l'Université de Paris XII, présentée et soutenue publiquement le 3 juin 1999, Préf. E. GAILLARD, *Dalloz* 2001, n° 4.

[47] Même si c'est la grande majorité d'entre eux. *Cf.*, **J.-B. RACINE** et **F. SIIRIAINEN**, *Droit du commerce international*, Cours, *Dalloz* 2007, série Droit privé, sous la dir. de Marie-Frichon-Roche, p.401, spéc. n° 675.

[48] **E. LOQUIN**, **L. RAVILLON**, « La volonté des opérateurs vecteur d'un droit mondialisé », in *La mondialisation du droit*, sous la dir. d'É. Loquin et C. Kessedjian, Travaux du CREDIMI, vol. 19, Paris, 2000, pp. 91-132, spéc. pp. 95 et s.

l'étendue des obligations des parties en complétant les dispositions contractuelles en cas de besoin »[49].

Elle est également reliée à la question de l'émergence d'une jurisprudence arbitrale. La publication de sentences arbitrales, le plus souvent disponibles sous forme d'extraits, a tendance à se multiplier, notamment dans le cadre des institutions arbitrales comme la Chambre de Commerce Internationale (CCI)[50]et le Centre International pour le Règlement des Différends relatifs aux Investissements (CIRDI) et une certaine cohérence semble se dessiner[51].

---

[49] **Y. DERAINS**, « Le choix du droit applicable au contrat et l'arbitrage international », *Bull. C.I.A de la C.C.I,* mai 1995, vol. 6, n° 1, p. 10.

[50] A la demande de ses adhérents, qui sont de plus en plus impliqués dans le commerce international, elle devient **C**hambre **A**rbitrale **I**nternationale de **P**aris (**C.A.I.P**) en 2010. Sera utilisée l'abréviation **CCI** qui est la plus connue. *Cf.* sur l'évolution de l'institution : **I. GUÉRIF**, « L'évolution et l'avenir de l'arbitrage professionnel », in *Dossier : l'avenir de l'arbitrage*, La lettre de la Chambre Arbitrale Internationale de Paris, n°4, juin 2014, p. 2, disponible en ligne sur : http://www.arbitrage.org/newsletter. En 2010 la CCI a enregistré 793 arbitrages entre 2145 parties issues de 140 pays différents. 50 % des parties de ces arbitrages sont de l'Europe, 24 % sont de l'Amérique, 20 % de l'Asia-Pacific et 6 % sont de l'Afrique. Les 1331 arbitres qui ont été nommés pour résoudre ces litiges viennent de 73 États différents. Les arbitres suisses occupent le pourcentage le plus élevé (13.52 %). V. Rapport de la CCI, statistiques 2010, *Bull. CIA de la CCI*, 2011, vol. 22, n°1. Sur ces statistiques *Cf.* **G. KAUFMANN-KOHLER**, « The transnationalisation of national contract law by the international arbitrator », in : *Le droit des rapports internationaux économiques et privées,* Mélanges J.-M. Jacquet, LexisNexis, 2013, p. 107 et s, spéc. pp. 108-109.

[51] *Cf.*, à titre d'exemple : Chronique des sentences arbitrales sous la direction d'Yves DERAINS et Robert THOMPSON des années 1973 et 1974 riches en sentences ; Chronique des sentences arbitrales sous la direction d'Emmanuel JOLIVET, *J.D.I.,* 2010, 137ème année, n°4, p. 1377 et s ; la **C.A.I.P** publie une sélection de sentences anonymes rendues sous son égide, disponible en ligne sur : www.arbitrage.org › Accueil › Publications. V. sur le concept de jurisprudence arbitrale et ses pratiques: **J.-M. JACQUET**, « Avons-nous besoin de jurisprudence arbitrale ? », *R.A.*,2010, n°3, p. 445 et s ; **É. LOQUIN**, « Réflexions sur «la jurisprudence arbitrale», sa cohérence et ses divergences », P. Ancel et M.-C. Rivier (dir.), *Les divergences de jurisprudence, P.U. Saint-Etienne,* 2003, p. 127 et s ; même auteur, « A la recherche de la jurisprudence arbitrale », Mélanges Posnard, Litec, 2003, republié in *Revista Arbitrageme diaçao*, janv-mars 2009, p. 149 et s ; **E. GAILLARD, V. SCHAEPFER, Ph. PINSOLLE, L. DEGOS**, *Towards a Uniform International Arbitration Law,* IAI Series, Juris Publishing Staempfli, 2005 ; « L'apport de la jurisprudence arbitrale », *CCI pub.* n° 441/1, 1986, compte-rendu in *R.A.,* 1987, p. 558, par Ch. Jarrosson. Il faut, toutefois, préciser que certains auteurs pensent, à partir de leur approche comparatiste entamée dans leur célèbre ouvrage entre les huit pays européens ayant adopté une

législation relativement récente sur l'arbitrage, que cette jurisprudence arbitrale manque parfois, elle aussi, de rigueur et de cohérence. **POUDRET (J.-F) & BESSON (S.),** *Droit comparé de l'arbitrage international*, L.G.D.J., Paris, 2002, p. 605, spéc. n° 676 et p. 643 : « *quand à la jurisprudence arbitrale, elle ne constitue pas un droit judicaire ayant force de précédent* » ; *adde.,* **C. LARROUMET**, « A propos de la jurisprudence arbitrale », *Gaz. Pal.*, 14 déc. 2006, n° 348, p.5 : « l'absence *de publication de la plupart des sentences arbitrales constitue un obstacle quasi insurmontable à la formation d'une jurisprudence arbitrale* (…) *On sait que l'arbitrage n'est pas compatible avec une hiérarchie juridictionnelle. Comment les arbitres pourraient-ils être tenus d'appliquer des précédents dégagés par des sentences arbitrales ? Cela ne peut être envisagé* ». La question continue de soulever quelques discussions doctrinales V. par exemple dans un sens dubitatif, **A. KASSIS**, *Théorie générale des usages du commerce* : L.G.D.J., 1984, p. 501 ; *adde.,* **Y. BANIFATEMI**, **E. GAILLARD** (Eds.), Precedent in International Arbitration : International Arbitration Institute Series On International Arbitration n° 5 : Juris Publishing, 2008 ; **G. KAUFMANN-KOHLER,** Arbitral Precedent : Dream, Necessity or Excuse ? : Arbitration International 2007, p. 357 ; **G. GUILLAUME,** « Le précédent dans la justice et l'arbitrage international », Lalive Lecture : 2 juin 2010, *J.D.I.*, 2010, doctr. 8, p. 685. Il faut noter également que sur la question de savoir si la France connaît ou non la doctrine du précédent et dans quelle mesure la règle du précédent s'applique-t-elle aux sentences arbitrales, la doctrine a donné la réponse suivante : « *La France ne connaît pas la doctrine du précédent au sens de la Common Law (stare decisis). Toutefois, la jurisprudence y est une véritable source de droit (bien que le débat ne soit pas complètement clos* ». V. **L. BACH**, « La jurisprudence est-elle, oui ou non, une source de droit, Mélanges J. Héron, L.G.D.J., 2008, p. 47). La notion de jurisprudence arbitrale est discutée par la doctrine française (…) Certains ont pu contester la notion de jurisprudence arbitrale, par exemple le Pr. **P. MAYER** (« L'autonomie de l'arbitre international dans l'appréciation de sa propre compétence », *RCADI* 1989, T.217, p. 319.). Une doctrine, semble-t-il majoritaire, admet cependant l'existence d'une jurisprudence arbitrale (…) Des auteurs ont ainsi défendu l'existence d'une telle jurisprudence en montrant que les sentences sont autonomes- la révision au fond est prohibée- cohérentes et divulguées (**FOUCHARD (Ph.), GAILLARD (E.), GOLDMAN (B.),** *Traité de l'arbitrage commercial international*, Paris, Litec, 1996, n° 371 s ; **Th. CLAY**, *L'arbitre*, Dalloz, 2001, p. 218 s ; **É. Loquin**, « A la recherche de la jurisprudence arbitrale » in *La Cour de cassation*, Mélanges en l'honneur du Président André Ponsard, Litec, 2003, p.213 ; **H. GAUDMET-TALLON**, « Le pluralisme en droit international privé : richesses et faiblesses », *R.C.A.D.I.*, 2005, T. 312, p. 9, spéc., n° 78 s). Qu'il soit permis d'ajouter que la jurisprudence arbitrale ne saurait être bâtie sur le même modèle qu'une jurisprudence émanant d'un ordre juridique étatique (V. **J.-B. RACINE**, « Réflexions sur l'autonomie de l'arbitrage commercial international », *in Journée d'hommage et d'études à Philippe Fouchard, R.A.*, 2005, p. 305 ; **E. GAILLARD**, *Aspects philosophiques du droit de l'arbitrage international*, Les livres de la poche de l'Académie de droit international de La Haye, 2008. Quoi qu'il en soit, l'observation des faits conduit aujourd'hui à reconnaitre l'existence d'une jurisprudence arbitrale, comme dans

14. La question de la détermination du droit applicable au fond est également révélatrice de la conception que l'on peut se faire de l'arbitrage international[52]. Pour le Pr. René DAVID le souci essentiel de l'arbitre n'est pas comme celui du juge étatique, d'assurer, au fond, le règne du droit, mais qu'« *il concentre son attention sur les données propres du litige et se demander avant tout quelle est la meilleure solution à lui donner. Le souci de justifier en droit cette solution n'intervenant guère qu'a posteriori* ». Ce qui implique que la question du droit applicable, pour certains « *est plus doctrinale que jurisprudentielle* »[53].

15. Cette étude traite uniquement de l'arbitrage international, la raison en est d'ordre pratique et méthodique. Dans l'arbitrage interne, la question n'engendre pas de difficulté. L'arbitre applique toujours le droit interne, à savoir l'ensemble des normes positives en vigueur dans le système juridique concerné. « *Le lien de l'arbitre au droit semble assez simple, ce droit unique va nécessairement déterminer à la fois les modalités de sa mission juridictionnelle ainsi que le contenu de sa décision au fond* »[54].

16. L'arbitrage international est défini par l'article 48 du Code tunisien de l'arbitrage. Il a prévu des critères multiples d'internationalité énumérés d'une manière alternative. Ce qui ne permet pas, en fait, de déduire une définition homogène et unique de la notion vue la complexité de la formule de l'article 48[55]. C'est pour cette raison

---

le domaine de la réparation du dommage. (V. **J. ORTSHEIDT**, *La réparation du dommage dans l'arbitrage commercial international*, Dalloz, Nouvelle bibliothèque de thèses, 2001.) ». Réponse du Pr. **J.-B. RACINE** in : L'incidence du Droit Uniforme dans le Droit National. Limites et Possibilités, Rapport national français, p. 103 s, spéc. pp. 111-113 (Question n° 5), disponible en ligne sur : www.juridicas.unam.mx.

52 *Cf.* **E. GAILLARD**, « Souveraineté et autonomie : réflexions sur les représentations de l'arbitrage international », *JDI* 2007, n° 4 (oct-nov-déc), p. 163 ; du même « Aspects philosophiques du droit de l'arbitrage international », *RCADI,* t. 329, 2007, p. 158 s, reproduit in : *Les livres de Poche de l'Académie de Droit International de La Haye*, Martinus Nijhoff Publisher, Leiden/Boston, 2008.

53 **J. ROBERT & B. MOREAU**, *Rép. dr. int.,* D., t. I, 1989, n° 63.

54 **A. PRUJINER**, « L'arbitre et le droit », *Rev. McGill*, V1 :1, 2014, p. 83, spéc. p. 84.

55 Pour une approche critique *Cf.,* **S. BOSTANJI**, « Internationalité de l'arbitrage : éclairages sur les errances normatives du système juridique tunisien », in Mélanges en l'honneur du Doyen Yadh Ben Achour, CPU., 2008, p. 1281s ; **S. BABAY YOUSSEF,** « L'internationalité de l'arbitrage : quelles réformes », in , *Les perspectives d'évolution du droit de l'investissement et de l'arbitrage*, coll.

que la référence au droit français permet de fournir une définition plus claire, plus précise et didactique[56]. Le caractère « international » sera déterminé selon un critère matériel ou substantiel celui de la mise en cause des « *intérêts du commerce international* ». Formule souple, ancienne d'origine jurisprudentielle [57], sa théorisation, comme sa formulation remontent à un célèbre article de 1970 du Pr. Philippe

---

sous la dir de S. BOSTANJI et F. HORCHANI, Publications DRIMAN, Latrach Editions, Tunis 2013, p. 161 ; **S. JERBI**, « La requalification par le juge étatique de la nature interne ou internationale de l'arbitrage », in, *Le juge et l'arbitrage,* collectif, colloque de Tunis des 25 et 26 avril 2013 à l'occasion du 20ème anniversaire du Code tunisien de l'arbitrage, éd., A. Pédone, Paris, 2014, p. 155 s; **N. ZGHAL**, « La question de la requalification de l'arbitrage à la lumière des applications jurisprudentielles et des positions doctrinales », (en arabe), in : *Droit et Droiture*, Mélanges en l'honneur du Pr. Mohamed ZINE, C.P.U., 2018, p. 9 s et les références citées.

56 Sur le rayonnement du modèle français de la conception de la notion de l'arbitrage international *Cf.,* **B. MOREAU**, « L'influence du modèle français sur l'arbitrage international » in : *L'internationalité dans les institutions et le droit : convergences et défis*, Mélanges Alain PLANTEY, Paris, éd., A. Pédone, 1995, p. 213 s.

57 Cass. civ., 19 févr. 1930, Mardelé : *DH* 1930, p. 228 ; *Rev. crit. DIP* 1930, p. 282; *JDI* 1931, p. 90; S.1933, I, p. 41, note J.-P. Niboyet; Cass. civ., 27 janv. 1931, Dambicourt: *Rev. crit. DIP* 1931, p. 514; *J.D.I.,* 1932, p. 93; S.1933, I, p. 41, note J.-P. Niboyet. Cette approche est consacrée en droit français par l'article 1492 NCPC, devenu l'article 1502 après la réforme opérée par le décret du 13 janvier 2011, selon lequel : « *est international l'arbitrage qui met en cause les intérêts du commerce international* » ; et partiellement consacrée par le droit tunisien dans l'article 48 dernière alinéa du Code de l'arbitrage. Il a retenu presque une formule similaire : « *d'une manière générale si l'arbitrage concerne le commerce international* ». *Cf.* Sur la notion des intérêts du commerce international : **Ph. FOUCHARD**, « La CNUDCI et la défense des intérêts du commerce international », *Petites Affiches,* n° 252, 18 déc. 2003, p. 36 et s. **Ph. LE BOULANGER**, « La notion « d'intérêts » du commerce international, *R.A.*, 2005, n°2, p. 487.

FOUCHARD[58]. La doctrine autorisée, tunisienne[59] et française[60], confirme ce choix. L'arbitrage est international lorsqu'il : « *intéresse l'économie de plus d'un pays* »[61].

§IV. Méthode suivie

17. Dans les développements doctrinaux réservés à l'arbitrage commercial international, l'accent est presque toujours mis sur la question du droit applicable au fond du litige en tant qu'objet de choix des parties ou des arbitres. Tel est moins le cas, en revanche, de la question des méthodes menées par l'arbitre pour parvenir à la détermination de ce droit. La contribution n'est pas essentiellement focalisée sur le rôle de l'arbitre dans la création des règles adaptées au commerce international et aux aspirations des agents économiques[62], ni seulement aux règles matérielles uniformes dont l'arbitre puise des

---

58 **Ph. FOUCHARD**, « Quand un arbitrage est-il international ? » *R.A.*, 1970, p. 59 ; publié aussi in *Écrits, Droit de l'arbitrage. Droit de l'arbitrage. Droit du commerce international* : éd. du C.F.A., 2007, spéc. p. 251 s.

59 **S. BOSTANJI**, « Internationalité de l'arbitrage (…) », prec. spéc. pp. 1301-1302 ; **L. CHÉDLY**, « L'arbitrage international en droit tunisien : quatorze ans après le Code » *J.D.I.*, 2008, p. 389 et s, spéc. n° 84 ; **S. BABAY YOUSSEF**, « L'internationalité de l'arbitrage : quelles réformes ? », prec. p. 176 ; **S. AYACHI**, *Étude des insuffisances et des lacunes du Code tunisien de l'arbitrage dans une perspective d'application jurisprudentielle et de droit comparé*, thèse Nice Sophia Antipolis, 2008, p. 45 et s, spéc. p. 67.

60 **J-P. ANCEL**, « Arbitrage et internationalité : quelques réflexions et propositions », in *Mélanges en l'honneur du Pr. Pierre MAYER,* L.G.D.J., Lextenso éditions, 2015, p. 17 s.

61 **Ph. FOUCHARD, E. GAILLARD, B. GOLDMAN**, *Traité de l'arbitrage commercial international*, Litec, 1996, p. 64, n° 116 ; dans le même sens : **J.-P. ANCEL**, « L'arbitrage international en France (Principes et système), *A.P.D* 2009, T 52, p. 197, qui définit l'arbitrage international comme « *L'institution qui permet de résoudre les litiges relatifs aux échanges économiques internationaux, au-delà des particularismes des législations nationales et des difficultés de détermination d'un juge compétent* ».

62 *Cf.* sur ce sujet les remarquables thèses : **D. BUREAU**, *Les sources informelles du droit dans les relations privées internationales*. Thèse de doctorat d'État en droit, Paris II, 1992 ; **J.-M. TALAU**, *L'arbitre du commerce international source de droit*. Thèse dact, Orléans 1998 ; **P. DEUMIER**, *Le droit spontané*, Économica 2002 ; *adde.,* l'article d'**E. GAILLARD**, « L'apport de la pensée juridique française à l'arbitrage international », communication donnée à Paris le 17 octobre 2016 à l'Académie des sciences morales et politiques, *J.D.I.*, avril-mai-juin 2017, n° 2, pp. 529-542, spéc. p. 537 où il précise que : « *L'arbitrage international (à) son mode de production du droit* ».

instruments du droit international et communautaire[63]. Elle vise à étudier les différentes méthodes menées par lui pour déterminer le droit applicable au fond.

18. Le principe, en matière de droit applicable au fond du litige consiste à ce que les arbitres sont tenus d'appliquer le droit, à moins que les parties ne leur confèrent dans la convention d'arbitrage la qualité d'amiable compositeur ou de décider *ex aequo et bono*. Si les parties ont prévu que le litige sera tranché selon une loi déterminée, l'arbitre doit l'appliquer. Les parties jouissent d'une grande liberté dans l'objet de leur choix, ils osent jusqu'à élire une loi neutre, sans aucun lien avec le contrat[64].

19. La détermination du droit applicable au fond paraît simple dans la majorité des cas, quand les parties ont elles-mêmes procédé au choix de la loi applicable à leur contrat[65]. Dans la majorité des cas, les parties procèdent elles-mêmes à ce choix en exerçant un droit que leur confère le principe de l'autonomie de la volonté en vertu de la clause dite d'*electio juris*[66]. En effet, dans la majorité des affaires enregistrées dans la Cour internationale d'arbitrage de la CCI en 2010, le contrat litigieux contient un choix de droit applicable[67]. 99% des clauses ont

---

[63] **I. BADAWI**, *L'arbitre international et les règles matérielles uniformes*. Thèse, dactyl. Paris I, 2001 ; *adde*., **É. LOQUIN**, « les règles matérielles internationales », *RCADI.,* 2006, T. 322.

[64] Sur la possibilité de ce choix et sur la notion de loi neutre *cf.* **J.-M. JACQUET**, « Le principe d'autonomie entre consolidation et évolution », in *Vers de nouveaux équilibres entre ordres juridiques*- Liber Amicorum Hélène Gaudemet-Tallon, Paris, Dalloz, 2008, p. 731.

[65] Sur l'ampleur de l'usage de cette clause au sein des contrats internationaux V. **L. RAVILLON**, « La recherche de la sécurité juridique : la stipulation quasi systématique d'une clause de choix de la loi applicable », *prec*, p. 67 s et les statistiques citées.

[66] Sur la technique de l'insertion de cette clause *cf,* **S. BOSTANJI**, « Approche pratique de la clause d'*electio juris* », *R.J.L.*, 2009, n°4, p. 21 s. Les parties peuvent choisir une loi qui ne présente aucun point de contact avec l'économie du litige. La loi sera choisie en raison de son contenu et non au regard de la localisation du litige dans l'ordre juridique dont la loi a été choisie.

[67] Entre 1999 et 2014, **10 469** affaires ont été soumises à la Cour d'arbitrage de la CCI. Ces 10 469 affaires ont été analysées par les services de la CCI, qui publient chaque année dans le *Bulletin de la Cour Internationale d'arbitrage de la CCI* des statistiques détaillant les choix de loi, et de règles de droit, opérées par les parties. V. sur ces statistiques : **G. CUMIBERTI, «** La *lex mercatoria* au XXe siècle**,** une analyse empirique et économique », *J.D.I.,*2016, n° 3, p. 765 et s, spéc. n°s 7-10 ; Adde., du même « Une *lex mercatoria* pour la zone Méditerranée ? Une analyse empirique des pratiques des opérateurs du commerce international »,

montré le choix d'une loi nationale applicable. Et pour une autre période de quinze ans (1984-1999), dans 85% des affaires étudiées, les parties ont choisi un droit applicable au fond, de préférence un droit unique[68], alors que rares sont les clauses portées sur un choix de règles non-étatiques[69]. Les statistiques de la CCI montrent également que les clauses de choix de la loi se rencontrent dans plus de huit contrats internationaux sur dix[70]. En 2018, dans le cadre de l'arbitrage CCI, les parties avaient choisi contractuellement le droit applicable dans 87 % des cas. Seuls 2% des contrats ayant opéré un choix ont désigné autre chose qu'un droit national (Principes UNIDROIT, Incoterms CCI...)[71]. Cette clause a le mérite d'anticiper les difficultés pouvant surgir de l'exécution du contrat.

20. Le droit tunisien de l'arbitrage international pose un principe directeur de liberté de choix par les parties de la loi applicable, conformément à l'article **73** du Code de l'arbitrage[72]. A défaut d'un

---

Communication in : *L'arbitrage dans les pays de l'Union pour la Méditerranée*, colloque méditerranéen, Acte IV : journées de Tunis : Rives Sud les 11 et 12 avril 2014, in : *Vers une lex mediterranea de l'arbitrage : Pour un cadre commun de référence*, collectif sous la dir. de L. CHÉDLY & F. OSMAN, Bruylant, Belgique, mars 2015, p. 195 s, spéc. p. 200 ; du même : « La faible attractivité internationale du droit français des contrats », in *Les relations privées internationales,* Mélanges Bernard AUDIT., LGDJ., 2014, p. 253 et s, spéc. n° 13 et s, pp. 256-257 et les tableaux de statistiques exposés.

68 Rapport de la CCI, statistiques 2010, *Bull. CIA de la CCI*, 2011, vol. 22, n°1.

69 **L. RAVIMMON**, « La recherche de la sécurité juridique : la stipulation quasi systématique d'une clause de choix de loi applicable », in S. CORNELOUP & N. JOUBERT (dir.), *Le Règlement Rome I et le choix de loi dans les contrats internationaux*, LexisNexis, 2011, p. 67, spéc. note 2. Selon les statistiques proposées par la CCI, « la clause de droit applicable figure dans 87 % des contrats à l'origine des litiges soumis à l'arbitrage de la CCI en 2008 », « Dans 3% des contrats les parties avaient fait le choix exprès de l'application d'une convention internationale (CVIM), des Principes UNIDROIT, des principes du commerce international, de l'équité (...) »

70 **P. MAYER**, « Actualité du contrat international », *Rencontre à Paris le 1er février 2000, PA.*, 2000, 5 mai 2000, n° 90, p. 55, spéc. p. 56.

71 ICC *Dispute Resolution Statistics 2018*, p. 13, cité par **M.- E. ANCEL**, **P. DEUMIET**, **M. LAAZOUZI**, *Droit des contrats internationaux,* 2ème éd., Dalloz, 2020, p. 390, spéc. n° 504.

72 L'article **73** du CA dispose que : «*1- Le tribunal arbitral tranche les différends conformément à la loi désignée par les parties. 2- A défaut d'une telle désignation, le tribunal arbitral applique la loi qu'il estime appropriée. 3- (...). 4- Dans tous les cas, le tribunal arbitral statue sur le différend conformément aux stipulations du contrat, en tenant compte des usages du commerce applicable à la transaction* ». A propos de cet article V. nota. **N. GARA**, *Le Code de l'arbitrage annoté*,

droit matériel international, la détermination du droit applicable au fond est l'œuvre des parties en fonction de leurs connaissances d'un droit national acquises grâce à leur expérience professionnelle, mais également au moyen des codes de droit, des décisions des tribunaux, de la jurisprudence, de la doctrine et des diverses publications. Et si la clause compromissoire type de la CCI est muette concernant le droit applicable, celles de très nombreuses autres institutions arbitrales invitent au contraire les parties à choisir le droit applicable au fond du litige, en suggérant le choix souvent d'une loi étatique[73]. Dans la majorité des cas, chacune des parties se réclame du système juridique qu'elle croit lui être plus favorable. Les parties ont tendance à voir appliquer la loi qu'elles connaissent le mieux, ou la loi de leur nationalité. Une telle loi n'est pas forcément la plus favorable même si le contenu est le mieux maîtrisé.[74]

21. En revanche, les difficultés surgissent lorsque les parties n'ont pas effectué de choix de droit. Les parties, bien que cela soit de plus en plus rare, peuvent omettre de désigner une loi applicable ou même peuvent n'être pas informées des possibilités de choix qui s'offrent à elles en la matière. Même bien informées, elles peuvent ne pas s'accorder sur la question du droit applicable, ou, devant certaines difficultés, préférer s'en remettre à la solution à laquelle parviendra

---

Maison du livre, 2016, spéc. p. 215 et s et p. 218 et les références citées ; **W. B. HAMIDA & A. BETTAEB**, *Code tunisien de l'arbitrage annoté par la jurisprudence*, Anis BETTAIEB éditions, 1ère éd., 2015, spéc. p. 182 s.

[73] C'est le cas des clauses types suggérées par la *London Court of International Arbitration*, la *Singapore International Arbitration Institution*, le *DIS allemand et l'Arbitration Institute of the Stockholm Chamber of Commerce*.

[74] **L. RAVILLON**, « La recherche de la sécurité juridique : la stipulation quasi systématique d'une clause de choix de la loi applicable », in : Le Règlement communautaire « Rome I » et le choix de la loi dans les contrats internationaux, sous la dir. de Sabine CORNELOUP & Natalie JOUBERT, actes du colloque des 9 et 10 sept. 2010, Dijon, LexisNexis Litec -CERIDIMI, 2011, Vol. 35, p. 67 s, spéc. p. 74. Le Pr. **Y. DERAINS** constate qu'« *un même droit sera, selon les situations concrètes, favorable ou défavorable à une partie. Ainsi, alors que le droit français peut être caractérisé comme défavorable au vendeur dans un contrat d'approvisionnement en ce qui concerne l'étendue de son obligation, il lui sera favorable si l'acheteur prétend à une révision des prix en raison d'une chute brutale des cours sur le marché international (...) On remarquera aussitôt que le rejet de la théorie de l'imprévision en droit français peut à son tour se retourner contre le vendeur si les cours ne sont pas à la baisse mais à la hausse. Cela illustre le caractère relatif, et somme toute, trompeur de la notion même de droit favorable (...)* », in « Le choix du droit applicable au contrat et l'arbitrage international », *Bull C.I.A de la C.C.I*, mai 1995, vol. 6, n° 1, p. 11.

l'arbitre[75]. Or, face au droit, l'arbitre se trouve dans une situation distincte de celle du juge étatique. Ce qui nous amène à aborder certaines questions préliminaires avant d'aborder le fond du sujet.

§V. Questions préliminaires

22. Originalité de la position de l'arbitre par rapport au juge étatique face au droit. Même si une décision intéressante a affirmé que l'arbitre est « *entièrement assimilé à une juridiction dans son assujettissement aux règles de fond, soient-elles impératives ou supplétives* »[76], il se trouve dans une situation particulière et distincte de celle du juge étatique face au droit.

23. Tout d'abord, la recherche d'un droit national applicable au fond ne s'impose pas nécessairement à l'arbitre[77]. La nature du litige lui permet bien souvent de fonder sa décision sur une simple analyse des dispositions du contrat litigieux, sans référence à une norme supérieure[78], ni à une convention internationale[79].

24. Ensuite, lorsque l'arbitre est tenu de recourir à une règle de droit, il ne la puise pas toujours dans un système juridique national. En raison du caractère international de sa fonction, l'arbitre est amené à faire référence à titre de règles complémentaires ou même substitutives, à des sources de droit qui ne sont pas des lois étatiques : principes de

---

[75] Sur la question V. **C. KESSEDJAN**, « Les dangers liés à un mauvais choix du droit applicable. Analyse de la jurisprudence française et de sentences arbitrales », *R.I.D.C.*, 1995, n° 2, vol. 47, pp. 373-383. Toutefois, force est de préciser, que l'absence d'élection de droit par les parties a été interprétée par certains auteurs et sentences comme un « choix négatif » de ceux-ci, qui, non seulement ne sont parvenues à s'étendre sur la loi applicable, mais ont voulu exclure leurs droits respectifs, voire n'être soumises qu'à des règles anationales. Cette position est discutable et la doctrine n'est pas unanime sur cette interprétation à partir du silence respectif des parties. V. *infra*. p. 269, n° 533.

[76] Paris 21 mai 1996, *RA.*, 1996.625 (1ère esp.), note **A. VIANDIER** ; *RTD com.* 1997.230, obs. J.-Cl. **DUBARRY** et **É. LOQUIN** ; *JCP éd. E* 1996.I.589 § 5, obs. **A. VIANDIER** et **J.-J. CAUSSIN** ; publié aussi in *JCP* 1996.I.3980 § 5 ; *Bull. Joly* 1996, § 277, p. 789, note **J.-J. DAIGRE** ; *JCP éd. E* 1996. *Pan.* 696.

[77] **P. BELLET**, Intervention in *Trav. com fr. DIP* (1964-1966), p. 235.

[78] **Y. DERAINS**, « L'application cumulative par l'arbitre des systèmes de conflits de lois intéressés aux litiges (A la lumière de la Cour d'Arbitrage de la Chambre de Commerce Internationale) », *R.A.*, 1972, p. 99.

[79] **P. MAYER**, « Actualité du contrat international », art. prec, p. 56, où il affirme que : « *(...) l'arbitre n'est pas tenu d'appliquer la convention de Rome même s'il siège en Europe* ».

droit international, principes généraux du droit[80]... Il est fréquent, également, que les usages du commerce international ou le « *droit commun des nations* » servent de support à sa décision[81].

25. De plus, si le juge, organe de l'ordre juridique étatique, est tenu de respecter ses règles de procédure et d'appliquer ses lois (ou en matière internationale : ses règles de conflits de lois), l'arbitre du commerce international n'est intégré dans aucun ordre juridique étatique. Il est, de ce fait, autonome par rapport à tout ordre juridique et n'est tenu donc d'appliquer les règles d'un ordre au détriment de l'autre, parmi ceux qui sont en rattachement avec le contrat litigieux[82]. L'absence d'ordre juridique se répercute dans sa perception même de la norme à appliquer. Si le juge ne peut s'affranchir de la loi de l'État au nom duquel il statue, c'est-à-dire, il est gardien de la loi, l'arbitre ne doit allégeance à aucun ordre juridique étatique particulier, ce que l'on résume souvent par la formule bien établie selon laquelle : « ***L'arbitre n'a pas de for*** »[83].

---

[80] **M. DE BOISSÉSSON**, *Le droit français de l'arbitrage interne et international*, GEN Joly, Paris, 1990, p. 579, spéc. n° 650 ; *adde*, **M.- E. ANCEL, P. DEUMIER, M. LAAZOUZI**, *Droit des contrats internationaux*, Sirey Université, 2ème éd., 2020, spéc. n° 55, p. 44.

[81] **Ph. FOUCHARD**, *L'arbitrage commercial international*, *op.cit.*, p. 401 et s. Cependant, comme l'a souligné Fouchard, on ne saurait en conclure : « *que toutes les questions qui se posent à l'arbitre pour la solution du litige peuvent être réglées sans référence à une loi nationale déterminée* », *op.cit.*, p. 350. Dans le même sens v. **P. LEVEL**, « Le contrat dit sans loi », *Trav. Com. fr. DIP* (1964-1966), p. 209, spéc. p. 226 ; *adde.*, plus récemment : **J.-M. JACQUET,**« Les libertés de l'arbitre international », Mélanges en l'honneur du Pr. Pierre MAYER, L.G.D.J., *Lextenso éditions*, 2015, pp. 311-329, spéc. p. 319.

[82] **P. MAYER**, « L'autonomie de l'arbitre international dans l'appréciation de sa propre compétence », *RCADI* 1989, Tome 217, Vol. 5, p. 319 et s, spéc. n° 79, p. 402.

[83] Selon **Th. CLAY**, cette formule est approximative car tant étymologiquement que selon sa définition littérale, « **for** » signifie « **tribunal** », et l'arbitre n'en est bien sûr pas dépourvu puisqu'il est un tribunal. Toutefois, en droit international privé, la notion de for implique une localisation étatique, c'est-à-dire l'idée d'une investiture par l'État. Par conséquent, ainsi entendu, il est effectivement possible de soutenir que l'arbitre n'a pas de for, au sens qu'il n'a pas de for national. Sur cette question, v. sa remarquable étude « Le siège de l'arbitrage international entre « *ORDEM* » et « *PROGRESSO* », *Cah. arb*, V. 5, éd., A. Pédone, Paris 2011, p. 21 s, spéc. n°11 ; **J. ORTSHEIDT & Ch. SERAGLINI**, *Droit de l'arbitrage interne et international*, Montchrestien, 2013, p. 806, n° 886. Dans le même sens la position d'**A. PRUJINER** in, « L'arbitre et le droit », *Rev. Mc Gill*, V 1 :1, (2014), p. 83 s spéc. p. 89. Dans cette étude l'auteur propose qu' : « *Il faut relativiser l'absence de for. Elle est exacte géographiquement, mais non*

26. L'existence d'un lieu de l'arbitrage qualifié parfois de *« for »* arbitral n'a pas pour conséquence d'attribuer à l'arbitre une fonction juridictionnelle dans le pays où ce lieu est situé[84]. A défaut de choix par les parties d'un droit applicable, il n'existe donc aucune obligation qui pèse sur l'arbitre concernant le droit applicable. La raison en est simple : une telle obligation ne pourrait être déduite qu'à partir d'un système conflictuel s'imposant à lui.

27. Les lois doivent être traitées, devant l'arbitre, sur un pied d'égalité. L'arbitre se trouve plutôt en présence d'un conflit des systèmes de rattachement[85].

28. Le juge applique la loi de l'État au nom duquel il statue, c'est-à-dire sa loi nationale. « *Il est un rouage du service public de la justice, de l'État au nom duquel il statue ; il doit donc exercer sa fonction conformément aux obligations que cet État lui impose*»[86]. Quelle que soit la norme finalement appliquée, elle se voit reconnaitre le statut de loi compétente. De plus, les conditions d'application de la loi compétente ne seront pas les mêmes selon qu'il s'agit de celle de l'État du juge ou de celle d'un autre État. L'application de la loi étrangère pose au juge des problèmes particuliers qui reçoivent des solutions

---

juridiquement ». Il rejoint la position de **E. GAILLARD** dans son étude sur, « L'ordre juridique arbitral : réalité, utilité et spécificité », Conférence Commémorative John E.C. BRIERLY (2010) 55 RD Mc Gill 891, disponible également en ligne sur : www.shearman.com ; V. aussi sur cette formule : « *l'arbitre n'a pas de for* » : **H. BATIFFOL**, « L'arbitrage et les conflits de lois », *R.A.*, 1957, p. 111 ; **T. GALLAUX**, La « dénationalisation » de l'arbitrage commercial international. Thèse Paris II, sous la direction de Y. Loussouarn, dact., soutenue le 24 juin 1998., spéc. n° 87 et s ; **B. GOLDMAN**, « Les lois de police », *Com. fr. DIP*, 23 nov. 1985, *Trav. Com. fr. DIP* 1988.117 ; V. également : la sentence rendue en 1971 dans l'affaire n° **1512**, *Clunet*, 1975, p. 886, où l'arbitre affirme clairement qu'il : « *ne dispose pas de loi du for à laquelle il pourrait emprunter des règles de conflit de lois* ».; *adde.*, la sentence rendue dans l'affaire n° **1776** *Clunet*, 1975, p. 666. L'arbitre déclare : « *Bien qu'il soit généralement admis que les juges décident de la loi applicable en suivant les règles de conflit de lois de l'État au nom duquel ils rendent justice, les arbitres ne peuvent avoir recours à de telles règles dans la mesure où ils ne reçoivent les pouvoirs d'aucun État* ».

[84] **Y. DERAINS**, « L'application cumulative par l'arbitre (…) », art. prec. spéc. p. 102. V. sur l'échec et la critique de cette conception du siège *infra.* p. 57 et s, spéc. n° 96.

[85] **P. LALIVE**, « Les règles de conflit de lois appliquées au fond du litige par l'arbitre international siégeant en Suisse », *R.A.*, 1976, p.156.

[86] **P. MAYER**, « La liberté de l'arbitre » , *R.A.*, 2013, n°2, p. 339, spéc. n°4.

diverses dans les différents systèmes nationaux. L'arbitre quant à lui, n'a pas de loi compétente[87]. Comme le souligne le Pr. MAYER : *« Le conflit de normes lui-même n'est pas pour lui une donnée immédiate, comme l'est pour ces organes (l'État) : encore faut-il qu'un mécanisme quelconque l'ait conduit à considérer comme pertinent l'ordre juridique en question, parmi tous ceux qui coexistent dans le monde »*[88].

29. A l'opposé du juge, l'arbitre peut appliquer des règles d'une grande diversité (des lois étatiques, des règles puisées de conventions internationales, d'usages, de codifications privées…) qui devront faire l'objet d'une sélection selon les différentes espèces[89].

30. Une loi nationale n'est applicable que si les parties l'ont choisi en tant que telle pour s'appliquer à leur litige. La première directive adressée à l'arbitre est en principe d'appliquer le droit choisi par les parties s'ils ont inséré une clause d'*electio juris*, qui peut ne pas être par évidence une loi nationale[90]. Donc, une certaine distance sépare l'arbitre et la règle à appliquer. L'arbitre accomplit une mission définie par les parties et à leur seule intention (trancher le litige qui les oppose).

---

[87] **Y. DERAINS**, « L'ordre public et le droit applicable au fond du litige dans l'arbitrage international, *R.A.,* 1986, p. 375, spéc. pp. 380 et 381, le même, « La jurisprudence des arbitres du commerce international en matière de détermination du droit applicable au fond », *R.D.A.I.,* 1996, p. 514, spéc. p. 516 ; le même in note sous sentence n° **1512** rendue en 1971, *J.D.I.,* 1974, n° 3, p. 905 s, spéc. p. 912 où il précise que : « (…) *l'absence de système de conflit préexistant, se traduit par une absence de loi compétente au regard d'une norme supérieure, il s'agit seulement d'établir l'opportunité d'appliquer au litige une loi nationale plutôt qu'une autre, dans l'exercice d'une mission que lui ont confiée les parties* » ; **Ph. FOUCHARD, E. GAILLARD, B. GOLDMAN,** *Traité, op. cit.,* spéc. n°s 1541-1544. ; **P. LALIVE**, « Transnational (or Truly International) Public Policy and International Arbitration, Y.C.A Congress Series n°3, 1987, p. 257 et s, spéc. pp. 270-271.

[88] **P. MAYER**, « L'arbitre international et la hiérarchie des normes », *RA*., 2011, n°2, p. 361, spéc. p. 365, n°6 ; dans le même sens : **Y. DERAINS**, *Le droit et la pratique de l'arbitrage international en France*, Actes du Colloque nov. 1982, (FEDUCI), Paris, 1984, p. 74, spéc. p. 76.

[89] **Y. DERAINS**, « L'arbitre et le juge », in *Arbitrage : regards sur la prochaine décennie, Bull CIA de la CCI,* 1999, Supp. Spécial, p. 27, spéc. p. 28.

[90] Cette idée a besoin peut être d'être clarifiée davantage. La pratique atteste parfois, bien que rarement, que l'arbitre, en présence de choix de loi applicable par les parties, évince celle-ci pour appliquer une autre. A-t- il le pouvoir et le droit de le faire ? L'attente légitime des parties et la primauté des stipulations contractuelles sont –elles des limites aux pouvoirs des arbitres dans la matière du droit applicable au fond ? *cf.* sur cette question infra n° 476, pp. 232 et s.

Il est *a priori* maintenu à distance du droit applicable par la volonté des parties[91].

31. Au demeurant, la règle de droit en tant que telle, c'est-à-dire en tant que commandement, n'a aucun sens pour l'arbitre international qui ne reçoit de commandements de nulle part. Pour lui, la règle de droit n'est qu'un modèle et toutes les règles de droit ne sont que des modèles. Tous ces modèles lui sont, comme dans un catalogue, proposés et non imposés. Tout modèle pour lui est facultatif, il peut le prendre comme il peut s'en passer[92].

32. Dans une affaire internationale, le juge étatique peut parfois appliquer une loi étrangère, une loi qu'il n'a pas choisie librement mais qu'il aura dû appliquer en vertu de la règle de conflit de loi. Une telle règle s'impose à lui[93]. La règle de conflit est en principe obligatoire pour le juge, il doit la consulter, elle est d'ordre public sous réserve des dispositions de l'article 28 du Code du droit international privé. D'une part, l'arbitre n'est pas au contraire tenu envers aucun système de droit international privé. « *Dès lors qu'il n'est affilé à rien, l'arbitre n'est dépendant de rien*»[94]. Il est libre d'appliquer la règle de conflit qu'il estime appropriée. D'ailleurs, comme le précise nettement le Pr. MAYER, « *...le raisonnement conflictualiste classique lui pose dès le départ un problème insoluble*»[95]. D'autre part, l'arbitre est libre de décider de n'appliquer aucune règle de conflit. D'ailleurs, aucune ne s'impose à lui, puisqu'il n'a pas de for. L'arbitre du commerce international ne dispose pas d'un corps de règles de conflit de lois préexistant qui expriment le choix de l'État dont il tient le pouvoir.

De plus, l'arbitre n'est pas « *tenu de suivre les règles de conflit d'un pays plutôt que d'un autre...* », comme l'a montré le Doyen Batiffol[96],

---

91 V. **J.-M. JACQUET**, « Avons-nous besoin de jurisprudence arbitrale ? », *RA.*, n°3, 2010, p. 445 et s, spéc. p. 460.

92 **A. KASSIS**, *Le nouveau droit européen des contrats internationaux*, *op.cit.*, p. 504, spéc. n° 480.

93 L'article 28 du Code de D.I.P dispose clairement que : « *La règle de conflit est d'ordre public lorsqu'elle a pour objet une catégorie de droits dont les parties n'ont pas la libre disposition. Dans les autres cas, la règle est obligatoire pour le juge, à moins que les parties n'aient explicitement manifesté leur volonté de décliner son application* ».

94 **T. CLAY**, « L'arbitre est-il un être normal ? », *art. prec.*, p. 225 et s, spéc. p. 235.

95 **P. MAYER**, « L'autonomie de l'arbitre (...) », *Cours. prec.*, p. 390, spéc. n° 64.

96 **H. BATIFFOL**, « L'arbitrage et les conflits de lois », *RA.*, 1957, p. 111.

en accord avec une grande partie de la doctrine[97]. « *Hormis le cas d'une clause d'electio juris prévue par les parties, l'arbitre dans l'arbitrage international baigne dans le vacuum juris : aucun droit national, voire aucune règle de droit quelle qu'elle soit, ne s'impose à lui*»[98]. Ceci est dû à une question plus générale : le droit international privé est incapable seul de régir la question du droit applicable au fond d'un litige arbitral international.

33. L'absence de contrôle par le juge de l'*exequatur* sur la détermination et l'application du droit par l'arbitre est un facteur supplémentaire qui distingue la situation de l'arbitre par rapport au juge étatique face au droit. Le contrôle du juge de l'*exequatur* ne porte généralement pas sur l'application au fond du litige d'une loi plutôt que d'une autre. D'ailleurs, s'il était donné au juge de l'*exequatur* de porter un jugement sur la détermination ou l'application par l'arbitre international d'une loi, cela reviendrait à la constatation d'une erreur de droit que l'arbitre aurait commise. Mais seule une révision au fond de la sentence permettrait au juge de l'*exequatur* de sanctionner une telle erreur. Or, actuellement, la révision au fond de la sentence par le juge de l'*exequatur* est presque partout exclue. Cette tendance est confirmée,

---

[97] **Ph. FOUCHARD**, *L'arbitrage commercial international*, *op.cit.*, p. 378 et s ; **P. LEVEL**, *J. Cl. dt int.*, fasc. 585, n° 57 ; **Y. LOUSSOUAR & J.-D. BREDIN**, *Droit du Commerce International,* p. 42 ; **B. GOLDMAN**, *Rép. D. dr. int.* I, V° Arbitrage n° 48 et s et in « les conflits de lois dans l'arbitrage international de droit privé », *R.C.A.D.I.*, 1963, T. 109, p. 367.

[98] **A. KASSIS**, *Le nouveau droit européen des contrats internationaux*, *L.G.D.J.*, Paris, 1993, p. 495, spéc. n° 475 ; adde, **M.- E. ANCEL, P. DEUMIER, M. LAAZOUZI,** *Droit des contrats internationaux,* Dalloz, 2ème éd., 2020, pp. 386 s, spéc. nos 502 s.

d'abord, par la jurisprudence tunisienne d'une manière nette et continue[99] et approuvée par la doctrine[100].

34. Ensuite, le droit comparé enseigne qu'un tel contrôle n'existe pas d'une manière générale. C'est ainsi que les droits français[101] et suisse[102] excluent tout recours contre le droit applicable. Le juge de l'annulation ne donne aucune importance à ce que les motifs soient fondés (en fait) ou en droit[103]. Une erreur de droit ne fait pas non plus obstacle à un éventuel *exequatur*. L'erreur de qualification (du contrat et des règles de droit applicable) ne peut être sanctionnée.[104] Il faut, toutefois, préciser que cette tendance connait des nuances dans d'autres

---

99 قرار تعقيبي مدني عدد 10768 صادر بتاريخ 2002/1/23 (غير منشور)، ذكره **مبروك بن موسى**، " فقه قضاء محكمة التّعقيب والتّحكيم التّجاري الدّولي"، خمسون عاما من فقه القضاء المدني (1959-2009)، مؤلّف جماعي تحت إشراف الأستاذ محمّد كمال شرف الدّين، مركز النشر الجامعي، تونس 2010، ص. 451 وما بعدها، خاصّة ص. 467 جاء به أنّه: " **مهما كان خطأ هيئة التحكيم، وسواء تعلّق بالقانون أو بالواقع، لأنّ ذلك لا يمثّل سببا للإبطال، لأنّ أسباب الإبطال قد وردت بالفصل 78 من مجلّة التحكيم على وجه الحصر، ولأنّ مراقبة مدى احترام المحكّم لمهمّته لا يمكن أن يؤدّي إلى مراجعة الحكم التّحكيمي وإلى أن تتحوّل محكمة الرّقابة إلى محكمة درجة ثانية**" ؛ القرار عدد 38350 صادر عن محكمة الاستئناف بتونس بتاريخ 2007/07/10 (غير منشور) والقرار عدد 69135 صادر عن نفس المحكمة بتاريخ 2009/05/19، قرارات ذكرتها **نهى رباح**، استقلاليّة التّحكيم الدّولي في القانون التّونسي، مذكّرة لنيل شهادة الماجستير في العلوم القانونيّة الأساسيّة، كليّة العلوم القانونيّة والسياسيّة و الاجتماعيّة بتونس، 2010/2009 (بالفرنسيّة)، على التّوالي بالملحق 2، ص 138، خاصة ص 151، و بالملحق 3، ص 154 خاصة ص 169؛ راجع أيضا: **سعاد الفرجاني**، إرادة الأطراف وسلطة المحكّم، مذكرة لنيل شهادة الماجستير في قانون الأعمال، كليّة الحقوق والعلوم السياسيّة بتونس، 2006-2007، خاصّة قائمة الملاحق.

100 **عبد العزيز الدّهماني**، "محكمة الاستئناف ومبدأ الرّقابة الشّكليّة على أحكام التّحكيم"، م.ق.ت أفريل 2007، ص. 13 وما يليها.**عبد الوهاب الباهي**، "التّوجه الجديد لتضييق مجال إلغاء القرارات التّحكيميّة في التّحكيم الدولي"، مجلة التّحكيم العربي (مصر)، العدد 10، سبتمبر 2007، ص 291 وما يليها؛ **بديع بن عبّاس**، التّحكيم الدّاخلي والدّولي: الرّقابة القضائية على أحكام المحكّمين في فقه القضاء التونسي والمقارن، معهد الدّراسات العليا للنّشر، الطبعة الأولى، تونس 2021، ص. 569 وما بعد، خاصة عدد 511؛ **ظافر الدّريدي**، "الطّعن بالإبطال في مادّة التّحكيم الدّولي"، التّنوّع في القانون"، مجموعة أعمال مهداة إلى العميدة كلثوم المزيو درعي، مركز النّشر الجامعي، تونس 2013، ص. 171 وما بعد.

Adde, **S. B. YOUSSEF,** « Le contrôle post-arbitral de la sentence internationale à l'épreuve de l'ordre public substantiel », *in, Le juge et l'arbitrage, 20e anniversaire du Code tunisien de l'arbitrage,* sous la dir. de Sami BOSTANJI, Ferhat HORCHANI & Sébastien MANCIAUX, éd., A. Pédone, Paris 2014, p. 207 s ; Cf. **V. CHANTEBOUT**, *Le principe de non révision au fond des sentences arbitrales*, Thèse dactyl. Paris II, dir. Ch. Jarrosson, 2007.

101 Art. 1520 CPC.

102 Art. 190 al. 2 DIP.

103 CA de Paris, 30 mai 2002, *MCP Technologies c/ International Metals, Gaz. Pal.,* 21 déc. 2002, n° 355, p. 10.

104 *Cf*, **GIRAUD (P.),** *Le devoir de l'arbitre de se conformer à sa mission,* thèse pour le doctorat en droit soutenue publiquement le 4 décembre 2014, Préf. de Ch. JARROSSON, Larcier, Bruylant, 2017, p. 221, spéc. n° 276.

législations telles qu'en Angleterre et aux États-Unis[105]. C'est que l'instance arbitrale perdrait l'essentiel de sa raison d'être et de sa valeur si elle doit être suivie d'une nouvelle instance d'examen par le juge de l'*exequatur* du droit appliqué par l'arbitre.

35. Si l'on veut résumer les principes qui gouvernent le droit applicable dans l'arbitrage international en l'absence de clause d'*electio juris*, nous pouvons constater trois postulas fondamentaux. En premier lieu, il n'y a pas d'ordre juridique de base du contrat international[106]. En second lieu, l'arbitre international n'a pas de *lex fori*, c'est qu'« *en délocalisant l'arbitrage international, on a coupé la branche sur laquelle repose normalement la justice : la lex fori* »[107]. De plus, qu'il n'existe pas un contrôle de la part du juge étatique de l'*exequatur* sur le droit désigné et appliqué par l'arbitre pour régir le contrat international à défaut de choix des parties. Il en résulte que l'arbitre international est souverain par rapport au droit, en ce sens qu'il peut choisir les règles de droit à sa guise, qu'il peut en créer, et même donner directement au litige la solution qu'il trouve juste sans dire quelles règles de droit il a appliqué. Donc, en l'absence de choix du droit applicable par les parties, c'est la seule « loi de l'arbitre » qui règne dans l'arbitrage international.

36. Le statut du droit devant l'arbitre. Un auteur a constaté que : « *Des juges différents ne diront pas le droit de la même manière* »[108]. Même si le contexte de la comparaison a trait au juge administratif et pénal par rapport au juge civil, cette citation est valable pour l'arbitre et le juge étatique, au sujet du statut du droit devant

---

[105] En Angleterre, un recours pour violation de la loi est possible si les parties l'ont accepté (Section 69 du English Arbitration Act de 1996 : « *Appeal on point of law* » ; V. **G.B. BORN,** *International Commercial Arbitration*, vol. II, Kluwer Law International, 2009, pp. 2646-2647 et les réf. citées. Aux États-Unis, pendant plusieurs décennies, le « *manifest disregard of the law* » a constitué un motif d'annulation des sentences arbitrales internationales rendues aux États-Unis, Ibid., pp. 2639-2646 ; **E. CARBONNEAU**, « The Assault on Judicial Deference », *Am. Rev. Int'l Arb.,* 2012. 417, pp. 424-426.

[106] **P. MAYER**, « Le mythe de « l'ordre juridique de base » », in Mélanges B. GOLDMAN, Litec 1982, p.199.

[107] **L. CHÉDLY**, « Les principes généraux du droit et l'arbitrage international », in : *La diversité dans le droit*, Mélanges offerts à la doyenne Kalthoum MEZIOU-DOURAI, *C.P.U.,* 2013, p. 229 s, spéc. p. 230.

[108] **H. CROZÉ**, « Le juge doit-il dire le Droit ? », in *Justices et droit du procès : du légalisme procédural à l'humanisme processuel*, Mélanges Serge GUINCHARD, Dalloz 2010, p. 225 s, spéc. n° 4.

l'arbitre. « *Il apparait que la loi, dans l'arbitrage, change de statut : de fondement obligatoire de la décision individuelle, elle devient un modèle, privilégié certes, mais qu'il pourrait y avoir de bonnes raisons d'écarter*»[109]. Une règle qui est choisie par l'arbitre international n'est plus une règle de droit, elle devient pour l'arbitre un modèle pour la construction de sa sentence, un modèle dépouillé de l'élément impératif de la règle pour ne conserver que son élément rationnel en tant que proposition générale applicable à un cas particulier, sans s'imposer en tant que norme.

37. Ceci dit, l'arbitre jouit donc d'une très grande liberté dans la détermination du droit applicable au fond du litige. Le véritable problème juridique est alors de décrire la manière dont il use de cette liberté. Ainsi, la question essentielle qui retient l'attention en matière d'arbitrage international est la méthode par laquelle l'arbitre va déterminer le droit applicable en l'absence de choix des parties. Alors, ***dans la détermination de cette méthode, l'arbitre dispose-t-il d'une liberté absolue ?***

38. Plan. L'étude des droits étatiques organisant l'arbitrage et l'examen de la pratique arbitrale montrent que l'arbitre dispose d'une liberté remarquable dans la détermination du droit applicable au fond du litige. Cette liberté est, toutefois, encadrée par des impératifs classiques.

Première partie : Une liberté remarquable dans le choix de la méthode de détermination du droit applicable au fond

Deuxième partie : Une liberté encadrée dans la mise en œuvre de la méthode de détermination du droit applicable au fond

---

[109] **P. MAYER**, « L'arbitre et la loi », in *Le droit privé français à la fin du XXe siècle*, Mélanges Pierre CATALA, Litec 2001, p. 225 s, spéc. p. 228.

PARTIE I : UNE LIBERTÉ REMARQUABLE DANS LE CHOIX DE LA MÉTHODE DE DÉTERMINATION DU DROIT APPLICABLE AU FOND

39. Il suffit de consulter les législations nationales sur l'arbitrage et les Règlements de plusieurs centres internationaux d'arbitrage pour constater que l'arbitre du commerce international n'est lié par aucune méthode *a priori* pour déterminer le droit applicable au fond. Il jouit d'une grande marge de liberté en cette matière[110]. Aucune méthode de

[110] Une très grande liberté laissée, à cet égard, aux parties et aux arbitres, à tel point que le Président **Pierre BELLET** a pu dire in (préface l'ouvrage de M. De Boisséson) que : « *Cela va très loin et le praticien effrayé peut souhaiter recevoir des conseils* ». Elle est certainement l'un des traits marquants de l'arbitrage international. La littérature sur ce constat est très abondante. Pour une bibliographie très fournie, v. **J.-F. POUDRET & S. BESSON**, *Droit comparé de l'arbitrage international*, Bruylant, 2002, n° 676, p. 603 (et pour une bibliographie plus actualisée, v. la version anglaise de l'ouvrage chez Thomson – Sweet & Maxwell, 2007, n° 676, p. 569 ; **Ph. FOUCHARD, E. GAILLARD, B. GOLDMAN**, *Traité de l'arbitrage commercial international*, *op.cit.*, p. 879, spéc. n° 1537 ; *adde.*,**G. KAUFMANN- KOHLER**,« Le contrat et son droit devant l'arbitre international », in : Bellanger, François. Al. *Le contrat dans tous ses états*, Publication de la société genevoise de droit et de législation, Berne, Staempfli 2004, pp. 361-373, spéc. p. 363 ; *Droit du commerce international*, sous la dir. de J. BÉGUIN et M. MENJUCQ, Litec, Paris 2005, pp. 1044 et s, spéc. n° 2705 ; **L. CHÉDLY**, « L'arbitre du commerce international, un juge privé », Mélanges M.-L. HACHEM, 2006, p. 284 et s, spéc. p. 323 ; **P. MAYER**, « La liberté de l'arbitre », *RA.*, 2013, p. 339 ; le même in « L'arbitre international et la hiérarchie des normes », art. prec. spéc. n° 7 ; le même in « L'arbitre et la loi », in : *Le droit privé français à la fin du XXe siècle*, Études offertes à Pierre CATALA, Litec, 2001, p. 225 et s, spéc. p. 226 où l'auteur constate « *l'extraordinaire liberté dont l'arbitre jouit par rapport à la loi* » dans le domaine de l'arbitrage international ; **J.-M JACQUET**, « Les libertés de l'arbitre international », *in* Mélanges Pierre MAYER, L.G.D.J., 2015, p. 311, spéc. p. 319 ; **E. GAILLARD,** « The Role of the Arbitrators In Determining The Applicable Law », in : the leading arbitrator's guide to international arbitration, edited by : Lawrence W. Newman & Richard D. Hill, *Juris Publishing,* Inc, p. 185 et s, spéc. p. 202 [IV. The freedom of the arbitrators to choose the applicable law], on line in : www.shearman.com; **Y. DERAINS**, « La liberté de l'arbitre », in *l'arbitrage commercial international- L'apport de la jurisprudence arbitrale,* Séminaire des 7 et 8 avril 1986, *Pub. CCI*, n° 440/1, p. 12, et pour le même constat quant aux pouvoirs de l'amiable compositeur : **J. BÉGUIN**, « L'étonnante liberté de l'arbitre amiable compositeur », in *de Code en Code*, in *Mélanges Georges Weiderkehr*, Dalloz 2009, pp. 1-16 ; **F. BORTOLOTTI & P. MAYER**, «The Application of Substantive Law By International Arbitrators », ICC Institute of Business Law Dossiers, 2014, p. 145 ; **L. G. RADICATTI DI BROZOLO**, « Ethics and the law applicable to the merits in arbitration », in Mélanges Pierre MAYER, *L.G.D.J.*, 2015, p. 753, spéc. p. 755 [L'auteur use le terme « discretion » to identify the applicable law or rules »] ; **A. C. YILDIRIM**, « Où va la liberté des parties dans l'arbitrage international », *communication in : « Où va l'arbitrage international ? De la crise au renouveau* », Journées d'études méditerranéens *en*

choix prédéterminée ne lui est imposée[111]. La plupart des droits étatiques, d'une part, proclament la liberté des parties et des arbitres quant au droit applicable et, d'autre part, ne prévoient aucun contrôle de leurs juges en la matière : ni sur la détermination des règles applicables par les parties ou par l'arbitre, ni sur le contenu de ces règles, ni même sur la manière dont l'arbitre les applique[112]. Même si dans les États où cette liberté n'est pas proclamée de façon si solennelle, elle résulte indirectement du fait qu'aucun contrôle n'est en principe exercé par le juge saisi de l'examen d'une sentence, quant au droit appliqué au fond du litige, hormis le respect des lois de police et de l'ordre public international[113]. Le Pr. MAYER précise, toutefois, que cette « *liberté ne lui est pas conférée : elle résulte de sa positon même d'arbitre international* »[114].

40. Même si une certaine doctrine constate une diversité de méthodes suivies dans la pratique arbitrale internationale, en les répertoriant principalement à quatre[115], ces méthodes peuvent être classées en deux : la méthode conflictuelle et celle de « la voie directe ». Les premières se ramènent nettement à la méthode conflictuelle puisqu'elles ne sont pas exemptes de l'esprit conflictuel. Le premier constat est que l'arbitre n'a pas toujours bénéficié d'une autonomie importante dans le choix des méthodes applicables au fond. La libéralisation de ses pouvoirs s'est faite dans un premier temps au sein même de la méthode conflictuelle **(Titre I)**, puis par l'avènement d'une méthode, dite de « la voie directe » qui a, en quelque sorte, « révolutionner » la façon selon laquelle l'arbitre international détermine le droit applicable **(Titre II)**.

---

l'honneur du professeur Ali BENCHENEB, Acte VI : Journées d'Istanbul 8-9 avril 2016, sous la dir. de Filali OSMAN & Cemil YILDIRIM, Pub. de droit du commerce international et droit méditerranéen, LexisNexis 2017 ; **J.-M. JACQUET**, La loi applicable au fond du litige dans l'arbitrage international, Cours précité, spéc. p. 208.

[111] **B. OPPETIT**, Théorie de l'arbitrage, *op.cit.*, spéc. p. 88.

[112] **J. BEGUIN & M. MENJUCQ**, sous la dir de, *Droit du commerce international*, Collectif, LexisNexis, Paris, Litec 2019, p. 1045, spéc. n° 2697.

[113] Ibid.

[114] **P. MAYER**, « L'autonomie de l'arbitre international dans l'appréciation de sa propre compétence », *R.C.A.D.I.*, 1989, V, Tome 217, p. 392, spéc. n° 66.

[115] **Ch. SERAGLINI & J. ORTSCHEIDT**, *Droit de l'arbitrage interne et internationale, op. cit.*, p. 806, n° 886. Les méthodes indiquées sont : l'application des règles de conflit de lois de siège du tribunal arbitral, celle des règles de conflit de lois des pays intéressés au litige, le recours à des règles de conflit de source internationale, et la voie directe.

TITRE I : LE DÉTACHEMENT DE L'ARBITRE DE LA MÉTHODE CONFLICTUELLE

41. Pendant longtemps, l'arbitre du commerce international a été contraint de passer par la méthode conflictuelle pour déterminer le droit applicable au fond. Il n'est pas surprenant que le juriste soit habitué à raisonner en termes de conflit de lois, lorsqu'il s'agit d'une rapport objectivement international.

42. La méthode conflictuelle est la méthode classique du droit international privé, elle est celle qu'applique le juge étatique. Par une sorte de réflexe, le juriste transpose la nécessité de la règle de conflit de la justice étatique à celle de l'arbitrage international. Comme le juge étatique, l'arbitre international ne parvient pas à désigner le droit applicable sans une règle de conflit, et il « faut », *a priori* qu'une règle de conflit s'impose à lui par analogie au juge étatique. C'était le raisonnement de Sausser-Hall et de la Résolution d'Amsterdam de l'Institut de droit international[116]. Amené à sélectionner une règle de conflit étatique particulière **(chapitre 1)**, l'arbitre peut désormais appliquer des principes généraux du droit international privé, méthode plus souple que la méthode conflictuelle classique **(chapitre 2)**.

[116] V. infra n° 76.

CHAPITRE I : UN DÉTACHEMENT PROGRESSIF : LE CHOIX D'UNE REGLE DE CONFLIT APPROPRIÉE

43. Pour déterminer la règle de conflit appropriée, l'arbitre a le choix entre deux méthodes. La première, qui tend à être délaissée, consiste à emprunter à un ordre juridique sa règle de conflit **(section 1)**. La seconde, beaucoup plus utilisée par les arbitres, permet à ceux-ci de cumuler les différentes règles de conflit pour déterminer celle qui est applicable **(section 2)**.

SECTION I : LA MÉTHODE DE L'EMPRUNT D'UNE REGLE DE CONFLIT

44. La méthode de l'emprunt d'une règle de conflit implique que l'arbitre choisisse le système de conflit d'un des États intéressés au litige. A l'intérieur de ce choix, plusieurs tendances doctrinales classiques et méthodes suivies par les arbitres internationaux ont été proposées. Certes tous archaïques et délaissées, la méthode de la règle de conflit de l'État de siège a connu un grand débat avant d'être pratiquement abandonnée **(§ 2)**, alors que celle de la libre sélection d'une règle de conflit renferme des solutions mal adaptées et à l'esprit et à la technique de l'arbitrage international **(§ 1)**.

§ 1. La méthode du libre choix d'une règle de conflit

45. L'exposé de la méthode est intéressant pour comprendre le mécanisme du libre choix d'une règle de conflit **(A)**, l'exercice de cette méthode permet de tracer les différentes conceptions doctrinales **(B)**

A- Exposé de la méthode

46. Avant d'examiner cette méthode, il paraît utile de rappeler que les arbitres n'ont cessé de proclamer leur liberté en matière de détermination du droit applicable au fond du litige, chaque fois que les parties n'ont pas élu de droit applicable. La sentence n° **1512** rendue en 1971 a affirmé que : « *l'arbitre international ne dispose pas de lex fori à laquelle il pourrait emprunter des règles de conflit de lois*»[117]. Une autre sentence de 1982, dans l'affaire n° **2730**, rappelle également que : « *Le Tribunal arbitral jouit donc d'un large pouvoir d'appréciation, voire d'un pouvoir discrétionnaire* »[118].

47. M DERAINS rapporte que la formule de « *pouvoir discrétionnaire* » des arbitres semble avoir été utilisée pour la première fois en 1966, dans une sentence rendue dans l'affaire n° **1422**[119]. Ce pouvoir n'a en réalité que deux limites : la volonté clairement exprimée des parties de choisir un droit plutôt qu'un autre et le souci de répondre à l'attente légitime des parties.

---

[117] Publiée in *J.D.I* 1974, p. 97, citée par **DERAINS,** « Les tendances de la jurisprudence arbitrale internationale », *J.D.I.*, 1993, n° 4, p. 829 et s, spéc. n° 24.

[118] *J.D.I*, 1984, p. 914.

[119] *J.D.I*, 1974, p. 884, citée par **DERAINS**, *art. prec. loc. cit.*

48. Cette méthode découle de la situation même de l'arbitre du commerce international. D'une part, dans un arbitrage véritablement international, l'arbitre est libre, il n'est pas tenu d'appliquer une méthode au profit d'une autre. « [Il] *est maitre de son système de conflit*»[120], de telle sorte qu'il peut adopter la règle de conflit qui lui parait la plus appropriée. D'autre part, il n'est pas obligé de puiser cette même règle à partir d'un système de conflit déterminé. Il pourra la forger au besoin lui-même. Les arbitres disposent donc d'une liberté totale pour choisir leur règle de conflit[121].

49. Les conventions internationales et les règlements d'arbitrage sont unanimes à ce que l'arbitre est maître de son système de conflit. N'étant « *pas tenu d'appliquer une règle de conflit plutôt qu'une autre* »[122], il peut sélectionner parmi toutes les règles de conflit celle qui lui semble la meilleure, puisque aucune ne s'impose à lui *a priori*.

50. La Convention de Genève du 21 avril 1961 sur l'arbitrage commercial international dispose dans son article VII § 1er, qu'« *à défaut d'indication par les parties du droit applicable, les arbitres appliqueront la loi désignée par la règle de conflit que les arbitres jugeront appropriée en l'espèce*».[123] La même règle a été adoptée en 1985 par la loi-type de la CNUDCI[124].

51. L'interprétation du texte de la Convention de Genève a suscité, à l'époque, des variations et n'était pas unanime. La question a été posée de la manière suivante : cette « *règle de conflit que les arbitres jugeront appropriée en l'espèce* », doit-elle être nécessairement empruntée à un système de conflit national, ou peut-elle être élaborée directement par les arbitres, sans référence à un système national précis ?

---

120 **Ph. FOUCHARD**, *L'arbitrage commercial international*, *op.cit.*, spéc. n° 559.

121 Ibid., n° 560.

122 **H. BATIFFOL**, « L'arbitrage et les conflits de lois », *RA.*, 1957, p. 110.

123 Disposition qui a été intégralement reprise dans le Règlement d'arbitrage de la Commission économique pour l'Europe des Nations Unies, art. 38.

124 L'article 29 § 2 indiquait qu': « *A défaut de désignation par les parties (des règles de droit applicables), le tribunal arbitral applique la loi désignée par la règle de conflit de lois qu'il juge applicable en l'espèce*». Il faut préciser que la version 2010 de la loi-type de la CNUDCI, a évincé la méthode conflictuelle pour permettre à l'arbitre d'appliquer directement une loi étatique appropriée. Le nouvel article 35 dispose désormais dans son § 1er que : « *Le tribunal arbitral applique les règles de droit désignées par les parties comme étant celles applicables au fond du litige. À défaut d'une telle désignation par les parties, il applique la loi qu'il juge appropriée* ».

KOPELMANAS[125] expliquait ainsi le sens du texte : « *...devant la difficulté, voire l'impossibilité de fixer des règles internationales de conflit,... la seule solution raisonnable du problème consisterait à laisser à l'arbitre le soin de déterminer, s'il y a lieu, dans les cas concrets, la loi applicable selon la règle de conflit qu'il jugera appropriée à l'espèce* »[126].

Jean ROBERT pensait: « *Comme il n'est pas question que les arbitres imaginent une règle de conflit, leur liberté se bornera à opter pour l'un des systèmes existants, cette option étant elle-même guidée par les usages de commerce* »[127].

Le Pr. Ph. Fouchard avait une interprétation totalement différente. Il estime que ceux-ci disposent, en fait, d'un corps de règles reflétant assez bien les tendances internationales en face des conflits de lois, dont ils pourront- lorsqu'ils ne l'utilisent pas directement- s'inspirer. « *Largement libérés des cadres étatiques, les arbitres du commerce international peuvent, grâce à leur position particulière, contribuer à préciser les contours d'un véritable « droit commun des nations », mais, déjà, sur le plan plus modeste des conflits de lois, tenter une unification ou une coordination des règles de conflit. Leur refuser la possibilité de se dégager d'un système national de conflit de lois, c'est les assimiler aux juges des tribunaux étatiques*»[128].

52. Plusieurs idées doctrinales ont été proposées pour déterminer la règle de conflit sur la base de laquelle sera fixée la loi applicable au fond du litige. Elles peuvent être cernées dans les tendances suivantes qui vont être présentées et appréciées.

B- Pratique de la méthode et différentes conceptions doctrinales

Diverses applications ont été observées. Nous allons les présenter successivement dans le cadre du choix, par l'arbitre d'une règle de conflit.

---

[125] Conseiller juridique de la Commission économique pour l'Europe et l'un des commentateurs les plus autorisés de la Convention puisqu'il a joué un rôle essentiel dans son élaboration.

[126] **L. KOPELMANAS**, « Quelques problèmes récents de l'arbitrage commercial international », *R.T.D com.*, 1957, p. 879 et s, spéc. p. 895.

[127] **J. ROBERT**, « La Convention européenne sur l'arbitrage commercial international signée à Genève le 21 avril 1961 », *D.*, 1961, Chr., p. 173 et s, spéc. p. 180.

[128] **Ph. FOUCHARD**, *L'arbitrage commercial international*, *op.cit.*, spéc. n° 564.

1- L'application, par l'arbitre, de sa règle de conflit nationale

53. Selon cette solution, l'arbitre pourrait recourir à son propre droit international privé, à défaut de choix par les parties d'une loi applicable. Cette démarche a été justifiée par le fait que le système de conflit de loi du pays d'origine ou du domicile de l'arbitre est celui qu'il connait le mieux. Il a été aussi argué que les parties, en le nommant, ont peut-être voulu implicitement l'application de son système de règles de conflit, ou du moins consenti à ce qu'il en fasse usage[129].

54. L'argument n'est point convaincant. Tout d'abord, selon Pierre LALIVE, on ne voit pas bien pourquoi il faudrait passer par la règle de conflit de l'arbitre. Sa loi matérielle ayant alors aussi bien vocation à s'appliquer. De plus, « *il est des plus contestable* » de rattacher à la personne de l'arbitre le choix du système de conflit de lois à appliquer pour la solution du litige. Ce serait, selon les propres expressions de l'auteur, « *sous-estimer injustement les qualités et les ressources de l'arbitre que de les supposer incapables de recourir à un autre système de droit international privé que leur système national* »[130].

55. Outre, une telle solution représente une sorte de « *détournement* » des règles de conflits de loi pour déboucher à l'application d'une loi nationale, non seulement sans lien avec l'objet du litige, mais aussi inattendue par les parties[131].

2- L'application des règles de conflit de la nationalité commune ou de celle de l'État du domicile commun des parties

56. L'application des règles de conflit du pays de la nationalité commune, ou du domicile commun des parties serait également concevable, si celles-ci n'avaient pas dans la majorité des cas d'arbitrage international, une nationalité ou un domicile justement différent.

---

[129] **F.-M. SAMI**, *L'arbitrage commercial international*, Maison *El Hikma* de presse et de publication, Bagdad, 1992, p. 192 (en arabe) ; dans le même sens : **H. BATIFFOL**, « Arbitrage et conflit de lois », *R.A.*, 1957, p. 111.

[130] **P. LALIVE**, « Les règles de conflit de loi appliquées au fond du litige par l'arbitre international siégeant à Suisse », *RA.*, 1976, pp. 155-185, spéc. n° 160

[131] **R. ABOUZID**, *Les fondements généraux de l'arbitrage commercial international*, Maison *d'El Fikr El Arabi* 1981, p. 155 (en arabe).

57. Cette solution est critiquée du moment qu'elle est difficilement applicable à un arbitrage censé trancher des litiges nés de rapports commerciaux internationaux. En effet, dans la majorité des cas, il est rare que les litigants aient la même nationalité quid d'avoir un domicile commun[132]. Outre le fait que, même si on suppose que cette nationalité ou domicile commun existe, il est difficile de parvenir à une harmonie entre la loi applicable et l'objet du litige. Par ailleurs, l'idée soutenant cette thèse peut se justifier puisqu'elle peut revêtir une autre forme avec la méthode dite « cumulative » ou « synthétique » utilisée fréquemment dans la pratique arbitrale.

3-L'application de la loi désignée par la règle de conflit « évincée » par la clause d'arbitrage

58. Cette solution suppose la soumission de l'arbitrage à la loi désignée par la règle de conflit « évincée » par la clause d'arbitrage, c'est-à-dire la loi de l'État dont les tribunaux eussent été compétents sans une clause compromissoire. Cette idée a été défendue autrefois par un auteur italien[133]. Elle consiste pour l'arbitre de suivre la démarche suivante. Il faudrait déterminer au préalable la juridiction qui aurait été compétente sans arbitrage. Ce qui soulève le problème du conflit international de juridiction que l'arbitrage est justement censé éviter. En outre, quand bien même la juridiction compétente pourrait être déterminée, il n'est pas sûr que l'application de son droit international privé permette une meilleure reconnaissance et exécution des sentences.

59. Enfin, sur le plan théorique « *la solution n'en est pas une* » puisqu'elle débouche sur un « *cercle vicieux* ». L'arbitre doit d'abord chercher le tribunal qui devrait normalement trancher le litige, ce qui n'est pas une tâche aisée et on ne sait pas selon quel système de droit international privé pourrait-il déterminer quelle est la juridiction évincée dont il doit appliquer les règles de conflit?[134]

60. A cela s'ajoute le fait que cette solution complique la tâche des parties qui, en recourant à l'arbitrage, désirent éviter les problèmes

---

[132] **B. HANOTION** et **P. JENARD**, « Les clauses relatives aux contrats dans l'avant-projet de Convention C.E.E sur la loi applicable aux obligations contractuelles et non contractuelles », in « *le contrat économique international* », Travaux J. Dabin, Bruxelles 1975, p. 41 et s, spéc. pp. 53-54

[133] **D. ANZILOTTI**, *Rivista di Diritto internationale*, 1906, p. 467.

[134] *Cf.*, **P. LALIVE**, « Les règles de conflit de loi (...) », art. prec., p. 161.

suscités par le conflit des juridictions. S'ils ont adopté cette solution, les parties vont alourdir la mission de l'arbitre à qui incombera désormais la tâche de résoudre la question de conflit des juridictions, alors telle n'était pas leur intention. Cette démarche a été critiquée par notamment F. E. KLEIN[135] et G. SAUSSER-HALL[136], elle n'est plus aujourd'hui soutenue par personne.

4- L'application des règles de conflit du pays de l'*exequatur*

61. Elle consiste pour l'arbitre, à défaut de clause d'*electio juris* préétablie par les parties, à suivre les règles de droit international privé du pays où l'*exequatur* de sa sentence sera probablement demandé. Cette tendance a été justifiée par « *le soucis qui trouble l'arbitre international* »[137] quant à l'essor de sa sentence. Cette solution est confrontée par plusieurs difficultés pratiques qui se rapportent à l'ambiguïté lors de la détermination du pays de l'*exequatur*, et que faire s'il doit y en avoir plusieurs[138] ?

62. De plus, cette idée est inadéquate vu que l'arbitre, s'il doit « *prendre en considération* » les règles d'ordre public du pays où sera probablement demandé l'*exequatur*, il n'est pas toutefois obligé par la même, d'appliquer le système de conflit de ce pays. Une théorie qui semble donc confondre deux questions distinctes, celle qui se pose devant les arbitres pour déterminer le droit applicable au fond selon les principes du droit international privé, et celle qui se pose ultérieurement devant les juges étatiques qui peuvent accorder ou refuser l'*exequatur* de la sentence.

63. De ce fait, elle doit être écartée, selon Pierre LALIVE[139], quand bien même une prise en considération du point de vue du ou des pays où la sentence est susceptible d'être exécutée soit nécessaire,

---

[135] **F.E. KLEIN**, *Considérations sur l'arbitrage de droit international privé*, Bâle, 1953, n° 139.

[136] *Cf.*, sur cette thèse et sa critique **G. SAUSSER-HALL**, « L'arbitrage en droit international », *Annuaire du droit international.* 1952, t. II, p. 496 et s, spéc. p. 551 et s.

[137] **R. ABOUZID**, *op. cit.*, spéc. p. 159.

[138] Cf. sur ce point : **M. DE FONTMICHEL & J. JOURDAN-MARQUES** (sous la dir. de), *L'exécution des sentences arbitrales internationales*, L.G.D.J., Lextenso éditions 2017.

[139] **P. LALIVE**, art. prec., p. 162.

comme montre l'article 41 du règlement CCI tel qu'issue de sa nouvelle version du 6 octobre 2020.[140]

5- Le recours au droit international privé de la *lex contractus*

64. La solution du droit international privé de la *lex contractus* a été soutenue en doctrine par un certain nombre d'auteurs partisans de la nature contractuelle de l'arbitrage [141]. Elle impose à l'arbitre, en l'absence d'indication par les parties du droit applicable au fond, de recourir au système de conflit de loi du pays dont la loi matérielle a été choisie par les parties pour régir leur contrat.

65. L'idée sous-jacente est probablement qu'en choisissant une loi matérielle pour régir la procédure arbitrale ou seulement pour régir le contrat principal, « *les parties seraient censées avoir choisi le droit international privé du pays pour régler les conflits de lois qui surgiraient en dehors du domaine propre de la loi de procédure ou de la lex contractus* ».[142]

66. Suivie quelquefois par la pratique arbitrale, l'idée semble être en conformité avec la conception « objectiviste », qui voit dans le choix de la loi applicable une « localisation » plutôt qu'un véritable choix subjectif. Il en résulte que l'arbitre est en droit d'appliquer au fond du litige, non seulement les règles matérielles où les parties ont localisé leur contrat, mais aussi, le cas échéant, le système de rattachement de ce même pays.

---

[140] L'article 41 dispose que : « *Dans tous les cas non visés expressément au Règlement, la Cour et le tribunal arbitral procèdent en s'inspirant du Règlement et en faisant tous leurs efforts pour que la sentence soit susceptible de sanction légale.* » Il correspond à l'article 35 de l'ancien Règlement 1998. Sur cette nouvelle version du 6 octobre 2020 V : **M.D.M VALENTINI** & **C. MILES**, « Publication du nouveau Règlement d'arbitrage de la Chambre de commerce internationale, en vigueur à compter du 1er janvier 2021 », en ligne sur : https://www.august-debouzy.com/fr/blog/1601-publication-du-nouveau-reglement-darbitrage-de-la-chambre-de-commerce-internationale-en-vigueur-a-compter-du-1er-janvier-2021

[141] **C. N FRAGISTRAT**, « Arbitrage étranger et arbitrage international en droit privé », *Rev. Crit. DIP* 1958, p. 1 et s ; **F. E. KLEIN**, « Autonomie de la volonté et arbitrage », *RC DIP* 1958, p. 225et 479, 483 ; **D. TALLON**, « La loi applicable par les juridictions arbitrales », rapport in Colloque sur *les nouvelles sources du droit du commerce international*, Londres, sept. 1962 ; **H. BATIFFOL**, « Arbitrage et conflit de lois », *RA.*, 1957, pp. 110-111.

[142] **B. GOLDMAN**, « Les conflits de lois dans l'arbitrage international de droit privé », *RCADI.*, 1963., t. 109, p. 347 et s, spéc. p. 377, n° 12.

67. La pratique arbitrale a révélé l'existence des cas où les parties ont expressément désigné le système de conflit de lois auquel les arbitres devraient recourir. La sentence rendue en 1977, dans la sentence n° **2680**, illustre ce choix[143]. Dans cette affaire, les parties avaient expressément invité l'arbitre à rechercher le droit applicable selon les règles de conflit suisse. L'arbitre respectant la volonté des parties, a appliqué le droit allemand. D'autant plus qu'il soulignait : « *Même si les parties n'avaient pas choisi expressément les règles de conflit suisse pour la détermination du droit applicable au fond du litige, l'arbitre devrait appliquer le droit allemand* ».

Le litige avait satisfait, selon lui, les principes fondamentaux du droit international privé universellement appliqués tels que le lieu d'exécution du contrat. De plus, le centre de gravité de la prestation caractéristique était en l'espèce en Allemagne. Ce fut également le cas de la sentence rendue en 1964, dans l'affaire n° **1250**[144].

68. Parfois la désignation du système de rattachement est indirecte. C'est, en réalité, cette hypothèse qui est à la base de la présomption selon laquelle le système de solution des conflits dépend du pays dont le droit matériel a été expressément ou tacitement choisi par les parties pour régir la procédure arbitrale ou le contrat principal, à propos duquel surgit le litige soumis aux arbitres[145].

C'est ainsi que la pratique arbitrale a pu révéler le cas d'une sentence où l'arbitre a pu faire l'application de la théorie du renvoi dans les termes suivants :

« *Attendu que si la convention est soumise au droit belge et qu'en raison de cette clause le compromis d'arbitrage impose que le litige doive être tranché en droit belge, ces dispositions n'impliquent nullement que le droit matériel belge soit applicable à tous les effets de la convention* ».

« *Que s'agissant d'un contrat international, le juge belge doit en effet déterminer, suivant les règles de conflit de lois applicable en Belgique, à quels aspects de la convention la loi belge valablement désignée par les parties en vertu du principe de l'autonomie de la volonté, est applicable, que le renvoi au doit belge doit donc s'étendre*

---

143 Clunet, 1978, p. 998, obs. Y. DERAINS.

144 Yearbook, 1980, p. 168.

145 **B. GOLDMAN**, « Les conflits de lois dans l'arbitrage (…) », *Cours précité*, spéc. p. 376, n° 12.

non seulement comme renvoi au droit matériel mais encore comme renvoi au droit international privé belge».[146]

69. Cette idée, outre le fait qu'elle est impossible au cas où les parties n'ont pas choisi de droit applicable, ou encore s'ils ont exclu l'application des règles de conflit de la loi élue, fait l'objet d'un grand refus eu égard aux résultats étranges et inattendus qu'elle peut aboutir.

70. D'une part, elle est en contradiction flagrante avec un principe fondamental de droit international privé qui exige l'exclusion du renvoi en matière contractuelle[147]. D'autre part, le problème du cercle vicieux risque de se poser et d'ailleurs il a été évoqué à plusieurs égards. Le problème se pose de la façon suivante : lorsque les parties désignent, directement ou indirectement, le système de conflit de loi de l'arbitre, cela représente en soi une règle de conflit.

71. Il en résulte que le système de rattachement serait déjà déterminé[148]. Ensuite, toute tentative, soit pour dégager ou interpréter un choix tacite, soit pour déterminer l'efficacité d'un choix exprès voir pour déterminer la loi applicable aux questions extracontractuelles, doit être fondée, théoriquement et pratiquement, sur un certain système de rattachement préexistant. « *Dès lors, n'est-ce pas tomber dans un cercle vicieux que de vouloir déterminer le système du droit international privé applicable par l'arbitre en recourant…à une loi choisie en vertu,*

---

[146] Sentence rendue en 1977, dans l'affaire n° **1704**, Clunet 1978, p. 977, obs. Y. DERAINS.

[147] Sur la question du renvoi en général : **Ph. FRANCESCAKIS**, *La théorie du renvoi et les conflits des systèmes en droit international privé*, Sirey, Paris, 1958, p. 226 et s ; **H. BATIFFOL**, *Traité élémentaire de droit international privé*, 3ème éd., Paris, 1959, spéc. n°311 ; *Contrats,* n° 53, *RA.,* 1959. 711, et les références ; **Y. LOUSSOUARN, P. BOUREL, P. DE VAREILLES-SOMMIERES,** *Droit international privé*, 8e éd., Dalloz, 2004, n° 362 et s ; **D. BREDIN**, « Les conflits de lois en matière de contrats dans la Communauté Economique Européenne », *Clunet* 1963, p. 938 et s, spéc. p. 960, n° 21 ; **A. MEZGHANI**, *Commentaires du Code du droit international privé*, op. cit., p. 65 ss ; **L. CHÉDLY**, « Le rejet inopiné du renvoi par le Code de droit international », in Mélanges au Doyen Sadok Belaid, C.P.U., 2004, p. 295 s ; **H.-A. SADOK**, *Le droit applicable au fond des contrats du commerce international*, Monchaât El Maàrif, Alexandrie 1995, p. 405 et s, spéc. n° 358 (en arabe) ; *adde.,* l'article 2 de la convention sur la loi applicable aux ventes à caractère international d'objets mobiliers corporels, signée à La Haye le 25 juillet 1955 qui exclut implicitement le renvoi.

[148] **B. GOLDMAN**, *Les conflits de lois dans l'arbitrage* (…), *Cours précité*, spéc. p. 378, n° 13.

précisément, d'un système de règles de conflit qui permet ce choix, c'est-à-dire qui consacre l'autonomie de la volonté ».[149]

72. De plus, si les parties ont désigné expressément la loi qui devrait régir leur relation, il est contraire à cette volonté de l'interpréter comme visant la loi désignée par les règles de conflit de la loi choisie. En fait, ce n'est pas une règle de conflit, mais un droit matériel, que les parties ont choisi[150].

73. Il peut paraitre, donc, quelque peu surprenant et artificiel de déduire du choix par les parties de la *lex contractus*, la sélection d'un conflit de loi, alors qu'elles ignoraient probablement la question des règles de droit international privé, ou voulaient au contraire en exclure l'application. C'est pour cette raison que l'article 28-1 *in fine* de la loi-type de la CNUDCI de 1985 disposait, parallèlement à plusieurs législations nationales sur l'arbitrage international[151], que : « *Toute désignation de la loi ou du système juridique d'un État donné est considérée, sauf indication contraire expresse, comme désignant directement les règles juridiques de fond de cet État et non ses règles de conflit de lois* »[152], et ce tant que les parties n'ont pas convenu autrement.

74. Toutefois, la compétence des règles de conflit de ce droit se trouve justifiée, dans certains cas dans lesquels les parties se sont référées à un Règlement institutionnel qui indique la loi applicable au fond en y introduisant les règles de conflits, qui est dans la majorité des

---

[149] **P. LALIVE**, « Les règles de conflit de lois appliquées au fond du litige par l'arbitre international siégeant en Suisse », *RA.*, n°3, 1976, p. 155 et s, spéc. p. 165.

[150] *Cf.*, **Ph. FOUCHARD**, *L'arbitrage commercial international, op. cit.*, p. 364, spéc. n° 545.

[151] *Cf.*, par ex : l'article 39-1 de la loi égyptienne sur l'arbitrage en matières civiles et commerciales (loi n° 27 de 1994) ; l'article 1051-1 (nouveau) du Code de procédures civiles allemande ; l'article 39-1 de la loi du Royaume- Unis ; la convention d'Oman sur l'arbitrage et l'article 2-2 des Recommandations de l'Institut du Droit International tenues à la ville de Bâle, en Suisse, août 1992, Annuaire *de l'Institut du Droit International,* Vol. 64. II, 1992, p. 385.

[152] Il faut noter que l'article 28-1 est restée inchangée après la modification issue la version 2006 sur la loi-type. Mais cette disposition ne figure pas dans le Règlement du 25 juin 2010 de la CNUDCI qui a remplacé le Règlement initial de 1976. En effet, l'article 35 ne fait pas mention de ce détail si important. V. Résolution de l'Assemblée générale 65/22 Version révisée en 2010 du Règlement d'arbitrage de la CNUDCI disponible en ligne sur :www.uncitral.org/pdf/french/texts/.../arb.../arb-rules-revised-f.pd. V. sur cette version 2010 : **P. PIC & I. LEGER**, « Le nouveau Règlement d'arbitrage de la CNUDCI (2010) », *RA.*, 2011, n° 1, p. 99 et s, spéc. p. 116, n° 20.

cas, la loi du siège de l'arbitrage et la loi du lieu où se déroulent les audiences du Tribunal arbitral. Ainsi, c'est l'exemple de l'article 4 du Règlement d'arbitrage international de la chambre de commerce de Zürich qui renvoyait aux règles de conflit de la loi suisse[153].

75. Selon le Pr. FOUCHARD, cette justification est issue, non seulement de la volonté réelle des parties, quoique indirecte, mais aussi de l'idée selon laquelle l'arbitre doit appliquer les règles de conflit de son « for »[154]. Ce qui amène à examiner la méthode de l'application du système de conflit du siège de l'arbitrage.

§ 2 . L'application de la règle de conflit du siège de l'arbitrage

76. Il convient, en premier lieu, de s'intéresser au contenu de cette méthode **(A)**, pour essayer ensuite de présenter une appréciation critique **(B)**.

A- La thèse de la *lex fori* du siège de l'arbitrage

77. Il convient d'exposer les termes de cette thèse **(1)**, avant d'identifier ses partisans **(2)**. L'analyse de quelques applications tirées de la pratique arbitrale permet de mesurer la place de la *lex fori* du siège dans les méthodes du droit applicables par l'arbitre **(3)**.

1-Les termes de cette thèse et ses fondements

78. L'application par l'arbitre des règles de conflit de lois du siège du tribunal arbitral s'est longtemps imposée dans la pratique arbitrale. Elle a été défendue par une doctrine ancienne qui soutenait l'idée selon

---

[153] Il faut préciser que cette solution a été délaissée par le nouveau Règlement suisse d'arbitrage international en vigueur depuis 1er juin 2012. Son article 33 dispose désormais dans son alinéa 1er que : « *Le tribunal arbitral statue conformément aux règles de droit convenues entre les parties, ou, à défaut d'élection de droit, en appliquant les règles de droit avec lesquelles le litige présente le lien le plus étroit* ». Disponible en ligne in : www.ccig.ch/FileDownload/Download/315

[154] **Ph. FOUCHARD**, *L'arbitrage commercial international, op.cit., loc. cit.* Toutefois, cette dernière règle a connu une évolution remarquable. L'arbitre du commerce international, comme nous le verront plus loin, n'est tenu d'appliquer, en fait, aucune règle de for. Outre le rôle réduit du siège de l'arbitrage, qui se rétréci telle une peau de chagrin pour devenir un « *élément inutile* », le siège, dans la majorité des cas, est un élément artificiel qui a « *un rôle effacé* » selon les propos du Pr. **Th. Clay**, (in :« A quoi sert le siège de l'arbitrage international ?», in : *Le juge et l'arbitrage,* op. cit., p. 45 s.

laquelle la loi du siège de l'arbitrage est sa *lex fori*[155]. Cette thèse a été consacrée pour la première fois par la Résolution d'Amsterdam, à la suite du rapport du Pr. *George Sausser- Hall* sur « *l'arbitrage en droit international privé* » remis à l'Institut de droit international en 1957[156]. Elle est la plus ancienne, mais elle connait encore quelques soutiens dans la pensée juridique contemporaine. Une solution que l'on suivait encore récemment dans les pays de *Common law* [157] et, selon WETTER[158], en Suède, consiste à appliquer les règles de conflit du for, donc du siège de l'arbitrage[159].

79. Elle consiste à présumer qu'en choisissant le siège de l'arbitrage, les parties entendent se soumettre au droit matériel de l'État du siège, conformément à l'adage *judiceme ligit jus.* Un examen des dispositions de la Résolution permet d'observer la prépondérance du droit du siège, tant dans ses règles de conflit que dans ses règles matérielles.

80. M. Sausser- Hall, avait tenté de concilier entre l'aspect conventionnel et l'aspect juridictionnel de l'arbitrage. Le texte de la Résolution qui, sensé traduire cette « *conciliation* », a toutefois consacré le recours quasi-exclusif au système de conflit du pays du siège arbitral. L'article 11 dispose clairement que : « Les *règles de rattachement en vigueur dans l'État du siège du tribunal arbitral doivent être suivies pour déterminer la loi applicable au fond du litige* (al. 1). *Dans les limites de cette loi, les arbitres appliquent la loi choisie par les parties, ou à défaut d'indication expresse de celles-ci, déterminent quelle est la volonté des parties à cet égard en considérant toutes les circonstances de la cause* (al. 2)»[160].

---

155 V. Pour une doctrine très ancienne : **PILLET**, *Traité pratique de droit international privé*, T.2, Paris, Sirey, 1923-1924, p. 533, spéc. n° 659 ; **BARTIN**, *Principes de droit international privé selon la loi et la jurisprudence française*, T. I. Paris, Domat Montchrestien §21 à 219, p. 601 et s ; **NIBOYET**, *Traité de droit international français*. Paris, Sirey, 1ère éd., 1938-1950, T. VI-2, n° 1981.

156 Annuaire de l'Institut du droit international 1957. II. 394 s.

157 *Cf.*, **M. PRYLES**, *Choice of Law Issues in International Arbitration*, Arbitration 1997, pp. 200-209, spéc. p. 208.

158 **MUSTILL & BOYD**, Commercial Arbitration, 2nd ed., 2001 Companion Volume, LexisNexis, pp. 327-328 ad sect. 46.

159 Pour plus d'amples détails sur cette théorie et ses applications dans le droit comparé de certains pays européens v. **J.- F. POUDRET & S. BESSON**, *op. cit.*, p. 605 s.

160 *Ann.* 1957, II, 484.

81. Les conséquences de cette idée sont lourdes : la validité de la convention d'arbitrage dépend de la loi du lieu de l'arbitrage ; l'arbitre doit aussi, comme le juge de l'État du siège, appliquer les règles de conflit de lois de cet État pour déterminer le droit applicable au fond ; même la clause d'*electio juris* doit s'appuyer sur les règles de rattachement du siège de l'arbitrage[161].

82. Dans le système ainsi proposé, le lieu du Tribunal arbitral est « *le centre de gravité* » de multiples questions qui peuvent se poser en la matière. Il détermine non seulement le système de rattachement qui désignera la loi applicable au fond, mais aussi la loi matérielle applicable à la procédure. Selon cette conception, l'arbitrage international est réduit à une composante d'un ordre juridique étatique. Elle assimile l'arbitre à une juridiction d'un ordre juridique qui est celui du siège du Tribunal arbitral.

83. Cette thèse reflète « *un positivisme étatique* » qui emprunte surtout à KELSEN ou à HART leur conception du droit. Une conception qui pose un postulat bien connu : tout droit est déduit d'une règle et chaque règle repose sur une autre règle pour former un ordonnancement parfait (l'idée de la pyramide).

84. La source des pouvoirs des arbitres ne pouvait résider que dans un ordre juridique étatique. L'État du siège est celui qui a sur l'arbitrage le contrôle le plus complet et le plus effectif[162]. C'est une approche caractéristique d'une démarche de droit international privé classique qui consiste à rechercher le rattachement le plus étroit, sinon le siège du rapport du droit d'après sa nature. M. GAILLARD constate que : « (…) *la conception centralisatrice de la source du pouvoir de juger des arbitres parait bien se rattacher à la tradition philosophique prête à préférer l'injustice au désordre* »[163].

---

[161] Le Rapport de **SAUSER-HALL**, Annuaire de l'Institut de droit international, 1957, I, p. 571.

[162] **F.A. MANN**, « *Lex Facit Arbitrum* », in International Arbitration. *Liber Amicorum for Martin Domke*, La Haye, *Martinus Nijhoff*, 1967, p. 157 et s, spéc. p. 161, reproduit in Arbitration International, 1986, p. 161, note 44.

[163] (*Propter vitandum scandalum velturbationen*), qui signifie l'application d'une règle injuste pour éviter un scandale ou un désordre. V. **E. GAILLARD** in : *Aspects philosophiques du droit de l'arbitrage,* Les livres de poche de l'Académie de Droit International de La Haye (ADI- Poche), *Martinus Nijhoff Publishers*, Leiden/Boston, Pays-Bas 2008, publié aussi *in RCADI*, T. 329 (2007), pp. 49-216.

2- Les partisans

85. La théorie a trouvé un prestigieux allié : M. MANN qui a exprimé ce « *courant objectiviste* »[164]dans un article demeuré célèbre de 1967[165]. Il a publié un article : « *Lex Facit Arbitrum* » tout entier consacré à la critique de la conception plus internationaliste que Berthold GOLDMAN avait exprimée dans son cours donné à l'Académie de La Haye en 1963 sur les conflits de lois dans l'arbitrage international[166].

86. Pour MANN : « *les arbitres sont inévitablement soumit à la compétence législative du pays dans lequel le tribunal fonctionne ; les autorités de ce pays ont la haute main sur son existence, composition et fonctionnement* ... ». Cette vision repose toute entière sur l'assimilation de l'arbitre au juge de l'État de siège : tous deux sont soumis au souverain local[167].

87. L'auteur va jusqu'à nier toute légitimité à l'expression « *arbitrage international* » : « *The phrase is a misnomer. In the legal sense no international commercial arbitration exists. Just as notwithstanding its notoriously misleading name, every system of private international law is a system of national law, every arbitration is a national arbitration, that is to say, subject to a specific system of national law*»[168].

88. M. GAILLARD déduit que cette thèse rejette en termes catégoriques l'idée même de choix par les parties du droit régissant l'arbitrage. Ainsi, « *seul l'ordre juridique du siège serait à même, de façon purement objective, et sans que cela ne doive rien à la volonté des parties, d'offrir à l'arbitrage la structure au sein de laquelle il est autorisé à se développer* »[169].

---

[164] Selon l'expression d'Emanuel GAILLARD, *ibid*, n° 13.

[165] **F.A. MANN**, « *Lex Facit Arbitrum* », *op. cit*, p. 241.

[166] « Les conflits de lois dans l'arbitrage international de droit privé », *R.C.A.D.I.*, 1963, T. 109, p. 347

[167] **F.A. MANN**, « *Lex Facit Arbitrum* »,*op. cit*, p. 162, note 44. Pour lui « *There is a pronounced similarity between the national judge and the arbitrator in that both of them are subject to local sovereign. If, in contrast to the national judge, the arbitrator is in many respects, but by no means with uniformity, allowed and even ordered by municipal legislations to accept commands of the parties, this is because, and to the extent that, the local sovereign so provides* ».

[168] *Ibid*, p. 159, note 44.

[169] **E. GAILLARD**, « Aspects philosophiques du droit de l'arbitrage », *art. prec.* p. 38, spéc. n° 13.

89. La convention de New York pour la reconnaissance et l'exécution des sentences arbitrales étrangères[170] du 10 juin 1958 reflète fidèlement la conception selon laquelle les États constituent la seule source de souveraineté à l'exclusion de tout ordre supranational. C'est ainsi qu'elle assurait à travers l'article V §1er une « primauté » et une « priorité»[171] du contrôle au siège, en permettant au juge requis en vue de la reconnaissance ou de l'*exequatur* de la refuser lorsque la sentence est annulée dans son pays d'origine. C'est le problème très épineux de la reconnaissance et de l'exécution à l'étranger d'une sentence annulée par les tribunaux judiciaires du siège[172].

90. Il est peut-être superficiel de croire que cette conception est totalement dépassée. En Angleterre, à titre d'exemple, elle « *n'a que des partisans* »[173]. Une certaine pensée juridique contemporaine atteste de la persistance de cette thèse localisatrice[174]. Jusqu'à une époque relativement récente, une certaine doctrine discute encore la thèse de la non-intégration de l'arbitrage international à l'ordre juridique du siège en réfutant une conception radicale de cette thèse et en plaidant pour une qui est plus nuancée des rattachements entre l'arbitrage et l'ordre juridique du siège[175]. Pour certains, le choix du siège connaît toujours

---

[170] Sur cette Convention *Cf.*, **J. ROBERT**, « La Convention de New York du 10 juin 1958 pour la reconnaissance et l'exécution des sentences étrangères », *D.* 1958. 223.

[171] **Ph. FOUCHARD**, « La portée internationale de l'annulation de la sentence arbitrale dans son pays d'origine », *R.A.*, 1997, p. 329 et s, spéc. p. 331.

[172] Sur ce sujet, qui a fait couler beaucoup d'encre, v. notamment : **S. BOLLÉE**, *Les méthodes du droit international privé à l'épreuve des sentences arbitrales*, Paris, Economica, 2004, p. 259 s, nos 369 et s ; v. aussi *infra* les références et les arrêts cités dans les notes de bas de page nos 194-195.

[173] **E. GAILLARD**, « Aspects philosophiques du droit de l'arbitrage », *art. prec.*, p. 37, note 49.

[174] *Cf.*, **W.W. PARK**, « The *Lex Loci Arbitri* and International Commercial Arbitration », in International *and comparative Law Quarterly*, 1983, p 21, spéc. p. 22, cité par E. GAILLARD dans son cours précité ; **H. HOLTZMANN**, **D. DONOVAN**, United States, in ICCA International Handbook on Commercial Arbitration, J. Paulsson ed., 2001, p. 44 ; **S. BESSON**, « L'importance du siège de l'arbitrage », *Rev. Brésil. Arbitr.* 2007, n° 13, p. 107.

[175] V. l'étude de **F. BACHAND,** « La non-intégration de l'arbitrage international à l'ordre juridique du siège : réalité et conséquences », in, *Les couleurs du droit*, Mélanges en l'honneur du Pr. Adrian Popovici, *Thémis*, 2010, pp. 387-416 et les références citées. L'auteur précise à juste titre qu': « *En somme, bien qu'il soit juste de dire que la sentence internationale ne tire pas sa juridicité de l'ordre juridique du siège, il n'est ni souhaitable ni possible- du moins au Québec- d'apprécier la validité d'une sentence étrangère indépendamment du sort que lui*

des justifications, il n'est ni fortuit ni fondé sur des raisons de pure commodité. Lorsqu'il est opéré par les parties, ce choix traduirait (nécessairement) la volonté de se soumettre à un ordre juridique déterminé[176].

91. J.- F. POUDRET & S. BESSON se prononcent dans le même sens. Ils fondent l'intégralité du régime régissant l'institution de l'arbitrage, y compris la validité formelle de la convention d'arbitrage, l'arbitrabilité des litiges, la composition du Tribunal arbitral, les garanties fondamentales de la procédure, l'assistance du juge étatique et le contrôle de la régularité, sur la « *loi de l'arbitrage* » ou la *lex arbitri*. Elle est comprise comme étant la loi du siège de l'arbitrage, sans utiliser les termes *lex loci arbitri* ou *lex fori.*[177] Cette doctrine pense, à juste titre, que l'arbitre est lié par les dispositions impératives de la loi d'arbitrage du siège, en particulier celles dont la violation peut entraîner l'annulation de la sentence[178].

---

ont réservé les tribunaux judiciaires du siège. C'est donc dire que le droit québécois rejette, à juste titre, la thèse selon laquelle les parties cherchent à ne créer pratiquement aucun lien entre l'arbitrage et l'ordre juridique de l'État du siège ».

176 **Roy GOODE**, « The Role of The *Lex Loci Arbitri* in International Commercial Arbitration », *Arbitration International,* 2001, p. 19.

177 **J.- F POUDRET & S. BESSON**, *Droit comparé de l'arbitrage international*, Zurich, Schulthess, 2002, spéc. note 36. Dans le même sens : **A. HIRSHT**, « The Place of Arbitration and the *lex arbitri* », *The Arbitration Journal*, Sept. 1979, vol. 34, n°3, p. 43 ; V. toutefois **F. BACHAND,** *in,* « La non-intégration (...) », art. prec, spéc. p. 412, qui, pour lui, le choix du siège ne doit pas avoir d'effets sur la validité de la convention d'arbitrage. L'exemple qu'il avance est significatif. « *Prenons l'exemple d'une clause compromissoire insérée dans un contrat de vente conclu entre une entreprise américaine et une entreprise française prévoyant tout simplement que « tout litige découlant du présent contrat sera tranché par un tribunal arbitral composé de trois arbitres siégeant à Québec ». En analysant cette clause en vertu du droit québéquois, il faudrait probablement conclure à son invalidité, car en omettant de mentionner expressément le caractère final et obligatoire de la sentence à intervenir, elle ne semble pas constituer une clause compromissoire « parfaite » au sens de la jurisprudence pertinente. Or, il serait absurde de présumer qu'en fixant le siège de l'arbitrage au Québec, les parties aient voulu s'assujettir à une règle ayant pour effet de rendre totalement inefficace leur engagement à recourir à l'arbitrage* ».

178 Pour plus d'amples détails sur cette position cf. **J.- F POUDRET & S. BESSON**, *op.cit.,* p. 117, spéc. n° 146 ; V. contra. **P. MAYER**, "The Trend Towards Delocalization in the last 100 years", in: The Internationalization of International Arbitration, *The LCIA Centenary Conference*, Londres 1995 p. 402 ss.

92. Ceci dit, les arbitres peuvent encore choisir d'emprunter cette voie[179], qui continue d'offrir, pour certains, des avantages indéniables. Tout d'abord, la démarche est généralement neutre, puisqu'elle conduit à appliquer les règles de conflit de l'État du siège, lui-même souvent choisi pour sa neutralité.

93. De plus, les solutions du droit international privé du siège sont généralement aisément consultables pour le Tribunal arbitral. La démarche n'est ni surprenante ni choquante pour les parties et peut même apparaitre naturelle à leurs yeux. Toutefois, il n'est pas nécessaire d'insister à ce que, même si le rattachement fondé sur le siège soit aujourd'hui très largement dominant en droit positif[180], cette conception est devenue de plus en plus dénoncée par la majorité de la doctrine contemporaine partisante de l'autonomie de l'arbitrage commercial international pour des raisons qui vont être analysés.

3 - Quelques applications arbitrales de l'idée de rattachement au siège

94. Actuellement, rares sont les décisions arbitrales qui déterminent le droit applicable au fond du litige en fonction de la règle de conflit du siège du tribunal arbitral[181]. La sentence rendue par le Tribunal arbitral sous la présidence de M. *PYTHON*, président du Tribunal fédéral suisse représente un exemple célèbre. Un litige opposait la société *Alsing Trading Company Ltd* et une autre société à l'État hellénique. L'arbitre a relevé, qu'au moment de la conclusion d'un marché de fourniture, les parties ne s'étaient pas prononcées sur le droit auquel ce contrat devrait être soumit. Or, le droit international privé du siège de l'arbitrage, la Grèce, consacrait le principe de l'autonomie de la volonté des parties en matière contractuelle. Rappelant que si les parties *« ne fournissent pas la justification des règles de droit étranger qu'elles invoquent, le juge est autorisé à se*

---

[179] V. par exemple, Affaire CCI n° **5551** de 1988, *Bull. CCI* 1996, Vol. 7, n°1, p. 82 ; Sent. CCI n° **10137** rendu en 1999, et Sent. CCI n° **11024** rendu en 2003, citées par **E. JOLIVET**, « Chronique de jurisprudence arbitrale de la CCI—La détermination du droit applicable au fond du litige », *Cah arb.*, vol. V, éd., Pédone, 2011, p. 515 et p. 522.

[180] **J.- F POUDRET & S. BESSON**, *op.cit.*, p. 92, spéc. n° 120

[181] V. en ce sens : **M. DE BOISSÉSON**, *Le droit français de l'arbitrage interne et international*, GEN Joly, Paris, 1990, p. 595, spéc. n° 665. Pour un rejet explicite, par l'arbitre, du rattachement au siège, sentence CCI n° **4434**, 1983, *J.D.I* 1983, p. 893 ; sentence CCI n^{os}**2735** et **2391**, *J.D.I.*, 1977, p. 947 et p. 950.

prononcer selon le droit interne », l'arbitre s'est estimé fonder à appliquer au litige le droit hellénique, « *sans avoir à se prononcer sur la loi qui eût été compétente, à défaut d'accord des parties, selon les règles de conflit du droit international privé de la Grèce* ».[182]

95. Dans une autre sentence CCI n° **5460** rendue en 1987[183], l'arbitre unique, qui siégeait en Angleterre, considérait que l'octroi des intérêts relevait du droit matériel. Ainsi, il détermina si des intérêts étaient dûs en appliquant le droit de fond, à savoir le droit sud-africain jugé identique au droit anglais, puisque la preuve du contraire n'avait pas été apportée. En application du droit anglais, les arbitres étaient ainsi libres d'octroyer des intérêts pour autant que cela soit juste[184]. En revanche, comme il estimait qu'au sens de l'Arbitration Act de 1950 le calcul des intérêts relevait du droit procédural, il appliqua sa *lex arbitri* pour en fixer le taux. La règle de procédure arbitrale laissant aux arbitres un large pouvoir de décision, il se référa à la pratique des tribunaux du domicile du créancier pour formuler le pourcentage qu'il jugea approprié. En revanche, sa loi de procédure prohibait l'anatocisme, il ne pouvait pas allouer des intérêts composés. Cette théorie a connu un grand échec ce qui fait qu'elle est de plus en plus abandonnée.

B- L'échec spectaculaire de la méthode de rattachement au siège

96. La méthode de l'application par l'arbitre des règles de conflit de lois du siège du Tribunal arbitral a subi des critiques doctrinales vigoureuses. Dans la pratique, également, cette méthode tend à reculer pour plusieurs motifs et sur la base de divers arguments. « *L'affirmation que l'arbitre international n'a pas de lex fori est devenue aujourd'hui un lieu commun, un poncif. On n'en discute plus* (...) *Pourtant il a fallu*

---

[182] Sentence rendue le 22 décembre 1954, « The Alsing Trading Company Ltd, Svenska Tandsticks Aktiebolaget c/ État hellénique », *RA.*, 1955, p. 27; *Cf.* **SCHWEBEL**, « The Alsing case», 8 *International and Comparative Law quarterly*, 1959, pp. 320 s.

[183] Sentence CCI n° **5460** de 1987, *Y.C.A.*, Deventer [Kluwer Law and Taxation Publ.], vol. 13, 1988, pp. 104-109, rapportée par : **M. GRANGES**, Les intérêts moratoires en arbitrage international, Genève, Schulthess, 2004, spéc. p. 13, en ligne sur : http://archive-ouverte.unige.ch/unige:83441.

[184] Sect. 19 A Arbitration Act 1950: « Unless a contrary intention is expressed therein, every arbitration agreement shall, where such a provision is applicable to the reference, be deemed to contain a provision that the arbitrator or umpire may, if he thinks fit, award simple interest [...], »

un certain temps et il a fallu des efforts pour qu'on se rende à cette évidence»[185].

97. Déjà en 1957 BATIFFOL observait que les juges d'État sont tenus de suivre les règles de conflit de lois de l'État au nom duquel ils rendent la justice, alors que l'arbitre, ne rendant la justice au nom d'aucun État, n'est pas tenu de suivre les règles de conflit d'un pays plutôt que celles d'un autre[186]. Qu'est-ce qui va tenir lieu de la *lex fori* du juge étatique ? Quelle sera la *lex arbitri* si les parties n'ont pas choisi la loi applicable au contrat ? Selon BATIFFOL, l'arbitre en sera réduit à affirmer, sans se référer à aucun système, que les indices de la volonté des parties font pencher pour l'application des règles de conflit de tel État plutôt que de tel autre. *Quid* lorsque ces indices n'existent pas ou ne sont pas fiables ? Le lieu convenu par les parties paraît à BATIFFOL comme l'indice le mieux qualifié[187]. Or, on sait actuellement que l'attribution au choix du siège arbitral d'une valeur indicative n'a plus cours dans la doctrine, depuis que l'on ne croit plus aux thèses de *SAUSER-HALL* et de la Résolution d'Amsterdam. Comme l'observe une certaine doctrine : « *En l'absence de vrais indices de la volonté des parties, présumer leur volonté relève de la divination*».[188]

98. La méthode du rattachement au siège a été critiquée tout d'abord, parce qu'elle marginalise la nature conventionnelle de l'arbitrage ainsi que son autonomie. Elle écarte la loi d'autonomie en tant que telle qui ne s'appliquera que lorsqu'elle coïncide avec la loi du siège arbitral. Or, l'autonomie des parties en matière d'arbitrage suffit à évincer l'application des règles de conflit du siège. Ainsi, lorsque le règlement d'arbitrage auquel renvoie le contrat des parties confère à l'arbitre le pouvoir de choisir librement les règles les plus appropriées applicables au litige, les règles de conflit du siège ne peuvent avoir aucun aspect impératif.

99. Ensuite, la méthode de transposition des principes applicables au juge étatique à l'arbitrage commercial international est contestable puisqu'elle méconnaît sa spécificité. Imposer aux arbitres de recourir à la règle de conflit du lieu de l'arbitrage pour déterminer le droit

---

[185] **A. KASSIS**, *L'autonomie de l'arbitrage commercial international : le droit français en question*, Préf. de Paul LAGARDE, L'Harmattan, Paris, 2005, p. 263, spéc. n° 444.

[186] **H. BATIFFOL**, « L'arbitrage et les conflits de lois », *R.A.*,1957, p. 110.

[187] *Ibid, loc cit.*

[188] **A. KASSIS**, *Le nouveau droit européen des contrats internationaux*, *L.G.D.J.*, Paris, 1993, p. 498, spéc. n° 477.

applicable revient à considérer qu'ils sont une sorte d'émanation du pouvoir étatique. Or, l'arbitre ne peut être assimilé au juge étatique. L'un et l'autre tiennent leur pouvoir de juger de deux sources distinctes, le premier de la volonté des parties, le second de l'État dont il relève[189].

100. De plus, le système de droit international privé du siège confond le rattachement purement géographique du siège qui détermine le territoire de l'État où siège le Tribunal arbitral, avec un rattachement juridique, qui est la traduction de la notion exacte et couramment employée, en droit international privé, de la « *relation territoriale la plus étroite* »[190].

101. Berthold GOLDMAN a consacré l'essentiel de son Cours donné à l'Académie de La Haye en 1963 à la justification de l'utilisation d'un système de détermination du droit applicable autonome par rapport à celui du siège de l'arbitrage. Il soutenait qu' : « *un tel rattachement ignore en effet les deux caractères fondamentaux de l'arbitrage international, puisqu'il le traite comme une procédure étatique, et comme une procédure purement interne* »[191]. Henri MOTULSKY avance presque le même reproche[192].

102. De plus, en l'absence de recours en révision contre la sentence, l'arbitre statuant même dans un arbitrage *ad hoc,* n'a aucune raison d'appliquer les règles de conflit du siège plutôt que d'autres règles de conflit. Comme le constate M. de BOISSÉSON « *Dépourvu de lex fori, l'arbitre n'est pas tenu de faire référence à la règle de conflit du pays de son siège pour déterminer les règles applicables à la procédure, ou au fond du litige* »[193].

---

[189] Sur ces divergences *Cf.*, **Th. CLAY**, L'arbitre, *op.cit.*, p. 186, spéc. n°s 225 à 236 ; **B. OPPETIT**, « Justice étatique et justice arbitrale », *in Mélanges P. Bellet*, Litec, 1991, p.415.

[190] **B. GOLDMAN**, « Les conflits de lois dans l'arbitrage international de droit privé », *R.C.A.D.I.*, 1963, t. 109, p. 351 et s, spéc. pp. 372 et 373.

[191] V. également dans le même sens, **P. LALIVE**, *Les problèmes relatifs à l'arbitrage international commercial*, *R.C.A.D.I.*, 1967, vol. 120, p. 573 et s, spéc. pp. 616-617 ; « Les règles de conflit de lois appliquées au fond du litige par l'arbitre international siégeant en Suisse », *R.A.*, n°3, 1976, p. 155 et s, spéc. p. 170 ; « Le droit applicable au fond du litige en matière d'arbitrage », *Rev. « Rassegna Dell' arbitrato »,* v XVII, n°1, 1977, p.1 s, spéc. p. 4.

[192] *Études et notes sur l'arbitrage*, Préf. B. GOLDMAN et Ph. FOUCHARD, T.II, Dalloz, 1974, p. 389, (édité aussi : Paris, Dalloz éd., 2010),

[193] « Réflexions sur l'espace et le temps dans l'arbitrage international », in Mélanges Pierre BELLET, Litec 1991, p. 33 s, spéc. p. 33.

103. Cela apparaît d'une manière particulièrement claire dans une jurisprudence, qui a fait couler beaucoup d'encre et de discussions, accordant l'*exequatur* à des sentences arbitrales annulées dans leur pays d'origine[194]. Accorder l'exequatur à une sentence annulée dans son

---

[194] Cette jurisprudence est entamée en 1984 avec l'arrêt ***Norsolor*** : (Cass. 1ère civ., 9 oct. 1984, n° 83-11.355, *Norsolor* : *J.D.I.,* 1985, p. 679, Ph. KHAN; *Bull. civ.* 1984, I, n° 248; *R.A.,* 1985, p. 431, note B. GOLDMAN; *Rev crit DIP* 1985, p. 551, note B. DUTOIT. D. 1985, p. 101, note J. ROBERT), poursuivie par les décisions ***Polish Ocean Line*** (Cass. 1ère civ., 10 mars 1993, n° 91-16.041, *Polish Ocean Line* : JurisData n° 1993-002502 ; *Bull. civ. I,* n° 99 ; *RA*., 1993, p. 255 (2e esp.), note D. HASCHER.) et surtout ***Hilmarton*** (Cass 1ère civ., 23 mars 1994, n° 92-15.137, Sté *Hilmarton* : JurisData n° 1994-000833 ; *J.D.I* 1994, p. 701, note E. GAILLARD ; *Bull. civ.* 1994, I, n° 104 ; *RA*., 1994, p. 356, note B. OPPETIT, in B. OPPETIT, *Théorie de l'arbitrage, PUF, Collection droit, éthique, société*, Paris, 1998, spéc. p. 85 ; *DPCI* 1995, p. 152, obs D. NEDJAR ; *PA* 1995, n° 23, p. 8 (2e esp.), obs. G. PARLEANI ; *Y.C.A.,* vol. XX, 1995, p. 666. *Riv. dell'arb.* 1995, p. 291, note A. VINCENT. - Cass 1ère civ., 10 juin 1997, n° 95-18.402 et 95-18403, Hilmarton : JurisData n° 1997-002629 ; *J.D.I* 1997, p. 1033, note E. GAILLARD ; *Bull. civ.* 1997, I, n° 195 ; *RA*., 1994, p. 376, note PH. FOUCHARD et obs. p. 329, spéc. n° 17 ; *RA*., 1998, 7, obs. J.-F. POUDRET, avec réplique de Ph. FOUCHARD p. 22 et duplique de J.-F. POUDRET, p. 23 ; *R.T.D. com.* 1998, p. 329, obs. J.-CL. DUBARRY ET E. LOQUIN ; Just. n° 7, 1997, 213, obs. M.-CL. RIVIER ; *R.D.A.I.*, 1997, p.1043, obs. CH. IMHOOS ; *Y.C.A.,* vol. XXII, 1997, p. 696 ; *Intern. Arb. Rep.*, vol. 12, n° 7, 1997, 3; *Intern. Arb. Rep.*, vol. 12, n° 9, 1997, 1, obs. H.G. GHARARVI.), **Chromalloy** (CA Paris, 14 janv. 1997, n° 95/23025, *Chromalloy*: Juris Data n° 1997-720502; *J.D.I* 1998, p. 750, note E. GAILLARD; *RA*., 1997, p. 395, note PH. FOUCHARD et obs. p. 329, spéc. n° 33 ; *R.G.D.P.,* 1999, 123, obs. M.-CL. RIVIER ; *R.D.A.I.,* 1997, p. 1043 ; *R.D.A.I.,* 1998, p. 82, obs. CH. IMHOOS ; *Y.C.A.,* vol. XXII, 1997, p. 691 ; Intern. *Arb. Rep*., vol. 12, n° 4, 1997, B1 et B4; *Riv dell'arb.* 1999, p. 746, note **A**. GIARDINA) et ***Bechtel*** (CA Paris, 29 sept. 2005, n° 2004/07635, Bechtel: Juris Data n° 2005-287354; *J.C.P. G 2006*, I. 148, § 7, obs. CH. SERAGLINI; *RA*., 2006, p. 695, note H. MUIR WATT; *Rev crit DIP* 2006, p. 387, note A. SZKELY; *D.* 2005, pan, p. 3063, obs. TH. CLAY; *SIAR* 2005, vol. 3, p. 151, note PH. PINSOLLE, p. 159 et A. MOURRE, p. 172.), sans oublier l'arrêt **Bargues Agro** (CA Paris, 10 juin 2004, n° 2003/09894, *Bargues Agro Industrie*: JurisData n° 2004-247702; *RA*., 2004, somm. p. 733 ; *Cah. arb*., vol. III, p. 366.), pour aboutir aux arrêts ***Putrabali*** (Cass. 1ère civ., 29 juin 2007, n° 05-18.053 et n° 06-13-293, Putrabali : JurisData n° 2007-039759 ; *Bull. civ.* 2007, I, n° 250 et 251 ; *J.D.I* 2007, p. 1236, comm. 23, note TH. CLAY. La Cour de cassation française affirma pour la première fois que la sentence arbitrale international n'était intégrée à aucun ordre juridique étatique et qu'elle méritait même une qualification de *" décision de justice internationale*" ; *J.C.P. G 2006*, I. 216, § 7, obs. Ch. Seraglini ; *RA*., 2007, p. 507, note E. GAILLARD; *Gaz Pal., Cah. arb*., 21-22 nov. 2007, p. 2, note PH. PINSOLLE ; *Gaz Pal., Cah. arb*., 21-22 nov. 2008, p. 23, note CL. DEBOURG. *Rev crit DIP* 2008, 109, note S. BOLLÉE ; *PA* 2007, n° 192, p. 20,

pays d'origine, c'est nécessairement considérer que la sentence n'est pas juridiquement intégrée dans le lieu où elle est rendue[195].

104. Mieux encore : il existe des cas où il est très difficile de déterminer le siège du Tribunal arbitral. C'est notamment le cas où le siège n'a pas été fixé ou lorsqu'il en existe plusieurs. C'est le cas lorsque les arbitres se sont réunis successivement dans plusieurs États, ou lorsque l'arbitrage s'effectue par correspondance, voire les sentences rendues sur dossier. Dans ces hypothèses la détermination du siège de l'arbitrage n'est pas une évidence.

105. La doctrine a montré à maintes reprises, le caractère accessoire, arbitraire, voire fictif de ce rattachement dans bien des cas d'arbitrage international. Car, les raisons telles que la commodité ou les convenances purement personnelles, ou la situation des biens litigieux, la résidence habituelle ou provisoire de tel ou tel arbitre, etc., pourraient conduire les parties ou une institution arbitrale à choisir un lieu quelconque dont la loi en vigueur n'a aucun lien avec la substance du litige[196].

106. La jurisprudence arbitrale atteste également dans certaines affaires, de l'exclusion du rattachement au siège de l'arbitrage en insistant sur l'autonomie de l'arbitre détaché de l'ordre juridique du

---

note M DE BOISSÉSON ; *D.* 2007, act. Jurisp. p. 1969, note X. DELPECH; *D.* 2008, p. 1429, note L. DEGOS; *R.T.D. com.* 2007, p. 682, obs. E. LOQUIN; *Gaz Pal., Cah. arb.*, 21-22 nov. 2007, p. 3, obs. S. LAZAREFF; *Arbitration international* 2007, 277, note PH. PINSOLLE; *Bull. ASA* 2007, 217, note P.-Y. Gunter; *American Review of Intern. Arb.* 2007, 309, note H. SMIT ; *Revista brasileira de arbitragem* 2008, n° 18, p. 114, note L. WEILLER.

[195] *Cf.* sur la question : **Ph. FOUCHARD**, « La portée internationale de l'annulation de la sentence arbitrale dans son pays d'origine », *RA.*, 1997, p.329 et s ; **A. MOURRE**, « A propos des articles V et VIII de la Convention de New York et la reconnaissance des sentences annulées dans leur pays d'origine : où va-t-on après les arrêts Termo Rio et Putrabali ? », *RA.*, 2008, p. 263 ; **L. CHÉDLY**, « L'exécution des sentences internationales annulées dans leur pays d'origine : cohérences en droit comparé et incohérence du droit tunisien », *J.D.I.*, 2009, n° 4, pp. 1139-1179 ; **E. GALLAIRD**, « L'exécution des sentences annulées dans leur pays d'origine », *J.D.I.*, 3, 1998, p. 645 ; **S. MANCIAUX**, « Le sort des sentences arbitrales annulées dans l'État du siège : proposition pour sortir du désordre actuel », *in, Droit sans frontières*, Mélanges en l'honneur d'Éric LOQUIN, *Travaux du Centre de recherche sur le droit des marchés et des investissements internationaux*, Vol. 51, LexisNexis 2018, pp. 215-230.

[196] V. en ce sens : **Ph. FOUCHARD**, thèse précitée ; *adde.*, **M de BOISSÉSON**, *Le droit français de l'arbitrage interne et international*, *GEN Joly*, Paris, 1990, p. 651, spéc. n° 700.

siège. La constatation que l'arbitre international n'a pas de *lex fori* semble avoir été faite pour la première fois à propos des tribunaux arbitraux mixtes qui ont été créés après la première guerre mondiale par les traités de paix. L'un de ces tribunaux, le Tribunal Arbitral Mixte roumano-allemand avait affirmé dans l'affaire ***Negreanu*** que : « n'appartenant *à aucun État et siégeant à bon leur semble ; les tribunaux mixtes n'ont pas de lex fori »*. Dans une affaire ***Petrobangla***, un Tribunal arbitral, bien que siégeant au Bangladesh, a décidé de ne pas tenir compte de l'injonction qui lui avait été faite par les juridictions locales de ne pas suivre l'arbitrage au motif qu'il avait commis un « *misconduct* » en refusant une mesure d'instruction sollicitée par la société nationale bengalaise dans l'affaire[197].

107. La même solution a été retenue dans des circonstances analogues dans les affaires ***Himpurna c. Indonésie***[198]en 1999 et ***Salini c. Éthiopie*** en 2001[199].

108. Les études doctrinales sont presque unanimes sur le constat de l'inutilité du siège du moins à la réduction de son rôle[200]. Il est donc très

---

197 Affaire CCI n° 7934, inédite, décrite dans la décision sur la compétence et les mesures provisoires rendue le 21 mars 2007, rapportée par : **E. GAILLARD**, « L'ordre juridique arbitral : réalité, utilité et spécificité », (2010) 55 R.D. McGill 891, p. 893 s, spéc. p. 901 ; *Cf.* Saipem S.p. A u. Bangladesh (2007), 22 :4 International Arbitration Report B-1 à la p. B-4 (International Centre of Settlement of Investment Dispute).

198 *Interim award* of 26 September 1999 and final award of 16 October 1999, (2000) 25 *Y.B Comm. Arb.* 109 à la p. 178, rapportée par E. GAILLARD, art. Prec., p. 901.

199 *Salini Costruttori S.P.A (Italy) c/ Federal Democratic Republic of Ethiopia, Addis Ababa Water and Sewerage Authority (Ethiopia)* (2001), (International Chamber of Commerce), reproduite *in* Emmanuel Gaillard, dir., Anti-Suit Injunctions in International Arbitration, IAI (Series on International Arbitration), n° 2, Huntington (NY), Juris, 2005, p. 227 [*Salini c. Éthiopie*]. Pour une présentation de la décision et un commentaire, V. **Antonio Crivellaro**, « International Arbitrators and Courts of the Seat—Who Defers to Whom?" (2003) 2 ASA Bulletin 60; **M. SCHERER**, « The Place or 'Seat' of Arbitration (Possibility, and/or Sometimes Necessity of its Transfer?) – Some Remarks on the Award in ICC Arbitration, n° 10, p. 623» (2003) 21 A.S.A Bulletin 112.

200 *Cf.* **Th. CLAY**, « Le siège de l'arbitrage international entre « ORDEM » et « PROGRESSO », *Cah. arb*, V.5, éd., A. Pédone, Paris 2011, p. 21 et s, spéc. n° 10; même auteur: « La parole, l'écrit et l'image dans les modes alternatifs de règlement des conflits », Entretiens d'Aguesseau, Limoges, 7/03/2008; le même: « L'arbitre est-il un être normal? » in: *L'exigence de justice*, Mélanges Robert Badinter, *Dalloz* 2016, pp. 225-247, spéc. p.233; **M.-L. HACHEM**, « Mondialisation de l'économie et convention d'arbitrage », *R.T.D.*, 2000, p. 221

et s, spéc. p. 226 ; **J.-M. JACQUET**, *Principe d'autonomie et contrats internationaux, Économica* 1983, n° 192 s ; **J. STEIN**, "The Drafting of Effective Choice-of-law Clauses": 8 *J. Int. Arb. 69* [sept. 1991] et contributions **F. de Ly**, *The place of arbitration in the conflict of laws of international commercial arbitration: an exercise in arbitration planning* ; **J. de LEW**, The place of arbitration and the applicable law in the English common law; **O. SANDROK**, *The place of arbitration and the law applicable to the merits of dispute* ; **Ch. JARROSSON**, « De quelques aspects spécifiques tenant au lieu de l'arbitrage pour certaines matières ou dans certains pays », in *The Place of Arbitration, Actes du colloque de Gent, Mys & Breesh, Gent* 1992, p. 2 s., p. 78 s., p. 90 s., p. 123 s. ; **Ph. FOUCHARD**, *L'arbitrage commercial international, op.cit.*, n° 546 s ; **Ph. FOUCHARD, E. GAILLARD, B. GOLDMAN**, *Traité (...), op.cit.*, p. 880 et s, spéc. n°1541; **P. LALIVE**, « Le droit applicable au fond par l'arbitre international », in *Droit International et Droit Communautaire,* Paris 1991, p. 33 s, spéc. p. 41 ; **G. KAUFMAN- KOHLER**, « Aspects de la mise en œuvre du droit en arbitrage », *Rev. dr. suisse* 1988, p. 405 ; **CRAIG, PARK & PAULSSON**, *International Chamber of Commerce Arbitration*, 2è éd., 1990, p. 285 ; **M. de BOISSÉSON**, « Réflexions sur l'espace et le temps dans l'arbitrage international », *Mélanges Pierre Bellet*, Litec 1991, p. 34 s, spéc. p. 35 ; *adde.,* dans le même sens : **Y. DERAINS**, « Le choix du lieu de l'arbitrage », *R.D.A.I.,*1986, p. 109 et s ; le même in : « Les tendances de la jurisprudence arbitrale internationale », *J.D.I.*, 1993, n° 4, p 829 et s, spéc. p. 854, où il constate dans la conclusion de cette étude que : « *Quel que soit le lieu où il siège, seule la volonté des parties peut créer une relation privilégiée entre l'arbitre international et un droit national déterminé...* » ; **A.-F.-M. MANIRUZZAMAN**, « Conflict of Laws Issues in International Arbitration : Practice and Trends » : 9 *Arb. Int'l* 371, 1993 ; **G. BORN**, *International Commercial Arbitration in the United States-Commentary & Material*, 2000, pp. 103-106 ; **L. CHÉDLY**, *Arbitrage commercial international et ordre public transnational*, Préf. K. Meziou, C.P.U., Tunis 2002, p. 4 ; **J. BÉGUIN & M. MENJUCQ**, sous la dir de, *Droit du commerce international*, Collectif, LexisNexis, Paris, Litec 2011, p. 1051, spéc. n° 2706 ; **E. GAILLARD & Ph. PINSOLLE**, *Advocacy in International Commercial Arbitration*: France, R. Bishop ed., The Art of Advocacy in International Arbitration, 2004, pp. [suite n° 4]133-146 ; **Th. CLAY** et **Ph. PINSOLLE**, « De l'autonomie de la convention d'arbitrage ... », *J.D.I., 2015,* n°1, p. 13 et s, spéc. 32 ; **P. MAYER**, « L'arbitre et la loi », prec, p. 225, spéc. p. 230 ; **C. REYMOND**, « Pour une histoire des idées en matière d'arbitrage », in *Mélanges Serge Lazareff*, sous la dir. de Laurent Lévy et Yves Derains, Pédone, Paris 2011, p. 531 et s, spéc. p. 535 ; **S. BOLLÉ**, Note sous cass, 1ère Ch. Civ., n° 05-18053 du 29/06/2007, (arrêt Purtabali), *Rev. Crit. DIP*, 2008, n° 1, p. 109 et s, spéc. n° 4 ; **F. BACHAND**, L'intervention du juge canadien avant et durant un arbitrage commercial international, thèse précitée ; le même in « La non-intégration de l'arbitrage international à l'ordre juridique du siège : réalités et conséquences », in : *Les couleurs du droit, Mélanges Adrian Popovici,* sous la dir. de Générosa Bras Miranda et Benoit Moore, Thémis, Montréal, 2010, p. 387. Sauf que **M. BACHAND** propose dans cette dernière étude plutôt une conception nuancée des liens entre l'arbitrage et l'ordre juridique du siège et les nuances qu'il

généralement admis aujourd'hui que les tribunaux arbitraux ne sont pas tenus d'appliquer les règles de conflit de lois de l'État dans lequel se situe leur siège, même si celui- ci est le plus souvent retenu comme le critère d'identification de la *lex arbitri*[201].

109. Actuellement, le concept de for arbitral est considéré comme dépassé. Dès 1970 et dans le pays où cette règle a le mieux résisté (Angleterre), la Chambre des Lords lui apportait un assouplissement considérable en considérant dans un arrêt *Compagnie d'armement maritime*[202], qu'une clause d'arbitrage à Londres n'impliquait pas nécessairement que le contrat était soumis à la loi anglaise, mais constituait seulement un indice dans ce sens, insuffisant en l'espèce pour exclure l'application du droit français.

110. La plupart des législations[203] et Règlements modernes sur l'arbitrage[204]ont abandonné toute référence au droit international privé « du for » s'agissant de la détermination du droit applicable au fond. La

---

retient l'amènent en fait à donner une présence marquée aux règles transnationales lorsque les règles locales y dérogent ; même auteur, « Court Intervention in International Arbitration : The Case for Compulsory Judicial Internationalism » (2012) 12 :1 J Dispersa 83 ; où il propose l'idée selon laquelle le juge du siège doit toujours considérer le contexte international lors de l'interprétation des sources locales ; « La fixation du siège du Tribunal arbitral : quelles conséquences ? », Dossier de : *La Lettre de la Chambre arbitrale internationale de Paris*, n° 7, mars 2015, pp. 11-12, disponible en ligne sur : http://www.arbitrage.org/newsletter-CAIP-2015-03-long.html#actuCAIP3

201 Sur la notion de *lex arbitrii Cf.* **J.-M. JACQUET**, « La *lex arbitri* dans l'arbitrage commercial international : mythe ou réalité ? », in Unité ou diversité du droit international, Écrits en l'honneur du Pr. Pierre- Marie Dupy, éd., par D. Alland, V. Chetail, O. de Fronville, J. Vinuales, M. Nijhoff, 2014, p. 669, et s.

202 [1971] AC 572, en particulier le dictum de Lord WILBERFORCE à p. 596 : *« How strong, then, is to inference to be drawn from a (London) arbitration clause ? That the election of a certain place of arbitration and, by inference, of nationals or residents of that place of arbitrators, is an indication that the parties intended the law of that place to govern is a sound general rule. But it should not be treated as giving rise to a conclusive or irresistible inference, as recent pronouncements appear to suggest... So, unless otherwise constrained, I would regard the clause as a weighty indication, but one which may yield to others».*

203 V. par ex. l'art. 1054 CPC néerlandais ; art. 187, al. 1er, LDIP suisse ; art. 843 CPC italien ; art. 1511 al. 1er CPC français. Pour une analyse de l'évolution dans les lois, Règlements d'arbitrage et Conventions internationales, de l'approche classique, qui traitait le siège comme un for, à l'approche moderne, V. **M. BLESING**, Regulations in Arbitration Rules on Choice of Law, *ICCA Congress* Series n° 7, Vienne 1994.

204 Art. 28, § 2 loi-type de la CNUDCI ; Art. 17 (1) Règlement CCI, Art. 22. (3) Règlement LCIA ; Art. 28. (1) Règlement AAA.

jurisprudence va elle aussi dans le même sens : les arbitres considèrent qu'une règle de conflit de lois ne se confondait pas avec le système de conflit de lois d'un droit étatique. Dès 1971, une sentence arbitrale l'avait souligné : « *l'arbitre international ne dispose pas de lex fori à laquelle il pourrait emprunter des règles de conflit de lois*»[205]. Dans une autre sentence CCI, un Tribunal arbitral a ainsi estimé qu'en vertu de l'article 28 (2) de la loi-type de la CNUDCI 1985, il n'était pas tenu d'appliquer les mêmes règles de conflit du siège et qu'il jouissait d'une plus grande discrétion[206].

111. L'Institut de droit international lui-même a changé sa conception qui avait prévalu en 1957. A l'issue de la session de Saint-Jacques-de-Compostelle de 1989, l'Institut s'est rangé à une conception reconnaissant la pleine liberté des parties, et subsidiairement des arbitres, dans la détermination du droit applicable au fond du litige à propos des contrats d'État[207].

112. Il est facilement constatable que les règles de conflit du siège ne sont pas totalement absentes, mais elles ne sont, dans cette perspective, qu'une alternative ouverte aux arbitres. Leur tâche première est de respecter la volonté des parties et, à défaut de volonté

---

[205] Sentence CCI rendue dans l'affaire n° **1512** en 1971, *J.D.I.,* 1974, p. 904, obs. Y. DERAINS.

[206] Sentence CCI, n° **11264** non publiée citée par E. GAILLARD in: The Role of Arbitrator in Determining the Applicable Law, in *The Leading Arbitrators' Gide to International Arbitration*, 2nd ed., 2008, p. 182.

[207] L'article 6 de cette nouvelle Résolution, adoptée au rapport *d'Arthur T. VON. MEHREN*, dispose : « *Les parties ont pleine autonomie pour déterminer les règles et principes...de droit matériel qui doivent être appliqués par les arbitres. En particulier... ces règles et principes peuvent être empruntés à différents systèmes juridiques nationaux ainsi qu'à des sources non nationales, comme les principes du droit international, les principes généraux du droit et les usages du commerce international. Dans la mesure où les parties ont laissé la question ouverte, le tribunal recherche les règles et principes nécessaires parmi les sources indiquées à l'article 4 (la loi déclarée applicable selon le système de droit international privé désigné par les parties, les principes généraux de droit international public ou privé, les principes généraux de l'arbitrage international, ou la loi qui serait appliquée par les juridictions du lieu où le tribunal siège)* ». Institut de droit international, Résolution adoptée le 12 septembre 1989, Session de Saint-Jacques-de-Compostelle, « L'arbitrage entre États, entreprises d'État ou entités étatiques et entreprises étrangères », article 6 (avec renvoi à l'article 4), *Annuaire IDI,* vol.63, I, 1989, Paris, Pédone, p. 340. V. également le commentaire de **A.T. VON MEHREN**, « Arbitration between States and Foreign Entreprises : The Significance of the Institute of International Law Santiago de Composte la-Resolution », *ICSID Review,* 1990, p. 54 ; *R.A.,* 1990, p. 931.

exprimée par celles-ci, de sélectionner eux-mêmes les règles de droit applicables au fond du litige. Le siège de l'arbitrage n'est plus qu'une référence parmi d'autres et, en termes de hiérarchie des normes, les dispositions de l'ordre juridique du siège prennent un caractère subsidiaire par rapport à celles qui résultent de la volonté des parties et, à défaut, de celle des arbitres[208].

113. Bref, aucun motif ne pourrait rendre impératif pour l'arbitre le recours à ces règles. L'arbitre du commerce international n'est pas tenu d'appliquer ni les règles de conflit ordinaires du siège de l'arbitrage, ni d'appliquer une règle spécifique du siège de l'arbitrage. De ce fait, il est en mesure de s'affranchir des règles du siège pour opter pour une méthode plus souple : celle de l'application cumulative des règles de conflit.

---

[208] *Cf.* **E. GAILLARD**, in : *Aspects philosophiques du droit de l'arbitrage*, *op.cit.*, p. 157, spéc. n° 103.

SECTION II : LA MÉTHODE DE L'APPLICATION CUMULATIVE DES REGLES DE CONFLIT

114. Il importe d'exposer d'abord la méthode de l'application cumulative des règles de conflit **(§1)**, avant d'examiner ensuite sa portée **(§2)**.

§ 1. Exposé de la méthode

115. La méthode mérite d'être identifiée **(A)**, avant d'examiner ses justifications et ses mérites **(B)**.

A- Identification de la méthode

116. L'application cumulative des règles de conflit, dite aussi la méthode des règles de conflit des pays intéressés au litige, est explorée et conceptualisée par M. DERAINS. Elle est aujourd'hui très répandue dans la pratique arbitrale[209]. C'est l'une des méthodes « classiques », de type conflictualiste qui consiste à « *rapprocher les lois internes en présence, et à souligner qu'elles conduisent aux mêmes résultats pratiques* ».

117. Appliquée au droit international privé, la méthode consiste pour l'arbitre du commerce international à « *examiner tour à tour les règles de conflit de lois proposées par les différents systèmes juridiques nationaux en contact avec le litige qui lui est soumis. Constatant à cette occasion que ces règles convergent vers une loi interne unique, il*

---

[209] *Cf.* sur cette méthode : **Y. DERAINS**, « L'application cumulative par l'arbitre des systèmes de conflits de lois intéressés aux litiges (A la lumière de la Cour d'Arbitrage de la C.C.I », *R.A.*, 1972, pp. 99-121 ; même auteur : « Attente légitime des parties et droit applicable au fond en matière d'arbitrage commercial international », in : *Trav. com fr. DIP*, 6ème année, 1984-1985, 1986, pp. 81-103, spéc. p. 83 et s ; du même : « Possible Conflict of Laws and the Rules applicable to the substance of the dispute », *ICCA congres,* series n° 2, 1984, p. 169 ; **P. LALIVE**, « Les règles de conflit de lois appliquées au fond du litige par l'arbitrage international siégeant en Suisse », *R.A.*, 1976, p.155 ; **Ph. FOUCHARD, E. GAILLARD, B. GOLDMAN**, *Traité*, *op. cit.*, p. 885, spéc. n° 1547; **P. MAYER**, « Reflexions of the International Arbitrator's Duty to Apply the Law» -- The 2000 Freshfields Lecture, 17 *Arb. Int'l* 235, 238 (2001); **A. F. M MANIRUZZAMAN**, Conflict of Law Issues in International Arbitration: Practice and Trends, 9 Arb. Intl' 371, 387 et seq. (1993); **L. CRAIG, W. PARK, J. PAULSSON**, *International Chamber of Commerce Arbitration*, 3rd ed., Oceana Publications Inc, n° 17.02 (ii).

déclare cette dernière compétente »[210]. Lorsque ces diverses règles désignent toutes la même loi, les titres de compétence de la loi ainsi désignée apparaissent, à n'en pas douter, très fort. Peu importe que les règles de conflit en présence n'aient pas le même contenu ; l'essentiel est qu'elles désignent toutes, en l'espèce, la même loi. Cette méthode diffère de celle qui consiste en l'application cumulative des systèmes de conflit intéressés au litige lorsqu'ils débouchent à la même solution du litige[211].

B- Justifications et mérites de la méthode

118. Cette méthode a « la faveur des arbitres », comme en témoignent le nombre important de sentences qui en font application. L'arbitre en se fondant assez souvent sur la convergence des résultats matériels, se trouve dispensé de choisir la loi applicable. Confronté à un conflit de systèmes ou « conflit de règles de conflit », l'arbitre entreprend de tourner la difficulté en démontrant qu'il n'est pas nécessaire de la résoudre, puisque les systèmes de rattachement des pays « intéressés » conduisent en l'espèce au même droit applicable[212]. Ce sont seulement ces systèmes qu'il pouvait alors consulter pour s'interroger sur la loi applicable.

119. Cette méthode assure une prévisibilité satisfaisante, mettant les parties à l'abri de lois dont elles ne pouvaient envisager l'application[213]. Les spécialistes de droit international privé observent que les préoccupations de la méthode cumulative s'apparentent en cela à celle de la théorie des conflits de systèmes[214]. Toutefois, certains pensent que : « *l'arbitre n'applique pas d'une manière cumulative plusieurs systèmes de conflit de loi, il est plus judicieux de dire qu'en fait il cherche, dans les autres systèmes, les règles qui confirment la solution qu'il a trouvé en vertu de l'application de la première règle de conflit qu'il n'indique pas expressément, comme une règle*

---

[210] **Y. DERAINS**, « L'application cumulative par l'arbitre (...) », art. précité, spéc. p. 103

[211] Pour une application cf., Sentence CCI n° **8385** rendue en 1995, *J.D.I.*, 1997, p. 1061, spéc. p. 1066, obs. Y. DERAINS.

[212] **P. LALIVE**, « Les règles de conflit de lois (...) », art. précité, spéc. p. 181.

[213] **J.-F. POUDRET & S. BESSON**, *Droit comparé de l'arbitrage international*, *op.cit.*, p. 619, spéc. n° 687.

[214] Sur cette théorie, v. **H. BATIFFOL & P. LAGARDE**, *Droit international privé*, Paris, *L.G.D.J.*, T.1, 8ème éd., 1993, spéc. n° 322 ; **P. MAYER**, *Droit international privé*, Montchrestien, 5e éd., 1994, n° 232 et s ; **D. HOLLEAUX**, *Trav. Com fr. DIP*, 1985, éd., CNRS, 1987, p. 99.

générale »[215]. L'arbitre a tendance, en cumulant les méthodes, à utiliser ce que l'on appelle en droit international privé la technique de « *grouping of contacts* » c'est-à-dire à essayer d'accumuler les rattachements[216].

120. De plus, il arrive fréquemment que les arbitres ne donnent pas de justifications dans leur sentence au choix de cette méthode. Ce qui leur est permis par la liberté qu'ils ont en matière de détermination du droit applicable au fond. Sa justification est pourtant évidente. Elle permet aux arbitres d'appliquer une loi « *internationalement reconnue* »[217] à leur litige, et de favoriser ainsi l'adhésion des litigants à une décision qu'elles ne pourront taxer d'arbitraire. En effet, la compétence de la loi désignée par les systèmes de conflit de lois de pays, par hypothèse tous intéressés au litige, paraît peu discutable. La méthode renforce donc considérablement la légitimité d'application de cette loi[218].

121. Il en découle que l'arbitre qui utilise une telle méthode pourra difficilement être soupçonné d'arbitraire dans la détermination du droit applicable[219]. La solution issue de cette méthode répond aux attentes et prévisions des parties, qui ne peuvent être légitimement surprises par l'application d'une loi que désignent les règles de conflit des pays ayant un contact sérieux avec la situation litigieuse, et notamment de leurs pays respectifs[220]. L'arbitre n'est pas obligé de prendre en considération les règles d'autres pays, par exemple celui du siège, ou du lieu d'exécution du contrat, lorsqu'il constate quelles convergent aussi. Il

---

215 **D. BERLIN**, *Le régime juridique international des accords entre États et ressortissants d'autres États*, Thèse, Paris I, 1982, p. 99.

216 **P. LALIVE**, « Le droit applicable au fond du litige en matière d'arbitrage », *Rev. Rassegna Dell'arbitarto,* Rome, V. XVII, n° 1, 1977, pp. 1-19, spéc. p. 11.

217 **Y. DERAINS**, « L'application cumulative par l'arbitre (…) », art. précité, spéc. p. 104.

218 **Ch. SERAGLINI & J. ORTSHEIDT**, *Droit de l'arbitrage interne et international*, Montchrestien, Lextenso éditions, 2013, p. 808, spéc. n° 888.

219 Ibid ; dans le même sens : **P. MAYER**, « Le choix de la loi dans la jurisprudence arbitrale », in : *Le Règlement communautaire « Rome I » et le choix de la loi dans les contrats internationaux,* Actes du colloque de Dijon des 9-10 septembre 2010, sous la dir. de Sabine CORNELOUP et Nathalie JOUBERT (eds.), Vol.35, Litec, Paris, 2011, pp. 423-442, spéc. p. 426, n° 6.

220 **Ch. SERAGLINI & J. ORTSCHEIDT**, *op.cit., loc. cit.*

s'attache à le mentionner, pour renforcer la solution à laquelle il parvient[221].

122. Une sentence rendue en 1972 semble satisfaire ces considérations, où on peut lire que : « *...s'ils* (les arbitres) *peuvent mettre en lumière que, sur le point soulevé, les règles de conflits des différents États avec lesquels le litige qui leur est soumis à des liens, sont de la même teneur ou conduisent au même résultat, ils sont habilités à appliquer ces règles de conflit communes, étant ainsi certains de satisfaire l'intention implicite ou supposée des parties dont ils reçoivent leur pouvoir* »[222].

123. Par ailleurs, comme l'a constaté le Pr. Filali OSMAN, l'application de la règle cumulative procède d'un esprit d'apaisement car elle montre aux parties qu'il existe une communauté de règles de conflit conduisant à l'application de la même loi[223]. Les résultats de son étude les conduisent à déduire que la référence aux principes généraux ne satisfait pas toujours les parties plus enclines au nationalisme qu'à l'universalisme juridique [224]. Enfin, l'expérience des arbitres du commerce international présente un intérêt pratique certain en prouvant par des exemples concrets la réalité, dans de nombreux cas, de la convergence entre systèmes de conflits[225].

§ 2. Portée de la méthode

124. L'examen de la portée de cette méthode passe par l'étude de ses applications jurisprudentielles **(A)** et par son appréciation **(B)**.

A- Les applications jurisprudentielles

125. En l'absence de désignation, par les parties d'un droit matériel régissant le fond de leur contrat, les arbitres du commerce international décident de faire application de la règle de conflit, jugée appropriée en l'espèce. Toutefois, cette démarche n'est pas toujours suivie de la même façon. Tantôt, les arbitres appliquent la méthode

---

221 **P. MAYER**, « Le choix de la loi dans la jurisprudence arbitrale », prec. spéc. n° 6, p. 426.

222 Sentence CCI n° **1776** rendue en 1972, citée par Y. Derains obs. sous Sentence rendue dans l'affaire n° **1422** en 1966, *J.D.I*, 1974, p. 884 et s, spéc. p. 886.

223 **F. OSMAN**, *Les principes généraux de la lex mercatoria : contribution à l'étude d'un ordre juridique anational*, Préf. Éric Loquin : L.G.D.J., 1992, Bibliothèque de droit privé, t. 224, p. 368.

224 *Ibid.*

225 **Y. DERAINS**, « L'application cumulative par l'arbitre (...) », art. précité, spéc. p. 119.

cumulative en se limitant à l'objet du différend et sans se référer à d'autres indices que ceux des règles de conflit des systèmes intéressés au litige **(1)**, tantôt, ils ont tendance à en appliquer en introduisant un « élément procédural »[226]à savoir, le rattachement implicite ou explicite au siège arbitral[227] ou encore d'autres indices comme le lieu de la prestation la plus caractéristique du contrat **(2).**

1- L'application de la méthode fondée uniquement sur l'objet du litige

126. On entend par la méthode cumulative fondée uniquement sur l'objet du litige : la pratique des arbitres selon laquelle ils constatent la convergence des solutions selon les seuls systèmes de conflit en contact avec l'objet du litige[228]. En effet, l'application cumulative des systèmes de conflit de lois étatiques intéressés à l'objet du litige concerne uniquement les systèmes de conflit de lois des pays dont les parties ont la nationalité.

127. En principe, les arbitres n'ont à : *« se préoccuper que des règles de conflit des systèmes qui avaient un rattachement avec la cause au moment où les parties ont pu avoir à déterminer leur comportement en fonction d'une loi désignée par les systèmes juridiques qu'ils pouvaient songer à consulter»*[229]. Tel est le cas dans la majorité des sentences qui ont utilisé cette technique de détermination du droit applicable au fond du litige arbitral. Les sentences qui vont être examinées illustrent cette façon « autonome » dans la méthode de l'application cumulative.

128. La sentence rendue dans l'affaire CCI n° **6281** de 1989[230]est représentative de cette tendance. En l'espèce, une société égyptienne avait acheté des produits industriels auprès d'un vendeur yougoslave. Le litige surgi du refus du vendeur d'honorer au prix initial les

---

[226] Selon le constat de Y. DERAINS dans son étude déjà citée, spéc. p. 105.

[227] Cf. **B. GOLDMAN**, Actes du 1er colloque sur l'arbitrage international, Université Laval, Wilson et Lafleur Ltée Montréal, 1986, pp. 111 et s, spéc. p. 113 ; *adde.*, **P. LALIVE**, « Le droit applicable au fond du litige (…) », précité, spéc. p. 5, où il observe qu' : *« Il ressort donc de la pratique que l'arbitre examine le plus souvent le système de droit international privé des parties, il y ajoute parfois celui du siège ou choisit une voie plus directe, en dégageant par une analyse comparative une sorte de droit international privé commun »*.

[228] Tendance relevée par DERAINS son étude précitée, spéc. pp. 104 -105.

[229] **E. GAILLARD**, *J. Cl. Dr. Int.*, 1991, n° 128.

[230] Sentence CCI n° **6281** rendue en 1989, *Bull CIA de la CCI*, II, p. 394 et s.

commandes supplémentaires qui lui furent présentées conformément à une option prévue au contrat. Le préjudice dont l'acheteur demandait la réparation devant l'arbitre résultait de l'approvisionnement en produits similaires auprès d'un tiers, à un prix plus élevé. L'arbitre, siégeant en France, a commencé à consulter le droit applicable selon le droit international privé égyptien, puis yougoslave qui indiquaient des solutions différentes. Puis, il s'est référé à la Convention de La Haye sur la loi applicable aux contrats de vente internationale de marchandises du 15 juin 1955. Le paragraphe 1er de son article 3 prévoit qu'à défaut de loi déclarée par les parties, le contrat est régi par la loi interne du pays où le vendeur à sa résidence habituelle au moment où il reçoit la commande. Constatant que l'établissement principal et la résidence habituelle du vendeur au moment considéré étant en Yougoslavie, l'arbitre déduit que toutes les règles applicables en matière de droit international privé font référence au droit matériel yougoslave[231].

129. L'arbitre accorde peu d'intérêt à la désignation de la règle de conflit de lois applicable en l'espèce, alors que pourtant la lettre du Règlement de la CCI semble l'exiger. En effet, toutes les règles de conflits en présence désignant la loi yougoslave, ce résultat coupait court à toute discussion. Même si les facteurs de rattachement consacrés par les règles de conflits étaient différents, seul importait le résultat.

130. Il parait clairement que cette méthode est exclusivement fondée sur la coïncidence des solutions au problème de conflit de lois. Elle présente ainsi l'avantage d'évincer la question de la règle de conflit de lois devant l'arbitre. Ceci dit, la question qui se pose : l'emploi de la méthode cumulative aboutit-elle systématiquement à la détermination des règles de droit les plus appropriées au litige?

131. En l'espèce, l'arbitre s'est posé la question. Il a commencé par rechercher si la Convention de Vienne sur la vente internationale de marchandises était applicable au litige. Or, ce n'était pas le cas puisque le contrat avait été conclu antérieurement à sa date d'entrée en vigueur le 1er janvier 1988. Toutefois, l'arbitre n'a pas hésité à interpréter les dispositions de la loi yougoslave en matière de force majeure à la lumière de la Convention de Vienne. Ainsi, l'arbitre a justifié avoir appliqué les règles de droit les plus appropriées au litige comme l'y invite la réglementation française. Enfin, en se référant à la Convention

---

231 Ibid., pp. 395-396.

de Vienne, il a pleinement rempli sa mission en respectant au mieux les attentes des parties.

132. La même démarche qui consiste à appliquer cumulativement les règles de conflits des deux lois nationales des parties, car présentant un lien direct avec le litige, semble être suivie dans l'affaire n° **7319**[232]. Le différend opposait un concédant [233] français à un distributeur irlandais, qui aurait refusé illégalement de payer le solde des factures dues suite à la livraison des bicyclettes convenues entre les parties. Les litigants avaient prévu que la convention serait régie par les règles de droit applicables aux membres de la Communauté européenne. (« Ce contrat sera interprété conformément aux lois et règlements qui s'appliquent aux membres de la Communauté économique européenne et régi par ces mêmes textes »)[234].

Selon le concédant, le contrat devait être réglé par les principes généraux du droit applicable aux douze États de la CEE. Les litigants n'avaient pas eu l'intention de choisir un droit particulier, mais plutôt un système de droit international analogue à la *lex mercatoria.* Il revenait à l'arbitre de déterminer le droit applicable au fond. Il a décidé d'appliquer cumulativement les règles de conflits françaises et irlandaises qui présentaient un lien direct avec le litige. Or, ces règles favorisaient l'application du droit le plus étroitement rattaché au contrat. Il en a déduit que celui-ci était le droit irlandais. En fait, l'exécution des principales obligations du contrat a eu lieu en Irlande. La forme et la rédaction du contrat en anglais correspondaient à la

---

232 Sentence partielle CCI n° **7319** de 1992, (1994) 5:2 Bull. IC Arb. CCI 56 ; rapportée et citée par **F. GÉLINAS**, « La jurisprudence arbitrale de la Chambre de commerce internationale », *Gaz. Pal.,* 9-11 janvier 2000, p. 19 à 22.

233 Le contrat de concession est un contrat par lequel le concédant s'engage à fournir à son cocontractant, le concessionnaire, généralement sur un secteur géographique déterminé, des produits dont ce dernier assurera la distribution, en exclusivité ou non. La concession peut faire l'objet d'une exclusivité « simple » si le concessionnaire est libre de distribuer des produits différents de ceux du concédant. Elle est « réciproque » si le concessionnaire, bénéficiaire de l'exclusivité territoriale, s'interdit de distribuer des produits concurrençant ceux du concédant. **V. D. FERRIER**, *Droit de la distribution*, Litec 1999, spéc. n° 520 ; **J. le CALVEZ**, *Les aspects juridiques des conventions de concessions exclusives*, thèse de doctorat en droit, université de Paris II, 1979.

234 Traduit de l'original: « This agreement shall be construed in accordance with and governed by Laws and Regulations applying to members of the European Economic Community».

pratique constatée dans les pays anglo-saxons. L'affaire CCI n° **5103** de 1988 apporte également une solution similaire[235].

133. Il résulte de ces sentences que la méthode de l'application cumulative n'exige pas que les règles de conflit de loi des systèmes de droit international privé intéressés au litige soient conformes, mais seulement qu'elles aboutissent à un résultat identique. Les règles de conflit peuvent avoir un contenu différent, mais il faut qu'elles aboutissent à donner compétence à une loi unique pour régler le litige.

2- L'application qui exige une concordance entre les règles de conflit des pays et la procédure arbitrale

134. L'application qui exige une concordance entre les règles de conflit des pays et la procédure peut parfois faire une allusion au siège **(2.1)** ; tantôt elle peut envisager un rattachement aux principes généraux **(2.2)** ou encore un rattachement au lieu de la prestation caractéristique du contrat **(2.3)**.

2.1- L'allusion au siège

135. Dans l'application de la méthode cumulative des règles de conflit des systèmes intéressés au litige, les arbitres n'ont pas, en principe, à prendre en considération, parmi ces systèmes de conflit, celui du siège arbitral. Celui-ci pourrait entrainer l'imprévisibilité des résultats que les parties ignoraient au moment de la conclusion du contrat. Or, « *le fondement même de la démarche consiste en effet à ne pas déjouer les prévisions des parties, pour autant qu'il en existe* »[236].

---

[235] Sentence CCI n° **5103** de 1988(Original français) Extrait de sentences arbitrales CCI, in : *Le droit applicable au fond du litige en l'absence de spécifications contractuelles*, Bull. CIA de la CCI, p. 22 et s, spéc. p.23 ; *Clunet*, 1988, pp. 1206-1215, obs. **G.A. ALVAREZ**. V. aussi dans le même sens : sentence CCI n° **5118** (1986), *J.D.I.*,1987, p. 1027, obs. **JEANLET**, où on peut lire le suivant : « *S'agissant de contrats tous signés à Tunis, entre sociétés publiques tunisiennes vendeuses de marchandises, et une société italienne acquéreuse venant prendre livraison à Gabès, ou, en tout cas, dans un port tunisien, la règle de conflit tunisienne conduit à l'application du droit tunisien et il en est de même de la règle de conflit italienne, qui prévoit en pareil cas l'application du droit du vendeur et du lieu de conclusion du contrat. Dans la mesure, limitée, ou l'application d'un droit national est requise dans la présente sentence le tribunal arbitral appliquera donc la loi tunisienne* ».

[236] **E. GAILLARD**, J. cl. dr. Int., 1991, n° 128.

Toutefois, la doctrine [237] a pu relever une tendance appelée « procédurale » selon laquelle certains arbitres ont cherché la convergence des systèmes de conflit intéressées, « *par une analyse des dispositions conflictuelles de la lex fori* ». Pour certains arbitres, les règles de conflit du siège arbitral occupent une place prépondérante parmi les systèmes de conflit de lois dont la convergence est souhaitable.

136. Ainsi, dans l'affaire CCI n°**1689**[238] le litige portait sur un contrat de vente par correspondance entre un vendeur allemand et un acheteur américain. L'offre avait été émise en Allemagne, tandis que l'acceptation était intervenue aux États-Unis. Le litige portait sur la conformité de marchandises expédiées C.A.F. Dès lors, tout en rappelant la différence entre la question de la loi applicable au fond de celle de procédure, l'arbitre cherche à établir un lien entre ces deux questions. « *En effet, les règles déterminant la loi applicable varient de pays à pays. Les juges étatiques les puisent dans leur propre législation nationale, la lex fori. Un tribunal arbitral n'a pas de lex fori au sens strict du terme, surtout lorsqu'il s'agit d'un arbitrage à caractère international par l'objet du litige, le choix des arbitres et l'organisme même d'administration de l'arbitrage, en l'espèce la CCI. Toutefois, même un pareil arbitrage à un minimum de liens avec une, et une seule, législation nationale, qui est précisément celle du pays dont la loi régit la procédure et où la sentence à intervenir sera une sentence dite « interne » ou « nationale », tandis que, dans les autres pays, elle sera tenue pour une sentence « étrangère »* ».

137. Le siège de l'arbitrage ayant été fixé à Paris, c'est en réalité dans la loi française et plus précisément dans les dispositions de convention de La Haye du 15 juin 1955 applicable aux ventes à caractère international d'objets mobiliers corporels, « intégrée dans la

---

[237] **Y. DERAINS**, « L'application cumulative par l'arbitre (...) », art. précité, spéc. p. 105 ; **M. De BOISSÉSON**, *Le droit français de l'arbitrage interne et international, op.cit.*, p. 582, spéc. n° 654. L'auteur précise justement et avec délicatesse que : « *Cette opération intellectuelle, même si elle tient compte du critère du for arbitral, est, sans doute, éloignée de la solution qui préconise l'application du droit international privé du for, puisque celle-ci consiste à déterminer la loi applicable à partir d'un élément de fait, alors que l'autre solution consiste à placer sur le même plan les différents points de rattachement possibles* ».

[238] Sentence CCI n° **1689** de 1970, citée par **Y. DERAINS** : L'application cumulative par l'arbitre (...) », *art. prec.*, spéc. p. 104.

loi française par le décret n° 64-839 du 6 aout 1964 », que l'arbitre cherche à dégager la loi applicable. Or, constatant que d'après l'article 3 (2) de ladite convention en cas du litige, c'est la loi du vendeur qui prévaut, l'arbitre déduit que c'est la loi allemande qui est compétente.

Comme l'on constate, ici le droit applicable a été déterminé par application des normes de conflit du « for » arbitral. Toutefois, le raisonnement de l'arbitre ne s'arrête pas là. Il cherche, par une démarche intellectuelle, à consulter les règles de conflit en contact avec l'objet du litige, (en l'espèce l'Allemagne, l'État de New Jersy), pour voir si elles ne coïncident pas ou ne convergent pas vers une volonté commune. Constatant que la solution de conflit de ces deux pays converge vers l'application du droit allemand, il le déclare, par conséquent, compétent[239].

138. Il en résulte de ces deux tendances ainsi examinées, et comme l'a relevé M. DERAINS que les arbitres, désireux de rendre une sentence ayant la valeur de sentence interne dans l'État où ils siègent, ils commencent par se référer au système de conflit de pays. *« Ce n'est qu'ensuite qu'ils passent au stade de la vérification de la vocation internationale relative à la loi déterminée par cette règle de conflit interne »*. Le même auteur précise ensuite que : « *Dans cette seconde phase, leur démarche se confond avec l'attitude des arbitres de la première tendance, puisqu'ils examinent les systèmes de conflit des pays en contact avec l'objet du litige* »[240]. Ce qui exclut toute antinomie entre les deux tendances. « *Leur divergence est (...) plus méthodologique que fondamentale*»[241].

---

[239] V. également la même démarche dans la sentence CCI n° **1422** rendue en 1966, *J.D.I*, 1974, p. 884 et s, note DERAINS; V. aussi dans le même sens : Sentence CCI n° **2096** de 1972, citée par **Y. DERAINS** in, « Attente légitime des parties et droit applicable au fond en matière d'arbitrage commercial international », *Trav. Com. fr. DIP*, 1984-1985, p.81 et s, spéc. p. 84 ; **M. De BOISSÉSSON**, *op. cit*, p. 603, spéc. n° 671 où est indiqué : « *En l'espèce, toutes les prestations contractuelles... doivent être exécutées en France ; selon les principes généraux du droit international privé français, le contrat est donc indiscutablement localisé en France, et par conséquent soumis à la loi française...* ». La même démarche résulte de la sentence rendue dans l'affaire CCI n° **1512** rendue en 1971 (l'original en langue anglaise), *J.D.I*, 1974, p. 905 et s, note DERAINS.

[240] Art. prec., p. 114.

[241] **Y. DERAINS** in, « Attente légitime des parties et droit applicable au fond en matière d'arbitrage commercial international », prec, p. 115.

2-2. Le rattachement aux principes généraux

139. Parfois, le Tribunal arbitral après avoir appliqué les principes généraux comme droit applicable, essaye d'expliquer aux litigants que lesdits principes coïncident avec les règles du droit international privé des pays en contact avec le litige. Donc, elle procède à l'application de la méthode cumulative non pas comme méthode principale, mais à titre accessoire, uniquement pour des raisons de motivation et d'adhésion aux prévisions des parties et à leurs réflexes nationalistes.

140. Ce constat est parfaitement illustré par une sentence CCI[242] rendue à propos d'une affaire opposant un groupe multinational à un pays en voie de développement. Ce dernier critiquait le mauvais fonctionnement de l'usine construite par le groupe, le Tribunal décida alors de recourir aux principes généraux pour déterminer le droit applicable. Toutefois, conscient des difficultés qui auraient pu en découler, l'arbitre observe que ces principes généraux coïncident à l'évidence « *avec les règles du droit international privé en vigueur tant à Genève, siège de l'arbitrage (...), que dans les autres pays en contact avec la présente espèce* ».

141. La sentence LIAMCO[243] illustre également la préoccupation de l'arbitre de montrer aux litigants qu'il n'a pas ignoré leur règles de conflit nationales. Sentence intervenue entre le gouvernement libyen et certaines sociétés occidentales en règlement des litiges nés de la nationalisation des pétroles en Libye. Les mesures de nationalisation prises par le nouveau régime à l'encontre des concessions accordées sous la monarchie, et contrairement aux stipulations de celles-ci, étaient contestées devant un Tribunal arbitral.

142. Ainsi, le Tribunal affirme-t-il d'emblée que *: « dans une cause impliquant une partie étrangère... (il)... doit se guider sur les principes*

---

[242] Sentence CCI n° **1434** en 1975, *Clunet* 1976, pp. 978-989, spéc. p. 980, obs. Y. DERAINS.

[243] Sentence ad hoc rendue le 12 avril 1977 à Genève par l'arbitre unique libanais, S. Mahmassani entre Libyan Americain Oïl Company (LIAMCO) c/ Gouvernement de la République arabe libyenne, original en anglais, publiée in *I.L.M.,* 1980, vol. 20, pp. 1-87, trad. Française in *R.D.A.,* 1980, pp. 132-191, spéc. pp. 154 s, note B. STERN. De larges extraits de cette sentence ont été publiés également dans la *Revue de l'Arbitrage*, 1980, n° 1, pp. 134-191, spéc. p. 139. Pour une étude analytique de cette affaire *Cf.* **P. RAMBAUD**, « Un arbitrage pétrolier : la Sentence LIAMCO », In *: AFDI*, vol. 26, 1980. pp. 274-292, spéc. p. 137, disponible en ligne depuis le 13/05/2016 sur le lien suivant : http://www.persee.fr/doc/afdi_0066-3085_1980_num_26_1_2391

généraux régissant les conflits de lois en droit international privé ». Au premier rang de ces principes figure celui de l'autonomie de la volonté en vertu duquel les parties seront libres de choisir le droit qui régira leur contrat. Et le Tribunal, après avoir vérifié l'existence du principe dans le droit libyen et dans le droit international, conclut que « *c'est un principe universel accepté aussi bien en droit interne qu'en droit international, que les parties à un contrat mixte à la fois public et privé sont libres de choisir dans leur contrat la loi devant régir leurs relations contractuelles* »

143. Après s'être référée aux principes généraux, la sentence constate, en effet, que l'application des règles de conflit libyennes conduit au même résultat. En l'espèce, les deux méthodes parviennent au même résultat pratique, le principe d'autonomie de la volonté étant consacré aussi par le droit international. Le même raisonnement a été suivi dans la sentence ARAMCO qui a décidé de recourir aux règles de conflit élaborées par les jurisprudences britannique et suisse. Toutefois, elle a justifié sa solution en précisant que lesdites règles représentaient « *les tendances les plus avancées du droit international privé*»[244] .

2.3- Le rattachement au lieu de la prestation caractéristique du contrat

144. Dans l'affaire CCI n°**2730** rendue en 1982[245] qui a réuni deux sociétés yougoslaves et deux sociétés appartenant au même groupe, la première hollandaise et la deuxième suisse, le Tribunal arbitral, chargé de trancher le litige, a constaté qu'elle puisse se référer aux différents systèmes de conflit de lois sans pour autant être obligé d'en sélectionner un. Toutefois, le Tribunal a déduit, en définitive, que les critères de rattachement de chacun du droit international privé suisse, yougoslave et français (le droit international privé du siège de l'arbitrage), étaient identiques et conduisent à l'application de la même loi. C'est celle du

---

[244] Sentence rendue dans l'affaire du Gouvernement de l'Arabie Saoudite et l'Arabian Americain Oïl Company le 23 aout 1958, *Rev. crit DIP* 1963, pp. 272-363, spéc. p. 314, note H. BATIFFOL, « La Sentence ARAMCO et le droit international privé », *Rev. crit DIP* 1963, pp. 647-662 ; **S. BASTID**, *A.F.D.I* 1961, pp. 300-311 ; *I.L.R* 1963, vol. 27, pp. 117-233, 473-474, 609-610 (extraits), *Riv. Dir. int.* 1963, vol. 46, pp. 230-249; **J. GILLIS WETTER**, *The International Arbitral Process Public and Private*, New-York, Oceana Publication, 1979, vol. 1, pp. 411-431.

[245] Sentence CCI n° **2730** (1982), *J.D.I.*, 1984, p. 914 et s, obs. Y. DERAINS, spéc. pp. 917-918.

pays qui a plus de contact avec le contrat litigieux qui est, en l'espèce, la loi yougoslave.

145. Le même résultat a été atteint par le Tribunal arbitral qui a tranché l'affaire n°**209**[246]. A propos de la même démarche impliquant le rattachement au lieu de la prestation caractéristique du contrat, la sentence CCI n°**12193** rendue en 2004 peut être citée[247]. Dans cette affaire le Tribunal a entrepris la détermination de la loi applicable par application des différents systèmes de conflit susceptibles de s'appliquer à l'espèce : droit allemand et droit libanais (droits des États dont les parties sont ressortissantes) et droit suisse (droit du siège de l'arbitrage). Faisant application de la méthode cumulative, le Tribunal constate que la loi applicable au contrat de distribution est la loi du lieu dans lequel la prestation caractéristique a été exécutée.

Le Tribunal constate également qu'en matière de contrat de distribution, il est généralement reconnu par la jurisprudence suisse et allemande, mais également par « *la jurisprudence arbitrale internationale* », que la prestation caractéristique est celle du distributeur et par conséquent que la loi applicable est celle du lieu d'établissement de celui-ci. L'application cumulative des règles de conflit en présence susmentionnées, permet de vérifier qu'elles convergent vers l'application du droit libanais.

Cette démarche paraît conforme à une partie de la doctrine qui prend en considération la prestation caractéristique du type de contrat en cause lors de la détermination du droit applicable au fond[248]. Ce choix semble conforme aux tendances actuelles. En effet, dans le cas d'un contrat de distribution exclusive, la prestation caractéristique est considérée comme étant celle du distributeur exclusif. Ce qui fait que le siège de la partie qui exécute la prestation caractéristique détermine le droit applicable, il s'agit alors du droit libanais. Dans le cadre de cet examen, le tribunal arbitral, estime qu'il convient de suivre ladite doctrine relative à la prestation caractéristique notamment en raison du

---

246 Sentence CCI n° **2096** (1972), *R.A.*, 1972, p. 99.

247 Sentence CCI n° **12193** de 2004, *JDI.*, 2007, p. 1286, note Romero EDUARDO SILVA.

248 *Cf.,* En droit allemand: **REITHMANN-MARTINY**, Internationales *Vertragsrecht*, 6ème éd., 2004, n° 2050; **MARTINY**, in Münchener Kommentar, 3ème éd., t. 10, 1998. Art. 28, n° 159 ; **VON BAR**, Internationales Privatrecht, t. 2, 1991, n° 499. En droit français : **M.-E. ANCEL**, *La prestation caractéristique du contrat, Économica*, 2002, p. 176 s.

fait que cette doctrine a par la suite été consacrée lors de l'adoption par l'Allemagne de la Convention de Rome du 19 juin 1980.

La solution qu'elle permet de dégager est, non seulement conforme au droit allemand applicable au moment de la conclusion du contrat, mais encore, elle est en harmonie avec la solution qui résulterait de l'application du droit allemand actuel. La règle de conflit allemande, telle qu'elle résulte de l'article 4 alinéa1er de la convention de Rome, désigne la loi du pays ayant les liens les plus étroits avec le contrat. Il en va de même de la loi suisse, selon l'article 187 alinéa 1er de la LDIP.

146. En dépit de certaines divergences, la jurisprudence et la doctrine allemande et suisse s'accordent généralement à considérer que la prestation caractéristique est la prestation du distributeur plutôt que de la fourniture du produit par le fabricant[249]. En droit allemand, le contrat cadre de distribution est en principe régit par la loi du lieu du distributeur[250]. Cette analyse est conforme à l'analyse économique du contrat de distribution, qui vise à la conquête et à l'exploitation d'un marché particulier[251]. La jurisprudence arbitrale internationale atteste que cette solution est assez généralement suivie. Ainsi, plusieurs sentences arbitrales CCI, appliquant la méthode cumulative, ont désigné la loi de l'établissement du distributeur comme loi applicable[252].

---

[249] TF 10 déc. 1974, *AsbrinkEiker*, ATF 100 II 450; *J.D.I.*, 1976, p. 712, Chron. **P. LALIVE & F. VISCHER**, Internationales Vertragsrecht, 2ème éd., 2000, n° 667 et s.

[250] OLG Dusseldorf, 11 juillet 1996, *Recht der International en Wirtschaft*, 1996, p. 958; Rev. sui. dr. intern. europ. 1996, p. 139.

[251] **M.-E. ANCEL**, *op.cit., loc. cit.*

[252] Sentence CCI n° **7319** de 1992, *Recueil des sentences arbitrales de la CCI*, vol. IV 1996-2000, p. 300 ; sentence CCI n° **7250** de 1992, *Bull CIA de la CCI*, vol. 7, mai 1996, p. 93. Néanmoins, il est intéressant de constater que cette solution n'est pas partagée d'une façon universelle. La Cour de cassation française a en effet eu par deux fois l'occasion d'affirmer que la prestation caractéristique dans un contrat de distribution exclusive est la prestation de fourniture, et donc que la loi applicable est la loi du lieu d'établissement du fournisseur. Selon la Cour de cassation : « *pour un contrat de distribution, la fourniture du produit est la prestation caractéristique* » Cass. 15 mai 2001, *Juris Data* n° 2001-009552, JCP *G* 2001, II, 10634, note RAYNARD ; *Rev. Crit. DIP* 2002, p. 86, note P. LAGARDE ; Cass. 25 nov. 2003, *Juris Data* n° 2003-021050, *Cah. Dr. entr.* 2004, n° 3, p. 28, obs. D. MAINGUY.

147. Dans certaines des sentences sus-examinées, et dans d'autres[253], d'une part, le Tribunal arbitral a considéré, parmi les règles de conflit intéressées au litige, celles relatives au droit international privé du siège de l'arbitrage. Ce qui donne parfois l'impression que la méthode cumulative ne suffit pas en elle-même et qu'il faut, le cas échéant et si les termes ou les circonstances du litige le permettent, en renforcer par d'autres impératifs parmi lesquels le rattachement au siège arbitral. Or les arbitres sont-ils tenus de le faire ? En d'autres termes, les arbitres ont-ils besoin de réserver aux règles de conflit de loi du siège de l'arbitrage une importance particulière dans la technique de l'application cumulative ? Peut-on en déduire qu'en cas de non convergence entre la loi désignée par les règles de conflit du siège arbitral et celle dégagée par les autres systèmes en contact avec l'objet du litige, la première recevra directement compétence ? D'autre part, si la jurisprudence arbitrale applique occasionnellement cette méthode, les arbitres se contentent surtout de constater, s'il y a lieu, la concordance des règles matérielles des droits des parties et s'abstiennent alors de recourir à une règle de conflit quelconque ! Ce qui amène à s'interroger sur la portée de cette méthode.

B- Appréciation de la méthode

148. A la fin de son étude consacrée à l'application cumulative par les arbitres des systèmes de conflit de lois intéressés au litige, Yves DERAINS a souligné, que « *seule la convergence des systèmes de conflit intéressés vers une loi interne unique justifiera son utilisation. Dans la négative l'arbitre devra y renoncer pour recourir à une autre méthode* »[254]. Ainsi, il ne faut pas surestimer la portée de cette méthode, puisque dans les hypothèses où il n'y aura pas de concordance des règles ou des résultats, les arbitres devront alors recourir à d'autres critères pour combler les lacunes pouvant subsister sur les points décisifs[255].

149. De surcroit, certains auteurs estiment que les règles de conflit appliquées par les arbitres ne présentent aucune spécificité par rapport à celles auxquelles recourt le juge étatique, dans la mesure où elles procèdent sensiblement d'une démarche conflictuelle. En effet, tout

---

253 V. à titre d'exemple : Sentence CCI n° **2096** rendue en 1972 citée par Y. DERAINS, « L'application cumulative par l'arbitre (…) », art. précité, spéc. pp. 107 et 110.

254 Art. précité, spéc. p. 115.

255 **J.-F. POUDRET & S. BESSON**, *op.cit.*, p. 619, spéc. n° 687.

comme l'arbitre, le juge étatique ne dispose plus d'un système préexistant pour résoudre le conflit de lois. Pire, une certaine doctrine avait déjà envisagé l'application cumulative, par le juge, des systèmes de conflit en présence.

150. C'est ainsi que MEIJERS estimait que le droit international privé du for pourrait être écarté, sans que le juge soit pour autant impuissant, quand une situation juridique ne présente de liens qu'avec des systèmes dont les règles de conflit convergent vers une même loi interne. Il précise également que : « *Lorsqu'au moment où s'accomplit un fait ou un acte juridique, les règles de conflit de lois de tous les pays pratiquement en compétition déclaraient applicable une même loi, cette loi devra également être appliquée par tout juge dans tout autre pays quelconque* »[256].

151. Un autre auteur soulève, également, le même constat en affirmant que : « *Ceci entraine donc la recherche cumulative des rattachements de l'espèce effectivement prescrits par des systèmes étrangers... et la constatation que ceux-ci donnent une solution concordante* »[257]. Ce qui prouve encore une fois que la méthode cumulative n'a pas beaucoup de spécial, sous réserve que nulle *lex fori* ne s'impose à l'arbitre, par rapport à ceux utilisées par un juge étatique mis dans la même situation de l'arbitre du commerce international.

152. Il en résulte que la méthode cumulative présente des difficultés importantes. Les arbitres doivent en effet déterminer quelles règles de conflit ils vont comparer et ont pour cela des conceptions différentes. Deux tendances ont ainsi été dégagées par Yves DERAINS. Certains arbitres se limitent à l'objet du différend en prenant en considération le droit international privé des pays qui ont des points de contact avec le litige, alors que d'autres se concentrent davantage sur *l'élément procédural* en ne rapprochant que les règles de conflit de lois dont la convergence est souhaitable.

153. Ces deux tendances démontrent le désir des arbitres de dégager une règle de conflit universellement admise ou même de rechercher une loi dont la compétence est universellement reconnue. En conclusion, l'arbitre emploi la méthode d'application cumulative des

---

[256] **MEIJERS**, « La question du renvoi », *Bulletin de l'Institut Juridique International*, avril 1938, pp. 225-226, cité par Y. DERAINS, art. précité, spéc. p. 118.

[257] **Ph. FRANCESKAKIS**, note sous Rabat, 24 oct. 1950, *Rev. Crit. DIP* 1952, p. 89 et Paris 7 juillet 1954, p. 552.

règles de conflit de lois chaque fois que toutes désignent la même loi dans le cas d'espèce. Rien ne lui interdit par la suite d'estomper le caractère automatique de cette méthode en interprétant la loi ainsi désignée sur le fondement des usages du commerce international[258]. D'ailleurs, il l'a pratiqué dans certaines des sentences sus mentionnées sur le fondement soit des principes généraux, soit du siège de l'arbitrage. Ainsi, la pratique arbitrale a créé une méthode conflictualiste qui est transposable dans tous les contextes réglementaires nationaux.[259]

Il peut arriver, toutefois, que des divergences existent entre les règles de conflit potentiellement applicables au litige telles qu'il devient impossible d'appliquer la méthode cumulative. Comme le relèvent les auteurs SERAGLINI et ORTSCHEID, « *la limite de la méthode réside évidement dans le fait que, même ainsi réduite, la consultation des règles de conflit d'origine différente ne permet pas toujours de parvenir à une convergence des désignations*»[260] . L'arbitre devra utiliser une autre méthode pour déterminer la loi applicable au fond celle des principes généraux du droit international privé.

[258] **J.-M. TALAU**, *L'arbitre du commerce international source de droit*, thèse dactyl. Orléans 1998, 1ère partie, spéc. p. 190.

[259] Ibid, loc. cit.

[260] **Ch. SERAGLINI & J. ORTSHEIDT**, *Droit de l'arbitrage interne et international*, Montchrestien, Lextenso éditions, 2013, p. 808, spéc. n° 888 ; V. dans le même sens : **P. MAYER**, « Reflexions in the International Arbitrator's Duty to Apply the Law », in The 2000 Freshfields Lecture, 17 Ar. Int'l 235, 238, 2001.

CHAPITRE II : L'ARBITRE ET L'APPLICATION DES PRINCIPES GÉNÉRAUX DU DROIT INTERNATIONAL PRIVÉ

154. Dès les années soixante, un fort courant doctrinal plaide à ce que les arbitres internationaux forgent un système autonome et anational de droit international privé[261]. Un système ayant ses propres règles de rattachement, ses propres qualifications, sa propre conception de l'ordre public. Selon une certaine doctrine, dans une telle conception, l'arbitrage devient une source autonome de règles de conflit.[262] Cette tendance consiste à mettre en évidence les principes généraux du droit international privé [263]. En pratique, il s'agit moins d'induire un rattachement déterminant de l'ensemble des règles de conflit nationales, que d'appliquer les conventions internationales de droit international privé à savoir : la convention de Rome du 19 juin 1980 sur

---

261 **B. GOLDMAN** « Les conflits de lois dans l'arbitrage international de droit privé », R.C.A.D.I., 1963, T. 109, p. 367 ss ; **Y. LOUSSOUARN & J.-D. BREDIN**, *Droit du commerce international*, Préf. H. Batiffol, Sirey 1969, n° 35, p. 45.

262 **Y. LOUSSOUARN**, *Cours général de droit international privé*, R.C.A.D.I, 1973, II, T. 139, p. 275 et s, spéc. p. 303.

263 **P. LALIVE**, « Les règles de conflit de lois appliquées au fond du litige par l'arbitrage international siégeant en Suisse », *RA.*, 1976, p.155.et s ; du même : « Le droit applicable au fond du litige en matière d'arbitrage », *Rev. Rassegna Dell'arbitrato*, VXVII, n° 1, 1977, pp. 1-19, spéc. p. 6, disponible en ligne sur : www.lalive.ch/.../29_-_Le_droit_applicable_au_fond_du_litige_en_matiere_d'arbitra...; **B.GOLDMAN**, « Les conflits de lois dans l'arbitrage international de droit privé, prec, p. 351 ;**Ph. FOUCHARD**, « L'autonomie de l'arbitrage commercial international », *R.A.*, 1965 (3), p. 99s, spéc. p 106 ; **Ch. SERAGLINI & J. ORTSHEIDT,** *Droit de l'arbitrage interne et international*, Montchrestien, Lextenso éditions, 2013, n° 889, p. 808 ; **F. OSMAN & S. SALAMA,** « Les méthodes de détermination du droit applicable par l'arbitre : vers un rattachement de la « voie directe » à la méthode conflictuelle », *Bull ASA*, 2003, p. 272 ; **I. RADIC**, *Étude de faisabilité sur le choix de la loi applicable dans les contrats internationaux- Le contexte de l'arbitrage international*, document préliminaire n° 22 C de mars 2007 à l'intention du Conseil d'avril 2007 sur les affaires générales et la politique de la Conférence de La Haye de Droit international Privé, spéc. p.9, en ligne sur :https://assets.hcch.net/docs/3369b46c-a20a-4aa1-9595-0b4c7878f74b.pdf

la loi applicable en matière contractuelle[264] et les conventions de La Haye de 1955 et de 1986 sur la loi applicable en matière de vente de marchandises.

155. Cette méthode du règlement du litige suppose que l'arbitre puisse se référer à « *une règle de conflit de lois qui fait l'objet d'un large consensus au plan international* »[265]. La méthode consiste à dégager, sur la base d'une analyse comparative, des principes ou des règles communes très généralement acceptées par les principaux systèmes de droit international privé ou par les conventions multilatérales ou par tout autre instrument à caractère universel. Pratiquement, les arbitres utilisent les conventions comme l'expression d'une sorte de consensus international sur les règles de conflit de lois à un moment donné.

156. L'emploi de cette méthode pose deux questions essentielles dans le cadre de l'étude de l'apport de la pratique arbitrale aux problèmes de conflit de lois. En premier lieu, il faut examiner comment la jurisprudence arbitrale a appliqué cette méthode ? **(Section 1)**. En deuxième lieu, une attention particulière sera accordée à la question de savoir si l'application des principes généraux du droit international privé est une méthode satisfaisante pour désigner les règles de droit les plus appropriées au litige **(Section 2)**

---

[264] *Cf.* sur cette question nota. : **P. MAYER** : « L'application par l'arbitre des conventions internationales de droit privé», in *l'internationalisation du droit*, Mélanges Loussouarn, Dalloz 1994, p. 275 ; **H. V. HOUTTE**, « La convention de Vienne dans la pratique arbitrale de la Chambre de Commerce Internationale », *Bull. C.I.A de la C.C.I* 2000, vol. 11/ n° 2, 2 sept. 2000, p. 22 s ; **C. WITZ**, « Les vingt-cinq ans de la Convention des Nations Unies sur les contrats de vente internationale de marchandise : Bilans et perspectives », *J.D.I.*, 2006, n° 1, p. 5 et s ; **F. FERRARI**, « La Convention de Vienne sur la vente internationale et le droit international privé », *J.D.I.*, 2006, n° 1, p. 27 et s.

[265] **E. GAILLARD**, J-cl. dr. int., 1991, n° 129. Cf. également dans le même sens : **J. VERHOEVEN**, Contrats entre États et ressortissants d'autres États, in : Le contrat économique international : stabilité et évolution, *Travaux des VII ème Journées d'études juridiques J. Dabin*, 1975, spéc. n° 9, p. 132, qui les compare à l'article 38 du Statut de la CIJ.

SECTION I : L'APPLICATION DES PRINCIPES GENÉRAUX TIRÉS DU DROIT CONVENTIONNEL

157. L'examen de la pratique arbitrale montre que les arbitres recourent aux rattachements classiques **(§1)** ; et à d'autres rattachements plus répandus dans la pratique arbitrale dans le cadre de l'application des principes généraux tirés du droit conventionnel **(§ 2)**.

§ 1. Le recours aux rattachements classiques

158. A défaut de choix du droit applicable au litige, les rattachements traditionnels en matière d'obligations contractuelles sont : le centre de gravité du contrat, le lieu de la conclusion du contrat, le lieu de l'exécution et le lieu de la résidence du débiteur de l'obligation caractéristique. Or, ces rattachements ne coïncident pas nécessairement pour désigner une seule et même loi. Des divergences importantes ont existé et existent entre les différents systèmes de droit international privé des contrats, dès lors que les parties n'ont fait aucun choix[266]. Il s'agit donc de rechercher dans les sentences arbitrales, si à travers la méthode des principes généraux du droit international privé, la pratique arbitrale a fait prévaloir un facteur de rattachement sur les autres.

A- Le rattachement au principe de l'autonomie de la volonté

159. Il est aisé de constater que plusieurs sentences arbitrales font de l'autonomie de la volonté un principe général de droit international privé. Les exemples sont multiples. La sentence LIAMCO illustre parfaitement cette tendance. Après avoir affirmé que : « *Le Tribunal saisi doit se guider sur les principes généraux régissant les conflits de lois en droit international privé* », la sentence conclut : « *selon ces principes, la loi applicable* (…) *est celle à laquelle les parties ont voulu* (…) *soumettre le contrat*»[267].

---

[266] **Ph. FOUCHARD, E. GAILLARD, B. GOLDMAN**, *Traité*, *op. cit.*, pp. 886-887, spéc. n° 1549.

[267] Sentence ad hoc rendue le 12 avril 1977 à Genève par l'arbitre unique libanais, S. Mahmassani entre Libyen American Oïl Company (LIAMCO) c/ Gouvernement de la République arabe libyenne, original en anglais, publié in *I.L.M.,* 1980, vol.

160. La même démarche a été adoptée par une autre sentence CCI rendue en 1989 où les arbitres affirment que : « *selon une solution largement admise par les systèmes nationaux de conflits de lois et consacrée comme un principe général du droit du commerce international, lorsqu'une clause d'un contrat a désigné la loi applicable* (…) *la loi désignée doit être appliquée …*»[268].

161. De même, la sentence ARAMCO a décidé de recourir aux règles de conflit élaborées par les jurisprudences britanniques et suisse. Cependant, elle a justifié sa solution en précisant que lesdites règles représentaient les « *tendances les plus avancées du droit international privé* »[269]. L'origine et l'objet du litige est connu. Liée à l'ARAMCO par un contrat du 29 mai 1933, plusieurs fois modifié et étendu, qui confère à cette société la concession exclusive de l'exploitation du pétrole sur une grande partie de son territoire, l'Arabie Saoudite a accordé, par un contrat du 20 janvier 1954, dit « contrat Onassis », à la « *Saoudi Arabian Maritime Tankers Company Ltd* » (SATGO), un droit de priorité pour le transport du pétrole pour une durée de trente années, renouvelable. Mais l'ARAMCO ayant soutenu que ce droit de priorité était en opposition avec son propre contrat de concession. Le litige fut soumis, au terme d'un compromis d'arbitrage signé à Djeddah, le 23 février 1955, à un Tribunal arbitral composé de *S.E. Helmi Bahjat Badawi*, arbitre désigné par le gouvernement saoudite, S.A. *Saba Habachi*, arbitre désigné par l'ARAMCO, et *M.G. Sausser-Hall* désigné comme « Referee », par les deux présidents.

162. La solution du litige dépendait essentiellement de la qualification et de l'interprétation du contrat de concession de l'ARAMCO, notamment en ce qui touchait la nature et l'étendue des droits qui en résultaient pour cette société quant au transport du pétrole hors du territoire de l'Arabie Saoudite. La sentence constate que le litige a un « *caractère purement juridique, la première question qui doit être tranchée par le Tribunal arbitral est celle de savoir quel droit doit être appliqué aux relations entre les parties* ? ». Or, l'article IV du compromis d'arbitrage contenait, sur ce point une clause ainsi libellée :

20, pp. 1-87, trad. Française in *R.D.A.*, 1980, pp. 132-191, spéc. pp. 154 s, note B. STERN précitée.

[268] Sentence CCI, n° **5865** en 1989, *J.D.I.*, n°4, 1998, p. 1008, note D. HASHER.

[269] Sentence rendue dans l'affaire du Gouvernement de l'Arabie Saoudite et l'Arabian American Oïl Company le 23 août 1958 à Genève, *Rev. crit. DIP* 1963, pp. 272-363, spéc. p. 314, note H. BATIFFOL, « La Sentence ARAMCO et le droit international privé », *Rev. crit. DIP* 1963, pp. 647-662.

« Le Tribunal arbitral statuera sur le litige,

(a) « Conformément au droit de l'Arabie Saoudite tel que ci- après défini, dans la mesure où il s'agit de questions entrant dans la juridiction de l'Arabie Saoudite ;

(b) « Conformément au droit considéré par le Tribunal arbitral comme applicable, dans la mesure où il s'agit de questions en dehors de la souveraineté de l'Arabie Saoudite ». Le droit de l'Arabie Saoudite tel qu'ici entendu, est le droit musulman

(a) « Tel qu'enseigné par l'École de l'Imam Ahmad ibn Hanbal

(b) « tel qu'appliqué en Arabie Saoudite. »

163. L'application de cette clause rendait nécessaire une délimitation entre les domaines respectifs de la loi de l'Arabie Saoudite et de celle éventuellement différente, choisie par les arbitres en vertu du § (b) de l'article VI[270]. Cette délimitation, précise le Tribunal, doit être faite en fonction de la nature juridique des rapports de droit litigieux, combinée avec « les principes du droit international privé ». Il ne convient pas d'y procéder comme si les tribunaux de l'Arabie Saoudite étaient compétents, car les parties avaient dès l'origine entendu soustraire le litige à cette compétence. Mais, poursuit la sentence, « *bien que le présent arbitrage fût institué, non entre des États, mais entre un État et une société privée américaine, le Tribunal n'est pas d'avis que le droit du pays de son siège devrait être appliqué à l'arbitrage* ».

Selon le Tribunal arbitral, c'est l'immunité de juridiction de l'une des parties qui s'y oppose, car elle exclut l'intervention éventuelle, dans l'arbitrage, des autorités judiciaires de l'État du siège ; les arbitres estiment en effet «*qu'en consentant à fixer le siège de l'arbitrage en Suisse, l'État étranger qui est partie à l'arbitrage n'est pas présumé avoir renoncé à son immunité de juridiction au cas où il surgirait des litiges relatifs à l'application du compromis lui-même* ». Il en résulte que l'arbitrage, bien qu'opposant un État à une société privée, est directement régi par le droit international public.

Toutefois, le Tribunal arbitral n'entend pas appliquer le droit des gens au fond du litige, étant donné que la loi régissant le fond est

---

270 Sur l'application de la charia en arbitrage cf. **W. BEN HAMIDA**, « Arbitrage et Charia », *Revue de l'arbitrage Internationale*, n° 33, 2017, pp. 27 s (en arabe) ;du même, « La finance islamique devant le juge étatique : étude comparée », R.I.D.C., vol. 67, n° 4, 2015, p. 923-940, en ligne sur : https://www.persee.fr/docAsPDF/ridc_0035-3337_2015_num_67_4_20563.pdf; **F. NAMMOUR**, « De l'applicabilité de la charia islamiya dans l'arbitrage international », *Les Cahiers de la finance islamique*, n° 5, 2013, pp. 96-116.

indépendante de la loi régissant l'arbitrage lui-même. Par conséquent, le Tribunal a cherché cette loi applicable au fond en recourant à un système de solution des conflits de lois.

164. C'est ainsi que nous pouvons lire que :

« *C'est un principe universellement admis en droit international privé que la loi régissant les relations qui n'ont pas été établies entre des États, doit être déterminée en se référant aux règles de conflit de la lex fori. Mais, pour un Tribunal arbitral, qui en raison de l'immunité des États est directement soumis au droit international public, il n'existe pas de lex fori pour indiquer quelles règles de conflit doivent être utilisées, puisque le droit international public général ne contient pas de telles règles* »

165. Il faut préciser, toutefois, que si cette interprétation de volonté, qui constitue le point de départ de ce raisonnement, a été saluée par la doctrine, les conséquences découlant n'ont pas reçu le même accueil[271]. En d'autres termes, et comme le précise GOLDMAN : « Il *est,* (…) *raisonnable de supposer qu'en déférant le litige à l'arbitrage, l'État d'Arabie Saoudite n'a pas entendu renoncer à son immunité de juridiction vis-à-vis des tribunaux du pays du siège arbitral* ». Il poursuit en précisant que : « *certes, lorsqu'un tel litige est soumis à une juridiction étatique, il est universellement admis, comme le rappelle la sentence, que celle-ci appliquera le droit international privé du for ; mais affirmer implicitement, et comme allant de soi, que cette même règle serait « universellement admis » lorsque le litige est soumis à l'arbitrage, c'est non seulement négliger les textes et les sentences …précédemment examinées, mais aussi postuler une interprétation, cette fois, inexacte de la volonté des parties*».[272]

166. Nonobstant les réserves relatives à l'opportunité de la position admise par la jurisprudence ARAMCO, cela ne diminue pas l'intérêt de la contribution de ladite sentence au droit international privé de l'arbitrage international. Elle montre, en effet, qu'un tel droit international privé commun est envisageable, et peut recevoir un contenu concret, puisqu' elle en fait une remarquable application pour qualifier le contrat litigieux, et pour désigner, à partir de cette qualification, la loi matérielle qui le régit[273].

---

[271] **B. GOLDMAN**, « Les conflits de lois dans l'arbitrage international de droit privé », prec. spéc. n° 32, p.412.

[272] *Ibid.*

[273] *Ibid,* n° 32, p. 413.

167. Dans une autre affaire CCI n° **1512**[274], un arbitre unique siégeant en Suisse a statué sur un litige opposant un garant pakistanais et un bénéficiaire indien. Les parties ont prévu dans leur contrat l'application de la loi indienne. L'arbitre a décidé de donner effet à un tel choix au motif que : « *Peu de principes (étaient) plus universellement admis en droit international privé que ce principe (...) (celui de l'autonomie de la volonté) selon lequel la loi applicable au contrat est celle qui a été choisie par les parties* ». La même approche fut suivie dans une autre affaire CCI n° **6527**[275].

B- Le rattachement au lieu de la résidence habituelle du vendeur

168. Le lieu de la conclusion du contrat est un des facteurs de rattachement subsidiaire du contrat les plus classiques. Mais si le principe *locus regit actum* connaissait un grand essor dans la période du Moyen-âge, le développement des contrats entre absents a amoindri considérablement sa valeur localisatrice. Toutefois, il est maintenu en partie par les conventions internationales de La Haye du 15 juin 1955 sur les conflits de lois en matière de vente internationale et de 1986 sur la loi applicable aux ventes internationales de marchandises.

169. En effet, sous l'empire de ces textes, la loi du pays de résidence de l'acheteur s'applique chaque fois que la conclusion du contrat peut être localisée dans ce pays[276]. C'est vrai que, si l'hésitation a

---

[274] Indian Company v Pakistani Bank, Award, ICC Case n° **1512**, 1971, Yearbook 1976, Vol. I, p. 128.

[275] Buyer v Seller, Final Award, ICC Case No. 6527, 1991, Yearbook 1993, Vol. XVIII, 44, cited by **M.-A. PETSCHE**, « Choice of Law in International Commercial Arbitration», S.R. Garimella and S. Jolly (eds.), Private International Law, Springer Nature Singapore Pte Ltd. 2017, p. 25, on line: www.springer.com/cda/content/.../9789811034572-c2.pdf?...0... Consulted on 16/03/2018. Un Tribunal arbitral siégeant en France a statué sur un litige opposant un vendeur turc et un acheteur de nationalité non identifiée. Lors de la détermination du droit applicable au fond, le Tribunal a rejeté l'approche par laquelle les tribunaux arbitraux sont liés par les règles du conflit du siège. Elle a considéré : « *qu'il est plus approprié d'appliquer les principes généraux du droit international privé indiqués dans les conventions internationales, en particulier celles dans le domaine de vente des biens mobiliers* ».

[276] L'article 8 al. 2 de la Convention de La Haye de 1986, (Recueil des Conventions de La Haye, p. 238) : prévoit que : « Toutefois, la vente est régie par la loi de l'État dans lequel l'acheteur à son établissement au moment de la conclusion du contrat, si :

longuement perduré entre la loi du lieu où s'exécute la prestation caractéristique[277] et celle du lieu où celui qui fournit une telle prestation à sa résidence habituelle[278], le principe de la résidence du débiteur de la prestation caractéristique est devenu prédominant. C'est pour cette raison qu'il faut déterminer lequel de ces principes de rattachement, la pratique arbitrale a maintenu.

170. La sentence rendue en 1991 dans l'affaire CCI n° **6527** illustre cette question[279]. Le litige portait sur la résiliation du contrat par un vendeur turc qui avait rejeté la lettre de crédit émise en sa faveur par l'acheteur autrichien, estimant cette dernière non conforme aux exigences contractuelles.

171. L'arbitre siégeant à Rome décida que la loi turque était applicable au litige en tant que loi du lieu de résidence du vendeur. Il a fondé cette solution sur les principes généraux du droit international privé tels qu'exprimés par la convention de La Haye de 1986 en matière de vente internationale et de la convention du 19 juin 1980 sur la loi

---

a) Des négociations ont été menées et le contrat a été conclu par les parties présentes dans cet État »

Cependant, la Convention de 1986, corrige cette règle par le principe de proximité selon lequel :

« Si, en raison de l'ensemble de ces circonstances, par exemple, de relations d'affaires entre les parties, la vente présente des liens manifestement plus étroits avec une loi autre que celle qui serait applicable au contrat, la vente est régie par cette autre loi » (Article 8 al. 3.)

[277] Pour un ex. d'application du droit du lieu de construction d'une usine clé en main, v. sentence CCI n° **3755** en 1988, Bull. CIA de la CCI, Vol. 1, n°2, 1990. 25. En faveur de la loi du lieu d'exécution des obligations contractuelles, v. sentence CCI n° **6560** rendue en 1990, *Yearbook*, 1992. 226 (qui estime également que le lieu de conclusion et la langue du contrat sont des indices de localisation peu important) ; sentence *ad hoc* du 5 fév. 1988 rendue à La Haye par MM. J. Stevenson, Président, I. Brownline et B. Cremades, arbitres, dans l'affaire *Wintershell c. Qatar* (qui a appliqué, au titre des liens les plus étroits, la loi de l'Etat dans lequel le contrat d'exploration pétrolière est exécuté), *Yearbook,* 1990.30. spéc. p. 34, citées par **Ph. FOUCHARD, E. GAILLARD, B. GOLDMAN,** *op.cit., loc.cit.*

[278] Pour une illustration de la diversité des systèmes de droit international privé *Cf.* les travaux du droit comparé d'**O. LANDO**, « Contracts », in *International Encyclopedia of Comparative Law,* Vol. 3, Hambourg, 1976, chap. 24.

[279] Sentence CCI n° **6527** de 1991: *Y.C.A.,* Deventer [Kluwer Law and Taxation Publ.], vol. 19, 1993, pp. 44-53.

applicable aux obligations contractuelles[280]. Effectivement, la résidence du vendeur en tant que débiteur de la prestation caractéristique, est une présomption de rattachement retenue dans l'article 4 alinéa 2 de la convention de Rome. La solution apportée par l'arbitre au conflit de lois en l'espèce, est conforme surtout à l'article 8 alinéa1^er^ de la convention de La Haye de 1986, qui retient la résidence habituelle du vendeur au moment où celui-ci reçoit la commande, comme rattachement général, pour les ventes conclus entre absents, à défaut de circonstances permettant de localiser la conclusion du contrat dans le pays de l'acheteur. En l'espèce, les règles de conflit de lois des deux conventions internationales coïncidaient. Mais qu'en aurait-il été si la conclusion du contrat avait pu être localisée dans le pays de l'acheteur ? Dans ce cas, l'exception prévue par les conventions de La Haye de 1986[281] et de 1955[282] aurait dû conduire à l'application de la loi du pays de l'acheteur.

172. La préférence marquée par la convention de 1955, pour la loi du lieu de la conclusion du contrat, a ainsi permit à l'arbitre statuant en 1967 dans l'affaire CCI n° **1404**, de déclarer qu'il résultait d'une : *« doctrine et d'une jurisprudence constante de droit international privé* [*que*] *la préférence devait être donnée à la loi du lieu de conclusion et,*

---

[280] Dans le but avoué d'encourager une interprétation de ses dispositions qui soit le plus possible dissociée des droits nationaux, la Convention de Vienne renvoie le juge aux principes généraux (Article 7) et ce :

1) Pour l'interprétation de la présente Convention, il sera tenu compte de son caractère international et de la nécessité de promouvoir l'uniformité de son application ainsi que d'assurer le respect de la bonne foi dans le commerce international.

2) Les questions concernant les matières régies par la présente Convention et qui ne sont pas expressément tranchées par elles seront réglées par les principes généraux dont elle s'inspire ou, à défaut de ces principes, conformément à la loi applicable en vertu des règles du droit international privé.

Cf. sur la matière nota. : **C. WITZ**, « CVIM : interprétation et questions non couvertes », *R.D.A.I.*, 2001, n° 3, p. 253 ; **F. FERRARI**, « Interprétation uniforme de la Convention de Vienne de 1980 sur la vente, internationale », *R.I.D.C.*, 1996, n° 4, p. 813 ; *Adde.*, **M. GEBAUER,** « Uniform Law, General Principles and Autonomous Interpretation », *R.D.U.*, 2000, p. 683.

[281] Article 8 al. 2 a) de la Convention de La Haye de 1986.

[282] Article 3 al. 3 de la Convention de La Haye de 1955, « Toutefois, la vente est régie par la loi interne du pays où le vendeur à sa résidence habituelle, ou dans lequel il possède l'établissement qui a passé la commande, si c'est dans ce pays que la commande a été reçue soit par le vendeur, soit par son représentant, agent ou commis voyageur ».

subsidiairement, du lieu d'exécution du contrat »[283]. En effet, malgré qu'il s'agisse d'un choix critiquable et dépassé[284], la pratique arbitrale a montré quelques exemples d'application de la loi du pays de l'acheteur, sur le fondement de la Convention de La Haye de 1955. Ainsi, dans l'affaire CCI n° **5551**[285], l'arbitre, siégeant en Suisse en appliquant la convention de La Haye de 1955, a relevé que le contrat avait été signé en France entre l'acheteur français et le vendeur espagnol, représenté par un agent. Ainsi, selon la convention de La Haye de 1955, la loi française était applicable.

§ 2 . Le recours à d'autres rattachements plus répandus dans la pratique arbitrale

173. L'attachement de la pratique à la loi du pays où le débiteur de l'obligation caractéristique a sa résidence habituelle est actuellement plus répandue. La sentence rendue en 1989, dans l'affaire n° **5713**, illustre cette tendance[286].

---

283 Sentence citée par : **Ph. FOUCHARD, E. GAILLARD, B. GOLDMAN**, rapportée dans leur Traité, *op.cit.*, p. 887.

284 *Ibid.*, où on peut constater que cette dernière sentence est citée dans le contexte de celles qui : « (...) déclarent faire application de principes généraux sont si cruellement démenties par la réalité du droit international privé comparé qu'elles illustrent davantage les limites de la méthode que son opportunité ».

285 Sentence CCI n° **5551** de 1988, *Bull. CIA de la CCI,* vol. 7/n°1, pp. 83-84.

286 Sentence CCI n° **5713** de **1989**, *YCA*, 1990, p. 70 citée par Y. DERAINS, « La jurisprudence des arbitres du commerce international en matière de détermination du droit applicable au contrat », *R.D.A.I,* 1996, n° 4, pp 524-525, spéc. n° 12. Le tribunal arbitral estime que :*« La tendance générale en matière de conflits de lois est d'appliquer la loi de résidence actuelle du débiteur de la prestation caractéristique. Le contrat ne contient aucune mention concernant le droit applicable au fond du litige. Par conséquent, ce droit doit être déterminé par les arbitres conformément à l'article 13.3 du Règlement CCI. Aux termes de cet article, l'arbitre appliquera la loi désignée par la règle de conflit qu'il jugera appropriée en l'espèce. Le contrat a été conclu entre un vendeur turc et un acheteur suisse, la livraison devant être effectuée en Belgique. La vente a été faite FOB de sorte que le transfert de risques à l'acheteur s'est opéré en Turquie. Ainsi, la Turquie apparaît comme la juridiction avec laquelle la vente à des liens les plus étroits. La convention de La Haye de 1955 sur la loi applicable en matière de vente internationale (article 3) se réfère, en ce qui concerne le droit régissant le contrat, au droit du domicile actuel du vendeur, lequel est en l'occurrence la Turquie. La Suisse a adhéré à la convention de La Haye, mais non la Turquie. Toutefois, selon une tendance générale en matière de conflits de lois, la loi applicable est la loi nationale de la résidence actuelle du débiteur de la prestation caractéristique découlant du contrat. Dans un contrat de vente, ce débiteur est le*

174. Il en est de même, dans l'affaire CCI n° **4996**[287] où le rejet de la loi de conclusion du contrat est manifeste : « *La règle la plus appropriée en l'espèce est celle qui rattache le contrat (...) à la loi du lieu d'exécution du contrat et de la résidence habituelle du débiteur de la prestation caractéristique, à savoir le droit français* ». En l'espèce le litige portait sur la rupture d'un contrat d'agence liant une société italienne à son agent français. Le contrat avait été conclu en Italie et le droit international privé italien le rattachait à l'époque à la loi du lieu de la conclusion de l'acte, à défaut de nationalité commune des parties[288].

Mais, pour rejeter le rattachement subsidiaire retenu par le droit italien, l'arbitre s'est référé au droit comparé, en particulier, au droit international privé français[289], ainsi qu'à la convention de La Haye du 14 mars 1978 sur la loi applicable aux contrats d'intermédiaires et à la représentation. Or, l'article 6 de cette convention retient comme rattachement subsidiaire, le lieu où l'intermédiaire à son établissement professionnel[290].

175. L'arbitre a aussi considéré que l'application de la loi interne italienne au contrat d'agence, pouvait entrainer la nullité du contrat en raison de l'absence d'immatriculation de l'agent en Italie. Or, il était injustifié d'exiger d'un agent commercial français les formalités d'immatriculation prévues pour les agents italiens. Même si l'arbitre a

---

vendeur. Sur la base de ces constats réunis, le droit turc apparait comme étant le droit devant régir le contrat ». C'est aussi le cas de la sentence rendue en 1989, dans l'affaire n° **5885**, *ibid.*, p. 524. Il y a aussi des sentences qui ont fait, pour montrer le consensus général en matière des conflits de lois, allusion à la Convention de Rome du 19 juin 1980. C'est notamment le cas de la sentence rendue en 1990, dans l'affaire n° **6360**.

287 Sentence arbitrale CCI n° **4996** rendue en 1985, *Rec. des sentences CCI.*, II, pp. 294 s.

288 Article 25 du Code civil italien.

289 L'arbitre a ainsi cité en référence : Rouen, 31 mai 1950, *J.D.I.*, 1950, pp. 603 et s ; Paris, 21 mai 1957, *J.D.I.*, 1957, p. 128, note FRANCESCAKIS ; **H. BATIFFOL**, *Les conflits de lois en matière de contrats*, n° 304-320 ; **Y. LOUSSOUARN & J.-D BREDIN**, *Droit du commerce international*, n° 641 ; **P. MAYER**, *Droit international privé*, n° 695.

290 Article 6 de la Convention de La Haye du 14 mars 1978 sur la loi applicable aux contrats d'intermédiaires et à la représentation, *Recueil des Conventions*, p. 254 : « *Dans la mesure où elle n'a pas été choisie dans les conditions prévues à l'article 5 (par les parties), la loi applicable est la loi interne de l'État dans lequel, au moment de la formation du rapport de représentation, l'intermédiaire à son établissement professionnel, ou à défaut, sa résidence habituelle* ».

vérifié que la loi française était concrètement la plus appropriée en l'espèce, il a affirmé catégoriquement dans la sentence, le caractère obsolète de la valeur localisatrice du principe *locus regit actum.* Le choix de la pratique arbitrale se porte donc aujourd'hui sur l'application au litige, de la loi du pays où doit s'exécuter la prestation caractéristique du contrat ; ce qui correspond généralement, à la loi du lieu où le débiteur de l'obligation caractéristique à sa résidence habituelle.

SECTION II. LA MÉTHODE DES PRINCIPES GÉNÉRAUX DU DROIT INTERNATIONAL PRIVÉ ET LES REGLES APPROPRIÉES

176. La méthode des principes généraux du droit international privé conduit -t-elle à la désignation des règles jugées les plus appropriées par l'arbitre ? La réponse à cette question passe nécessairement par l'examen des instruments de l'arbitrage international notamment les Règlements d'arbitrage et les règlementations nationales **(§ 1)**. L'analyse de la pratique arbitrale permet également de mesurer l'étendue du pouvoir des arbitres à désigner les règles jugées les plus appropriées **(§ 2)**

§1. Au niveau des instruments de l'arbitrage

177. Lorsque les parties n'ont pas choisi un droit applicable, le droit de l'arbitrage international est divisé entre deux solutions. Une partie des instruments du droit de l'arbitrage international prévoit que le Tribunal arbitral doit alors appliquer au fond du litige la loi étatique qu'il désignera librement. C'est le cas de la loi-type de la CNUDCI et la convention de Genève de 1961 qui prévoient que l'arbitre appliquera la loi désignée par la règle de conflit qu'il jugera appropriée en l'espèce[291]. Inspiré de la loi modèle de la CNUDCI, l'article 73 du code tunisien de l'arbitrage consacre une solution similaire en prévoyant que : «*1- Le tribunal arbitral tranche les différends conformément à la loi désignée par les parties. 2- A défaut d'une telle désignation, le tribunal arbitral applique la loi qu'il estime appropriée* »[292]. Il y a

[291] Contrairement à l'ancien article **33** qui imposait au tribunal arbitral d'appliquer la loi désignée par la règle de conflit de lois qu'il jugeait applicable en l'espèce, le nouvel article **35.1** dispose désormais que : « Le *tribunal arbitral applique les* règles *de droit désignées par les parties comme étant celles applicables au fond du litige. A défaut d'une telle désignation par les parties, il applique la loi qu'il juge appropriée* ».

[292] Sur cet article cf. not. **K. MEZIOU**, « Le droit applicable au fond du litige dans l'arbitrage international », colloque : « *L'arbitrage international dans le nouveau code tunisien* » organisé les 26-27 nov.1993, pub. *C.E.J.J.,* 1995, p. 60 ; **K. MEZIOU & A. MEZGHANI**, « Le code tunisien de l'arbitrage », *R.A.*, 1993, p. 521 ; adde, **N. GARA**, *Le Code de l'arbitrage annoté*, Maison du livre, 2016, spéc. p. 215 ; **W. B. HAMIDA & A. BETTAEB**, *Code tunisien de l'arbitrage annoté par la jurisprudence*, Anis Bettaieb éditions, 1ère éd., 2015, spéc. p. 182 s.

presque un consensus pour admettre que, dans ce cas, la loi désignée librement par l'arbitre est celle d'un État.

D'autres législations sont plus contraignantes et imposent aux arbitres la méthode des conflits de lois fondée sur la localisation du litige dans un ordre juridique étatique. Ainsi, le droit allemand de l'arbitrage prévoit l'application de la loi avec laquelle l'objet du litige présente les liens les plus étroits[293], ou la loi « *qui est la plus étroitement liée avec le rapport litigieux* »[294]. Le choix pour le mécanisme conflictuel a été critiqué parce qu'il est « *paradoxal si l'on admet que l'arbitre n'a pas de for* »[295].

L'examen d'autres instruments permet de dégager au contraire une solution différente selon laquelle le Tribunal arbitral appliquera « *les règles de droit qu'il estime appropriée* ». C'est le cas du droit tunisien[296], français[297] et du droit néerlandais[298]. Cette règle est retenue par le Règlement d'arbitrage de la CCI. Elle est comprise comme donnant aux arbitres le pouvoir de juger de leur propre initiative selon la *lex mercatoria* qui englobe au sein de ses règles anationales ou transnationales des principes généraux du droit par un effet d'insertion opéré par les arbitres.[299]

§2. Au niveau de la pratique arbitrale

178. La sentence rendue dans l'affaire CCI n° **6527** précitée montre, sans équivoque, les limites du raisonnement conflictualiste. En

---

[293] Article 1051, § 2 du Code de procédure civile allemand.

[294] Article 834 du Code de procédure civile italien.

[295] **É. LOQUIN**, *Les règles matérielles internationales*, *R.C.A.D.I.*, 2006, t. 322, pp.9-242, spéc. p.192, n° 445. Le paradoxe vient du fait que d'une part, on retient que l'arbitre est dépourvu de for, ne disposant pas d'un système de droit international privé qui s'impose à lui, et au même temps, on lui demande de passer par la règle de conflit appropriée, pour désigner la loi applicable.

[296] Article 73 du Code de l'arbitrage et les références citées à la note n° 391.

[297] Art. 1511 du NCPC tel qu'issue du décret n° 2011-48 du 13 janvier 2011 portant réforme de l'arbitrage dispose que : « Le *tribunal arbitral tranche le litige conformément aux règles de droit que les parties ont choisies ou, à défaut, conformément à celles qu'il estime appropriées. Il tient compte, dans tous les cas, des usages du commerce* ».

[298] La loi du 1er décembre 1986 telle que réformée par la loi du 1er janvier 2015, V. La réforme du droit de l'arbitrage néerlandais disponible sur : spiegeler.com › Home › Articles (français).

[299] **Ph. FOUCHARD, E. GAILLARD, B. GOLDMAN**, *op.cit.*, n° 1554 ss; **É. LOQUIN**, « L'arbitrage du commerce international », in *Joly* (dir. pub.), Pratique des contrats internationaux, n° 251 ; **SERAGLINI**, dans **J. BEGUIN** & **M. MENJUCQ** (dir. pub.), *Droit du commerce international*, 2005, n° 1771.

effet, pour trancher le litige, l'arbitre a eu recours à des normes étrangères à la loi turque désignée conformément aux principes généraux du droit international privé.

L'arbitre s'est fondé concrètement sur des précédents judiciaires anglais et sur des sentences arbitrales citées pour déterminer si le délai fixé par le vendeur à l'acheteur pour émettre une lettre de crédit conforme à ses exigences n'était pas trop court. La question était essentielle pour l'issue du litige, puisque c'est à l'expiration du délai précité que le vendeur avait mis fin au contrat.

Ainsi, l'arbitre cita un arrêt rendu par Lord DENNING[300] :« *Si l'acheteur doit accomplir ses obligations, il doit donc émettre le crédit en faveur du vendeur à la toute première date d'embarquement des marchandises en vertu du contrat*».

179. L'arbitre s'est aussi référé à la sentence rendue en 1969 dans l'affaire CCI n° **1675**, où statuant selon les usages du commerce international, il a estimé que le retard dans l'ouverture d'un crédit documentaire, ne constituait un juste motif de résolution d'un contrat de vente que lorsque le délai d'embarquement de la marchandise était expiré.

180. En résumé de l'affaire CCI n° **6527**, l'arbitre a dû désigner une loi nationale où il n'a pas trouvé les normes appropriées pour trancher le litige. Mais, en l'espèce, un raisonnement conflictualiste ne pouvait pas conduire à la désignation des règles étrangères plus appropriées, c'est-à-dire à la loi anglaise. En effet, le litige ne présentait aucun lien avec l'Angleterre. Dès lors, la loi désignée par les principes généraux du droit international privé, n'offre pas systématiquement à l'arbitre les règles de droit les plus appropriées au litige. Toutefois, celui-ci n'hésite pas à interpréter la loi applicable par référence à des normes étrangères. Ainsi, les méthodes de détermination du droit applicable apparaissent secondaires et seulement motivées par la préoccupation de l'arbitre de remplir la mission de recherche de la loi applicable, que les parties lui ont expressément confiée.

---

[300] **PAVIA** & Co. V. **THURMANN-NIELSEN** (1952) 1 All FR 494: "*If the buyer is to fulfill his obligations, he must therefore make the credit available to the seller at the very first date when the goods made be lawfully shipped in compliance with the contract...*" *Cf.*, Jan Stach Ltd. V. Baker Bosley Ltd, (1958) 2 QB 130: "*In a contract for the sale of goods FOB which provided for shipment during a period within which the buyer was notified to call for shipment of the goods at any time, the prima facie rule is that the credit called for by the contract of sale must be opened at laster by the beginning of the shipment period*".

181. Nous pouvons nous demander si l'arbitre ira jusqu'à évincer au profit de normes étrangères au contrat litigieux, les règles de la loi nationale ainsi désignée, jugée trop sévères par rapport aux usages de commerce ?

La sentence rendue dans l'affaire CCI n° **5713** précitée, apporte une réponse affirmative. En l'espèce, la principale question litigieuse portait sur le non-respect des spécifications de la marchandise vendue à une société suisse par une société turque. Mais la question de la prescription de l'action en responsabilité a été également débattue.

L'arbitre a déclaré la loi turque applicable au litige. Pour cela, il n'a pas pris la peine d'examiner les règles de conflit de lois turques, la loi turque étant de toute façon applicable selon les principes généraux du droit international privé tels qu'ils sont exprimés dans la convention de La Haye de 1955. De plus, la quasi-totalité des critères de rattachement étant en Turquie, il paraissait ainsi difficile d'échapper, en l'espèce, à l'application de la loi turque.

Mais l'intérêt particulier de la sentence réside dans l'éviction par l'arbitre de la loi applicable au litige pour rejeter l'exception tirée de la prescription de l'action contractuelle en droit turc. En effet, la loi turque applicable accordait un délai de deux jours après la réception pour notifier au vendeur les vices apparents et de huit jours pour les vices cachés. Certes, l'acheteur avait mis des réserves dès l'embarquement de la marchandise sur certains vices apparents. Mais le rapport de l'expertise ordonné au moment de la réception n'était intervenu que plusieurs mois plus tard, date à laquelle l'acheteur avait sans autre délai notifié les vices au vendeur.

L'arbitre a en revanche accueilli la demande de l'acheteur et rejeté l'application de la loi turque aux motifs suivants :« Le *tribunal estime que dans les circonstances de l'espèce, (l'acheteur) s'est conformé aux prescriptions précitées de la Convention de Vienne. Ces exigences sont considérablement plus flexibles que celle prévues par la loi turque. En imposant un délai spécifique extrêmement court à l'acheteur pour notifier au vendeur les défauts des marchandises, la loi turque apparait comme une exception sur ce point par rapport aux usages du commerce généralement acceptés.*

En tout cas, on doit considérer que (le vendeur) est déchu du droit d'expier le non-respect des articles 38 et 39 de la Convention de Vienne (en matière de la notification de la non-conformité des choses livrées), puisque l'article 40 de la Convention dispose que le vendeur ne peut pas invoquer les articles 38 et 39 si le défaut de conformité est lié à des faits qu'il connaissait ou ne pouvait pas ignorer, et qu'il n'a pas révélés.

En effet, (...) (le vendeur) savait que (description de la pièce défectueuse) n'était pas conforme aux spécifications contractuelles»[301].
L'arbitre a considéré que la loi turque étant, contraire aux usages de commerce et que c'était par rapport à ces derniers, tels qu'exprimés dans la convention de Vienne de 1980, qu'il devait se prononcer sur la prescription de l'action contractuelle. Il a jugé que selon la convention de Vienne, l'acheteur avait agi dans un délai raisonnable, en demandant une expertise à la réception de la marchandise et en notifiant au vendeur les défauts ainsi découverts huit jours après la remise du rapport d'expertise. De plus, il a considéré qu'en vertu de la convention de Vienne, le vendeur, connaissant les vices de la chose, ne pouvait pas invoquer le dépassement des délais de notification.

L'arbitre a désigné la loi turque pour ensuite l'évincer afin de trancher la question litigieuse essentielle, pour la simple raison que les parties ont demandé de désigner la loi nationale applicable au contrat dans l'acte de mission. Ainsi, encore une fois, le suivie d'un raisonnement conflictualiste par l'arbitre n'a pas abouti à la désignation des règles les plus appropriées au litige, de son point de vue.

182. La même démarche, selon laquelle les arbitres écartent ouvertement la solution que leur imposerait le droit applicable élu, a été

---

[301] *op.cit.*, pp. 225-226 (traduction personnelle) : extrait de l'originale :
« The Vienna Convention, which has been given effect to in 17 countries, may be fairly taken to reflect the generally recognized usages regarding the matter of the non-conformity of goods in international sales…
The tribunal finds that, in the circumstances of the case, (the buyer) has complied with the above-mentioned requirements of the Vienna Convention.
These requirements are considerably more flexible than those provided under Turkish law, by imposing extremely short and specific time requirements in respect of the given of the notices of defects by the buyer to the seller appears to be an exception on this point to the generally accepted trade usages.
In any case, (the seller) should be regarded as having forfeited its right to invoke any non-compliance with the requirements of Articles 38 and 39 of the Vienna Convention since Article 40 states that the seller cannot rely on Articles 38 and 39, if the lack of conformity relates to who's of which he knew, or of which he could not have been unware, and which he did not disclose.
Indeed (the seller) knew that the (objects) wire not in conformity with contract specifications».

suivie dans une autre affaire[302]. Dans l'affaire CCI n° **8486** [303], les arbitres ont suivi une solution semblable. En l'espèce, les parties avaient soumis leur contrat au droit néerlandais. En matière de *hardship*, le droit néerlandais dispose expressément que « *la conviction juridique valable au Pays-Bas* » est déterminante pour apprécier si les conditions de *hardship* sont remplies. Le Tribunal arbitral considéra que cette règle ne pouvait pas s'appliquer dans un contexte international et l'écarta au profit des principes généraux du droit international de l'arbitrage[304].

183. D'après les sentences sus-examinées, il résulte que la méthode des principes généraux du droit international privé est souvent utilisée pour permettre l'application de la loi la plus appropriée au litige. Et ce même à un seuil qui va jusqu'à écarter une loi qui été bien élue par les contractants pour s'appliquer au litige[305]. C'est pour insister, encore une fois, à la marge de liberté accordée aux arbitres du commerce international qui fondent toujours leurs solutions par la recherche de la loi appropriée au litige et par la satisfaction des prévisions ou attentes légitimes des litigants.

184. En outre, la méthode ou la démarche comparative suivie par les arbitres, au sein même de leur application des principes généraux,

---

[302] Sentence arbitrale CCI n° **5713** rendue en 1989, disponible sur : www.unilex.info. Dans cette affaire, le motif invoqué est le suivant : la règle du droit applicable n'était pas conforme aux usages du commerce international généralement acceptés. Le Tribunal appliqua ainsi, à titre d'usages, les règles de la convention de Vienne relative à l'examen de la marchandise et à l'avis de défaut, alors que cette convention n'était pas applicable et que les dispositions du droit normalement compétent étaient sensiblement plus strictes.

[303] Sentence arbitrale CCI n° **8486** rendue en 1996, *Bull. CIA de la CCI* (1996-2000), p. 527 ss.

[304] V. contra. Sentence CCI n° **8873** de 1997, *Bull. CIA de la CCI*, vol. 10/ n°10, 1999, p. 81 ss, le tribunal appliqua le droit espagnol élu par les parties et refusa de tenir compte des Principes d'UNIDROIT et des conditions F.I.D.I.C et E.N.A.A, au motif que ces règles ne pouvaient pas encore être considérées comme des usages généralement acceptés en matière de *hardship*. Dans le même sens v. aussi la sentence CCI n° **9029** de 1998, disponible sur : www.unilex.info .

[305] *Cf.* **S. BOLLÉE**, « L'impérativité du droit choisi par les parties devant l'arbitre international », *communication in : Conférences trimestrielles organisées par le Comité Français de l'Arbitrage (cycle 2016),* présentée le 2 juin 2016 à Paris, *R.A.,* 2016, n° 3, p. 675 et s ; **P. MAYER**, « Quelques réflexions au sujet de l'application par l'arbitre international du droit matériel choisi par les parties », in *Mélanges S. Lazareff*, Pédone, 2011, p. 491, spéc. p. 495 ; **B. HAFTEL**, « Pour en finir avec le cercle vicieux du principe d'autonomie (ou presque) », *Mélanges B. Audit*, L.G.D.J., 2014, p. 409.

ne se limite pas au constat passif de la convergence des solutions. Elle oblige aussi l'arbitre à éliminer les dispositions de l'une des lois en présence qui seraient contradictoires et à leur substituer une autre règle, sélectionnée sur d'autres critères.[306] Ce qui illustre davantage une grande latitude dans la détermination du droit applicable. Cette tendance pragmatique et utilitaire va se cristalliser encore lorsque les arbitres vont se démarquer de la méthode conflictuelle en optant pour une autre dite de la « voie directe ». La situation de l'arbitre face au droit lui permet, en effet, de s'affranchir totalement des règles de conflit et de déterminer directement le droit applicable au fond.

[306] **É. LOQUIN**, « Les règles matérielles internationales », prec. p. 173, spéc. n° 403.

TITRE II : « L'AFFRANCHISSEMENT » DE LA MÉTHODE CONFLICTUELLE : LE RECOURS A LA « VOIE DIRECTE »

185. Pour éviter de mettre à la charge des arbitres la tâche délicate de créer une règle de conflit ou simplement de déterminer la règle de conflit « appropriée », le législateur tunisien, à l'instar d'autres législations, a choisi d'aller jusqu'à leur permettre de déterminer la loi applicable sans passer par le jeu de la règle de conflit, suivant une méthode traditionnellement qualifiée de « voie directe ». Une méthode qui s'apparente comme un remède à « l'hypocrisie et la complexité inutile »[307] du système de la convention de 1961. La méthode de la « voie directe » permet à l'arbitre de déterminer directement les règles de droit applicable au litige, non seulement parmi des règles de droit étatique **(chapitre1)**, mais également à travers des règles du droit non étatique **(chapitre 2)**.

---

[307] Formule empruntée à Y. DERAINS.

CHAPITRE I : L'APPLICATION DIRECTE DE REGLES DE DROIT ÉTATIQUES

186. L'arbitre qui décide d'appliquer librement au fond du litige des règles de droit étatique peut le faire en cas d'arbitrage en droit **(section 1)** ; il jouit d'une liberté plus large en cas où celui-ci est appelé à statuer en qualité d'amiable compositeur **(section 2)**.

SECTION I. LIBERTÉ DES ARBITRES DANS L'APPLICATION DE LA MÉTHODE DE « LA VOIE DIRECTE » : LE CAS D'ARBITRAGE EN DROIT

187. La méthode de « la voie directe » doit être définie tout en suivant les étapes de sa genèse **(§1)**, avant d'exposer quelques applications tirées de la jurisprudence arbitrale **(§2)**.

§ 1. Identification et genèse de la méthode de « la voie directe »

188. La méthode de la « voie directe » peut être définie comme celle qui permet à l'arbitre d'ignorer le passage par un système de conflit voire par une règle de conflit afin d'aller directement à la solution du litige. Elle consiste pour l'arbitre à choisir le droit applicable sans avoir à se préoccuper d'une règle de conflit quelconque, même façonnée à sa guise.[308] Cette méthode permet aux arbitres de déterminer la loi applicable en utilisant « *un critère matériel et non un facteur de rattachement* »[309]. « *Sans se référer à une règle de conflit,*

---

[308] Sur la définition et le mécanisme de cette méthode *Cf.,* P. **LALIVE**, « Les règles de conflit de loi appliquées au fond du litige par l'arbitre international siégeant en Suisse », *R.A.,* 1976, p. 181 ; dans le même sens : **P. MAYER**, L'autonomie de l'arbitre international dans l'appréciation de sa propre compétence, *R.C.A.D.I.,* 1989, Vol. 217, p. 403, spéc. n° 80 ; **Y. DERAINS**, « Attente légitime des parties et droit applicable au fond en matière d'arbitrage international »,Trav. Com. fr. DIP, 1984-1985, p.81 ; **M. de BOISSÉSON**, *Le droit français de l'arbitrage interne et international, op. cit.*, n° 655 ; *Adde.,* **O. FILALI & S. SALAMA,** « Les méthodes de détermination du droit applicable par l'arbitre : vers un rattachement de la « voie directe » à la méthode conflictuelle », *Bull ASA* 2003, p. 272 ; **J.-F. POUDRET & S. BESSON**, *Droit comparé de l'arbitrage international, op. cit.*, p. 621 et s, spéc. n° 688 ; **J.-M. JACQUET,** « La loi applicable au fond du litige dans l'arbitrage international », cours prec., spéc. p. 209 ; **J. ORTSHEIDT & Ch. SERAGLINI**, *Droit de l'arbitrage interne et international*, Montchrestien, op. *cit*, p. 808, spéc. n° 890 ; **A. MEZGHANI,** « Observations sur les différents ordres juridiques applicables aux contrats commerciaux internationaux », *R.T.D.*, 1985, n° spécial : Recueil d'études dédié à la mémoire de M. CHAKER, p. 295 et s, spéc. p. 300.

[309] **J.G. FRICK**, Arbitration and Complex International Contracts, Kluwer Law International, 2001, p. 79, cité par **I. RADIC**, « Étude de faisabilité sur le choix de la loi applicable dans les contrats internationaux-Le contexte de l'arbitrage international- », Document préliminaire n° 22 C, mars 2007, à l'intention du

(l'arbitre), *suit son propre raisonnement qui le mène à la désignation de la loi qu'il estime appropriée*»[310].

189. Cette méthode est consacrée par l'article 73 du code tunisien de l'arbitrage[311]. La loi applicable signifie les dispositions internes et non les règles de conflit. Le renvoi est exclu en matière contractuelle[312]. La liberté reconnue aux parties leur donne le pouvoir de désigner un système étatique sans rapport avec le lien contractuel. Cette solution ne connait pas de restrictions sachant que le Code de droit international privé tunisien n'adopte pas le principe de proximité[313]. La méthode de la « voie directe » connait aujourd'hui une grande « propagande »

Conseil d'avril 2007 sur les affaires générales et la politique de la Conférence de La Haye de droit international privé, Pays-Bas, spéc. p. 10, disponible en ligne sur le lien suivant : https://assets.hcch.net/docs/3369b46c-a20a-4aa1-9595-0b4c7878f74b.pdf

310 **P. MAYER**, « Le choix de la loi dans la jurisprudence arbitrale », in : *Le Règlement communautaire « Rome I » et le choix de la loi dans les contrats internationaux.* Actes du colloque de Dijon des 9-10 septembre 2010, sous la dir. de Sabine CORNELOUP et Nathalie JOUBERT (eds.), Vol.35, Litec, Paris, 2011, p. 423-442, spéc. p. 430 ; Selon **M. De BOISSÉSON** : est directe, la voie qui ouvre à l'arbitre « *une détermination immédiate et discrétionnaire du droit, même si celle-ci...dissimule quelquefois un raisonnement conflictualiste* ». (Le droit français de l'arbitrage interne et international, éd. G.L.N.- JOLY, 1990, n ° 670, p. 600.

311 **K. MEZIOU**, « Le droit applicable au fond du litige dans l'arbitrage international », prec, p. 60 ; **K. MEZIOU & A. MEZGHANI**, « Le code tunisien de l'arbitrage », *prec*, p. 521 ; *adde*, **N. GARA**, *Le Code de l'arbitrage annoté*, prec, spéc. p. 215 s ; **W. B. HAMIDA & A. BETTAEB**, *Code tunisien de l'arbitrage annoté par la jurisprudence*, prec, spéc. p. 182 s.

312 V. not. **L. CHÉDLY**, « Le rejet inopiné du renvoi par le Code de droit international privé », in Mélanges offerts au doyen Sadok BELAID, CPU., 2004, p. 295 s ; adde, **L. CHEDLY & M. GHAZOUANI**, *Le Code de droit international privé annoté*, CEJJ, Tunis, 2008, pp. 474 s.

313 **L. CHÉDLY**, « Le principe de proximité dans le Code de droit international privé », in Mélanges Sassi BEN HALIMA, CPU., 2005, p.

puisqu'elle a été adoptée par les plus importants Règlements d'arbitrage[314] y compris le Règlement CNUDCI depuis 2010.[315]

190. La méthode de la « voie directe » peut être vue comme un refus d'application d'une règle de conflit, soit comme l'élaboration d'une règle de conflit propre aux arbitres internationaux[316]. En revanche, cette dernière considération ne fait pas unanimité dans la doctrine française. Pour le Pr. MAYER, la généralisation de cette « voie directe », indifférente aux règles de conflit étatiques ou même conventionnelles n'a pas abouti à l'élaboration de règles de conflit de lois jurisprudentielles, originales, propres au monde de l'arbitrage, faute de convergence entre les sentences[317]. L'appréciation et la portée de cette méthode est une question distincte qui sera traitée ultérieurement.[318]

191. Avant d'aborder la question de l'appréciation de la méthode de la « voie directe », il faut d'abord examiner la technique de cette méthode et ses fondements. En fait, ce choix peut être dicté par les rattachements qui existent entre l'objet du litige et le droit choisi, comme dans la méthode conflictuelle, mais également par le contenu du droit choisi. C'est ainsi que l'arbitre pourrait décider que telle loi, plus moderne, convient mieux à l'objet du litige ou qu'un droit de tradition continentale ou, au contraire, de *Common law*, est mieux

---

[314] Règlement CCI, art. 21.1, en vigueur à compter du 1er janvier 2012, V. le texte du Règlement in *RA.*, 2011, n° 4, p. 1121 et s : « Les *parties sont libres de choisir les règles de droit que le tribunal arbitral devra appliquer au fond du litige. A défaut de choix par les parties des règles de droit applicables, l'arbitre appliquera les règles de droit qu'il juge appropriées* » ; V. le commentaire de **P. MAYER & E. SILVA ROMERO**, « Le nouveau Règlement d'arbitrage de la Chambre de commerce internationale (CCI), *R.A.*, 2011, n° 4, p. 897 s ; Règlement L.C.I.A, art. **22.3** (*Cf.,* **V.V. VEEDER**, « Le nouveau Règlement 2014 de la LCIA : quelques nouveautés », *R.A.*, 2015, n° 1, p. 49 s) ; Règlement A.A.A. International Arbitration Rules, art. **28 (1).**

[315] Contrairement à l'ancien article **33** qui imposait au tribunal arbitral d'appliquer la loi désignée par la règle de conflit de lois qu'il jugeait applicable en l'espèce, le nouvel article **35.1** dispose désormais que : « Le *tribunal arbitral applique les* règles *de droit désignées par les parties comme étant celles applicables au fond du litige. A défaut d'une telle désignation par les parties, il applique la loi qu'il juge appropriée* ».

[316] **J. BEGUIN & M. MENJUCQ**, sous la dir de, *Droit du commerce international*, Collectif, LexisNexis, Paris, Litec 2005, p. 1050, spéc. n° 2705.

[317] **P. MAYER**, « Le choix de la loi dans la jurisprudence arbitrale », prec. spéc. p. 430, n° 10 ; V. Contra. **B. GOLDMAN,** « les conflits de lois dans l'arbitrage international de droit privé », *RCADI* 1963, T. 109, p. 347, spéc. p. 414.

[318] *Cf.,* infra n° 489, p. 309 : Section 1 : Le rattachement des méthodes à la méthode conflictuelle.

adapté au contrat litigieux compte tenu par exemple de son mode d'élaboration ou des concepts qu'il utilise[319]. Ce type de raisonnement a été jugé « inadmissible », lorsque les parties ont désigné la loi applicable, alors que la souplesse de la méthode directe rend possible cette démarche, à défaut de choix des parties[320].

192. En recourant à la méthode de « la voie directe », l'arbitre pourra affirmer, également, que compte tenu d'un certain nombre d'indices localisateurs, le contrat est régi par le droit de tel ou tel autre pays. La raison de cette démarche est justifiée par l'idée fondamentale qui souligne l'originalité de la situation de l'arbitre face au droit par rapport à un juge étatique, selon laquelle l'arbitre n'est pas tenu d'appliquer la règle de conflit d'un pays plutôt qu'un autre, dès lors, qu'aucune règle de conflit ne s'impose à lui, et qu'il peut s'en passer totalement[321]. Il va sans rappeler, cependant, que la liberté reconnue à l'arbitre du commerce international de ne pas tenir compte d'une règle de conflit déterminée procède de l'absence générale de *lex fori* en matière d'arbitrage international[322].

193. Selon M DERAINS, la *lex mercatoria* est souvent désignée par le biais de « la voie directe ». Dans ce cas : « *Les arbitres constatent que, par exemple, le contrat n'a aucune relation suffisante avec un État déterminé pour que l'on lui applique la loi d'un État quelconque et que, par conséquent, il ne peut être régi que par les principes généraux du*

---

[319] **Ph. FOUCHARD, E. GAILLARD, B. GOLDMAN,** *Traité de l'arbitrage commercial international*, *op.cit.*, p. 890, spéc. n° 1552.

[320] Ibid, *loc. cit.*

[321] **P. MAYER**, *L'autonomie de l'arbitre international dans l'appréciation de sa propre compétence*, Cours prec., p. 403, n°80.

[322] Pour une réaffirmation récente de cette idée très reçue en doctrine V. notamment : J.-M. JACQUET, « Les libertés de l'arbitre international », in *Mélanges Pierre MAYER*, L.G.D.J., Lextenso éditions, 2015, pp. 311- 329, spéc. p.315 (2. La question de la *lex fori*) ; *adde.*, **L. CHÉDLY**, « Où va le for arbitral », conférence donnée in « Où va l'arbitrage international ? », Journées d'études méditerranéennes organisé à Istanbul, les 8 et 9 avril 2016en l'honneur du Pr. Ali Bencheneb, sous la dir. de F. OSMAN & A. C. YILDIRIM, LexisNexis 2017.
Actes VI : journées d'Istanbul 8-9 avril 2016, ; **Th. CLAY**, « L'arbitre est-il un être normal ? », in : *L'exigence de justice*, Mélanges en l'honneur de Robert BADINTER, Dalloz 2016, pp. 225-247, spéc. n° 16 qui affirme que : « *L'arbitre n'a pas de centre de gravité. En cela, il n'est pas sur terre. Son monde est ailleurs* ».

droit ou les usages du commerce international ou encore la lex mercatoria»[323].

194. La méthode de « la voie directe » a été appliquée par les arbitres avant même qu'elle soit adoptée par les textes de loi ou règlements d'arbitrage. Ainsi, plusieurs sentences arbitrales appliquaient cette méthode en vertu de l'article 13 alinéa 3 du Règlement CCI depuis 1975 jusqu'à 1998. Alors que certains arbitres se conforment au texte réglementaire et se fondent sur une règle de conflit[324], d'autres l'ignorent et désignent directement le droit matériel applicable[325] conformément à la méthode directe qui ne sera introduite dans l'arbitrage institutionnel qu'en 1998 !

La méthode de « la voie directe » est apparue pour la première fois en France avec le décret de 1981[326]. L'article 1496 du Nouveau Code de procédure civile disposait que : « *L'arbitre tranche le litige conformément aux règles de droit que les parties ont choisies ; à défaut d'un tel choix, conformément à celles qu'il estime appropriées. Il tient compte dans tous les cas des usages du commerce* »[327].

---

323 « Attente légitime des parties et droit applicable au fond en matière d'arbitrage international », *Trav. Com. fr. DIP*, 1984-1985, Paris, éd., du C.N.R.S., 1987, pp.81-92, spéc. p. 85.

324 A titre d'ex : Sentence CCI n° **4434**, *Recueil* I, p. 458 ; sentence n° **4237**, *Y.C.A.*, 1985, p. 52, publiée aussi in *Recueil* I, p. 167 ; Sentence CCI n° **5118**, *Recueil* II, p. 318 ; Sentence CCI n° **5460**, *Y.C.A.*, 1988, p. 104, publiée aussi in *Recueil* II, p. 136 ; Sentence CCI n° **5717**, *Bull. CIA. de la CCI.*, 1990, n°2, p. 22 ; Sentence CCI n° **5865**, *ibidem*, p. 23 ; n° **6268**, *ibidem*, p. 23 ; n° **5885**, *ibidem*, p. 23-24 ; n° **6360**, *ibidem*, p. 24, citées par **J.-F. POUDRET & S. BESSON**, *Droit comparé de l'arbitrage international*, *op.cit.*, p. 626, spéc. p. 618, n° 686.

325 A titre d'ex : Sentence CCI n° **3380**, *Recueil* I, p. 413 ; sentence CCI n° **4132**, *Recueil* I, p. 164 et 456 ; n° 4650, *Y.C.A.*, 1987, p. 111, publiée aussi in *Recueil* II, p. 67 ; n° **5065**, *J.D.I.*, 1987, p. 1039 ; n° **7153**, *J.D.I.*, 1992, p. 1005, citées par **J.-F. POUDRET & S. BESSON**, *op. cit., loc. cit.*, note n° 62.

326 *Cf.*, **B. GOLDMAN,** « La volonté des parties et le rôle de l'arbitre dans l'arbitrage international », *R.A.*, 1981, pp. 469-486 ; **Ph. FOUCHARD**, « L'arbitrage international en France après le décret du 12 mai 1981 », *J.D.I.*, 1982, n°1, p. 374 s ; **J. ROBERT**, « La législation nouvelle sur l'arbitrage », *D.* 1980, Chr. p. 189 ; **P. LEVEL**, « La réforme de l'arbitrage international », *J.C.P.*, 1981 éd., C.I., Chr. 9899, p. 246, n° 218.

327 La formule de l'article **1511** al. 1er **C.P.C**. telle qu'issue du décret **13/01/2011** (JORF n° 0011 du 14/01/2011, p. 777, texte n°9, (disponible en ligne sur : www.legifrance.gouv.fr) est la suivante : « *Le tribunal arbitral tranche le litige conformément aux règles de droit que les parties ont choisies ou, à défaut, conformément à celles qu'il estime appropriées* ».

En appliquant cette disposition, l'arbitre n'est pas tenu de se référer à aucune règle de conflit préexistante. Pour le Pr. Pierre MAYER, « *On peut difficilement considérer qu'il s'agit d'une règle de conflit, ou même d'une directive. C'est l'énoncé d'une liberté totale*»[328].

195. Cette méthode consiste à comparer entre le contenu des différentes lois ou encore entre règles de droit susceptibles théoriquement d'être appliquées au fond du litige et à rechercher, parmi elles, celle ou celles qui donnent la solution la plus convenable au litige, pour la ou les (s'il s'agit de règles) déclarées applicables. Ce dépassement du conflictualisme et l'adoption de ce qu'il est convenu d'appeler la « méthode directe » ont représenté un grand pas en avant et ont dispensé l'arbitre des maux de la méthode conflictuelle.

196. Plusieurs législations nationales ont suivi cette nouvelle tendance donnée par le législateur français[329]. Ce fut d'abord le décret législatif algérien de 1993 qui inséra l'article 458 bis. 14 dans le code algérien de procédure civile qui prévoit que : « *Le Tribunal arbitral tranche le litige en application des règles de droit que les parties ont choisies ou, à défaut d'un tel choix, selon les règles de droit qu'il estime appropriées*»[330].

---

328 **P. MAYER**, « Le choix de la loi dans la jurisprudence arbitrale », in : *Le Règlement communautaire « Rome I » et le choix de la loi dans les contrats internationaux,* Actes du colloque de Dijon des 9-10 sept. 2010, sous la dir. de Sabine CORNELOUP & Nathalie JOUBERT, Vol.35, Litec, Paris, 2011, p. 423-442, spéc. p. 429, n° 9.

329 Cette solution a été suivie par le droit libanais (art. **813** de la loi sur les procédures civiles de 1983 ; la loi Djiboutienne de 1984 (art. **13**) ; la loi colombienne britannique sur l'arbitrage de 1986 ; la loi hollandaise sur les procédures de 1984 (art. **1054**) ; la loi portugaise de 1990 (art. **33-2**) ; le Règlement d'arbitrage de l'A.A.A de 1997 (art. **29-1**) ; le Règlement d'arbitrage de l'OMPI de 1994 (art. **59**) ; le Règlement de la CCI de 1998 (art. **17**) ; le Règlement du Centre de conciliation et d'arbitrage de Tunis (CCAT) (art. **16 § 2** du Règlement entrée en vigueur en 2001 : « *Le Tribunal arbitral statue conformément aux règles de droits choisies par les parties et, à défaut d'un tel choix, le tribunal applique les règles de droit qu'il juge appropriée* ».

330 **M. BEDJAOUI**, « Un tournant remarquable dans la législation algérienne relative à l'arbitrage commercial international », Bull. CIA de la CCI, Vol. 4, n° 2, Paris 1993, pp. 57-62 ; le même : « Il était une fois la crue du Nil… », in : *Pièges et séductions du droit comparé pour l'arbitre international*, Études de procédure et d'arbitrage en l'honneur de J.-F. POUDRET, Lausanne 1999, p. 315, spéc. p. 324. Il convient de souligner le législateur algérien a intégré, aux côtés de la loi, les usages (Art 1050 du NCPCA) ; *Cf.* **J. ELAHDAB**, « Le nouveau droit algérien de l'arbitrage : approche comparée franco-algérienne », *Ch. Arb.,* 2010, V. 5, sous la dir. de A. Mourre, A. Pédone, pp. 275-291, spéc. p. 285.

Un très grand nombre, sinon le plus grand nombre, d'arbitrages internationaux sont aujourd'hui régis par le Règlement de la CCI ou celui de l'AAA. Et en l'absence de clause de choix du droit applicable par les litigants, il est ainsi reconnu à l'arbitre du commerce international le pouvoir d'appliquer les règles qu'il juge appropriées au litige.

Sa décision est sur ce point libre et souveraine, l'arbitre n'ayant pas à justifier son choix, ni à rendre compte à une quelconque autorité. Mais s'il entend satisfaire sa conscience, éviter le reproche d'arbitraire et répondre à l'attente légitime des parties, il peut aller chercher les « règles de droit appropriées » dans le droit comparé. Des illustrations de cette méthode méritent d'être examinées.

§ 2 . Quelques illustrations de la méthode de « la voie directe »

197. Plusieurs sentences arbitrales témoignent de l'attachement à ce mode de solution du litige. On a pu même avancer que cette méthode « *est l'une des plus fréquentes en matière d'arbitrage*».[331]Lorsque les parties sont muettes quant au choix du droit applicable, l'arbitre est libre. Il peut choisir une loi étatique **(A)**, appliquer le « tronc commun » des lois nationales en présence **(B)**.

A- La libre détermination d'une loi étatique

198. La sentence rendue en 1983, dans l'affaire n° **3880**[332], a très bien illustré cette tendance des arbitres. Un Tribunal arbitral était saisi par un acheteur belge, des difficultés l'opposant à une autre entreprise belge venderesse, concernant un contrat de livraison de chaussure. Par un autre contrat, un fournisseur roumain s'était engagé de fournir à la venderesse des chaussures, que ce dernier devait livrer à l'acheteur belge. La demanderesse (acheteur) reprochait à la défenderesse (venderesse) des retards de livraison et de la non-conformité des produits au contrat. Siégeant à Bâle, Suisse, le Tribunal a pu estimer qu'il lui incombe d'appliquer directement le droit (matériel) belge au contrat litigieux dans les termes qui suivent :

« *Attendu qu'il convient d'appliquer le droit belge aux contrats des parties, qu'en effet, sans qu'il soit nécessaire d'établir quel droit international privé serait applicable au contrat de vente à défaut d'une*

---

[331] **D. HASCHER**, obs. sous Sentence CCI n° **6840** rendue en 1991, Clunet 1992, p. 1030 ; *Adde.,* **J. BÉGUIN** & **M. MENJUCQ**, *op.cit.,* p. 1052, spéc. n° 2709.

[332] *Clunet*, 1983, p. 897 et s., obs. Y. DERAINS & S. JARVIN.

désignation de celle-ci par les parties, il suffit de constater que tous les éléments généralement discutés en matière de vente se situent en l'espèce en Belgique : les sièges du vendeur et de l'acheteur, le lieu de l'exécution du contrat et le lieu de la conclusion du contrat ».

199. La sentence rendue en 1991 dans l'affaire CCI n° **6840**[333] illustre également l'emploi de la méthode de « la voie directe » en choisissant l'application d'une loi étatique. En l'espèce, il s'agissait d'un contrat par lequel une société égyptienne vendait un lot de tissus à une société sénégalaise ; le paiement devait intervenir, par traite avalisée par une banque sénégalaise. L'arbitre, siégeant à Paris, n'a pas recherché à recourir à des règles de conflit de loi déterminées pour trancher la question de la loi applicable. En revanche, il a commencé par rechercher le centre de gravité du contrat ; il s'agissait sans nul doute du Sénégal où le contrat avait été conclu et où la livraison ainsi que le paiement devaient intervenir.

Mais d'autres éléments décisifs ont aussi emporté la décision de l'arbitre. En effet, aucune des parties ne demandait l'application de la loi du pays du vendeur, la loi égyptienne. En revanche, le vendeur réclamait l'application de la loi française. Ainsi, de toutes les lois en concurrence, seules étaient dans la cause la loi française et la loi sénégalaise. Or, l'attention de l'arbitre se porta surtout sur le lieu de la livraison au Sénégal. En effet, le litige était né du refus de l'acheteur de prendre livraison, de la marchandise à Dakar. L'arbitre a ainsi considéré que la loi sénégalaise était la plus appropriée pour trancher l'objet précis du litige.

200. En résumé, pour désigner la loi applicable au litige, l'arbitre ne s'est référé ni à la convention de La Haye du 15 juin 1955 sur la loi applicable aux ventes à caractère international d'objets mobiliers corporels, ni à la convention de Rome du 19 juin 1980 sur la loi applicable aux obligations contractuelles, ni enfin aux règles de conflit de lois des pays intéressées. Certes, il était concevable de désigner la loi sénégalaise, tant sous l'auspice de la convention de La Haye, en considération du lieu de conclusion du contrat, qu'en application du principe de proximité exprimé par la convention de Rome. Mais ceci nécessitait une motivation plus approfondie, dont l'arbitre a fait l'économie en l'espèce.

L'arbitre n'a pas non plus cité les principes généraux du droit international privé. Ainsi, même si la recherche du centre de gravité du

[333] Sentence arbitrale CCI n° **6840**, *J.D.I.*, 1992, pp. 1031 et s, note Y. DERAINS.

contrat rappelle une démarche conflictualiste, l'arbitre n'appliquait aucune règle de conflit. C'est ce qui caractérise la méthode dite « de la voie directe ». Ainsi, la méthode de « la voie directe » permet à l'arbitre de désigner la loi nationale du pays où se situe le centre de gravité du contrat, notion empruntée à la jurisprudence suisse[334]. Plus audacieuse, elle donne l'occasion à l'arbitre de choisir la loi la plus appropriée à l'objet spécifique du litige.

201. Les arbitres se réfèrent également de manière quasi systématique au lieu d'exécution du contrat, plus précisément au lieu de la prestation caractéristique. Dans un contrat international de distribution, c'est la loi du lieu où la distribution des produits sera faite qui sera pratiquement et couramment appliquée. C'est ce qui résulte de l'affaire **n° 4451**[335].

202. L'importance du lieu de la prestation caractéristique comme premier critère de rattachement ne doit pas toutefois faire oublier qu'il existe d'autres éléments de localisation auxquels les arbitres peuvent se référer. Ceux-ci, à la différence du premier qui semble se suffire à lui-seul, n'ont qu'une valeur relative que les arbitres essaient de surmonter en les regroupant. Leur force résulte ainsi de leur convergence vers une loi applicable.

---

[334] *Cf.*, sur cette méthode **: O. KAHN-FREUND**, « La notion anglaise de la « *proper law of the contract* » devant les juges et devant les arbitres. Ses développements récents et ses affinités avec l'avant-projet européen d'unification des règles de conflit en la matière », Introduction d'un débat sur le sujet dans le cadre du « Centre de recherches de droit international » de l'Université de Paris II , *Rev. Crit., D.I.P* 1973, p. 40 s

[335] Sentence arbitrale rendue en 1984 (non publiée citée par **C.Q CORINNE TRUONG**, « Le droit applicable au fond dans les contrats internationaux de distribution : analyse des sentences arbitrales de la CCI », *Bull CIA de la CCI, 2001*, vol. 12, n° 1, p. 40 s, spéc. p. 49. *« A défaut d'un choix explicite du droit applicable, la doctrine moderne estime généralement que le lieu d'exécution du contrat est la meilleure indication du droit que les parties voulaient appliquer, surtout lorsque, comme en l'espèce, le résultat est confirmé par d'autres indices particuliers. Les obligations essentielles dans le cadre d'une vente d'exclusivité consistent en l'exécution par le distributeur de ses prestations, surtout lorsque des quantités minimales sont établies et des investissements importants sont prévus. Le distributeur devait exécuter ses principales obligations en Espagne, où le fournisseur devait effectuer les livraisons CIF. Le droit espagnol doit donc* être considéré comme le droit applicable. *L'obligation du vendeur doit également être considérée de manière synthétique comme l'obligation d'accorder une exclusivité territoriale. Cette obligation est localisée dans le territoire (...)* ».

L'affaire n° **5866** illustre bien cette démarche[336]. Le litige opposait un distributeur français à un concédant italien qui aurait rompu unilatéralement le contrat de distribution exclusive de tracteurs en nommant sur le territoire concédé un nouveau représentant de ces produits. L'arbitre unique a conclu à l'application du droit français car la France était le territoire d'exécution des prestations caractéristiques du contrat. Il existait, en outre, des indices supplémentaires qui convergeaient de manière harmonieuse vers l'application du droit français. Le contrat était conclu à Paris, qui était aussi le lieu de l'arbitrage. Le français était la langue du contrat et le franc français la monnaie de paiement.

203. Lorsque l'exécution du contrat a eu lieu sur plusieurs territoires, l'arbitre peut décider que le critère du siège du distributeur est déterminant dans la mesure où c'est lui qui assure les obligations essentielles de la distribution. Ce critère a été notamment retenu par l'arbitre dans l'affaire n°**7189**[337]où le litige portait sur un contrat de distribution d'équipements de cuisine. Le concédant italien a poursuivi le distributeur américain pour défaut de règlement des factures. L'arbitre a décidé que le droit américain était applicable au fond car la distribution des produits a eu lieu principalement sur le marché nord-américain. Toute l'activité économique a été dirigée par le distributeur à partir de son siège social, situé en Floride[338]. L'arbitre peut aussi appliquer une autre méthode dite du « tronc commun ».

---

[336] Sentence arbitrale finale rendue en 1988 (non publiée), citée par **C.Q CORINNE TRUONG**, « Le droit applicable au fond (…) », prec. spéc. pp. 49-50.

[337] Sentence arbitrale finale rendue en 1992 (non publiée), citée par **C.Q CORINNE TRUONG**, « Le droit applicable au fond (…) », prec. spéc. p. 50.

[338] Le tribunal constate que « *Le contrat est essentiellement une convention de distribution (...) Le territoire de la distribution exclusive couvre « l'Amérique du nord » (définie comme comprenant « les États-Unis avec tous leur territoires et dépendances et le Canada »). Toutefois, il est évident que les parties considéraient les États-Unis comme le point focal de la distribution. Les marchandises devaient être expédiées vers un « port désigné des* États-*Unis » (...) Les pièces devaient être gardées « en stock aux États-Unis » (...) et les paiements devaient être effectués en « dollar des États-Unis » (...) Les ventes devaient avoir lieu principalement aux États-Unis et c'est là que le défendeur devait exécuter son obligation prévue dans le contrat (...) Tout s'orientait vers la vente de marchandises au public nord- américain. Le défendeur, qui était domicilié en Floride aux États-Unis (...), s'est engagé à établir un siège en Floride. Le point focal de la gestion du distributeur et des opérations de contrôle était toujours envisagé comme étant situé à son domicile en Floride et l'était effectivement. Le droit applicable est le droit de la Floride* ».

B- L'application du « tronc commun » des lois nationales en présence

204. Les méthodes de détermination d'une loi étatique particulière que l'on vient d'exposer, laissent place à un degré non négligeable d'interprétation par l'arbitre, au mépris peut-être de la prévisibilité. Cumuler les lois en présence permet peut-être à l'arbitre de contourner le problème du choix d'une loi.

La doctrine du « tronc commun » des lois nationales en présence[339] explique cette méthode en ces termes :« *Les parties n'ont eu à l'égard d'une loi inconnue (la loi nationale de leur contractant) qu'un réflexe naturel et légitime de prudence. Elles n'ont cependant pas voulu aller plus loin et rejeter ce qui était commun à leurs lois nationales. Conserver ce « tronc commun » apparaît comme un choix clair et naturel (...)* »[340]. Donc, l'absence de détermination par les parties de la loi applicable, peut être interprétée, selon cette approche, comme « un choix négatif »[341]. En d'autres termes, les parties n'auraient pas voulu que telle ou telle loi étatique soit appliquée au fond de leur litige (par exemple la loi nationale de l'une ou de l'autre partie, ou une autre loi dont elles ne connaîtraient pas la teneur), et cela ne devrait pas être négligé lors de l'interprétation de leur volonté et lors du choix par les arbitres des règles de droit applicable au fond.

205. Pour RUBINO-SAMMARTANO, l'auteur de cette méthode, le choix négatif ne signifie pas que les parties aient entendu exclure « l'*application de la partie commune à leurs deux lois nationales* ». Selon l'auteur, le recours au « tronc commun » des lois nationales en présence serait même plus satisfaisant que « *la recherche de critères abstraits nécessitée par l'absence de choix de loi applicable* ». Si les parties n'ont pas voulu se soumettre à une loi qui leur est étrangère, il ne s'agit que d'un « *réflexe naturel et légitime de prudence* ». Ce réflexe est illustré par la tendance qu'elles ont à vouloir

---

339 *Cf.* **M. RUBINO-SAMMARTANO**, « Le « tronc commun » des lois nationales en présence (Réflexions sur le droit applicable par l'arbitre international), *R.A.*, n° 2, 1987, p. 133 s ; **B. ANCEL**, « The Tronc Commun Doctrine : Logics and Experience in International Arbitration », (1990), 7 (3) *J. Int. Arb*, pp. 65-72.

340 **M. RUBINO-SAMMARTANO**, prec. spéc. p.136.

341 **L. HJERNER,** « Choice of Law Problems in International Arbitration with particular reference to arbitration Sweden », *Yearbook of the Arbitration Institute of the Stockholm Chamber of Commerce*, 1982, Stockholm.

tout prévoir dans leur contrat et à rendre celui-ci *self sufficient*[342], pour justement éviter d'être soumises à une disposition législative dont l'effet ne serait pas voulu.

206. Si les parties ne parviennent pas à s'accorder sur un point donné, il est envisageable qu'elles aient préféré le laisser ouvert plutôt que de ne pas conclure le contrat. Dans ce cas, l'arbitre doit chercher le droit applicable en cas de litige en fonction de la volonté des parties. Pour se faire, l'arbitre devra se référer à la « volonté hypothétique » des parties en reconstituant ce qu'un tiers raisonnable aurait « dû comprendre » au vu des circonstances de l'affaire. Dans ce cas, conformément à la volonté des parties, l'arbitre ne fait qu'appliquer le contrat, en dépit du « vide » laissé par celles-ci sur le droit applicable.

207. La méthode du « tronc commun » des lois nationales en présence présente toutefois, un inconvénient ou disant une lacune majeure : il subsistera souvent des lacunes que le cumul des lois en présence ne pourra combler. Se posera donc, encore une fois, le problème de détermination des règles de droit applicables aux questions que ladite méthode n'aura pas pu résoudre, également les méthodes que l'arbitre usera pour y parvenir.

Ce problème doit être résolu, selon RUBINO-SAMMARTANO par un respect de la volonté tacite des parties. Les arbitres devront garder à l'esprit le sentiment que les parties n'ont pas voulu ce qu'il leur était inconnu, ni trop s'éloigner de leurs lois nationales. Il leur faudra donc employer de préférence les règles de conflit, les principes fondamentaux du droit international ou les usages prévalant dans les pays dont les parties sont ressortissantes ou encore les dispositions de celles des lois nationales en présence qui sont les moins sévères pour le débiteur [343] . Ce qui représente une renaissance de la méthode conflictuelle ou tout au moins à un appel au raisonnement conflictuel.

208. On peut imaginer également que les arbitres puissent recourir à des règles de droit anationales pour combler les lacunes laissées par la méthode du « tronc commun ». Toutefois, cela peut paraître là encore bien complexe, alors que la liberté de l'arbitre lui permet de recourir directement à des règles de droit, sans détour artificiel par une méthode

---

342 **G. CORDERO-MOSS**, « Conclusion: the self-sufficient contract, uniformly interpreted on the basic of its own terms: an allusion, but not fully useless", in G. Cordero-Moss (éd.), *Boilerplate Clauses, International Commercial Contracts and the Applicable Law, Cambridge University Press,* 2011.

343 **M RUBINO-SAMMARTANO**, prec. spéc. p.137.

qui ne peut se suffire à elle-même et qui présuppose la connaissance de la volonté présumée de parties restées silencieuses.

Cette interprétation tacite doit rester dans les limites fixées par la Convention de Rome du 19 juin 1980 sur la loi applicable aux obligations contractuelles. L'article 3 (1) (2) de ladite Convention prévoit que : *« Le contrat est régi par la loi choisie par les parties. Ce choix doit être* ***exprès*** *ou résulter de façon* ***certaine*** *des dispositions du contrat ou des circonstances de la cause »*. L'article 3 (1) du Règlement « Rome I » a reprit également la même disposition. Il permet, en effet, de déduire le choix des parties « des *dispositions du contrat ou des circonstances de la cause* ».

209. Beaucoup d'encre a coulé sur la distinction très délicate entre, d'une part, un choix tacite mais certain, impliquant une véritable désignation de la loi applicable par les parties et, d'autre part, un choix implicite ou hypothétique qui présume ce que les parties auraient raisonnablement pu choisir dans le cas d'espèce, bien qu'il ne corresponde à aucun accord réel sur la loi applicable[344].

210. En tout état de cause, certains arbitres prétendent que l'application d'une loi étatique à un arbitrage international peut être inadaptée et que seules des règles transnationales peuvent convenir aux spécificités des rapports commerciaux internationaux. La théorie des lacunes par exemple, consiste à prétendre qu'il y aurait lieu pour les arbitres de compléter l'application d'une loi étatique lacunaire choisie par les parties, par des règles non étatiques ou transnationales. Ceci est aussi discutable puisque chaque ordre juridique peut permettre aux

---

[344] Cf. à titre d'exemple : **S. FRANCO, «** Le Règlement Rome I sur la loi applicable aux obligations contractuelles- De quelques changements… », *J.D.I.*, 2009, n° 1 ; **H. GAUDEMET-TALLON**, « Convention de Rome et Règlement Rome I », *J.CL. Droit internat.*, fasc. 552-15, 2009, spéc. n° 10 ; **J.-M. JACQUET**, **Ph. DELEBECQUE & S. CORNELOUP,** *Droit du commerce international*, Paris, Dalloz, 2010, spéc. n° 354 ; **H. KENAFACK**, « Le Règlement (CE n° 593/2008 sur la loi applicable aux obligations contractuelles (Rome I), navire stable aux instruments efficaces de navigation ? », *J.D.I.*, 2009, n° 1 ; **P. LAGARDE**, « Remarques sur la Proposition de Règlement de la commission européenne sur la loi applicable aux obligations contractuelles (Rome I) », *Rev. crit. DIP 2006*, p. 331, n° 95 ; **P. LAGARDE & A. TENENBAUM**, « De la Convention de Rome au Règlement Rome I », *Rev. Crit. D.I.P,* 2008, p. 733 ; **N. JOUBERT**, « Le choix tacite dans les jurisprudences nationales ; vers une interprétation uniforme du Règlement Rome I ? », in *Le Règlement communautaire « Rome I » et le choix de loi dans les contrats internationaux,* sous la dir de Sabine CORNELOUP & Natalie JOUBERT, Litec LexisNexis, 2011, vol. 35, p. 229.

parties d'incorporer des règles de source transnationale (conventions internationales, usages…) et peut donc parfaitement répondre aux exigences du commerce international en le soumettant à des règles matérielles [345] particulières, différentes de celles qui régissent les rapports économiques internes.

211. Ces reproches sont de nature à mettre en cause le bien-fondé de cette méthode du « tronc commun » des lois nationales en présence. Et il semble qu'elle est resté une sorte « d'hypothèse d'école » ou disant n'a pas affranchi le stade d'une belle idée théorique, vue la rareté des sentences qu'ils ont appliqué[346].

212. En l'absence de textes précis, l'arbitre doit combler les lacunes et là encore, en suivant les méthodes établies par le système juridique en cause. Ce n'est pas peut être le cas pour un arbitre statuant en qualité d'amiable compositeur qui semble jouir d'une plus grande flexibilité dans son détermination du droit applicable au fond.

---

[345] Sur la méthode des règles matérielles V. nota. : **E. LOQUIN,** « L'application des règles anationales dans l'arbitrage commercial international », in, *L'apport de la jurisprudence arbitrale*, Dossiers de l'Institut du droit et des pratiques des affaires internationales, CCI, pub. n° 440/1, 1986, p.67 ; du même : « Les règles matérielles du commerce international », *in journée d'hommage et d'études à Philippe Fouchard, R.A.,* 2005, p. 441 ; du même :« Les règles matérielles internationales », *R.C.A.D.I,* 2006, t. 322, pp. 9-242 ; du même : « règles matérielles du commerce international et droit économique », *R.I.D.E.,* 2010, n° 1, t. XXIV, 1, pp. 81-101.

[346] L'auteur de cette méthode n'a cité, d'ailleurs, aucune sentence arbitrale ayant appliqué l'idée du « tronc commun ».

SECTION II : LIBERTÉ PLUS POUSSÉE : LE CAS DE L'ARBITRE AMIABLE COMPOSITEUR

213. Il est utile de présenter quelques précisions préalables quant à la mission de l'amiable compositeur **(§ 1)**, avant d'examiner, dans la pratique arbitrale, la plus grande liberté que jouit l'arbitre statuant en cette qualité, dans la résolution des litiges du commerce international avec une contrainte légère de motivation **(§ 2).**

§ 1 . Des précisions préalables quant à la mission de l'amiable compositeur

214. Le recours à l'arbitrage n'exclut pas l'application des règles de droit. L'amiable composition est traditionnellement définie négativement comme le pouvoir de l'arbitre de décider sur le fond du litige sans être lié par les droits subjectifs des parties, mais selon sa conception de l'équité[347]. Il faut d'abord rappeler que l'arbitre ne peut statuer en équité que lorsque les parties l'ont investi d'un tel pouvoir en vertu d'une autorisation expresse. Un accord tacite ne suffit pas et reste au demeurant difficile à imaginer. L'arbitre ne peut s'octroyer lui-

---

[347] Sur l'amiable composition V. notamment : **É. LOQUIN,** *L'amiable composition en droit comparé et international : Contribution à l'étude du non -droit dans l'arbitrage international*, Litec, 1980 et les références citées ; du même : « Arbitrage- Instance arbitrale- Arbitrage de droit et amiable composition », *Juris-Classeur Procédure civile*, fasc. 1038 (1994), pp. 1-46 ; du même « Le contrôle du respect de sa mission par l'arbitre jugeant en amiable composition : l'évolution récente du droit français », *R.L.A*, 2009, n° 50, p. 12 s ; **J. BÉGUIN**, « L'étonnante liberté de l'arbitre amiable compositeur », in, *De code en code* : Mélanges en l'honneur du Doyen WIEDERKEHR, Dalloz 2009, pp. 1-16 ; **P. GIRAUD**, *Le devoir de l'arbitre de se conformer à sa mission*, Préf. Ch. Jarrosson, 1ère éd., Bruylant, 2017, (Prix Philippe Fouchard du Comité français de l'arbitrage) ; **J.-D. BREDIN**, « L'amiable composition et le contrat », in : *L'arbitre et le contrat*, *R.A.*, 1984, n°2, p. 259 ; **J.C. LANDROVE**, « Équité judiciaire et équité arbitrale : synonymes ? », in Études autour du droit des affaires en l'honneur du professeur François CHAUDET, Genève, Slatkine, 2009, pp. 273-303 ; **A. CEMIL YILDIRIM**, « L'amiable composition », in *Vers une lex mediterranea de l'arbitrage : pour un cadre commun de référence*, sous la dir., de Filali OSMAN et Lotfi CHÉDLY, coll., Bruylant, 2015, p. 234 s ; Sur la notion d'équité en général cf. **H. SAK,** « Que reste-t-il de l'équité ? Essai sur le présent et l'avenir d'une notion en droit français », *R.R.J.D.P.*, 2002, p. 1679.s ; Sur les sentences arbitrales d'amiable composition des années 70 et 80 *Cf.,* notamment : **S. JARVIN**, « The sources and limits of the Arbitrators' Powers », in Julain D. M. Lew (éd.), *Contemporary Problems in International Arbitration*, Londres, Brill Archive, 1987, pp. 50 et seq., p. 71.

même un pouvoir d'amiable composition, sous peine d'exposer sa sentence à la censure pour non-respect de sa mission qui est en principe de statuer conformément aux règles de droit, en vertu de l'article 14 du CA. Cette règle est consacrée par le Code tunisien de l'arbitrage dans l'article 73 § 3 « *le tribunal arbitral peut statuer selon les règles de l'équité si les parties l'y ont expressément autorisé* », et par plusieurs autres instruments[348]. Elle a été confirmée par la jurisprudence tunisienne à maintes reprises[349]. La jurisprudence française semble adopter la même solution[350].

215. Ensuite, le constat de la pratique montre que la possibilité d'appeler des arbitres à statuer en équité est rarement utilisée[351]. Il en

---

[348] Art. VII §2 de la Convention de Genève de 1961 ; Art. 35 al. 2 du Règlement CNUDCI ; Art. 1512 CPC qui reprend l'ancien article 1497 : « *Le Tribunal arbitral statue en amiable composition si les parties lui ont confié cette mission* ». ; L'acte de mission devenue aussi obligatoire pour le règlement CCI doit impérativement préciser qu'il est désigné en tant qu'amiable compositeur (art. 18.1 g) où nous pouvons lire : « *Dès remise du dossier par le Secrétariat, le tribunal arbitral établit, sur pièces ou en présence des parties, en l'état des derniers dires de celles-ci, un acte précisant sa mission. Il contiendra notamment les mentions suivantes : g) des précisions relatives aux règles applicables à la procédure et, le cas échéant, la mention des pouvoirs de statuer en amiable compositeur ou de décider ex aequo* et *bono du tribunal arbitral* ».

[349] راجع على سبيل المثال: القرار تعقيبي مدني عدد 3549/4343 صادر بتاريخ 2001/04/24، (غير منشور)، ذكره **الحسين السّالمي**، التّحكيم وقضاء الدّولة، أطروحة دكتوراه دولة في القانون الخاص، جامعة تونس المنار، كليّة الحقوق والعلوم السّياسيّة بتونس، 2004/2003، الملحق رقم 8، جاء به ما يلي: " وحيث أنّ ما استخلصته هيئة التحكيم في حكمها من أنّ المدّعى عليه اختار التّحكيم الصّلحي ثم تراجع فيه ولم يردّ المدّعي بالقبول على الصّفة الصّلحيّة وتعتبر التحكيم طبق القانون طالما لم يتّفق الطّرفان صراحة على كونه صلحيّا مخالفا للثّابت بالملف. فقد تبيّن الرّجوع إلى أوراق القضيّة أنّ المدّعى عليه قد اختار التّحكيم الصّلحي وأنّ المدّعي قد قبل بذلك طبق ما ورد بعريضة الدّعوى وقد أقرّ بذلك نائبه في جميع تقاريره المضافة للملف من أنّ التّحكيم هو تحكيم صلحي (...) وحيث وطالما ثبت من خلال أوراق القضيّة بمجال لا يدعو للشك أنّ الطرفين قد اتّفقا على التحكيم الصلحي فإنّ المحكمين المصالحين يجب عليهم أن يتّبعوا قواعد العدل والإنصاف وليس القواعد القانونيّة طبقا للفصل 14 من م.ت (...)"

Adde., C.A de Tunis arrêt n° **115**, rendu le 8 oct. 2002, *Revue Internationale de l'arbitrage*, n° 5, nov. 2009, p. 269 ; C. Cass. Civ. n° **3549**, arrêt rendu le 19 juin 2001, *R.J.L.*, 2002, n° 4, p. 167.

[350] V. à titre d'exemple : Cass. 1ère civ. arrêt n° 12-28453 rendu le 24 sept. 2014, rapporté par **B. CRESSARD**, «Panorama de la jurisprudence sur l'arbitrage : 1er semestre 2014/ 1er semestre 2017, in *les Cahiers de l'arbitrage* – nouveaux domaines, nouvelles utilisations, 3ème éd., oct. 2017, p. 90 s, spéc. p. 97.

[351] « 2013 Statistical Report » (2014) 25 :1 ICCI Arb. Bull 5; V. aussi **A.C. YILDIRIM**, « L'amiable composition », in *Vers une lex mediterranea de l'arbitrage : pour un cadre commun de référence*, sous la dir., de Filali OSMAN & Lotfi CHÉDLY, *op. cit.*, p. 234 s, spéc. p. 235, où il constate qu': « Aujourd'hui, *on peut, sans hésitation, dire que la publication des sentences arbitrales d'amiable composition est assez rare ; nous ne sommes pas à l'âge d'or de l'amiable*

découle que lorsque les parties prévoient de recourir à un arbitrage, ils n'ont pas voulu par la même renoncer aux règles de droit. En d'autres termes, le choix de l'arbitrage comme mode de règlement des litiges ne doit pas être interprété, en lui-même, comme un appel à l'application de l'équité. Le recours à l'arbitrage doit être compris dans le sens que les parties cherchent simplement « *à obtenir un règlement du litige conforme à ce que découleraient des juges, mais dans des conditions qui paraissent aux parties être meilleures que si elles recouraient à la justice des tribunaux* »[352].

216. Il faut préciser que l'idée selon laquelle le choix de l'arbitrage comme mode de règlement des litiges s'interprète à un appel à l'application de l'équité relève d'une étape historique. La CCI suivait à l'époque une politique tendant à favoriser le recours à l'amiable composition[353].

217. Équité et droit ne s'opposent pas. Traditionnellement, jugement « en équité » et jugement « en droit » sont identifiés comme opposés. Un jugement « en équité » se caractérise par rapport à un jugement « en droit » par sa source et par son mode de raisonnement. Le jugement ou l'arbitrage « en droit » est l'application par le juge ou par l'arbitre à une situation particulière d'une règle générale formulée par une « source » (officielle) du droit positif en vigueur. L'arbitrage « en équité » est une solution apportée par l'arbitre à une situation particulière, en fonction de son particularisme, par une détermination qui trouve son origine, soit dans une conviction personnelle de l'arbitre, soit dans la référence à son système de valeurs, quelle qu'en soit la « source »[354].

218. Le mode de résolution d'un jugement « en droit » repose sur le souci de ne pas commettre d'erreur, d'être exact « en droit ». Alors que le mode de raisonnement d'un jugement « en équité » vise deux objectifs : être « juste », ne pas commettre « d'injustice » et être approprié à la situation particulière en étant fidèle à ce qu'avaient

---

composition et ce sujet prend désormais sa place surtout dans la doctrine et au sein des règlements des institutions arbitrales »

[352] **R. DAVID**, *L'arbitrage dans le commerce international*, Économica, 1982, p. 15.

[353] Sur cette tendance voir la remarquable étude de **F. GRISEL**, « Droit et non-droit dans les sentences arbitrales CCI : une perspective historique », *Bull CIA de la CCI*, vol 25, n° 2/ 2014, pp. 13-20, disponible en ligne sur : www. Academia.edu consulté le 07/01/2017, spéc. 15.

[354] **J. BÉGUIN**, « L'étonnante liberté de l'arbitre amiable compositeur », art. prec. p. 3, spéc. n° 7.

initialement voulu les parties. Toutefois, il ne convient pas d'opposer systématiquement jugement « en équité » et jugement « en droit », ils se recoupent généralement. Ils ne s'opposent pas nécessairement. Ils se complètent fréquemment [355] . La solution en droit n'est pas nécessairement le moins équitable, ce qui doit conduire l'arbitre à s'interroger, en premier lieu, sur l'équité de la solution en droit. D'ailleurs, dans un litige comportant plusieurs demandes, l'équité pourra n'affecter la solution en droit que pour une partie d'entre elles (application distributive de l'équité). Il en résulte que l'idée d'une opposition stricte entre arbitrage de droit et arbitrage en équité n'est pas exacte. Elle est exagérée, sinon erronée. En effet, elle ignore une idée fondamentale selon laquelle les solutions du droit sont censées être équitables. Il en résulte que la différence entre ces deux types d'arbitrage est une différence de « densité » ou de « concentration » : dans le cadre de l'arbitrage de droit, la logique du droit est d'une présence plus dense et plus concentrée. Dans le cadre d'un arbitrage en équité, elle est moins « condensée »[356].

§ 2 . Quelques illustrations : litiges tranchés en équité et motivation

219. La pratique arbitrale montre comment les arbitres statuant en équité l'applique en harmonie avec les lois nationales **(A)** ; parfois avec un légère devoir de motivation **(B).**

A- Comment l'amiable compositeur applique l'équité ?

220. L'examen de la jurisprudence arbitrale montre comment les arbitres amiables compositeurs concilient le souci d'équité et l'application d'un droit national. Dans plusieurs sentences, ces arbitres rappellent qu'ils ne sont pas tenus par l'application d'une loi nationale. Toutefois, la recherche de l'équité par l'arbitre doté des pouvoirs d'amiable compositeur n'exclut pas parfois l'application d'une loi nationale. Dans tous les cas l'arbitre statuant en équité jouit d'une plus grande liberté que celui statuant en droit. Or, l'arbitre autorisé à statuer en équité, pourra appliquer des principes ou règles transnationales ou la *lex mercatoria*. Par contre, une autorisation à appliquer la *lex*

---

[355] *Ibid, loc. cit.*

[356] **A. OUERFELLI,** *L'arbitrage dans la jurisprudence tunisienne*, Préf. du Pr. Sami BOSTANJI, Latrach Editions *L.G.D.J.,* 2010, spéc. p. 357.

mercatoria, le droit transnational ou les principes généraux n'ouvre pas la faculté à l'arbitre de statuer en équité[357].

1- L'hypothèse du cumul d'une clause de droit applicable et d'une clause d'amiable composition

221. Si l'amiable composition se distingue de l'arbitrage en droit par l'autorisation donnée à l'arbitre de décider selon l'équité, cela ne signifie pas qu'il lui est interdit de décider selon les règles de droit. Au contraire, si les parties ont conféré le pouvoir à l'arbitre de compléter un droit étatique choisi, l'arbitre **doit** appliquer le contenu de ce droit et **peut,** le cas échéant, modérer ses effets par sa conception de l'équité[358]. En d'autres termes, les arbitres commencent à appliquer la loi choisie et s'en écartent lorsqu'ils estiment qu'elle conduirait à des résultats inéquitables[359].

222. Dans la sentence rendue en 1974 dans l'affaire **2216**[360], le Tribunal arbitral s'est interrogé sur les rôles respectifs du droit et de l'équité dans la solution du litige. Il s'est prononcé en ces termes :

---

[357] **B. DUTOIT**, *Droit international privé suisse : commentaire de la loi fédérale du 18 décembre 1987*, Bâle, Helbing & Lichtenhahn, 4e éd., 2005 ; article 187 LDIP ; **A.F.M. MANIRUZZAMAN**, « *The Arbitrator's Prudence in Lex mercatoria : Amiable Composition and Ex Aequo et Bono in Decision Making* », 18 Mealey's International Arbitration Report (December 2003), pp. 27-34, spéc. p. 27.

[358] **P. LALIVE**, « Le droit applicable au fond du litige en matière d'arbitrage », *Rev. Rassegna Dell' arbitrato*, vol. XVII, n° 1, 1977, pp. 1-19, spéc. p. 16 ; **F. OSMAN,** *Les principes généraux de la lex mercatoria : contribution à l'étude d'un ordre Juridique anational*, L.G.D.J., 1992, Bibliothèque de droit privé, t.224, Préf. É. Loquin, pp. 171, spéc. n° 3336 ; **FOUCHARD, GAILLARD, GOLDMAN**, *On International Commercial Arbitration*, E. GAILLARD & J. SAVAGE (éd.,), La Haye, Kluwer Law International, pp. 837-839 ; **W.L. CRAIG, W.W. PARK et PAULSSON**, *International Chamber of Commerce Arbitration*, 3e éd., New York, Oceana Publications, 2000, p. 352. Les auteurs se réfèrent aux sentences arbitrales CCI n° 2139 (1974), *J.D.I.*, n° 102, 1975, p. 929 ; CCI n° **2216** (1974), *J.D.I.*, n° 102, 1975, p. 917 ; CCI n° **2879** (1978), *J.D.I.*, n° 106, 1979, p. 989 ; *adde.*, **K.S. WEINBERG**, «Equity in International Arbitration: How Fair is " Fair" » ?, *op.cit.*, p. 242 ; **S. JARVIN**, « The sources and limits of the Arbitrator's' Powers », prec., p. 71 ; **M. RUBINO-SAMMARTANO,** « Amiable compositeur (…), *op.cit.*, pp. 12-13 ; **A. REDFERN, M. HUNTER** et al., Redfern and Hunter on International Arbitration, 5e éd., New York, 2009, p. 228.

[359] **Ph. FOUCHARD, E. GAILLARD, B. GOLDMAN**, *Traité*, *op.cit.*, p. 850, spéc. n° 1504.

[360] **S. JARVIN & Y. DERAINS**, *Recueil des sentences arbitrales de la CCI 1974-1985*, Kluwer Law & Taxation/ICC Publishing, 1990, p. 224.

Attendu que le droit du (pays producteur) n'exclut pas l'amiable composition ; Que dès lors le recours à l'amiable composition, dans la mesure où les arbitres ne passent pas outre aux règles impératives du droit (du pays du producteur) laisse la faculté d'écarter les règles dites supplétives et de statuer en équité ».

La sentence rendue dans l'affaire **10728**[361] se prononce également dans le même sens[362].

223. L'approche est un peu différente dans la sentence rendue dans l'affaire **7913**[363] dans la mesure où le Tribunal arbitral ne s'est pas placé sur le même terrain puisqu'il considère que : « *La clause combine en réalité l'amiable composition et le choix de la loi française, sans qu'une contradiction puisse en résulter dès lors que le droit français admet l'amiable composition* ».

Une autre sentence traite pratiquement de la même hypothèse dans l'affaire CCI n° **13509**[364]. Dans une hypothèse semblable dans l'affaire CCI n°**11934**, le tribunal arbitral a invoqué à la fois l'équité et l'article 1289 du Code civil français afin de compenser les « dettes réciproques » résultant de la décision arbitrale[365].

Ces extraits montrent que lorsque coexistent une clause d'amiable composition et une clause de droit applicable, cette dernière cède devant la clause d'amiable composition, l'équité prévalant sur le droit. Une telle solution conduit à effacer toute distinction avec la situation dans laquelle le droit applicable n'a pas été choisi par les parties.

2- L'hypothèse de l'absence d'une clause de droit applicable

224. Dans cette hypothèse, les arbitres lorsqu'ils sont confrontés à l'absence de clause de droit applicable, s'interrogent sur la nécessité

---

361 *Ibid*, p. 20.

362 Le tribunal décide : « *Que les parties ont d'une part choisi le droit applicable et d'autre part donné à l'arbitre unique le pouvoir de statuer ex aequo et bono ; Que l'exception de prescription doit être examinée d'une part à la lumière des dispositions du droit français, droit applicable par la volonté des parties, et d'autre part en fonction des pouvoirs donnés à l'arbitre unique de statuer ex aequo et bono ; Que l'arbitre unique doit partir de l'application de la loi choisie par les parties mais a la possibilité de s'en écarter en statuant, s'il y a lieu, en équité* ».

363 Extrait publié in *Bull. CIA de la CCI*, vol. 18/n°1, 2007, p. 71.

364 Sentence rendue dans l'affaire n° **13509** en 2006, citée par **J.-J. ARNALDEZ, Y. DERAINS, D. HASCHER**, dir., Collection of ICC Arbitral Awards, *Recueil des sentences arbitrales de la CCI*, 2008-2011, Wolters Kluwer/ICC, 2013, p. 739.

365 Sentence finale dans l'affaire n° **11934**, *Bull CIA de la CCI*, 2007, Vol. 18, n° 1, p 108, § 88.

de déterminer un droit applicable. Ils concluent le plus souvent qu'il n'y a pas lieu de le faire. Dans ce cas, l'arbitre peut décider directement selon l'équité, sans devoir déterminer le droit applicable et étudier ses effets[366]. Ce résultat est en totale harmonie et avec la nature et avec la spécificité de la mission de l'arbitre amiable compositeur.

225. Dans son étude consacrée à l'arbitre amiable compositeur le Pr. Jacques BÉGUIN, après avoir tracé l'étendue des secteurs ouverts à l'équité, insiste sur le fait que : « *Dans le vaste domaine ainsi tracé, l'arbitre amiable compositeur jouit d'**une totale liberté**. Il n'est pas placé dans une alternative binaire : appliquer les règles de droit ou ne pas appliquer les règles de droit. (...) Mais il jouit d'une prérogative plus souple. Il peut définir librement, selon sa conscience de juge, le degré auquel il décide d'exclure le droit. Il peut l'exclure totalement, mais pour l'assouplir, pour l'adapter* »[367].

226. Selon GOLDMAN, les arbitres amiables compositeurs devraient, dans l'hypothèse d'absence de clause de droit applicable, tenir compte des principes généraux du droit[368]. Toutefois, cette assimilation amiable composition et application des principes généraux du droit a été critiquée. Les arbitres statuant en qualité d'amiables compositeurs n'ont nullement l'obligation de se référer aux règles transnationales. A l'inverse, l'application des règles transnationales par les arbitres ne suppose nullement qu'ils soient investis du pouvoir de statuer en équité, ni même que les parties aient expressément conféré aux arbitres le pouvoir d'appliquer de telles règles. Celles-ci peuvent être choisies par les arbitres dans le silence des parties[369]. Dans l'immense majorité des cas où les parties n'ont pas choisi de droit applicable et ont autorisé l'arbitre à statuer en équité, celui-ci peut

---

366 **FOUCHARD, GAILLARD, GOLDMAN**, *On International Commercial Arbitration*, E. GAILLARD & J. SAVAGE (éd.,), La Haye, Kluwer Law International, pp. 836-837. Les auteurs se réfèrent à la sentence arbitrale rendue en 1988 dans l'affaire CCI n°5103, *J.D.I.*, 1988, p. 1206.

367 *Ibid*, p. 6, spéc. n° 19.

368 **B. GOLDMAN**, « La *lex mercatoria* dans les contrats et l'arbitrage internationaux : réalité et perspectives », *J.D.I.*, 1979, p. 747, spéc. pp. 480-481. L'auteur relève que : « *La référence à l'équité ou, sous une autre forme, la mission qui lui est conférée de statuer ex aequo et bono, doit conduire l'arbitre amiable compositeur à tenir compte des principes généraux du droit et des pratiques du commerce international ; ainsi interprétée, la clause d'amiable composition peut être considérée comme désignant implicitement la lex mercatoria* ».

369 **Ph. FOUCHARD, E. GAILLARD, B. GOLDMAN**, *Traité*, *op.cit.*, p. 850, spéc. n° 1505.

s'acquitter de déterminer un droit étatique spécifique comme applicable au litige. Les sentences qui suivent confirment cette démarche.

Dans l'affaire n° **3267** par exemple, il est indiqué que : « *Le Tribunal arbitral n'a pas à décider quel droit spécifique régit les relations contractuelles entre les parties* ». Dans l'affaire **9669**[370] le Tribunal arbitral a développé cette position, en précisant que : « *il est généralement accepté qu'un arbitre amiable compositeur n'a pas à appliquer un système de droit spécifique, mais jouit d'une plus grande flexibilité et peut, pour atteindre un résultat équitable, prendre en compte d'autres critères tels que les circonstances de fait ainsi que les termes du contrat en cause* ». La même position a été confirmée dans l'affaire **12070**[371].

3- La tendance de renforcer l'application de l'équité par la nécessité de référence à un droit national

227. L'examen des sentences rendues par des arbitres amiables compositeurs met parfois en évidence un souci fréquent de renforcer la solution en équité par une solution en droit. Dans l'affaire CCI n°**3267**, par exemple, le Tribunal arbitral a précisé que : *« il vaut la peine d'indiquer ici que cette méthode d'indemnisation de dommages est également acceptable selon le droit belge »*[372]. Et des variantes de cette

---

370 Extrait publié in *Bull. CIA de la CCI*, vol. 18/n°1, 2007, p. 89.

371 *Ibid,* p. 111. « Le *Tribunal arbitral, lorsqu'il statue ex aequo et bono, n'est pas lié par un droit national ou des règles de droit* ».

372 (1982) VII Y.C.A., pp. 96-98 ; **S. JARVIN & Y. DERAINS**, *Recueil des sentences arbitrales de la CCI* 1974-1985, Kluwer Law & Taxation/ICC Publishing, 1990, pp. 76 à 78.

approche figurent dans les affaires CCI n°**3540**[373], n°**5118**[374], et n°**11934**[375].

228. Dans d'autres hypothèses, certains arbitres éprouvent la nécessité de procéder à une recherche du droit applicable, même s'ils décident à la fin qu'ils ne sont pas liés par ce droit. Il en était ainsi dans l'affaire n° **10049**[376]. La même tendance a été suivie dans une autre affaire CCI n° **12070**, où le Tribunal arbitral a déclaré que son pouvoir de décider en amiable composition ne lui interdisait pas de se référer à un droit étatique sans qu'il soit pour autant lié à ce dernier[377].

229. En tout état de cause, les attaches qui lient l'arbitre amiable compositeur avec les règles de droit sont presque toujours lâches. Le recours au raisonnement d'équité est utilisé pour « assouplir » la règle de droit. Les exemples sont multiples.

---

[373] Sentence rendue en 1980 dans l'affaire n° **3540** :(1982) VII Y.C.A., pp. 124à p. 129 ; **S. JARVIN & Y. DERAINS**, *Recueil des sentences arbitrales de la CCI* 1974-1985, Kluwer Law & Taxation/ICC Publishing, 1990, p. 105 à 110, où on peut lire le suivant : « *Que toutefois, le Tribunal arbitral, estimant opportun de ne pas écarter toute référence au droit étatique, recherchera si la solution retenue dans sa sentence fondée sur la lex mercatoria et sur l'application de l'adage pacta sunt servanda- réserve faite seulement de l'ordre public international- serait fondamentalement différente de celle du droit étatique* ».

[374] Sentence rendue en 1986 dans l'affaire n° **5118**, *J.D.I.*, 1987, pp. 1027 -1028 ; **S. JARVIN, Y. DERAINS & ARNALDEZ,** *Recueil des sentences arbitrales de la CCI* 1986-1990, Kluwer Law & Taxation/ICC Publishing, 1994, p. 318, où on peut lire ce qui suit : « *Il convient de remarquer que le pouvoir de l'amiable composition conféré au tribunal arbitral n'exclut en aucune manière une appréciation des droits respectifs des parties au regard d'un système de droit déterminé. C'est à partir de cette appréciation des droits respectifs des parties que le tribunal arbitral, amiable compositeur, aura à déterminer s'il entend faire usage de ce pouvoir que lui ont conféré les parties pour, dans sa sentence, adopter une solution plus conforme à l'équité qu'une application stricte des règles de droit* ».

[375] Sentence rendue en 2004 dans l'affaire n° **11934,** *Bull CIA de la CCI*, 2007, vol. 18, n° 1, p. 108.

[376] Extrait publié in *Bull. CIA de la CCI*, vol. 18/n°1, 2007, p. 93.

[377] Sentence finale dans l'affaire n° **12070**, rendue en 2007, *Bull. CIA de la CCI*, vol. 18/n°1, 2007, p. 111. « *The tribunal concludes therefore that the power to decide this dispute ex aequo et bono according to article 17.3 of the ICC Rules and that in using its powers it does not have to determine any specific applicable law. However, it may refer to the applicable law without being bound to apply it* ».

B- Une contrainte légère : motiver en équité

230. Étant un acte juridictionnel, la sentence doit être en principe motivée. La motivation est une des composantes du procès équitable; elle doit donc être respectée par toute personne qui jouit d'un pouvoir juridictionnel. L'amiable compositeur est bel et bien un juge, il doit en principe motiver sa sentence. Toutefois, est-il tenu de motiver comme le fait un juge étatique ou un arbitre statuant en droit ?

231. L'obligation de motivation n'est pas considérée comme relevant de l'ordre public international [378]. Mais dans la pratique internationale, l'immense majorité des sentences arbitrales est tout de même motivée [379]. Cette exigence semble être en croissance permanente. Une étude consacrée à la question a montré que la motivation des sentences dans l'arbitrage international favorisait la systématisation des principes généraux et des usages du commerce international, et permettait la consolidation du droit matériel de l'arbitrage international[380].

L'arbitre amiable compositeur doit expliquer, donc, sa conception de l'équité, puisqu'« *il ne s'agirait pas du droit, mais d'une démarche du cœur et de l'esprit* »[381]. Il serait conduit, alors, à dire pourquoi les circonstances de l'affaire l'ont conduit à décider qu'il fallait traiter avec

---

[378] Cass. 1ère civ., 14 juin 1960 (Veuve H. Boroutchoux et ses fils), *J.C.P* 1961. II. 12273, note H. MOTULSKY. Publiée aussi in *Écrits et notes sur l'arbitrage*. Pré. de B. Goldman et Ph. Fouchard. *Dalloz*, t. 2, 1974, p. 420 ; Cass. 1re civ., 22 nov. 1966 (Gerstlé), *R.A.*, 1967. 9 ; *J.D.I.*, 1967. 631, note H. MOTULSKY ; *RTD civ.*, 1967. 679, obs. P. HEBRAUD ; *Gaz. Pal.*, 1967.1.85; Cass. 1re civ., 18 mars 1980, *J.D.I.*, 1980. 875, note E. LOQUIN ; C.A de Paris 25 mars 1983 (ST2 Sorvia, *R.A.*, 1984. 363, note J. ROBERT ; C.A de Paris 22 janv. 1988 (Sté C.F.I.D.), *R.A.*, 1989. 251 (1re esp.), note Y. DERAINS ; C.A de Paris 8 mars 1990 (Coumet, ès qual. Et Ducler), *R.A.*, 1990. 675 (2e esp.), note P. MAYER ; C.A de Paris 29 nov. 1990 (Epoux Payart), *J.D.I.*, 1991.414, note PH. KHAN ; *R.A.*, 1991.659, obs. J. PELLERIN ; C.A de Paris 28 juin 1991 (KFTCIC), *R.A.*, 1992.568, note P. BELLET ; *Rev. crit. DIP.*, 1993.somm. 760 ; *Arb. Intern.*, vol. 8, n° 3, 1992.287, obs. J. KENDALL ; Paris 26 mars 1992, *D. 1992. IR.* 161 ; Paris 10 mai 1994 (Sheikh Mahfouz Salem Bin Mahfouz), *R.A.*, 1996.66, note Ch. JARROSSON.

[379] **Ph. FOUCHARD, E. GAILLARD, B. GOLDMAN**, *Traité de l'arbitrage commercial international*, *op.cit.*, spéc. n° 1393.

[380] *Cf.* **A. VELICAN-DANARICU**, *La motivation des sentences dans l'arbitrage commercial international en France et aux États-Unis*. Thèse Paris XI, sous la dir. de G. KHAIRALLAH, dac., soutenue en juin 1991, citée par Th. CLAY in : L'arbitre, *op.cit.*, spéc. p. 633, note de bas de page n° 1.

[381] **J. BÉGUIN**, « L'étonnante liberté de l'arbitre amiable compositeur », art. prec. p. 10, spéc. n° 27.

plus d'indulgence que le droit strict telle partie, pour tel ou tel motif, qu'il fallait évaluer à telle somme le montant de tel préjudice moral, qu'il n'y avait pas lieu de tenir compte d'une prescription extinctive, etc.[382]

232. Trois idées maîtresses dégagées par la jurisprudence, gouvernent la logique de la motivation dans un arbitrage d'amiable composition. La première exige que la qualité d'amiable compositeur ne dispense pas l'arbitre du devoir de motiver **(1)**, la deuxième allège cette obligation, en rappelant qu'elle se caractérise par une grande souplesse **(2)**. Cette souplesse est davantage confortée par un contrôle minime limité **(3)**. Ce qui met en relief, encore une fois, la grande liberté de l'arbitre notamment lorsqu'il statue en équité, une liberté « étonnante » selon une doctrine autorisée[383].

1- La qualité d'amiable compositeur ne dispense pas l'arbitre du devoir de motivation

233. L'affirmation selon laquelle « *L'amiable compositeur reste libre du sens qu'il donne à l'équité et le juge devra s'en tenir aux apparences* »[384] est une idée qui doit être relativisée notamment en droit tunisien. La Cour d'appel de Tunis a affirmé d'une manière catégorique qu'aucun arbitre ne peut se délier de l'obligation de motivation[385]. Il en découle que, pour la Cour d'appel, l'exception prévue dans l'article **30** relative au cas d'amiable composition, ne signifie pas que ce type d'arbitrage se caractérise par l'exemption de l'obligation de motivation, mais que les arbitres ne sont pas tenu de donner des « motifs en droit » pour leur décision. Ce qui ne veut point dire qu'ils ne sont tenus de donner aucune raison. Cela signifie, seulement, que les motifs qu'ils

---

[382] V. CA de Paris, 11 janv. 1996, *D.*, 1996, p. 351, note E. LOQUIN.

[383] **J. BÉGUIN**, « L'étonnante liberté de l'arbitre amiable compositeur », art. prec.

[384] **Ch. SERAGLINI & J. ORTSCHEIT**, *Droit de l'arbitrage interne et international*, Montchrestien, Lextenso éditions, 2013, p. 796, spéc. n° 874.

[385] CA de Tunis Aff. n° **40**, du 4 mai 1999, *Revue Libanaise de l'Arbitrage Arabe et International*, n° 3, p. 65. La cour décide qu' «*En vertu des principes de la logique juridique pure, cette règle doit être appliquée en matière d'arbitrage interne, étant donné que l'arbitrage international se distingue par son régime souple et par la restriction du contrôle judicaire sur l'arbitrage. D'autre part, le Code de l'Arbitrage renvoie expressément dans son article **30** aux dispositions du Code de Procédure Civile et Commerciale(CPCC) dans l'article **123**, qui contient l'énonciation de ce que doit contenir le jugement, tel que « 5*^{e} *: les motifs en fait et en droit » celui-ci, c'est-à-dire la motivation du jugement du point de vue faits et logique juridique suivie* ».

sont obligés d'exposer ne sont pas, nécessairement, tirés d'une disposition légale ou réglementaire quelconque : ils sont, seulement, tenus de donner « des motifs » sans besoin qu'ils soient « en droit ».

234. Cette position a été confirmée en 1999 par la Cour de cassation tunisienne en des termes plus formels puisqu'elle a exigé que : « *...le tribunal arbitral doit motiver sa décision en répondant à tous les moyens des parties et en indiquant les fondements juridiques sur lesquels repose son jugement en application des articles 30 et 75 du Code de l'arbitrage* »[386].

235. Cette exigence est toujours requise mais elle a été en quelque sorte atténuée dans un arrêt rendu en 2008 par la Cour de cassation tunisienne[387]. La Cour de cassation française a rendu un arrêt en 2001[388], où figure une règle qu'on peut rapprocher de celle formulée par la Cour d'appel de Tunis dans l'arrêt du 4 mai 1999 susvisé.

236. En analysant cette position, un auteur[389]a déduit justement que cela ne signifie évidemment pas qu'il est interdit à l'arbitre amiable compositeur de statuer selon la règle de droit, la Cour a décidé, qu'il doit, par conséquent, ajouter à sa motivation « en droit » une seconde motivation destinée à monter que la règle de droit qu'il applique aboutit à un résultat qui, d'autre part, ne contredit pas l'équité.

---

[386] Cass. civ., arrêt n° **5139** du 20 fév. 2001, *R.J.L.*, 2002, n° 4, p. 155.

[387] Cass. civ., arrêt n° **20596** du 27 nov. 2008, *Revue Internationale de l'arbitrage*, n°3, avril 2009, p. 334, extrait cité par **W. BEN HAMIDA & M. A. BETTAIB** in : *Code tunisien de l'arbitrage annoté par la jurisprudence*, éd., Bettaieb, 1re éd., Tunis 2015, p. 120. Elle a décidé que si : « *La motivation des sentences arbitrales est une exigence qui s'impose aux arbitres, en application des articles **30** et **75** du Code de l'arbitrage. Cette exigence implique que les fondements ne doivent pas être équitables mais doivent être convaincants dans le traitement des faits et du droit* ».

[388] Civ. 2e, 15 févr. 2001, aff. *Halbout, Juris Data* n° 2001-008291; *J.C.P. G.* 2002. II. 10 038, note G. CHABOT ; *Procédures* 2001. Comm. 78 ; *Dr. et part.,* mai 2001, p. 122. Obs. J. MESTRE ; *R.A.*, 2001. 135, note E. LOQUIN : « c'est à tort (énonce la Cour de cassation) que les amiables compositeurs se sont prononcés exclusivement par application des règles de droit, sans s'expliquer sur la conformité de celles-ci à l'équité, ce qu'exigeait la mission qui leur avait été confiée ». Cette position a été confirmée par Civ. 2e, 10 juill. 2003, *JurisData* n° 2003-019932 ; *R.A.,* 2003, 1361, obs. J.-G. BETTO ; *J.C.P. G.* 2003, IV. 2573; D. 2003, Somm. 2474, obs. Th. CLAY.

[389] **J. BÉGUIN**, « L'étonnante liberté de l'arbitre amiable compositeur », art. prec. p. 11, spéc. n° 30.

2- L'allégement de l'obligation de motivation

237. La question s'est posée, dans la jurisprudence tunisienne, à propos de l'obligation de motiver la sentence de façon détaillée. Ainsi, l'arbitre est-il tenu de couvrir tous les points litigieux, ou suffit-t-il pour lui, qu'il réponde aux principales questions et objections ? La Cour de cassation tunisienne a répondu à cette question dans un arrêt rendu en 2009 où elle a considéré que :

« *Le tribunal arbitral n'est pas tenu de répondre à toutes les exceptions qui lui sont soumises ; il suffit de motiver sa sentence pour préciser la démarche qu'il a suivi et qui l'a amené au jugement rendu, en énonçant les causes matérielles consistant dans les faits, ainsi que les motifs en droit ou même, le cas échéant et selon la nature de sa saisine, le motif d'équité qui lui semble. Cela est dû au fait que le juge d'appui n'a pas le pouvoir de réviser l'appréciation des faits et les preuves pour rejuger le fond du litige* »[390].

Et sur le troisième grief tiré de l'insuffisance de motivation, la même Cour ajoute : « *Attendu que la sentence arbitrale a été dûment motivée, et que sa motivation satisfait le critère du raisonnable et ne heurte pas l'équité, nonobstant les bases sur lesquelles elle a été fondée ;*

Attendu qu'il n'est pas nécessaire de répondre à tous les points soulevés, et qu'il suffit de préciser la méthode suivie par le tribunal dans les phases de son raisonnement pour parvenir à la conviction concrétisée par la sentence rendue, ce qui en fait le résultat d'étapes logiquement justifiées et non pas le résultat de l'arbitraire ou du hasard... »[391].

238. Cette position semble confirmer une autre semblable décidée par la Cour d'appel de Tunis dans un arrêt rendu le 9 mai 2000[392]. La Cour d'appel de Tunis a confirmé sa position en 2011[393].

---

[390] Cass, 3e civ., 28 mai 2009, Aff. Flamengo Center n° 26338, T. B. R et sa famille c. M.A. en sa qualité d'associé dans la Sté Flamengo Center et Sté Flamengo, *Journal of Arab Arbitration* (Liban), oct. 2009, n°4, p. 238.

[391] Cass, 3e civ., arrêt n° 26338, du 28 mai 2009, précité, spéc. p. 234.

[392] CA de Tunis, 9 mai 2000, Aff. n° 47, Sté du Développement Touristique de la Goulette c. Mahmoud A., cité par **A. OUERFELLI** in : *L'arbitrage dans la jurisprudence tunisienne, op. cit.*, spéc. p. 339.

[393] C.A.de Tunis, arrêt n° **14752** du 8 mars 2011, *Revue Internationale de l'arbitrage*, n° 12, 2011, p. 315, cité par **W. BEN HAMIDA & M. A. BETTAIB**, *Code tunisien de l'arbitrage annoté par la jurisprudence, op.cit.*, p. 120 ; « *La motivation des sentences arbitrales peut se limiter à ce qu'exige le litige, ce qui dispense les arbitres de répondre à tous les moyens des parties* ».

239. Dans un arrêt rendu en 2004, la Cour de cassation française a tempéré l'exigence qu'elle avait formulée en 2001. La Cour d'appel ayant annulé la sentence d'un arbitre amiable compositeur, avait ensuite statué sur le fond, en qualité, comme l'arbitre lui-même, d'amiable compositeur. Il n'est plus exigé que l'amiable compositeur démontre que la solution donnée par la règle de droit est conforme à l'équité. Il n'est même plus nécessaire que l'amiable compositeur affirme ou dise dans la décision que les solutions qu'il retient sont à la fois fondées en droit et équitables. Il suffit qu'il résulte de la décision que son auteur a eue, en les élaborant, le souci de l'équité. L'exigence ou l'obligation de la motivation en équité semble donc bien atténuée. D'autant que la Cour de cassation a confirmé cette jurisprudence[394].

240. Toutefois, cette jurisprudence qui fait de la motivation en équité un devoir atténué ne fait pas l'unanimité. Les changements jurisprudentiels existent. Par toute une suite d'arrêts[395], la Cour de cassation a exprimé qu'il ne suffisait pas que les arbitres déclarent avoir statué en faisant usage des pouvoirs qui leur avaient été conférés, mais qu'il convenait que l'application de l'équité soit explicitée.

3- Un contrôle minime limité

241. Il convient de distinguer deux types de contrôle[396] : le contrôle de l'existence de la motivation « en équité » et le contrôle de son bien-fondé. S'agissant de l'existence de la motivation « en équité », qui est une exigence de base, un contrôle est toujours possible[397]. La violation du principe est toujours susceptible d'être sanctionnée pourvue que la partie mécontente forme un recours. S'agissant du contrôle du bien-fondé de la motivation, nonobstant la qualité en vertu de laquelle l'arbitre a statué, c'est un contrôle limité. La jurisprudence

---

[394] Civ. 1ère, 28 nov. 2007, *Juris Data* n° 207-041619; *D.* 2008, obs. X. DELPECH; *D.* 2008. 187, obs. Th. CLAY; *L.P.A* 24-25 mars 2008, note L. JAEGER; *J.C.P. G.* 2007. Actu. 612 et *J.C.P. G.* 2008. I. 164, obs. J. BEGUIN ; *R.A.,* 2008. 99, note V. CHANTEBOUT.

[395] 1èreCh. civ 1er février 2012, pourvoi n°11-11084, BICC n°762 du 15 mai 2012 en ligne sur : www.legifrance.gouv.fr

[396] Sur la question : *Cf.* **E. LOQUIN**, « Le contrôle du respect de sa mission par l'arbitre jugeant en amiable composition », *Revue Libanaise de l'Arbitrage*, 2009, n° 50, p. 12 s.

[397] V. CA de Tunis Aff. n° **40**, du 4 mai 1999 ; Cass, 3e civ., arrêt n° **26338**, du 28 mai 2009 ; C.A de Tunis, arrêt n° **14752** du 8 mars 2011(précités), *adde*, Cass. Civ., arrêt n° **5139** du 26 fév. 2001, *R.J.L.,* 2002, n° 4, p. 155 ; C. Cass. Française, Civ. 2e, 15 févr. 2001, Aff. *Halbout*, *Juris Data* n° 2001-008291 ; C. Cass. Française, Civ. 1ère, 17 déc. 2008, Aff. *Sté Odalys*, (précités).

tunisienne semble constante et ferme en limitant le contrôle post arbitral à des motifs stricts.

242. L'arrêt de la Cour de cassation rendu en 2007 peut illustrer cette position[398]. En 2008, la Cour de cassation tunisienne a confirmé sa position[399]. Il en résulte de la jurisprudence ainsi évoquée que chaque fois que l'appel est écarté par les parties et que l'arbitre a été prudent pour ne tomber dans aucun cas de nullité, son appréciation est à l'abri de tout contrôle « au fond », sauf violation par l'arbitre d'une règle impérative ou d'ordre public dont le respect s'impose à l'amiable compositeur. Cette solution vaut pour l'arbitre « en droit » et également pour celui raisonnant « en équité ». La liberté d'appréciation de l'équité par l'arbitre amiable compositeur est pratiquement sans limites puisque tout contrôle « au fond » est exclu. La seule limite est le respect par l'amiable compositeur des dispositions d'ordre public.

---

[398] Cass. civ., arrêt n° **6699** du 28 mars 2007, *Bull. C. Cass.*, 2007, p. 128. « *Le contrôle de la Cour d'appel se limite dans ce cas à la vérification de l'existence de la motivation ou de son absence sans s'étendre à la conformité de la motivation aux faits dans la mesure où le contrôle ne dépasse pas l'aspect formel. Le contrôle de la Cour d'appel n'est donc pas substantiel. En effet, la fonction de la Cour d'appel comme juridiction d'annulation diffère de sa fonction en tant que cour d'appel qui réexamine le fond du litige, en application de l'effet dévolutif de l'appel. En tant que juridiction d'annulation, la fonction de la Cour d'appel consiste à vérifier si le tribunal arbitral a respecté les principes fondamentaux de la procédure, notamment les droits de la défense comme l'exige l'article 13 dernier alinéa du Code de l'arbitrage* ». Dans le même sens C.A.de Tunis, arrêt n° 14752 du 8 mars 2011, *Revue Internationale de l'arbitrage*, n° 12, 2011, p. 315.

[399] Cass. civ., arrêt n° **20596** du 27 nov. 2008, *Revue Internationale de l'arbitrage*, n°3, avril 2009, p. 334, extrait cité par **W. BEN HAMIDA & M. A. BETTAIB** in : *Code tunisien de l'arbitrage annoté par la jurisprudence*, éd., Bettaieb, 1re éd., Tunis 2015, p. 120. Elle a décidé qu': « On *ne peut annuler une sentence arbitrale qu'en absence de motivation ou en cas de contradiction de motifs conduisant à l'absurde* ». Elle ajoute : « La *Cour n'est pas habilitée à examiner la motivation pour vérifier son bien-fondé où réexaminer le fond du litige de nouveau. Cela constitue un dépassement de sa compétence et un comportement incompatible avec la nature de l'arbitrage, les buts du législateur et la volonté des parties* ».

CHAPITRE II : L'APPLICATION DIRECTE DE REGLES NON-ÉTATIQUES OU *LEX MERCATORIA*

243. Les sources de la *lex mercatoria* méritent d'être cernées et identifiées vue leur pluralité et l'incertitude terminologique qui y règne **(Section 1)** ; les arbitres font une application de la *lex mercatoria* et de ses composantes sans parfois les nommer sous cette appellation **(Section 2)**.

SECTION I : IDENTIFICATION DES SOURCES DE LA *LEX MERCATORIA*

244. L'identification des sources de la *lex mercatoria* n'est pas une tâche aisée. Elle mérite pourtant d'être étudiée vue que la controverse ne s'est pas limitée à la notion elle-même, elle a embrassé également ses composantes **(§1)** ; l'application d'un droit non étatique se trouve dès lors fondée **(§2)**

§ 1 . Incertitude terminologique

245. L'incertitude terminologique de la notion de la *lex mercatoria* peut être déduite soit au niveau des appellations utilisées par la doctrine **(A),** soit au niveau des sources de la notion elle-même **(B)**.

A- Au niveau de la doctrine

246. Pour désigner un échantillon normatif concrêt ou désigner un ensemble de règles créées hors du cadre des États, le vocabulaire est, en la matière, particulièrement varié et incertain, tant chez les arbitres, que dans la doctrine et dans la rédaction des clauses relatives au droit applicable. Plusieurs expressions sont utilisées: un droit « anational »[400], distinct ou confondu du droit « transnational »[401], un

[400] **É. LOQUIN,** « L'application des règles anationales dans l'arbitrage commercial international » *L'apport de la jurisprudence arbitrale*, Dossiers de l'Institut du droit et des pratiques des affaires internationales, CCI, pub. n° 440/1, 1986, p. 67 ; *adde.,* **C. KESSEDJIAN**, « Les normes anationales et le future Règlement Rome I : une occasion manquée (jusqu'à nouvel ordre ?) », *R.D.C.,* 2007/4, p. 1470 et s.

[401] **Ph. KAHN**, « Droit international économique, droit du développement, *lex mercatoria* : concept unique ou pluralisme des ordres juridiques ? », in *Le droit des relations économiques internationales,* Mélanges GOLDMAN, Litec, 1982, p. 97 et s, spéc. p. 99 : « Pour les uns les mots international, transnational, mondial

droit « méta national »[402], un « droit vraiment international issu de sources privées » [403], un « droit uniforme transnational d'origine privée »[404], des « règles matérielles transnationales »[405], des « règles transnationales substantielles d'origine privées » [406], des « règles transnationales »[407] tout court, des « principes généraux du droit du commerce international » [408], « principes généraux retenus par la jurisprudence arbitrale », « usages du commerce international », « droit modélisé »[409], à la « *lex mercatoria* » ou encore à de corps de règles

---

sont synonymes et l'emploi de l'un pour l'autre indifférent ; pour les autres, les sens sont différents et il y aurait une progression dans l'effacement des frontières nationales au regard du développement du phénomène économique » ; *adde.*, **Ph. FOUCHARD, E. GAILLARD, B. GOLDMAN,** *Traité, op.cit.*, p. 818, spéc. n° 1447 qui préfèrent le terme de règles transnationales à celui de règles anationales.

[402] **I.STRENGER,** « La notion de *lex mercatoria* en droit du commerce international », *R.C.A.D.I.*, vol. 227, 1991, pp. 207-355, spéc. p. 276.

[403] **R. VANDER ELST & Fr. RIGAUX**, « Relations juridiques transnationales ou dialogue sur un autre droit », *Journal des tribunaux (Bruxelles),* n° 5200, 1982, p. 230 et s, spéc. p. 233.

[404] **Ph. KAHN**, « L'autorégulation » in H. GHÉRARI, S. SZUREK (dir.), *L'émergence de la société civile internationale. Vers la privatisation du droit international ?* Pédone, 2003, p. 197 et s, spéc. p. 200.

[405] **É. LOQUIN,** « L'internationalisation des contrats sportifs », in G. SIMON (dir.), *Les contrats sportifs : l'exemple du football professionnel*, P.U.F., 2003, p. 33 et s, spéc. p. 46 et s.

[406] **B. AUDIT**,« Le choix des Principes d'Unidroit comme loi du contrat et le droit international privé », in *Mélanges Camille JAUFFRET-SPINOSI,* Dalloz, Études-Mélanges-Travaux, 2013, p. 13 et s, spéc. p. 17.

[407] **Ph. FOUCHARD, E. GAILLARD, B. GOLDMAN**, *Traité, op. cit.*, spéc. p. 816, n° 1446. Le Pr. FOUCHARD préférait l'utilisation de l'expression « règles transnationales ».

[408] Sentence CCI n° **12603** rendue en 2004, citée par **E. JOLIVET**, « Chronique de jurisprudence arbitrale de la CCI – La détermination du droit applicable au fond du litige », *Cah. arb.*, vol. V, éd., Pédone, 2011, p. 515, spéc. p. 524.

[409] Pour une définition du droit modélisé *Cf.* **É. LOQUIN,** *L'arbitrage du commerce international,* Joly éditions, Lextenso éditions, 2015, p. 339, spéc. n° 415 qui précise que : « *La règle modèle est une règle spécialement conçue pour régir les échanges internationaux par une institution publique ou privée* ». Il ajoute que « *L'essentiel des règles matérielles du commerce international se présente sous la forme de règles modèles offertes à l'adhésion des opérateurs du commerce international par des institutions spécialisées du commerce international tel est le cas des Incoterms, des Règles et usances du crédit documentaire, des contrats types des associations corporatives internationales ou de la CNUDCI, des principes UNIDROIT applicables aux contrats du commerce international* » ; V. aussi sur la même notion **É. LOQUIN,**« Les règles matérielles internationales », *R.C.A.D.I.*, 2006, t. 322, n° 212 et s.

plus identifiées, tels les principes UNIDROIT, qu'ils soient ou non assimilés par l'arbitre à la *lex mercatoria.* Des hésitations demeurent sur ce qui doit être rangé sous la dénomination de *lex mercatoria*, ou de règles anationales ou transnationales, et ce qui doit en être distingué comme c'est le cas des usages du commerce international[410]. Des débats existent également sur le point de savoir s'il faut, à l'intérieur de la catégorie, distinguer ou non des sous-catégories. La polémique concerne encore l'identification exacte des sources dans lesquelles les règles de la *lex mercatoria* peuvent être puisées[411].

247. La signification des vocables utilisés n'est pas nécessairement objet de consensus. M. MAYER l'a précisé déjà : « initialement « droit transnational » (*transnational law*) a été employé par Ph. JESSUP dans un tout autre sens : il s'agit pour cet auteur d'un *melting pot* où existent les droits étatiques et le droit international public et privé, et à l'intérieur duquel le juge choisit librement la règle qui lui paraît la plus appropriée (…) Cette conception étant inadmissible pour les auteurs de *civil law*, ceux-ci ont repris l'expression mais lui ont donné un sens différent »[412].

248. L'opposition existe également au sein même de la doctrine de *civil law*. M. Filali OSMAN considère que « la *transnationalité*

---

[410] Sur la question, v. **E. GAILLARD,** « La distinction des principes généraux du droit et des usages du commerce international », in *Études offertes à Pierre Bellet,* Litec, 1991, p. 203 s, spéc. p. 212 et note 33 ; M.-E. ANCEL, P. DEUMIER, M. LAAZOUZI, *Droit des contrats internationaux, op.cit.,* n° 56, p. 45.

[411] Sur ces débat et flottements terminologiques, *Cf.* **POUDRET (J.-F) & BESSON (S.)**, *Droit comparé de l'arbitrage international*, *op.cit.,* p. 626, spéc. n°s 690 et les références citées ; *adde.*, **E. GAILLARD**, « La distinction des principes généraux (…) », prec, loc. cit. ; **É. LOQUIN,** « Retour sur les sources premières de la *lex mercatoria* : les usages du commerce international », in : *Le droit des rapports internationaux économiques et privés,* Mélanges en l'honneur du professeur Jean-Michel JACQUET LexisNexis, 2013, pp. 215-234 ; **P. DEUMIER,** « Les sources du droit et les branches du droit : à propos d'une conception doctrinale des sources du droit du commerce international », in *Mélanges en l'honneur du Pr. Jean-Michel JACQUET*, *op. cit.,* pp. 181-199, spéc. p. 193 et s ; **SAEZ (C. S)**, Usages et arbitrage. Thèse de doctorat soutenue le 4 juillet 2017, Université de Montpellier, sous la dir. de M. Pierre MOUSSERON, disponible en ligne sur : http : // tel. Archives-ouvertes. Fr/tel-01708056/document, spéc. pp. 310-324. ; **E. CHARPENTIER**, « Les Principes d'Unidroit : une codification de la *lex mercatoria* », *Les Cahiers de droit*, vol. 46, n° 1-2, mars-juin 2005, pp. 193-216, en ligne sur : https://www.erudit.org/fr/revues/cd1/2005-v46-n1-2-cd3841/043835ar.pdf .

[412] **P. MAYER,** « L'autonomie de l'arbitre international dans l'appréciation de sa propre compétence », *R.C.A.D.I.,*1989, t. 217, pp. 319-454, spéc. n° 71, p. 395, note 84.

d'une situation provient de ce qu'elle dépasse le cadre d'un seul ordre juridique étatique et, partant, aucun d'entre eux n'est en mesure d'exercer sur elle une autorité effective. Il s'agit donc d'une situation objet d'une pluri localisation»[413]. Tandis que pour M. Éric LOQUIN, le caractère transnational implique que ces règles « *s'adressent et s'appliquent quelle que soit la loi étatique régissant la relation contractuelle et sans même qu'il soit besoin de déterminer cette loi pour appliquer ces règles*»[414]. Une autre partie de la doctrine française pense que : « *la transnationalité signifie que le droit ne vient pas d'un seul État. Le droit, par sa source et son contenu, transcende les particularismes nationaux afin de s'adapter aux besoins et spécificités du commerce international* »[415].

249. Aujourd'hui, la doctrine utilise le vocable de « droit transnational »[416], un droit qui traverse les nations, il n'est pas issu d'un État en particulier. Assimiler, en quelque sorte, le droit à l'État ou à la

---

[413] **O. FILALI,** *Les principes généraux de la lex mercatoria : contribution à l'étude d'un ordre Juridique anational*, thèse, Préf. d'É. LOQUIN, L.G.D.J., Bibliothèque de droit privé, 1992, p. 9, n° 3.

[414] **É. LOQUIN,** « les règles matérielles internationales », *R.C.A.D.I.,* 2006, t. 322, pp. 9-242, spéc. n° 395, p. 169.

[415] **J.- B. RACINE & F. SIRIIAINEN**, *Droit du commerce international,* Cours, Dalloz 2011, 2ème éd., pp. 67-68, spéc., n° 101.

[416] **Ph. C. JESSUP**, *Transnational law*, New Haven : Yale University Press, 1956, p. 2; **M. MERLE,** « Le concept de transnationalité », in *Humanité et droit international, Mélanges René-Jean DUPUY*, Paris, éd., Pédone, 1991, pp. 223-231 ; **R. COTTERRELL**, « What Is Transnational Law ? », *Law & Social Inquiry*, vol. 37, n° 2, 2012, pp. 500-524 ; **F. LATTY**, *La lex sportiva : recherche sur le droit transnational*, Leiden/Boston : Martinus Nijhoff Publishers, 2007, p. 3 s ; *Adde.,* **LEBEN (Ch.),** (dir.), *Le contentieux arbitral transnational relatif à l'investissement : nouveaux développements*, Bibliothèque des Hautes Études Internationales de Paris, L.G.D.J., Anthémis, Paris – Louvain-la-Neuve, 2006 ; **Ph. KAHN**, « La *lex mercatoria* et son destin », in *L'actualité de la pensée de Berthold GOLDMAN : droit commercial international et européen*, sous la dir. de Philippe FOUCHARD et Louis VOGEL, éd., Panthéon-Assas, 2004, pp. 25-36, spéc. p. 29 qui parle de « *droit transnational d'origine publique* », de « *droit transnational d'origine privée* (lex mercatoria) » et de « *droit transnational économique* » ; *adde.,* **M.- L. NIBOYET**, « Ébauche d'un droit judiciaire transnational », in *L'actualité de la pensée de Berthold GOLDMAN* (…), *op.cit.,* p. 47. Certains auteurs usent, à côté du « droit transnational » l'expression « règles transnationales », v. à titre d'exemple **: L.G. RADICATI DI BROZOLO**, « Règles transnationales et conflits de lois : réflexions à la lumière des principes UNIDROIT et des principes de La Haye », in *L'actualité de la pensée de Berthold GOLDMAN*(…), *op.cit.,* pp. 275-298.

nation rejoint une conception passéiste des sources du droit. Certains usent de « règles matérielles internationales »[417], c'est-à-dire de règles réellement internationales qui ne découlent pas d'ordres juridiques souverains. D'autres usent l'expression de «règles matérielles uniformes » dans le cadre de l'uniformisation du droit du commerce

[417] **É. LOQUIN**, « Les règles matérielles du commerce international », *in journée d'hommage et d'études à Philippe FOUCHARD, R.A.*, 2005, p. 441 ; du même « les règles matérielles internationales », *R.C.A.D.I.*, 2006, T. 322, p. 9 ; du même : « L'application par les tribunaux arbitraux internationaux des règles qu'ils estiment appropriées », Mélanges en l'honneur du Pr. Pierre MAYER, L.G.D.J., Lextenso éditions, 2015, pp. 533-545. Les règles matérielles du commerce international ont été définies comme étant : *« des règles créées spécialement pour satisfaire les besoins du commerce international. Elles répondent au besoin de la globalisation des marchés en espace juridiques nationaux. Faute d'un législateur international, les règles matérielles sont le produit, tantôt des pouvoirs privés et relèvent du phénomène de la lex mercatoria, tantôt de l'activité normative des États. Elles s'offrent le plus souvent à la volonté des parties sous la forme de règles modèles. D'autres s'imposent à la volonté des parties, (usages du commerce international, lois uniformes, principes généraux du commerce international, règles matérielles créées par les États). A travers les ordres juridiques nationaux qui les accueillent, ces règles forment un droit transnational du commerce international d'une grande cohérence et d'une grande uniformité* », in **É. LOQUIN**, « Les règles matérielles du commerce international », prec. spéc. p. 442. En lisant cette définition elle nous rappelle immédiatement celle de la *lex mercatoria* vue la diversité et la nature des sources de règle qui la contienne. Ainsi, chaque doctrine ne semble-t-elle pas donner à l'ensemble de ces règles la dénomination qu'elle convient ? Et ce phénomène de génération des appellations diversifiées ne se considère pas comme une source de complication additionnelle qui s'ajoute à une notion de nature variable et molle ?

international[418] ou encore « droit uniforme »[419], « droit spontané »[420] et de « droit souple »[421](droit mou, droit feutré, « *soft law* ») ou « droit

---

[418] **I. BADAWI**, *L'arbitre international et les règles matérielles uniformes*. Thèse dactyl. sous la dir. de P. MAYER, Paris I, 2001, spéc. p. 19 ; *adde.,* **J.-P. BERAUDO**, « La mise en œuvre du droit matériel uniforme par le juge et par l'arbitre dans le règlement des litiges commerciaux », *R.D.U.,* 1998, t. 2/3, p. 273.

[419] Le droit matériel du commerce international est un mélange de sources à la fois publiques et privées orientées vers un même objectif : la satisfaction des besoins du commerce international. C'est dans ce sens que selon le Professeur **J.-B. RACINE** in, (L'incidence du droit uniforme dans le droit national. Limites et possibilités, Rapport national français, J. Sánchez Cordero (dir.), Universiade Nacional Autónoma de México, 2010, annexe cd-rom, p. 103, spéc. p.104. Rapport national. 2010., questionnaire établi par H. A. GRIGERA NAON, Réponse à la question n°1, en ligne sur : https://archivos.juridicas.unam.mx/www/bjv/libros/6/2843/18.pdf), il convient d'inclure au sein de la notion du droit uniforme les usages de commerce ou les « coutumes », les principes généraux du droit, les principes généraux du droit du contrat ou du droit des obligations, le droit transnational, la *lex mercatoria* et les règles générales de procédure.

[420] **P. DEUMIER**, *Le droit spontané* : *contribution à l'étude des sources du droit*, Préf. Jean-Michel Jacquet, Économica 2002 ; du même : « Les sources du droit et les branches du droit : à propos d'une conception doctrinale des sources du droit du commerce international », in : *Le droit des rapports internationaux économiques et privés*, *op. cit.*, pp. 181-199 ; Sur la distinction entre règles modélisées et droit spontané V. **É. LOQUIN**, *L'arbitrage du commerce international, op.cit.,* p. 340, spéc. n° 415.

[421] **B. FAUVARQUE-COSSON** & **P. DEUMIER**, « Un nouvel instrument de droit souple international. Le projet de Principes de La Haye sur le choix de la loi en matière de contrats internationaux », Dalloz, 2013, p. 2185 s ; **B. FAUVARQUE-COSSON,** Entre droit souple et droit dur : les « Principes » en droit des contrats internationaux », in Étude annuelle 2013 : le droit souple : Rapp. Adopté par l'assemblé générale du Conseil d'État, Paris 2013, p. 255 s ; du même : « Règles impératives et instruments de droit souple », in Mélanges Pierre MAYER, *op.cit.,* p. 195 s ; P. **de VAREILLES- SOMMIÉRS**, « Autonomie et ordre public dans les Principes de La Haye sur le choix de la loi applicable aux contrats internationaux », *J.D.I.,* n°4, 2016, pp. 409-453, spéc. p.413 ; **M. PERTEGAS, N. ZHAO, E. GANAGÉ, A. BRAHMA, I. RADI** et **P. CARLIER,** « Choix de loi applicable aux contrats du commerce international : des Principes de La Hays ? », *Rev. crit. D.I.P.*, n° 1, 2010, p. 83 s ; **D. MOURALIS**, Sous la dir de « Le droit souple et l'arbitrage », Newsletter de la Chambre arbitrale internationale de Paris, mars 2015 ; **F. OSMAN, H. AGBODJAN PRINCE** & **M.-C. RIGAUD,** *Soft law et droit du commerce international : contribution à l'étude du renouvellement des sources du droit,* Actes du Colloque international organisé les 11 & 12 mai 2017, à Montréal, LexisNexis, Canada 2018 ; **C. THIBIERGE**, « Le droit souple (réflexions sur les textures du droit) », *R.T.D civ.,* 2003, p. 599 s ; **D. CHARLES- NEVEU**, « Penser le droit flexible », in *R.R.J.*, 2010, n°1, p. 15-28..

international (privé) matériel »[422] ou encore « droit international collaboratif »[423]. Toutes ces créations normatives permettent de se passer du procédé du conflit de lois, en ce sens qu'ils représentent des alternatives à la règle de conflit classique. Le droit transnational inclut l'intégralité des règles matérielles qu'elles soient d'origine privée élaborées par des professionnels ou agents public issues des États[424]. Ce « flottement terminologique » s'analyse sur deux dimensions : une même réalité qualifiée par différents termes, et la signification non consensuelle d'un même terme. « *Au-delà des mots, c'est toujours la même réalité qui est désignée : l'existence d'un droit fait de sources privées* »[425]. Une certaine doctrine a proposé de distinguer entre d'une part l'usage du terme « anational » qui renvoi à la source du droit non-étatique et, d'autre part, le terme « transnational » qui vise le rayonnement du droit non-étatique[426]. En effet, le qualificatif « non étatique » à l'avantage d'être une description objective qui correspond à toutes les situations. Au surplus, cette qualification oriente l'attention immédiatement sur le problème du droit transnational, c'est-à-dire son rapport avec la sphère étatique. Ainsi, les sources transnationales produisent un droit dont l'appareil de coercition sera celui des États qui l'accueilleront dans leurs ordres.

250. De surcroit, il faut insister sur le fait que la liberté reconnue aux parties de faire régir leur litige par des « règles de droit » dans plusieurs systèmes, et aux arbitres d'appliquer « les règles qu'ils estiment appropriées » (avec les réserves de la formule de l'article 73 du code tunisien de l'arbitrage), leur permet de faire référence à toutes les composantes de la *lex mercatoria*. Il appartient, toutefois, aux arbitres de rechercher ce que les parties avaient à l'esprit lorsqu'elles ont utilisé telle ou telle formule pour décrire les règles de droit applicables au litige. Pour ce faire, les arbitres doivent avoir conscience des flottements terminologiques qui continuent d'affecter la matière et

---

[422] **E.S ROMERO**, note sous sentence arbitrale finale rendue dans l'affaire CCI n° **12456** en 2004, *J.D.I.,* 2010, n° 3, p. 1386 s, spéc. p. 1401.

[423] **C. KESSEDJIAN**, *Le droit international collaboratif*, éd., A. Pédone, 2016.

[424] **J.-B. RACINE,** Le phénomène de la *lex mercatoria*, Cours magistral donné aux étudiants de Mastère en droit privé, séjour à la Faculté de Droit de Sfax du 14 au 17 avril 2008, (non publié).

[425] **J.-B. RACINE**, *Droit de l'arbitrage*, Thémis droit, *P.U.F.*, 1ère éd., Paris, 2016, p. 485, spéc. 758.

[426] Pour plus d'amples développements sur cette proposition *Cf.* **Y. HEYRAUD**, *Le droit non-étatique dans les rapports internationaux privés : contribution à l'étude des fonctions du droit international privé*, *op.cit.*, p. 93, spéc. n° 150 s.

ne pas s'arrêter aux termes utilisés mais rechercher l'intention réelle des parties.

B- Au niveau des sources de la notion elle-même

251. La polémique concerne également la détermination exacte des sources dans lesquelles les règles de la *lex mercatoria* peuvent être puisées [427] . Ces règles sont le fruit du développement d'une autorégulation de plusieurs acteurs privés. Rappelons que ceci « *a été rendu possible par l'attitude des États eux-mêmes, qui ont accepté de laisser des opérateurs maitres en quelque sorte sur leur terrain* »[428]. Plusieurs instruments de régulation de la vente internationale de marchandises, comme les règles internationales pour l'interprétation des termes commerciaux les (*Incoterms*) répartissant les obligations du vendeur et de l'acheteur, sont proposés par la CCI. Dans le domaine bancaire, la CCI édicte des règles uniformes relatives aux crédits documentaires, aux encaissements et aux garanties contractuelles[429]. Des contrats-types, destinés au commerce des produits céréaliers, sont édictés par la *Grain and Feed Trade Association* (GAFTA)[430], d'autres contrats-types, destinés aux « couvertures de défaillance » ou *credit default swaps*, le sont par une organisation professionnelle, *l'International Swaps and Derivatives Association* (ISDA)[431] et dans le domaine du transport.

---

[427] Sur l'ensemble de la question, v. **J.-B. RACINE** & **F. SIIRIAINEN**, *Droit du commerce international*, Dalloz, 2e éd., 2011, p. 59 et s ; **(J.-F.) POUDRET** & **S. BESSON**, *Droit comparé de l'arbitrage international*, *op.cit.*, pp. 626-627, spéc. n° 690 et s, et les réf. citées ; *Adde.*, **E. GAILLARD,** « La distinction des principes généraux du droit et des usages du commerce international », in *Etudes offertes à Pierre Bellet*, Litec, 1991, p. 203s ; **P. DEUMIER,** « Les sources du droit et les branches du droit : à propos d'une conception doctrinale des sources du droit du commerce international », *art. prec.* spéc. p. 193 et s.

[428] **BARRIÉRE-BROUSSE**, « La création normative des États : point de vue privatiste », *in* É. LOQUIN & C. KESSEDJIAN (dir.), *La mondialisation du droit*, Litec, Travaux du CREDIMI, 2000, p. 133 et s, spéc. p. 134.

[429] **E. JOLIVET**, *Les Incoterms : étude d'une norme du commerce international*, LexisNexis, Bibliothèque de droit de l'entreprise, 2003.

[430] **J. SIMON**, *Le commerce international des céréales : pouvoirs étatiques, pouvoirs économiques privés*, Thèse, Université Paris II, 1982 ; **É. LOQUIN**, « Les règles matérielles internationales », *R.C.A.D.I.*, vol. 322, 2006, pp. 9-242, spéc. n° 189 et s, p. 89 s.

[431] Ces contrats sont incorporés par référence dans les obligations souveraines : **H. MUIR WATT**, « Dette souveraine et main visible du marché : de nouveaux enjeux du droit international privé des contrats », *Rev. crit. D.I.P.*, 2015, p. 331, spéc. n° 21.

252. Présenté par J.-M. JACQUET, « *la lex mercatoria constitue un ensemble normatif qui semble se fonder sur l'alliance de certaines sources, et paraît en retour capable d'exercer une action sur les sources qui alimentent ou prétendent l'alimenter* »[432]. Ainsi, pour lui, les sources composant la *lex mercatoria* peuvent être classées en deux. Les « sources-procédés » (contrat, pratiques, usages, principes généraux du droit) sont, comme la *lex mercatoria* elle-même, « *intimement liées à la société des opérateurs du commerce international* »[433] et unies autour d'un même refus du « *rôle exclusif de l'État dans la production du droit* »[434]. En outre, la *lex mercatoria* inclut les règles de droit transnationales, règles « *établies afin d'être appliquées à certains types de rapports juridiques internationaux et dont les conditions d'émission sont affranchies des exigences des ordres juridiques internes comme de l'ordre juridique international* »[435]. Seront envisagés à ce titre, *Incoterms*, Principes UNIDROIT et PDEC, principes de l'ALI, contrats-types et conditions générales d'organisations professionnelles, codes de conduite et lois types de la CNUDCI. Parce qu'elles sont le produit spontané des opérateurs du commerce international, les règles transnationales ont ainsi rejoint la catégorie des « sources-règles », agissant comme une source exogène[436]. Parce qu'elles sont spécifiquement adaptées à cette communauté, elles rejoignent les « sources-procédés » dans le « creuset » de la *lex mercatoria*[437]. Pour le Pr. Philippe FOUCHARD, « *Essentiellement doctrinal, le terme de lex mercatoria recouvre aussi bien les règles transnationales (qu'il n'est pas possible de définir autrement que de manière négative comme toutes les règles dont la source n'est pas seulement un système juridique étatique donné), que*

---

432 in *Droit du commerce international* avec, **Ph. DELEBEQUE & S. COURNELOUP**, 1ère éd., 2007, 2ème éd., 2010, spéc. n° 90.

433 *Ibid, spéc.* n° 23.

434 *Ibid, spéc.* n° 95.

435 *Ibid, spéc.* n° 84.

436 Pour une étude détaillée de ces sources de leur classification v. **P. DEUMIER,** « Les sources du droit et les branches du droit, à propos d'une conception doctrinale des sources du droit du commerce international », in *Le droit des rapports internationaux économiques et privés*, spéc., pp. 181-199, spéc. p. 193.

437 **J.-M. JACQUET**, **Ph. DELEBEQUE & S. COURNELOUP,** *op.cit.,* spéc. n° 99.

les usages du commerce international (définis comme les pratiques habituellement suivies dans une branche déterminée d'activité) »[438].

253. S'agissant des principes UNIDROIT, et à défaut d'une définition uniforme de la notion de *lex mercatoria*, la question de l'appartenance de ces principes à cette notion est également débattue. Ainsi, il y a ceux qui incluent les principes UNIDROIT ou les Principes du droit européen des contrats dans la *lex mercatoria*[439], alors que d'autres les excluent pour partie au motif qu'ils ne correspondaient pas à des pratiques communément admises en matière du commerce international[440].

254. En revanche, la convention de Vienne sur la vente internationale de marchandises [CVIM][441]malgré sa source publique, est arrangée dans le droit du commerce international puisqu'elle répond tout à fait aux besoins du commerce international. Toutefois, la question de son appartenance à la *lex mercatoria* reste une matière controversée.

---

[438] **Ph. FOUCHARD, E. GAILLARD, B. GOLDMAN**, *Traité*, *op.cit.*, spéc. p. 818, n° 1447.

[439]**F. MARELLA & F. GÉLANIS** « Les Principes d'UNIDROIT relatifs aux contrats du commerce international dans l'arbitrage de la CCI », *Bull. CCI,* vol. 10, n°2, 1999, p. 26 ; **F. GÉLANIS,** « La jurisprudence arbitrale de la Chambre de commerce internationale et les Principes d'UNIDROIT, *Gaz. Pal., Cah. arb.*, n° 2, 2000, p. 37 et s ; **J.-B. RACINE**, *Droit de l'arbitrage*, Thémis droit, *P.U.F.*, 1ère éd., Paris, 2016, p. 487, spéc. n° 763.

[440] Cette dernière approche est par exemple celle retenue par les rédacteurs du contrat modèle CCI de franchise internationale, pub. CCI n° 557, 2001. V. **E. JOLIVET**, « Loi applicable et règlement des différends dans le contrat modèle de franchise internationale CCI., *Cah. droit de l'entr.,* n° 4, 2000, p. 30 ; Plus récemment v. **P. MAYER**, « Principes UNIDROIT et *Lex mercatoria* », *in L'actualité de la pensée de Berthold GOLDMAN, Droit commercial international et européen*, *op. cit.*, pp. 31-36, spéc. p.32 où il considère que « *...rien n'est plus opposé à la lex mercatoria dans sa conception initiale, que les Principes UNIDROIT* » ; plus récemment le même dans un article intitulé : « Le choix de la loi dans la jurisprudence arbitrale », *in, Le Règlement communautaire « Rome I » et le choix de la loi dans les contrats internationaux*, sous la dir. de Sabine CORNELOUP et Nathalie JOUBERT, vol. 35, Litec 2011, pp. 423-442, spéc. p. 439, n° 25.

[441] *Convention des Nations unies sur les contrats de vente internationale de marchandises*, 11 avril 1980, 1489 R.T.N.U. (entrée en vigueur : 1er janvier 1988) [CVIM]. Sur cette convention V. nota. **P. MAYER,** « L'application par l'arbitre des conventions internationales de droit privé », in : *L'internationalisation du droit*, Mélanges en l'honneur d'Yvon LOUSSOUARN, Dalloz, 1994, pp. 275-291 ; **A. MOURRE**, « L'application par l'arbitre de la Convention des Nations Unies sur les contrats de vente internationale de marchandises », *Bull. C.I.A. de la C.C.I.*, Vol. 17/ n° 1, 2006, pp. 45-53 ; **H. MUIR WATT**, « L'applicabilité de la CVIM devant l'arbitre international », *R.D.A.I.,* 1996, n° 3.

Certains, surtout ceux qui suivent le point de vue de SCHMITHOFF, incluent la CVIM dans la *lex mercatoria*[442]. Ce courant pense qu'il ne faut pas opposer les normes du monde professionnel et celles issues des États[443]. Entre les normes de sources privées et de sources publiques il est illogique de dresser une barrière étanche. L'essentiel est que ces règles soient conformes aux besoins des opérateurs économiques et aux intérêts du commerce international. C'est ainsi que, dans une sentence arbitrale, la CVIM a été considérée par un tribunal arbitral comme une nouvelle expression de la *lex mercatoria*[444].

D'autres, comme J.-M. JACQUET, pensent que la CVIM est exclue bien qu'elle comporte de nombreuses règles dont la parenté est grande avec la *lex mercatoria.* Il constate que : « (…) *les États ont pris leurs propres responsabilités. Ils ne relèvent pas du milieu mercatique même s'il leur arrive d'y faire des incursions* ». Ailleurs, sur cette même position, le même auteur conclut que « *sauf à retenir une conception tellement élargie de la lex mercatoria que celle-ci en perd pratiquement toute spécificité* »[445]. Le Pr.Ch. PAMBOUKIS ajoute, dans le même sens, que « *Cette inclusion non seulement n'apporte rien de plus que combler le contenu lacunaire de la lex mercatoria mais au contraire provoque un brouillage supplémentaire* »[446].

---

[442] Par ex. **LONDO**, « *The Lex Mercatoria in international commercial arbitration* », *ICQL* [34] 1985, p. 750 ; **J.-B. RACINE**, *Droit de l'arbitrage*, Thémis droit, P.U.F., 1ère éd, Paris, 2016, p. 486, spéc. n° 760 ; **É. LOQUIN,** *L'arbitrage du commerce international, op.cit.,* p. 343, spéc. n° 420.

[443] **LONDO**, *op.cit.*

[444] Sentence CCI n° **7331** du 1994, *Bull. C.I.A de la CCI*, 1995, n° 6.73 ; Sur la question Cf. **B. AUDIT**, « The Vienna Sales Convention and the Lex Mercatoria », in *Lex Mercatoria and Arbitration. A Discussion of the New Law Merchant*, Th. E. Carbonneau ed., New York, Dobbs Ferry, 1990, p. 139 s

[445] V. **J.-M. JACQUET, Ph. DELEBEQUE & S. CONRNELOUP**, *Droit du commerce international*, Dalloz, 1ère éd., 2007 ; 2ème éd., 2010, n° 100 ; **J.-M. JACQUET**, « Le droit de la vente internationale de marchandises : le mélange des sources », in : *Souveraineté étatique et marchés internationaux à la fin du 20ème siècle : à propos de 30 ans de recherche du CREDIMI*, Mélanges Ph. Kahn, Paris, Litec, 2000, p. 75 et s, spéc. p. 90 où il qualifie l'assimilation de la CVIM à la *lex mercatoria* comme étant « excessive » ; dans le même sens : **E. S. DARANKOUM**, « L'application de la convention des Nations Unies sur les contrats de vente internationale de marchandises par les arbitres de la Chambre de Commerce Internationale en dehors de la volonté des parties est-elle prévisible ? », *op. cit.*, spéc. p. 4.

[446] In « La *lex mercatoria* reconsidérée », *Le droit international privé : esprit et méthodes*, Mélanges en l'honneur du Pr. Paul LAGARDE, Dalloz, 2005, pp. 635-659, spéc. p. 648.

255. Dans le même contexte de pluralité des sources, les Principes UNIDROIT ont inspiré la Conférence de La Haye qui élabore des conventions internationales en droit international privé et qui, pour la première fois de son histoire, a entrepris la rédaction d'un instrument de droit souple : les Principes de La Haye sur le choix de la loi applicable en matière de contrats internationaux[447].

256. Par ailleurs, nonobstant les divergences doctrinales, nous constatons, tout en optant pour une approche pragmatique, que les conventions internationales, en vigueur ou non, constituent une source d'inspiration fréquente des arbitres lorsqu'ils doivent déterminer les règles de la *lex mercatoria*. Ces textes traduisent l'accord d'un certain nombre d'États sur une solution donnée. Ainsi, par exemple, des arbitres devant statuer en application de principes généraux sur une question de vente internationale pourraient facilement se référer à la CVIM du 10 avril 1980. Les arbitres appliquaient la Convention de 1964 sur la loi uniforme de la vente internationale d'objets mobiliers corporels, prédécesseur de la CVIM[448].

§ 2. Légitimité de l'application du droit non étatique

257. La légitimité de l'application du droit non étatique par les arbitres du commerce international peut se vérifier au niveau du droit tunisien **(A)**, ainsi qu'au niveau des autres instruments du droit de l'arbitrage **(B)**.

A- En droit tunisien

258. En droit tunisien la possibilité pour un arbitre d'appliquer des règles non étatiques au même titre de lois nationales semble sujette à discussion. L'article **73** dispose en matière d'arbitrage international que : « 1. *Le tribunal arbitral tranche les différends conformément à* ***la loi*** *désignée par les parties. 2. A défaut d'une telle désignation, le*

[447] V. le site de la Conférence de La Haye qui reproduit ces Principes, le commentaire, les travaux préparatoires et fournit une bibliographie sur ces Principes. Pour une étude d'ensemble : **S. SYMEONIDES**, « L'autonomie de la volonté dans les principes de La Haye sur le choix de la loi applicable en matière de contrats internationaux », *Rev. Crit. DIP* 2013, p. 807 ; « Choix de la loi applicable aux contrats du commerce international : des Principes de La Haye ? : Bureau Permanent de la Conférence de La Haye de DIP », *Rev. Crit. DIP*, n° 1, 2010, pp. 83-102.

[448] V. sentence CCI n° **2879** rendue en 1978, *J.D.I.*, 1979, p. 989, obs. Y. DERAINS.

*tribunal arbitral applique **la loi** qu'il estime appropriée* ». Le principe trouve sa consécration dans l'article 62 du Code de droit international privé de 1998[449]. Bien que la doctrine tunisienne s'accorde à interpréter cet article comme consacrant la méthode de «la voie directe »[450] dans le sens que l'arbitre peut désigner directement une loi applicable sans indiquer la règle de conflit qu'il a utilisée et sans même réfléchir à recourir à quelconque règle de conflit, elle ne s'accorde pas, en revanche à admettre la possibilité pour un arbitre, statuant en matière d'arbitrage international, d'appliquer des règles non étatiques.

259. Commençant par le choix opéré par les parties, le code tunisien de l'arbitrage a consacré le principe selon lequel celles-ci choisissent librement le droit applicable au fond du litige. Toutefois, cette liberté n'est pas assez précise pour plusieurs raisons. Ainsi, les parties peuvent-elles choisir l'application de règles non étatiques ? L'article 73 prévoit à cet égard dans son alinéa 1er que : « *le Tribunal tranche le litige conformément à la loi désignée par les parties* ». Le législateur s'est écarté ici, de la formule de l'article 35 alinéa 1er de la loi-type de la CNUDCI dans sa version de 1985. En droit tunisien, l'arbitre doit appliquer donc non pas les règles de droit, mais une loi nationale choisie par les parties[451].

260. Dans la version arabe du même article, l'expression « *Ahkam el quanun* ؛ أحكام القانون; règles de droit », permet de déduire que les parties peuvent intégrer dans leur choix des règles transnationales. « *Cette terminologie signifie que les parties peuvent tout aussi bien choisir un droit étatique, que des règles non étatiques souvent désignées sous le terme de lex mercatoria. Le terme règles de droit est utilisé pour désigner toute norme voulue par les parties quelle que soit*

---

449 **N. GARA**, *Le code de l'arbitrage annoté*, *op. cit.* p. 215 ; et sur l'attractivité de cette disposition *Cf.* **Th. AHMADI**, « L'attractivité de l'article 62 du Code de droit international privé tunisien », in *Le Code droit international privé tunisien vingt ans d'application (1998-2018)*, Collectif sous la dir. de Souhayma BEN ACHOUR & Salma TRIKI, Latrach Edition, Tunis, 2020, pp. 309 s.

450 **K. MEZIOU**, « Le droit applicable au fond du litige dans l'arbitrage international », in colloque : « *L'arbitrage international dans le nouveau Code tunisien* » organisé les 26-27 nov.1993, *C.E.J.J.*, 1995, p. 60, spéc. p.64 ; **K. MEZIOU & A. MEZGHANI**, « Le Code tunisien de l'arbitrage », *R.A.*, 1993, n° 4, p. 521 s, spéc. p. 533 ; **M.-A. HACHEM**, « L'instance arbitrale selon le Code de l'arbitrage », *R.T.D.*, 1994, p 27 s, spéc. p. 35.

451 **K. MEZIOU & A. MEZGHANI**, « Le Code tunisien de l'arbitrage », *R.A.*, 1993, n° 4, p. 521 s, spéc. p. 533.

son origine »[452]. Le but est d'éviter de limiter le choix des parties et de leur offrir la palette de choix la plus large possible, en admettant qu'elles puissent élire des règles non étatiques.

261. Une partie de la doctrine tunisienne [453] pense que cette rédaction résulte en fait d'une mauvaise traduction du texte de l'arabe vers le français. Le texte en langue arabe vise expressément « les règles de droit ». La version arabe doit prévaloir en raison de son caractère officiel[454].

262. Toutefois, cette conformité n'est pas du tout indéniable en raison de l'ambivalence du terme « *Ahkam el quanun* » qui dans la terminologie arabe, désigne aussi bien la « loi » que « droit ». Une telle interprétation rendrait la contradiction entre les deux versions de l'article 73 caduque. La version française ne serait plus le fruit d'une mauvaise traduction de la version officielle, mais plutôt la consécration de son interprétation restrictive : les parties doivent désigner une loi *stricto sensu* pour régir le fond du litige et les règles transnationales ne sont pas admises[455].

263. Cette interprétation reste regrettable car le champ de liberté des parties s'en trouve limité. Mme Kalthoum MEZIOU plaide pour « *s'en tenir à la version arabe et d'entendre « Ahkam el quanun » comme règles de droit. Cette interprétation est seule conforme au texte de la loi-type et correspond aux tendances récentes en la matière*»[456].

---

[452] **É. LOQUIN**, *L'arbitrage du commerce international*, Joly éditions, Lextenso éditions, 2015, spéc. n° 412, p. 337.

[453] Ibid, spéc. p. 534 ; adde., **K. MEZIOU**, « Le droit applicable au fond du litige (…), art. prec., spéc. p. 63 ; du même : « Le droit de l'arbitrage international en Tunisie », p. 2 disponible en ligne sur http://www.courdecassation.fr : publié le 13/06/2007.

[454] La loi n° 93-64 du 5 juillet 1993 relative à la publication des textes au journal officiel de la République Tunisienne et à leur exécution ne s'applique pas, en principe, au Code de l'arbitrage qui a été promulgué quelques mois auparavant, en raison du principe du non rétroactivité. Mais, dans la pratique antérieure le texte arabe faisait déjà foi.

[455] **N. RABAH**, *L'autonomie de l'arbitrage international en droit tunisien*, mémoire pour l'obtention du mastère en sciences juridiques fondamentales, Faculté des sciences juridiques, pol. et sociales de Tunis, Université de Carthage, 2009-2010, spéc. p. 34.

[456] **K. MEZIOU**, « Le droit applicable au fond du litige dans l'arbitrage international », art. prec. spéc. p. 62 ; adde., **K. MEZIOU & A. MEZGHANI**, « Le Code tunisien de l'arbitrage », prec. spéc. p. 534.

264. Qu'en est-il des pouvoirs de l'arbitre ? L'alinéa 2 de l'article 73 dispose clairement qu': *« A défaut d'une telle désignation, le tribunal arbitral applique la loi qu'il estime appropriée »*. Il est clair que l'arbitre du commerce international peut faire un choix direct de la loi applicable sans passer par un raisonnement conflictualiste. Certes, ce dépassement de la méthode conflictualiste est une avancée. Toutefois, le droit tunisien n'a pas poussé le pas jusqu'au bout en permettant à l'arbitre de choisir des règles de droit entre autre des règles non étatiques.

265. M. Ali MEZGHANI a plaidé pour un dépassement de cette interprétation restrictive de l'alinéa 2 de l'article 73. Le législateur a dispensé l'arbitre de recourir à la méthode conflictuelle pour déterminer le droit applicable alors qu'il n'y a pas renoncé dans l'article 78 relatif au contrôle de la validité de la convention d'arbitrage. Il déduit qu'il n'y a aucun obstacle à considérer que le terme « *quanun* » veut dire « droit »[457]. La même interprétation a été également faite par le regretté Mohamed LARBI HACHEM qui pense qu'il faut lire « les règles de droit » en commentant l'alinéa 2 de l'article 73 [458]. Selon le doyen Sami BOSTANJI, l'article 73 du CA « *est porteur d'une reconnaissance non équivoque de la juridicité des règles émanant de l'ordre juridique mercatique par l'ordre juridique étatique (...) au sein de l'article 73, la question intervient en matière d'arbitrage international, lieu généralement propice à l'intervention des règles de la lex mercatoria, n'ayant pas de for, l'arbitre n'est lié par un droit étatique en vue de régler le litige qui lui est soumis* »[459].

266. Il est certain que la solution qui a été retenue dans l'article 73 du Code de l'arbitrage est le fruit d'un mimétisme juridique. Le législateur au lieu de prendre une position catégorique claire en faveur de la loi-type ou de l'article 1496 du NCPC français, a préféré faire un amalgame des deux solutions. Il est probable qu'il a voulu éviter ainsi de prendre position dans le débat qui était encore animé autour de la *lex mercatoria*. Cette attitude du législateur tunisien de faire son propre

---

[457] **A. MEZGHANI**, In Colloque : L'arbitrage international dans le nouveau code de l'arbitrage, « *alors que s'il s'agit de déterminer le droit applicable au fond le code dispense du passage par la technique conflictualiste, je ne vois pas donc d'obstacle à considérer que le terme « qanun » veut dire droit...* »

[458] « L'instance arbitrale selon le Code de l'arbitrage », art. prec. spéc. p. 35.

[459] **S. BOSTANJI**, « De la promotion des usages du commerce international par la justice étatique : à propos de l'affaire Interco c/ North Africa International Bank », *J.D.I.*, n° 4, 2005, pp. 1067-1091, spéc. p. 1087, n° 13.

« sauce » a été déjà discutée à propos des critères de l'internationalité de l'arbitrage retenue dans l'article 48 CA[460]. C'est un choix critiquable qui suscite de problèmes d'interprétation et des difficultés dans l'application de ces dispositions.

267. Pour le Pr. GARA, il s'agit pour lui pratiquement d'un faux problème. La solution est simple et ne soulève guère de discussions réelles. En effet, même si la formule de l'article 73 alinéa 2 ne permet que l'application d'une loi étatique, le dernier alinéa du même article élargit le domaine du droit applicable pour contenir les usages du commerce et les stipulations du contrat. Autrement dit, par une combinaison des deux alinéas, l'arbitre appliquera non pas le droit strict au sens de « loi étatique » mais le droit au sens large impliquant les règles de droit[461].

268. Si l'on veut examiner le contenu des règles que l'arbitre est autorisé à les appliquer en toute liberté et partant de la rédaction même de l'article 1502 du NCP français (utilisant la même formule de l'ancien article 1496), un premier constat nous conduit à constater que la doctrine française n'est pas unanime en interprétant ses dispositions. Une grande controverse règne. Pour s'en rendre compte, il suffit de consulter les discussions qui se sont déroulées au colloque organisé en 1981 par le *Comité français de l'arbitrage*, outre les critiques tantôt implicites [462] tantôt farouches [463] de certains auteurs français. L'application des règles non étatiques trouve son fondement également dans d'autres sources.

---

[460] *Cf.*, **BABAY YOUSSEF (S.),** « L'internationalité de l'arbitrage : quelles réformes », (sous la dir. de), *Les perspectives d'évolution du droit de l'investissement et de l'arbitrage*, ouvrage collectif sous la dir de S. Bostanji et F. Horchani, Publications DRIMAN, Latrach éditions, Tunis 2013, p. 161 ; **S. JERBI**, « La requalification par le juge étatique de la nature interne ou internationale de l'arbitrage », in « *Le juge et l'arbitrage* », ouvrage collectif, éd., A. Pédone, Paris, 2014, p. 155 et s ; **N. ZGHAL**, « La question de la requalification de l'arbitrage à la lumière des applications jurisprudentielles et des positions doctrinales », (en arabe), in : *Mélanges offertes au Pr. Mohamed ZINE*, Faculté de droit et des sciences politiques de Tunis, 2018 et les références citées.

[461] **N. GARA**, *Le code de l'arbitrage annoté*, Maison du livre, Tunis, 2016, p. 221.

[462] **P. MAYER**, « L'insertion de la sentence dans l'ordre juridique français », *in Droit et pratique de l'arbitrage international en France,* Paris, FEDUCI 1984, p. 81; Débats sur le rapport du Pr. **PERROT** au *Comité français de DIP* (sur la réforme de l'arbitrage international), Trav. du Comité, 1981-1982, p. 71.

[463] **A. KASSIS**, *L'autonomie de l'arbitrage commercial international : le droit français en question*, Préf. Paul LAGARDE, *L'Harmattan,* 2005, pp. 331-348.

B- Au niveau des autres instruments

269. Les arbitres du commerce international ne se sont pas beaucoup préoccupés de la légitimité du recours qu'ils faisaient à ces règles puisées du droit non étatique. Ils les appliquent en quelque sorte en raison de leur caractère approprié au règlement de certaines des affaires qu'ils avaient à résoudre.

270. La consultation du droit comparé nous permet de constater que le législateur tunisien n'est pas le seul à avoir opté pour la formulation « *règles de droit* » selon la version arabe du texte qui fait foi. Les droits allemand[464], autrichien[465], belge[466], français[467], italien[468], néerlandais[469] et suédois[470] ont adopté cette même formule. De nombreux textes nationaux ou instruments internationaux autorisent l'application des règles non étatiques. Ainsi, l'article 7 de la convention européenne de Genève sur l'arbitrage international du 21 avril 1961 dispose dans sa 1ère phrase que : « *Les parties sont libres de déterminer le droit que les arbitres devront appliquer au fond du litige* ». L'expression permet d'envisager à partir du terme « droit » aussi bien la loi d'un État que des règles non étatiques[471].

271. Dans le domaine particulier des contrats conclus entre des États et des personnes privées étrangères (contrats d'États), la

---

464 Art. **1051 al. 1 ZPO**: « das Schiedsgericht hat die Streitigkeit in Übereinstimmung mit den Rechtsvorschriften zu entscheiden, die von den Parteien als auf den Inhalt des Rechtsstreits anwendbar bezeichnet worden sind ».

465 Art. **603 al. 1 a) ZPO**: « das Schiedsgericht hat die Streitigkeit in Übereinstimmung mit den Rechtsvorschriften oder Rechtsregeln zu entscheiden, die von den Parteien vereinbart worden sind».

466 Art. **1700 Code judiciaire belge** : « Sauf convention contraire des parties, les arbitres statuent selon les règles du droit ».

467 Art. **1511 al.1 C.P.C.** : « Le tribunal arbitral tranche le litige conformément aux règles de droit que les parties ont choisies ».

468 Art. **822 CPCI** : « Gli arbitri decidono secondo le *norme di diritto*, salvo che le parti abbiano disposto con qualsiasi espressione che gli arbitri pronunciano secondo equita ».

469 Art. **1054 al. 1 Code de procedure civil néerlandais**: «The arbitral tribunal shall make its award in accordance with the *rules of law*».

470 La loi d'arbitrage suédoise ne contient aucune disposition propre au droit applicable au fond du litige. La réponse est donnée par la doctrine, *Cf.*, **Madsen FINN**, *Commercial arbitration in Sweden: a commentary on the Arbitration Act (1999:116) and the rules of the Arbitration Institute of the Stockholm Chamber of Commerce*, Oxford [Oxford University Press], 3è éd., 2007, p. 357.

471 **J.-M. JACQUET, Ph. DELEBECQUE & S. CORNELOUP,** *Droit du commerce international*, 2ème éd., Dalloz, 2010, p. 30, spéc. n° 46.

convention de Washington du 18 mars 1965 ayant institué le CIRDI[472] comporte un article 42 sur le droit applicable au fond du litige. Ce texte dispose que : « *le Tribunal statue sur le différend conformément aux règles de droit adoptées par les parties* ». L'alinéa 2 ajoute que : « *…faute d'accord entre les parties, le Tribunal applique le droit de l'État contractant partie au différend (…) ainsi que les principes de droit international en la matière* ». L'article 42 de la convention de Washington admet donc, à côté de règles de droit non autrement spécifiées, et de la loi de l'État partie au litige, l'application au contrat d'État des « principes de droit international », lesquels ne sauraient à l'évidence être puisés tels quels dans une loi étatique[473]. De plus, la référence aux « *règles de droit* » plutôt qu'à un « *droit* » ou un « *système de droit* » est considérée comme une référence codée à la possibilité d'appliquer des règles de droit appropriées même si celles-ci sont loin de constituer un système de droit établi et autonome. « *Elles (les parties) peuvent, par exemple, prévoir que le tribunal appliquera les principes généraux du droit commun aux deux pays concernés ou « les principes généraux du droit » ou un droit national en vigueur à l'époque de l'investissements (constitution) ou un droit national en vigueur à un moment donné, mais à l'exclusion de toute modifications contraires qui se produiraient postérieurement à l'investissements*»[474].

---

[472] *Cf.*, *Investissements étrangers et arbitrage entre États et personnes privées. La convention BIRD du 18 mars 1965*, Pédone, Paris, 1969 ; **G. DELAUME,** « Le centre international pour le règlement des différends relatifs aux investissements » (CIRDI) », *J.D.I.*, 1982, p. 775 et s ; *Le contentieux arbitral transnational relatif à l'investissement : nouveaux développements*, collectif, sous la dir. de Charles Leben, Bibliothèque de l'Institut des Hautes Etudes Internationales, Louvain-la-Neuve, Anthémis, 2006.

[473] Sur la question du droit applicable sous l'égide du C.I.R.D.I v. **M.-A. HACHEM,** « Le droit applicable au contrat d'investissement selon l'article 42 de la Convention B.I.R.D, communication faite au colloque organisé par l'École Nationale d'Administration et la faculté de droit et des sciences pol.de Tunis les 19 et 20 juin 1991 sur le thème des investissements, *R.T.D.*, 1992, p. 120 et s ; *Le C.I.R.D.I 45 ans après : bilan d'un système,* actes du colloque organisé à Tunis les 11, 12 et 13 mars 2010, sous la dir. de Ferhat HORCHANI, collectif, éd., A. Pédone, notamment : **M. SNOUSSI**, « La détermination du droit applicable devant le CIRDI », p. 321 s ; **E.-S. ROMERO,** « La dialectique de l'arbitrage international impliquant des parties étatiques : observations sur le droit applicable dans l'arbitrage des contrats d'États », *Bull. CIA de la CCI*, vol. 15/n° 2, 2è semestre 2004, p. 86 s; **S. MANCIAUX**, Chronique des sentences arbitrales du CIRDI, *J.D.I.*, 2011, n°1, pp. 565-588, spéc. p. 586.

[474] Broches « Settlement of Disputes arising out of Investment in Developing Countries» (1983) 11 International Business Lawyer, pp. 206-208 cité par **A.**

Dans les contrats d'État, il est possible que l'on étende à ceux-ci des règles de droit international public[475]. L'article 42 susvisé combine l'application du droit étatique et des principes généraux du droit international public à défaut d'élection de droit contraire[476].

272. A propos des mêmes contrats, l'Institut de droit international a adopté une Résolution lors de sa session d'Athènes en septembre 1979 confirmant la possibilité de se référer à des « *règles de droit* »[477].

273. La possibilité pour les arbitres d'appliquer des règles non étatiques est également reconnue par le Code de procédure civile français : l'arbitre tranche le litige « *conformément aux* ***règles de droit*** *que les parties ont choisies ou, à défaut, conformément à celles qu'il estime appropriées* ». Cette disposition est connue de nombreux pays. L'article 187 de la loi suisse sur le droit international privé dispose expressément, par exemple, que « *Le tribunal arbitral statue selon* **les règles de droit** *avec lesquelles la cause présente les liens les plus étroits* »[478].

274. La formule retenue, en application des « *règles de droit* »[479], rend compte d'une terminologie se distinguant sensiblement de celle des textes applicables par les juges, notamment le règlement Rome I, lequel mentionne la « *loi choisie par les parties* » et « *la loi applicable à défaut de choix* »[480]. A la différence du mot « *loi* », à entendre nécessairement comme celle d'un État, l'expression « *règle de droit* » n'est pas restrictive, autorisant dans un consensus qui semble général,

---

REDFERN & **M. HUNTER**, Law and Practice of International Commercial Arbitration, 2nd ed., London Sweet & Maxwell, 1991 (édition traduite en français), p. 100.

[475] **BERNARDINI**, p. 199, cité par : **J.-F. POUDRET** & **S. BESSON**, *Droit comparé de l'arbitrage international*, L.G.D.J., Paris, 2002, p. 627, note 106.

[476] **Ph. KHAN**, « Les principes généraux du droit devant les arbitres du commerce international », *J.D.I.*, 1989, p. 305, spéc. p. 311-312.

[477] Ces règles semblent être très variées comme l'atteste l'énumération de l'article 2.1 qui prévoit que : « Les parties peuvent notamment choisir comme loi du contrat un ou plusieurs droits internes ou les principes communs à ceux-ci, soit les principes généraux du droit, soit les principes appliqués dans les rapports économiques internationaux, soit le droit international, soit une combinaison de ces sources de droit ». Texte publié à la *Rev. Crit. DIP* 1980. 427.

[478] Art. 187 al. 1er de la LDIP, 18 déc. 1987.

[479] Sur l'application par l'arbitre des règles de droit Cf. notamment : **F.-S. NARIMAN**, « L'arbitrage commercial international et le respect des règles de droit », *Bull. CIA de la CCI* 1991, pp. 7-12.

[480] Art. 3 § 1 et art. 4 du Règlement Rome I.

l'application des règles non étatiques[481]. Or, par définition, une règle de droit est une « *norme juridiquement obligatoire* [...], *quelle que soit sa source (règle légale, coutumière), son degré de généralité (règle générale, règle spéciale), sa portée (règle absolue, rigide, souple, etc.*)[482]

275. Certaines sentences réalisent pourtant une interprétation originale des règles étatiques régissant l'arbitrage pour conclure à l'application des règles non étatiques. Ainsi, nous pouvons lire : « *Si l'article 187 LDIP permet le recours à l'équité en lieu et place d'un système particulier de normes étatiques, il est logique de conclure qu'il permet à fortiori de se référer à un système de normes non-étatiques. Le simple argument a majore, minus justifie cette* conclusion »[483].

276. Le Code de l'arbitrage en matière de sport, applicable devant le Tribunal du sport, mentionne également les « règles de droit choisies par les parties » et les « règlements (sportifs) applicables »[484]. L'application de règles transnationales par les arbitres ne pose plus aujourd'hui aucune difficulté. Les règlements des fédérations sportives internationales prévoient nettement la possibilité d'appliquer des règles non-étatiques. Un règlement de la fédération internationale de football (FIFA) est un bon exemple illustratif : « *La procédure arbitrale est régie par les dispositions du Code de l'arbitrage en matière de sport du TAS. Le TAS applique en premier lieu les divers règlements de la FIFA ainsi que le droit suisse à titre* supplétif »[485]. Des textes divers, lois étatiques, lois-types, règlements

---

481 **Ph. FOUCHARD, E. GAILLARD, B. GOLDMAN,** *Traité de l'arbitrage commercial international*, *op.cit.*, p. 814 et s, spéc. n° s 1444 et s ; **J.-F. POUDRET & S. BESSON**, *Droit comparé de l'arbitrage international*, L.G.D.J., Paris, 2002, pp. 626-627, spéc. n° 691 ; **Ch. SERAGLINI & J. ORTSHEIDT,** *Droit de l'arbitrage interne te international*, Montchrestien, Lextenso éditions, 2013, p. 800 et s, spéc. n° 881 ; **J.-B. RACINE**, *Droit de l'arbitrage*, PUF, Thémis, 1ère éd., 2016, p. 484 et s, spéc. n° 757 et s.

482 **C. GÉRARD** (sous la direction), Association Henri Capitant des amis de la culture juridique française, P.U.F., 12èmeéd., pp. 788-789.

483 TAS, 2014/A/3505, 3 déc. 2014, *Al Khor SC c C.*, Spéc. n° 84, *R.A.*, 2015, n°3, p. 932, obs. F. LATTY. *J.D.I* 2015, n°1, p. 375, obs. E. LOQUIN; *J.C.P G.*, 2015 II. 569, spéc. n° 6, obs. B. HAFTEL.

484 Art. R45 et R58.

485 Statuts FIFA, 2013, art. 66 al. 2. Comp. la formule des anciens statuts : « *Le TAS applique les diverses règles émises par la FIFA ou, le cas échéant, par les confédérations, les membres, les ligues, les clubs et, à titre supplétif, le droit suisse* ».

d'arbitrage, règlements sportifs privilégient une application des règles non-étatiques par l'arbitre[486].

277. Même s'il existe quelques « îlots de résistance » représentés par les législations qui distinguent expressément la situation des parties de celle des arbitres, en reconnaissant la liberté des premières de désigner un droit anational, mais en imposant au second de désigner une loi étatique lorsque, dans le silence des parties, il détermine lui-même la loi appropriée[487]. Toutefois, cette restriction ne sera pas applicable lorsque l'arbitrage en cause est institutionnel, régi par un règlement d'arbitrage qui accorde à l'arbitre le pouvoir d'appliquer des règles non étatiques à défaut de choix des parties. Or, divers règlements d'arbitrage, au moins dans leur version la plus récente, confèrent un tel pouvoir à l'arbitre en se référant aux « règles de droit », et non pas simplement à la « loi »[488]. En effet, en se référant à un règlement, les parties auraient ainsi donné indirectement à l'arbitre le pouvoir dont elles bénéficiaient elles-mêmes[489].

---

[486] Loi-type CNUDCI sur l'arbitrage commercial international, art. 28 § 1 : « Le tribunal arbitral tranche le différend conformément aux règles de droit choisies par les parties comme étant applicables au fond du différend ». Comp. Art. 6 de l'Institut de droit international, 64e session, 12 sept. 1989 : « Les parties ont pleine autonomie pour déterminer les règles et principes de procédure et le droit matériel qui doit être appliqués par les arbitres. En particulier, (1) les diverses questions soulevées peuvent être respectivement soumises à des règles et principes différents, et (2) ces règles et principes peuvent être empruntés à différents systèmes juridiques nationaux ainsi qu'à *des sources non nationales*, comme les principes du droit international, les principes généraux du droit et les usages du commerce international. Dans la mesure où les parties ont laissé la question ouverte, le tribunal recherche les règles et principes nécessaires parmi les sources indiquées à l'article 4 ». L'article 4 indique : « La loi choisie par les parties, la loi déclarée applicable selon le système de droit international privé désigné par les parties, les principes généraux du droit international public ou privé, les principes généraux du droit de l'arbitrage international, ou la loi qui serait applicable par les juridictions du lieu où le tribunal siège ».

[487] V. par exemple : art. 28. 2 loi-type CNUDCI ; art. 1051 (2) ZPO allemand ; art. 46 (3) *Arbitration Act anglais.*

[488] Art. 21. 1 règlement CCI 2012 (et déjà art. 17. 1 règlement CCI 1998) ; art. 22. 3 règlement LCIA …

[489] Sous la dir. de **J. BEGUIN** & **M. MENJUCQ,** *Droit du commerce international*, collectif, Paris, Litec, 2005, p. 1056, spéc. n° 2711.

SECTION II : L'APPLICATION DE LA *LEX MERCATORIA* ET SES COMPOSANTES

278. Parmi les règles de droit que les arbitres peuvent appliquer figurent celles de la *lex mercatoria* qui n'a pas échappé à l'évolution que connaissait les concepts les plus complexes[490]. Les arbitres peuvent l'appliquer sous le volet d'une première composante faite par les principes généraux du droit substantiel ou principes généraux du commerce international **(§1)** ; comme ils peuvent l'appliquer en tant que corps de règles choisi par les parties ou appliqué par l'arbitre en dehors de tout choix **(§2).**

§ 1 . Les principes généraux du droit substantiels ou principes généraux du commerce international

279. Parmi les règles transnationales que les arbitres peuvent appliquer figurent les principes généraux du droit substantiels. La mise en œuvre de ces principes ne va pas de soi. Ce choix est d'abord possible, lorsque les parties le font. Admis par la plupart des lois d'arbitrage, cette élection peut être directement formulée dans la convention d'arbitrage comme suit : « *le présent contrat est régi par les principes généraux du commerce international* ». Cette option n'est cependant que très rarement prise, puisqu'en 2010, dans 99 % des litiges soumis à la CCI de Paris, les parties avaient élu un droit étatique[491]. Il est également possible aux arbitres d'appliquer des principes généraux du droit dans le cas où les parties n'ont pas fixé de droit applicable, non pas le plus souvent parce qu'elles n'y ont pas songé, mais parce qu'elles n'ont pas pu se mettre d'accord. L'arbitrage international en a longtemps été le principal (si ce n'est l'unique) promoteur et utilisateur. Une sentence arbitrale sur deux mentionne ainsi des principes généraux du droit même avant 1920[492].

280. Or, la définition des principes généraux du droit n'est pas une œuvre aisée vu les divergences qui traversent la doctrine quant à leur nature et notamment quant à leur consistance. En droit du commerce

---

490 V. en ce sens **E. GAILLARD**, « La distinction des principes généraux du droit et des usages du commerce international », Études offertes à Pierre BELLET, *op. cit,*. p. 202 s.

491 « Rapport statistique 2010 », *op. cit.,* p. 14.

492 **A. PELLET,** *Recherches sur les principes généraux de droit en droit international*, Thèse, Paris, 1974, p. 31.

international, ces principes ont une importance particulière car ils structurent la *lex mercatoria*[493], relevant à la fois d'une méthode et d'un contenu[494]. Nous allons d'abord essayer d'examiner la définition doctrinale des principes généraux **(A)**, pour ensuite examiner comment elles sont appliquées par les arbitres du commerce international **(B)**.

A- L'identification doctrinale des principes généraux

281. En premier lieu, nous allons examiner les différentes conceptions doctrinales du contenu des principes généraux du droit **(1)**, pour ensuite relever, à partir de la pratique arbitrale, les traits caractéristiques de cette méthode **(2)**.

1- Des conceptions doctrinales différentes et un flou terminologique

282. On utilise souvent le mot « principes » et même l'expression « principes généraux » pour désigner des propositions normatives qui, bien qu'elles fassent partie de l'ordre juridique positif, ne présentent aucune spécificité puisqu'elles se confondent en réalité avec les règles se rapportant à un domaine donné[495]. Or, les principes généraux sont ici entendus dans un sens tout autre. Ils forment une catégorie autonome et se distinguent des règles juridiques car ils constituent « *les propositions premières ou fondamentales d'un ordre juridique ou d'une matière particulière, propositions qui sous-tendent les règles positives appelées à former la majeure du syllogisme juridique et qui en constitueront des applications ou des exceptions* »[496].

---

[493] **Ph. KAHN**, « Les principes généraux du droit devant les arbitres du commerce international », *J.D.I*, 1989, n° 2, p. 303 et s, spéc. p. 305.

[494] **Ph. FOUCHARD, E. GAILLARD, B. GOLDMAN,** *Traité, op. cit.*, p. 826 s, spéc. n°s 1456; **E. GAILLARD,** « Transnational Law: A legal system or Method of Decision Making», *Arb. Int'l*, Vol.17, n°1, p. 59 s.

[495] V. en ce sens **M.- K. CHARFEDDINE**, « Les fonctions des principes généraux du droit », conférence donnée au colloque « Les grands principes de droit privé », organisé par la Faculté de Droit de Sfax les 4, 5 et 6 mars 2020, (en langue arabe), à paraître.

[496] V. dans ce sens : **J. BOULANGER,** « Principes généraux du droit et droit positif », in : *Le droit privé français au milieu du XXe siècle*, Études offertes à Georges Ripert, Paris, L.G.D.J., 1950, p. 51, spéc. pp. 56-57, n° 5-6 ; **J.-L. BERGEL**, *Théorie générale de droit*, 2e éd., Paris, Dalloz, 1989, p. 91, spéc. n° 75 ; **D. BUREAU**, *Les sources informelles du droit dans les relations privées internationales*, Thèse, Université Panthéon-Assas (Paris II), 1992, pp. 58-61, n° 64-71 ; **P. HAMMJE**, *La contribution des principes généraux du droit à la*

283. Dès 1965, Ph. FOUCHARD relevait l'existence d'un « droit commun des nations » auquel se référaient les arbitres pour régler le fond du litige, droit distinct des « usages corporatifs ». Il observait alors que ce droit se composait de principes généraux du droit et d'une sorte de « droit commun partiel » lorsque les droits nationaux en concurrence adoptaient une même attitude sur un point litigieux[497]. Ces principes reflètent des conceptions que l'on retrouve dans de nombreux systèmes juridiques donc largement inspirés des droits nationaux[498].

284. La doctrine est très divisée quant à la détermination du contenu des principes généraux du droit. M. Prosper WEÏL[499] en a distingué plusieurs types : ceux qui prennent place dans le cadre d'un droit national, ceux que construisent la *lex mercatoria* et ceux qui relèvent du droit international. Ces derniers correspondent aux principes généraux de l'article 38 du Statut de la Cour international de justice (C.I.J), mais diffèrent quelque peu de contenu selon qu'ils s'appliquent à des rapports interétatiques ou au droit international des contrats. L'article 38 § 1er du Statut de la (C.I.J), après avoir cité les traités puis la coutume internationale, cite dans son alinéa c) : « *les principes généraux du droit reconnus par les nations civilisées* » comme étant une 3ème source du droit international.

285. M. VIRALLY, pour sa part, oppose les principes généraux propres au droit international, formés par la coutume ou par diverses règles de droit international qui s'en inspirent directement, aux principes généraux du droit visés à l'article 38, qui ne seraient autre que

---

formation du droit international privé français, Thèse, Université Panthéon-Sorbonne (Paris I), 1994, pp. 123-124 ;

راجع أيضا: **أحمد بن طالب**، " القواعد العامّة للقانون في فقه قضاء محكمة التعقيب"، خمسون عاما من فقه القضاء المدني (1959-2009)، تحت إشراف الأستاذ محمّد كمال شرف الدّين، مركز النّشر الجامعي، تونس 2010، ص. 145 وما بعد، خاصة ص. 146، رقم 2.

497 **Ph. FOUCHARD**, *L'arbitrage commercial international*, Paris, Dalloz, 1965, p. 423 et s.

498 V. en ce sens : **D. BUREAU**, *Les sources informelles du droit dans les relations privées internationales*, *op.cit.*, p. 339, n° 532 : les principes généraux invoqués par les partisans de la *lex mercatoria* peuvent toujours « être découverts dans les différents systèmes juridiques nationaux, soit directement, soit en tant que dérivés, avérés ou probables, de l'un des principes généraux du droit contenus dans les ordres juridiques étatiques. Il en est ainsi de l'obligation de minimiser le dommage, de l'estoppel, de l'effectivité de la clause compromissoire sous certains de ses aspects, ou des multiples applications du principe de bonne foi ».

499 « Principes généraux du droit et contrats d'État », in : *Le droit des relations économiques internationales, Mélanges Goldman*, Litec 1983, p.395 et s.

ceux commun aux principaux systèmes juridiques du monde ou, à tout le moins, aux ordres juridiques nationaux avec lesquels le contrat considéré présente les liens les plus étroits[500]. Ainsi entendus, les principes généraux du droit, pour M. VIRALLY, pourraient trouver leur raison d'être et leur pleine utilité dans la *lex mercatoria*, à laquelle ils fourniraient une base normative, alors qu'ils ne jouent qu'un rôle très faible dans la jurisprudence de la Cour de La Haye.

286. Le Pr. GOLDMAN, dans sa réflexion de 1979, avait déjà été conduit, dans une conception encore plus extensive, à intégrer tant les principes généraux du droit, au sens de l'article 38, que les principes du droit international dans la *lex mercatoria,* dont ils formeraient l'un des éléments constitutifs[501].

287. M Paul LAGARDE a très vivement critiqué cette absorption des principes généraux du droit par la *lex mercatoria,* qui entend au demeurant les principes de l'article 38 dans une acception différente de celle retenue par MM. Virally et Weil, puisqu'il y voit des principes de droit international[502].

288. En outre, l'approche de M. Wilhelm WENGLER semble la plus radicale. Il s'élève contre ce qu'il nomme les « refoulements globales à des contenus normatifs plus au moins vagues » qui n'ont été établis nulle part dans les textes écrits[503]. Ces normes au contenu improbable, seraient impropres à fonder une décision arbitrale, de sorte que la « *décision d'un litige prétendument fondée sur les principes généraux du droit est, en vérité, largement une décision selon le bon plaisir de celui qui décide* ». Ainsi, pour lui, en toutes matières la notion de principes généraux du droit, loin de constituer « *un système de règles juridiques précises* », n'est rien d'autre qu'un « *complexe de normes*

---

[500] **M. VIRALLY**, « Un tiers droit ? Réflexions théoriques », prec.

[501] « La *lex mercatoria* dans les contrats et l'arbitrage internationaux : réalité et perspectives », *JDI,* 1979, p. 475 et s., spéc. pp. 485-487, n°s 18-21.

[502] « Approche critique de la *lex mercatoria* ». *Mélanges Goldman*, *prec.*, p. 125 et s., spéc. pp. 130-133, n°s 10-14. Dans le même sens également : **P. WEÏL**, loc. cit., pp. 407-408, où il insiste sur les grandes différences qui séparent contrats commerciaux ordinaires et contrats d'État et observe que si les uns et les autres sont susceptibles d'être régis par les principes généraux du droit, ces derniers quoi que se rapportant pour l'essentiel aux mêmes questions (force obligatoire, effets du changements de circonstances, etc.), n'ont pas nécessairement le même contenu selon qu'ils relèvent du droit international public ou de la *lex mercatoria.*

[503] **W. WENGLER**, « Les principes généraux du droit en tant que loi du contrat », *Rev crit DIP*, 1982, p.467 et s., spéc. pp. 489-490.

vagues », au contenu hautement hypothétique, et insusceptible de gouverner le régime d'un contrat.

289. Dans un sens près, une partie de la doctrine anglaise a également douté que les principes généraux du droit ou les usages du commerce puissent revêtir une véritable existence juridique, et assurer un fondement aux décisions de l'arbitre du commerce international[504]. Une des raisons de cette réticence tient à la difficulté de comprendre, ou plutôt d'admettre, que les usages du commerce constituent une source de droit qui ne se limite pas au sens étroit d'usages propres à une activité commerciale ou à un lieu déterminé, mais embrasse les règles coutumières transnationales et les principes généraux du droit régissant le commerce international. Cette réticence ou ce refus sont illustrés en particulier, par Sir MICHAEL, J. MUSTILL et M. STEWART C. BOYD[505].

290. Lord MUSTILL[506], (suivi par PAULSSON[507]), a objecté avec humour que seuls des principes si généraux qu'ils sont inutiles sont communs à l'ensemble des législations des opérateurs du commerce international. En revanche, comme le relèvent REDFERN et HUNTER, il ne faut pas voir dans ces principes généraux un système légal exclusif, mais une source dans laquelle les arbitres peuvent puiser des règles de droit[508].

291. Pour M. GAILLARD, les principes généraux sont : « *toutes les règles qui ne sont pas tirées d'un seul ordre juridique étatique, mais qui sont dégagées soit de la comparaison des droits nationaux, soit*

---

504 **MANN**, « Lex Facit Arbitrum », *International Arbitration, Liber Amicorum for Domke*, 1967, p. 157 ; *adde*., RUSSEL on arbitration, 19th ed., 1979, p. 230.

505 **MUSTILL & S.C. BOYD**, *Commercial Arbitration*, Butterworth's, London, 1982, p. 611: « *Third, it has been proposed that the clause empowers the arbitrator to decide according to the lex mercatoria. With all deference to those who support it, we find this idea hard to accept. Indeed, we doubt whether a lex mercatoria even exists, in the sense of an international commercial law divorced from any State law: or, at least, that it exists in any sense useful for the solving of commercial disputes*».

506 M. **J. MUSTILL & S.C. BOYD**, *Commercial Arbitration*, 2nd ed., 2001 Companion, Londres 2001, p. 156, cités par : **J.-F. POUDRET & S. BESSON**, *op.cit.*, spéc. n° 692.

507 **W.L. CRAIK, W.W PARK, J. PAULSSON**, *International Chamber of Arbitration*, 3ème éd., New York, Londres, Rome, 200, spéc. p. 66, cités par J.-F. POUDRET et S. BESSON, *op. cit,* spéc. n° 692.

508 Law and Practice of International Commercial Arbitration, 3éme éd., Londres, 1999, p. 113, spéc. n° 2-53, cités par : J.-F. POUDRET et S. BESSON, *op.cit.,* loc. cit.

directement de sources internationales, en vigueur ou non ou de la jurisprudence des tribunaux internationaux »[509]. Dans sa pensée, les principes généraux est un ensemble de règles, il refuse de distinguer principes et règles. Pour lui, l'expression principes généraux du droit « ne *doit pas laisser entendre cependant que ces règles se limiteraient à quelques préceptes très généraux, tel que le respect de la parole donnée, la bonne foi contractuelle ou l'interdiction de causer sans raison préjudice à autrui. Ces principes ne sont en réalité généraux que par leur mode d'élaboration. Ils le sont parce qu'ils sont admis dans de nombreux droits, non parce qu'ils se placeraient à un niveau de généralité élevé dans l'ordonnancement juridique»*[510].

292. Une doctrine tunisienne autorisée[511] semble partager cette conception de la nature et du contenu des principes généraux du droit refusant de distinguer principes et règles. Ainsi, les principes généraux du droit : «*forment un ensemble cohérent et coordonné de règles applicables en matière d'arbitrage international (règles matérielles spécifiques à la convention d'arbitrage et règles de procédure) et au commerce international (règles applicables au fond*»*)*[512].

293. Pour M. GAILLARD, en l'absence d'instructions précises des parties, les arbitres devraient déterminer, en effectuant une analyse de droit comparé, les règles les plus communément admises. Les arbitres auront à leur disposition les différentes listes et compilations des principes généraux ainsi que les conventions internationales, les sentences arbitrales, et les sources doctrinales de droit comparé. Comme le relevait l'éminent auteur, dans le contexte de distinction entre ces principes et les usages du commerce international, « *la lex mercatoria n'a pas échappé à cette évolution. Dans le souci de mieux prouver son existence, ses premiers partisans ont regroupé sous la même dénomination tous les éléments—usages professionnels codifiés, clauses contractuelles répétées, sentences arbitrales appliquant des*

[509] **E. GAILLARD**, « La distinction des principes généraux du droit et des usages du commerce international », *Mélanges Pierre Bellet*, Litec, 1991, p.203 et s, spéc. p. 204, n°6.

[510] **E. GAILLARD**, « Du bon usage du droit comparé dans l'arbitrage international », *RA.*, 2005, p. 375 et s, spéc. p. 379 ;v. dans le même sens :**J.-F. POUDRET & S. BESSON**, *Droit comparé de l'arbitrage international*, *op.cit.*, p. 628, spéc. n° 692.

[511] **L. CHÉDLY**, « Les principes généraux du droit et l'arbitrage international », Mélanges *en l'honneur de Madame la doyenne Kalthoum MEZIOU- DOURAI*, C.P.U, 2013, p. 229 et s, spéc. p. 234.

[512] **L. CHÉDLY**, « Les principes généraux du droit (…), prec.

principes généraux— susceptibles de manifester la volonté des parties, des juges ou des arbitres de s'écarter de l'application d'une loi étatique désignée suivant la méthode traditionnelle des conflits de lois»[513].

294. A ces complications conceptuelles s'ajoutent les formules de toute couleur des clauses contractuelles se référant aux dits principes. Ces clauses de référence à des principes généraux, qu'elles soient des clauses directes de droit applicables, des clauses compromissoires précisant les pouvoirs des arbitres quant au choix du droit (...) n'ont pas dans la plupart des cas une signification simple et incontestable. Elle combine différentes références difficiles à concilier quand elles ne sont pas tout simplement contradictoires comme le souligne Ph. KHAN[514].

295. L'affaire Libye-Texaco Calasiatic est très représentative[515]. Des libellés légèrement différents, réunissant souvent dans la même clause une référence aux principes généraux et aux usages professionnels d'une part, à un droit national d'autre part, c'est une clause que l'on rencontre assez fréquemment dans les contrats industriels où la référence aux usages tend à se substituer à ceux des principes généraux[516]. Il résulte d'une telle formule contractuelle : « *des intitulés suffisamment flous pour laisser à l'arbitre un large pouvoir d'interprétation* »[517], mais peut également compliquer sa tâche.

296. La jurisprudence arbitrale traduit les mêmes incertitudes et augmente davantage le trouble terminologique. La terminologie, toutefois, varie au gré des espèces, selon le qualificatif accolé au mot principe : selon les sentences, il est question des *principes généraux du*

---

513 **E. GAILLARD**, « La distinction des principes généraux du droit et des usages du commerce international », *Mélanges Pierre Bellet*, Litec, 1991, p. 203, spéc. n° 2.

514 **Ph. KAHN**, « Les principes généraux du droit devant les arbitres du commerce international », *J.D.I*, 1989, n° 2, p. 305 et s, spéc. p. 308.

515 Sentence arbitrale rendue sur le fond le 19 janvier 1977, par l'arbitre unique René Dupuy, précitée. L'article 28 du contrat de concession dans sa dernière rédaction était rédigé de la façon suivante : *La présente concession sera régie et devra être interprétée conformément aux principes de la loi libyenne en ce que ces principes peuvent avoir de commun avec les principes du droit international et, en l'absence de points communs entre les principes de la loi libyenne et ceux du droit international, elle sera régie et interprétée conformément aux principes généraux du droit, en ce compris ceux de ces principes généraux dont il a été fait application par des juridictions internationales* ».

516 **Ph. KAHN**, « Les principes généraux du droit (...) », *art. prec.* p. 309.

517 *Ibid.*

droit international privé[518], *des principes généraux du droit*[519], *des principes généraux fondamentaux*[520], *des principes généraux admis*[521], *des principes généraux du droit et de la justice*[522], *des principes généraux du droit qui doivent régir les transactions internationales*[523], *des principes généraux retenus par la jurisprudence arbitrale internationale*[524], *des principes généraux largement admis régissant le droit commercial international*[525], *des principes généraux du droit applicables aux relations économiques internationales*[526], *des principes généraux du droit faisant partie de la lex mercatoria*[527], ou encore des *normes du droit*[528]. Il est clair que le vocabulaire est, en la matière, particulièrement incertain, tant chez les arbitres, que dans la doctrine et chez les opérateurs du commerce international dans leurs formules des clauses relatives au droit applicable.

2- La spécificité de la méthode des principes généraux du droit : une méthode et non une liste

297. La tâche de l'arbitre semble devenir plus complexe avec les codifications de plusieurs sources de droit régissant les contrats du commerce international. L'engouement contemporain pour la codification « *creeping codification of the lex mercatoria* »[529], a fait que

---

518 Sentence Aramco de 1958, prec; *Adde.*, sentence CCI, Aff. n° **1512** rendue en 1971, *Clunet*, 1974, 905, obs. Y DERAINS, qui vise « un principe universellement admis en droit international privé » et l'existence, en matière de contrat, d'un « droit international privé commun ou universel ».

519 Sentence Aramco prec. ; Sentences rendues en 1977 dans les affaires Lybie c/ Texaco, prec. Et c/ Liamco (*R.A.*, 1980, 132 et s.) ; sentence rendue dans l'affaire Amin oïl c/ Koweït en 1982 (*Clunet*, 1982, 895) ; Sentence CCI, Aff. n° 3327/ 1981, *Clunet*, 1982, 971, obs. Y. DERAINS ; Sentence CCI, Aff. n° **3896**/ 1982, (*Framatome c/ Iran*), *Clunet*, 1984, 37 et s.

520 Sentence CCI, Aff. n° **1512**/ 1971 et n° 3896, rendue en 1982, prec.

521 Sentence CCI, Aff. n° **2152**/ 1972, *Clunet*, 1974, 889, obs. Y. DERAINS.

522 Sentence CCI, Aff. n° **3380**/ 1980, *Clunet*, 1981, 927, obs. Y. DERAINS.

523 Sentence CCI, Aff. n° **2291**/ 1975, *Clunet*, 1976, 989, obs. Y. DERAINS.

524 Sentence CCI, Aff. n° **3344**/ 1981, *Clunet*, 1982, 978, obs. Y. DERAINS.

525 Sentence CCI, Aff. n° **3267**/ 1979, *Clunet*, 1980, 962, obs. Y. DERAINS.

526 Sentence CIRDI sur la compétence rendue le 25 septembre 1983, Aff. Asia c/ république d'Indonésie, *Clunet*, 1986, 200, obs. E. GAILLARD.

527 Sentence CCI, Aff. n° **3327**/ 1981, *Clunet*, 1982, 971, obs. Y. DERAINS.

528 Sentence CCI, Aff. n° **1641**/ 1969, *Clunet*, 1974, 889, obs. Y. DERAINS.

529 *Cf.* **K. P. BERGER**, *The Creeping Codification of the Lex Mercatoria* (1999), p. 32 et seq; le même: **L**ex **M**ercatoria Online the: **CENTRAL** Transnational Law Data base at www.tldb.de, "Arbitration International, vol. 18, Issue 1, 1 March

la Convention de Vienne et les principes UNIDROIT entrent en concurrence avec beaucoup d'autres, notamment les principes de droit européen. De nombreux organismes qui appartiennent souvent au système onusien entrent en concurrence, entre eux et entre eux et la *lex mercatoria* pour élaborer des Conventions de droit matériel dans les domaines divers tels que : la vente avec UNIDROIT et la CNUDCI, le crédit-bail et l'affacturage avec UNIDROIT, les nombreuses Conventions sur les différents modes de transport, de commerce ou l'exportation des biens culturels avec la Convention d'UNIDROIT du 24 juin 1995 et celle de l'UNESCO de 1972.

298. A ce système conventionnel, il faut sans doute ajouter les Principes d'UNIDROIT relatifs aux contrats du commerce international et peut être même certains modèles de codes de conduite. La question qui se pose : quel sera donc le critère à suivre par les arbitres pour établir le contenu des principes généraux ? La tendance doctrinale qui prône le recours à l'analyse de droit comparé comme mécanisme pour déterminer le contenu des règles de la *lex mercatoria* voit dans la Convention de Vienne et les principes UNIDROIT des sources possibles, mais pas les seules, dont disposent les arbitres pour établir le contenu des principes généraux. Toutefois, le mécanisme à suivre pour établir le contenu de ces règles diffère sensiblement selon la conception que l'on se fait de la *lex mercatoria* : s'agit-il d'une simple liste ou d'une méthode de prise de décision ?

299. On sait que les adversaires de la *lex mercatoria* ont souvent souligné que tout effort visant à dégager des droits nationaux, des principes généraux aptes à régir le fond des litiges internationaux ne pouvait conduire qu' à dégager un nombre insignifiant de principes trop vagues pour être d'une quelconque utilité sur le plan pratique[530]. Ainsi,

---

2002, pp. 83-94, disponible en ligne sur : https:// academic.oup. com/arbitration/...pdf.

[530] V. notamment: **M. MUSTILL**, « The New Lex Mercatoria: The First Twenty-Five Year», in Etudes *Wilberforce*, Oxford, 1987, p. 149, spéc. p. 181, étude reproduite in 4 *Arb. Int.* 86(1988) »; **P. LAGARDE**, « Approche critique de la *lex mercatoria* », *Mélanges B. Goldman*, Paris, Litec 1982, p.125; **F. de LY,** *International Business Law and Lex Mercatoria, North Holland* 1992, spéc. p. 283, n° 444. Lord Mustill estime que les règles de la *lex mercatoria* sont au nombre de 20 et il les énumère comme suit :

1-*Pacta sunt servanda* ;

2-*Rebus sic stantibus* ;

3- Théorie de l'abus de droit ;

4- *Culap in contrahendo* ;

dans son œuvre de systématisation dénommée d'ailleurs « usages » et non pas « principes »-ne serait-ce que pour montrer la divergence de vue sur la conception et le contenu de la *lex mercatoria*- M. LOQUIN a présenté sa liste[531]. En fait, cet effort de systématisation a pour but de prouver le processus de concrétisation ou spécialisation des principes généraux du droit seul capable de réaliser une réelle structuration du système en ce sens qu'il devient lisible et son fonctionnement prévisible, et les solutions ainsi déterminées reproductibles.

300. Par contre, une autre approche pragmatique insiste sur le contenu des normes que sur leur mode de formation ou leur nombre. Cette approche est en particulier développée par le Pr. GAILLARD qui s'est opposé à toute appréciation de la *lex mercatoria* par la recherche d'un bilan des principes qui, selon lui, serait « nécessairement réductrice»[532]. Dans cette optique, l'auteur fait valoir que « *chercher dans la lex mercatoria un corps de règles suffisamment accessible et certain pour permettre la conduite efficace des transactions commerciales n'est chimérique que si l'on s'obstine à rechercher une liste de principes généraux préexistants dans la jurisprudence arbitrale* »[533]. Car, conclu l'auteur, « *la maîtrise de la technique de la lex mercatoria repose bien davantage sur la*

5- Bonne foi dans l'exécution du contrat ;
6- Nullité des contrats de corruption ;
7- Obligation pour l'Etat d'honorer son engagement de se soumettre à l'arbitrage ;
8- Extension de la clause compromissoire dans les groupes de sociétés ;
9- Obligation de négocier de bonne foi en cas de *hardship* ;
10- Validité de *gold clause* ;
11- Résolution unilatérale du contrat en cas de contravention essentielle de l'autre partie ;
12- Impossibilité de se prévaloir d'une inexécution à laquelle on a soi-même concouru ;
13- Qualification souveraine du contrat par les tribunaux ;
14- Réparation limitée aux dommages prévisibles ;
15- Obligation pour le créancier de mitiger ses pertes ;
16- Calcul des dommages pour défaut de livraison par référence aux prix du marché et au prix de remplacement ;
17- Obligation de défendre promptement ses droits sous peine de renonciation ;
18- Le devoir de loyauté.
19- Interprétation du contrat selon le principe *ut res magis valeat quan pereat* ;
20- Le défaut de réponse d'une partie vaut consentement.

[531] « La réalité des usages du commerce international », *R.I.D.E.*, 1989, pp. 168 s.

[532] J. cl. Dr. int., 1996, Fasc. 586-9-1, n° 40, p. 15.

[533] **E. GAILLARD**, « Trente ans de *lex mercatoria* : pour une application sélective de la méthode des principes généraux du droit », *J.D.I.,* 1995, n°1, spéc. n° 35.

compréhension d'une méthode que sur la recherche d'une hypothétique liste des principes généraux du droit du commerce international qui en sont la principale composante »[534]. Pour M. GAILLARD, « *les règles transnationales ne résultent pas d'une liste mais d'une méthode* ». Les arbitres et les conseils doivent procéder à une démarche en deux temps. Ils doivent rechercher d'abord, si les parties elles-mêmes ont précisé des directives de méthode sur la manière de dégager les règles qu'il convient d'appliquer. C'est le cas par exemple lorsque les parties ont demandé l'application des principes communs à deux systèmes juridiques ou plus.

301. Ainsi, dans l'affaire *Eurotunnel*[535], les arbitres sont appelé à appliquer « *les principes communs au droit anglais et au droit français* » et à défaut seulement, « *les principes du droit du commerce international tels qu'ils ont été appliqués par les tribunaux nationaux et internationaux*». De même, les arbitres statuant dans l'affaire CCI n° **5163** ont dû appliquer « *les principes communs à la République Arabe de l'Egypte et aux États-Unis d'Amérique* »[536]. Tel sera également le cas lorsque les parties auront restreint la recherche de principes généraux à une région du monde. Ainsi, par exemple, les arbitres statuant dans l'affaire CCI n° **6378** ont dû se référer aux « *principes généraux du droit applicable en Europe de l'Ouest* »[537]. Dans d'autres cas également les arbitres doivent se référer d'abord à une loi étatique, puis aux « *principes généraux du droit du commerce international*»[538].

302. Ensuite, à défaut de précision de méthode apportée par les parties elles-mêmes, les conseils et les arbitres devront procéder à une analyse de droit comparé de façon à dégager la ou les règles pertinentes. En d'autres termes, il incombe aux conseils des parties et aux arbitres de montrer que, sur telle ou telle question du litige, les droits étatiques

---

[534] *Ibid.*, n° 36.

[535] *Cf.* sur les termes et les perspectives de cette affaire : **G. MARCOU**, « La sentence arbitrale relative à la convention d'utilisation du Tunnel sous la manche par la SNF et British Rail », *Annuaire français de droit international*, vol. 43, 1997, pp. 810-842.

[536] Clause inédite citée par **E. GAILLARD**, art. prec., spéc. p.23, note 68.

[537] Clause inédite, citée par **E. GAILLARD**, *ibid*, note 69.

[538] Clause d'arbitrage inédite rencontrée dans l'affaire CCI n° **5331**: « This agreement shall be given effect and shall be applied and interpreted in accordance with the terms of this Agreement, then with the Federal Law of the United Arab Emirates and then with generally recognized principles of international commercial law", cite par E. GAILLARD, art. prec. spéc. note 71.

convergent vers une solution déterminée, de sorte que cette solution peut être retenue au titre des règles transnationales[539].

303. Les propositions et les résultats affirmés par Bruno OPPETIT sont à approuver à notre sens. D'abord, les principes généraux du droit, au sens du droit international public, ne se confondent pas avec les principes généraux du droit du commerce international. Ensuite, les usages, en raison de leur diversité, n'ont pas la même portée que des principes dont la généralité procède des convergences des ordres juridiques nationaux et de leur réception dans la communauté marchande internationale. De plus, les seuls principes communs aux droits nationaux des parties à un contrat ou à un arbitrage ne relèvent pas de la qualification de principes généraux du droit. En outre, l'invocation d'une notion au titre de l'une ou de l'autre de ces catégories suppose qu'elle soit précisément décrite et spécifiée, à fin que sa place et son rôle au sein de cette catégorie puissent être exactement appréciées[540].

B- Sentences appliquant les principes généraux du droit

304. Les arbitres relèvent l'existence de principes généraux communs à plusieurs ordres juridiques étatiques dans plusieurs sentences. Ils tranchent le fond des litiges en appliquant des principes généraux faisant l'objet d'un large consensus à l'échelle internationale. Les arbitres qui veulent appliquer au fond du litige des principes généraux du droit devront rechercher dans les analyses de droit comparé, dans les textes de source internationale et dans les précédents résultant des sentences arbitrales rendues dans des circonstances analogues, les règles qu'ils appliqueront à leur litige. Le droit comparé constitue une source essentielle des règles transnationales. Il incombe en effet, aux arbitres de montrer que sur telle ou telle question déterminée, les droits étatiques convergent vers une solution déterminée, de sorte que cette solution commune peut être retenue au titre de principe général. Des exemples sont cités dans plusieurs études[541]. Nous nous contenterons de distinguer les solutions données par des sentences rendues dans des litiges qui opposaient des États et

---

[539] **E. GAILLARD**, art. prec., spéc. p.25, n° 29.

[540] **B. OPPETIT**, *Théorie de l'arbitrage*, *op.cit.*, pp. 91-92.

[541] **Ph. FOUCHARD, E. GAILLARD, B. GOLDMAN,** *Traité*, p. 830 s, spéc. n°s 1459-1499 ; **H.G. GRIGERA NAON,** « Choice-of-Law Problems in International Commercial Arbitration », *R.C.A.D.I.*, 2001, spéc. pp. 232-239 ; **J.-F. POUDRET & S. BESSON**, *Droit comparé de l'arbitrage international*, *op.cit.*, p. 630, spéc. n° 693.

des personnes privées rendues surtout dans le domaine pétrolier **(1)**, et des sentences de la CCI ou *ad hoc* **(2)**.

1- Sentences entre États et personnes privées

305. La sentence ARAMCO[542]**.** L'une des originalités de la sentence ARAMCO résidait dans le fait que la convention d'arbitrage elle-même comportait un élément d'internationalisation, au moins virtuel, puisqu'elle énonçait que le Tribunal arbitral trancherait le litige conformément au droit saoudien lorsqu'il s'agissait de questions « rentrant dans la juridiction de l'Arabie Saoudite », et conformément au droit que le Tribunal arbitral jugerait applicable, pour les autres questions.

306. Le premier problème qui s'est posé aux arbitres était celui de la *qualification* de la concession pétrolière. Pour procéder à une telle qualification, les arbitres étaient bien conscients que le Tribunal ne pouvait se référer à une *lex fori*[543]. Il procède à une étude de droit comparé, examinant les droits suisse et allemand, puis français et anglais avant de s'attacher à une description de l'État saoudien et de son système juridique. Par la suite, s'appuyant sur la sentence *Lena Goldfields Ltd*, et sur la sentence rendue par *Lord Asquith* dans l'affaire *d'Abu Dhabi*, les arbitres estiment nécessaire de dépasser les solutions des différents droits nationaux et de procéder à une qualification véritablement internationale de l'acte de concession.

307. Cette qualification sert de support juridique aux arbitres pour estimer qu'en cas de lacune du droit de l'Arabie Saoudite, dont le contrat de concession fait, selon lui, incontestablement partie, il y aura lieu « *de rechercher les principes applicables, en ayant recours aux coutumes et usages qui se sont établis dans le monde pour l'industrie et le commerce du pétrole, et, à défaut de coutumes ou d'usages, le tribunal s'inspirera des solutions consacrées par la jurisprudence, la doctrine mondiale et la science juridique pure* ».

308. En ce qui concerne les effets internationaux de la concession, le Tribunal arbitral a estimé qu'ils étaient soumis aux coutumes et usages suivis en droit maritime et dans le « commerce international » du pétrole. Toutefois, il a aussi énoncé qu'il appliquerait le « droit

---

[542] Sentence rendue entre le Gouvernement de l'Arabie Saoudite et l'Arabian Americain Oïl Company (ARAMCO), le 23 août 1958, *Rev. Crit. DIP.*, 1963, pp.272 et s ;V. aussi : **H. BATIFFOL**, « La Sentence ARAMCO et le droit international privé », *Rev. crit. DIP.*, 1964, pp. 647 et s.

[543] *Rev. crit. DIP*, 1963, p. 306.

international public » aux effets de la concession dès lors qu'il devrait constater que certaines matières ne sauraient relever d'aucune disposition de droit interne d'un quelconque État.

309. Ainsi, aux deux stades de son raisonnement (qualification, détermination du droit applicable), le Tribunal arbitral a fait référence à des règles anationales parmi lesquelles figure, par excellence, celle du principe de l'autonomie de la volonté.

310. Les sentences dites « libyennes ». Les sentences dites « libyennes » sont intervenues à propos des lois libyennes de nationalisation, promulguées entre 1971 et 1974 sur les droits des étrangers bénéficiaires de concessions pétrolières délivrées par l'État libyen. Lorsque la Libye a rendu officiels les actes de nationalisation , les concessions octroyées à la compagnie américaine *Liamco*, aux Sociétés *Texaco; Overseas, et California Asiatic (Calasiatic),* ainsi qu'à la *British, Petroleum*, comportaient une clause d'arbitrage qui énonçait, en particulier, que la concession serait régie et devrait être interprétée, « *conformément aux principes de la loi libyenne en ce que ces principes peuvent avoir de commun avec les principes du droit international et, en l'absence de points communs entre les principes de la loi libyenne et ceux du droit international, elle serait interprétée conformément aux principes généraux du droit, y compris ceux de ces principes dont il a été fait application par la juridiction internationale* »[544].

311. Les arbitres ont donné des solutions assez différentes à la question de la qualification de la concession. En revanche, conformément à la clause compromissoire, ils se sont référés aux principes généraux du droit, à travers des analyses très proches les unes des autres. Dans la sentence *Liamco*, M. Mahmassani affirme d'amblé

---

[544] Sentence « BP c/ Libye », 10 octobre 1973 : *Y.C.A.* vol. V, 1980, p. 143 ; *RA.*, 1980, pp. 117 s ; sentence « Liamco c/ Libye », 12 avril 1977 : *Y.C.A.* vol. VI, 1981, p. 89 ; *R.A.*, 1980, pp. 132 s ; **P. RAMBAUD**, « Les suites d'un différend pétrolier : l'affaire Liamco devant le juge français », *A.F.D.I.*, 1979, pp. 820 et s ; **P. RAMBAUD**, « Un arbitrage pétrolier : la sentence Liamco », *A.F.D.I.*, 1980, vol. 26, 1980. pp. 274-292, disponible en ligne sur : https://www.persee.fr/doc/afdi_0066-3085_1980_num_26_1_2391 , Fichier pdf généré le 10/04/2018 ; Sentence Texaco c/ Libye », *J.D.I.*, 1977, p. 350 et s ; **RIGAUX**, « Des dieux et des héros : réflexions sur une sentence arbitrale », *Rev. crit. DIP*, 1978, p. 435 ; **STERN**, « Trois arbitrages, un même problème, trois solutions, les nationalisations pétrolières libyennes devant l'arbitrage international », *R.A.*, 1980, pp. 2 et s ; **P. LALIVE**, « Un grand arbitrage pétrolier entre un gouvernement et deux sociétés privées étrangères : arbitrage Texaco/ Calasiatic c/ Gouvernement Libyen », *J.D.I.*, 1977, p 319.

que le Tribunal « *doit se guider sur les principes généraux régissant les conflits de lois en droit international privé* ». Il ajoute, après avoir vérifié l'existence du principe d'autonomie de la volonté dans le droit libyen, dans le droit international que « c'est un principe universel accepté aussi bien en droit interne qu'en droit international que les parties à un contrat mixte à la fois public et privé sont libres de choisir dans leur contrat la loi devant régir leurs relations contractuelles. L'arbitre, rappelle, en particulier, les résolutions des Nations Unies ou la Charte des droits et devoirs économiques des États, qui proclament le respect de bonne foi des conventions. Relevant dans le droit libyen interne, incontestablement applicable à la concession, la présence d'une identité ou d'affinités avec les principes du droit international, l'arbitre achève sa démonstration en énonçant que les principes généraux du doit sont incorporés dans la plupart des systèmes de droit reconnus, et en particulier dans la législation libyenne. Ils forment ainsi « *un précis de préceptes et de maximes juridiques* », à portée véritablement internationale.

2- Sentences rendues entre personnes privées

312. La sentence CCI n° 7331[545]. Il s'agit d'une affaire de vente où l'une des parties demandait l'application du droit du vendeur et plus spécialement l'application de la Convention de Vienne ; l'autre partie revendiquait l'application des principes généraux du droit commercial, en particulier celui de la bonne foi. Et il va de soi lorsqu'une telle formulation se trouve sous forme de stipulation dans un contrat, ça reflète généralement une référence à la *lex mercatoria* dont la bonne foi est un élément essentiel.

313. Devant cette double revendication, le Tribunal arbitral, sans justification spécifique autre que le recours à l'article 13 du Règlement CCI, se reconnaît le pouvoir de *« fonder sa décision sur sa compréhension de l'accord litigieux, les principes généraux du droit, les concepts de bonne foi et de la confiance réciproque dans les relations commerciales ainsi que sur les usages commerciaux* ». Il complète cependant son fondement à l'article 13 par le renvoi à des sentences arbitrales antérieures qui vont dans le même sens. Il tire alors une première conclusion de la définition des pouvoirs qu'il s'attribue : c'est que les principes généraux du droit du commerce international et

---

545 Citée sans date par **Ph. KAHN**, « Les Conventions internationales de droit uniforme devant les tribunaux arbitraux », *R.D.U*, 2000, n° 1, p 121 s, spéc. p. 125.

les usages acceptés dans la pratique commerciale internationale, y compris le principe de bonne foi, devraient régir le différend.

314. Jusqu'alors, compte tenu des présupposés du départ, il n'y a pas de surprise. Mais-et c'est là que la sentence devient vraiment intéressante- l'arbitre estime que ces principes et ces usages reconnus sont contenus de la manière la plus complète dans la CVIM.

315. L'arbitre a donc opéré une assimilation entre les composantes de la *lex mercatoria* et le contenu d'une convention internationale. Une démarche qui a été qualifiée de « *complexe* » et « (...) *qui relève d'une certaine philosophie souvent contestée, qui est de transnationaliser le droit applicable*»[546]. Cette confusion par les arbitres entre la *lex mercatoria* et le droit conventionnel conduit à se demander, lorsqu'ils appliquent une convention de leur propre mouvement, si ce n'est pas parce qu'ils ont le sentiment d'appliquer une règle universelle plutôt que celui d'une obligation de respecter un droit interétatique[547]. En tout état de cause, la tendance à appliquer des règles transnationales, notamment par les arbitres du commerce international, puisque leur application par des tribunaux nationaux confronte encore et à la lumière des Règlements récents, surtout Rome I, une certaine hostilité[548], trouve plus d'un titre à être encouragée.

---

[546] *Cf.* **Ph. KAHN**, « Les Conventions internationales de droit uniforme (...) », prec. loc.cit. ; *adde.*, sur la même tendance de transnationalisation du droit applicable :**G. KAUFMANN- KOHLER**, « **Le** *contrat et son droit devant l'arbitre international* », in : BELLANGER et al., *Le contrat dans tous ses états*, Publication de la société genevoise de droit et de législation à l'occasion du 125ème anniversaire de la semaine judiciaire, Berne, Staempfli 2004, p. 361 s, spéc. pp. 365 à 371 ; la même : « The Transnationalization of National Contract Law By The International Arbitrator », in : Le droit des rapports internationaux économiques et privés, *Mélanges en l'honneur du Professeur Jean-Michel JACQUET,* sous la dir. de Marcelo Kohen et Dolores Bentolila, Lexis Nexis, 2013, pp. 107-120 ; **L. G. RADICATI DI BROZOLO**, « Règles transnationales et conflit de lois : réflexions à la lumière des principes UNIDROIT et des principes de La Haye », in *Mélanges en l'honneur du Pr. Jean-Michel JACQUET,* prec. pp. 275-298, spéc. p. 288 où il relève que : « *Dans les cas internationaux, les tribunaux arbitraux ont davantage tendance que les juges nationaux à « transnationaliser » le droit, c'est-à-dire à l'interpréter en tenant compte des solutions prévalant au niveau international* ».

[547] **Ph. KAHN**, « Les Conventions internationales de droit uniforme (...) », prec. loc. cit.

[548] L'article 3 du Règlement Rome I refuse d'accepter que les règles transnationales puissent être la *lex causae* des contrats internationaux. V. **L. G. RADICATI DI BROZOLO**, « Règles transnationales et conflit de lois : (...) », prec. spéc. p. 292.

316. La sentence CCI n° 8502 rendue en 1996[549]. Cette sentence offre un exemple particulièrement intéressant du raisonnement mené par le Tribunal arbitral pour déterminer le droit applicable au fond. Les demandeurs (des acheteurs français et hollandais) avaient conclu un contrat d'achat avec le défendeur (un fournisseur de riz vietnamien). Le contrat ne prévoyait pas de loi applicable. Par contre, il se référait, en ce qui concernait la clause de force majeure, à l'*Uniform Customs and Practices* (UCP 500), et aux INCOTERMS pour ce qui était du prix à payer. Le vendeur ne put livrer à temps le riz vietnamien et demanda le report de la livraison à plusieurs reprises. Les acheteurs intentèrent alors une procédure d'arbitrage en demandant la réparation du dommage subi du fait de la non-exécution par le vendeur de ses obligations, cela en l'absence de force majeure qui en excuserait la non-exécution. Le vendeur n'a pas participé à l'arbitrage, qui a cependant suivi son cours selon l'article 15 §2 du Règlement de la CCI de 1988.

317. Pour pouvoir décider de la loi applicable, le Tribunal a d'abord eu à constater l'absence d'accord exprès ou implicite sur la loi applicable entre les parties. Il a ensuite noté que le contrat se rattachait à plusieurs droits nationaux, qui tous pouvaient avoir un rôle pertinent. Ensuite, le Tribunal a précisé qu'il n'avait pas à traiter *ex officio* les questions qui pourraient être soulevées en droit vietnamien, dont le défendeur ne demandait pas l'application.

318. La référence faite dans le contrat aux usages de commerce international, notamment aux INCOTERMS et aux UCP 500, a été interprétée par le Tribunal comme preuve que les parties « *have, to a large extent, agreed to submit their relationship to recognized trade usages* ». Le Tribunal a ajouté que sa décision était en conformité avec l'article 13§5 du Règlement ainsi qu'avec la pratique arbitrale[550]. Il a donc décidé d'appliquer les « *trade usages and generally accepted principles of international trade, in particular, the Arbitral Tribunal Shall refer, when required by the circumstances, to the provisions of the*

---

[549] Bull CIA de la CCI, Vol. 10/ 2, 1999, p. 72-74. Il faut noter que les sentences **8501** et **8502** de 1996 dans les deux affaires entre les mêmes parties ont été jugées par les mêmes arbitres et leurs positions sont identiques.

[550] Pour le tribunal, la preuve de l'existence de cette pratique arbitrale est fournie par une citation de Craig, Park et Paulsson, qui notent l'augmentation du nombre des affaires où les arbitres déterminent la résolution du litige en se référant uniquement aux usages et principes généraux du droit. V. **W.-L. CRAIG, W. W. PARK, J. PAULSSON**, *International Chamber of Commerce Arbitration*, 2nd ed., Oceana publications-ICC Publishing, 1990, p. 295.

1980 Vienna Convention on Contracts for The International Commercial Contracts enacted by the UNIDROIT, as evidencing admitted practices under international trade law»[551]

319. Le raisonnement suivi dans cette sentence nous paraît un peu boiteux. D'abord, si le Tribunal est libre d'écarter toute démarche conflictuelle, elle n'a pas manqué de s'y référer, pourtant, en indiquant le rattachement du contrat à plusieurs droits nationaux. Mais, à vrai dire, s'il veut s'affranchir de toute méthode conflictuelle a-t-elle besoin de signaler ces rattachements ? En tout état de cause, elle l'a fait qu'une seule fois, puis délaissé.

320. Ensuite, l'interprétation qu'il a opéré des stipulations contractuelles semble être artificielle du moment où elle a déduit l'absence de tout choix implicite des parties pour induire, de la référence présente dans le contrat aux INCOTERMS, « l'acceptation » par eux de voir le litige réglé par les usages du commerce international. Le terme acceptation est à méditer ; il ne peut signifier qu'un choix implicite, des parties, et le Tribunal ne peut être catégorique en ce sens, hypothèse que le Tribunal avait pourtant écartée.

321. De plus, l'interprétation extensive de la référence faite dans l'article 13§5 du Règlement CCI aux usages du commerce international pour induire l'application des usages et des principes généraux est discutable. Dès lors, l'invocation de la Convention de Vienne et des Principes vient conditionner selon le Tribunal, l'existence des usages et principes dont il a décidé de faire application. En fait, tout rappel de l'existence d'un principe général est accompagné d'un commentaire comparé citant les *précédents* arbitraux et, comme autant d'échos, les articles de la Convention et leurs homologues dans les principes ainsi que dans les droits nationaux.

322. Après avoir constaté l'inexécution de la part du défendeur de ses obligations contractuelles, le Tribunal arbitral a dû se prononcer sur la question des dommages et intérêts. Il se fonde sur l'absence de règles spécifiques tant dans les INCOTERMS que dans les UCP pour décider que la question doit être réglée selon les principes généraux du commerce international généralement admis. Pour calculer le montant du dommage, le Tribunal fait référence à l'article 76 de la Convention de Vienne dans l'exacte mesure où : « *the Arbitral Tribunal is of the opinion that the principles embodied in the Vienna Sales Convention reflect widely accepted trade usages and commercial rules. Although*

[551] Sentence CCI n° **8501/8502** de 1996, *Bull. CIA de la CCI* 10/2, 1999, pp. 72-74.

the Vienna Convention is not as such directly applicable to the contracts (Vietnam has ratified the Convention), the arbitral tribunal finds that it may refer to its provisions as the expression of usages in the world of international commerce». Soucieux d'apporter la preuve que les règles de la Convention représentent bien les principes généraux du commerce international, le Tribunal juge nécessaire de procéder à une étude comparée des différentes règles nationales sur la question et cite finalement l'article 7.4.6 des Principes UNIDROIT. De toutes ces règles il tire la constatation que, selon les principes généraux, le demandeur a droit aux dommages intérêts pour un montant égal à la différence entre le prix fixé dans le contrat et le prix courant. Les arbitres ont établi une sorte de hiérarchie[552] dans laquelle ils ont figé les différentes règles accessibles et qui toutes tentent de régler les relations du commerce international. Ainsi, ils en appellent prioritairement aux dispositions contractuelles, puis aux usages du commerce au sens strict du terme tels que les INCOTERMS, et font intervenir en dernière instance les principes généraux du droit tel qu'ils ont pu établir à partir d'une étude comparée.

323. En fait, le Tribunal, n'a pas jugé opportun l'application de la Convention de Vienne comme *lex contractus* et a décidé d'appliquer les principes généraux[553]. S'agissant d'un contrat de vente, la Convention de Vienne a été sollicitée indirectement comme une source parmi d'autres des principes généraux dans la matière. En dépits des quelques flottements qui ont été sus-relevés, cette sentence représente un exemple marquant de la méthode des principes généraux telle qu'elle a été décrite par M. GAILLARD[554].

324. Dans d'autres sentences, les arbitres ont pu dégager des principes inhérents à la réparation dans l'arbitrage commercial international [555] parmi lesquels figurent celui de prévisibilité du

---

[552] *Cf.* sur la question : **P. MAYER**, « L'arbitre international et la hiérarchie des normes », *R.A.*, 2011, n°2, p. 361.

[553] Pour plus de détails sur l'application des conventions internationales par les arbitres V. **P. MAYER**, « L'application par l'arbitre des conventions internationales de droit privé », in : *L'internationalisation du droit, Mélanges Yvon Loussouarn*, Dalloz, 1994, p. 275 et s.

[554] **E. GAILLARD**, « Trente ans de *lex mercatoria* : pour une application sélective de la méthode des principes généraux du droit », Rapport au XIIe congrès de l'ICCA, Vienne, les 3-6 nov.1994, *JDI*, 1995, p.5.

[555] Sur ce sujet cf. la remarquable thèse de **J. ORTSHEIDT**, *La réparation du dommage dans l'arbitrage commercial international*, Préf. E. GAILLARD, Dalloz, Nouvelle bibliothèque de thèses, 2001.

préjudice réparable et le fameux principe de l'obligation de minimiser le dommage. D'autres principes ont pu être appliqués[556] mais nous nous contenterons d'évoquer ces deux susmentionnés.

325. L'étude de la jurisprudence arbitrale à travers les sentences déjà évoquées a montré d'une manière certaine que l'application de ces règles transnationales est actuellement un fait indéniable et une réalité évidente. Les arbitres du commerce international n'hésitent pas à les appliquer peu importe le degré de leur reconnaissance sur le plan international. Donc, la liaison faite, par certains, de l'application de ces principes à la condition de leur reconnaissance par tous les ordres juridiques nationaux est une liaison factice, non fondée, exagérée. Elle est aussi dénuée de tout intérêt pratique. Nous pensons que l'essentiel est atteint : dégager des principes directeurs qui traduisent un consensus à des degrés divers des opérateurs du commerce international qui guideront dès lors les arbitres à résoudre de manière équitable, dans le respect des attentes légitimes des parties, les litiges qui leur seront soumis.

§ 2 . La *lex mercatoria* en tant que corps de règles choisi par les parties ou appliqué par l'arbitre en dehors de tout choix

326. L'application de la *lex mercatoria* par les arbitres des litiges internationaux peut s'effectuer sur le fondement de l'obligation de respecter le choix des parties lorsque celles-ci l'ont fait bien que le cas ne se présente que rarement **(A)** ; les arbitres peuvent également choisir d'appliquer librement les principes d'UNIDROIT en tant que composante de la *lex mercatoria* **(B)**.

---

[556] Citons à titre d'exemple celui de « l'inopposabilité du défaut de pouvoir du négociateur du contrat » ; le principe de « présomption de compétence des opérateurs du commerce international » ; le principe de bonne foi ; le principe de l'effet utile ; le principe de « l'obligation de tout révéler » à son cocontractant dans les contrats à long terme ; le principe de la réparation intégrale du préjudice. *Cf*, sur certains de ces principes : **L. CHÉDLY**, « Les principes généraux du droit et l'arbitrage international », *Mélanges en l'honneur de Madame la doyenne Kalthoum MEZIOU- DOURAI*, C.P.U, 2013, p. 229 et s et les références citées ; **P. MAYER**, « Le principe de bonne foi devant les arbitres du commerce international », *in, Mélanges Pierre LALIVE,* Institut Universitaire de Hautes Études Internationales, Genève, 1993, pp. 543 s.

A- L'application de la *lex mercatoria* en tant que règles choisies par les parties

327. Genèse historique de la *lex mercatoria* et débat sur sa signification. Il est difficile de cerner une notion aussi molle et débattue comme celle de la *lex mercatoria* [557]. « *L'expression est d'un*

---

[557] La bibliographie sur la *lex mercatoria* est très vaste. Cependant, parmi les auteurs qui soutiennent cette construction juridique, un rôle fondamental est reconnu au Pr. **B. GOLDMAN**, dont les études suivantes revêtent une importance particulière : « Frontières du droit et *lex mercatoria* », *A.P.D.*, 1964, pp. 177-192 ; « La *lex mercatoria* dans les contrats et l'arbitrage internationaux : réalité et perspectives », *J.D.I.*, 1979, n° 4, p. 475 s, publiée aussi in Trav. Com. fr. de DIP., 2ème année, 1977-1980. pp. 221-270 ; Note sous C.A. de Paris, 13 juillet 1989, *Compania Valenciana de Cementos Partland c/ Société Primary Coal,* Ltd, *J.D.I.*, 2, 1990, pp. 433-442 ; « Une bataille judiciaire autour de la *lex mercatoria.* L'affaire *Norsolor* », *R.A.*, 1983, n° 4, p. 379-409 ; Note sous Cass. 1ère Ch. Civ., le 22 oct. 1991, *Compania Valenciana de Cementos Partland S.A c/ Société Primary Coal, Inc.*, in *J.D.I.,* 1992, n° 1, p. 177-186 ; « Nouvelles réflexions sur la *lex mercatoria* », in *Études de droit international*, Mélanges en l'honneur de Pierre LALIVE., Helbing & Lechtenhahn, 1993, p. 241-255. Pour une bibliographie sélective V. **C. SCHMITTHOFF**, « International Business Law : a New Law Merchant », in *Current Law and Social Problems,* University of Toronto, 1961, p. 129; **C. LEBEN**, « Les études offertes à B. GOLDMAN : la *lex mercatoria* au cœur des débats », *J.D.I.,* 1983, pp. 360-367 ; **L. CHÉDLY**, *Arbitrage commercial international & ordre public transnational*, Préf. de Mme Kalthoum MEZIOU, *C.P.U.*, 2002, pp. 55-93 ; **J.-BÉGUIN** « Le développement de la *lex mercatoria* menace-t-il l'ordre juridique international », *Rev. dr. McGill* 1985, p. 478 ; **M. MUSTILL**, « The New *Lex Mercatoria* : The First Twenty-five Years », in *Liber Amicorum for Lord Wilberforce,* OUP, 1987 ; *Arb. Int'l.* 1988, p. 86 ; **C.W. STOECKER**, « The new *Lex Mercatoria* : To What Extent does it Exist ? », *J. Int'l. Arb.* 1990, n°1, p. 101 ; **I. STRENGER**, « La notion de la *lex mercatoria* », *R.C.A.D.I.,* 1991, II, p. 209; **D. BUREAU**, *Les sources informelles de droit dans les relations privées internationales*, Thèse, Université Paris II, 1992 ; **B. OPPETIT**, « Le droit hors la loi », *Droits,* 1989/10, p. 47 ; **J. PAULSSON**, « La *lex mercatoria* dans l'arbitrage CCI », *R.A.*, 1990, p.55 ; **J.-M. MOUSSERON**, « *Lex mercatoria*, bonne mauvaise idée ou mauvaise bonne idée ? », in *Mélanges dédiés à Louis BOYER*, Université de Toulouse, 1996, pp. 469-490 ; **G.CORDERO-MOSS**, « The transnational law of Contracts : What It Can and What It Cannot achieve », *in* T. Weiler & F Baetens, *New Directions inInternational Economic Law,* Martinus Nijhoff, 2011.45 ; **K.P.BERGER**, «Codification of the New *Lex Mercatoria* through the Internet : The Translex Principles at www.trans-lex.org », *in* T. Weiler & F Baetens, *New Directions in International Economic Law,* Martinus Nijhoff, 2011.79 ;du même : *Creeping Codification of the lex mercatoria,* Kluwer, 1999; **P. DEUMIER**, *Le droit spontané,* Economica, 2002 ; du même: « La *lex mercatoria* entre ordre et désordre

», *in Le monde du droit, Mélanges J. Foyer,* Économica, 2008. 305 ; **É. LOQUIN**, « L'application des règles anationales dans l'arbitrage commercial international », in *L'apport de la jurisprudence arbitrale,* Pub. CCI n° 440/1, 1986, p. 67 ; du même : « Où en est la *lex mercatoria* ? », *in Mélanges Ph. Kahn,* Litec, 2000.23 ; du même : « Les règles matérielles du commerce international», *R.A.,* 2005, p. 443 ; du même : « Les règles matérielles internationales », *RCADI,* t. 322, 2006, p. 9 s ; du même : « Les règles matérielles du commerce international et droit économique »,*R.I.D.E.*, 2010, p. 81 ; **C. PAMBOUKIS** « La *Lex mercatoria* reconsidérée », in *Le droit international privé : esprit et méthodes*, Mélanges en l'honneur du Pr. Paul LAGARDE, Dalloz, 2005, p. 635 s; **Y. FORTIER**, « The New, New *Lex Mercatoria* or Back to the future », *Arb. Int'l.*2001, p. 121 ; **P. MAYER**, « Principes d'UNIDROIT et *lex mercatoria* », *in L'actualité de la pensée de B. Goldman,* éd., Panthéon-Assas, 2004. 31 ; **C. THIBIERGE**, « Le droit souple. Réflexions sur les textures du droit », *R.T.D. civ.* 2003.599 ; **E. JOLIVET**, « La jurisprudence arbitrale de la CCI et la *lex mercatoria* », *Cah. Arb.* 2002. 253 ; **J. BART**, « La *lex mercatoria* au moyen âge : mythe ou réalité ? », *in Mélanges Ph. Kahn,* Litec, 2000.9; **E. GAILLARD**, « Trente ans de *lex mercatoria* : pour une application sélective de la méthode des principes généraux du droit », *J.D.I.,*1995.6 ; **F. OSMAN**, *Les principes généraux de la lex mercatoria – Contribution à l'étude d'un ordre juridique anational,* L.G.D.J., 1992 ; **Ph. KAHN**, « La *lex mercatoria* : point de vue français après quarante ans de controverses », *Revue de droit de Mc* Gill, vol. 73, aout 1992, n°2, pp. 413-427 ; **P. LAGARDE**, « Approche critique de la *lex mercatoria* », in *Le droit des relations économiques internationales, Mélanges offerts à B. Goldman*, 1982, p. 125 ; **O. LANDO**, « Choice of *lex mercatoria* », in *Mélanges H. Gaudemet-Tallon*, Dalloz, 2008, p. 747 ; **Ph. DE LY**, *International Business Law and Lex Mercatoria,* North Holland, 1992 ; **A. GIARDINA**, « La *lex mercatoria* et la sécurité du commerce et des investissements internationaux », *in* : *Nouveaux itinéraires en droit*, Hommage à François RIGAUX, Bruylant, Bruxelles, 1993, bib. de la Faculté de droit de l'Université Catholique de Louvain, Belgique, pp. 223-234 ;**F. K. JUENGER**, « The *lex mercatoria* and private international law », *R.D.U.*, 2000-1, pp. 171-187 ; V. aussi la bibliographie donnée par **A. BUCHER** (dir.) *Commentaire Romand* [2011], p. 1657-1659 ; **N. HATZIMIHAIL**, « The Many Lives-And Faces-of the *Lex Mercatoria* : History in the Genealogy in International Business Law", *Law & Contemporary Problems*, 2008, vol. 71, p. 169; **T. SCHULTZ**, " Some critical comments of the juridicity of *lex mercatoria*", *Yearbook PIL* 2008, p. 667; **F.K. JUENGER**, « The *Lex mercatoria* and Private International Law », *Louisiana L. Rev.* 2000, p. 1133; **F.-X. TRAIN**, "L'Union européenne et la *Lex Mercatoria*", in *Union Européenne et droit international, Mélanges Patrick Daillier*, CEDIN, Pédone, 2012, p. 828 ; **S. MENETREY & J.-B. RACINE**, « La densification normative de la *lex mercatoria* », in *La densification normative. Découverte d'un processus*, Ch. Thiberge (dir.), Mare et Martin, 2013, p. 415 ; **N. SUAVAGE**, « La lex mercatoria : une loi, facteur d'insécurité et d'imprévisibilité juridiques ? », *R.R.J.,* 2013-2, pp. 971-997 ; **A.C. YILDIRIM & S. ESKIYORUK** (eds.), *International Commercial Arbitration and The New Lex Mercatoria,* Istanbul 2014 ; Plus récemment : **G. CUNIBERTI**, « Three Theories of *Lex Mercatoria* », *Columbia*

subjectivisme doctrinal très riche, au point de permettre d'affirmer que presque chaque auteur se fait une idée différente de la lex mercatoria »[558]. La notion de *lex mercatoria* offre un exemple de la façon dont les significations peuvent se modifier au fil du temps[559]. Une juste appréciation du contexte historique dans lequel les concepts naissent et sont reproduits est essentielle pour les comprendre entièrement. Cette démarche historique se trouve davantage fondée sachant que la *lex mercatoria* est une notion évolutive et permanente. Son caractère flexible favorise son adaptation aux circonstances modernes en envahissant d'autres domaines[560]. Ce qui peut être jugé

J. Trans. Law. Vol. 52, 2014, n°2, p. 369 ; du même, « La *lex mercatoria* au XXIe siècle : une analyse empirique et économique », *J.D.I.*, 2016, n°3, pp. 765-780 ;V. aussi, le site dédié au droit transnational : http://www.trans-lex.org

558 *Cf,* **Ch. PAMBOUKIS**, « La *Lex Mercatoria* Reconsidérée », art. prec., spéc. p. 635 ; V. à cet égard l'ouvrage de **F. De LY**, *International Business Law and Lex Mercatoria*, Amsterdam, 1992, pp. 207-247, qui présente un panorama exhaustif des opinions doctrinales. Dans le même sens *Cf.*, **L. MARQUIS**, « *Lex mercatoria* et pluralisme normatif ? », in : *Vers une lex mercatoria mediterranea : Harmonisation, unification, codification du droit dans l'Union pour la méditerranée*, Préf. d'Ahmed MAHIOU, Bruylant, Belgique, 2012, pp. 55-71, spéc. p. 71 ; **J.-B. RACINE**, *Droit de l'arbitrage, op. cit,* p. 494, spéc. n° 774, qui précise que « la *lex mercatoria* est très révélatrice de la vision que chacun a du droit à travers sa nature, son mode de fabrication, sa légitimité, ses objectifs, etc… ». *Sur* son caractère multiforme et indéfinissable *Cf.* **MANN** et **DELAUME** qui s'interrogent sur l'existence et le contenu de la *lex mercatoria* mettant l'accent sur son caractère indéfinissable. **Ning JIN**, « The Statuts of *Lex Mercatoria* in International Commercial Arbitration », *The American Review of International Arbitration*, 1996, 1192;**S. SHACHLETON**, « The Applicable Law in International Arbitration Under the New English Arbitration Act 1996 », *Arbitration International* 1997, 375 s.

559 *Cf.* à titre d'ex. Appel à contribution sur le thème : « *Lex mercatoria* : une notion toujours d'avenir ? », *Revue du Droit International, Commerce, innovation & développement*, (D.I.C.I.D.), Centre du Recherche sur le Droit des Marchés et des Investissements Internationaux (C.R.E.D.I.M.I.), disponible en ligne sur : credimi.u-bourgogne.fr › Toute l'actualité › Appel à contribution, publié le 15/01/2018 ; *Adde.,* **J.-B. RACINE**, *Droit de l'arbitrage, op.cit.,* p. 494, spéc. n° 774, qui affirme : « Notre propos est de dire que le débat est sans fin…La raison en est simple : il renvoie à la conception que chaque juriste a du droit… » ; *adde,* **É. LOQUIN,** *L'arbitrage du commerce international, op.cit.,* p. 344, spéc. n° 421.

560 Nous assistons au fil des années récentes à l'apparition de nouveaux avatars terminologiques de la *lex mercatoria*, qu'à l'instar de ce phénomène, de nombreuses communautés cherchent à créer un corps de règles qui leur est spécifique et que l'on voir surgir sous des appellations diverses tels que la *lex electronica, lex sportiva, la lex maritima, lex mediatica, lex bioetica, lex pharmaeutica, lex mediterranea …Cf.* sur ce phénomène : **Ph. KHAN**, « La *lex*

comme un facteur nuisible de perturbation et d'insécurité qui anime l'essence même de la notion.

328. La notion n'est pas récente[561]. Dans ses études, le Pr. Berthold GOLDMAN fait d'ailleurs référence à l'ensemble des lois qui règlent les rapports économiques entre citoyens romains et étrangers[562]. La *Constitution Antoniniana* de 212, qui conférait le droit civique à la plupart des sujets de l'Empire romain, signifia selon GOLDMAN « la première mort » de la *lex mercatoria*. L'avènement des États nationaux à partir du XVIe siècle amena une deuxième période de déclin, et aboutit à une « hibernation » du droit commercial transnational.

329. Au début du XXe siècle, le commerce international et les règles juridiques associées firent une nouvelle percée selon Goldman[563]. Il définit la *lex mercatoria* comme un ensemble de pratiques (« règles coutumières », plus tard « usages »), et de principes, qui étaient non étatiques, qui étaient apparus spontanément, et qui tiraient leur légitimité de la communauté marchande internationale. D'autres auteurs remontent plus loin dans l'histoire et tracent les origines de la *lex mercatoria* dans l'ancienne Grèce dans ses échanges maritimes[564].

330. Avec le développement des rapports économiques en Europe au début du XI è siècle, de nouvelles lois marchandes font leur apparition sous la forme de règles basées sur les coutumes et adoptées par les tribunaux de commerce européens pour tout litige inter-

---

mercatoria et son destin », in *L'actualité de la pensée de Berthold Goldman : droit commercial international et européen*, *op.cit.*, pp. 25-29 ; *adde.*, pour une étude d'ensemble : histoire et développements actuels : **F. MARRELLA**, « *La nuova lex mercatoria* », CEDAM, 2003 ; V. par ex. sur la *lex mediterranea* : **F. OSMAN** (dir.), *Vers une lex mercatoria mediterranea. Harmonisation, unification, codification du droit dans l'Union pour la méditerranée*, Préf. Ahmed MAHIOU, Bruylant, 2012 ; **F. OSMAN & L. CHÉDLY** (dir.), *Vers une lex mediterranea de l'arbitrage. Pour un cadre commun de référence*, Bruylant, 2015 ; **F. OSMAN** (dir.), *Vers une lex mediterranea des investissements*, avant-propos M. M. Mohamed Salah, Bruylant, coll. Feduci, 2016.

561 *Cf.* par ex. **P.-L. HUVELIN**, *Essai historique sur le droit des marchés et des foires*, Paris, A. Rousseau, 1897, p. 390s ; **J. BART**, « La *lex mercatoria* au moyen âge : mythe ou réalité ? », in *Souveraineté étatique et marchés internationaux à la fin du 20ème siècle : à propos de 30 ans de recherche du CREDIMI*, Mélanges en l'honneur de Philippe Khan, Litec, Paris, 2000, p. 9 s.

562 **B. GOLDMAN**, « Lex *mercatoria* », *Forum international*, n° 3, 1983, pp. 3-7.

563 *Ibid*, loc. cit.

564 **I. STRENGER,** « La notion de lex mercatoria en droit du commerce international», *R.C.A.D.I.*, vol. 227, 1991, pp. 207-355, spéc. p. 253 et s.

frontières. Ces lois résultent des efforts de la communauté marchande médiévale visant à surmonter l'insuffisance des lois féodales régnantes à l'époque et à répondre au besoin de plus en plus croissant du commerce international. Les commerçants ont ainsi créé une loi considérée comme une base juridique solide supportant l'expansion des échanges commerciaux au moyen âge et même pendant une durée dépassant les huit siècles. Donc dès l'origine, l'apparition de la *lex mercatoria* s'est associée à l'idée d'un droit spontané nécessité par les spécificités du monde du commerce international. La redécouverte de cette idée d'un droit de la « *communauté internationale d'hommes d'affaires* » [565] va intervenir dans notre époque grâce à la mondialisation.

331. Bien que l'historicité de la *lex mercatoria* ait déjà et maintes fois été nuancée[566], un auteur a démontré récemment que les auteurs du XXème et du XXIème siècle, en utilisant les notions de *lex mercatoria*

---

[565] **M. ISHIZAKI**, *Le droit corporatif international de la vente de soies, Les contrats-types américaines et la codification lyonnaise dans leurs rapports avec les usages des autres places*, vol. I, Paris 1928, pp. XXVII-XXXII.

[566] De nombreux historiens doutent qu'elle constituait un droit spontané au moyen-âge : V. **O. VOLCKART & A. MANGELS,** *Are the Roots of the Modern Lex Mercatoria Really Medieval ? : Southern Economic J.* 1999, p. 427, spéc. 446-447 ; **C. DONAHUE Jr**., *Medieval and Early Modern Lex Mercatoria : An Attempt at the Probatio Diabolitica : Chicago J. Int. L.* 2004, p. 21, spéc. pp. 27-29 ; *Adde.,* **J. BART,** « La *lex mercatoria* au moyen-âge : mythe ou réalité ? », in, *Souveraineté étatique et marchés internationaux à la fin du XXe siècle, Mélanges en l'honneur de Philippe KHAN*, Paris, Litec 2000, pp. 10-22 ; **A. CORDES**, « A la recherche d'une *lex mercatoria* au moyen-âge », *Stadt und Reccht im Mittelalter. La ville et le droit au moyen-âge*, dir. O. G. OEXLE et P. MONNET, Göttingen 2003, pp. 117-132 ; **E. KADENS**, « The Myth of the Customary Law Merchant », *Texas Law Review*, n° 90, 2012, pp. 1153-1206 ; **A. KESSLER**, *A Revolution in Commerce. The Parisian Merchant Court and the Rise of Commercial Society in Eighteeth-Century France*, New Haven 2007. Pour l'Angleterre v. **J. BAKER**, « The Law Merchant and the Common Law Before 1700 », *The Legal Profession and the Common Law: Historical Essays*, dir. J.H. BAKER, Londres 1986, pp. 341-368; **J. E. BASILE** e.a., *Lex mercatoria and Legal Pluralism: a Late- Thirteenth- Century Treatise and its Afterlife,* Cambridge 1998; **J. S. ROGERS**, *The Early History of the Law of Bills and Notes. A Study of the Origins of Anglo-American Commercial Law,* Cambridge 1995; **S. E. SACHS**, « From St. Ives to Cyberspace: The Modern Distortion of Medieval "Law Merchant" », *American University International Law Review*, n° 21/5, 2006, pp. 685-812.

et *law merchant*[567], se sont basés sur des textes d'historiens du droit anglais de la fin du XIXème siècle et du début du XXème siècle, qui faisaient mention d'un corps de droit médiéval surnommé *lex mercatoria*[568]. Mr DE RUYSSCHER, l'auteur de cette étude, explique que : « *Ces historiens du droit ont pourtant interprété ce terme tardo-médiéval sur base de connotations qui ne dataient que du dix-septième siècle. Ainsi, la notion de lex mercatoria fut à la fois « contaminée » et utile pour des discussions modernes, puisque les idées des années 1600 concernant un droit commercial global correspondaient à des aspirations qui étaient communes autour de 1900 et après la deuxième guerre mondiale. Au dix-septième siècle, en Angleterre, des écrivains d'inspiration politique ont en effet énoncé et élaboré le concept de l'Old law marchant. Suite à la popularité continuelle de leurs opinions, elles-mêmes postérieures aux temps médiévaux et fondamentalement différentes de celles qui avaient cours à cette époque, leurs vues se sont imposées dans les discussions d'aujourd'hui* »[569]. Pour l'auteur le sens issu des racines historiques de *la lex mercatoria* ne correspond pas exactement au sens moderne et actuel que les auteurs contemporains ont lui donné à partir du début des années soixante. Il précise que : « (…) *ces sources des treizième et quatorzième siècles n'avaient pas le sens que lui attribuèrent les auteurs ultérieurs. Dans les années 1200 et 1300, la lex mercatoria était la façon de dire le droit là où était établit*

567 Sur le concept de Law Merchant *Cf.*, **C.M. SCHMITTHOFF** (dir.) *The sources of the Law of International Trade,* Stevens & Sons, 1964; « Das neue Recht des Welthandels », *Rebels,* 1964.46. Auparavant, **Ch. N. FRAGISTRAS**, « Arbitrage étranger et arbitrage international », *RCDIP* 1960.1 ; **A. GOLDTAJN**, « The New Law Merchant », *JBL*, 1961.12. On sait cependant que l'on parle de *law Merchant* en Grande Bretagne dès le XVIIIe siècle. V. la discussion entre P. Lagarde et B. Goldman : **P. LAGARDE**, « Approche critique de la *Lex mercatoria* », *in Mélanges B. Goldman,* 1982.125 et la réponse de **B. GOLDMAN** « Une bataille judiciaire autour de la *lex mercatoria* », *prec.*379, ainsi que sa conférence prononcée en anglais et publiée par *Forum Internationale*, n° 3. ; *Adde.*, « Nouvelles réflexions sur la *Lex mercatoria* », *prec.*241 ; « La *lex mercatoria* dans les contrats et l'arbitrage internationaux : réalités et perspectives », déjà cité. Mais en Grande Bretagne, **F.A. MANN** est vigoureusement opposé, « England Rejects 'Delocalised' Contracts and Arbitration », *ICLQ,* 1984.193. Voir aussi son article « *Lex Facit Arbitrum* », in *Liber Amicorum M. Domke*, Martinus Nijhoff, 1967.157 ; **P. BERNARDINI**, « Arbitrage international et règles anationales », *Bull. CCI*, 2004/2.62.

568 **D. DE RUYSSCHER**, « La *lex mercatoria* contextualisée : tracer son parcours intellectuel », *Rev. hist. droit fr. et étranger*, 90 (4) oct-déc. 2012, pp. 499-515.

569 *Ibid.* spéc. p. 500.

un marché, et le terme désigna également par la suite *la juridiction* *de ces localités. Cependant, il ne désignait aucunement un droit commercial matériel...»*[570].

332. Ce phénomène décrit et nommé par l'auteur *« le bricolage de notions empruntées à des périodes antérieurs »* [571] montre que la polémique autour de la *lex mercatoria* persiste encore, même si elle connait des périodes d'apaisement. La notion connait même toujours un renouvellement perpétuel et interminable[572], et un intéressement scientifique à ses sources premières[573].

333. L'objectif de GOLDMAN était à l'époque, de tracer les frontières du droit en s'appuyant sur une « expérience contemporaine »[574]. Ainsi, l'auteur constatait, chaque jour davantage, que les relations entre les opérateurs du commerce international semblent échapper à l'emprise d'un droit étatique, pour être aménagées selon des normes d'origine professionnelle, ou des règles coutumières et des principes dégagés par des sentences arbitrales. Il s'est interrogé si ces « directives de conduite » sont des règles de droit et si les comportements qu'elles déterminent sont juridiques. A l'époque, le constat était spectaculaire et permanent : les opérateurs du commerce international cherchaient très souvent à échapper à l'emprise des lois étatiques.

---

[570] *Ibid.* spéc. p. 515.

[571] *Ibid.* spéc. p. 501. Cette approche décrit par D. DE RUYSSCHER s'inscrit dans les méthodes d'historiens culturels comme Peter Burke. Le processus comprend à la fois l'importation d'idées étrangères à l'époque et au milieu dans lesquels elles sont appliquées, et une adaptation d'éléments reçus aux besoins du receveur et à la situation dans laquelle celui-ci opère. V. **P. BURKE**, The European Renaissance. Centres and Perpheries, Oxford 1998, p. 9-10 où il s'est référé au concept de bricolage (Clause Lévi- Strauss) et de réemploi (Michel de Certeau).

[572] *Cf.* récemment **L. MARQUIS**, « *Lex mercatoria* et pluralisme normatif : vers un renouvellement ? » in : *Vers une lex mercatoria mediterranea : Harmonisation, unification, codification du droit dans l'Union pour la méditerranée*, Collectif, sous la dir. de Osman FILALI, Préf. d'Ahmed MAHIOU, Bruylant, Belgique, 2012, pp. 55-71 ; *Adde.*, **Ph. KAHN**, « La *lex mercatoria* et son destin » in *L'actualité de la pensée de Berthold GOLDMAN : Droit commercial international et européen*, sous le dir. de Philippe FOUCHARD et Louis VOGEL, éd., Panthéon-Assas, 2004, pp. 25-29.

[573] **É. LOQUIN**, « Retour sur les sources premières de *la lex mercatoria* : les usages du commerce international », in *Le droit des rapports internationaux économiques et privées*, Mélanges en l'honneur du Pr. J.-M. JAQUET, LexisNexis, 2013, pp. 215-234.

[574] « Frontières de droit et *lex mercatoria* », *A.P.D.*, 1964, p. 177.

334. Dans un article publié il y a 20 ans le Pr. Pierre MAYER a annoncé avec réticence mais d'une manière sûre et certaine le déclin et probablement la disparition prochaine de la *lex mercatoria*[575]. L'argument historique enseigne donc que l'évolution de la *lex mercatoria* n'a pas débouché à un succès qui encouragerait les parties à élire ses règles dans leurs contrats internationaux. Il relève qu'il n'a «*jamais vu un seul contrat commercial (il faudrait peut-être réserver le cas particulier des contrats d'État, et encore) que les parties aient soumis à la lex mercatoria* »[576]. Et l'auteur ajoute le fait que la *lex mercatoria* connaît actuellement deux concurrents. D'abord, la convention de Vienne de 1980 sur la vente internationale de marchandises qui en fait du droit étatique, pluri-étatique dans sa formation et qui presque toujours appliquée en tant qu'incorporée dans le droit étatique que les parties ont choisi. Ensuite, les principes UNIDROIT relatifs aux contrats du commerce international qui représentent un concurrent, relativement plus récent, et qui à l'atout de prévisibilité puisqu'il s'agit de corps de règles écrites, publiées et actualisées périodiquement, accessibles aux parties sur un pied d'égalité.

---

[575] « Actualités du contrat international », *P.A.*, 5 mai 2000, n° 90, pp. 55-61, spéc. p. 56 ; Le même constat a été plus récemment relevé, avec acuité, dans un article de 2011, *Cf.* **P. MAYER,** « Le choix de la loi dans la jurisprudence arbitrale », *in, Le Règlement communautaire « Rome I » et le choix de la loi dans les contrats internationaux*, sous la dir. de Sabine Corneloup et Nathalie Joubert, vol. 35, Litec 2011, pp. 423-442, spéc. p. 439, n° 25. *Adde.,* dans le même sens : **G. CUNIBERTI**, « La *lex mercatoria* au XXIe siècle : une analyse empirique et économique », *prec* spéc. p. 771, n° 18 qui affirme que : « *Si la lex mercatoria a suscité des débats enflammés entre théoriciens du droit, le point de vue des utilisateurs potentiels semble radicalement différent* ». Il ajoute (à la page 774, spéc. n° 25) : « *Le désintérêt quasi-total des opérateurs du commerce international pourrait amener l'observateur à conclure que la lex mercatoria est une idée, certes remarquable, mais rien de plus. A ce titre, elle demeurait peut-être un fascinant sujet d'étude universitaire, mais n'aurait aucun intérêt pratique* ».

[576] D'ailleurs, jamais désignée (*lex mercatoria*), mais à laquelle les rédacteurs des contrats internationaux et les opérateurs du commerce international raccrochent des expressions telles que « droit du commerce international » ou « principes universellement reconnus du droit » et des Principes UNIDROIT rarement eux-mêmes choisi dans le silence des parties sur la loi applicable. *Cf.* **P. MAYER**, « Le choix de la loi dans la jurisprudence arbitrale », in : *Le Règlement communautaire « Rome I » et le choix de la loi dans les contrats internationaux,* Actes du colloque de Dijon des 9-10 septembre 2010, sous la dir. de Sabine Corneloup et Nathalie Joubert (eds.), Vol.35, Litec, Paris, 2011, p. 423-442, spéc. p. 439, n° 25.

335. Une étude profonde et récente avait démontré la pertinence et l'exactitude des prévisions du Pr. MAYER relativement à la *lex mercatoria*. Dans une approche utilitaire et scientifique se fondant essentiellement sur des statistiques précises, l'idée maîtresse de cette étude est de démontrer que : « *Le recours à la lex mercatoria par les parties recourant aux services de la Cour d'arbitrage de la CCI semble ... être marginal* [et que] *...si la lex mercatoria a suscité des débats enflammés entre théoriciens du droit, le point de vue des utilisateurs potentiels semble radicalement différent* ». En effet, entre 1999 et 2014, **10 469** affaires ont été soumises à la Cour d'arbitrage de la CCI. Ces affaires ont été analysées par les services de la CCI, qui publient chaque année dans le *Bulletin de la Cour internationale d'arbitrage de la CCI* des statistiques détaillant les choix de loi, et de règles de droit, opérées par les parties. Il s'est avéré que la part des parties effectuant un choix de loi dans leur contrat est à peu près constante : entre 80 et 90 % des parties[577]. Le même constat avait été démontré dans une autre étude datant de 2001[578]. De plus, au sein des parties ayant effectué un tel

---

[577] **G. CUNIBERTI**, « La *lex mercatoria* au XXIe siècle : une analyse empirique et économique », *J.D.I.*, 2016, n° 3, pp. 765-780, spéc. p. 768 ; *adde.*, **E. JOLIVET, S. TORKONYAN**, « Place des acteurs français de la vente dans l'arbitrage CCI », in Ph. Delebecque (ss dir.), *L'entreprise et la vente internationale de marchandises, cadre juridique : CREDA, coll. Droit des affaires*, *Larcier*, 2015, pp. 98-99. Il faut préciser, toutefois, que, comme l'a indiqué **G. CUNIBERTI** dans les bas de page, cette étude (La *lex mercatoria* au XXIe siècle...) n'apportera aucune indication sur la perception de la *lex mercatoria* par les arbitres du commerce international, dans la mesure où elle n'a pas envisagé les hypothèses dans lesquelles les arbitres internationaux pourraient décider d'appliquer la *lex mercatoria* en l'absence de choix par les parties, ou se référer à certaines de ses règles indépendamment du choix opéré par les parties, par exemple pour conforter une solution consacrée par un droit national. Ce que nous allons examiner dans des passages ultérieurs consacrées à l'application par les arbitres de la *lex mercatoria* sous des formes et méthodes diverses.

[578] **E. JOLIVET,** « La jurisprudence arbitrale de la CCI et la *lex mercatoria* », art. prec., spéc. p. 36. La recherche effectuée par cette chronique préparée par Jolivet a porté sur des sentences partielles, intérimaires, d'accord parties et finales rendues entre **1995** et **1999**, soit un total de **1.228** sentences. Sur ce total, moins d'une trentaine de sentences, soit moins de **2.5 %** du total mentionnaient expressément la *lex mercatoria* comme règle de droit applicable au contrat. Toutefois, avec cette précision que dans la majorité des affaires, les parties n'avaient pas expressément choisit les règles de droit applicables à leur contrat, qu'elles soient d'origine nationale ou anationale. Ce sont les arbitres qui, dans la proportion inverse, ont majoritairement choisi la *lex mercatoria* comme droit applicable. Rapp. Un dépouillement fait sur **25** sentences CCI rendue de **1974** à **1979**, a montré que,

choix, il apparaît que la part de celles ayant choisi des règles anationales est, à nouveau, à peu près constante : entre **1** et **2%**, exceptionnellement **3 %** ! Et lorsque les parties s'accordent sur les règles de droit devant régir leur relation contractuelle, elles choisissent de manière écrasante et constante de recourir à des lois étatiques et quelques pourcents seulement à une règle de droit transnationale[579]. Ces lois sont variées, mais deux sont choisies dans plus de 10% des affaires chacune : les lois **anglaise** et **suisse**[580].

336. D'autres auteurs confirment le même constat[581]. Pour eux la simple référence aux Incoterms[582] « *qui ne sont guère plus que des clauses types dont l'incorporation est facilitée par le recours à quelques lettres, formules magiques tirées de l'histoire du transport maritime (...), n'est pas d'un grand essor* ». La mention également, régulière des *Règles et usances uniformes relatives aux crédits documentaires de la Chambre de commerce internationale*, universellement reconnues, s'applique à un domaine restreint,

---

malgré le choix fréquent par les parties d'une loi nationale, soit **5** sur **6** sentences qui faisaient apparaitre une clause de droit applicable, le **14** de ces sentences avaient fait l'application de principes de la *lex mercatoria* au contrat. On en a déduit, dès lors, que « la *lex mercatoria lorsqu'elle est appliquée par les arbitres ne l'est pas nécessairement sur le fondement de la désignation qu'en auraient effectué les parties* ». *Cf.*, **J.-M. JACQUET,** *La positivité de la lex mercatoria*, Mémoire de D.E.A., Université de Nantes, 1991, p. 121, spéc. n° 161.

579 V. **E. JOLIVET, S. TORKONYAN,** « Place des acteurs français de la vente dans l'arbitrage CCI », in Ph. Delebecque (ss dir.), *L'entreprise et la vente internationale de marchandises, cadre juridique, CREDA, coll. Droit des affaires, Larcier*, 2015, p. 98-99.

580 *Ibid, adde.*, sur le choix de la loi étatique : **G. CUNIBERTI**, « La faible attractivité internationale du droit français des contrats », *in,* Les *relations privées internationales*, Mélanges en l'honneur de Bernard AUDIT, Collectif, *L.G.D.J.*, Lextenso Editions 2014, p. 253. V. contra. **J.-B. RACINE**, *Droit de l'arbitrage, op.cit.,* spéc. n° 763 qui explique que : « Ce *sont les rédacteurs de contrats qui poussent au choix d'une loi étatique pour des raisons de fiabilité et de sécurité (d'aucuns pensent certainement que la lex mercatoria ne serait pas du « vrai » droit, car il manquerait l'ordonnancement habituel).* »

581 **GELINAS (F.)**, « Code, silence et harmonie- Réflexions sur les principes généraux et les usages du commerce dans le droit international des contrats », *Les Cahiers de droit*, vol. 46, n° 4, 2005, pp. 941-960, spéc. p.949-950. Il précise que : « *Pendant longtemps, la doctrine a appelé de ses vœux la lex mercatoria plus qu'elle n'a décrit un phénomène dont la réalité aurait pu se démontrer dans les sentences arbitrales* ».

582 International Chamber Of Commerce (**ICC**), *Règles officielles ICC pour l'interprétation des termes commerciaux*, Paris, ICC Publishing, n° 560, 1999.

puisque « (...) *tout de même écrites par les banquiers pour les banquiers et ne réglant d'ailleurs que deux ou trois des mille problèmes de la vente internationale* ». Et même la référence répétée à quelques associations régissant à Londres ou à Anvers le commerce du grain ou du diamant[583], n'a pas permis de saisir la réalité de la *lex mercatoria*, selon le même auteur[584].

337. Ces critiques se rangent dans l'ancien reproche de défaut de normativité ou de force juridique des règles de la *lex mercatoria* et des règles non étatiques en général[585]. En fait, ces pratiques[586], qui sont autant d'embryons de *leges mercatoriae*[587], sont généralement exclues des sources du droit du fait de leur absence de normativité[588], au moins dans l'attente de leur consolidation en usage professionnel. Toutefois, nous verrons que ce reproche va aussitôt tomber en brèche lorsque la jurisprudence notamment française et, également tunisienne a reconnu la juridicité de la *lex mercatoria.*

338. Dans le même sens, s'interroge un auteur[589] : « *Comment expliquer qu'un corpus de règles mieux adapté aux besoins de ses destinataires, ne soit jamais choisi par ces derniers pour régir leurs*

---

583 Pour un traitement systématique de la question : **F. DE LY**, *International Business Law and Lex Mercatoria*, Amsterdam, North-Holland Pub., 1992.

584 V. contra. **J.-BÉGUIN** « Le développement de la *lex mercatoria* menace-t-il l'ordre juridique international », *Rev. dr. McGill* 1985, pp. 478-538, spéc. p. 485-486- 503-509, où il insiste sur l'efficacité des règles issues de la CCI ; *Adde.*, **G. JIMÉNEZ**, « La Chambre de Commerce Internationale : Source de normes et d'instruments du commerce international », *R.D.U.*, 1996-2, pp. 285-299.

585 Pour une discussion, v. **B. ANCEL**, « *Auctoritate rationis.* Le droit savant du contrat international », Clés pour le siècle, Université Panthéon-Assas, Paris II, 2000, p. 265.

586 Travaux de l'Association Capitant, *Le rôle de la pratique dans la formation du droit* (Journées suisses), t. XXXIV, Economica, 1985 ; Plus récemment, **N. MOLFESSIS** (ss dir.), *Les pratiques juridiques, source du droit des affaires* : LPA 27 nov. 2003, n° spécial, n° 237.

587 **D. BUREAU**, *Les sources informelles du droit des relations privées internationales*, thèse, Paris II, 1992, n° 295 et s.

588 **P. LAGARDE**, « *Approche critique de la lex mercatoria* », in *Mélanges B. GOLDMAN*, *op.cit.*, p. 125, n° 7 et s., excluant les simples pratiques contractuelles de la lex mercatoria, faute pour elles de pouvoir être considérées comme des normes.

589 **G. CUNIBERTI,** « La *lex mercatoria* au XXe siècle, une analyse empirique et économique », communication in : *L'arbitrage dans les pays de l'Union pour la Méditerranée*, Colloque méditerranéen, Acte IV : journées de Tunis : Rives Sud les 11 et 12 avril 2014, sous la dir. de L. Chedly et Filali Osman, publiée in, *J.D.I.*, 2016, n° 3, p. 765 s, spéc. n°24.

relations ? Comment expliquer qu'un corpus de règles généré par une communauté paraisse finalement ne présenter aucun avantage pour ses membres ? ». Il ajoute que « *Les réponses sont sans doute que la lex mercatoria, qui était peut-être un droit spontané au Moyen Age, est désormais construit à partir de sources n'ayant plus pour origine la communauté mercatique, qui ne la considère donc pas comme le fruit de l'expérience de toute une profession* »[590]. Le courant inverse, qui conçoit la *lex mercatoria* comme ordre juridique, est aussi omniprésent et à dans les mains des arguments divers et nombreux[591]. Comme le précise le Pr. RACINE, « (…) *s'opposent dans notre domaine deux grandes visions du droit : une vision moniste, par laquelle les phénomènes juridiques s'incarnent et/ou doivent s'incarner dans l'État (…) et une vision pluraliste admettant l'existence d'une pluralité de foyers normatifs*»[592].

339. Au niveau de la jurisprudence, spécialement française, le débat est tranché vers la reconnaissance d'un ordre juridique arbitral

---

590 **G. CUNIBERTI,** « La *lex mercatoria* au XXe siècle, op.cit.

591 Sur l'ordre juridique en général : **R. LIBCHABER**, « L'impossible rationalité de l'ordre juridique », in Etudes à la mémoire du Professeur Bruno OPPETIT, Litec, 2009, pp. 505-528. Parmi de nombreuses références en faveur de l'existence d'un ordre juridique mercatique : **B. GOLDMAN**, « Une bataille judiciaire autour de la *lex mercatoria*. L'affaire Norsolor », *R.A.,* 1983. 379, spéc. n°s 24 et s. p. 402 et s ; « Nouvelles réflexions sur la *lex mercatoria* », in *Mélanges Pierre LALIVE. Études de droit international*, Helbing & Lechtenhahn, 1993, p. 241 et s., spéc. n°s 9 et s., p. 247 et s. ; **L. CHÉDLY,** *Arbitrage commercial international et ordre public transnational*, Préf. Kalthoum MEZIOU, *C.P.U.,* Tunis 2002, spéc. pp. 8 à 95 ; **Ph. KAHN**, « Droit international économique, droit du développement, *lex mercatoria* : concept unique ou pluralisme des ordres juridiques ? », in : *Le droit des relations économiques internationales*, Mélanges Berthold GOLDMAN, Litec 1982, p. 97 et s., spéc. pp. 99-100 ; **I. STRENGER**, « La notion de *lex mercatoria* en droit du commerce international », *R.C.A.D.I.,* vol. 227, 1991, pp. 207-355, spéc. p. 311 et s ; **F. OSMAN**, *Les principes généraux de la lex mercatoria : contribution à l'étude d'un ordre juridique anational*, L.G.D.J., Thèse – Bibliothèque de droit privé, 1992, p. 405 et s ; **É. LOQUIN**, « Les règles matérielles internationales », *R.C.A.D.I.*, vol. 322, 2006, pp. 9-242, spéc. n°s 421 et s., p. 185 et s ; **E. GAILLARD**, « Souveraineté et autonomie : réflexions sur les représentations de l'arbitrage international », *J.D.I.,* 2007, n° 4 (oct-nov-déc), p. 163 ; du même *: Aspects philosophiques du droit de l'arbitrage international*, Les livres du poche de l'Académie de droit international de La Haye, 2008 ; « L'ordre juridique arbitral: réalité, utilité et spécificité » -*Conférence commémorative John E.C. Brierly*- Revue de droit *Mc Gill* 2010, n°55 p. 891 ; du même : « L'apport de la pensée juridique française à l'arbitrage international », *J.D.I.,* 2017, n° 2, pp. 529-541, spéc. p. 537s.

592 **J.-B. RACINE**, *Droit de l'arbitrage, op.cit.,* spéc. n° 774.

autonome[593]. En effet, cette jurisprudence est allée plus loin en reconnaissant à l'arbitre, de manière positive, la qualité de «*juge international* » selon l'arrêt *Purtabali* du 29 juin 2007[594]. Cette position a été confirmée par la Cour de cassation française par l'arrêt **Raynair** de 2015. Un premier pas vers la reconnaissance de la juridicité autonome de la sentence était ainsi franchi[595]. La question qui nous intéresse dans cette étude est la suivante : comment les arbitres internationaux ont créé et appliqué les règles de la lex *mercatoria* ?

340. L'application par les arbitres internationaux de la *lex mercatoria.* Si les statistiques issues de diverses études ont certainement démontré que la *lex mercatoria* est rarement choisie par les parties ou plus précisément les sentences rendues sur la base d'un contrat désignant expressément *lex mercatoria* étant d'une rareté notable[596], il est toujours utile d'examiner comment les arbitres du commerce international ont pu appliquer ces règles ou les créer. La pratique

---

[593] Sur la notion V. nota : **E. GAILLARD**,« L'ordre juridique arbitral : réalité, utilité et spécificité », *op.cit.*

[594] Cass civ. 1ère 29 juin 2007, Société *PT Purtabali Adyamulia c. Société Rena Holding et Société Moguntia Est Epices, R.A.*, 2007.507, note **E. Gaillard**, confirmant CA. 1re Paris, 31 mars 2005, *R.A.*, 2006.665. Selon la Cour de cassation la « *sentence internationale, qui n'est rattachée à aucun ordre juridique étatique, est une décision de justice internationale dont la régularité est examinée au regard des règles applicables dans le pays où sa reconnaissance et son exécution sont demandées* ».

[595] **E. GAILLARD**,« L'apport de la pensée juridique française à l'arbitrage international », prec. spéc. p. 539.

[596] Pour une étude suisse *Cf*.**G. KAUFMANN-KOHLER**, « *Le contrat et son droit devant l'arbitre international* », in : F. BELLANGER et al., *Le contrat dans tous ses états*, Berne, Staempfli, 2004, pp. 361-373, spéc. p. 361. Cette étude contient des statistiques approximatives concentrées sur l'élection souvent par les parties du droit suisse à cause de sa neutralité. Ce qui permet de déduire implicitement que la tendance majeure est orientée vers l'application d'un droit matériel national et non pas vers les règles de la *lex mercatoria.* Celle-ci est appliquée à titre subsidiaire ou complémentaire dans une logique de comparaison ; adde, **E. JOLIVET**, « La jurisprudence arbitrale de la CCI et la *lex mercatoria* », *Gaz. Pal.,* 2001, p. 653, spéc. 654 L'auteur explique que sur un total de **1228** sentences moins d'une **trentaine**, soit moins de **2.5 %**, mentionnaient expressément la *lex mercatoria* comme règle de droit applicable au contrat. Plus récemment **G. CUNIBERTI**, « La *lex mercatoria* au XXIe siècle : une analyse empirique et économique », *J.D.I.*, 2016, n° 3, pp. 765-780, spéc. p. 768. Même en matière maritime, elle est d'une grande rareté malgré les efforts pour soutenir le contraire, v. **A. FALL**, «*Defense and Illustration of Lex Mercatoria in Maritime Arbitration- The Case Study of Extra—Contractual Detention in Voyage Charter-party Disputes* », *Jnl. Int. Arb.*, 1998, 83 s.

arbitrale montre que la *lex mercatoria* est appliquée par les arbitres « *avec une extrême parcimonie* »[597] suite à un choix directe ou indirecte des parties. Elle est également appliquée parfois en dehors de tout choix en se basant sur des fondements divers, ce qui prouve qu'elle serait également un instrument juridique souple et efficace pour régler les litiges internationaux.

341. L'application autonome de la *lex mercatoria*. Les critères de recours à la *lex mercatoria* sont variables. Il résulte des sentences examinées et rapportées ci-dessous qu'ont à cet égard été retenues la désignation par les parties d'une institution d'arbitrage internationale, des précisions données quant à la nationalité des parties ou des arbitres, le lieu de l'arbitrage, l'absence de désignation expresse d'une loi nationale, la présence dans le contrat d'une clause d'amiable composition, etc…

342. Il faut d'abord préciser que l'application de la *lex mercatoria* par l'arbitre devrait être exclue lorsque les parties le lui ont expressément interdit ; cette volonté, même purement négative, doit être respectée par l'arbitre[598]. La même solution a été appliquée lorsque les parties ont gardé le silence sur la question du droit applicable. Le Tribunal écarte l'application de la *lex mercatoria* car le silence des parties ne peut pas non plus être analysé comme une manifestation de la volonté implicite de soumettre le litige à la *lex mercatoria*[599].

343. Ensuite, si les parties ont choisi une loi étatique pour régir leur contrat, dans ce cas l'arbitre ne devrait pas substituer globalement la *lex mercatoria* à cette loi, puisqu'il doit avant tout respecter la volonté des parties. Celles-ci se sont entendues sur une loi et n'ont pas demandé à l'arbitre d'être original et créatif[600].

344. Dans le cas où une loi nationale serait déclarée applicable sur la question de savoir si l'arbitre peut ou non appliquer la *lex mercatoria* ou les règles transnationales, la doctrine est partagée. Certains refusent catégoriquement toute référence à tout autre système de droit ou à la *lex*

---

597 La formule est empruntée à **E. JOLIVET**, *in* « La jurisprudence arbitrale de la CCI et la *lex mercatoria* », prec. spéc. p. 635.

598 (Sous la dir. de) **J. BÉGUIN & M. MENJUCQ**, *Droit du commerce international*, Paris, Litec, 2005, spéc. p. 1056, n° 2712.

599 Sentence partielle CCI dans l'affaire n° **9459** rendue en 1998, original espagnol, rapportée par **E. JOLIVET,** « La jurisprudence arbitrale de la CCI et la *lex mercatoria* », *Gaz. Pal.*, 03 mai 2001, n° 123, p. 36 s.

600 *Ibid, loc, cit.*

mercatoria[601]. L'arbitre, en raison de l'origine contractuelle de ses pouvoirs, est forcément tenu par la désignation faite par les parties des règles de droit applicable, la volonté délibérée de l'arbitre d'écarter la loi choisie constituera une violation des termes de sa mission selon le droit français[602]. Ainsi l'arbitre doit se conformer au choix du droit applicable opéré par les parties[603] ; il ne peut modifier ce choix pour le remplacer par une loi qu'il jugerait plus adaptée[604]. Comme le résume justement un auteur, « *c'est donc bien la volonté des parties qui fonde cette obligation (de trancher le litige en droit)* »[605]. L'arbitre est tenu par la désignation faite par les parties des règles de droit et ne peut les écarter sous peine de violation de sa mission en droit français[606].

345. En droit tunisien, cette obligation de se conformer à sa mission fait défaut. Mais, quelle sera la sanction, si l'arbitre écarte le choix des parties pour appliquer une loi ou des règles transnationales qu'il considère plus appropriées ? Cette précision est valable pour le droit français de l'arbitrage et ne résulte pas du droit tunisien qui n'a pas prévu un grief d'annulation de la sentence arbitrale fondé sur le non-respect de l'arbitre de sa mission[607]. Ce qui pourra être interprété

---

[601] **M. MUSTILL**, « The New *Lex Mercatoria*: The First Twenty-Five Years", *in*, *Liber Amicorum for Lord Wilberforce*, edited by Maarten Bos et Ian Broznlie, Oxford, Clarendon Press, 1987, pp. 149-183; **F. MANN**, "Introduction", *in*, *Lex Mercatoria and Arbitration*, Kluwer, 1998; **W. PARK**, "Control Mechanism in the Development of a modern *Lex Mercatoria*", in, *Lex Mercatoria and Arbitration*, Kluwer, 1998, pp. 149 s.

[602] Dans ce sens : **E. LOQUIN**, « Les pouvoirs des arbitres internationaux à la lumière de l'évolution récente du droit de l'arbitrage international », *J.D.I.*, 1983, pp. 293 ss.

[603] Dans une sentence CCI n° **1512** rendue en 1971, le Tribunal arbitral a ainsi décidé qu'un « arbitre n'a pas le pouvoir de substituer son propre choix à celui des parties, dès lors qu'il existe un choix exprès, clair et sans ambiguïté et (qu') aucune raison valable n'a été invoqué pour qu'il soit refusé de donner effet à un tel choix », *J.D.I.*, 1974, p. 904, spéc. p. 908, obs. Y. DERAINS.

[604] Et cela quand bien même le tribunal arbitral estimerait « *surprenant* » le choix du droit applicable opéré par les parties. Cf. sentence CCI n° **1581** de 1971, *J.D.I.*, 1974, p. 884, obs., Y. DERAINS.

[605] **E. LOQUIN**, « Le contrôle du respect de la mission de l'arbitre de juger selon le droit ou selon l'équité », note sous Cass. civ. 1re, 12 oct. 2011 et 1er févr. 2012, *R.A.*, 2012, p. 95, spéc. p. 97.

[606] V. article 1520-3 NCPC selon lequel : « *Le recours en annulation n'est ouvert que si (...) 3°: le tribunal arbitral a statué sans se conformer à la mission qui lui avait été confiée* ».

[607] L'article **78- I** du Code tunisien de l'arbitrage. **N. GARA**, *Le Code de l'arbitrage annoté*, Maison du livre, Tunis 2016, p. 249 et s, spéc. p. 258, qui en traitant le cas

comme un signe d'une plus grande liberté laissée à l'arbitre pour appliquer la *lex mercatoria* en droit tunisien sans risque de voir sa sentence annulée sur la base de ce motif. En outre, le non-respect par les arbitres de la volonté des parties concernant les règles qui devraient être applicables au fond du litige, ainsi que la faute dans la détermination des règles applicables au fond n'ont pas été jugés comme un cas de dépassement des demandes des parties[608].

346. Ainsi, la cour de cassation tunisienne a refusé la demande d'annulation d'une sentence arbitrale sur le fondement du non-respect de l'arbitre de sa mission au motif que l'arbitre a commis une faute dans le droit applicable. Elle a considéré que « *Nonobstant la faute du Tribunal arbitral, qu'elle soit* ***de droit ou de fait****, celle-ci ne représente pas une cause d'annulation, car les causes d'annulation sont énumérées par l'article 78 du Code de l'arbitrage d'une façon limitative, et le contrôle de l'étendue du respect de l'arbitre de sa mission ne peut déboucher sur une révision de la sentence arbitrale et il ne permet à ce que le juge du contrôle devienne une juridiction de second degré* »[609].

---

du dépassement des termes de la convention d'arbitrage, a pu parler de la mission de l'arbitre en interprétant le dépassement des termes de la convention d'arbitrage à une non-conformité de l'arbitre à sa mission. Toutefois, cette interprétation demeure purement doctrinale puisque la jurisprudence tunisienne n'a pas annulé des sentences internationales en se fondant sur ce motif.

608 CA de Tunis, arrêt n° **31-32** du 12 janvier 1999, *R.J.L.*, 1999, n° 5, p. 293 : « *La violation par le tribunal arbitral de l'accord des parties sur le choix du droit applicable ne constitue pas un motif d'annulation et ne rentre pas par conséquent dans les prévisions de l'article 78 qui déterminent à titre limitatif les griefs d'annulation* » ; V. aussi dans un sens près : CA de Tunis, arrêt n° **69135** du 19 mai 2009, inédit, cité par **N. GARA,** in ., *Le code de l'arbitrage annoté*, Maison du livre, Tunis 2016, spéc. p. 230. La Cour a considéré que : « *Le contrôle du droit applicable au fond par le tribunal arbitral ne rentre pas dans les limites de l'article 78 ; que le fait de débattre cette question vaut discussion des motifs de la sentence ce qui dépasse la mission de contrôle formel de la cours d'appel* ».

609 Cass. Civ. n°**10768,** arrêt rendu le 23 janvier 2002 (inédit), cité par **M. BEN MOUSSAA**, *in,* « La jurisprudence de la Cour de cassation et l'arbitrage commercial international », *50 ans de jurisprudence civile (1959-2009)*, Collectif sous la dir. de M.-K. CHARFEDDINE, *C.P.U.*, 2010, p. 451 s, spéc. p. 467. La même position a été adoptée par la Cour d'appel de Tunis. Elle a considéré que : « *L'article 75 § 2 a mis à la charge du tribunal arbitral une obligation de motivation, alors que l'article 78 C.A a énuméré limitativement les griefs d'annulation ; qu'il est impossible de fonder l'annulation sur des causes autres que celles prévues par l'article susvisé. Il en résulte que, le juge du contrôle, étant une cour d'annulation, ne contrôle pas le contenu de la motivation de la sentence*

347. Toutefois, d'autres auteurs soutiennent que les arbitres, alors même qu'ils appliquent une loi nationale, ne peuvent ignorer le contexte international et ses exigences. La *lex mercatoria* peut donc intervenir lorsque la règle de droit national n'est pas appropriée pour régir les relations du commerce international[610].

348. Par ailleurs, dans certaines sentences[611], même si les arbitres appliquent les droits des États impliqués dans le litige, ils ne se contentent pas de citer des dispositions de ces droits mais préfèrent, chaque fois qu'ils doivent donner une base juridique à leur raisonnement, se référer à la *lex mercatoria.* Cette méthode a été critiquée par une partie de la doctrine française qui insiste sur le fait que les arbitres ont le devoir de trancher le litige qui leur a été confié conformément au droit applicable[612].

---

arbitrale, ou sa bien fondée, sa mission se limite à la vérification si le tribunal a répondu aux points litigieux évoqués par les parties et leur discussion, et si elle a pris sa position sans contredire les règles d'ordre public, c'est-à-dire elle doit contrôler seulement et uniquement le côté formel des procédures arbitrales sans s'immiscer dans le fond. C'est que la prise en considération des demandes des parties rend cette cour une juridiction de révision et non une juridiction de contrôle ». [Traduction libre], C.A de Tunis, arrêt n° **38350** du 10/07/2007, publié *in,* **N. RABAH**, *L'autonomie de l'arbitrage international en droit tunisien*, mémoire de mastère en sciences juridiques fondamentales, fac. Des scien. Juridiques pol. et sociales de Tunis, 2009-2010, Annexe n°2, p. 138 s, spéc. pp. 152-153.

610 **P. BERGER**, *International Economic Arbitration*, Studies in Transnational Economic Law, Kluwer 1993, p. 520; **A. LOWNFLED**, "Lex Mercatoria: an arbitrator's view », in *Lex Mercatoria and Arbitration*, Kluwer 1998, pp. 37-57 and too *in, Arb. Int'l.* 1990, pp. 133-150, cités par **B. INGY**, *L'arbitre international et les règles matérielles uniformes*, thèse Université de paris I-Panthéon Sorbonne, sous la dir de P. MAYER, soutenue publiquement le 3 juillet 2001, spéc. p. 240.

611 Sentence arbitrale finale dans l'affaire CCI n° **12456** rendue en 2004 (original en langue française), *J.D.I.*, 2010, n°4, pp. 1386-1401. Dans cette sentence, le Tribunal arbitral rejette notamment la prétention de la Demanderesse A (le cédant) de ne pas donner d'effet juridique à un contrat de cession de créance--passé par celle-ci en faveur d'un tiers (C) (le cessionnaire) -- sur la base d'une clause contractuelle visant à protéger l'État Défendeur B (le débiteur cédé). Le manque d'intérêt légitime de la Demanderesse A à se prévaloir de ladite clause donne l'occasion au Tribunal arbitral de revisiter et d'appliquer les principes qui s'érigent en piliers de la *lex mercatoria.* En effet, Le Tribunal arbitral a fondé sa décision sur les principes suivants : *pacta sunt servanda* ; la présomption de compétence et de professionnalisme des marchands internationaux et le principe de la bonne foi.

612 **P. MAYER**, in « *Reflections on the International Arbitrator's Duty to Apply the Law- The 2000 freshfields Lecture* : 17 *ARB INT'L* 235, 238 (2001) ; **E. SILVA-**

349. Toutefois, même si l'arbitre devait violer sa mission par une utilisation impropre de la *lex mercatoria*, l'interdiction de la révision au fond des sentences par le juge de l'annulation préviendra tout risque d'annulation de la sentence sur le fondement de la non-conformité de l'arbitre à sa mission[613]. Ainsi, seule la mention explicite selon laquelle l'arbitre tranche en application de la *lex mercatoria*, dans le cas où les parties ne lui ont pas confié ce pouvoir, pourrait entrainer l'annulation de la sentence pour violation de sa mission.

350. Au-delà ces hypothèses, figure le cas de l'application de la *lex mercatoria* en tant que règles choisies ou voulues par les parties dans leurs contrats. La *lex mercatoria* est appliquée parce que les parties l'ont réellement ou prétendument voulu. En effet, il est généralement admis par la doctrine que la référence, par les contractants ou par les arbitres, aux usages commerciaux internationaux, aux principes généraux du droit, aux règles anationales ou transnationales du commerce international, renvoie à la *lex mercatoria*. Cette dernière étant envisagée soit comme l'ensemble ou la réunion de certaines de ces notions, soit comme synonyme de l'une d'elles[614]. Cette application peut se faire sous diverses formes comme les cas d'application par choix exprès des parties[615], ou par application de leur convention même[616] ou par incorporation de règles dans leur contrat[617].

ROMERO, note sous sentence arbitrale finale dans l'affaire CCI n° **12456** rendue en 2004, précitée, spéc. p. 1401 s.

613 **P. GIRAUD**, *Le devoir de l'arbitre de se conformer à sa mission*, thèse pour le doctorat en droit soutenue publiquement le 4 déc. 2014, sous la dir., de Ch. Jarrosson, Préf. Ch. Jarrosson, Larcier, Bruylant, 2017, p. 288, spéc. n° 364

614 **Ph. FOUCHARD, E. GAILLARD, B. GOLDMAN,** *Traité, op. cit.,* spéc. n° 1448 ; **F. OSMAN**, *Les principes généraux de la lex mercatoria : contribution à l'étude d'un ordre Juridique anational, op.cit.* ; Sous la dir. d'**E. GAILLARD**, *Transnational Rules in International Commercial Arbitration*, coll. Les Dossiers de l'Institut du droit et des pratiques des affaires internationales de la CCI., pub. CCI., n° 480/4, 1993.

615 Sentence CCI n° **5904** du 1989, *Clunet* 1989. 1107, obs. Y. Derains.

616 Sentence CCI n° **1675** du 1969, *Clunet* 1974. 895, obs. Y. Derains ; CCI n° **2013** du 1972, *Clunet* 1974. 902, obs. Y. Derains et pour un cas dans lequel les arbitres ont statué *ex aequo et bono* : CCI n° **5103** du 1988, *Clunet* 1988. 1206, obs. Y. Derains.

617 Sentence CCI n° **4131** du 1982, *Dow Chemical v. Isover Saint—Gobain, Clunet* 1983. 899, obs. Derains, v. aussi la majestueuse analyse de **P. MAYER**, « L'autonomie de l'arbitre international dans l'appréciation de sa propre compétence », *R.C.A.D.I.,* 1989, t.217, p. 319 et s, spéc. p. 376. Pour plus d'amples développements sur la technique de l'incorporation ou l'intégration de la *lex*

351. L'affaire opposant la société *Pabak Ticaret* turque à la société française *Norsolor* à la société[618] illustre cette volonté de faire de la *lex mercatoria*, qui sans être une loi étatique, n'en demeure pas moins une loi du contrat.

352. Certes, *lex mercatoria* n'est pas une loi étatique mais elle n'en demeure pas moins une loi qui peut être celle du contrat. M. Éric LOQUIN précise que : « *La lex mercatoria est appliquée comme « des dispositions de caractère international, à défaut de loi étatique déterminée ». C'est dire que leur juridicité ne trouve pas leur source dans un droit étatique et que la lex mercatoria est une alternative à l'application d'une loi étatique* »[619]. De plus, la jurisprudence *Norsolor* reconnaît à la *lex mercatoria* une force normative certaine. Cette démarche est renforcée lorsque des tribunaux arbitraux décident que les règles applicables aux obligations contractuelles internationales, issues de l'ensemble de la *lex mercatoria*, peuvent être considérées comme des règles de droit largement acceptées par les acteurs du commerce international[620]. Selon la jurisprudence française, un arbitre peut donc valablement fonder sa sentence sur la *lex mercatoria* sans encourir sur ce chef aucun grief.

353. La juridicité de la *lex mercatoria* a été également reconnue par les juges tunisiens. Dans un arrêt du 9 avril 2001, la Cour d'appel de Tunis reconnait explicitement la force obligatoire des usages du commerce international précisément les règles et usances de la CCI relatives aux crédits documentaires dans leur version de 1983, brochure n° 400[621]. La Cour a même considéré que les RUU, et par ricochet les usages du commerce international, ont une « *force obligatoire qui leur est propre* », c'est-à-dire qu'elles ont une autorité juridique intrinsèque

---

mercatoria dans l'ordre étatique v. **J.-BÉGUIN**, « Le développement de la *lex mercatoria* menace-t-il l'ordre juridique international », *prec., spéc.,* p. 519.

618 T.G.I. de Paris, le 4 mars 1981, *Société Norsolor c/ Société Palbak Ticaret Sirketi, J.D.I.,* 1981, pp. 836-843, avec la note Ph. Kahn ; *R.A.,* 1983, pp. 465-477 ; Sur l'ensemble de cette affaire V. **B. GOLDMAN**, « Une bataille judiciaire autour de la *lex mercatoria* : l'affaire *Norsolor* », *R.A.*, 1983, n° 4, pp. 379-409.

619 *L'arbitrage du commerce international, op.cit.,* p. 346, spéc. n° 422.

620 *Cf,* les sentences rendues dans l'affaire n° **7375** en 1996 et dans l'affaire n° **4131** en 1982, *Dow Chemical, J.D.I.*, 1983, pp. 899-907, note Y. DERAINS ; *R.A.*, 1984, pp. 137-150.

621 C.A. de Tunis arrêt n° **48119** du 9 avril 2001(inédit), v. toutefois la note de **S. BOSTANJI**, « De la promotion des usages du commerce international par la justice étatique : à propos de l'affaire Interco c/ North Africa International Bank », *J.D.I.*, n° 4, 2005, pp. 1067-1091.

et sont applicables même lorsque les parties ne les ont pas désignées. Cette même solution va être adoptée dans une autre affaire par la Cour de cassation tunisienne qui souligne dans son arrêt du 26 avril 2005 que « *les usages bancaires ont force de loi dans les rapports entre banques* »[622].

354. L'application autonome de la *lex mercatoria* peut être également déduite par le recours que font les arbitres indépendamment de tout raisonnement conflictuel en tant que « *dispositions de caractère international ayant vocation, à défaut de compétence législative, à s'appliquer pour la solution d'un tel litige* »[623]. La possibilité pour l'arbitre d'appliquer des règles non étatiques alors que les parties ne lui ont pas demandé de le faire, a fait l'objet de vives controverses[624]. Un certain écho de cette controverse persiste encore[625]. La jurisprudence française a nettement affirmé qu'en l'absence de choix de la loi applicable par les parties, l'arbitre peut, de sa propre initiative, appliquer des règles anationales, plutôt que la loi d'un État déterminé. L'affaire *Valenciana*[626]confirme cette manière, tout en insistant sur la légitimité et la juridicité de la *lex mercatoria.*

355. L'application *hétéronome* de la *lex mercatoria.* La *lex mercatoria* se trouve parfois appliquée parce que l'arbitre s'est prétendument senti obligé de l'appliquer en dehors de la volonté des parties. En effet, c'est le cas du juge étatique qui recourt parfois à sa *lex fori* malgré la désignation d'une loi étrangère par sa règle de conflit. L'arbitre pourrait recourir à la *lex mercatoria,* sorte de *lex fori* arbitrale, en cas de lacune, d'absence de preuve, d'insuffisance ou d'inadaptation

---

622 *Cf.* sur cette décision **S. BOSTANJI**, « La Cour de cassation tunisienne à l'épreuve des « lois politiques » : réflexions à propos de l'arrêt n° **7146** du 2 avril 2005, *R.D.A.I.,* 2007, n° 4, p. 513 s.

623 CA. de Paris, le 13 juillet 1989, *Compania Valenciana de Cementos Partland SA c/ Société Primary Coal, Inc*, in *Rev. crit. D.I.P.*, 1990, pp. 305-316, note B. OPPETIT ; *J.D.I.,* 1990, n° 2, pp. 430-442, note B. GOLDMAN, spéc. p. 433 et C. Cass., 1ère Ch. Civ. le 22 oct. 1991, *Compania Valenciana De Cementos Partland c/ Société Primary Coal, Inc, Rev. crit. D.I.P.,* janv-mars 1992, pp. 113-116, note B. OPPETIT.

624 **J. BEGUIN & M. MENJUCQ**, *Droit du commerce international*, (sous la dir., de), Paris, Litec, 2005, pp. 1044-1060, spéc. p. 1055.

625 V. notamment, **J.-F. POUDRET & S. BESSON**, *Droit comparé de l'arbitrage international*, Bruylant, 2002, n° 698 et s., p. 636.

626 V. déjà auparavant, Cass. 2e civ., 9 déc. 1981, *Fougerolle, R.A.*, 1982, p. 183, note G. COUCHEZ ; *J.D.I.,* 1982, p. 931, obs. B. OPPETIT, rejetant le pourvoi contre CA. de Paris, 12 juin 1980, *J.D.I.*, 1983, p. 931, note B. OPPETIT ; *R.A.,*1981, p. 292, note G. COUCHEZ.

manifeste aux exigences du commerce international de la loi choisie par les parties. Dans cette hypothèse peuvent être rangés les cas d'application directe en raison de la nature commerciale du litige[627] ou en raison du caractère international du rapport[628] ou en raison du caractère « neutre »[629] de la *lex mercatoria*. Ainsi, la sentence CCI n°**8261** illustre le cas de l'application pure et simple de la *lex mercatoria* en raison de son caractère neutre dans une affaire où les contractants ont exclu l'application de toute loi nationale[630]. Cette sentence montre en quelque sorte comment la volonté d'exclure l'application d'un droit national peut conduire à l'application de la *lex mercatoria* notamment lorsque les circonstances de l'affaire le permettent et les critères du recours à la *lex mercatoria* déjà évoqués existent.

356. Hormis ce cas de figure, il y a aussi les cas d'application indirecte de la *lex mercatoria* parce que la localisation du rapport dans un ordre juridique national s'avère difficile[631] ou impossible[632]. La jurisprudence arbitrale fournit également des cas d'application pure fondés sur le fait que les règles transnationales sont jugées comme le droit le plus approprié pour satisfaire les besoins du commerce international[633]. Les Principes UNIDROIT permettent également aux arbitres d'appliquer la *lex mercatoria* en tant que composante de ces principes même si la question est débattue.

B- L'application des Principes UNIDROIT en tant que « composante de la *lex mercatoria* »

357. La littérature du rôle joué par les Principes d'UNIDROIT relatifs aux contrats du commerce international dans la résolution des

---

627 Sentence CCI n° **4338** du 1984, *Clunet* 1985, p. 982, obs. Y. DERAINS ; sentence CCI n° 2583 du 1976, *Clunet* 1976, p. 951, obs. Y. DERAINS.

628 Sentence CCI n° **2321** du 1974, *Clunet* 1975, p. 983, obs. Y. DERAINS

629 Sentence CCI n° **2375** du 1975, précitée, Cf. aussi les sentences mentionnées par H.A. GRIGERA NAON, «*Choice-of-Law Problems in International Commercial Arbitration* », *R.C.A.D.I.*, 2001, vol. 289, pp. 9-396, spéc. p. 249.

630 Sentence partielle rendue en 1995, original en anglais, rapportée par **E. JOLIVET**, *in* « La jurisprudence arbitrale de la CCI et la *lex mercatoria* », prec.

631 Sentence CCI n° **5466** du 1988 ; CCI n° **5881** du 1989, citées par **H.A. GRIGERA NAON,** prec., p. 234, note 247, p. 235, note 248.

632 Sentence CCI n° **2321** du 1974, précitée ; CCI n° **3540** du 1980, *Clunet* 1981, p. 915, obs. Y. DERAINS.

633 Sentence CCI n° **4131** du 1982, précitée, p. 899 ; sentence CCI n° **3226** du 1979, *Clunet*1980, p. 959 ; CCI n° **3031** du 1977, *Clunet* 1978, p. 921 ; CCI n° **2583** du 1976, *Clunet* 1977, p. 950 ; CCI n° **3202** du 1978, *Clunet* 1979, p. 1003.

litiges soumis à l'arbitrage est extrêmement abondante[634]. Les arbitres, affranchis désormais de la méthode conflictuelle, pourront appliquer les

[634] *Cf.*, **P. MAYER**, « Principes UNIDROIT et *lex mercatoria* », *in, L'actualité de la pensée de Berthold GOLDMAN, op. cit.*, p. 28 s ; du même, « Le rôle des Principes d'UNIDROIT dans la pratique de l'arbitrage de la CCI », in, *Les principes d'UNIDROIT relatifs aux contrats du commerce international*, *Bull. CIA de la CCI*, supplément spécial 2002, p. 115 s ; **F. MARELLA,** « Les principes d'UNIDROIT comme droit applicable au fond du litige dans un arbitrage commercial international en méditerranée », *in, Vers une lex mediterranea de l'arbitrage : pour un cadre commun de référence,* sous la dir., de F. OSMAN et L. CHÉDLY, éd., Bruylant, 2015, p. 213 s ;**W. BEN HAMIDA**, « Les Principes d'UNIDROIT et l'arbitrage transnational : L'expansion des principes d'UNIDROIT aux arbitrages opposant des États ou des organisations internationales à des personnes privées », *J.D.I.,* n° 4, 2012, p. 1213 s ; **L.G. RADICATI DI BROZOLO**, « Règles transnationales et conflit de lois : réflexions à la lumière des Principes UNIDROIT et des principes de La Haye », *in, Le droit des rapports internationaux économiques et privées,* Mélanges en l'honneur du Pr. J.-M. JACQUET , LexisNexis, 2013, pp. 275-298 ; **G. BUSSEUIL**, « L'avenir des Principes UNIDROIT relatifs aux contrats du commerce international et des principes européens du droit du contrat : du droit mou au droit dur ? », disponible en ligne sur : www.glose.org/CEDCACE4.pdf, le 1/05/2004 ;**J.-M. JACQUET**, « Le droit français des contrats et les Principes d'UNIDROIT », *R.D.U.,* 2008, p. 179 s ; **B. FAUVARQUE-COSSON**, « Droit européen et international des contrats : l'apport des codifications doctrinales : *Rec. Dalloz* 2007, p. 96 ; **E. JOLIVET**, « Les Principes UNIDROIT dans l'arbitrage CCI », *in, Principes UNIDROIT : nouvelles évolutions et applications : Supplément spécial, Bull. CCI* 2005, p. 71 ; **C. SERAGLINI**, « Du bon usage des Principes UNIDROIT dans l'arbitrage international », *R.A.*, 2003, p. 110 ;**E. S. DARANKOUN**, « L'application des Principes d'UNIDROIT par les arbitres internationaux et par les juges étatiques » : *R.J.T.* 2002, p. 421 s ; **Y. DERAINS**, « Le rôle des Principes d'UNIDROIT dans l'arbitrage commercial international : une vue européenne », *Bull. CCI* 2002, p. 9 s ; **P. LALIVE**, « Les Principes d'UNIDROIT en tant que *lex contractus*, avec ou sans choix explicite ou tacite de la loi : point de vue de l'arbitre », *Bull. CCI* 2002, p. 81 s ; **F. DESSEMONTET**, « L'utilisation des Principes d'UNIDROIT pour interpréter et compléter le droit national », *Bull. CCI* 2002, p. 39 s ; **H. RAESCHKE-KESSLER**, « Les Principes d'UNIDROIT dans la pratique contractuelle d'aujourd'hui », *Bull. CCI* 2002, p. 107 s ; **M. FONTAINE**, « Les Principes d'UNIDROIT : expression de la pratique contractuelle actuelle ? », *Bull. CCI* 2002, p. 101 s ; du même, « Les Principes d'UNIDROIT, guide de la rédaction des contrats internationaux, Institue of International Business Law and Practice, Newsletter n° 13, 1994, p. 31 ; **K.-H. BOCKSTIEGEL**, «L'application des Principes d'UNIDROIT aux contrats engageant des États ou des organisations intergouvernementales », *Bull. CCI* 2002, p. 53 s ; **C. KESSEDJIAN**, « Un exercice de rénovation des sources du droit des contrats du commerce international : Les Principes proposés par l'UNIDROIT », *Rev. crit. D.I.P.,* 1995,

Principes d'UNIDROIT en vertu de la méthode dite de « la voie directe ». En l'absence du choix de la loi applicable par les parties, l'arbitre siégeant par exemple à Paris peut appliquer une règle de droit transnationale et particulièrement la *lex mercatoria*, entre autre les Principes d'UNIDROIT. Si la référence à la *lex mercatoria,* aux « principes généraux du droit » ou aux « principes du droit du commerce international » ne permet pas de déterminer le contenu concrêt des règles, une référence aux Principes d'UNIDROIT, ne peut, toutefois, être considérée comme imprécise ou incertaine. Ces derniers énoncent, en effet, des règles propres à régir les contrats du commerce international, formant ainsi une codification des règles essentielles.

358. Les Principes d'UNIDROIT sont conçus comme « *des normes susceptibles de recueillir un large consensus en matière de droit international des contrats* »[635]. Ils constituent « (…) *un véritable code des obligations adapté aux contrats du commerce international* »[636]. L'exemple des Principes UNIDROIT le démontre bien car ils sont l'expression la plus achevée des règles transnationales des relations économiques internationales[637]. Le conseil d'UNIDROIT (dont la quatrième édition date de 2016)[638]a affirmé dans le préambule de ses principes que ceux-ci *« peuvent s'appliquer lorsque les parties acceptent que leur contrat soit régi par les principes généraux du droit,*

---

n°4, p. 658 s ; **A. GIARDINA**, « Les Principes UNIDROIT dans les contrats internationaux », *J.D.I.*, 1995, p. 547 ; **J.-P. BERAUDO**, « Les Principes UNIDROIT relatifs au droit du commerce international », *J.C.P., G* 1995, I, p. 3842 ; **M.- J. BONELL**, *An International Restatement of Contract Law. The Unidroit Principles of International Commercial Contracts Transnational Juris Publications*, Irvington, 1994 ; Actes du Colloque tenu à Paris les 20-21 oct. 1994, sur les contrats commerciaux internationaux et les nouveaux Principes UNIDROIT : une nouvelle *Lex Mercatoria* et compte rendu, in *Bull. ASA Suisse* 1994, p. 455.

635 **R. BRINER**, « Préface du séminaire sur « les Principes d'UNIDROIT relatifs aux contrats du commerce international », *in, Bull. CCI,* supp, 2002, p. 25.

636 **É. LOQUIN,** *L'arbitrage du commerce international, op.cit.,* spéc. n° 416.

637 **A. GARRO**, « The Contribution of the UNIDROIT Principles to the Avancement of International Commercial Arbitration », *Tulane Journal of International & Comparative Law,* n° 3, 1994, p. 93;**D. VAGTS**, «Arbitration and the UNIDROIT Principles», in *Contratacion international, Comentarios a los Principios sobre los Contratos Internationales del UNIDROIT (Univ. Nacional Autonoma de Mexico,* 1998, pp. 265-277, disponible en ligne sur : http:// www. cisg. Law.pace.edu/cisg/biblio/ vagts.html

638 V. Unidroit Principles of International Commercial Contracts, new : 2016 edition, disponible en anglais sur : www.unilex.info

la lex mercatoria ou autre formule similaire ». La mention de la *lex mercatoria* pourrait laisser penser que les Principes, ainsi que l'ont affirmé plusieurs sentences de la CCI, correspondent aux pratiques contractuelles et sont une expression des usages du commerce. Plus précisément, ils ont justifié le recours aux Principes UNIDROIT par la présence, dans le Règlement CCI, de la phrase : « *Dans tous les cas le tribunal tient compte des usages du commerce pertinents* »[639]. D'autres sentences ont, au contraire, refusé une telle assimilation[640]. Cette assimilation a été rejetée par la majorité de la doctrine[641].

359. L'examen de la pratique arbitrale montre une grande liberté dont jouissent les arbitres internationaux face à l'application de cette « codification doctrinale »[642] en tant que « règles de droit jugées appropriées » à la résolution du litige, avec parfois une certaine hésitation. Ainsi, les Principes UNIDROIT ont naturellement vocation à s'appliquer d'office notamment lorsque les parties n'ont pas choisi la *lex contractus* **(1)**. Une deuxième méthode consiste à les appliquer d'une manière subsidiaire **(2)**.

1- L'application d'office

360. Tout d'abord les sentences qui font des Principes le fondement unique ou principal de la décision qu'elles consacrent sont évidemment

---

639 V. par ex. les sentences CCI rendues dans l'affaire n° **7375**/1996, *Mealey's International Arbitration report* 1996, Vol. 11/ n°12, p. A. 1-69, *Gaz. Pal.*, 2001, *Cah. arb.*, n° 119 à 123, p. 38 ; n° **9593** en 1998, *Bull. CCI* 1999, vol. 10/2, p. 110 ; sentence CCI n° **10022**, rendue en 2000, *Bull. CCI* 2001, vol. 12/2, p. 105 ; la sentence finale de mars 2000 dans l'affaire n° **10114**, *Bull. CCI* 2001, Vol. 12/2, pp. 105 à p. 107 ; sentence CCI n° **9797**, rendue en 2000, *Bull. CCI* 2001, vol. 12/2, p. 93 (original en anglais), où on peut lire que : « *Les Principes UNIDROIT sont une source fiable du droit commercial international dans l'arbitrage international car ils constituent essentiellement une réaffirmation des « principes directeurs » qui ont recueilli une acceptation universelle et de plus ont au cœur des notions les plus fondamentales qui ont constamment été appliquées dans la pratique arbitrale* ».*adde,* **J. BONELL,** « Intervention, in Principes d'UNIDROIT relatifs aux contrats du commerce international : réflexions sur leur utilisation dans l'arbitrage international », *Bull. CIA de la CCI*, suppl. spéc. 2002, p. 140.

640 V. par ex. les sentences CCI rendues dans l'affaire n° **8873** en 1997, *Bull. CCI* 1999, vol. 10/2, p. 81, *J.D.I.*, 1998, p. 1017, obs. D. H ; Affaire n° **9029** en 1998, *Bull. CCI* 1999, vol. 10/2, p. 91.

641 V. notamment : **Ch. SERAGLINI**, « Du bon usage des Principes UNIDROIT dans l'arbitrage international », *R.A.*, 2004, p. 1097, spéc. p. 1118.

642 **C. KESSEDJIAN**, « Un exercice de rénovation (…) », art. prec., p. 668.

beaucoup plus importantes [643]. Deux cas d'espèce peuvent être envisagés : les parties ont expressément choisi dans leur contrat les Principes d'UNIDROIT **(a)**, ou bien elles les ont choisis de façon implicite **(b).**

a) Les parties ont expressément choisi les Principes d'UNIDROIT

361. Le contrat litigieux sera directement soumis aux principes alors que devant le juge étatique ce type de règles ne peut s'appliquer qu'en se substituant aux dispositions supplétives de la loi compétente pour régir le contrat [644]. Plusieurs sentences font application des Principes d'UNIDROIT en tant que droit applicable au contrat, et non pas de simple complément à ce dernier, les assimilant plus au moins aux principes généraux du droit du commerce international ou à la *lex mercatoria*[645]. Les Principes d'UNIDROIT relatifs aux contrats du commerce international ainsi que les Principes européens du droit des contrats ont été élaborés essentiellement pour pallier à certains reproches adressés à la *lex mercatoria* parmi lesquels le manque de prévisibilité, d'insécurité des transactions, d'arbitraire et celui de la pauvreté, que ce soit en terme qualificatif ou quantitatif. Toutefois, le constat qui saute aux yeux selon quelques statistiques récentes est la faible application de ces Principes dans la pratique contractuelle[646]. Le

---

643 **P. MAYER**, « Le rôle des Principes d'UNIDROIT dans la pratique de l'arbitrage de la CCI », art. prec. spéc. p. 117.

644 **É. LOQUIN,** *L'arbitrage du commerce international, op.cit.*, spéc. n° 416, p. 341.

645 V. **E. JOLIVET**, « Les Principes UNIDROIT dans l'arbitrage CCI, Principes UNIDROIT : nouvelles évolutions et applications, Supplément, *Bull CIA de la CCI*, 2005, p. 71 s.

646 *Ibid*, spéc. p. 118 ; **H. RAESCHKE-KESSLER**, « Les principes d'UNIDROIT dans la pratique contractuelle d'aujourd'hui », *art. prec.* p. 107 ; **F. MARRELLA**, « Les principes d'UNIDROIT comme droit applicable au fond du litige dans un arbitrage commercial international en méditerranée », *art. prec,* spéc. p. 218 ; **G. CUNIBERTI**, « La *lex mercatoria* au XXI e siècle : une analyse empirique et économique », *art. prec,* p. 773, spéc. n° 23 ; le même, « Une *lex mercatoria* pour la zone méditerranée ? Une analyse empirique des pratiques des opérateurs du commerce international », in *Vers une lex mediterranea de l'arbitrage : pour un cadre commun de référence*, sous la dir. de F. OSMAN et L. CHÉDLY, Bruylant, Bruxelles, 2015, p. 195 s, spéc. pp. 206-207 ; **L.G. RADICATI DI BROZOLO**, « Règles transnationales et conflits de lois : réflexions à la lumière des Principes UNIDROIT et des Principes de La Haye », in *Le droit des rapports internationaux économiques et privés, Mélanges en l'honneur du Pr. J.-M. JACQUET*, LexisNexis, 2013, pp. 275-298, spéc. p. 276 qui opère une comparaison entre le

choix des Principes d'UNIDROIT est rare et aurait même tendance à se faire de plus en plus rare[647]. Bien que la CCI ne fournisse pas de statistiques précises à leur égard, ses rapports suggèrent que les Principes UNIDROIT ont été choisis dans 2 ou 3 affaires entre 2007 et 2014, à l'exception de 2010[648]. Cela n'empêche que le jour où l'occasion sera propice à un Tribunal arbitral, elle ne refusera pas l'application des règles choisies. En effet, l'application résulte dans certaines sentences d'un choix explicite des Principes par les parties[649].

362. En général, les parties et les arbitres hésitent quelque peu à appliquer les Principes de manière exclusive[650]. Cela n'empêche que ceux-ci sont applicables dans la majorité écrasante des cas même par simple référence implicite.

b) Les Principes d'UNIDROIT appliqués au titre de choix implicite de la *lex contractus*

363. Cette hypothèse est expressément prévue par le préambule des Principes : [Les Principes] peuvent s'appliquer lorsque les parties acceptent que leur contrat soit régi par les « Principes généraux du droit », la « *lex mercatoria* » ou autre formule similaire. Ainsi, lorsque les parties ont élu un droit anational, il est tout à fait judicieux que les arbitres mettent en œuvre ce choix.

364. Les formules utilisées par les parties sont diverses et les arbitres les interprètent dans le sens de la *lex mercatoria* et appliquent souvent les Principes d'UNIDROIT à ce titre. Tel est le sens donné aux formules de « *natural justice* »[651], ou même d' «*Anglo-Saxon*

---

nombre des cas dans lesquels les Principes ont été appliqués par les juges et celui des arbitres, une différence environ de 30%.

[647] **J.-B. RACINE**, *Le droit de l'arbitrage*, Thémis droit, P.U.F., 1ère éd., 2016, p. 487, spéc. n° 763.

[648] **G. CUNIBERTI**, « La *lex mercatoria* au XXI e siècle (…) », art. prec, spéc. p. 773, n° 23.

[649] Sentence n° **A-1795/51** rendue le 1er déc. 1996 par la Chambre d'arbitrage national et international de Milan, citée par **HEYRAUD (Y.)**, *Le droit non-étatique dans les rapports internationaux privés : contribution à l'étude des fonctions du droit international privé*, thèse de doctorat en droit. Université Panthéon-Sorbonne, Paris I, 2017, disponible en ligne sur : https://tel-archives-ouvertes.fr/tel-01646107, spéc. p. 150, note 568.

[650] Constat fait par E. JOLIVET in « Les Principes UNIDROIT dans l'arbitrage CCI », prec, spéc. p. 74 et les sentences citées.

[651] Sentence CCI n° **7110** rendue en 1995, *Bull. CIA de la CCI*, vol. 10/n° 2, 1999, p. 40 s, publiée aussi in *J.D.I.*, 2001, p. 1148, note Y. DERAINS.

Principles of law », qui selon les arbitres seraient reflétés dans les Principes d'UNIDROIT [652], ou encore de « *general principles of equity* », qui amènent l'arbitre à l'application des Principes d'UNIDROIT[653]. Les arbitres décident donc d'appliquer les Principes d'UNIDROIT, soit lorsque les parties ont désigné un droit applicable en se référant à des formules générales[654], ou même en l'absence de choix[655].

365. L'exemple le plus significatif serait l'arbitrage *Arthur Andersen* Contre *Andersen Consulting* rendue en 2000 à Genève[656]. Dans ce litige participaient 140 entités de l'organisation Andersen situées dans 70 États différents. Les contrats pertinents prévoyaient que l'arbitre trancherait en application des dispositions contractuelles et des textes régissant l'organisation *Andersen*, à l'exclusion de tout droit national, mais en application des « *general principles of equity* ». En conséquence, l'arbitre fonda exclusivement sa sentence sur les Principes d'UNIDROIT. Selon une auteure, « *même en l'absence d'une*

---

[652] Sentence LCIA rendue en 1995, non publiée. Des extraits sont disponibles sur www.unilex.info.

[653] Sentence CCI n° **9797** du 28 juillet 2000, *Andersen Consulting Business Unit Member Firms c/ Arthur Andersen Business Unit Member Firms and Andersen Worldwise Société Coopérative*, *Bull. ASA* Suisse, vol. 18/n°3, 2000, pp. 514-540, disponible en ligne sur: http: // www.unilex.info/case.cfm?id=668 .

[654] Citons à titre d'ex. l'obligation de bonne foi dans les négociations ; principes généraux du droit commercial international ; droit du commerce international ; les Principes représentent « la pratique internationale » ; les Principes sont l'expression des usages du commerce international pertinents , règles et principes généraux pour les contrats commerciaux (*lex mercatoria*) ; règles proposées par UNIDROIT ; Principes UNIDROIT qui depuis 1994 épaulent ou concurrencent la *lex mercatoria* et tentent d'uniformiser certains principes contractuels généraux ou spécifiques.

[655] Comme c'est le cas dans l'affaire CCI n° **10422** citée par E. JOLIVET in « Les Principes UNIDROIT dans l'arbitrage CCI », prec. spéc. p. 73. Cette sentence a fait l'objet d'une publication et d'un commentaire détaillé au *J.D.I.*, 2003, pp. 1142-1156 avec la note **Jolivet**. En l'espèce, le contrat ayant uniquement prévu l'adoption d'une « législation neutre » sans que celle-ci n'ait été définie par le contrat ou ultérieurement par les parties.

[656] Sentence **CCI** n° **9797** du 28 juillet 2000, précitée. « (…) Au-delà des statistiques, une seule affaire comme celle-ci -tranchée sur la base des Principes d'UNIDROIT-correspond, en terme de valeur, à l'un des plus grands arbitrages commerciaux internationaux d'au moins une décennie » : **F. MARRELLA**, « Les principes d'UNIDROIT comme droit applicable au fond du litige dans un arbitrage commercial international en méditerranée », *art. prec,* spéc. p. 219.

clause contractuelle, la nature globale du litige aurait justifié ou même requis l'application de règles universelles »[657].

366. Parfois, la référence par les parties, dans leur contrat, à des principes transnationaux a été interprétée par les arbitres comme désignant les Principes d'UNIDROIT. C'est le cas de l'affaire CCI n° **7110**[658]. Selon le Tribunal arbitral : « *Les références aux principes élémentaires de la justice (« natural justice », « laws of natural justice ») qui figurent dans la majorité des contrats doivent être logiquement et uniformément interprétées comme renvoyant non seulement à l'équité de la procédure mais aussi à la nature particulière des règles de fond que les parties avaient à l'esprit, sur la base de la neutralité de la loi applicable au fond et des voies de règlement des différends choisies par les parties à fin d'assurer la neutralité des règles de fond* [...] »[659]. Reste à déterminer ces règles et principes juridiques généraux. Le Tribunal a trouvé que :

« *Les règles et principes juridiques généraux recueillant un large consensus international, applicables aux obligations contractuelles internationales* [...] *sont principalement reflétés dans les principes relatifs aux contrats du commerce international adoptés par UNIDROIT en 1994* ».[660] Elle ajoute et le dit explicitement : « *Plutôt que de vagues principes ou des directives générales, les Principes d'UNIDROIT sont essentiellement constitués de règles précises, clairement énoncées et articulées de manière cohérente et systématique* [...] *Ils ont été mis au point par un groupe d'éminents experts internationaux originaires de tous les systèmes de droit prévalant dans le monde, sans intervention des États ni des*

---

[657] **G. KAUFMANN-KOHLER**, « Le contrat et son droit devant l'arbitre international », prec. spéc. p. 371.

[658] Sentence CCI n° **7110** rendue en 1995, précitée. Sur cette sentence v. aussi note **B.D** sous sentence finale rendue dans l'affaire CCI n° **14748** en 2009, précitée ; Rapportée aussi par **W.B. HAMIDA**, in « Les Principes d'UNIDROIT et l'arbitrage transnational : L'expansion des principes d'UNIDROIT aux arbitrages opposant des États ou des organisations internationales à des personnes privées », *J.D.I.,* n° 4, 2012, p. 1213 s, spéc. p. 1218. Pour un raisonnement similaire : sentence CCI n° **7365** rendue le 5 mai 1997, *R.D.U.,* 1999. 651, obs. M. J. BONNEL ; CCI n° **9474,** fév. 1999, citée par **HEYRAUD (Y.),** *Le droit non-étatique dans les rapports internationaux privés (...), op. cit.,* spéc. p. 150, note 569 ; **Y. DERAINS**, « Le rôle des Principes d'UNIDROIT dans l'arbitrage commercial international : une vue européenne », *Bull. CCI* 2002, p. 9 s, spéc. p. 18.

[659] *Ibid*, p. 40.

[660] *Ibid.*

gouvernements [...] *Ces deux éléments contribuent à la très haute qualité et à la neutralité du produit et à son aptitude à refléter l'état actuel du consensus sur les règles juridiques internationales et sur les principes régissant les obligations contractuelles internationales dans le monde, principalement sur la base de leur caractère équilibré et appropriée aux transactions commerciales internationales qui entre dans leur domaine*».[661] Enfin, elle relève que les contrats litigieux étaient des contrats d'États pour lesquels une délocalisation, tant législative que juridictionnelle, est opportune et correspond aux attentes des parties.

367. **La sentence CCI n° 9479** [662]. Dans le même contexte certaines sentences découvrent notamment dans l'absence de choix positif des parties pour un droit national, l'existence d'une volonté de chaque partie d'écarter la loi de l'autre. Ce qui mène à déduire, dans un second temps, un accord implicite des parties pour exclure l'application de toute loi étatique et revendiquer l'application d'un droit anational. Dans ce contexte, l'affaire CCI n° **9479** semble représenter un exemple type. En l'espèce, l'une des parties invoquait la compétence de la loi de l'État de New York, alors que l'autre plaidait en faveur de l'application de la loi italienne… et le Tribunal arbitral a cru pouvoir en déduire l'intention des parties de soumettre leur contrat à un droit anational ! Le raisonnement suivi par le Tribunal arbitral paraît particulièrement inattendu : les parties n'excluaient pas l'application de tout droit étatique ; au contraire, le seul point d'accord entre elles était qu'elles revendiquaient toutes deux l'application d'un droit national.

368. Le raisonnement de cette sentence est discutable notamment sur la question de l'interprétation du silence des parties. C'est un raisonnement qui a été déjà suivi par plusieurs autres sentences reflétant une tendance confirmée et répétée dans la pratique arbitrale[663]. En fait,

---

[661] *Ibid*, p. 51.

[662] Sentence CCI n° **9479** rendue en 1999, *Bull CIA de la CCI* 2001, vol. 12/2, p. 71.

[663] V. par ex. Sentence CCI, Aff. n° **7375** rendue le 5 juin 1996, *R.D.U.*, 1997, n° 3, p. 599 s qui s'est référée à la sentence n° **7110** pour appliquer les Principes UNIDROIT ; Sentence CCI, Aff. n° **8365** en 1996, Collection of Arbitral Awards 1996-2000, pp. 489 ss., *J.D.I.,* 1997, p. 1078, obs. J.-J. Arnaldez. Dans cette affaire, deux parties privées avaient soumis la vente d'un bateau de pêche au « droit international ». Le tribunal arbitral a considéré que le choix effectué ne pouvait être suivi en tant que tel, mais que les parties avaient eu la volonté d'exclure toute loi nationale. En conséquence, il convenait d'appliquer « les usages du commerce international et les principes généraux du droit (*lex mercatoria*) ; *Adde,* Sentence CCI, Aff. n° **9875** (2001) 12 : 2 *Bull. CIA de la CCI*,

l'arbitre souhaitant appliquer des règles anationales ne devrait pas s'embarrasser de ces justifications artificielles qui ne convaincront pas les parties, et devrait plus clairement énoncer que, faute d'accord entre les parties sur la loi applicable ou pour lui interdire d'appliquer des règles transnationales, il les appliquera parce qu'elles lui semblent appropriées au commerce international et à la situation litigieuse[664].

369. Pour le Pr. MAYER, lorsque la volonté des parties d'écarter tout droit étatique est douteuse, l'argument en faveur de l'application des principes d'UNIDROIT perd toute valeur, selon une interprétation *a contrario* de la 1ère phrase du préambule des dits Principes[665]. En d'autres termes, lorsque les parties n'ont pas écarté l'application d'une loi nationale et n'ont pas non plus se référer ni aux « Principes généraux du droit », ni à la « *lex mercatoria* » ou autres formules similaires, l'application des Principes d'UNIDROIT n'a aucune prévalence sur les lois nationales selon cette doctrine[666].

---

p. 100 s, spéc. pp. 101-102 [original en anglais], citée par **P. MAYER**, *in,* « Le rôle des Principes d'UNIDROIT (…) », prec. spéc. p. 121, note n° 13. D'autres sentences, moins étayées, déduisent la volonté implicite des parties de se soumettre à la *lex mercatoria* de la référence dans leur contrat aux règles Incoterms relatives aux crédits documentaires, par ex. sentence CCI, Aff. n° **8501** : *J.D.I.,* 2001, p. 1164, obs. E. JOLIVET et n° **8502** de 1996, *Bull. CIA de la CCI* n° 2/1999, p. 74 ; *adde.,* Sentence finale rendue dans l'affaire CCI, Aff. n° **14748** en 2009 (original en langue française), *J.D.I.,* 2016, n° 4, p. 623 s, obs. Y. DERAINS., spéc. p. 627 s ; V. contra. Sentence CCI, Aff. n° **7319** en 1992, Collection of Arbitral Awards 1996-2000, pp. 300 ss, dans laquelle les parties avaient soumis leur contrat de distribution aux « *principes communs appliqués dans les douze États membres de la Communauté européenne* ». Le tribunal a refusé la thèse d'un choix négatif, assimilé au rejet de la loi d'un État, pour conclure que les parties n'avaient effectué aucun choix de loi.

[664] **J. ORTSHEIDT & Ch. SERAGLINI**, *Droit de l'arbitrage interne et international*, Montchrestien- Lextenso éditions, 2013, p. 813, spéc. n° 893. Pour une critique plus approfondie de la théorie du « choix négatif », v. **Ch. SERAGLINI,** « Du bon usage des principes Unidroit dans l'arbitrage international », *R.A.*, 2003, p. 1101, spéc. n° 44 et s., p. 1144 ; Pour une identification des règles appropriées *Cf.*, **E. LOQUIN,** «L'application par les tribunaux arbitraux internationaux des règles qu'ils estiment appropriées », Mélanges en l'honneur du Pr. Pierre MAYER, L.G.D.J., Lextenso éditions, 2015, p. 533.

[665] « Le rôle des Principes d'UNIDROIT (…) », prec. spéc. p. 120.

[666] *Ibid*, spéc. p. 121 ; V. dans le même sens :**W.B. HAMIDA**, « Les Principes d'UNIDROIT et l'arbitrage transnational : L'expansion des principes d'UNIDROIT aux arbitrages opposant des États ou des organisations internationales à des personnes privées », *J.D.I.,* n° 4, 2012, p. 1213 s ; **P. MAYER**, « Principes UNIDROIT et *lex mercatoria* », prec. spéc. p. 33. V.

370. Dans les sentences relatives aux contrats commerciaux ordinaires, la tendance à interpréter le silence des parties comme un choix négatif n'a pas été retenue. Une référence aux sentences qui ont mentionné les Principes d'UNIDROIT permet de constater que trois d'entre elles, les sentences rendues dans les affaires n° **5835**, **9117** et **9419**, relatives à des contrats ne comportant pas de clause de choix de la loi, ont estimé qu'il était du devoir de l'arbitre de déterminer une loi étatique applicable. Dans les sentences n^{os} **5835** et **9117** le Tribunal arbitral a procédé à une détermination objective, tenant compte en particulier du lieu d'établissement de la partie qui devait fournir la prestation caractéristique du contrat[667]. Dans la sentence n° **9419**, le Tribunal arbitral déduit des circonstances de la cause un choix implicite de la loi applicable. Il en résulte, encore une fois, que l'absence d'accord entre les parties pour choisir le droit de l'une d'entre elles, ou celui d'un troisième État, n'équivaut pas à un accord pour écarter tout droit étatique.

371. C'est peut-être l'affaire CCI n° **14748** rendue en 2009 qui fait révéler au mieux les maladresses de l'interprétation du « choix négatif »[668]. Pour le Pr. MAYER, l'interprétation la plus judicieuse

---

toutefois la position contraire : **P. LALIVE**, « Les Principes UNIDROIT en tant que *lex contractus*, avec ou sans choix explicite ou tacite de la loi : point de vue de l'arbitre », *Bull. CCI* 2002, p. 81 s, spéc. p. 86 ; Sur cette tendance de transnationaliser le contrat *Cf.* notamment **G. KAUFMANN-KOHLER**, « Le contrat et son droit devant l'arbitre international », in *Bellange, François...et al. Le contrat dans tous ses états* : publication de la société genevoise de droit et de législation à l'occasion du 125ème anniversaire de la semaine judiciaire, Berne, Staempfli, 2004, pp. 361-373, spéc. p. 370, disponible en ligne sur : http:// archive-ouverte.unige.ch/unige . 14376, consulté le 14/02/2017 ; du même, « The Transnationalization of National Contract Law By The International Arbitrator's », in *Le droit des rapports internationaux économiques et privés, Mélanges en l'honneur du Pr. J.-M. JACQUET,* LexisNexis, 2013, pp. 107-120.

667 Sentences citées tous par **P. MAYER**, *in* « Le rôle des Principes d'UNIDROIT (...) », prec. spéc. p. 121.

668 Sentence finale rendue dans l'affaire CCI n° **14748** en 2009 (original en langue française), *J.D.I.*, 2016, n° 4, p. 623 s, note B.D., spéc. p. 627 s. L'arbitre croit pouvoir en effet déduire du silence des parties quant à la loi applicable et du choix de l'arbitrage CCI, que les parties ont voulu écarter la loi de leur cocontractant et décide ensuite, sans s'en expliquer davantage, d'appliquer la *lex mercatoria* et les Principes UNIDROIT relatifs aux contrats de commerce international. En l'espèce les deux parties sollicitaient l'application de leur propre loi nationale sur le fondement de la Convention de Rome dont elles faisaient une application différente. Or, comme il le précise justement le commentateur de cette décision, « (...) *il est dès lors difficile de soutenir qu'elles voulaient en écarter tout droit*

consiste à considérer que lorsque les parties ne se mettent pas d'accord sur le droit applicable, elles s'en remettent tout simplement à l'arbitre le soin de le déterminer.

372. Dans une autre affaire célèbre, l'affaire *Cubic*, opposant le ministère iranien de la défense à la société américaine Cubic Defense System Inc., un autre Tribunal CCI est arrivé à des conclusions similaires (application implicite des Principes)[669]. Dans d'autres hypothèses, les arbitres font des Principes UNIDROIT une application subsidiaire le plus souvent pour conforter leur raisonnement.

2- L'application subsidiaire

373. Après avoir déterminé la solution selon le droit national ou la convention internationale applicable, les arbitres citent souvent, à titre complémentaire, l'article correspondant des Principes d'UNIDROIT pour conforter le raisonnement suivi et montrer qu'il ne pouvait constituer une surprise pour les parties. « *Ainsi les Principes d'UNIDROIT apportent-ils aux solutions nationales un statut transnational* »[670].

374. Plusieurs sentences illustrent cette méthode. Citons à titre d'exemple les sentences CCI n^os^ **7819**, **8240**, **8540**, **8908**, **9029**, **9594**, **9561**, **10335**[671], **10346** et **11295**[672]. Dans l'affaire n° **8908** se posait la

---

national. Quant au recours par les parties à l'arbitrage CCI, il semble difficile d'en tirer la moindre conclusion quant au choix des parties sur le droit applicable tant il est vrai que le plus souvent, les parties optant pour une clause compromissoire, qu'elle soit CCI ou non, décident également du droit qui régira leur relation contractuelle »

669 Sentence CCI n° **7365** / FM rendue le 5 mai 1997. Le résumé de la sentence et la décision sur son *exequatur* devant la United District Court sont publiés à : (1999) 3 *R.D.U.*, pp. 796-803 ; voir surtout, dans le même volume, l'important article consacré à cette affaire par **M.-J. BONELL**, « UNIDROIT Principles : à Most Significant Recognition by à United States District Court », (1999) 4, n°3 *R.D.U.*, p. 651.

670 **Y. DERAINS**, « Le rôle des Principes d'UNIDROIT dans l'arbitrage commercial international : une vue européenne », prec. spéc. p. 14, n° 19.

671 Sentence CCI n° **10335** rendue en 2000, *Bull. CIA* de la CCI 2001, vol. 12/2, 2001, p. 107 ss. Pour un raisonnement similaire : sentence CCI Fédération de Russie n° **233/2012** rendue le 3 oct. 2013 : application des Principes Unidroit en tant que *lex contractus* et application du droit russe à titre subsidiaire, citée par **Y. HEYRAUD,** *Le droit non-étatique* (…), *op.cit.,* spéc. p. 150, note 573.

672 Citées par **P. MAYER,** *Ibid, loc. cit.*, sauf n° **11295** rendue en 2001 qui a été rapportée par **E. JOLIVET**, « Les Principes UNIDROIT dans l'arbitrage CCI », prec. spéc. p. 72.

question de l'interprétation d'un accord transactionnel, expressément soumis au droit italien. Le tribunal arbitral applique les règles du code civil italien relatives à l'interprétation des contrats, et ajoute : « *Les règles sur l'interprétation et sur la bonne foi qui figurent dans les Principes d'UNIDROIT (en particulier l'article 1.7 et les articles 4.1 à 4.8), qui sont en tout cas un cadre de référence utile pour l'application et l'appréciation d'un contrat à caractère international, confirment ce qui a été dit* ».[673]

La même méthode a été également retenue dans une affaire CCI n° **8223**[674] entre une société américaine et une société française, dans laquelle le droit français était applicable conformément au contrat, l'arbitre a ressenti le besoin d'obtenir le soutien des Principes d'UNIDROIT.

375. Dans d'autres hypothèses, lorsqu'ils l'estiment approprier, les arbitres peuvent inviter les parties à se référer aux Principes d'UNIDROIT et ce pour compléter des questions dont le droit fixé par les parties n'a pas prévu de réponse. Cette démarche est illustrée par la sentence arbitrale partielle rendue dans l'affaire CCI n° **13450** en 2006[675]. Le Tribunal arbitral observe que « *the UNIDROIT Principles are international legal principles applicable to international commercial contracts such as that underlying the present dispute. They reflect a broad international consensus. The fact that both the CISG and the UNIDROIT Principles were developed at the international level, and the fact that the UNIDROIT Principles were inspired by the CISG, makes the UNIDROIT Principles the logical complement to the CISG* ».

376. Il a été déjà révélée que l'une des principales objections à l'approche des règles transnationales, selon certains auteurs anglo-saxons était le manque de prévisibilité de la *lex mercatoria*[676]. Mais la question ne devrait plus se poser maintenant que l'on dispose des Principes d'UNIDROIT ainsi que les Principes du droit européen des contrats. Comme l'a indiqué Klaus Peter BERGER : « *Afin de justifier l'application d'un principe juridique ou d'une règle de droit*

---

673 (1999) 10 : 2 *Bull. CIA de la CCI* 86 à la p. 89 [traduction en français de l'original italien]

674 Sentence CCI n° **8223** de 1999, (1999) 10 : *Bull. CIA de la CCI* 59.

675 Sentence CCI n° **13450** en 2006, *J.D.I.*, 2014, p. 193.

676 *Cf.* nota. **L. MUSTILL**, « The New Lex Mercatoria, the First Twenty-five Years », in *Liber Amicorum for the Rt Hon. Lord Wilberforce*, Oxford, Clarendon, 1987, 149.

transnational donné, l'arbitre international peut faire référence à un recueil de la lex mercatoria élaboré par des scientifiques et des praticiens « neutres » au lieu d'avoir à fonder sa décision sur une seule sentence arbitrale qui peut partir d'un préjugé idéologique ou économique »[677].

377. Toutefois, force est de constater comme l'a justement relevé M. MAYER « *un autre obstacle se dresse devant ceux qui voudraient considérer les Principes UNIDROIT comme « la » liste des règles de la lex mercatoria : la multiplication des listes, qui risque de conduire à des conflits de listes* ». Si les Principes européens du droit des contrats (*les Principes Lando*) ne posent pas de problème puisqu'ils ne visent pas spécifiquement les contrats internationaux, la liste des Principes élaborés par Central a pour ambition de constituer une superliste[678]. Elle a été élaborée sur la base de tout ce qui préexiste, y compris les Principes UNIDROIT, qu'elle vient concurrencer. Selon un auteur, tous les efforts de codification de la *lex mercatoria* que sont les principes UNIDROIT, ainsi que les principes européens des contrats sont les bienvenus. Cependant, ces différentes « *leges mercatoriae* » ayant vocation à s'appliquer laisseraient les arbitres et la communauté internationale dans une confusion totale [679]. L'auteur conclut en soulignant que l'existence des différentes codifications rend le rôle de

[677] **K. P. BERGER**, *The Creeping Codification of the Lex Mercatoria*, La Haye, Kluwer, 1999, spéc. p. 143.

[678] CENTRAL : un centre de recherches crée en Allemagne par Klaus-Peter BERGER. Le regroupement des règles établies de la *lex mercatoria* dans une seule liste a été exactement ce que le projet du Centre transnational de droit (CENTRAL) à l'Université de Münster a essayé de faire. Cet effort a été couronné par la publication de la « *List of Principles, Rules and Standards of the Lex mercatoria* » sous la direction du CENTRAL ; *Cf.* **P. BERGER**, *The Creepting Codification of the Lex Mercatoria*, 2nd edition, Published in conjunction with the Center for Transnational Law (CENTRAL), University of Cologne, Germany, 2010 *Kluwer Law International*, *adde.*, du même : The concept of "Creepting Codification" of Transnational Commercial Law, disponible en ligne sur : " http://ww.trans-lex.org/4" ; du même: "Lex Mercatoria On line : The CENTRAL Transnational Law Data base at www.tltb.de", disponible en ligne sur le lien suivant: is.muni.cz/el/1422/podzim2008/MP504Z/.../lex_mercatoria5.pdf

[679] **RAESCHKE-KESSLE**, « Should an Arbitrator in International Arbitration Procedure Apply the UNIDROIT Principles», In *UNIDROIT Principles for International Commercial Contracts: A New Lex Mercatoria*? ICC publication n° 490/1, 1995, pp. 167 et s

l'arbitre de plus en plus complexe[680]. Donc, si les Principes UNIDROIT contribuent à la survie de la *lex mercatoria*[681], il faut toutefois se méfier de la multiplication des listes qui peuvent compliquer la tâche des arbitres.

---

680 **RAESCHKE-KESSLE**, *op. cit.,* p. 175, où nous pouvons lire le suivant: « I think that any arbitrator will find it difficult to live with several competing sets of rules on the lex mercatoria, existing independently of each other.

681 **P. MAYER**, « Principes UNIDROIT et *lex mercatoria* », *in, L'actualité de la pensée de Berthold GOLDMAN, Droit commercial international et européen*, sous la dir., de Ph. Fouchard et L. Vogel, éd., Panthéon-Assas, 2004, p. 28 s, spéc. p. 36.

CONCLUSION DE LA PREMIERE PARTIE

378. En matière de conflit de lois, nous avons constaté que l'arbitre a d'abord tendance à comparer les règles de droit international privé des États ayant un lien avec le litige. Si la loi désignée par l'application cumulative des règles de conflit nationales n'est pas appropriée au litige, il n'hésite pas à en interpréter les termes par référence à des règles non étatiques.

379. En cas d'échec, l'arbitre habilité à appliquer la règle de conflit de loi la plus appropriée, a tendance à évaluer les différents éléments de rattachement retenus par les règles de conflit étatiques en concurrence, par référence aux principes généraux du droit international privé.

380. Enfin, en cas de difficulté d'accès aux sources de droit international privé, de trop grandes discordances entre elles, ou tout simplement par économie de motivation, l'arbitre du commerce international dispose de la liberté d'exclure toute règle de conflit au profit de la « voie directe ».

381. Toutefois, au-delà de la diversité des méthodes, se dégage la tendance générale à appliquer la loi du pays où le contrat développe ses effets caractéristiques. En effet, ce rattachement correspond au lieu de l'exécution du contrat et coïncide fréquemment avec le lieu de la résidence ou de l'établissement du débiteur de la prestation caractéristique qui représentent des facteurs de rattachement très répandus. De même la solution est consacrée au titre des principes généraux du droit international privé. Enfin, c'est encore à la loi du pays où le contrat développe ses effets caractéristiques qu'aboutit l'emploi de la méthode dite de « la voie directe ».

382. Lorsque les litigants ont choisi la loi applicable au litige, il est difficile de soutenir que l'arbitre puisse évincer une règle claire et précise de la *lex contractus*, au motif qu'elle ne serait pas conforme aux besoins du commerce international. La sécurité des affaires et le maintien du crédit viennent conforter le fondement conventionnel des pouvoirs de l'arbitre, pour justifier que les parties doivent assumer la responsabilité de leur choix.

383. Néanmoins, à défaut d'*electio juris*, la liberté offerte par les règlementations nationales et les parties permettent à l'arbitre de sélectionner la loi la plus appropriée pour régir le litige. Les arbitres jugent plus approprier le rattachement du litige à la loi du pays de l'exécution du contrat ou de l'établissement du débiteur de l'obligation caractéristique. Ce choix est également inspiré par les besoins du commerce international qui exigent la sécurité des affaires et le maintien du crédit. Le choix de cette loi permet en effet de satisfaire l'attente légitime de la partie dont l'activité n'est pas délocalisée et tient compte du risque assumé par le contractant engagé en connaissance de cause dans une transaction internationale.

384. Dans le cas où la loi la plus appropriée ne comporterait pas de solution précise pour le litige, l'arbitre est libre de désigner une autre loi, plus complète, ou de désigner les principes généraux du droit, tous sélectionnés en raison de leur conformité avec les besoins du commerce international. D'éminents auteurs ont affirmé que la solution de la « voie directe » accordait aux arbitres du commerce international, en l'absence de choix opéré par les parties, une « liberté absolue »[682].

[682] **B. GOLDMAN,** « Nouvelles réflexions sur la *lex mercatoria* », in *Études de droit international en l'honneur de Pierre LALIVE*, Helbing & Lechtenhahn, Francfort-sur-le Main, 1993, pp. 241-255, spéc. p. 245.

PARTIE II : UNE LIBERTÉ ENCADRÉE DANS LA MISE EN OEUVRE DE LA MÉTHODE DE DÉTERMINATION DU DROIT APPLICABLE AU FOND

385. « *Le juge est essentiellement l'homme de la loi ; l'arbitre est l'homme des parties ; il est là par leur volonté, pour faire ce qu'elles lui ont demandé et qu'il a accepté de faire* »[683]. L'affirmation selon laquelle l'arbitre est libre semble être incontestable spécialement dans les arbitrages internationaux, puisqu'il dispose d'un nombre important de méthodes en vertu desquelles il pourra déterminer le droit applicable au fond, si les parties n'ont élu aucun. La 1ère partie de cette thèse pourrait laisser penser que cette liberté est *absolue*. Toutefois, le choix de la méthode ne peut être arbitraire, il est encadré par les objectifs mêmes auxquels il est assigné. L'arbitre du commerce international cherche à satisfaire souvent l'attente légitime des parties, ce qui donne plus de chance à voir sa sentence exécutée spontanément et de garantir son efficacité [684] et son acceptabilité [685] **(Titre1)**. L'efficacité de la sentence est l'objectif final de l'arbitre, il doit être atteint sous le contrôle du juge, gardien de certains impératifs **(Titre 2)**.

TITRE I : L'ADMISSION DES PARTIES : LA SATISFACTION DE LEUR ATTENTE LÉGITIME

386. Le souci d'appliquer la loi répondant le mieux à l'attente légitime des parties apparaît comme le point central autour duquel s'articule la démarche de l'arbitre du commerce international lorsqu'il s'efforce à identifier les règles de droit applicables au fond du litige. Ainsi, la recherche de l'adhésion des parties intervient avant la recherche de la méthode par l'arbitre **(Chapitre 1)**, mais également dans l'application de cette méthode **(Chapitre 2)**.

---

683 **P. MAYER**, « La liberté de l'arbitre », *Conférence donnée le 30 novembre 2012 dans le cadre du Comité Français de l'arbitrage*, *R.A.*, 2013, n° 2, p. 339 et s, spéc. p. 346.

684 **Ph. FOUCHARD**, « Suggestions pour accroître l'efficacité internationale des sentences arbitrales », *R.A.*, 1998, 667.

685 **Ch. JARROSSON**, « L'acceptabilité de la sentence », *R.A.*, 2012, n° 4, p. 793.

CHAPITRE I : LA RECHERCHE DE L'APPROBATION DES PARTIES AVANT LA MISE EN ŒUVRE DE LA MÉTHODE

387. Les arbitres du commerce international tiennent pour une grande partie leurs pouvoirs de l'accord des parties en vertu de la composante contractuelle de l'arbitrage. Cet accord se matérialise le plus souvent sous forme de lettre ou d'acte de mission[686]. C'est pourquoi, avant même de décider quelle méthode employer dans la détermination du droit applicable au fond, ils doivent susciter l'acceptation des parties. Cette acceptation est assurée d'abord par le respect des usages du commerce international, puisque les parties s'attendent à les voir appliquer **(Section I)** ; et évidemment par le respect de leur volonté, notamment en ce qu'elle implique l'application des stipulations du contrat **(Section II).**

[686] Cf. not. **J.-J. ARNALDEZ**, « L'acte déterminant la mission de l'arbitre », in, Études offertes à Pierre BELLET, Litec 1991, p. 1 s.

SECTION I : LE RESPECT DES USAGES DU COMMERCE INTERNATIONAL

388. Depuis plusieurs décennies on relève que les arbitres, de même que les parties, ont de moins en moins recours aux usages du commerce international. En 2015 par exemple, dans 99 % des cas d'arbitrage CCI, les parties ont choisi d'appliquer une loi nationale pour régler leur litige. Donc, seul 1% des affaires avaient, soit les usages pour droit applicable, soit une absence de choix de droit applicable[687]. Ces statistiques ne doivent pas occulter l'importance de l'application des usages notamment dans l'arbitrage corporatif[688]. Certains ont même signalé que c'est par l'arbitrage corporatif qu'étaient tranchés le plus grand nombre de litiges[689]. Mais l'immense majorité des sentences rendues dans ce cadre reste inconnue des juristes car elles ne posent pas de

---

[687] **P. MAYER**, « Choix de la loi et arbitrage », in *Le règlement communautaire Rome I et le choix dans les contrats internationaux*, sous la dir. de S. CORNELOUP et N. JOUBERT, Paris, LexisNexis, Trav. du CREDIMI, 2011, vol. 35, p. 423 ; **J.-B. RACINE**, « Les usages dans l'arbitrage commercial international : une place à géométrie variable », *Journal des sociétés*, nov. 2011, n° 92, p. 37 s ; **SAEZ (C. S)**, *Usages et arbitrage*. Thèse de doctorat soutenue le 4 juillet 2017, Université de Montpellier, sous la dir. de M. Pierre MOUSSERON, disponible en ligne sur : http : // tel. Archives-ouvertes. Fr/tel-01708056/document, spéc. n° 308, p. 240.

[688] Les arbitrages corporatifs concernent des questions précises et techniques. Ils sont la plupart du temps administrés par des fédérations ou syndicats professionnels. Ceux-ci se sont souvent dotés de centres d'arbitrage pour trancher les litiges propres à leur milieu et à leur branche d'activité. Aujourd'hui ces centres sont innombrables. Comme les avait décrits Philippe Fouchard, dès 1965, leur variété « peut aller du chiffon aux viandes congelées (en Belgique), des cuirs bruts exotiques (Gênes) aux fruits secs (Pays- Bas), de la gomme laque au coprah (Grande- Bretagne) » : **Ph. FOUCHARD**, *L'arbitrage commercial international*. Préf. de B. Goldman, Dalloz, coll. Bibliothèque de droit international privé, vol. 2, 1965, spéc. n° 28, note 36 ; *adde*, **É. LOQUIN**, « Retour sur les sources premières de la *lex mercatoria* : les usages du commerce international », in : *Le droit des rapports internationaux économiques et privés*, Mélanges en l'honneur du Pr. J.-M. JACQUET, LexisNexis 2013, pp. 215- 234, spéc. p. 216.

[689] **Ph. FOUCHARD**, *L'arbitrage commercial international. op. cit.*, spéc. n° 296.

difficultés d'exécution[690]. Certaines affaires comme celles de *Philippe Brothers*[691] ou *Raoul Duval*[692] rappellent l'importance du phénomène.

389. Après avoir reconnu à l'arbitre le pouvoir de déterminer à défaut de désignation des parties, la loi qu'il estime appropriée, l'article **73-4** du Code tunisien de l'arbitrage ajoute que « *Dans tous les cas, le tribunal arbitral statue sur le différend conformément aux stipulations du contrat,* ***en tenant compte des usages du commerce applicable à la transaction*** ». L'expression usages du commerce, « *alors qu'elle devrait être bien connue* »[693], a suscité un débat sur sa définition et ses contours **(§1)**. La pratique arbitrale montre une diversité dans l'application par les arbitres des usages du commerce international. Une application qui penche vers la consécration d'une autonomie de ces « règles » à l'égard du mécanisme conflictuel **(§2)**

§1 . La controverse sur la notion d'usage

390. La notion des usages du commerce est problématique non seulement quant à ses contours mais même à son existence. La controverse porte essentiellement sur la conception adoptée par la doctrine pour identifier la notion **(A)**, ainsi que les rapports qu'entretiennent les usages avec la CVIM **(B)**.

---

[690] **Th. CLAY**, *L'arbitre*, Nouvelle bibliothèque de thèses, Dalloz, 2000, p. 302, spéc. n° 356.

[691] Dans cette affaire complexe, 18 sentences ont été rendues. Pour leur contestation devant les tribunaux judiciaires, *cf.* TGI Paris (Ord. réf.) 28 oct. 1988 ; 14 juin 1989 ; 29 juin 1989 ; 15 juill. 1989, *R.A.*, 1990. 497, obs. M. DE BOISSESON p. 337, spéc. p. 347 ; et G. PLUYETTE p. 353 ; Cass. 2e civ., 22 nov. 1989, Bull. civ. II, n° 209, *R.A.*, 1990.142, note S. GUINCHARD ; *Gaz. Pal.* 1990.1. Pan.34 ; Paris 6 avr.1990, *R.A.*, 1990.880, note crit. M. DE BOISSESON.

[692] Première affaire : Paris 2 juill. 1992, *R.A.*, 1996.411 (1ère esp.), obs. Ph. FOUCHARD p. 325, spéc. n°19, 31, 65 et 73 s ; Paris 6 déc. 1994, *R.A.*, 1996.411 (3e esp.), obs. Ph. FOUCHARD p. 325, spéc. n°19, 31, 65 et 73 s ; *Gaz. Pal.* 1995.1. *Jurispr.*207, et la note ; *JCP* 1995.I.3891 § 16, obs. L. CADIET ; Cass.1re civ., 16 déc. 1997 (1er arrêt), *R.A.*, 1999.253 ; *Gaz. Pal.* 1er et 2 juill. 1998. *Jurispr.*29, note B. SAGON ; *Gaz. Pal.* 9-11 janv. 2000, p. 53. Deuxième affaire : TGI Paris 12 mai 1993, *R.A.*, 1996.411 (2e esp.), obs. Ph. FOUCHARD p. 325, spéc. n° 19, 31, 65 et 73 s; *Gaz. Pal.* 1993. 2. somm.578 ; Paris 12 oct. 1995, *R.A.*, 1999.324, note Ph. FOUCHARD et obs. M. HENRY p. 193, spéc. n° 38 ; Cass. 1re civ., 16 déc. 1997 (2e arrêt), inédit. Troisième affaire : Paris 15 juin 1995, inédit. (cité par **Th. CLAY**, L'arbitre, *op.cit.*, p. 302, note n° 4).

[693] **J.-B. RACINE**, *Droit de l'arbitrage*, *op.cit.*, p. 495, spéc. n° 775.

A- Identification problématique des usages : divergence d'approches

391. « *Enfants terribles du droit du commerce international*»[694] pour certains, « *enfant terrible de la grande famille juridique* » pour d'autres[695], les usages sont connus du droit interne où ils jouent un rôle relativement secondaire[696]. Une grande partie de la doctrine française s'accorde pour admettre que les usages constituent « le noyau dur » de la *lex mercatoria* et que l'arbitrage est l'instrument privilégié de son élaboration[697]. Et pourtant, elle est partagée entre deux conceptions, l'une extensive couvrant non seulement les pratiques habituellement suivies dans une branche d'activité précise mais aussi les principes généraux du droit **(1)**, l'autre restrictive se limitant aux premiers **(2)**.

1- La conception extensive des usages du commerce international

392. Un exposé de la thèse de l'école extensive est nécessaire **(a)** ; avant d'examiner les conséquences et les applications de cette conception **(b)**.

---

694 **É. LOQUIN**, « La réalité des usages du commerce international », *R.I.D.E.*, 1989, n° 1, p. 163.

695 **J. ESCARRA**, « De la valeur juridique de l'usage en droit commercial », *article précité*. p. 4.

696 **M. SALAH M. MAHMOUD**, *Rép. Com. Dalloz,* V. Usages commerciaux, 2007 ; **P. MOUSSERON** (dir.), *Les usages en droit de l'entreprise*, LexisNexis, 2010 ; **P. MOUSSERON** (dir.), *Les usages : l'autre droit de l'entreprise,* LexisNexis, 2014 ; **P. DEUMIER**, *Le droit spontané, Économica*, 2002.

697 **Ph. FOUCHARD**, « Les usages, l'arbitre et le juge : à propos de quelques récents arrêts français », in : *Le droit des relations économiques internationales*, Mélanges offertes à Berthold GOLDMAN, Paris, Litec, 1982, p. 67 s ; **B. GOLDMAN**, « La *lex mercatoria* dans les contrats et l'arbitrage internationaux », *J.D.I.*, 1979, p. 475 ; **É. LOQUIN**, « La réalité des usages du commerce international », art. précité, spéc. p. 167 ; le même, « Retour sur les sources premières de la *lex mercatoria* : les usages du commerce international », in : *Le droit des rapports internationaux économiques et privés*, Mélanges en l'honneur du Professeur J.-M. JACQUET, LexisNexis 2013, pp. 215- 234 ; **P. DEUMIER**, *Le droit spontané*, *op.cit.* ; V. contra **P. MAYER** qui pour lui : « *Le rôle des usages n'est plus original dans le droit du commerce international que dans le droit privé interne (...) ; ils constituent un élément à prendre en compte pour l'interprétation de la volonté des parties, et rien de plus* », in **P. MAYER** et **V. HEUZÉ**, *Droit international privé,* 11e éd., *L.G.D.J.*, *Lextenso Editions*, 2014, p. 29, spéc. n° 23 ; *adde,* dans le même sens **A. KASSIS**, *Théorie générale des usages du commerce*, Paris, L.G.D.J., 1984.

a) Exposé de la thèse extensive

393. L'absence de consensus sur la portée du terme « usage du commerce » est symptomatique d'une confusion terminologique entre la notion d'usage du commerce international et les expressions apparentées, telles que « coutumes »[698], « pratiques»[699] et « principes généraux » [700] qu'on assimile souvent [701] . Certains parlent

---

[698] En parlant de la relation qu'entretiennent l'usage et la coutume par exemple, plusieurs évoquent un effacement de ce qui pouvait les distinguer au départ. V. **S. SAOUDI**, *La coutume en droit civil*, Thèse pour le doctorat en droit privé, sous la dir du doyen A. OMRANE, Faculté du droit et des sciences politiques de Tunis, El Manar, 2017-2018 (en arabe) ; **S. ELLEUCH,** « L'usage et la coutume dans le Code des obligations et des contrats », in *Livre du Centenaire du C.O.C.* (1906-2006), *C.P.U.*, Tunis, 2006, pp. 135-175, spéc. p. 140 (en arabe) ; *adde,* **M. de BOISSESON**, *Le droit français de l'arbitrage, interne et international*, éd. GLN-JOLY, 1991, p. 645 ; **Ph. FOUCHARD**, « L'État face aux usages du commerce international », in, *Trav. com fr. DIP*, Paris, Centre national de la recherche scientifique, 1973-1975, p. 74 ; **J. BOUCOURECHLIEV**, *Usages commerciaux, usages professionnels : élaboration et formulation » dans Dix ans de droit de l'entreprise*, Paris, Litec, 1978, p. 19. Plusieurs prétendent en effet que la coutume semble avoir cédé le pas à l'usage. La lecture de nombreux instruments internationaux tels que la Convention européenne sur l'arbitrage commercial international de 1961, les Principes d'UNIDROIT, les lois uniformes de La Haye de 1964 et de nombreuses législations nationales auxquelles il a été fait référence, confirme que c'est d'abord et avant tout au concept d'usage dont il est été fait mention ; V. **Ph. FOUCHARD**, « Les usages, l'arbitre et le juge (…) », prec. p. 67. Force est d'ailleurs de constater qu'il n'est pas jamais fait mention, dans le cadre de la *lex mercatoria*, de règles coutumières. V. **Ph. FOUCHARD**, « L'État face aux (…) », prec. p. 74 : « aujourd'hui, *la coutume proprement dite a perdu presque toute sa consistance en droit privé, et c'est le terme d'usage qui est employé pour désigner l'ensemble du phénomène coutumier* ». Un même constat s'impose au sujet des nombreux instruments à portée internationale qui ne parlent plus que très rarement de coutume.

[699] Selon de nombreux auteurs, l'usage qu'il soit interne ou international, n'est rien d'autre qu'une pratique contractuelle dont le succès aurait assuré la pérennité : **É. LOQUIN**, « Les règles matérielles du commerce international », *in, Hommage à ma mémoire de Philippe FOUCHARD, R.A.*, 2005, n°2 p. 443 s, spéc. 447 ; dans le même sens : **MOUSSERON**, « Les usages de l'arbitrage », *P.A.*, 13 févr. 2013, n° 32, pp. 27-32, spéc. p. 27.

[700] Dans la sentence C.C.I. n° **4761**, *J.D.I.*, 1987, p. 1012, obs. S. JARVIN**,** par exemple *l'obligation de minimiser les dommages* est qualifiée comme étant un élément de la *lex mercatoria.* Aucun effort n'est mis en œuvre par le tribunal pour qualifier cette règle d'usage ou de principe.

[701] **F. OSMAN**, *Les principes généraux de la lex mercatoria : contribution à l'étude d'un ordre juridique anational,* Préf. Éric LOQUIN, t. 224, *L.G.D.J.*, Paris, 1992, spéc. p. 344. L'auteur cite une seule décision où l'on établit une distinction entre

indistinctement de l'une ou de l'autre, alors que d'autres sont plus nuancés. L'identification demeure problématique : au fil du temps, un type de pratique pour une même activité peut devenir usage ou, au contraire, perdre cette qualité. Rien n'interdit encore qu'un type de pratique soit considérée comme relevant de l'usage dans une région du monde, et pas dans une autre. Quels sont les degrés de répétition, de collectif, d'étendue, pour qu'un type de pratique, lié à une même activité, devienne usage[702]?

394. La majorité des lois et Règlements d'arbitrage prévoient souvent que les arbitres doivent tenir compte des stipulations contractuelles et des usages commerciaux pertinents dans tous les cas[703], alors que d'autres ne leur imposent que de tenir compte des usages commerciaux [704] ou uniquement des termes du contrat [705]. Certains ne mentionnent ni les stipulations contractuelles, ni les usages

---

les deux concepts. Il s'agit peut-être, selon lui, de l'exception qui confirme la règle. V. sentence CCI n° **5953**, rendue en 1989, *J.D.I.*, 1990, p. 1056.

[702] **HEYRAUD (Y.),** *Le droit non-étatique dans les rapports internationaux privés : contribution à l'étude des fonctions du droit international privé.* Droit. Université Panthéon-Sorbonne - Paris I, 2017, spéc. n° 182.

[703] Art. **73-4** code tunisien de l'arbitrage ; art 16(5) du Règlement du Centre de Conciliation et d'Arbitrage de Tunis ; art. 1511 du code de procédure civile français ; art. 28 (4) de la loi type de la CNUDCI ; art. 35(3) du Règlement d'arbitrage de la CNUDCI ; art. VIII (1) de la Convention de Genève ; art. 21(1) de la Convention arabe sur l'arbitrage commercial ; art. 13 du Règlement d'arbitrage de la CCI ; art. 59(a) du Règlement d'arbitrage de l'OMPI ; art. 33(3) du Règlement d'arbitrage du Centre d'Arbitrage Commercial International Régional du Caire ; art. 24(2) du Règlement d'arbitrage international du Centre canadien d'arbitrage commercial ; art. 13 du Règlement de la Cour d'arbitrage commercial international de la Chambre de Commerce et d'industrie de la Fédération de Russie ; art. 28(2) du Règlement d'arbitrage international de l'American Arbitration Association…

[704] Art. 47, Arbitration Rules of the Netherlands Arbitration Institute (Règlement d'arbitrage IAN) ; art. 3(4), Arbitration Rules of the Milan Chamber of Commerce (Règlement d'arbitrage international de la Chambre de Commerce de Milan) ; art. 28, Arbitration Rules of the Portuguese Chamber of Commerce and Industry (Règlement d'arbitrage de la Chambre de Commerce et d'Industrie du Portugal) ; art. 27, al. 2 du Règlement d'arbitrage de la Cour d'arbitrage de Côte d'Ivoire ; art. 1496, al. 2 Nouveau Code de procédure civile (France) ; art. 1051(4) du Code de procédure civile (Allemagne) ; art. 813, al. 1er du Nouveau Code de procédure civile (Liban) ; art. 458 bis 14 du Code de procédure civile (Algérie).

[705] Art. 28(1), Arbitration Rules of Procedure for the Gulf Cooperation Council Commercial Arbitration Centre (Règles de procédure d'arbitrage pour le Centre d'arbitrage commercial du Conseil de Coopération du Golfe).

du commerce[706]. C'est notamment la convention européenne sur l'arbitrage international de 1961, qui après avoir réglé dans son article 7 la question de la loi applicable au fond qui pourrait être choisie, soit par les parties, soit par les arbitres, précise ensuite que : « *dans les deux cas, les arbitres tiendront compte des stipulations du contrat et des usages du commerce* »[707].

395. Les partisans de la conception extensive des usages soutiennent que l'obligation faite aux arbitres de « tenir compte » des usages du commerce « dans tous les cas », ne devrait pas être interprétée dans un sens limité où les arbitres y feraient référence à titre subsidiaire et en tant que simples coutumes sectorielles. Ils estiment, en revanche, que selon cette obligation, les arbitres sont en droit d'invoquer les usages à titre de normes juridiques susceptibles, suivant les cas, de fonder leur décision[708]. En fait, ce sont les usages communs à l'ensemble des commerçants qui sont visés.

---

[706] Art. 22, du Règlement d'arbitrage LCIA ; art. 24, du Règlement de l'Institut d'arbitrage de la Chambre de Commerce de Stockholm ; art. 4 du Règlement d'arbitrage international de la Chambre de Commerce de Zürich; art. 41 du Règlement de l'Association d'arbitrage commercial du Japon ; art. 16 du Règlement d'arbitrage du centre d'arbitrage international de la Chambre économique fédérale d'Autriche ; art. 15 du Règlement d'arbitrage de la Cour Permanente d'Arbitrage de la Chambre de Commerce et d'Industrie de Maurice ; art. 187 de la Loi fédérale sur le droit international privé (Suisse) ; art. 36 de la Loi sur l'arbitrage, Japon ; art. 12 de la Loi sur l'arbitrage international (Turquie).

[707] La même formule a été entièrement reprise par l'article 28 (4) de la loi type sur l'arbitrage de la CNUDCI, par ou encore par l'article 35 § 3 du Règlement d'arbitrage de la CNUDCI. L'article 21 (2) du Règlement CCI selon la version de 2012 prévoit également que « *Le Tribunal arbitral tient compte des dispositions du contrat, si seulement, entre les parties* ***et de tous les usages commerciaux pertinents*** ».

[708] **B. GOLDMAN**, « Frontières du droit et *lex mercatoria* », prec, p. 117 et « *La lex mercatoria* dans les contrats et l'arbitrage internationaux », *J.D.I.*, 1979, p. 475 ; du même *in,* « Nouvelles réflexions sur la *lex mercatoria* », Études de droit international en l'honneur de Pierre LALIVE, Helbing & Lechtenhahn, Francfort-sur le Main, 1993, pp. 241-255, spéc. n°3 ; **L. CHÉDLY**, *Arbitrage commercial international et ordre public transnational*, *op.cit.,* spéc. p. 59, note n° 3 ; **É. LOQUIN,** « La réalité des usages du commerce international », *prec*, p. 163 s ; du même « Synthèse attendue du droit de l'arbitrage commercial international : Le traité de l'arbitrage commercial international de Ph. Fouchard, E. Gaillard et B. Goldman », *J.D.I.*, 1996, n° 4, p. 913 ; du même, « Retour sur les sources premières de la *lex mercatoria* : les usages du commerce international », art. prec, p. 215 s ; **F. OSMAN**, *Les principes généraux de la lex mercatoria* (…), *op.cit.,* p. 413 s ; **Y. DERAINS**, « Le statut des usages du commerce international devant les juridictions arbitrales », *R.A.*, 1973, pp. 122- 149. Il écrit que : « *L'assimilation*

396. Dans sa conception extensive, l'usage du commerce international est défini comme « *la règle reconnue appropriée aux besoins du commerce international par une autorité du commerce international* »[709], tantôt comme un « *ensemble de normes ayant pour objet de s'appliquer à divers aspects de l'activité économique internationale, indépendamment des systèmes juridiques étatiques* »[710], ou encore comme « *des normes autres que les normes étatiques* [...] *qui se forment à partir de contrats-types, de conditions générales établies par les associations professionnelles* »[711]. Cette norme aurait un caractère obligatoire et représenterait une véritable règle de droit[712].

397. Dans cette approche extensive, les usages du commerce international se confondraient avec la notion de *lex mercatoria* et engloberaient ainsi tous les éléments de la catégorie[713]. En effet, selon cette approche, l'expression d'« usages du commerce international », pris souvent dans l'expression de *lex mercatoria*, comprendrait, à la fois, les pratiques habituellement suivies dans une branche donnée d'activité, les coutumes du commerce international, les contrats complexes (contrats « clés en main » ou « produit en main », contrat d'euro-émission...) élaborés dans une profession ou une branche particulière du commerce international par une association

---

des usages anationaux à la coutume marchande est justifiée dès lors que les arbitres internationaux qui se réfèrent aux usages du commerce international estiment faire application de normes coutumières (...) que les parties pouvaient le plus légitimement prévoir » ; *adde*, **G. MARTY**, « Le rôle des juges dans l'interprétation des contrats », in, *Travaux de l'Association Henri Capitant.*, t. V. 1949, p. 92 ; **J.-M. JACQUET, Ph. DELEBECQUE & S. CORNELOUP**, *Droit du commerce international*, Paris, Dalloz, 1ère éd. 2007, spéc. n° 36. **J.-M. JACQUET** considère que : « *Les usages du commerce international constituent un premier jalon vers un droit non étatique des relations commerciales internationales, dont la lex mercatoria constituera la figure emblématique* ».

709 **É. LOQUIN**, « La réalité des usages du commerce international », prec, spéc. p. 167.

710 **Y. DERAINS**, « Le statut des usages du commerce international (...), prec.

711 **Ph. FOUCHARD**, « L'État face aux usages du commerce international », prec.

712 **P. DEUMIER**, *Le droit spontané, op.cit.*, spéc. p. 245.

713 **E. GAILLARD**, « La distinction des principes généraux du droit et des usages du commerce international »,*Mélanges Pierre Bellet*, Litec, 1991, spéc. p. 203. « *Dans le souci de mieux prouver son existence, ses premiers partisans ont regroupé sous la même dénomination tous les éléments : usages professionnels codifiés, clauses contractuelles répétés, sentences arbitrales appliquant des principes généraux...* ».

professionnelle ou interprofessionnelle[714] ; les usages établis par un centre permanent d'arbitrage (les incoterms, les Règles et Usances Uniformes en matière de crédit documentaire de la CCI et, enfin, de véritables règles de droit dégagées d'autres sources internationales.

398. La conception extensive des usages suppose que l'objet du choix des parties, voire des arbitres, soit qualifié par un critère beaucoup plus vaste que celui du terme « loi ». C'est bien le critère de « règles de droit » qui est retenu, particulièrement, par la version arabe qui fait foi de l'article 73 (1) du Code tunisien de l'arbitrage ainsi que par l'article 1496 ou 1511 du NCPC français. Ce courant qui s'amplifie tend à voir dans les usages du commerce, auxquels les principes généraux du droit sont souvent assimilés, la norme naturelle de solution des litiges du commerce international. Selon J.-P. ANCEL « *une telle conception extensive des usages du commerce international tend, en réalité, à les assimiler à des principes généraux du droit, ce qu'ils ne prétendent pas être* »[715].

b) Conséquences et applications de la conception extensive

399. Les conséquences de la conception extensive. L'ambiguïté du statut réservé aux usages dans les textes relatifs à l'arbitrage et dans les œuvres doctrinaux a eu un écho direct sur les sentences arbitrales où l'on observe la consécration de positions divergentes à propos du contenu et du rôle que les usages peuvent jouer notamment lorsqu'une loi nationale est applicable.

400. Ainsi, certains textes ont réservé une place spéciale aux usages. L'exemple le plus marquant est la convention européenne sur l'arbitrage international de 1961 qui indique que « ***les arbitres tiendront compte des stipulations du contrat et des usages du commerce*** » en présence ou en absence d'une volonté des parties quant à la loi applicable.

401. En effet, dans « *cette conception* [qui] *assimile purement et simplement les usages et les principes généraux du droit du commerce*

---

[714] Pour des illustrations, *Cf.* **Ph. FOUCHARD**, *L'arbitrage commercial international*, *op.cit.*, p. 409 s, spéc. n° 590 ss ; **SIMON**, *Le commerce international de céréales*, thèse dactyl., Paris II, 1982 ; **Ph. KHAN**, *La vente commerciale internationale*, Paris, Sirey, 1961.

[715] In, « L'application d'un droit non-étatique dans l'arbitrage international », *Revue Libanaise de l'Arbitrage* 2011, n° 57, p. 12 s, spéc. p.15.

international »[716], les usages seront même préférés aux lois nationales. Il en résulte que les usages doivent être respectés même si c'est une loi étatique qui est désignée pour régir la relation litigieuse. Ainsi, les arbitres auront la possibilité de s'écarter des dispositions de la loi choisie par les parties en invoquant l'obligation qui leur est faite d'appliquer « *dans tous les cas* » des usages du commerce international [717]. C'est pourquoi on a pu soutenir qu'« *a fortiori, l'arbitre du commerce international doit-il préférer ces usages aux droits étatiques. Il pourra même, en raison de sa situation particulière, favoriser leur application, leur fixation* »[718]. Suivant cette approche, « *les usages remplacent dans le commerce international la loi (nationale) applicable* »[719].

402. Les applications de la conception extensive. L'arbitre peut-il évincer une règle de droit par l'usage ? La jurisprudence reconnaît aux usages une valeur normative devant les arbitres.. Ces derniers peuvent les appliquer d'office, à la condition de soumettre ce point aux débats contradictoires des parties[720]. Cela peut-il conduire le Tribunal arbitral à exclure les autres règles de droit choisies par les parties, et éventuellement les dispositions d'une loi nationale ?

403. À l'exception des règles d'ordre public, les solutions jurisprudentielles peuvent conduire à une réponse affirmative[721]. En ne

---

716 **Ph. FOUCHARD, E. GAILLARD** et **B. GOLDMAN**, *Traité*, *op.cit.*, spéc. n° 1513.

717 *Ibid, loc. cit.*

718 **M. de BOISSÉSON**, *Le droit français de l'arbitrage, interne et international*, éd. GLN-JOLY, 1991, p. 592, spéc. n° 662 ; **Ph. FOUCHARD**, *L'arbitrage commercial international. op. cit.*, p. 419, spéc. n° 598. Toutefois, tout en maintenant l'idée que les usages sont bien des règles de droit, M. FOUCHARD soutient, dans sa nouvelle réflexion, que le caractère morcelé des usages et « *leur très grande diversité...leur interdit souvent d'atteindre un degré élevé de généralité* ». Il en résulterait, d'après l'éminent auteur, qu'ils soient maintenus « *à un niveau intermédiaire entre la règle conventionnelle et la norme de droit, abstraite et générale* ». *Cf.* « Les usages, l'arbitre et le juge : à propos de quelques récents arrêts français », *article précité*, p. 67 s, spéc. p. 77.

719 **P. BELLET** et **E. MEZGER**, « L'arbitrage international dans le nouveau code de procédure civile », *Rev. crit. DIP.*, 1981, pp. 21s

720 *Cf*, **P. GIRAUD**, *Le devoir de l'arbitre de se conformer à sa mission,* thèse pour le doctorat en droit soutenue publiquement le 4 décembre 2014, Préf. Ch. Jarrosson, Larcier, Bruylant, 2017, p. 287, spéc. n° 363.

721 C.A de Paris, 12 juin 1980, *Banque du Proche-Orient c/ Société Fougerolle, R.A.*, 1981, p. 292, note G. COUCHEZ et Cass. civ. 2e, 9 déc. 1981, *Société Fougerolle c/ Banque du proche- Orient* (2e esp.), *R.A.*, 1982, p. 183, note G. COUCHEZ.

hiérarchisant pas la valeur des usages, principes et règles de droit, les juridictions françaises autorisent l'arbitre à faire primer un usage sur la règle de droit pertinente[722].

Mais qu'en est-il de la volonté des parties ? Ont-elles donné leur accord à un tel évincement de la règle de droit au profit des usages ? Si les parties sont restées silencieuses quant à l'application des usages, il est possible de s'interroger sur leur volonté réelle de voir primer un usage *contra legem*[723]. En effet, si les parties ont choisi un droit applicable, il est à supposer que leur volonté est de voir ce droit régir leur situation. Or l'application d'un usage *contra legem* heurte cette volonté.

Tel n'est pas le cas si les parties ont entendu se référer à un droit étatique et aux usages. Dans cette hypothèse, les usages, qui sont généralement spécifiques à une question, peuvent être conçus comme des normes spéciales dérogeant aux normes générales contraires du droit applicable : la volonté des parties de voir primer l'usage peut alors raisonnablement être présumée. Quoi qu'il en soit, le droit positif français autorise l'arbitre à faire primer l'usage *contra legem*. Les parties sont présumées avoir donné mission à l'arbitre d'appliquer des usages[724]

---

722 **Ph. FOUCHARD**, « Les usages, l'arbitre et le juge (…), prec., p. 84.

723 La locution latine *contra legem* (et non *legam*) signifie littéralement contre la loi. Elle s'emploie pour caractériser l'arrêt, l'interprétation législative, la coutume, l'usage, la pratique que l'on estime contraire à la loi écrite. V. **Ph. FOUCHARD, E. GAILLARD** et **B. GOLDMAN**, *Traité*, *op.cit.*, spéc. n° 1514 ; *adde*, **J.-F. POUDRET & S. BESSON**, *Droit comparé de l'arbitrage international*, *op.cit.*, spéc. n° 689 ; v. aussi **E. GAILLARD**, « Le contrôle du droit appliqué au fond par l'arbitre et la durée de la mission de l'arbitre international », note sous Cass. civ. 1ère, 15 juin 1994, *R.A.*, 1995, p. 88, spéc. p. 95 , qui, après avoir rappelé qu'il existait un pouvoir de tout arbitre siégeant en France, en vertu de l'ancien article 1496 (désormais 1511) du Code de procédure civile, dans tous les cas, quel que soit le droit choisi par les parties, de tenir compte des usages du commerce international, explique que la référence aux usages de l'article 1496 doit être « *comprise comme permettant aux arbitres de tenir compte des pratiques généralement suivies dans le secteur d'activité concerné et non d'appliquer de véritables règles de droit supranationales qui pourraient conduire en définitive à écarter l'application du droit choisi par les parties ou simplement à dispenser d'en rechercher le contenu* ». L'éminent auteur note également, que, (spéc. p. 93) dans l'hypothèse où les parties auraient voulu que l'arbitrage soit soumis au droit français et que les arbitres auraient écarter les dispositions de droit français pour appliquer les usages du commerce international, il y aurait dépassement de sa mission par l'arbitre.

724 **E. LOQUIN**, « Arbitrage-Instance arbitrale-Arbitrage de droit et amiable composition », *Jurisclasseur Procédure civile,* fasc. 1038, 2010, n° 83.

et le nouvel article 1511 du Code de procédure civile impose d'ailleurs l'arbitre d'en «**[tenir] compte** ». La soumission de l'arbitrage au droit français emporte présomption de volonté des parties de voir les usages régir le litige en supplantant, au besoin, des règles de droit. Sachant que l'action en responsabilité des arbitres est irrecevable même en cas de mauvaise application de la loi[725]. De plus, « *une telle action ne peut être substituée aux voies de recours ouvertes contre la sentence, ni conférer indirectement au juge étatique un pouvoir de révision de la décision arbitrale...* »[726]

404. La sentence CCI n° **6454** de 1991 représente un exemple significatif de la primauté des usages par rapport à la loi élue par les parties. Dans cette affaire, les parties s'étaient mises d'accord sur l'application de la loi turque au contrat. La question discutée entre elles était de savoir si le caractère international du contrat était suffisant pour donner la priorité aux clauses contractuelles et aux usages internationaux plutôt qu'aux règles de la loi turque.

Alors, s'engagea un débat très intéressant sur l'application de l'article 13 du Règlement de la CCI quant à la hiérarchie des règles applicables au contrat.

Pour le demandeur, l'article 13 du Règlement instaurait une hiérarchie automatique qui menait vers l'application des stipulations contractuelles et des usages du commerce (*lex mercatoria*) de prime abord, puis ensuite, vers celle de la loi turque choisie par les parties quand la question soulevée n'avait pu être réglée par le contrat ou la *lex mercatoria*.

La partie défenderesse soutenait que les arbitres étaient tenus par les stipulations contractuelles des parties y compris quant au choix de la loi turque.

Dans sa réponse, le Tribunal arbitral a d'abord souligné le fait que la communauté internationale avait créé des règles qui lui étaient propres. Ces règles tiraient leur force obligatoire de leur adoption dans les contrats, des sentences arbitrales, ainsi que de la doctrine et des décisions des juridictions étatiques. L'utilité de ces règles était moins contestable que celle des règles issues des systèmes internes qui évoluaient avec une grande lenteur. Le Tribunal a remarqué que la

---

725 **لطفي الشّاذلي**، " التّعليق على المادّة 16 من قواعد الأنسيترال للتّحكيم حول استبعاد المسؤوليّة"، المرأة ومحيطها، أولويّتها..." مجموعة أعمال مهداة إلى الأستاذة سكينة بوراوي، مركز النّشر الجامعي، 2018، ص. 71 وما بعد، خاصّة ص. 99.

726 T.G.I. de Paris, 13 juin 1990, Bompart c/ Consort- S. Carcassonne et autres, G.P., 1990, II, Somm, p. 417.

pratique arbitrale en était arrivée au point où, dans le domaine du commerce international, les règles internationales étaient appliquées sans qu'il soit nécessairement fait référence aux droits nationaux[727]. Ensuite, le Tribunal s'est penché sur l'article 13 du Règlement de la CCI et a essayé de l'interpréter pour répondre à la question de l'effet de l'article 13§5 sur la hiérarchie des règles applicables en l'espèce[728].

Il est apparu au Tribunal que le seul fait d'avoir choisi un arbitrage CCI obligeait les parties à accepter la possibilité pour le Tribunal d'appliquer les dispositions contractuelles ainsi que les usages du commerce, et cela indépendamment du fait d'avoir choisi la loi applicable[729]. Le Tribunal fait clairement l'amalgame entre les usages et la *lex mercatoria*. Il précise que selon l'article 13§5, le Tribunal était dans l'obligation de prendre en considération et non pas d'appliquer la

---

[727] « *It is a known fact that today, International Trade has created rules that are characteristic to itself. These rules enter into area of law through provisions in contracts concerning international commercial activities, arbitral awards, sometimes legal works and court decision. Considering that modification of domestic laws takes a long time and that these modifications are usually based on international interests, it is easy to assess the importance in the international level of the rules created by international Trade. In recent years, this international practice has reached, in the western world, its peak where such rules are applied in the area of international trade without the interference-to the extent possible-of domestic laws*».

[728] Le tribunal decide qu': « *ICC rules of arbitration have vested a binding effect as to the parties on the characteristic rules of International Trade by virtue of Art. 13. Pursuant to this provision, it's possible to apply provisions of the contract and International Trade Usages (lex mercatoria) independent from the domestic law chosen by parties. The expression "in all cases" in § 5 of art. 13 of ICC Rules of Arbitration is a clear indication of this principle. However, it is no possible to conclude that Lex Mercatoria will always have a superseding effect on domestic law chosen by the parties, or, in other words, that Lex Mercatoria will always be granted priority of application in comparison with the domestic law agreed upon by the parties. Consequently, Art. 13§5 of ICC Rules of Arbitration, Lex Mercatoria is required in Hence the arbitrators may apply the Lex Mercatoria of the extent that it does not contradict the rules of domestic law which concerns public policy*".

[729] Cette attitude est dûment critiquée par M. GAILLARD dans son article précité dans les termes suivants : « *En présence d'un choix explicite de la loi applicable, il serait totalement artificiel de prétendre de rattacher l'application des règles transnationales à la volonté des parties au seul motif que celle-ci l'aurait acceptée en adoptant un Règlement d'arbitrage qui lui-même permet aux arbitres de tenir compte des usages dans tous les cas* ». V. **E. GAILLARD**, « La distinction des principes généraux du droit et des usages du commerce international », *article précité*, p. 214.

lex mercatoria. Le Tribunal disposait donc d'une marge de manœuvre limitée par les règles de l'ordre public du droit applicable.

Le Tribunal a ajouté que les arbitres qui décidaient de chercher la solution dans la *lex mercatoria* plutôt que dans la loi choisie par les parties devaient s'assurer que :

-les usages auxquels ils ont fait référence sont bien établis et ont atteint le statut d'une règle de droit dans la pratique internationale ;

-si aucune règle issue du droit national n'est satisfaisante ou encore compatible avec les besoins pratiques liés au contexte international, il est alors légitime de se référer à la *lex mercatoria*,

-enfin, les règles de la *lex mercatoria* ne sont pas contraires aux principes de l'ordre public du pays concerné[730].

Le Tribunal a décidé de résoudre chaque question en litige selon les règles du droit turc ainsi que selon les règles de la *lex mercatoria* ; et si les deux s'opposaient, le Tribunal opterait pour la plus appropriée.

405. Dans cette sentence, la *lex mercatoria* ne pouvait écarter que les règles supplétives du droit normalement applicable. Dans bien d'autres cas, les arbitres sont allés encore plus loin et semblent avoir vu dans l'article 13§5 la consécration d'un système qui implique une hiérarchisation automatique et condamne la loi étatique à un rôle supplétif, l'arbitre ayant d'abord recours aux contrats et aux usages[731].

406. La sentence CCI n° **7375**[732]représente un exemple intéressant. Dans cette affaire, le Tribunal a décidé d'écarter l'application d'un

---

[730] « *The arbitrators should observe the following three points when deciding to seek the solution in Lex Mercatoria instead of domestic law chosen by the parties: 1) The usage which would resolve the dispute being well established and should having attainted the status of a legal rule in international practice, 2) absence of a satisfactory rule in the domestic law or, even if such a rule exists, such rule being unable to satisfy the practical needs characteristic to international trade and Lex Mercatoria deserving preference from this aspect, 3) Lex Mercatoria not being contrary to principles of public policy in the domestic law*».

[731] V. à titre d'exemple la sentence CCI n° **5030** de 1992, *J.D.I.*, 1993, p. 1004 ; Rec. CCI. III, p. 475.

[732] Sentence C.C.I. n° **7375** rendue en 1996, in, **J.-J. ARNALDEZ, Y. DERAINS** et **D. HASCHER**, *Rec. des sentences arbitrales C.C.I.* 1996-2000, *I.C.C. Publishing, Kluwer Law Arbitration* 2003.

« *The tribunal will apply those general principles and rules of law applicable to international contractual obligations which qualify as rules of law and which have earned a wide acceptance and international consensus in the international business community, including notions which are said to form part of the lex mercatoria, also taking into account any relevant trade usages as well as the*

quelconque droit national au motif que les parties n'avaient rien spécifié quant à son application. L'arbitre devait notamment décider de la durée de la prescription. L'une des parties soutenait que le droit du Maryland était applicable, alors que l'autre soutenait l'application du droit iranien. L'arbitre a décidé d'écarter toute application d'un quelconque droit national.

407. Dans une autre affaire CCI, le Tribunal, après avoir déterminé qu'il aurait été inadéquat d'appliquer un droit national, a jugé que les règles de la *lex mercatoria*, dont les usages du commerce international, devaient régir le différend[733]. Dans l'affaire CCI n° **7710**, le Tribunal a décidé d'appliquer les principes généraux et autres règles jouissant d'un large consensus international[734]. La même démarche a été suivie dans d'autres sentences[735].

408. L'application d'une conception extensive des usages du commerce international aurait de « graves » conséquences d'autant plus qu'elle permettrait aux arbitres d'écarter les règles du droit choisi par les parties en soulignant l'obligation pesant sur eux d'appliquer « dans tous les cas » les usages. Cette conséquence est totalement écartée par l'école restrictive.

2- La conception restrictive des usages du commerce international

a) Exposé de la conception restrictive

409. Selon l'école restrictive[736], l'usage du commerce est alors perçu comme une notion englobant seulement « ***les pratiques***

UNIDROIT Principles, as far as they can be considered to reflect generally accepted principles and rules».

733 Sentence partielle n° **9875** rendue en décembre 1999, en ligne sur www.unilex.info.

734 Sentence CCI n°**7710** rendue en 1995, *J.D.I.*, 2001, n° 4, p. 1147.

735 Sentence CCI n°**7235** rendue en 2001, *Gaz. Pal.,* 2001, p. 37. Le Tribunal arbitral a considéré que « *L'application de ces textes*[renvoi au Règlement d'arbitrage de la CCI (art.13) et à la loi suisse sur le droit international privé]*et la référence au droit international au contrat conduisent l'arbitre à trancher toute question qui ne serait pas directement réglée par le contrat par recours aux règles de droit transnationales, aux règles de la lex mercatoria, aux usages commerciaux et aux règles supplémentaires ou correctives d'un ordre public transnational* ».

736 Parmi les adeptes de cette école peuvent être cités les éminents auteurs suivants : **E. GAILLARD**, « La distinction des principes généraux du droit et des usages du commerce international », prec, spéc. p. 212 ; **Ph. FOUCHARD, E. GAILLARD** et **B. GOLDMAN**, *Traité*, *op.cit.,* spéc. n° 1513 ; **Ph. KAHN**, « Les principes

habituellement suivies dans une branche d'activité ». La référence faite aux usages devrait être comprise comme permettant aux arbitres de tenir compte des pratiques généralement suivies dans le secteur d'activité concerné et non pas d'appliquer des règles véritables de droit transnational qui pourraient conduire en définitive à écarter l'application du droit choisi par les parties ou simplement à dispenser d'en chercher le contenu[737]. Cette extension est critiquée par M. MAYER du moment où « *on arrive ainsi à introduire des règles différentes de celles de droit étatique choisi par les parties, et ne correspondant à aucun usage établi dans la profession* »[738].

410. La notion d'usage du commerce international est à distinguer de celle des principes généraux du droit ou encore de celle, plus large, de *lex mercatoria*[739]. Il serait illogique qu'après avoir proclamé la liberté des parties, ou des arbitres à défaut d'un choix exprimé par les parties, et placé le respect des termes du contrat au premier rang des préoccupations des arbitres, on veuille revenir en arrière et chercher à diminuer la portée du choix fait par les parties en faveur de l'application d'un droit déterminé.

411. Ceci étant, une conception alternative est intervenue pour indiquer que les usages du commerce international sont de simples instruments d'interprétation du contrat compris, bien entendu, de son

---

généraux du droit devant les arbitres du commerce international », *J.D.I.*, 1989, p. 303 s ; **B. OPPETIT**, « Arbitrage et contrats d'États. L'arbitrage *Framatome* et autres *c Atomic Energy Organisation of Iran* », *J.D.I.*, 1984, p. 37 ; **Y. DERAINS & E.A. SCHWARTZ**, A guide to the ICC Rules of Arbitration, p. 243 ; **M. VIRALLY**, « Un tiers droit ? Réflexions théoriques », in, Mélanges GOLDMAN, pp. 373-385, spéc. p. 373 à la p. 384 ; **A. KASSIS**, *Théorie générale des usages du commerce international*, Paris, *L.G.D.J.*, 1984, spéc. p. 579 ; **M. de BOISSÉSON**, *Le droit français de l'arbitrage, interne et international*, *op.cit.* ; **J.-M. JACQUET, Ph. DELEBECQUE & S. CORNELOUP**, *Droit du commerce international*, *Dalloz* 2010, 2ème éd., p. 866, spéc. n° 1114 ; B.D, Note sous Sentence CCI. n° **14748** rendue en 2009 (originale en langue française), *J.D.I.*, 2016, n° 4, pp. 623-336, spéc. p. 628 ; **O. LANDO**, « The Lex *Mercatoria* in International Commercial Arbitration », (1985) 34 I.C.L.Q. 747.

737 *Rev. Lamy Droit des affaires*, 2007, commentaire de l'article 1496 NCPC ; *adde*, Cass. Civ. 15 juin 1994, Société Soniped c/ Société Sigmoil, *R.A.*, 1995, n° 1, p. 95, note E. GAILLARD.

738 « L'autonomie de l'arbitre dans l'appréciation de sa propre compétence », *R.C.A.D.I.*, 1989, t. 217, Vol. V, p. 423.

739 **E. GAILLARD**, « La distinction des principes généraux du droit et des usages du commerce international », prec, spéc. p. 203.

interprétation complétive[740]. En fait, c'est une autre approche pour interpréter les usages du commerce international de façon dite restrictive qui, à l'opposé de la conception précédemment analysée, ne voit dans ces derniers que des pratiques habituellement suivis dans une branche d'activité donnée, d'où le respect du choix des parties quant à la loi applicable.

En outre, « *le faite de tenir compte de ces pratiques ne peut en effet jamais permettre aux arbitres de s'écarter de la loi applicable mais tout au plus d'interpréter la volonté des parties censées s'être conformés aux usages dans le silence de leur convention* »[741]. En effet, lorsqu'on estime que les usages du commerce international sont seulement des pratiques contractuelles habituellement suivies dans une branche donnée du commerce, comme ceux des usages du commerce maritime, des usages du commerce du blé, de la céréale, etc. ; leur rôle n'est que supplétif, c'est-à-dire qu'il permettent aux arbitres d'interpréter, quelle que soit la loi applicable, la volonté des parties. Ils sont à cet égard proches des lois dites supplétives de volonté qui ne s'appliquent aux individus que dans la mesure où ces derniers n'ont pas manifesté de volonté contraire. Dans ce sens, les usages sont identifiés comme des dispositions contractuelles tacites et possèdent donc la même force que les dispositions de la convention.

412. Le Pr. J.-B. RACINE souligne que le législateur français s'est bien gardé d'apporter des précisions s'agissant de la nature des usages du commerce international, ou encore de celle des usages professionnels. Cette dernière formule, à son avis, ayant eu été plus pertinente[742]. C'est la position d'ailleurs d'une grande partie de la doctrine suisse[743] et française[744]. Elle est, en plus, justifiée car elle permet d'anéantir les débordements du choix de la loi étatique par l'application des principes généraux du droit[745].

413. La conception restrictive des usages ne comporte pas les mêmes dérives de celle extensive. Le fait pour les arbitres d'en tenir

---

[740] **A. KASSIS**, *Théorie générale des usages du commerce (...), op.cit.,* spéc. p. 335.

[741] **E. GAILLARD**, J.-cl. dr. int., 1996, Fasc. 586-9-1, n° 95, p. 25.

[742] **J.-B. RACINE**, « Les usages dans l'arbitrage commercial international : une place à géométrie variable », *Journal des sociétés*, nov. 2011, n° 92, p. 37 s.

[743] **J.-F. POUDRET & S. BESSON**, *Droit comparé de l'arbitrage international, op.cit.,* p. 630, spéc. n° 694.

[744] **Ph. FOUCHARD, E. GAILLARD** et **B. GOLDMAN**, *Traité, op.cit.,* spéc. n° 1513 et les références citées à la note 1076.

[745] *Ibid*, n° 1513.

compte ne leur permet pas « […]*de s'écarter de la loi applicable mais tout au plus d'interpréter la volonté des parties censées s'être conformées aux usages dans le silence de leur convention* »[746]. Pour d'autres, « (…) *la référence faite aux « usages du commerce » à l'article 1511 alinéa 2 nouveau n'autorise pas les arbitres de s'écarter du choix du droit opéré par les parties au motif qu'ils devraient appliquer « **dans tous les cas les usages du commerce** »*[747].

414. Selon la doctrine tunisienne, « *cela signifie que l'arbitre statue sur le différend conformément aux stipulations contractuelles en tenant compte des usages du commerce lorsque les parties ont usé de leur liberté et choisi une loi étatique ou des règles transnationales, lorsque l'arbitre a procédé lui-même à la désignation du droit applicable mais également lorsque l'arbitre a des pouvoirs d'amiable compositeur* »[748]. La conception restrictive s'impose, d'autant plus qu'en droit tunisien, le texte n'utilise pas l'expression « usages du commerce » ou « usages du commerce international » mais précise bien qu'il s'agit des « ***usages du commerce applicables à la transaction*** ». Ce qui semble bien être les usages habituellement suivis dans une branche d'activité déterminée[749].

415. Selon une doctrine française unanime, l'expression **« *dans tous les cas* »** recouvre aussi bien le choix de la loi applicable fait par les parties que par les arbitres[750].

---

[746] *Ibid, loc cit.*

[747] **E. GAILLARD & P. De LAPASSE**, « Commentaire analytique du décret du 13 janvier 2011 portant réforme du droit français de l'arbitrage », *Les Cahiers de l'Arbitrage,* 2011/2, pp. 263-329, spéc. p. 320, n° 105.

[748] **K. MEZIOU,** « Le droit applicable au fond (…) », article précité, spéc. p. 65 ; du même « Le droit de l'arbitrage international en Tunisie », en ligne sur https://www.courdecassation.fr/IMG/File/pdf_2007/13-06-2007/13-06-2007_meziou.pdf, publié le 13/06/2007, spéc. p. 2 ; **N. GARA**, *Le code de l'arbitrage annoté,* Maison du livre, Tunis 2016, spéc. p. 229.

[749] **K. MEZIOU,** « Le droit applicable au fond (…) », article précité, spéc. p. 66.

[750] **Ph. FOUCHARD**, *L'arbitrage commercial international*, thèse, Dijon, 1965, n° 598, p. 418 ; **Ph. FOUCHARD, E. GAILLARD**, **B. GOLDMAN**, *Traité*, *op.cit.*, spéc. n° 1513 ; **E. GAILLARD**, «Trente ans de *lex mercatoria* : pour une application sélective de la méthode des principes généraux du droit », *J.D.I.*, 1995, n° 94 ; **M. de BOISSÉSON***, op.cit.*, n° 662, p. 592 ; **B. GOLDMAN**, « La nouvelle réglementation française de l'arbitrage international », *The Art of Arbitration*, Mélanges P. Sanders, 1982, p. 153 s, spéc. n° 26, p. 165. Cet auteur l'interprète dans un sens plutôt négatif en ajoutant : « même si les parties n'y ont pas fait référence » c'est-à-dire aux usages ; **J.-B. RACINE**, « Les usages dans l'arbitrage commercial international : une place à géométrie variable », *Journal*

416. La doctrine suisse retient une autre signification : « ***dans tous les cas, c'est-à-dire qu'il s'agisse d'un arbitrage en droit ou d'une amiable composition, les arbitres tiendront compte des stipulations du contrat et des usages du commerce*** »[751]. Ces auteurs interprètent cette formule dans le sens « *qu'elle n'a pas pour objet de se substituer à la loi ou à la règle de droit choisie par les parties ou les arbitres. Il s'agit d'une obligation de complémentarité ou, si l'on préfère, d'un rappel à l'intention des arbitres : ayant déterminé le droit applicable, ceux-ci doivent prendre en considération, d'une part, le contrat* [...], *d'autre part, les usages du commerce ou de la branche, qui jouent alors un rôle supplétif* [...]»[752].

417. Toutefois, cette dernière interprétation est critiquable et doit être écartée pour deux raisons au moins. La première tient à ce que pour l'arbitre, les usages sont du droit et non pas de simples faits[753]. Les usages ne peuvent donc pas seulement constituer des *data* que les arbitres pourraient se contenter de consulter. « **Tenir compte** » des usages ne saurait se résumer à une simple consultation qui se solderait, le cas échéant, par une absence d'application de ces usages au profit d'une loi nationale.

La deuxième raison tient à l'inadéquation des conséquences de cette interprétation. En effet, adopter une telle lecture de la formule « **prise en considération** » reviendrait à considérer l'usage, même au sein de l'arbitrage, comme un simple fait juridique, auquel la loi applicable au

---

des sociétés, nov. 2011, n° 92, p. 37 s. Pour le Pr. RACINE, le fait que l'arbitre tienne compte « dans tous les cas » des usages, signifie que l'arbitre se devrait de consulter les usages, tant dans les situations où les parties auraient choisi un droit étatique, voire non étatique, tel que la *lex mercatoria* par exemple, que dans les situations où les parties n'auraient pas effectué un tel choix et qu'il reviendrait à l'arbitre de le faire ; *adde*, **E. LOQUIN**, *L'arbitrage du commerce international*, *op.cit.*, n° 445, spéc p. 365. Toutefois, il ajoute : « (...) *ou que le tribunal arbitral ait jugé en qualité d'amiable compositeur* » ; du même in, « Retour sur les sources premières de la *lex mercatoria* : les usages du commerce international », art. prec, spéc. p. 219.

751 **J.-F. POUDRET & S. BESSON**, *Droit comparé de l'arbitrage international*, *op. cit*, p. 624, spéc. n° 689.

752 *Ibid, loc. cit.*

753 Sur la polémique relative aux usages conventionnels et usages règles nous renvoyons à la thèse le **F. OSMAN**, *Les principes généraux de la lex mercatoria : contribution à l'étude d'un ordre juridique anational*, précitée, pp. 413-429, qui dès le début des années 90 a relevé un recul de la distinction et a déduit ses conséquences pour proposer une nouvelle lecture des usages anationaux penchée vers la reconnaissance de la normativité des usages.

fond permettrait quelques effets. Or, cela est incompatible avec la pratique arbitrale. Dans l'affaire *Valenciana*[754], la Cour a démontré l'inutilité du recours à la désignation d'une loi nationale, en cas d'absence de choix préalable par les parties. Les arbitres sont libres d'appliquer les usages, même en l'absence de lois nationales applicables au fond du litige.

De plus, s'agissant du contrôle des juges de fond sur le choix opéré par les arbitres, la Cour de cassation française a précisé qu'« *il n'appartenait pas à la cour d'appel, saisie du recours en annulation ouvert par les articles 1504 et 1502,3° du NCPC, de contrôler les conditions de détermination et de la mise en œuvre par l'arbitre de la règle de droit retenue* »[755]. La même position a été consacrée en quelque sorte par la Cour de cassation tunisienne par un arrêt rendu le 11 décembre 2019[756]. Ainsi, l'usage est une règle de droit, et ne saurait se réduire à un simple fait juridique que les arbitres se limiteraient à consulter.

---

[754] Sentence CCI n° **5133** rendue le 1er septembre 1988, *Primary Coal Inc. c./ Compania Valenciana de Cementos Portland, R.A.*, 1990, p. 401 ; CA de Paris, 1re Ch., sect. C, 13 juillet 1989, *Compania Valenciana de Cementos Portland SA c./ Primary Coal Inc., R.A.*, 1990, p. 663, note P. LAGARDE ; Cass 1re civ. 22 octobre 1991, *Valenciana, Rev. crit. D.I.P.* 1992, p. 113-116, obs., B. OPPETIT, *J.D.I.*, 1992, p. 177-186, note B. GOLDMAN, *R.A.*, 1992, pp. 457-461, note P. LAGARDE.

[755] Cass 1re civ. 22 octobre 1991, *Valenciana, Rev. crit. D.I.P.* 1992, p. 113-116, obs., B. OPPETIT, *J.D.I.*, 1992, p. 177-186, note B. GOLDMAN, *R.A.*, 1992, pp. 457-461, note P. LAGARDE.

[756] Cass. Tun. Arrêt n° **79920** du **11 déc. 2019** (inédit). La Cour de cassation a considéré qu' « *Attendu qu' (...) que les parties ont désigné le droit espagnol comme droit applicable au fond du litige qui pourrait naitre entre eux et les règles de la CCI située à Paris pour organiser les procédures ; par la suite le résultat auquel la décision attaquée est parvenue concernant la compétence de l'arbitre conformément au droit espagnol applicable au fond (...)* ***sont des procédures qui ne peuvent faire l'objet d'aucun contrôle de la part de la Cour de l'exequatur étant donné que sa compétence n'englobe pas le contrôle de la bonne application du droit étranger par le Tribunal arbitral*** *conformément à l'article 81 du Code de l'arbitrage (...)* » (Trad. privée)

" وقد ثبت أنّ أطراف اتفاقية التحكيم قد عيّنوا القانون الإسباني كقانون منطبق على موضوع الخلافات التي قد تنشأ بينهم وقواعد غرفة التجارة الدّوليّة بباريس لتنظيم سير الإجراءات التحكيمية ولذلك فإن ما انتهى إليه القرار المطعون فيه بخصوص اختصاص المحكّم بناء على أحكام القانون الإسباني موضوعا وقواعد غرفة التجارة الدّوليّة بباريس هو من الإجراءات التي لا يمكن أن تكون محل مراقبة سلامة تطبيق القانون الأجنبي من طرف هيئة التحكيم عملا بأحكام الفصل 81 من مجلّة التحكيم (...)".

b) Les applications de la conception restrictive

418. Pour le Pr. FOUCHARD l'application des usages ou coutumes du commerce international par les arbitres s'impose et il n'est pas nécessaire que les parties dans leur contrat ou les institutions arbitrales dans leurs Règlements la prévoient expressément. Cette idée, qui reflète nettement la question de la complémentarité de l'arbitrage et de l'usage, relève à son tour de la supposition doctrinale interprétant le choix de l'arbitrage comme une volonté implicite des parties d'appliquer des règles habituellement suivies dans le milieu professionnel. Lorsque, par exemple, les parties choisissent un type d'arbitrage spécialisé ou corporatif, elles s'attendent légitimement à ce qu'on leur applique des usages habituellement suivis dans leurs milieux professionnels[757].

419. Certains ont d'ailleurs interprété la formule « dans tous les cas » incluse dans le Règlement de la CCI comme signifiant que « *quel que soit le choix des parties ou, à défaut de choix, en ce qui concerne le droit applicable, l'arbitre devra appliquer le contrat et les usages du commerce que la jurisprudence arbitrale a définis avec clarté, comme les usages du commerce international* ». De même, « *en souscrivant une clause faisant référence au Règlement de la Chambre de commerce internationale, les parties s'obligent à l'avance à faire intervenir les usages du commerce internationaux pour le règlement de leur litige* »[758].

420. Celle tendance peut être illustrée, quoi que dans le droit français, par un arrêt qui est particulièrement représentatif à cet égard. Il s'agit d'une décision de la Cour d'appel de Paris, rendu le 13 mars 1981, dans un litige opposant l'éditeur d'une revue : la société *l'Ami des jardins et de la maison* et de son ancien régisseur de publicité, la société

---

[757] Cette position est soutenue également par le Président **J.-P. ANCEL** qui pour lui « *les usages sont toujours applicables par les arbitres. Deux raisons à cela : - les parties ayant choisi l'arbitrage, en évitant la justice étatique, ont implicitement, mais nécessairement, voulu que leur litige soit tranché en considération des règles et usages propres au domaine d'activité considéré ;*

- L'office de l'arbitre dans la détermination du droit applicable comporte l'obligation de se référer à ces usages, dont il a nécessairement connaissance (...) ». Cf. **J.-P. ANCEL**, « L'application d'un droit non-étatique dans l'arbitrage international », *Revue Libanaise de l'arbitrage* 2011, n° 57, p. 12 s, spéc. p. 16.

[758] **M. De BOISSÉSON**, *Le droit français de l'arbitrage interne et international*, Paris, *Joly*, 1990, spéc. p. 616.

Agence Archat[759]. L'arrêt *L'ami des jardins* a instauré une règle selon laquelle une partie ne pouvait ignorer, en sa qualité de professionnelle de l'édition, les usages en matière de publicité dont les arbitres ont donc, chez ceux qui la possèdent, la connaissance des usages de la branche, et leur applicabilité par l'arbitre en est la conséquence[760].

421. C'est également la position adoptée par la CVIM qui subordonne l'applicabilité des usages à leur connaissance présumée par les parties et à leur respect dans la branche commerciale considérée. Ce qui nous amène à explorer un aspect supplémentaire de la controverse sur la notion des usages du commerce qui a trait aux rapports ce ceux-ci avec la CVIM.

B- Le rapprochement « problématique » des usages du commerce avec la CVIM

422. Certains ont considéré la CVIM (désormais Règlement Rome I) comme une véritable codification des usages du commerce international[761]. Toutefois, cette position, même si elle a connu un écho remarquable dans la pratique arbitrale **(1)**, est loin de faire l'unanimité

[759] Décision rapportée et commentée par **Ph. FOUCHARD** in, « Les usages, l'arbitre et le juge : à propos de quelques récents arrêts français », *Etudes offertes à Berthold GOLDMAN*, Paris, Litec, 1982, pp. 67-87, spéc. pp. 72, et 78

[760] Sentence CCI n° **3130** rendue en 1980, *J.D.I.* 1981, p. 932 ; C.A de Paris, 22 mars 1991, *Société Caval Coopérative Anjou Val de Loire c/ Société Laraison, R.A.*, 1993, p. 680 ; Sentence CCI n° **1512** rendue en 1971, *J.D.I.*, 1974, p. 905 ; Sentence CCI n° **1990** du 1972, *J.D.I.*, 1974, p. 901. La connaissance des usages est présumée, ce qui justifie et renforce l'idée selon laquelle les professionnels, en choisissant un arbitrage professionnel, veulent que leur soient appliqués ces usages. La présomption de connaissance professionnelle est sans doute l'un des usages du commerce international le plus souvent reconnue. Suivant cette présomption, un professionnel ne peut se prévaloir de sa propre erreur pour demander l'annulation du contrat, sauf pour des cas d'exception limités. Pour plus d'ample détails sur cette présomption *Cf*, **M. TAOK**, *La résolution des contrats dans l'arbitrage commercial international*, Préf. de Rose- Noëlle SCHÜTZ, *Delta, Bruylant, L.G.D.J.*, 2009, p. 185, spéc. n° 289 s.

[761] **E. LOQUIN**, « Où en est la *lex mercatoria* ? », in *Souveraineté étatique et marchés internationaux à la fin du 20ème siècle : A propos de 30 ans de recherche du CREDIMI*, Mélanges en l'honneur de Philippe KAHN, Paris, Litec, 2000, Vol. 20, pp. 23-51, spéc. p.23 à la p. 48 ; **C. SAMSON**, « Exportation de biens et de services : la Convention des Nations Unies sur la vente internationale de marchandises », in, *Les transactions transfrontalières- Cross border transactions*, Cowan ville, Yvon Blais, 1994, 31- 37 ; **G.- A. ALVAREZ**, note sous sentence CCI n° **5904** de 1989, *J.D.I.*, 1989, p. 1112 ; *Rec. CCI* II. p. 387.

doctrinale. Pour cela elle mérite d'être d'abord appréciée et ensuite nuancée **(2)**

1- Les sentences assimilant la CVIM aux usages du commerce

423. La CVIM n'a pas défini l'usage. Elle prévoit toutefois deux moyens par lesquels celui-ci pourra être appliqué. L'article 9-1 dispose que : « *Les parties sont liées par les usages auxquels elles ont consenti et par les habitudes qui se sont établies entre elles* ».

L'article 9-2 ajoute que « *Sauf convention contraire des parties, celles-ci sont réputées s'être tacitement référées dans le contrat et pour sa formation à toute usage dont elles avaient connaissance ou auraient dû avoir connaissance et qui, dans le commerce international, est largement connu et régulièrement observé par les parties à des contrats de même type dans la branche commerciale considérée* ».

424. La théorie subjective soutient que les usages ne peuvent être appliqués que lorsque les parties les ont acceptés. Les usages deviennent donc une partie intégrante du contrat et ont la même valeur que les clauses contractuelles. Selon cette approche, l'apport primordial de la CVIM à la question des usages est le fait qu'elle pose des critères restrictifs pour l'application des usages auxquels les parties sont censées s'être référées. Deux critères sont posés pour identifier les usages applicables en l'absence d'accord expresse des parties : le premier est que les parties connaissaient ou auraient dû connaître les usages et le second que l'usage est pratiqué régulièrement dans le type d'activité et pour le type de contrat en cause. Ainsi, suivant les directives de la Convention, un arbitre qui soulève d'office l'application d'un usage du commerce international doit motiver sa décision en s'assurant que les deux critères d'applicabilité sont remplis.

425. La théorie objective soutient, au contraire, que l'application des usages doit se faire indépendamment de la volonté des parties. Les usages qui auront acquis une force normative seront applicables. Des usages inconnus des deux parties peuvent donc être applicables en raison de leur force normative[762].

---

[762] V. en ce sens : **E. S. DARANKOUM**, « L'application de la Convention des Nations-Unies sur les contrats de vente internationale de Marchandises par les arbitres de la CCI en dehors de la volonté des parties est-elle prévisible ? », *Revue québécoise de droit international*, 2004, pp. 1-31, spéc. p.24 ; **É. LOQUIN**, « Retour sur les sources premières de la *lex mercatoria* : les usages du commerce international », art. prec, p. 215 s, spéc. p. 221 à la p. 225.

426. C'est ainsi que certains tribunaux ont interprété différemment le terme « **usages du commerce** ». Selon eux, la CVIM en tant que Convention, fait partie des usages du commerce international en vigueur et, à ce titre, doit être prise en compte par les tribunaux[763].

427. La sentence CCI n° **5713**[764] illustre bien et avec quelques nuances près cette tendance. En l'espèce les parties avaient conclu une série de contrat de vente en 1979. Un litige survint à propos de la non-conformité d'une partie des marchandises livrées aux stipulations contractuelles. Le Tribunal a précisé qu':« *Il n'a pas de meilleur source pour déterminer les usages du commerce en vigueur que les dispositions de la Convention des Nations-Unies sur la Vente Internationale de Marchandises du 11 avril 1980* ».

---

763 *Cf,* sur cette tendance **J.-M. JACQUET**, « Le droit de la vente internationale de marchandises : le mélanges des sources », in, *Souveraineté étatique et marchés internationaux à la fin du 20ème siècle : à propos de 30 ans de recherche du CREDIMI*, Mélanges en l'honneur de Philippe KAHN, Litec 2000, Vol. 20, pp. 75- 93, spéc. p. 90 ; **J.-P. BERAUD**, « La mise en œuvre du droit matériel uniforme par le juge et par l'arbitre dans le règlement des litiges commerciaux », *R.D.U.*, 1998, n°2-3, pp. 259-273, spéc. n° 24. Ce dernier auteur précise que : « *La référence généralisée aux « usages du commerce » a eu pour résultat que leur intervention qui devait être celle d'un instrument de mesure correcteur est devenue première. Un courant s'amplifie tend à voir dans les usages du commerce auxquels les principes généraux du droit commercial international sont souvent assimilés, la norme naturelle de solution des litiges* » ; **S. E. DARANKOUM,** « L'application de la convention des Nations –Unies sur les contrats de vente internationale de marchandises par les arbitres de la Chambre du Commerce Internationale en dehors de la volonté des parties est-elle prévisible? », *Revue québécoise de droit international* 2004, n°17-2, pp. 1-31, spéc. p. 18 ; V. contra. **J.-F POUDRET & S. BESSON**, *Droit comparé de l'arbitrage international,* Zurich-Bâle- Genève 2002, p. 631 qui pensent que s'ils peuvent servir à l'interprétation du droit applicable, les usages ne sauraient toutefois se substituer à ce droit, à moins qu'ils aient acquis la force coutumière.

764 Sentence CCI n° **5713** de 1989, *Y.C.A.*, 1990, p. 70 ; *Rec. CCI.*, II, p .223 ; en ligne sur : http://cisgw3.law.pace.edu/cases/895713i1.html , rapportée également en anglais par **H. ERCUMENT ERDEM**, « The Role of Trade Usages in ICC Arbitration », in, *Liber Amicorum en l'honneur de Serge LAZAREFF*, sous la dir. de Laurent LEVY & Y. DERAINS, éd., Pédone, Paris, 2011, pp. 247-265, spéc. p. 255. Dans un sens près la sentence CCI n° **9887**, *Bull. C.I.A. de la CCI.*, vol. 11/ n° 2, 2e semestre 2000 dans laquelle les arbitres ont aussi justifié leur choix de la CVIM par le fait qu'elle était largement reconnue, dans la pratique arbitrale, comme « *un ensemble de règles reflétant l'évolution du droit international dans le domaine de la vente internationale de marchandises* ».

C'est pourquoi le Tribunal arbitral a appliqué la CVIM bien que ni le pays d'origine de l'acheteur, ni celui du vendeur n'étaient partie à la Convention. Il a, en matière de non-conformité des marchandises, décidé donc d'appliquer le texte de la Convention à la place de la loi applicable étant donné que le texte de la Convention est beaucoup plus flexible et que la loi du vendeur, en imposant des délais très courts de notification, n'était pas en conformité avec les usages et pratiques généralement suivis[765].

Le Tribunal a tout simplement voulu éviter la solution stricte dictée par la loi qu'il a jugée applicable et qui consacre des délais très courts pour notifier la non-conformité de la marchandise.

428. Dans l'affaire CCI n° **8501** de 2001[766], la CVIM a été appliquée en tant que règles et usages du commerce largement admis. En l'espèce, il n'avait pas choix exprès par les parties d'une loi du contrat et en présence de références, d'une part, aux *Incoterms* et, d'autre part, aux *Règles et usances uniformes* sur le crédit documentaire (RUU 500), les arbitres ont estimé qu'il fallait appliquer aux contrats litigieux « [les] *principes du commerce international généralement admis*». Selon le Tribunal : « *les principes consacrés par la Convention de Vienne correspondent aux règles et usages du commerce largement admis. Bien que la Convention de Vienne ne soit pas en tant que telle applicable aux contrats ([l'État de la défenderesse] n'ayant pas ratifié cette convention), le Tribunal arbitral estime qu'il peut faire référence à ses dispositions comme l'expression des usages du monde du commerce international*»[767]. Plusieurs autres sentences ont suivi la même démarche[768].

---

[765] « *The tribunal finds that, in the circumstances of the case, the buyer has complied with the above-mentioned requirements of the Vienna Convention. Those requirements are considerably more flexible than those provided under (the law of the country of the seller). This law by imposing extremely short specific time requirements in respect of the giving of the notices of defects by the buyer to the seller appears to be an exception on this point to the generally accepted trade usages*».

[766] Sentence CCI n° **8501** du 2001, *J.D.I.*, 2001, n° 4, p. 1164 à la p. 1167.

[767] *Ibid.*

[768] Chambre d'Arbitrage de Paris, décision n° **9392** du 1998, 26 *Y.B. Comm. Arb* 13 ; Chambre d'Arbitrage de Paris, décision n° **9426** du 1998, 26 *Y.B. Comm. Arb* 13 ; sentence CCI n° **6653** du 1993, *J.D.I.*, 1993, n° 4, p. 1053, obs. J.-J. ARNALDEZ ; Tribunal de Bâle-Ville (Suisse), Partie 4, 1991/238, inédite, résumée en allemand, Schweizerisher Zeitscherishe Zeitchchrift internationales und europaisches Recht (CLOUT 95), citée par **G. WEISZBERG**, « Vingt ans d'interprétation et de comblement des lacunes dans la Convention internationale de vente de

429. Une attitude similaire s'exprime dans la sentence CCI n° **8709**[769]. Dans une autre affaire[770], le Tribunal institué pour le différend entre l'Iran et les États-Unis a appliqué la CVIM en tant que partie intégrante de la *lex mercatoria* ou des usages du commerce pertinents à un contrat conclu avant la rédaction de la CVIM.

430. Dans autre cas [771], l'arbitre a jugé que la CVIM était directement applicable non seulement en tant que partie intégrante de la loi du vendeur et celle de l'acheteur, mais aussi en tant que loi propre du contrat, conclusion à laquelle il est parvenu en utilisant une règle de conflit de son cru[772].

431. Dans une autre affaire[773], la CVIM n'a pas été appliqué aux points relatifs aux ventes, mais les autres aspects du litige ont été tranchés conformément au «**droit français commun**», notamment en matière de construction ou de mandat. Les arbitres sont en outre parvenus dans ce cas à la conclusion « surprenante » que « *dans la mesure, toutefois, où la loi française serait muette, la Convention de Vienne comblera ses lacunes* ». Ils n'ont donc pas considéré que la loi nationale devait venir compléter la CVIM mais, à l'inverse, que la

---

marchandises du 11 avril 1980 », en ligne sur : http://cisgw3.law.pace.edu/cisg/biblio/weiszberg.html , janv. 2009, consulté le 10/07/2018, spéc. p. 8, note n° 73 ; Sentence CCI n° **7331** de 1994 (en anglais),*Bull CIA de la CCI.*, vol 6, n° 2, nov. 1995, p. 73 ; disponible aussi en ligne sur : http://cisgw3.law.pace.edu/cases/947331il.html , rapportée également en anglais par **H. ERCUMENT ERDEM**, « The Role of Trade Usages in ICC Arbitration », art. prec. spéc. pp. 257-258 ; v. aussi : Sentence CCI n° **8817** rendue en 1997, *Bull. CIA de la CCI* 10/2, 1999, pp. 75-78 ; Sentence CCI n° **12173** rendue en 2004, en ligne sur : http://cisgw3.law.pace.edu/cases/041217３il.html, rapportée en anglais aussi par : **H. ERCUMENT ERDEM**, « The Role of Trade Usages in ICC Arbitration », art. prec. spéc. p. 263.

769 Sentence CCI n° **8709** de 1997 ; dans le même sens sentence CCI n° **9474** de 1998, non publiées citées par **I. BADAWY**, *L'arbitre international et les règles matérielles uniformes*, thèse de doctorat en droit privé Université Paris I- Panthéon Sorbonne, sous la dir de P. MAYER, soutenue publiquement le 3 juillet 2001, spéc. p. 270.

770 Iran-United States Claim Tribunal, July 28, 1989, (1990), *Y.C.A.*, 220, (Watkins Johnson Ltd. V the Islamic Republic of Iran & Bank Saderat Iran).

771 Sentence CCI n° **8962**, *Bull. C.I.A. de la CCI* vol. 11/ n° 2, 2e semester 2000.

772 **H.-V. HOUTTE**, « La Convention de Vienne dans la pratique arbitrale de la Chambre de commerce internationale », *Bull. C.I.A. de la CCI.*, vol. 11/ n° 2, 2e semestre 2000, p. 22 s, spéc. p. 26.

773 Sentence CCI n° **8769** *Bull. C.I.A. de la C.C.I.*, vol. 11/ n° 2, 2e semestre 2000, rapportée par **H.-V. HOUTTE**, « La Convention de Vienne dans la pratique arbitrale (…), précité, spéc p. 27.

CVIM complétait la loi nationale. Cette assimilation de la CVIM aux usages a subi plusieurs critiques

2- Les critiques adressées à l'assimilation de la CVIM aux usages du commerce

432. Certains ont relevé la divergence des appréciations de la portée de la CVIM notamment en rapport avec les usages du commerce en disant que : « *L'affirmation d'un droit matériel de la vente internationale généralisé au droit du commerce international a pu soulever scepticisme (Lord Mustill), réserves et craintes (Paul Lagarde), hostilité combative (Kassis) à la seule exception de l'œuvre de la Chambre de commerce internationale* »[774]. D'autres, dans le même sens, font le constat selon lequel « *la pratique arbitrale fait preuve d'incohérence et adopte des positions contradictoires en ce qui concerne non seulement la signification du terme usage mais aussi le rapport hiérarchique entre les usages et les règles de droit applicables* »[775].

433. En effet, la généralisation de cette tendance qui considère la CVIM comme une codification des usages du commerce international fait que n'importe quel contrat international de vente serait gouverné ou du moins influencé par la CVIM entant qu'usage du commerce pertinent. La pratique arbitrale montre également que, même dans le cadre du Règlement de 1988 qui exigeait que l'arbitre applique « la loi désignée par la règle de conflit qu'il jugera appropriée en l'espèce », des arbitres ont directement opté pour des normes telles que la CVIM, sans passer par une quelconque loi nationale[776]. A tel point qu'un auteur a pu s'interroger si le choix direct de la Convention par les arbitres

---

[774] **Ph. KAHN**, « L'internationalisation de la vente », in *L'internationalité dans les institutions et le droit : convergences et défis* », Mélanges A. PLANTEY, éd. A. Pédone, Paris 1995, pp. 295-308, spéc. p. 308.

[775] **I. BADAWY**, *L'arbitre international et les règles matérielles uniformes*, *op.cit.*, spéc. p. 260.

[776] Affaire CCI n° **8962**, *Bull. C.I.A. de la C.C.I.*, Vol. 11, n°2, 2ème semestre 2000, et citée par **H. V. HOUTTE**, « La convention de Vienne dans la pratique arbitrale de la chambre de commerce internationale », *Bull. C.I.A. de la CCI.*, Vol. 11, n°2, 2ème semestre 2000, p. 22 et s, spéc. p. 26.

constitue-t-il une règle de conflit propre à l'arbitrage ?[777] La CVIM aurait également vocation à s'appliquer à des affaires où le contrat est gouverné par le droit national d'un État ou par une autre règle de droit. Ce qui conduirait certainement à un statut très différent de la Convention pour certains auteurs[778].

434. Cette tendance a été critiquée par la majorité de la doctrine[779]. Concernant la sentence CCI n° **5713**[780], ce qui est choquant pour M. GOODE[781], par exemple, n'est pas le fait que le Tribunal ait étendu le domaine d'application de la Convention ou que la Convention représente les usages, mais bien que le Tribunal a écarté la loi applicable sous prétexte que la Convention incarnait les usages sans prendre en considération les éléments suivants :

1. le contrat avait été conclu alors que la CVIM n'était pas entrée en vigueur ni même rédigée ;
2. la Convention en vigueur à l'époque était la (LUVI), que le Tribunal n'a pas appliquée ;
3. la conférence diplomatique de 1980 a vu le débat s'approfondir pour aboutir à ce qui est désormais devenu l'article 39[782], à propos

---

[777] *Ibid, loc. cit.*

[778] **U.P. GRUBER**, "The Convention of the International Sale of Goods (CISG) in Arbitration», *R.D.A.I.*, 2009, n° 1, p 15 s, spéc. p. 29.

[779] **R. GOODE**, « Usage and its Reception in Transnational Commercial Law», ICLQ 1997, n° 46, p. 1-7; *Cf.* **Richard HYLAND**, "Commentary on ICC Arbitration case No. 5713 of 1989", in *ICM-Guide to Practical Applications of the UN Convention on Contracts for the International Sale of Goods*, Suppl. 9 (April 1994), Case Commentaries, at 11; **Georgios C.PETROCHILOS**, " Arbitration Conflict of Law Rules and the 1980 International Sales Convention" 52 *Revue Hellénique de Droit International* (1999), 191ff., available at www.cisg.law.pace.edu/cisg/biblio/petrochilos.html ; *adde*, **U.P. GRUBER**, "The Convention of The International Sale of Goods (CISG) in Arbitration», article prec, spéc. p. 29 à p. 31; **ANDRÉ JANSSEN-MATTHIAS SPILKER,** « The relationship between the CISG and international arbitration: a love with obstacles? », in *Contratto e impresa/* Europa, *Wolters Kluwer*, 2015, p. 45- 74 on line: https://www.researchgate.net/.../282993811_The_Relationship_Bet...; **I. BADAWY**, *L'arbitre international et les règles matérielles uniformes*, *op. cit.*, spéc. p. 282.

[780] Sentence CCI n° **5713** de 1989, précitée.

[781] **R. GOODE**, « Usage and its Reception in Transnational Commercial Law», *prec.*

[782] L'article 39 qui a été appliqué par le tribunal précise que « *L'acheteur est déchu du droit de se prévaloir d'un défaut de conformité s'il ne le dénonce pas au vendeur, en précisant la nature de ce défaut, dans un délai raisonnable à partir du moment où il l'a constaté ou aurait dû la constater* ».

duquel deux délégués ont pu noter chacun de leur côté qu'il s'agissait de l'article le plus controversé de la Convention ; ce qui prouve bien que cet article est très loin de représenter un usage bien établi en la matière;

4. les conventions internationales sont le fruit du travail des États et non de celui des membres de la communauté des marchands, par conséquent elles ne sont pas censées codifier les usages[783].

435. D'autres reproches ont été avancés, parmi lesquels celui qui tient à ce que les usages du commerce ne sont pas immuables, mais évoluent avec le temps. Par contre, le texte de la CVIM demeure inchangé, puisqu'il doit être interprété de manière uniforme et ne peut pas refléter, à aucun moment des usages du commerce nouvellement développés[784].

§2 . La diversité de l'application des usages : une tendance renforcée vers l'application autonome

436. La pratique arbitrale montre que les arbitres appliquent les usages d'une façon diversifiée. Tantôt, ils sont appliqués d'une manière autonome **(A),** tantôt d'une manière indirecte ou complémentaire **(B).**

A- L'application autonome des usages

437. Après avoir énoncé que « *les parties sont liées par les usages auxquels elles ont consenti...* », le texte de l'article 9 de la CVIM précise :« 2. *Sauf convention contraire des parties, celles-ci sont réputées s'être tacitement référées dans le contrat et pour sa formation à tout usage dont elles avaient connaissance ou auraient eu avoir connaissance et qui, dans le commerce international, est largement connu et régulièrement observé par les parties à des contrats de même type dans la branche commerciale considérée* ». La même formule est reprise par l'article 28, 4° de la loi type sur l'arbitrage de la CNUDCI, ou encore par le Règlement d'arbitrage de la CNUDCI. L'article **73** du Code tunisien de l'arbitrage reprend une formule similaire en précisant, toutefois, qu'il s'agit des usages applicables à la transaction. Quel que

---

[783] V. également **U.P. GRUBER**, "The Convention of The International Sale of Goods (CISG) in Arbitration », *précité* où il invoque le même motif critique. En examinant la genèse des usages du commerce, il insiste sur le caractère spontané des usages à la différence de la CVIM qui a été créée par le législateur.

[784] V. en ce sens **B. AUDIT**, « Présentation de la Convention », *La Convention de Vienne sur la vente internationale et les INCOTERMS*, actes du Colloque des 1er et 2 déc. 1989, Centre de droit des obligations de l'Université de Paris I, sous la dir. d'Yves DERAINS et Jacques GHESTIN, L.G.D.J., 1990, p. 30 (Rôle des usages).

soit le mode de détermination du droit applicable, les usages du commerce trouveront application.

438. Une partie de la doctrine française s'accorde à ce que la définition ainsi donnée des usages en fait de véritables règles que l'arbitre devra appliquer[785]. Il n'est donc pas nécessaire de recourir au mécanisme des conflits de lois pour les appliquer par la médiation d'un droit étatique qui l'accueillerait. En tant que règle matérielle, l'usage du commerce international trouve application, indépendamment de toute référence à une loi étatique, du seul fait de l'internationalité de la relation[786].

439. M. LOQUIN estime qu'à la différence du juge étatique, pour qui la place des usages est « plus réduite», «*l'arbitre juge privé, a au contraire vocation à appliquer l'usage comme une règle objective s'affirmant en dehors de tout ordre juridique étatique*»[787]. L'application de l'usage ne peut résulter que du seul constat que la relation juridique entre dans son champ d'application[788]. Ainsi, si la branche du commerce international du café connaît des usages[789], ceux-ci s'appliqueront directement à toutes les relations juridiques du commerce du café entrant dans leur présupposé, sans qu'il soit utile de s'interroger sur la loi étatique applicable à cette relation. L'usage du commerce

---

785 **Ph. FOUCHARD**, « Rapport de synthèse », in *La Convention de Vienne sur la vente internationale et les INCOTERMS*, op.cit., p. 151 s, spéc. p. 165, n° 37 ; **E. LOQUIN**, « Retour sur les sources premières de la *lex mercatoria :* les usages du commerce international », art. prec, spéc, 219 ; le même in, « La réalité des usages du commerce international », *R.I.D.E.*, 1989, p. 163.

786 **É. LOQUIN**, « La réalité des usages du commerce international », prec, spéc. p. 164 ; le même *in,* « L'application par les tribunaux internationaux des règles de droit qu'ils estiment appropriées », *Mélanges en l'honneur du Professeur Pierre MAYER*, L.G.D.J., *Lextenso éditions*, 2015, pp. 533-545, spéc. p. 543. Cette conception des usages n'est pas partagée par d'autres qui ne considèrent pas les contrats-types et les usages comme de véritables règles de droit et insistent sur le fait que leur valeur n'est que contractuelle. *Cf,* **P. MAYER & V. HEUZÉ**, *Droit international privé,* 11ème éd., L.G.D.J., *Lextenso éditions*, 2014, p. 29, spéc. n° 23. Pour ces auteurs : « Le rôle des usages n'est pas plus original dans le droit du commerce international que dans le droit privé interne (…) ; ils constituent un élément à prendre en compte pour l'interprétation de la volonté des parties, et rien de plus », *op.cit.,* p. 29, n° 23. Ils rejoignent ici **A. KASSIS**, *Théorie générale des usages du commerce*, Paris, L.G.D.J., 1984.

787 « La réalité des usages du commerce international », *R.I.D.E.*, 1989, p. 163.

788 **E. LOQUIN**, *L'arbitrage du commerce international*, Lextenso éditions, 2015,p. 366,spéc. n° 445.

789 **R. Le FUR**, « Un centre professionnel : la chambre arbitrale des cafés et poivres du Havre », *in* « Les institutions d'arbitrage en France », *R.A.*, 1990. 245.

international est donc une règle d'application directe qui n'a pas besoin de règle de conflit de lois pour déterminer son champ d'application international. C'est l'appartenance à la communauté qui a secrété l'usage qui détermine l'application de celui-ci[790].

440. De nombreuses sentences appliquent les *Incoterms* de la CCI dans des hypothèses où les parties n'avaient fait aucune référence à ces contrats-types au motif que les Incoterms contiennent des règles usuelles du commerce international[791]. Les *Incoterms* de la CCI pourraient être appliqués objectivement par les parties, sans l'accord de volonté des parties, dès lors qu'ils accéderaient au rang d'usage du commerce international. Certes, les *Incoterms* ne sont pas *ipso facto* des usages et pour cette raison, au moment de leur publication, ils ont besoin de la force obligatoire du contrat pour s'imposer aux parties. En revanche, le succès massif les transforme en usages du commerce international dès lors que leur utilisation se généralise[792]. Les usages du commerce international ne sont pas forcément généraux. Il peut aussi s'agir d'usage de branche. Un *Incoterm* peut se transformer en usage dans une branche particulière du commerce international. L'analyse s'applique également aux règles du crédit documentaire de la CCI[793]. C'est ainsi que la sentence n° **8501** retient que la seule mention « *FOB ST* » renvoie aux *Incoterms* 1990[794], alors que la sentence n° **6653** a jugé que la référence « *C & F liner terms* » renvoyait aux *Incoterms*[795].

441. Les usages peuvent être appliqués d'une façon directe lorsqu'ils sont destinés à réglementer le secteur d'activité. Ainsi, les règles applicables à un secteur donné sont généralement directement applicables aux opérations menées au sein dudit secteur. Les affaires n° ARB/10/11 et ARB/10/18 menés sous les auspices du CIRDI

---

[790] **É. LOQUIN**, « Retour sur les sources premières de la *lex mercatoria :* les usages du commerce international », art. prec, spéc, p. 219.

[791] Sentences CCI n° **3130**, *J.D.I.*, 1981, p. 932 ; n° **3894**, *J.D.I.*, 1982, p. 983 ; n° **8501**, *J.D.I.*, 2001, p. 1175.

[792] **É. LOQUIN**, *L'arbitrage du commerce international,* Joly éditions, Lextenso éditions, 2015, spéc. n° 426 ; *adde*, **E. JOLIVET**, *Les Incoterms, étude d'une norme du commerce international,* Paris, Litec 2003, p. 352, spéc. n° 355, où il constate que de nombreuses sentences arbitrales se réfèrent aux *Incoterms* alors même qu'ils ne sont pas expressément incorporés dans le contrat de vente et que le droit applicable au contrat serait susceptible de retenir une solution différente.

[793] V. Sentence arbitrale CCI n° **4555**, *J.D.I.*, 1987, p. 965.

[794] Sentence CCI n° **8501**, *J.D.I.*, 2001, p. 1164.

[795] Sentence CCI n° **6653**, *Recueil des sentences arbitrales de la CCI.,* 1991-1995, p. 513.

représentent des exemples illustratifs. Il s'agissait d'un contrat de Joint-venture et le Tribunal arbitral relevait que « *les lois auxquelles il est fait référence dans l'article 26.2.4 ainsi que les autres lois et règlements applicables, ne sont pas seulement appliqués parce qu'elles sont incluses dans les obligations de l'opérateur stipulées dans le Joint-venture ; mais bien parce qu'elles sont directement applicables...* »[796].

442. La primauté de l'application des usages au détriment des règles uniformes de la CVIM : la sentence CCI n° 7331 du 1994[797]. Dans cette affaire, même lorsque la CVIM est applicable, l'arbitre a décidé de ne pas l'appliquer en premier lieu au bénéfice d'autres règles de droit tel que les usages du commerce ou les principes généraux du droit.

En l'espèce, un contrat de vente était conclu en 1989 entre un vendeur yougoslave et un acheteur italien. Le contrat ne prévoyait aucune clause de droit applicable. Le demandeur soutenait que la loi du vendeur, y compris la Convention de Vienne incorporée dans ledit droit, devait s'appliquer. L'acheteur excluait l'application du droit national au profit des « *principes généraux du droit commercial international ainsi que des usages acceptés par la pratique du commerce international y compris le principe de bonne foi* ».

L'arbitre constate que la Convention est entrée en vigueur dans les deux pays des parties cocontractantes avant la conclusion du contrat. Toutefois, cette constatation ne l'empêche pas de souscrire à l'argumentation de la défenderesse et de mettre en avant l'application des principes généraux du droit et des usages commerciaux avant les règles conventionnelles.

L'arbitre ne se réfère à la Convention de Vienne que pour déclarer que les principes et usages sont contenus de la manière la plus complète dans la Convention et, qu'en conséquence, « *dans la mesure où la Convention contient des dispositions pertinentes pour ce litige, le Tribunal prendra en considération* ».

Cette démarche nous conduit à penser que l'assurance de l'application directe et première de la Convention n'est pas garantie même lorsque les conditions de son application sont réunies. Par

[796] Décision sur la compétence rendue sous l'égide du CIRDI dans l'affaire n° ARB/10/11 et ARB/10/18, le 19 aout 2013, *Niko Ressources (Bangladesh) Ltd.c. Peoples Republic of Bangladesh Oïl Gas and Mineral Corporation (« Petrobangla »)*, p. 137 n° 502, citée par Crystelle Snachez SAEZ, Usages et arbitrage, *op. cit*, p. 336, spéc. n° 471.

[797] Sentence CCI n° **7331** du 1994, *Rec. des sentences arbitrales de la CCI.*, Kluwer, 1997, p. 592.

conséquent, l'existence de règles uniformes ne peut que faciliter à l'arbitre la tâche mais il n'est pas exclu qu'il juge d'autres règles de droit plus pertinentes et appropriées.

Plusieurs sentences illustrent donc l'application des usages d'une manière autonome, d'autres illustrent également leur application indirecte et complémentaire.

B- L'application indirecte et complémentaire des usages

443. « *Présentés comme devant jouer un rôle au moins complémentaire par rapport au droit applicable, les usages du commerce constituent un premier pas vers l'application de règles non-étatiques* »[798]. Ainsi, les arbitres peuvent appliquer les usages du commerce d'une manière autonome comme ils peuvent les appliquer pour compléter la loi choisie comme applicable par les parties. Ainsi, les arbitres appliquent les usages de façon complémentaire à la règle de droit, notamment lorsqu'ils estiment que le droit choisi par les parties est ambigu ou lacunaire.

444. C'est ainsi qu'en utilisant diverses dispositions de la CVIM, il est possible de combler les lacunes comme ce fut le cas dans une décision autrichienne en date du 29 juin 1999[799]. Dans cette affaire, la Cour de cassation autrichienne a décidé que : « *La CVIM ne contient aucune disposition relative au lieu d'exécution pour restitution. Cependant, les lacunes résultant de l'absence d'accords pertinents dans le cadre de l'art. 7 (2) de la CVIM peuvent être rapprochées sans recourir aux dispositions nationales* »[800].

445. Un autre cas a suscité des difficultés d'interprétation. En l'espèce, deux parties privées avaient soumis la vente d'un bateau de pêche au « droit international ». Le Tribunal arbitral a considéré que le

---

[798] **J.-M. JACQUET**, « La loi applicable au fond du litige dans l'arbitrage international », Cours disponible en ligne sur : graduateinstitute.ch/files/live/sites/iheid/files/sites/.../Jacquet_Publications2010.pdf

[799] Oberster Gerichthof (Cour suprême autrichienne), 29 juin 1999, citée par, **G. WEISZBERG**, « Vingt ans d'interprétation et de comblement des lacunes dans la Convention internationale de vente de marchandises du 11 avril 1980 », en ligne sur : http://cisgw3.law.pace.edu/cisg/biblio/weiszberg.html , janvier 2009, consulté le 10/07/2018, spéc. p. 8, note n° 66.

[800] Traduction libre de l'origine anglais: « *The CISG does not contain any provisions pertaining to the place of performance for restitution. Nerveless, the gaps arising from the absence of relevant agreements within the framework of Art. 7 (2) CISG can be bridged without recourse to national provisions*"

choix effectué ne pouvait être suivi en tant que tel, mais que les parties avaient eu la volonté d'exclure toute loi nationale. En conséquence, il convient d'appliquer « *les usages du commerce international et les principes généraux du droit* »[801].

446. La Cour de cassation française saisi d'un recours en annulation reprochant à l'arbitre d'avoir violé sa mission en ayant appliqué les usages du commerce international alors que les parties lui avaient donné pour mission de statuer en application du droit français, approuve les arbitres et met en lumière la complémentarité des sources juridiques. La Cour considère en effet « *qu'en se référant aux usages du commerce international*" [...] "*tout en prenant pour base de sa décision la loi française applicable au fond du litige*", *l'arbitre a recherché et désigné la règle de droit que la clause compromissoire lui faisait obligation d'appliquer*» [802]. Le Règlement d'arbitrage choisi par les parties inscrivant à l'arbitre de tenir compte des usages du commerce international, le Tribunal arbitral ne viole pas sa mission en s'y référant pour compléter les dispositions du droit applicable choisi par les parties.

447. Le choix d'un centre international d'arbitrage est-il un indice de la volonté des parties pour l'application des usages du commerce international ? Lorsque les parties choisissent un type d'arbitrage spécialisé ou corporatif, elles s'attendent justement à ce qu'on leur applique des usages habituellement suivis dans le milieu professionnel.

448. L'exemple le plus caractéristique d'une telle hypothèse est fournie par la sentence CCI n° **1569**[803]. Il s'agissait, en l'espèce, d'un litige opposant une partie allemande à une partie indienne. Les parties, tout en prévoyant la soumission d'éventuels litiges au Règlement de la CCI, avaient incorporé dans le contrat des « conditions générales de fournitures et de livraison des produits et services de l'industrie électrique allemande » dont la section XI fut libellée comme suit : *Lieu de juridiction compétente :*

1. La seule juridiction compétente pour tout litige découlant directement ou indirectement de ce contrat sera celle de la situation du principal établissement du fournisseur.

---

[801] Sentence C.C.I, affaire n° **8365** rendue en 1996, *Rec. des sentences arbitrales de la C.C.I* 1996-2000, p. 489 s, *J.D.I.*, 1997, p. 1078, obs, J.-J. ARNALDEZ.

[802] Cass. civ. 1ère, 15 juin 1994, *Société Sonidep c / Société Sigmoil, R.A.*, 1995, p. 88, note E. GAILLARD.

[803] Sentence CCI n° **1569** de 1970, traduite du texte anglais par **Y. DERAINS**,« Le statut des usages du commerce international devant les juridictions arbitrales », *R.A.*, 1973, pp. 135 s

2. Les relations contractuelles seront régies par la loi allemande.

Une fois le litige surgit, la partie allemande évoquant l'alinéa 2 des conditions générales, réclama l'application de la loi allemande à ce à quoi la partie indienne s'opposa naturellement. L'arbitre rejeta ces prétentions contradictoires, en estimant que seule « *les coutumes et pratiques internationales* » doivent être prises en considération.

L'arbitre n'avait même pas ressenti le besoin d'appliquer, malgré l'allusion qu'il en avait faite, la loi du lieu d'exécution du contrat. En effet, il réintroduit ici-de la même façon qu'il a pu écarter la compétence du droit allemand parce que les parties avaient exclu la compétence des tribunaux de ce même pays par une clause d'arbitrage de la CCI-la relation entre compétence juridictionnelle et compétence législative[804].

Ainsi, il résulte que par cette attribution de compétence à la CCI, les parties voulaient implicitement que le rapport juridique soit localisé dans la sphère d'un système normatif que forment les usages internationaux. Par ailleurs, comme on l'a justement remarqué, l'application par des arbitres internationaux des usages n'est pas pour autant systématique et les décisions fondées sur un droit national reste nombreuses.

449. En effet, compte tenu du fait que les usages sont loin de couvrir l'intégralité du commerce international[805], il semble préférable de dire que cette attribution de compétence, à elle seule, sera sans doute insuffisante. Pour que celle-ci soit considérée comme un indice du choix des usages faut-il encore exiger son « *cumul, combinée à l'internationalité du litige, et l'impossibilité de le soutenir d'une*

---

[804] Le tribunal relève que : « *b) Lorsque B a exclu la compétence des juridictions allemandes, B voulait aussi implicitement exclure toute référence au droit allemand comme l'indique a contrario la jurisprudence qui voit dans une clause attribuant compétence à un tribunal défini le choix implicite de la loi de l'État auquel ce tribunal appartient.* c*) Lorsque B décida de soumettre les litiges provenant du contrat au Règlement d'arbitrage de la CCI., B voulait en fait voir ces litiges réglés sans aucune référence à un droit national sur la base des dispositions contractuelles et conformément aux pratiques et coutumes internationales, ainsi qu'A et B l'ont d'ailleurs mentionné à plusieurs reprises dans leurs mémoires et plaidoiries...* ».

[805] **Y. DERAINS,** art. prec., spéc. pp. 127-128 ; **P. MAYER & V. HEUZÉ**, *Droit international privé,* 11ème éd., L.G.D.J., *Lextenso éditions*, 2014, p. 29, spéc. n° 23 ; **J.-F. POUDRET & S. BESSON,** *Droit comparé de l'arbitrage international, op.cit.,* p. 624, spéc. n° 689 ; **Y. LOUSSOUARN & J.-D. BREDIN**, *Droit du commerce international*, p. 48.

manière convaincante dans un ordre juridique, national»[806]. C'est seulement dans ces conditions et surtout dans le cas de l'impossibilité de localiser le contrat litigieux dans un droit étatique que l'attribution de compétence à un centre d'arbitrage institutionnel international peut équivaloir à l'application des usages du commerce international.

450. En conclusion, si l'une des parties souhaite l'application de la CVIM, elle recherchera si ses conditions d'application sont réunies. Ce devrait être souvent le cas compte tenu du nombre croissant d'adhésions et de ratifications. À défaut de respect des critères d'application, elle pourra soutenir que les dispositions de la Convention, du fait de son caractère de « loi universelle», reflètent les usages du commerce international dont l'arbitre CCI peut toujours tenir compte. Si l'une des parties souhaite écarter l'application de la Convention alors que les conditions d'application de celle-ci sont réunies, elle pourrait invoquer le raisonnement de l'arbitre dans la sentence CCI rendue dans l'affaire n° **7331** et mettre en avant sa totale liberté, en dehors d'un choix exprimé par les parties, dans la détermination des règles de droit applicable[807].

451. Les sentences examinées fournissent la preuve que les règles de la CVIM ont déjà acquis dans la pratique arbitrale une grande autorité. Du fait de son adoption par des États, la Convention a accédé au rang de « *règle universelle*» qui peut donc être applicable en dehors de toute référence aux droits nationaux dont elle fait toutefois partie[808]. La majorité des cas où les usages ont été appliqués appartiennent au domaine de la vente.

452. Ce qui est remarquable chez les arbitres internationaux ce sont les glissements du vocabulaire utilisé pour dénationaliser un contrat. Le terme *lex mercatoria* est rarement utilisé. Les termes plus généraux et moins polémiques comme « *pratiques généralement suivies* », «*principes généralement admis* », sont souvent utilisés. Les arbitres, désireux de se ménager une plus grande liberté dans le choix des règles qu'ils jugeront appropriées, contournent ainsi la polémique que le terme *lex mercatoria* ne manque pas de provoquer.

---

806 **É. LOQUIN**, « L'application des règles anationales dans l'arbitrage commercial international, prec. p. 87, spéc. n° 23.

807 *Rec. des sentences arbitrales de la CCI*, Kluwer, 1997, p. 592.

808 **Ph. KAHN**, « Les conventions de droit uniforme et les tribunaux arbitraux », *R.D.U.*, 2000, n° 1, p. 127.

Parallèlement aux usages, les arbitres du commerce international doivent prendre en considération les stipulations contractuelles.

SECTION II : LA PRISE EN COMPTE DE LA VOLONTÉ CONTRACTUELLE

453. Avant même de considérer le droit applicable, les arbitres devront respecter les clauses contractuelles et tenteront de trouver une solution dans le contrat lui-même. Par ailleurs, le respect par l'arbitre des stipulations contractuelles est une directive essentielle qui est de nature à restreindre sa liberté dans la détermination du droit applicable **(§1)**. L'arbitre doit également toujours s'efforcer de répondre à l'attente légitime des parties **(§2)**.

§1. L'obligation de respecter les stipulations contractuelles

454. Les arbitres internationaux s'attachent au respect des stipulations contractuelles que ce soit d'une manière à leur donner une primauté **(A)** ; ou en y cumulant d'autres facteurs **(B)**.

A- La démarche qui s'appuie sur la primauté des stipulations contractuelles

455. Les fondements de cette primauté. Comment justifier le principe de la primauté de l'application des clauses contractuelles ? Plusieurs motifs ont été avancés parmi lesquels la position de l'arbitre vis-à-vis des parties. Comme le précise le Pr. Sylvain Bollée « *Pour les arbitres, un réflexe quasi-naturel est de voir dans la volonté exprimée par les parties, à travers les différentes clauses de leur contrat, la première des boussoles devant guider la résolution des questions litigieuses. Ceci s'explique avant tout par le sentiment qui peut habiter les arbitres d'être comme en dette vis-à-vis de la volonté des parties* ...»[809].

456. D'autres fondements s'appuient sur la position des parties vis-à-vis de la loi applicable. A tort ou à raison, les parties n'ont pas forcément étudié le contenu du droit applicable au moment de la conclusion d'un contrat « à caractère international » ou, en tout cas, ne le connaissent pas dans les mêmes détails en comparaison d'une transaction purement « interne ». Par conséquent, en matière

---

[809] « L'impérativité du droit choisi par les parties devant l'arbitre international », *R.A.*, 2016, p. 675 et s, spéc. p. 693, n° 19.

internationale, les parties ne peuvent pas s'attendre à une application stricte du principe « nul n'est censé ignorer la loi »[810].

457. Ainsi, le Tribunal arbitral doit se conformer en principe au choix du droit applicable désignée par les parties[811]. Il ne peut modifier ce choix pour le remplacer par un droit qu'il jugerait plus adapté, même au cas où ce choix lui paraissait « surprenant »[812]. A tout le moins, il ne devrait pouvoir ouvertement déclarer s'en écarter, sauf à le justifier par de bonnes raisons, comme la contrariété de la loi choisie à l'ordre public international ou au respect nécessaire de lois de police[813]. Certains spécialistes affirment avec certitude qu'« *on ne connaît aucun cas dans lequel un arbitre a annulé le choix de loi explicite des parties au motif qu'il n'était pas lié au système juridique envisagé* »[814]. Le principe de l'autonomie de la volonté de choisir la loi applicable a été même décrit comme une règle de *lex mercatoria* et d'ordre public transnational[815]. Les Recommandations de l'Association de droit international (ILA) insiste d'ailleurs sur cette solution et indiquent que le fait pour l'arbitre de trancher en application d'une règle de droit non invoquée par les parties constitue un excès de pouvoir[816]. Le rapport statistique de la CCI relève que dans 84 % des différends enregistrés en 2011, les parties

---

810 **L. LÉVY & F. ROBERT-TISSOT**, « L'interprétation arbitrale », *R.A.*, 2013, n° 4, p. 861 s, spéc. n° 35.

811 La sentence CCI n° **1512** a ainsi décidé dans une affaire rendue en 1971, qu'un « *arbitre n'a pas le pouvoir de substituer son propre choix à celui des parties, dès lors qu'il existe un choix exprès, clair et sans ambiguïté et qu'aucune raison valable n'a été invoquée pour qu'il soit refusé de donner effet à un tel choix* », *J.D.I.*, 1979, p. 904, spéc. p. 908, obs. Y. DERAINS.

812 Sentence CCI n° **1581** de 1971, *J.D.I.*, 1974, p. 887, obs. Y. DERAINS.

813 **J. BÉGUIN & M. MENJUCQ** (sous la dir. de), *Droit du commerce international*, collectif, Litec, Paris, 2005, p. 1046, spéc. n° 2700.

814 **O. LANDO**, *The Law Applicable to the Merits of the Dispute*, in : Sarcevic (éd.), Essays on International Commercial Arbitration, Boston, Londres 1991, p. 129 et s en ligne sur: https://www.trans-lex.org/114900 p. 135

815 **L.CHÉDLY,** *Arbitrage commercial international et ordre public transnational*, Préf. K. Meziou, *C.P.U.*, Tunis 2002 ; *adde*, **J.-M. JACQUET**, « La théorie de l'autonomie de la volonté », in, *Le Règlement communautaire « Rome I » et le choix de loi dans les contrats internationaux*, Collectif sous la dir. de Sabine Corneloup et N. Joubert, actes du colloque des 9 et 10 sept. 2010- Dijon, Université de Bourgogne-CNRS, V. 35, Paris, Litec, 2011, p. 1 et s.

816 Recommandations de l'Association de droit international sur la détermination du contenu du droit applicable en matière d'arbitrage commercial international, Résolution n° 6/2008, disponible en ligne sur : http://www.ila-hq.org/download.cfm/docid/D906376A-95B4-429C-8E46138255EFD, spéc. p. 9.

avaient inclus dans le contrat une clause de droit applicable. 98 % de ces clauses se réfèrent à une loi étatique[817].

458. L'arbitre doit appliquer les règles claires et précises de la *lex contractus*. La sentence CCI n° **15042** rendue en 2009[818], témoigne de cette application pure et simple des stipulations du contrat. En l'espèce, l'arbitre unique s'est référé directement, sans recourir à une règle de conflit de loi quelconque, à l'article 45 des Conditions générales pour déterminer le droit applicable au fond. Il s'agit du droit du lieu de l'établissement du fournisseur, soit le droit hollandais.

459. La pratique arbitrale statuant selon la loi française en matière de détermination du prix est une bonne illustration de l'attachement de l'arbitre au raisonnement imposé par la loi applicable. En effet, l'affaire CCI n° **3938**[819] rendue en 1982 est un bon exemple. En effet, selon la loi française, le prix n'était plus objectivement déterminable en raison de la disparition du barème qui donnait aux parties la garantie du contrôle et l'arbitrage de l'administration. L'application de la loi française ne laissait pas de marge de manœuvre à l'arbitre et a pesé de façon déterminante dans l'issue du litige.

460. S'ils veulent juger uniquement sur le fondement du contrat, les arbitres sont-ils tenus d'indiquer le droit applicable ? La pratique arbitrale témoigne de l'absence d'obligation, pour l'arbitre devant statuer en droit, de désigner dans la sentence la loi applicable au litige. La Cour d'appel de Paris a jugé que, si les parties n'ont pas fait obligation aux arbitres de désigner les règles juridiques dont ils entendent faire

---

[817] *2011 Statistical Report, in Bulletin Cour CCI*, 2012, vol. 23, n°1, pp. 5-17, spec. p. 14. Il faut noter qu'il est fréquent que les clauses *d'electio juris* désignent des lois étatiques. Les clauses portant choix de règles non-étatiques sont rares. V. **G. CUNIBERTI**, « La faible attractivité internationale du droit français des contrats », *in, Les relations internationales privées*, Mélanges Bernard AUDI, *L.G.D.J.*, 2014, p. 253 et s, spéc. pp. 256-257, n° 13 et s et tableaux des statistiques proposés. *Adde*, **L. RAVILLON**, « La recherche de la sécurité juridique : la stipulation quasi systématique d'une clause de choix de la loi applicable », *in* S. CORNELOUP & N. JOUBERT (dir.), *Le règlement communautaire Rome I et le choix de loi dans les contrats internationaux*, LexisNexis, 2011, p. 67 et s., spéc. p. 67-68, note 2.

[818] Sentence finale CCI n° **15042** de 2009, (originale en anglais), *J.D.I.*, 2013, n° 1, pp. 257 s, note C.T.-N ; dans un sens près : sentence n° **10264** rendue en 2000, *J.D.I.*, 2004, n° 4, p. 1255 s, note S. JARVIN.

[819] Sentence CCI n° **3938** rendue en 1982, Recueil 11, Tome I, pp. 503 s, rapportée par **J.-M. TALAU**, *L'arbitre du commerce international : source de droit*, Thèse dact, Orléans 1998, p. 131.

application, alors le Tribunal arbitral qui a statué en droit, sans toutefois désigner explicitement dans la sentence la loi applicable au litige, n'a pas violé sa mission[820]. Cela signifie que la mission de l'arbitre statuant en droit n'implique pas, sauf volonté contraire des parties, l'obligation de déterminer le droit applicable au litige. Il en résulte que les arbitres n'ont, en dehors de celles que leur imposeraient les parties, aucune obligation de déterminer le droit applicable au fond du litige s'ils veulent juger au regard des seules stipulations du contrat[821].

461. Par ailleurs, l'interprétation directe des clauses du contrat pour aboutir à la résolution du litige n'est pas une création des arbitres. Ce n'est aussi ni une alternative, ni une faculté laissée à ceux-ci. Ils doivent respecter les termes du contrat. Cette obligation découle de plusieurs textes[822].

462. La pratique arbitrale témoigne dans la plupart des cas que la nature du litige permet bien souvent à l'arbitre de fonder sa décision sur une simple analyse des stipulations du contrat, sans référence à une norme supérieure. Le litige étant principalement tranché par application des seules stipulations contractuelles. La sentence finale rendue dans l'affaire n°**9636**[823] illustre cette tendance.

463. Dans cette affaire la demanderesse (française) a conclu avec la défenderesse (turque) un contrat de réservation hôtelière pour trois saisons touristiques. La demanderesse allègue avoir été contrainte à résilier le contrat en raison d'agressions, tant physiques que verbales, de la part du personnel de la défenderesse à l'encontre du personnel de la demanderesse et des vacanciers. La demanderesse réclame réparation du préjudice qu'elle a subi du fait du relogement des vacanciers pour leur sécurité, et du non-respect des obligations contractuelles par la défenderesse. La défenderesse allègue la rupture abusive du contrat par la demanderesse et demande en conséquence la réparation du préjudice

---

[820] Paris, 11 déc. 1997, *Cubana (Sté) c/ Société Consavio International*, *R.A.*, 1999, p. 121, obs. D. BUREAU.

[821] Paris, 10 juin 2004, *Bargues Agro industries c/ Société Young Pecan Copagny,* RG n° 2003/09894, *R.A.,* 2004, p. 733.

[822] V. par ex : Art. **73** du CA tunisien qui dispose dans son § 4 que « *Dans tous les cas, le tribunal arbitral statue sur le différend conformément aux stipulations du contrat, en tenant compte des usages du commerce applicable à la transaction* » ; art.17 (2) du Règlement CCI de 1998 ; art. 21 (2) du Règlement CCI de 2017.

[823] Sentence finale rendue en 1998 dans l'affaire n° **9636** (original en français), rapportée par **E. JOLIVET**, « La détermination du droit applicable au fond », in, Les *Cah. arb*, V.5, éd. A. Pédone, Paris, 2010, p. 511s, spéc. p. 514.

subi. Le tribunal arbitral constate que les parties sont en désaccord quant au droit régissant le contrat.

En l'absence de choix de droit applicable au contrat par les parties, la défenderesse estime que le Tribunal arbitral doit déterminer le droit applicable au contrat en tenant compte du lieu d'exécution du contrat situé en Turquie et des liens plus étroits du contrat avec la Turquie. La défenderesse fait référence à l'article 1496 du NCPC français, à l'article 24 de la loi turque du DIP et à l'article 187 de la loi suisse du DIP. La défenderesse fait également remarquer que les prétendus actes illicites qui lui sont reprochés ont été commis en Turquie.

Le Tribunal arbitral considère qu'en l'espèce, les indices invoqués par la demanderesse ne sont pas déterminants. Ces éléments ne permettent pas d'établir l'existence d'un choix, explicite ou implicite, du droit applicable au contrat. En l'absence de choix, il convient de rechercher le droit applicable en se référant aux règles et principes de DIP généralement appliqués dans les pays des parties à l'instance arbitrale ainsi que dans la plupart des autres pays.

Le Tribunal arbitral observe d'abord qu'en France, l'article 1496 du NCPC laisse au Tribunal arbitral un large pouvoir discrétionnaire pour appliquer la Convention de Rome du 19 juin 1980 sur la loi applicable aux obligations contractuelles. Cette Convention, en vigueur non seulement en France mais aussi dans la plupart des pays de l'Union Européenne, prévoit en son article 4 qu'en l'absence de détermination du droit applicable par les parties, c'est le droit du lieu d'établissement de la partie qui exécute la prestation caractéristique du contrat qu'il convient de retenir.

Le Tribunal arbitral observe ensuite que l'article 24 de la loi n°2675 de 1982 relative au DIP turc prévoit que le droit applicable au contrat, à défaut de choix exprès par les parties, est celui du lieu d'exécution du contrat.

Le Tribunal arbitral considère enfin que le critère du lien le plus étroit entre le contrat et un certain droit est le plus largement appliqué dans des pays de droits d'inspiration romano-germanique et de *Common law*.

Le Tribunal arbitral relève la convergence des solutions données par les droits invoqués par les deux parties et par la pratique. Le tribunal conclut que le contrat à des liens plus étroits avec la Turquie et que c'est donc le droit turc qui lui est applicable.

Sur la base des seules stipulations contractuelles, le tribunal arbitral considère que la résiliation du contrat par la demanderesse n'était justifiée ni du point de vue formel, à cause du non-respect des délais prévus au contrat, ni au fond, étant donné l'absence de violation significative des obligations contractuelles par la défenderesse. Une autre sentence rendue en 2004 semble suivre la même démarche[824].

464. La démarche de l'interprétation directe des clauses du contrat est répandue dans la pratique arbitrale[825]. L'affaire n° **8628** représente un exemple significatif[826]. Le différend opposait un distributeur allemand à un concédant américain à propos de la date exacte d'expiration d'un contrat de distribution exclusive de guitares. Chacune des parties revendiquait l'application de son droit national pour le règlement du différend. Après avoir étudié les termes du contrat et les faits établis lors des débats, les arbitres ont constaté qu'aucune des parties n'avait souhaité soumettre sa relation à un droit particulier. Le contrat étant la loi des parties, il avait donc décidé de trancher le litige à partir des éléments contractuels conformément aux principes généraux d'interprétation des contrats[827].

465. Parfois les arbitres adoptent une approche qui consiste à accorder aux stipulations contractuelles la valeur de règles de droit pour elles-mêmes en matière d'octroi des intérêts. C'est ce qu'enseignaient les sentences CCI n° **14046** et n° **9427**[828]. À la lumière de ces sentences,

---

[824] Sentence finale n° **12603** (original en français), rendue en **2004** à Bruxelles, rapportée par **E. JOLIVET**, in, Les *Cah. arb.*, V.5, 2010, *op.cit.,* spéc. p. 524.

[825] *Cf.* p. ex. affaires CCI n° **11440** rendue en 2003, *Y.C.A.,* vol. XXXI, 2006, pp. 127-147, spéc. p. 131, n° 8 ; CCI n° **8501**, in **J.-J. ARNALDEZ, Y. DERAINS et D. HASHER** (eds.), *Recueil des sentences arbitrales de la CCI 2001-2007*, Kluwer Law International, 2009, pp. 529-535, spéc. p. 530, obs. E.J. ; CCI n° **8782** (1997), *Y.C.A.,* vol. XXVIII, 2003, pp. 39-53, spéc. p. 42, n° 5 (cette sentence se réfère au droit danois), sentences citées par **L. LÉVY & F. ROBERT-TISSOT**, « L'interprétation arbitrale », précité, spéc. n° 26, note 21.

[826] Sentence partielle n° **8628** de 1997, [non publiée], citée par **C.Q.C. TRUONG**, « Le droit applicable au fond dans les contrats internationaux de distribution (…) », *op.cit.,* spéc. p. 50, note 42.

[827] Le tribunal décide ainsi : « *Les parties ont explicitement décidé que* [*le tribunal arbitral déterminera comme il lui semble bon le corpus de droit qu'il appliquera pour rendre sa décision*]. *Nous sommes satisfaits que les deux parties voulaient que leur relation soit régie par les termes du contrat qui constitue la loi entre les parties. Nous concluons donc que, dans la mesure où la loi nationale de l'une ou de l'autre des parties diffère des droits et obligations prévues dans le contrat, celui-ci doit prévaloir tel qu'interprété conformément aux principes du droit des contrats reconnus à l'échelle internationale* »

[828] Sentence CCI n° **14046** publiée in : *Y.C.A.*, Deventer [Kluwer Law and Taxation Pub.], vol. 35, 2010, pp. 241-271, citée par **M. GRANGES**, *Les intérêts*

nous constatons que la volonté des parties quant à l'allocation d'intérêts semble être reconnue et respectée en pratique par les tribunaux arbitraux[829].

B- La méthode qui cumule l'application des stipulations contractuelles avec d'autres facteurs

466. Parfois, et compte tenu de la diversité des éléments retenus pour déterminer les liens les plus étroits que le contrat entretient avec un droit étatique (domicile ou établissement de l'une des parties, siège de l'arbitrage, etc.), l'identification de la prestation caractéristique du contrat devient malaisée. Ce qui amène l'arbitre à dégager une solution originale tout en s'appuyant sur les stipulations du contrat.

1- Sentence appliquant une directive européenne assimilable à une loi de police communautaire[830]

467. L'arbitre unique siégeant à Paris était appelé à se prononcer sur la validité de la résiliation unilatérale d'un contrat d'agence commerciale conclue en décembre 1995 entre une société demanderesse X (Belgique), (ci-dénommée « l'agent » ou le demandeur), et une société défenderesse Y (Espagne), (ci-dénommée le commettant ou le défendeur). Aux termes du contrat qui était conclu pour un an renouvelable par tacite reconduction, l'agent devait promouvoir les ventes au Benelux des vêtements de prêt-à-porter féminins produits par le commettant.

Le contrat avait été résilié en juillet 1999 par le défendeur avec effet immédiat pour manquement grave de l'agent. Celui-ci avait violé l'article 4 du contrat qui lui interdisait, sauf autorisation préalable écrite du commettant, de représenter, fabriquer ou de distribuer directement ou à travers des tiers, des produits qui seraient concurrents à ceux du commettant pendant la durée du contrat.

---

moratoires en arbitrage international, Genève, Schlthess, 2014, spéc. p. 111, disponible en ligne sur : http://archive.unige.ch/unige:83441

[829] V. aussi : sentence CCI n° **3572** de 1982, in : *Y.C.A.*, Deventer [Kluwer Law and Taxation Pub.], vol. 14, 1989, pp. 111-121, citée par **M. GRANGES**, *Les intérêts moratoires* (…), *op.cit.,* et les références citées, spéc. p. 193, note 1107. (Le litige est soumis aux principes généraux du droit des contrats et le Tribunal arbitral alloue les intérêts sur la base du contrat)

[830] Sentence finale rendue dans l'affaire n° **12045** en 2003 (original en langue française), *J.D.I.,* 2006, n°4, p. 1434 et s, note S. J & C.T.-N.

L'agent avait contesté la validité de la résiliation pour les motifs indiqués devant la Cour internationale d'arbitrage de la CCI aux fins d'obtenir la réparation du préjudice subi. Il avait invoqué à cet effet l'application du droit belge ayant considéré que le fait pour les parties d'avoir stipulé l'application de la directive européenne n° 86/653/CEE du 18 décembre 1986 sur l'agence commerciale (directive de 1986) n'impliquait nullement une élection du droit applicable.

Le défendeur avait refusé l'application du droit belge au fond en s'appuyant sur l'article 21 du contrat qui exclut l'application des lois nationales au profit des dispositions du contrat et la directive de 1986.

Conformément aux dispositions de l'acte de mission signé par les parties, l'arbitre devait se prononcer sur les règles de droit applicable et sur le manquement contractuel grave allégué par le mandant à l'encontre de son agent.

S'agissant de la question du droit applicable, l'arbitre avait fait prévaloir la volonté claire des parties pour appliquer les dispositions du contrat et, à défaut celle de la directive de 1986. L'arbitre avait rejeté l'application de la loi belge, sollicité par le demandeur.

L'arbitre avait affirmé tout d'abord la primauté de la volonté des parties qui avaient souhaité écarter l'application des lois nationales en soumettant leur différend à la loi du contrat et aux dispositions impératives de la directive de 1986. Il avait ensuite validé leur choix en l'absence de fraude ou de contrariété à l'ordre public pour conclure à la prééminence de la directive de 1986.

Cette sentence témoigne de la possibilité pour l'arbitre d'appliquer une directive européenne tout en se fondant sur les clauses du contrat, en excluant l'application directe des lois nationales en présence par une démarche convaincante et acceptable par les parties.

Toutefois, il y a des cas où l'arbitre ne manque pas de faire une allusion au critère du siège de l'arbitrage dans le cadre de la résolution du litige sur la base des stipulations contractuelles.

2- Sentence appliquant une loi nationale indiquée dans l'acte de mission tout en se référant au siège de l'arbitrage

468. La sentence partielle n° **10137** rendue en Bruxelles illustre cette démarche[831]. En absence de choix des parties, l'arbitre invoque

[831] Sentence partielle n° **10137** (original en français), rendue en 1999 en Bruxelles entre deux parties l'une néerlandaise et l'autre française, rapportée par **E. JOLIVET**, in, Les *Cah. arb.*, V. 5, 2010, *op.cit.,* spéc. p. 519.

l'article 17 (1) du Règlement d'arbitrage de la CCI, qui lui confère la faculté d'appliquer les règles de droit qu'il juge appropriées, tout en tenant compte « *des dispositions du contrat et des usages du commerce pertinents* », ainsi qu'il l'est imposé par l'article 17 (2) du même Règlement.

L'arbitre considère que les règles de droit appropriées applicables au fond du litige sont celles résultant de l'application du DIP belge. En application des règles de DIP belge, l'arbitre est conduit à appliquer la Convention de Rome de 1980 sur la loi applicable aux obligations contractuelles, entrée en vigueur en Belgique le 1er avril 1991. En l'espèce, compte tenu de la nature et du contenu du contrat d'exclusivité, il est impossible de déterminer une seule prestation caractéristique de la relation contractuelle entre les parties. L'arbitre relève que la défenderesse bénéficie d'une exclusivité de distribution des produits, ce qui rendrait applicable le droit néerlandais, mais il relève également que la demanderesse bénéficie en retour de l'exclusivité de l'activité de la défenderesse, ce qui rendrait applicable le droit français. L'arbitre note que l'application des deux droits serait contraire à une bonne administration de la justice et compliquerait de façon inutile la résolution du litige apparemment connexe, pendant devant les juridictions françaises.

L'arbitre énonce que puisqu'il lui est impossible de déterminer une seule prestation caractéristique de la relation contractuelle, il doit déterminer selon d'autres critères avec quel pays le contrat litigieux présente les liens les plus étroits. L'arbitre indique que le contrat litigieux confère à la défenderesse le droit exclusif d'agir en qualité de distributeur des produits de la demanderesse en France. En contrepartie de ce droit, la défenderesse a souscrit une obligation d'exclusivité en faveur de la demanderesse en France et le litige connexe se situe en France. L'arbitre estime que le contrat présente les liens les plus étroits avec la France et déduit que le droit applicable à la relation contractuelle est le droit français.

469. A la lumière de ces échantillons de sentences sus-rapportées, il est possible de déduire que « *l'arbitre n'est pas « sans loi », mais surtout il n'est pas « sans contrat », et doit s'assurer que l'interprétation du droit applicable corresponde aux prévisions des parties. En d'autres termes, l'arbitre donne la priorité à l'analyse* *contractuelle plutôt que légale* ».[832] Les seules limites imposées à sa liberté sont le respect de la volonté des parties, de l'ordre public international et des lois de police. Les arbitres tentent également de localiser objectivement l'exécution de l'obligation litigieuse mais parfois cette tâche n'est pas aisée. C'est pourquoi ils recourent souvent à l'interprétation des stipulations contractuelles pour résoudre le litige tout en excluant l'application de loi nationale de l'une ou de l'autre des parties, dans des circonstances où « *il est exposé à la tentation de l'équité, et à celle de la valorisation excessive du contrat qui lie ceux dont il tient sa mission* »[833]. Qu'il statue sur la base d'un arbitrage en droit ou d'un arbitrage en amiable composition, l'arbitre tente toujours de convaincre les parties qu'elles ne pussent pas légitimement escompteront une autre décision que celle finalement adoptée par les arbitres.

§2 . Le respect par l'arbitre des attentes légitimes des parties

470. La logique de l'arbitrage international en matière de détermination du droit applicable au fond du litige en l'absence de choix par les parties repose sur trois postulats que l'on a déjà constaté : l'absence d'ordre juridique de base, l'absence de *lex fori* de l'arbitre et l'absence de sanction du juge de l'*exequatur*[834]. Par conséquent, les arbitres internationaux jouissent d'une pluralité de méthodes dans la détermination du droit applicable, ce qui illustre l'absence de règles qui leur commandent des choix prédéterminés. Il en résulte une « impression d'incohérence »[835]. Toutefois, les divergences recouvrent une approche unique dans la diversité : les méthodes des arbitres auraient une « base commune » qui est la satisfaction de « l'attente

---

832 **L. LÉVY & F. ROBERT-TISSOT**, « L'interprétation arbitrale », *op.cit.*, spéc. n° 40.

833 **P. MAYER**, « L'arbitre et la loi », *Le droit privé français à la fin du XXe siècle*, Études offertes à Pierre CATALA, Litec 2001, pp.225-240, spéc.p.240.

834 Sur ce point Cf. not. **J. JOURDAN-MARQUES**, « Le rôle du juge de l'*exequatur* », in *L'exécution des sentences arbitrales internationales*, Collectif sous la dir. de Maximin DE FONMICHEL & Jérémy JOURDAN-MARQUES, L.G.D.J., Lextenso éditions 2017, p. 101 s.

835 **Y. DERAINS**, « Attente légitime des parties et droit applicable au fond en matière d'arbitrage international », *Trav. Com. fr. DIP*, 1984-1985, Paris, éd., du C.N.R.S., 1987, pp.81-92, spéc. p. 84.

légitime des parties »[836] ou « la fidélité aux attentes des parties »[837]. Elle est en quelque sorte l'un des contours non négligeables de la liberté des arbitres. C'est un garde-fou psychologique, moral, mais peut avoir le cas échéant des effets juridiques si les parties ou l'une d'elles, qui, insatisfaite du résultat de la sentence, intente un recours en annulation. Généralement, la recherche de « l'attente légitime des parties » a été nettement observée dans l'interprétation de la volonté implicite de celles-ci **(A)** et dans l'hypothèse du contrat « sans loi » **(B)**

A- L'arbitre et la recherche de la volonté implicite des parties

471. Attente légitime et volonté implicite : quel rapport ? « *Nul ne l'ignore : l'arbitrage repose sur la* ***confiance*** *des parties, élément psychologique malaisément mesurable* »[838]. Ainsi, quelle que soit la décision de l'arbitre, il convient toujours que celle-ci respecte l'attente légitime des parties. En d'autres termes, il ne faut pas qu'au regard des circonstances de l'espèce, celles-ci soient réellement surprises par le droit désigné comme étant applicable. L'arbitre doit faire un effort particulier de motivation pour expliquer aux parties pourquoi il a été

---

[836] Sur cette question *Cf.* notamment **Y. DERAINS**, « Attente légitime des parties (…) », *prec* ; du même : *Le droit et la pratique de l'arbitrage international en France*, actes du Colloque du novembre 1982, F.E.D.U.C.I., 1984, p. 74 et s ; du même, « Le choix du droit applicable au contrat et l'arbitrage international », in *Le processus arbitral* CCI-VIII partie, *Bull CIA de la CCI*, Vol 6/n°1-mai, 1995, p.10 ; *adde.*, **J. CAZALA**, « La protection des attentes légitimes de l'investisseur dans l'arbitrage international », *R.I.D.E.*, 2009, n° 1, t. XXIII, pp. 5-32 ; **F. DUPUY**, *La protection de l'attente légitime des parties au contrat : étude de droit international des investissements à la lumière du droit comparé*, thèse pour l'obtention de doctorat en droit privé de **l'Université** Panthéon-Assas, Paris II, présentée et soutenue publiquement le 30 novembre 2007 ; **P. MAYER**, « Le choix de loi dans la jurisprudence arbitrale », *op.cit.*, p. 423 s, spéc. pp. 432-433 ; **G. KAUFMANN-KOHLER & A. RIGOZZI**, *Arbitrage international, Droit et pratique à la lumière de la LDIP*, 2ème éd., 2010, n° 619, 628 ; **P. E. NYGH**, *The reasonable expectations of the parties as a guide to the Choice of law in Contracts and in tort*, R.C.A.D.I., 1995, t. 251, pp. 307-309.

[837] **B. FUMICHON & W. PARK**, « Comment les arbitres se décident-ils ? », in, La lettre de la Chambre Arbitrale Internationale de Paris (C.A.I.P), n° 15, déc. 2017, pp. 2-10, spéc. p. 14.

[838] **P. LALIVE**, « Le choix de l'arbitre », in « Libertés », Mélanges Jacques ROBERT, Paris 1998, pp. 353- 363, en ligne sur : www.lalive.ch › data › publications › pla_choix_de_larbitre_1998 ; adde, **J.-P. GRANDJEAN & C. FOUCHARD**, « Le choix de l'arbitre », in : Cahiers de Droit de l'Entreprise, n° 4, juillet-aout 2012, pp. 33-39.

conduit à désigner tel ou tel droit[839]. C'est un motif essentiellement subjectif. Il y a également d'autres motifs qui amènent les arbitres à respecter ces attentes. Ceux-ci sont aussi sensibles à la manière dont la sentence sera reçue éventuellement par la suite dans un milieu très vaste, celui de la communauté des acteurs de l'arbitrage[840]. D'autres soucis objectifs animent également les arbitres : la perspective d'un contrôle judiciaire, la perspective d'un contrôle de l'institution d'arbitrage sous l'égide de laquelle ils statuent, la réception de la sentence par le milieu juridique, judiciaire ou professionnel. C'est le motif donc de « l'acceptabilité de la sentence »[841] qui exige de l'arbitre une attention particulière. Ainsi, il doit montrer que les arguments de chacune des parties ont été pris en considération, évalués, soupesés, ordonnés et le cas échéant adoptés ou écartés et d'expliquer pourquoi[842].

472. En pratique, l'arbitre ne se contente pas d'écarter tel argument, mais parfois pousse le raisonnement plus loin et indique pourquoi, à supposer même qu'il l'ait retenu, il n'aurait pu être pertinent au regard du but poursuivi par la partie qui l'avançait[843]. Cela a afin de la dissuader à transformer ce motif pour le réutiliser à l'appui d'un

---

839 **J.-B. RACINE**, *Droit de l'arbitrage*, P.U.F., 1ère éd., 2016, n° 772 ; Sur la motivation cf. nota. **E. LOQUIN**, « Le paradoxe de la motivation des sentences arbitrales », in *Les sanctions en droit contemporain*, Vol. 2, Dalloz 2013, pp. 207-221.

840 V. sur cette communauté notamment l'intéressante étude d'**E. GAILLARD**, « Sociologie de l'arbitrage international », *J.D.I.*, 2015, n° 4. 1089 ; Éléments d'une sociologie de l'arbitrage, Actes de la journée d'étude du groupe sociologique de l'arbitrage du Comité français de l'arbitrage présidé par le Pr. Jean- Baptiste RACINE, *R.A.*, 2012, p. 709.

841 **Ch. JARROSSON**, « L'acceptabilité de la sentence », *R.A.*, 2012, n° 4, pp. 793-804 ; *adde*, **J.-M. JACQUET**, « Avons-nous besoin de jurisprudence arbitrale ? », *R.A.*, 2010, n° 3, pp. 445-466, spéc. p. 456 où l'auteur relève la question de l'acceptabilité de la règle jurisprudentielle en ces termes : « *L'acceptabilité de la règle jurisprudentielle est cette qualité de la règle dégagée dans la décision qui lui permet d'être appliquée une nouvelle fois par un autre tribunal arbitral dans une espèce semblable. Le fait que la règle jurisprudentielle soit appliquée sur la base de son acceptabilité plutôt que son autorité déplace l'accent de la dynamique jurisprudentielle vers la décision qui reçoit la règle et la perpétue plutôt que vers la décision qui émet la règle (...) Cette analyse nous parait en accord avec la liberté de jugement dont bénéficie tout tribunal arbitral et qui correspond à une attente fondamentale des parties. Elle est également en accord avec la relative liberté dont jouissent les tribunaux arbitraux dans la méthode de détermination du droit applicable au fond du litige* ».

842 **Ch. JARROSSON**, « L'acceptabilité de la sentence », *art. prec.* n° 19.

843 *Ibid*, loc. cit.

recours en annulation. Un exemple fréquent peut illustrer ce cas, lorsqu'en matière internationale deux parties sollicitent l'application d'une loi différente, l'arbitre aura intérêt à montrer, le cas échéant, que la loi qui n'a pas été choisie n'aurait pas donné un autre résultat pratique.

473. L'attente légitime des parties n'est ni leur volonté expresse, ni leur volonté supposée ou implicite ou hypothétique, ni même tout à fait leur « *volonté analysée in abstracto qui serait celle de parties raisonnables dans la même circonstance* ». Elle n'a pas grand-chose à voir avec la volonté, précise M. Derains, « *car ceux à quoi visent les arbitres, ce n'est pas à rechercher la volonté des parties lorsqu'elles conclurent le contrat, mais surtout à montrer que dans la situation dans laquelle elles se sont placées lorsque commence la procédure arbitrale, les parties ne peuvent pas s'attendre à une décision autre que celle que va rendre l'arbitre* »[844]. Qu'est-ce que donc la volonté implicite ? Entre la volonté exprimée des parties de voir telle loi appliquée et l'absence totale de détermination, il existe des zones d'ombre. Ainsi qu'il a été joliment précisé : « *Entre une volonté de choix absolument certaine et la certitude d'une absence de volonté s'intercalent la possibilité, la probabilité faible ou grande, la quasi-certitude d'une volonté implicite* »[845]. Plus précisément, la volonté implicite a été considérée comme : « *une volonté dont l'existence peut être admise bien que son expression ait été imparfaite* » [846]. Donc, en l'absence de droit expressément choisi, l'arbitre doit examiner si l'on ne pourrait pas présumer que les parties ont eu l'intention de choisir un droit donné.

474. Les affaires impliquant un choix implicite de loi se divisent en deux catégories. L'une est lorsque l'intention est "*démontrée avec une certitude raisonnable par les termes du contrat ou les circonstances de l'affaire*" [847]. Les parties, par exemple, ont utilisé une formule contractuelle en vigueur dans un pays particulier ; ils ont choisi une institution d'arbitrage située dans le même pays, qui est également le

---

[844] **Y. DERAINS**, « Attente légitime des parties (…) », *ibidem.*

[845] **P. MAYER & V. HEUZE**, *Droit international privé,* Montchrestien, 10ème éd., 2010, p. 551, n° 712.

[846] **J.-M. JACQUET**, *La loi applicable au fond du litige dans l'arbitrage international*, Cours donné à l'Institut de hautes études internationales et du développement (Genève), pp. 195-234, spéc. p.211,en ligne sur : www.ehu.eus/cursosderchointernacionalvitoria/ponencias/.../2011-4.pdf...

[847] L'expression est reprise de l'article 3, § 1, de la Convention de Rome du 19 juin 1980 sur la loi applicable aux obligations contractuelles.

pays du lieu d'exécution du contrat. Dans de tels cas, le choix de la loi est tacite. L'autre catégorie renferme les cas où les faits ne justifient pas un choix de loi tacite mais où l'arbitre, comme les tribunaux de certains pays, invoque l'intention présumée des parties à l'appui d'un choix de loi qu'il a fait.

475. Pour un juge étatique, les règles de conflit qui s'imposent ne se limitent généralement pas à lui imposer de donner effet au choix exprès mais également à un choix implicite effectué par les parties, pourvue que celui-ci ait un caractère certain[848]. Dans la plupart des cas, les textes applicables à l'arbitrage ne font pas une telle distinction. Ils mentionnent le choix des parties sans fournir autres détails sur la façon dont ce choix a été exprimé ou se révèle à l'arbitre. Le terme « implicite » est parfois contenu dans la disposition relative au droit applicable[849]. La Convention de Rome, quant à elle, prévoit à l'article 3, § 1, que le choix du droit applicable doit être « *exprès ou résulter de façon certaine des dispositions du contrat ou des circonstances de la cause* »[850]. Ce qui montre bien que l'on ne peut découvrir de choix tacite que s'il est suffisamment clair qu'il s'agit d'un choix naturel fait par les parties[851].Toutefois, les formules « indiqué par les parties » ou « en l'absence d'accord » sont beaucoup plus courantes. Il est difficile d'évaluer si elles incluent ou non une indication ou un accord implicite des parties[852]. Ce qui fait que parfois la limite entre le domaine du choix

---

[848] V. art. 3 de la Convention de Rome de 1981, Règlement de Rome I ou encore la Convention de La Haye de 1955 sur la loi applicable aux ventes internationales de marchandises. *Cf.* sur cette question **N. JOUBERT**, « Le choix tacite dans les jurisprudences nationales : vers une interprétation uniforme du Règlement Rome I ? », in *Le Règlement « Rome I » et le choix de loi dans les contrats internationaux*, dir. S. CORNELOUP & N. JOUBERT, Université de Bourgogne-CNRS-Travaux de recherche sur le droit des marchés et des investissements internationaux, Litec, 2011, vol. 35, p. 229 s.

[849] Art. 21 de la Convention arabe sur l'arbitrage commercial (Amman, 14 avril 1987).

[850] V. dans le même sens l'article 116, § 2 de la loi suisse de DIP.

[851] *Cf.* **JAFFEY,** « The English proper law doctrine and the EEC Convention » (1984) 33 I.C.L.Q. 531, 545, cited by **A. REDFERN** & **M. HUNTER**, Law and Practice of International Commercial Arbitration, translated by Murray Smith, 2nd ed., London Sweet & Maxwell, 1991, spec. p. 101, note 84.

[852] Art. VII de la Convention européenne sur l'arbitrage commercial international du 21 avril 1961 ; art. 33 du règlement d'arbitrage de la CNUDCI ; art. 28 de la Loi type de la CNUDCI ; art. 28 de *l'International Arbitration Rules of the Americain Arbitration Association.*

des parties et celui des arbitres n'est pas clairement définie. La question semble délibérément laissée à la discrétion des arbitres[853].

476. Il appartient alors aux arbitres de le faire tout en évitant les résultats inéquitables ou celles qui choquent les prévisions des parties. La tâche n'est pas aisée et la doctrine met des réserves sérieuses sur cette tendance[854]. C'est ainsi que l'indice tiré de la langue du contrat ou de l'utilisation d'un langage juridique particulier n'est pas à lui seul déterminant pour extérioriser la commune intention des parties de choisir une loi étatique plutôt qu'une autre[855]. De même le choix par les parties de la loi applicable à la procédure arbitrale ne présume en rien de leur intention concordante quant à la loi applicable au fond du

---

[853] V. « Choix de la loi applicable aux contrats du commerce international : des Principes de La Haye ? » article prec, collectif issue du Bureau Permanent de la Conférence de La Haye de droit international privé », *Rev. crit. DIP.*, janvier-mars 2010, pp. 83- 102, spéc. p. 96.

[854] *Cf.* à titre d'exemple : **J. ROBERT** : qui reconnait que : « (…) *lorsqu'on me parle de l'attente légitime des parties, je reste plus circonspect, parce que j'ai peur que cela ressemble trop à beaucoup d'égards à cette volonté présumée des parties, dont depuis longtemps on a montré qu'elle était le plus souvent ce que le juge ou l'arbitre voulait décider en mettant sur le dos de la partie cette intention présumée plutôt que quelque chose qui corresponde à une réalité juridique et démontrée* » in : séance de débat publiée à la suite de la conférence de M. DERAINS sur l'attente légitime des parties (…), prec. spéc. p. 95 ; *adde*, **Ph. FOUCHARD**, *L'arbitrage commercial international,* Thèse, Dalloz, Paris 1965, p. 361, spéc. n° 541 ; **P. LALIVE**, « Les Principes d'UNIDROIT en tant que *lex contractus*, avec ou sans choix explicite ou tacite de la loi : point de vue de l'arbitre », *Bull. CIA de la CCI*, supplément spécial 2002, p. 81 s, spéc. p. 85. Il précise que : « *Parler de « volonté hypothétique » des parties contractantes est à l'évidence une erreur - d'où les anciennes décisions (par exemple en Suisse) considérant à juste titre qu'il ne pouvait réellement y avoir de choix tacite de la lex contractus que si l'on pouvait montrer que deux conditions étaient simultanément remplies : (1) que les parties étaient conscientes du problème du choix du droit applicable et (2) qu'elles avaient eu l'intention commune de résoudre ce problème (conscience et volonté)* » ; *adde*, **H. GAUDEMET-TALLON**, « L'autonomie de la volonté : jusqu'où ? », Mélanges en l'honneur du Pr. Pierre MAYER, *L.G.D.J., Lextenso éditions*, 2015, p. 255 s, spéc. p. 263 où elle affirme qu': « *Il nous semble que dans tous les cas dans lesquels on admet une volonté « tacite », « implicite », « présumée », ou encore « hypothétique » sont dangereux, qu'il s'agisse de choix d'une loi ou d'une juridiction* ».

[855] Sentence n° **2637, 51975**, II. *Y.C.A.*, (1977), 153 ; Sentence **1005**, Doc. n° 410/592, 10-IV-1952 ; Sentence n° **1354**, Doc. n° 410/1306, 7-VII-1965 ; sentence CCI., n° **1422** en 1966, *J.D.I.*, 1982, 990, obs. Y. DERAINS.

litige[856]. C'est pour cette raison que M. DERAINS insiste sur la distinction entre la volonté implicite ou supposée des parties et leurs attentes légitimes en précisant qu'ils ne doivent pas se mettre sur le même plan[857].

477. L'examen de certaines sentences montre que les arbitres s'intéressent à la volonté implicite des parties pour déterminer le droit applicable. Les sentences qui suivent traduisent cette approche.

Une affaire CCI n° **10264**[858]rendue en 2000 illustre la recherche de la volonté implicite des parties. L'arbitre unique siégeant à Paris était appelé à se prononcer sur la validité de la résiliation d'un contrat cadre conclu entre les parties aux termes desquels les sociétés défenderesses A (France) et B (France) (dénommées les « mandantes ») ont désigné les sociétés X (France) et Y (France) demanderesses (dénommées « les mandataires ») pour les représenter pour la vente de leurs produits fruitiers et de les approvisionner en matières premières.

Le contrat a été résilié par la défenderesse A en 1998 suite à une restructuration du groupe. Les demanderesses ont sollicité en vain auprès des défenderesses une réparation du préjudice subi, avant de soumettre le différend à la CCI.

Aux termes de l'acte de mission signé par les parties, l'arbitre devait principalement résoudre la question de savoir si les défenderesses devaient être condamnées ou non solidairement à réparer le préjudice subi par les demanderesses du fait de la résiliation brutale et abusive du contrat. Les parties n'ayant pas prévu le droit applicable au fond, l'acte de mission a rappelé qu'à défaut d'un tel choix, l'arbitre appliquera les règles de droit qu'il juge appropriées conformément à l'article 17 du Règlement CCI.

L'arbitre, sans l'exprimer expressément, a implicitement évoqué le caractère international de l'arbitrage compte tenu de l'activité et du tissu de relations d'affaires des parties qui dépassaient largement le cadre économique français. Le contrat n'ayant pas prévu le droit applicable au

---

[856] Solution unanimement affirmée : v. nota. Sentences Aramco et Amin oïl précitées ; *adde*, Sentence intermédiaire CCI, n° **4695** de 1984 : XI *Y.C.A.*, 1986, 149.

[857] **Y. DERAINS**, « Attente légitime des parties (…) », ibidem, spéc. p. 101. (Débats : réponse de M. Derains à M. Robert). « *L'arbitre, au fond, va dire aux parties voilà ce que vous vouliez l'une et l'autre, mais voilà ce que vous auriez dû légitimement attendre. Et il explique ensuite que sa décision était la seule chose raisonnable à escompter de lui dans cette circonstance (...)* ».

[858] Sentence CCI n° **10264** rendue en 2000, *J.D.I.,* 2004, n° 4, p. 1255 et s, note S. JARVIN, p. 1259.

fond, l'arbitre est normalement tenu, conformément à l'article 17 du Règlement CCI, d'appliquer les règles de droit qu'il juge appropriées. En l'occurrence, l'arbitre n'a pas jugé nécessaire de le déterminer car les parties avaient implicitement choisi d'un commun accord le droit applicable, en plaidant conformément au droit français. L'arbitre a donc raisonné vraisemblablement en droit français.

478. La sentence CCI n° **8385** rendue en 1995 [859] témoigne également du respect que confère l'arbitre à l'attente des parties. Une société américaine X et une société belge Y s'opposaient dans un litige concernant un contrat par lequel la première devait fournir son savoir-faire technique ainsi que des services en vue de la construction d'une usine en Bulgarie. Plus particulièrement, X prétendait avoir été privé d'un solde de redevances et des informations qui lui aurait permis de l'exiger. Elle s'estimait fondée, entre autres, à réclamer des dommages-intérêts triples en vertu de la loi fédérale américaine **RICO** (Racketeer *Influenced and Corrupt Organization Act*). Loi ayant pour objet principal de lutter contre les activités de Racket des groupes organisés. De plus, la société X dirigeait également son action contre la société mère de Y, une autre société belge Z, en raison de l'insolvabilité de Y.

Le litige fut soumis à un arbitre unique, siégeant à New York, conformément aux stipulations de la clause d'arbitrage qui prévoyait notamment l'application du droit de l'État de New York à la solution des litiges.

Bien que la clause d'arbitrage prévoyait que la loi de l'État de New York s'appliquerait à la solution des litiges, l'arbitre unique décide qu'il y a lieu de l'écarter. L'arbitre tient un raisonnement particulièrement intéressant. En choisissant la loi de l'État de New York, la partie belge, n'a pas pu prévoir l'application de la loi **RICO** qui, en raison de ses caractéristiques exceptionnelles, est étrangère au concept de sa tradition juridique. Cependant, cette analyse de la volonté des parties ne suffit pas à écarter définitivement la loi **RICO**. Elle pourrait néanmoins intervenir si elle faisait partie de l'ordre juridique applicable en vertu de la règle de conflit que l'arbitre considère appropriée. Cet ordre juridique est l'ordre juridique belge, le contrat étant exécuté en Belgique. Comme

---

[859] Sentence CCI n° **8385** rendue en 1995 (original en anglais), *J.D.I.,* 1997, n° 4, p. 1061 et s, avec la note Y. DERAINS, p. 1068 s, Collection of ICC Arbitral Awards (1996-2000), p. 474 ss ; cf. **G. KAUFMANN-KOHLER**, « The Transnationalization of National Contract Law », in Mélanges en l'honneur du Pr. Jean-Michel JACQUET, LexisNexis 2013, p. 107 et s ; du même, « Le contrat et son droit devant l'arbitre international », *op. cit.*, pp. 361-373, spéc. p. 368.

le droit belge ne contient pas de loi de type **RICO** et ne prévoit pas l'allocation de dommages-intérêts triples dans une situation semblable, la demande de la partie américaine est rejetée.

Les parties ayant prévu que le droit de l'État de New York s'appliquerait en cas d'arbitrage, le fait que l'arbitre ait décidé de déclarer que la loi **RICO** n'était pas applicable retient tout particulièrement l'attention. Pour l'arbitre il lui faut d'abord savoir si les parties attendaient de lui qu'il applique la loi **RICO**, alors que le juge étatique doit l'appliquer s'il s'agit d'une loi de police du for, ou si le système de DIP de la *lex fori* en décide ainsi.

En l'espèce, l'arbitre estime que les parties n'attendaient pas de lui qu'il applique la loi **RICO**. Il s'exprime dans les termes suivants : « [...] *La question auquel doit faire face ce Tribunal (et de rechercher)* [...]*si l'intention des parties était que la référence dans l'article 15 du contrat ou de loi de l'État de New York incluait le droit fédéral et en particulier* ***RICO****. Il n'y a rien dans les documents qui indiquent que les parties aient considéré cette question (...)*

Le Tribunal estime qu'il serait inapproprié d'attribuer aux parties l'intention d'appliquer à leur relation contractuelle une loi telle que ***RICO****. Après tout,* ***RICO*** *est une loi qui a donné lieu à de nombreuses et difficiles interprétations. De plus, c'est une législation étrangère à la tradition des pays de droit civil et qui prévoit des dommages triples, une forme de dommages punitifs qui est également virtuellement inconnue des pays de droit civil. Attribuer à une société belge l'intention implicite de voir sa conduite en Belgique régie par une telle loi serait contraire à son* ***attente légitime*** ».

479. Cette sentence, bien qu'elle témoigne du respect que confère l'arbitre à l'attente des parties, met l'accent également sur le degré de liberté accordée à celui-ci. Cette liberté « étonnante » va jusqu'à écarter la loi élue par les parties pour corriger le résultat auquel elle parviendrait s'il l'avait appliqué en tant que telle. La liberté de l'arbitre est généralement ou presque sans limites. Ainsi, la norme, (la loi RICO issue du système américain en l'espèce), tout en étant l'instrument indispensable à la mission de l'arbitre, quel que soit le cheminement qui aura été suivi pour conduire à elle, reste entre les mains de l'arbitre un outil de son jugement, extrait d'un ordre juridique auquel l'arbitre ne prend aucune part[860]. Pour cette raison, l'arbitre n'a guère de raisons de se préoccuper de la politique législative, ou de la cohérence de la norme

[860] **J.-M. JACQUET**, « Les libertés de l'arbitre », *art. prec.* spéc. p. 321.

du point de vue de l'ordre juridique dont elle est issue[861]. L'examen d'autres sentences permet à déduire que cette sentence, bien qu'audacieuse, n'a pas consacré une solution isolée[862]. Dans tous les cas, l'arbitre essaye de rechercher et d'appliquer la règle appropriée. « *Une règle qui s'impose dans l'espace international indépendamment de la localisation de la situation spatiale qu'elle entend régir (...) une règle de droit spécialement faite pour régir les relations internationales, dont la condition d'application est la prise en considération de l'internationalité de la relation litigieuse* »[863].

B- L'hypothèse du « contrat sans loi »

480. Lorsque l'arbitre est confronté à une hypothèse du « contrat sans loi » cela permet de mesurer l'étendue de son respect des stipulations contractuelles et de sa réaction quant à l'attente légitime des parties. La théorie du « contrat sans loi »[864] suppose la faculté des

---

[861] *Ibid. loc. cit.*

[862] V. par ex. aussi la sentence CCI n° **7518** de 1994, Collection of ICC Arbitral Awards (1996-2000), p. 516 s, citée par **G. KAUFMANN-KOHLER**,« Le contrat et son droit devant l'arbitre international », précité, spéc. p. 368, note n° 27, où le Tribunal arbitral écarta l'application des règles du droit portugais relatif au « *consortium ostensible* », pourtant expressément désignées par les parties, au motif qu'elles ne pouvaient correspondre à la volonté réelle. Il requalifia ensuite le contrat de société civile. V. encore la sentence n° **117** de 1999 rendue sous l'égide de l'Arbitration Institute de la Chambre de commerce de Stockholm, disponible (sans autres références) sur www.unilex.info, dans laquelle le Tribunal cherche aussi à appliquer des règles conformes aux attentes légitimes des parties.

[863] **E. LOQUIN**, « L'application par les tribunaux internationaux des règles de droit qu'ils estiment appropriées », Mélanges Pierre MAYER, *op.cit.,* pp. 533- 545, spéc., p.538, n° 13.

[864] Sur la notion *Cf.*, **W. J. KASSIR**, *Autonomie de la volonté et contrat sans loi en droit international privé des contrats :Consécration mondiale, risques d'exacerbation et nécessité de préserver l'autorité de la loi dans les contrats internationaux*, L.G.D.J., 2019, 1ère éd., Paris, Point Delta ; **L. PEYREFITTE**, « Le problème du contrat dit « sans loi », *D.*, 1965, Chron. p. 113 ; **P. LEVEL**, « Le contrat dit sans loi », *Trav. com fr. DIP* (1964-1966), pp. 209-246 ; **B.GOLDMAN,** « les conflits de lois dans l'arbitrage international de droit privé », *R.C.A.D.I.,*1963, T. 109, p. 347 ; **W. WENGLER**, « Immunité législative des contrats multinationaux ? », *Rev. Crit. DIP*, 1971, p. 637 et s. Comp., dans une perspective différente : **J.- P. BERAUDO**, « Faut-il avoir peur du contrat sans loi ? », in : *Le droit international privé : esprit et méthodes*, Mélanges Paul Lagarde, 2005, p. 93 ; **L. GANNAGÉ**, « Le contrat sans loi en droit international privé », *Electronic Journal of Comparative Law*, Vol. 11, 3 (December 2007) disponible en ligne sur : http:// www.ejcl.org; **S. FREDERIQUE**, « Le contrat sans loi en droit international privé », *Revue Québécoise de droit international*,

contractants de s'affranchir dans les rapports internationaux de tout rattachement à un système juridique étatique[865]. Un « contrat sans loi » est un contrat qui n'est pas soumis à aucune loi étatique, mais qui est toutefois régi par des règles de droit non étatiques telles que les usages, les principes généraux du droit, la *lex mercatoria*. Quant au « contrat sans droit », c'est un contrat qui n'est pas soumis à aucune règle de droit et dont le régime juridique repose exclusivement sur les clauses contractuelles, c'est-à-dire sur la seule volonté des parties. Les parties décident des lois et des dispositions figurant dans ces lois qu'elles entendent voir appliquer à leur contrat : comme l'écrivait le doyen BATIFFOL : « *ce n'est plus la loi qui détermine les relations qu'elle gouverne, ce sont les parties qui consentent à obéir à la loi* »[866].

481. Devant les juridictions étatiques, les effets accordés au « contrat sans loi » sont très réduits à cause de l'attachement des systèmes nationaux à l'application d'une loi étatique aux contrats internationaux. Cela ne s'explique pas seulement par une méfiance à l'égard du droit spontané, mais également par une fidélité à la méthode conflictuelle et à la justice de rattachement[867]. Il en résulte que si les parties ont entendu élire des règles de droit non étatiques pour régir le contrat, celles-ci s'appliqueront uniquement dans la mesure où elles ne portent pas atteinte aux dispositions impératives de la *lex contractus*. En vertu de la théorie de l'incorporation[868], les règles de droit non étatiques désignées par les parties pour régir leur contrat ont la valeur de simples stipulations contractuelles. Elles sont incorporées au contrat et ne pourront déployer leurs effets que dans les limites fixées à la volonté des parties par la loi étatique applicable au contrat.

---

vol. 19-2, 2006, pp. 35-63, en ligne sur : https://www.persee.fr/doc/rqdi_0828_9999_2006_num_19_2_1043

[865] **P. LEVEL**, « Le contrat dit sans loi », prec. spéc. p.14.

[866] *Aspects philosophiques du droit international privé,* 1956 et rééd. Dalloz, 2002, p. 66, n° 28 *in fine*.

[867] V. en ce sens : **L. CHÉDLY**, « L'office du juge et la règle de conflit », in : Le Code tunisien de droit international privé : deux ans après, C.P.U., 2003, pp. 97-128 ; **P. MAYER**, « L'office du juge dans le règlement des conflits de lois », Droit international privé, Trav. Com.fr. DIP., 1975-1979, séance du 13 mai 1977, pp. 233-268 ; **G. DARCY**, « Regard elliptique sur l'office du juge », in : *Confluences,* Mélanges en l'honneur de Jacqueline Morand-Deviller, Préf. De Roland Drago, Montchrestien, L.G.D.J., 2008, p. 287 s.

[868] Pour plus d'amples détails sur cette technique V. **J.-M. JACQUET**, « L'incorporation de la loi dans le contrat », Trav. com. fr. DIP., 1993-1994, éd. Pédone, Paris, 1996, pp .23-47.

482. En matière d'arbitrage, la question revêt une certaine souplesse. Tous les auteurs s'accordent aujourd'hui pour constater que l'arbitre international, qui tient ses pouvoirs de la volonté des parties, n'a pas de *lex fori*. De plus, depuis la critique célèbre qu'en avait fait le Pr. Pierre MAYER dans les *Mélanges GOLDMAN*, l'idée d'un ordre juridique de base du contrat international est abandonnée[869]. La doctrine révèle un accord pour considérer que le « contrat sans loi » n'est pas un « contrat sans droit ». Par conséquence, « un contrat sans loi » signifierait sans doute seulement sans loi étatique, car aucun contrat ne peut être complet et « *self sufficient* », et un accord ne peut constituer un instrument juridiquement obligatoire, sans référence à un système juridique qui lui soit extérieur. De façon que c'est la deuxième figure du « contrat sans loi » qui est adoptée et acceptée par la doctrine : « *Le contrat sans loi n'est plus un contrat qui échappe à toute règle de droit pour reposer uniquement sur la volonté des parties, il est celui qui, affranchi de toute loi étatique, n'en reste pas moins soumis à l'application de règles de droit d'origine non étatique* »[870]. Ainsi, le « contrat sans loi », hypertrophie de la volonté sans frein est-il rejeté *in globo*[871].

483. Le « contrat sans loi » est en mesure de prospérer devant l'arbitre pour plusieurs raisons. La première tient à la diversité des solutions relatives à la détermination du droit applicable au fond du

---

869 **P. MAYER**, « Le mythe de « l'ordre juridique de base » (ou Grundlegung), in : *Le droit des relations économiques internationales*, Études offertes à Berthold GOLDMAN, Paris, Litec, 1982, pp .199-216.

870 **L. GANNAGÉ**, « Le contrat sans loi en droit international privé », prec. p. 3, spéc. n° 3 ; dans le même sens : **B. GOLDMAN**, *Les conflits de loi dans l'arbitrage international de droit privé*, *R.C.A.D.I.*, 1963, p. 480, n° 29. ; **N. GARA**, *Code de l'arbitrage annoté (dispositions communes- Arbitrage international),* Maison du livre, Tunis, 2016, spéc. p. 220 où il relève justement que : « Cette manière de voir est excessive car la liberté donnée aux parties pour déterminer le droit applicable ne peut justifier un éventuel rejet des règles de droit » ; **P. LEVEL**, « Le contrat dit sans loi », prec. p. 211 ; **P. LALIVE**, « Le droit applicable au fond du litige en matière d'arbitrage », prec. spéc. p. 10 ; *adde*, **J.-M. JACQUET**, « L'incorporation de la loi dans le contrat », Trav. Com. fr. DIP., 1993-1994, éd. Pédone, Paris, 1996, pp. 23-47 ; **P. MAYER**, *Droit international privé*, 5ème éd., 1994, spéc. n° 706 ; **Ph. FOUCHARD, E. GAILLARD, B. GOLDMAN,** *Traité, op.cit.*, n° 1140 ; **J.- P. BERAUDO**, « Faut-il avoir peur du contrat sans loi ? », prec ; **S. BOLLÉE**, « L'impérativité du droit choisi par les parties devant l'arbitre international », *R.A.,* 2016, n° 3, p. 675, spéc. n° 15.

871 **J.- Ch. POMMIER**, *Principe d'autonomie et loi du contrat (...), op.cit.,* spéc. n° 275.

litige en matière d'arbitrage international. La deuxième à la reconnaissance de pluralisme des sources du droit favorisant l'application du droit non étatique. Outre le facteur de l'autonomie de l'arbitre international face au choix, à l'application ou non et à la manière d'application du droit qui la détermine en cas de défaut de choix par les parties. Le fait que le droit tunisien ne subordonne la reconnaissance et l'exécution des sentences arbitrales à aucun contrôle de la loi appliquée par les arbitres, suffirait à justifier le respect par les arbitres de la volonté des parties d'écarter l'application toute loi nationale.

484. Toutefois, en pratique, les clauses de « contrat sans loi » ne se rencontrent guère à l'état pur, ce qui fait que les parties elles-mêmes éprouvent quelques doutes sur l'efficacité de ces stipulations[872]. Le « contrat sans loi » se manifeste de deux manières différentes. Il peut résulter d'abord de la volonté des parties, lorsque celle-ci décide de soumettre le litige à des règles de droit non étatique : principes généraux du droit, Principes UNIDROIT, principes de droit européen des contrats, usages… etc. Il peut résulter également d'une décision de l'arbitre, qui à défaut de choix par les parties du droit applicable, voudra soumettre le contrat à des règles de droit non étatiques. Il est par exemple largement admis que les Principes UNIDROIT puissent tenir lieu de droit applicable au contrat.

485. Les dispositions de l'article 73 du Code tunisien de l'arbitrage sont claires en ce qu'elles exigent que le contrat soit soumis à la « loi désignée par les parties » selon la version française de l'article ou « aux règles de droit » selon la version arabe du même texte qui fait foi. Cette prescription s'impose aux arbitres dans tous les arbitrages soumis à la loi tunisienne ou à une autre loi. Donc, l'arbitre peut et doit à la fois respecter la volonté des parties même si celles-ci optent pour un « contrat sans loi ». Cette volonté est interprétée dans la majorité des cas comme signifiant la possibilité pour l'arbitre d'appliquer des règles non étatiques. La contractualisation place le droit non-étatique sous l'autorité de la loi du contrat, le contrat sans loi supprime cette impérativité et laisse toute liberté aux règles non-étatiques[873].

---

[872] **Ph. FOUCHARD, E. GAILLARD, B. GOLDMAN,** *Traité, op.cit.*, p. 810, n° 1440 ; **J.-M. JACQUET, Ph. DELEBECQUE, S. CORNELOUP,** *Droit du commerce international*, Dalloz 2010, 2e éd., p. 209, n° 357 qui constatent que les hypothèses de contrat sans loi sont plutôt rares.

[873] **Y. HEYRAUD,** *Le droit non-étatique dans les rapports internationaux privées*, résumé d'une thèse : *Le droit non-étatique dans les rapports internationaux*

486. Le souci d'appliquer la loi répondant le mieux à l'attente des parties apparaît donc comme le point central autour duquel s'articule la démarche des arbitres du commerce international lorsqu'ils s'efforcent de déterminer les règles permettant la solution du litige. Lorsque les parties ont expressément choisi la loi applicable, la recherche devient inutile. À défaut d'un tel choix, l'arbitre tend à montrer ce que leurs attentes pouvaient légitimement être, soit *in concreto*, soit compte tenu d'un certain consensus international. « *Une autre attente des parties est celle d'un jugement objectivement fondé. Or, l'arbitre qui s'écarte visiblement de la règle applicable risque, quelle que soit la valeur de ses raisons, de paraître arbitraire. Celui qui se fie à ses lumières plus qu'à celles de la loi est en fait victime d'une illusion d'optique. Il se fait plaisir à lui-même, et s'il sait qu'il va déplaire à l'une des parties, cela est compensé pour lui par la satisfaction symétrique qu'il aura procurée à l'autre. Mais il ne voit pas qu'il se discrédite aux yeux des deux, et l'arbitrage avec lui* »[874]. C'est pourquoi la détermination du droit applicable ne doit jamais outrepasser les limites des stipulations des contractants, tout comme leurs attentes et leur sécurité juridique, il faut en principe comprendre ces critères comme des dogmes[875].

487. Avant même de s'entretenir à la recherche de la méthode du droit applicable, les arbitres sont tenus d'appliquer des usages du commerce applicable à la transaction ainsi que les stipulations contractuelles. Ils doivent en quelque sorte rechercher l'approbation des parties. Toutefois la recherche de cette attitude peut se faire dans l'emploi de la méthode elle-même et ce à travers plusieurs procédés que nous allons découvrir en filigrane dans la pratique arbitrale à travers l'étude de plusieurs sentences.

---

privées. Contribution à l'étude des fonctions du droit international privé, thèse soutenue publiquement le 9 mars 2017, Université de Paris I, Panthéon-Sorbonne, spéc. p. 195, n° 34.

[874] **P. MAYER**, « L'arbitre et la loi », *op.cit.*, spéc. p. 237.

[875] **A. J. BELOHALAVEK,** « Law Applicable to the Merits of International Arbitration and Current Developments in European Private International Law: Conflict-of-laws Rules and the Applicability of the Rome Convention, Rome I Regulation and Other EU Law Standards in International Arbitration", in Gzech Yearbook of International Law, Vol I, edited by A. J. BELOHALAVEK & N. Rozehnalova, Juris Publishing, 2010, pp. 25-46, on line:https://www.academia.edu/10214632

CHAPITRE II : LA RECHERCHE DE L'APPROBATION DES PARTIES DANS LA MISE EN ŒUVRE DE LA MÉTHODE

488. L'examen des sentences arbitrales révèle qu'il n'y a pas un choix à déterminer parmi les diverses méthodes employées par les arbitres. Les sentences recourent tantôt à l'une, tantôt à l'autre, et très souvent une même sentence recourt à des raisonnements convergents, voire à plusieurs[876]. Dans la majorité des cas, les arbitres essaient de démontrer aux parties que les méthodes employées, pour déterminer le droit applicable au fond, reviennent en fait à appliquer la méthode conflictuelle **(section 1)** ; et parfois ils procèdent au cumul de toutes les méthodes pour créer ou parvenir à une solution communément acceptée **(section 2)**

[876] **P. MAYER**, « Le choix de loi dans la jurisprudence arbitrale », in : *Le Règlement communautaire « Rome I » et le choix de loi dans les contrats internationaux*, sous le dir. de Sabine Corneloup & Nathalie Joubert, actes du colloque des 9 et 10 sept. 2010- Dijon, Paris, Litec 2011, Vol. 35, pp. 423-444, spéc. p. 432.

SECTION I : LE RATTACHEMENT DES MÉTHODES A LA MÉTHODE CONFLICTUELLE

489. Il est intéressant d'exposer la tendance de rattachement de la « voie directe » à la méthode conflictuelle dans la pratique arbitrale **(§1)**, avant de l'apprécier en examinant son objectif principal **(§2)**

§1 . Exposé de la tendance du rattachement de la «voie directe » à la méthode conflictuelle

490. L'examen de la pratique arbitrale montre une tendance qui semble un peu paradoxale. Les arbitres utilisent, pour justifier l'application des règles non étatiques issues de la méthode dite de « la voie directe », des procédés voisins que ceux normalement utilisés par le droit international privé, pour déterminer le droit applicable à la relation internationale[877]. En d'autres termes, même lorsque l'arbitre ne se réfère pas explicitement à la méthode conflictuelle, il la prend en compte, pour conforter la solution trouvée en vertu de « la voie directe ». C'est ce qu'il ressort de l'analyse détaillée faite par l'arbitre unique X. A. de Mello dans une sentence de 1988[878]. Le Tribunal arbitral décide qu':

« *Attendu que la société américaine Primary Coal s'est engagée à livrer, pendant 3 ans, à la société espagnole Valenciana de Cementos Portland certaines quantités de charbon à un prix à fixer de 6 mois en 6 mois ; que la clause compromissoire insérée au contrat ayant été mise en œuvre par la société Primary, l'acte de mission stipulait dans son article VIII, qu'outre le règlement d'arbitrage de la CCI, les règles de procédure seront celles du NCPC en matière d'arbitrage international et, dans son article IX, que le droit applicable n'ayant pas été indiqué*

---

[877] Cf, sur cette tendance : **F. OSMAN,** *Les principes généraux de la lex mercatoria : contribution à l'étude d'un ordre Juridique anational*, L.G.D.J., 1992, Bibliothèque de droit privé, t.224, Préf. E. Loquin, spéc. pp. 370-375 ; **F. OSMAN & S. SALAMA,** « Les méthodes de détermination du droit applicable par l'arbitre : vers un rattachement de la « voie directe » à la méthode conflictuelle », *Bull A.S.A.*,2/2003, pp. 272-285, spéc. p. 279 ; **Ph. FOUCHARD, E. GAILLARD, B. GOLDMAN,** *Traité, op.cit.*, p. 890, n° 1553 ; **A. BUCHER**, *Le nouvel arbitrage international en Suisse*, Bâle et Francfort-sur-le Man, éd., Helbing et Lichtenhahn,1988, spéc. n° 249 ; **P. LALIVE**, « Les règles de conflit de lois appliquées au fond du litige par l'arbitre international siégeant en Suisse », *R.A.*, 1976, pp. 155-185, spéc. p. 181 *in fine* et 182.

[878] Sentence CCI rendue en 1988, Primary Coal v Compania Valenciana de Cementos portland, *R.A.*, 1990, n° 3, p. 663.

par les parties, sera déterminé par une sentence partielle ; que l'arbitre a décidé que le litige sera réglé selon les seuls usages du commerce international, autrement dénommés "lex mercatoria", comme étant le droit le plus approprié ».

491. La même démarche a été suivie dans la sentence rendue en 1992[879] qui aboutit à l'application d'une loi libanaise de protection de l'agent commercial au motif que c'est « *la loi du pays où le centre de gravité du contrat est situé* »[880], donc au nom d'une règle internationale de rattachement.

492. D'autres sentences montrent toujours ce recours des arbitres à des éléments de rattachement pour déterminer le droit applicable au fond. C'est le cas de l'affaire CCI n°**14154**[881] . L'arbitre utilise le critère de l'établissement de celui qui fournit la prestation caractéristique, une démarche familière aux juristes du droit international privé.

493. Dans une autre affaire CCI, l'arbitre « *considers that the classic connecting factors used by doctrine and jurisprudence all point to the law of (X) as the governing law of this agreement* »[882]. Il s'agit donc seulement de l'élimination de l'obligation de passer par un droit international privé étatique donné ou par un système de rattachement national, l'arbitre reste obligé de justifier le choix qu'il fait d'un système juridique ou d'une norme donnée. L'examen des sentences sur ce point, nous conduit à déduire que les arbitres procèdent à des rattachements selon la démarche classique de la méthode conflictualiste, à l'aide de facteurs de rattachement. C'est dans le choix de ces facteurs qu'ils semblent avoir plus de liberté que le juge étatique.

494. Dans d'autres exemples, la « voie directe » implique nécessairement une localisation du contrat dans un système juridique national ou anational, tel que la *lex mercatoria*. La sentence rendue dans l'affaire n°**3540** illustre parfaitement cette démarche[883]. Se fondant sur

---

879 Sentence CCI n° **6500** rendue en 1992, *J.D.I.*, 1992, p. 1015 s ; V. l'appréciation de la solution retenue par cette sentence : **I. FADLALLAH**, *L'ordre public dans les sentences arbitrales*, *R.C.A.D.I.*, 1994, Martinus Nijhoff, p. 249 et s, spéc. p. 424.

880 Sentence CCI n° **6500,** précitée.

881 Sentence CCI n° **14154,** inédite citée par **A. PRUJINER**, « L'arbitre et le droit », *Rev. Mc Gill*, vol. 1 :1, 2014, pp. 83-94, spéc. p. 91.

882 Sentence CCI n° **13092,** inédite citée par **A. PRUJINER**, « L'arbitre et le droit », *prec* spéc. p. 91, note 37.

883 Sentence CCI n° **3540** rendue en 1980, *Clunet*, 1981, pp. 914-927, spéc. p. 917, obs. Y. DERAINS.

la doctrine ainsi que sur la jurisprudence arbitrale, les arbitres décident en effet « *que parmi les méthodes auxquelles recourent les arbitres internationaux figure fréquemment celle dite de « la voie directe »* ». Une telle méthode aboutirait alors, « *soit à la détermination directe d'une loi nationale applicable choisie à partir des circonstances du contrat et du litige, soit en se fondant uniquement sur le contrat et les principes généraux et communs du droit* », poursuit la sentence. Toutefois nous constatons que paradoxalement les arbitres, tout en estimant pouvoir faire application des principes généraux et communs du droit, « *c'est-à-dire appliquer la lex mercatoria* », justifient leur choix en observant que la démarche conflictuelle eut abouti au même résultat.

495. Dans d'autres cas[884], la tendance du rattachement de la « voie directe » à la méthode conflictuelle est encore plus remarquable puisque n'évoquant même pas le libellé de la méthode dite de « la voie directe ».

496. En matière d'intérêts également, il arrive que les arbitres jugent appropriée l'application des règles prévalant au domicile de l'ayant droit de la dette en argent. Dans la sentence CCI n° **2375**[885], le Tribunal arbitral n'aborda pas la question de l'octroi des intérêts semblant partir du principe qu'ils étaient dus au sens de la *lex mercatoria*. Il se référa au droit du domicile du créancier pour en fixer le taux. Il ressort tout de même de cette solution un aspect conflictuel étant donné que l'application des règles de droit prévalant dans l'État de domicile du créancier satisfait au principe de proximité. Il apparaît donc que la démarche conflictualiste offre aux arbitres un choix entre la compétence du droit applicable au contrat et celle du droit du pays du créancier[886]. Reste à mesurer le bien-fondé de cette tendance du rattachement de la « voie directe » au raisonnement conflictuel. Pourquoi les arbitres opèrent un attachement sérieux aux rattachements classiques du conflictualisme ?

---

884 Sentence CCI n° **5103** rendue en 1988, *Clunet*, 1988, pp. 1206-1215, obs. G.A. ALVAREZ.

885 Sentence CCI n° **2375** rendue en 1975, *J.D.I*, 1976, n°4, pp. 973-978, obs. Y. DERAINS ; V. également sentence CCI n° **5460** de 1987, *Y.C.A.,* 1989p. 104 s.

886 V. sur la question des intérêts : **Y. DERAINS**, « Intérêts moratoires, dommages-intérêts compensatoires et dommages punitifs devant l'arbitre international », Etudes offertes à Pierre BELLET, Paris, Litec 1991, p. 101 s. V. sur l'appréciation de la solution retenue dans la sentence CCI n° **2375** : **M. GRANGES**, *Les intérêts moratoires en arbitrage international*, Genève : Schulthess, 2014, pp. 124-125, en ligne sur : http://archive-ouverte.ch/unige:83441

§2 . Appréciation du bien-fondé de cette tendance

497. Nous avons déjà constaté que l'arbitre peut faire l'économie du passage par la règle de conflit en utilisant des méthodes plus souples telles que celles des principes généraux du droit et celle de la « voie directe ». Toutefois, quelles que soient les avantages supposés et réels des différentes méthodes sus-étudiées, il semble très difficile aux arbitres, de concevoir une sentence arbitrale qui ferait abstraction complète de tout esprit conflictuel. L'examen de la pratique arbitrale montre que les arbitres ne peuvent s'affranchir de cette étape du raisonnement conflictuel, elle les incite tout simplement à l'occulter. Comme le relève le Pr. F. OSMAN, « *la méthode dite de « la voie directe » dès lors qu'elle implique la localisation du litige dans un système juridique donné, revêt, sans aucun doute, un caractère conflictuel* »[887]. La question qui se pose : est-ce que l'arbitre est obligé de teinter sa démarche par un raisonnement conflictuel, lorsqu'il s'efforce d'appliquer la méthode dite de « la voie directe » ?

498. Rappelons que qualifié de « voie direct », elle habilite l'arbitre à choisir directement les règles de fond qu'ils estiment appropriées, sans passer par une règle de conflit quelconque. Certains considèrent que cette solution n'accroit guère la liberté de l'arbitre, mais en déplace seulement l'objet : son choix ne porte plus sur la règle de conflit qu'il juge la plus appropriée, mais sur la règle applicable au fond[888]. En d'autres termes, lorsqu'un Tribunal arbitral détermine le droit applicable par application d'une règle de conflit, la règle de conflit qu'il applique est retenue selon le critère qu'il aura lui-même déterminé (…) L'apparente objectivité convoquée par l'usage d'une règle de conflit n'est malgré tout que le reflet de l'usage par l'arbitre de sa liberté[889].

499. En effet, plusieurs auteurs français n'ont pas considéré que la solution de la « voie directe » accordée à l'arbitre, en absence de choix opéré par les parties, comme une « liberté absolue ». Ils ont néanmoins reconnu que cette méthode de la « voie directe » n'excluait pas la prise en compte de règles de conflit pour déterminer le droit applicable, mais dispensait les arbitres de motiver le choix du critère de rattachement par

---

887 **O. FILALI,** *Les principes généraux de la lex mercatoria : contribution à l'étude d'un ordre Juridique anational*, thèse, Préf. d'Éric LOQUIN, L.G.D.J., Bibliothèque de droit privé, t. 224, 1992, spéc. p. 372.

888 **F. OSMAN &S. SALAMA,** « Les méthodes de détermination du droit applicable par l'arbitre : vers un rattachement de la « voie directe » à la méthode conflictuelle », art. précité, spéc. p. 280.

889 **J.-M. JACQUET**, « Les libertés de l'arbitre international », prec. p. 320.

eux retenus[890]. BUCHER reproche même à cette méthode d'inciter les arbitres à «occulter» le raisonnement conflictuel, lequel est inéluctable[891]. Encore plus critique, le Pr. TSCHANZ constate que *« la «voie directe» n'apparaît être qu'une occultation de l'analyse conflictuelle »*[892]. Toutefois, de sa part, BERGER considère justement que la « voie directe » ne dispense pas l'arbitre de motiver le choix de la loi applicable, mais qu'il doit soigneusement la justifier. Dans leur ouvrage sur le droit comparé de l'arbitrage international les Professeurs POUDRET et BESSON considèrent que, la différence entre la solution de l'article 187 LDIP, fondée sur les liens les plus étroits, et la méthode dite de la « voie directe » paraît minime.

500. Ces arguments qui attirent l'attention sur le fait que l'internationalisation du droit de l'arbitrage ne s'accompagne pas d'une mise à l'écart du droit international privé, comme certains le perçoivent, ne prête pas à la conviction. Ils peuvent être réfutés pour plusieurs raisons. Tout d'abord, il ne faut pas perdre de vue que l'arbitre lorsqu'il rattache la solution du litige issue de la méthode de la « voie directe » à celle conflictuelle ne le fait qu'à titre subsidiaire. Il peut s'en débarrasser à tout moment dans les cas où le raisonnement conflictuel n'aboutit naturellement à aucun résultat ou par exemple lorsqu'il s'avère ardu à l'arbitre de concilier des critères de rattachement divers.

501. Ensuite, l'inadéquation de la méthode conflictuelle au traitement des relations du commerce international [893] et

[890] **Ph. FOUCHARD, E. GAILLARD, B. GOLDMAN**, *Traité*, *op.cit.*, *n*^{os} 1552 et 1553.

[891] **A. BUCHER**, *Le nouvel arbitrage international en Suisse*, *op.cit.*, p. 203.

[892] **P.-Y. TSCHANZ**, « Le nouveau droit suisse de l'arbitrage international », *R.D.A.I.*, 1988, n° 4, pp. 437 s, spéc. p. 447.

[893] *Cf.*, notamment: **CAVERS**, « A critique of the choice of law problem», *Harv. Law Rev.*, 1933, p. 193 ; **PATOCCI**, Règles de rattachement localisatrices et règles de rattachement à caractère substantiels, Genève, 1985, p. 201s et spéc. n° 450 et s ; **F. KNOEPFLER**, « Le droit international privé : froideur mécanique ou justice casuistique… », in *conférences Universitaires de Neuchâtel*, 1976, p. 35 s ; **JUENGER**, « Cours général… », *R.C.A.D.I.*, 1985. IV, p. 119 s ; **R. DAVID**, *L'arbitrage dans le commerce international,* Economica, 1982, p. 475, spéc. n° 390 ; V. récemment : **L.-G. RADICATI DI BROZOLO,** « Règles transnationales et conflit de lois : réflexions à la lumière des Principes UNIDROIT et des principes de La Haye », in : Le droit des rapports internationaux économiques et privés, Mélanges en l'honneur du Professeur J.-M. JACQUET, LexisNexis 2013, pp. 275-298, spéc. p. 288 ; *adde,* **N. JOUBERT**, « L'adéquation de la méthode des conflits de lois envisagée du point de vue du droit des étrangers », in : *Droit sans frontières*, Mélanges en l'honneur d'Éric LOQUIN,

particulièrement à l'arbitrage commercial international[894]a été relevé à maintes reprises par la doctrine et il n'est pas nécessaire d'insister sur ce constat. Il en résulte que l'intérêt à résoudre le litige à travers une méthode conflictuelle n'est pas d'un grand essor du moment où l'arbitre peut accomplir la même tâche d'une manière directe. C'est paradoxal qu'il réussit à faire sortir le conflictualisme par la porte pour le faire revenir par la fenêtre. S'il fait allusion à la méthode conflictualiste c'est donc pour motiver sa solution. Cela n'est pas dû à son incapacité de se libérer totalement du raisonnement conflictuel.

502. De plus, les parties cherchent souvent, s'ils n'ont pas élu une loi applicable, à ce qu'une loi neutre ou un droit respectant les principes en vigueur de leurs lois nationales soit appliqué. Or, la méthode conflictuelle ne répond pas nécessairement et dans tous les cas aux attentes légitimes des parties, en l'occurrence lorsqu'elles demandent aux arbitres d'appliquer une loi neutre. Elle débouche naturellement à l'application d'une loi nationale. Or, la méthode de « la voie directe » parvient le plus souvent à l'application de règles non étatiques notamment des principes généraux du droit. Par conséquence, l'arbitre lorsqu'il opère un rattachement de la « voie directe » à la méthode conflictuelle « *ce n'est pas la nostalgie ou une sentimentalité déplacée*

LexisNexis 2018, Vol. 51, pp. 721- 729, spéc. p. 721 ; **É. LOQUIN**, « Les règles matérielles internationales », *R.C.A.D.I.*, 2006, t. 322, p. 9 s ; **É. LOQUIN**, *L'arbitrage commercial international*, Joly éditions, Lextenso éditions, 2015, p. 349, spéc. n° 425 ; V. contra. **H. BATIFFOL**, « Le pluralisme des méthodes en droit international privé », *R.C.A.D.I.*, 1973, t. 139, pp. 75-146, spéc. p. 132. L'éminent auteur constate que : « *Dans la majorité des cas les relations contractuelles internationales posent les mêmes problèmes que les relations contractuelles internes (..) mieux vaut donc élaborer le cas échéant des règles matérielles pour les problèmes spécifiques* ». *Il ajoute : « On peut d'ailleurs observer en sens inverse que la méthode même des conflits de lois n'ignore pas entièrement la spécificité des relations internationales* ».

894 *Cf*, à titre d'ex : **B. GOLDMAN**, « Règles de conflit, règles d'application immédiate et règles matérielles dans l'arbitrage commercial international », *Rev. Com. fr. DIP.*, 1966-1969, Dalloz, Sirey 1971, pp. 119-148, spéc. p. 123 où l'éminent auteur reconnait clairement cette difficulté en ces termes : « *Et pourquoi ne ferais-je point une confidence personnelle ? Il y a quelques mois à peine, souhaitant respecter ce qui est tout de même largement le droit positif, c'est-à-dire le droit international privé dans le noyau reste indiscutablement le règlement des conflits, je me suis efforcé, dans un travail qui était de droit positif pur, de présenter l'arbitrage commercial international presque exclusivement sous l'angle des conflits de lois. Il m'a été très difficile d'y parvenir et je pense que j'y ai à moitié échoué, parce que la matière ne s'y prête que très difficilement.* »

qui lui motive... »[895], mais par un soucis de motivation et de conviction, voire d'adhésion des parties à sa solution dégagée, nous préférons dire.

503. Puisque les parties ont l'habitude d'invoquer chacune l'application de leur loi nationale notamment si elles n'ont pas élu une avant la naissance du litige, l'arbitre, éprouve un besoin d'expliquer aux parties, après avoir appliqué la « voie directe », que la même solution aurait pu être adoptée s'il suivait la démarche conflictuelle. Un tel exercice qui est, insistons-nous encore une fois sur son caractère facultatif pour l'arbitre, n'a d'objectif que de convaincre les parties de la légitimité et de l'exactitude de la solution dégagée. Bref, l'arbitre veut dire aux parties que si vous avez exposé votre litige devant des juridictions étatiques, l'application de la méthode conflictuelle par le juge étatique aboutirait à la même solution. Ce qui est de nature à débouter la partie perdante pour qu'elle s'abstienne à intenter des recours d'annulation éventuels et donc, pour l'arbitre, de garantir à sa sentence une certaine immunité contre des recours éventuels.

504. Force est de signaler, du moins au regard des sentences auxquelles nous avons pu accéder, que ce sont des impératifs d'acceptabilité, voire de légitimité de la sentence susceptible de circuler en quelque sorte dans le monde des affaires internationaux, qui animent les arbitres du commerce international et non pas autres. Le but suprême est de convaincre les parties et notamment celle perdante du bien-fondé de la solution retenue. L'arbitre se livre à un effort supplémentaire de conviction et de légitimation de sa sentence plus qu'il n'éprouve un attachement réel au raisonnement conflictuel. La doctrine tunisienne et française a relevé très tôt[896] cette tendance et ne cesse d'insister sur

---

[895] **A. PRUJINER**, « L'arbitre et le droit », *prec* spéc. p. 94. « *C'est la logique juridique qui place l'arbitre international dans une nécessité particulière élevée de justifier le choix des règles qu'il retient tant pour le droit de l'arbitrage que pour celui du fond, donc de procéder en permanence à un rattachement juridictionnel et normatif explicite* »

[896] Cf. not. **Ph. FOUCHARD**, *L'arbitrage commercial international*, Paris, Dalloz, Préf. B. Goldman., coll. « Bibliothèque de droit international privé », Paris, Dalloz, 1965.

l'autonomie[897]et l'efficacité[898] de l'arbitrage commercial international et son détachement des lois étatiques.

505. Si tous les auteurs ne vont pas jusqu'à rattacher la méthode de la « voie directe » à la méthode conflictuelle, il est vrai que les arbitres, même quand ils déclarent appliquer directement une règle de droit au fond du litige, tendent à consolider leurs solutions avec la méthode conflictuelle, et de manière générale, en appliquant cumulativement plusieurs méthodes.

SECTION II : LE CUMUL DES MÉTHODES

506. Si les arbitres disposent de différentes méthodes pour déterminer la loi applicable, il est rare en pratique qu'il fasse application uniquement de l'une d'entre elles. Nous exposerons cette tendance du cumul des méthodes **(§ 1)**, avant d'apprécier la portée de certaines solutions **(§ 2)**.

§1 . La tendance du cumul des méthodes

507. Tout d'abord l'arbitre n'applique pas aveuglément aux circonstances de la cause une méthode prédéterminée. C'est l'examen de ces circonstances, joint à celui des règles de conflit *a priori* susceptibles d'intervenir dans le raisonnement, qui dicte le choix de la méthode[899].

508. L'arbitre préférera donner le plus de crédit possible à sa sentence en appliquant cumulativement différentes méthodes parvenant

---

[897] **J-B. RACINE**, « Réflexions sur l'autonomie de l'arbitrage commercial international », *R.A.*, 2005, n°2, p. 305 et s ; plus récemment, du même : *Droit de l'arbitrage*, Thémis, P.U.F. Paris 2016, n° 41, 53, 79, 442, 573, 637, 674, 747, 767, 867, 928, 978, 992, 1028.

[898] **L. CHÉDLY,** « L'efficacité de l'arbitrage commercial international », *R.C.A.D.I.*, 2018, Vol. 400, Brill 2019; **N. GARA**, « L'efficacité de l'arbitrage dans la jurisprudence tunisienne », in : *La diversité dans le droit*, Mélanges offertes à la doyenne Kalthoum MEZIOU-DOURAI, C.P.U., 2013, pp. 341-352 ; **H. BEN YOUSSEF**, *L'efficacité de l'arbitrage dans la jurisprudence tunisienne*, thèse de doctorat de l'université de Bourgogne Franche-Comté, soutenue à Dijon le 29/04/2022.

[899] **P. MAYER**, « Le choix de loi dans la jurisprudence arbitrale », in : *Le Règlement communautaire « Rome I » et le choix de loi dans les contrats internationaux*, sous le dir. de Sabine Corneloup & Nathalie Joubert, actes du colloque des 9 et 10 sept. 2010- Dijon, Paris, Litec 2011, Vol. 35, pp. 423-444, spéc. p. 432 ; dans le même sens : **B. OPPETIT**, *Théorie de l'arbitrage,* P.U.F., 1ère éd., Paris, 1998, spéc. p. 88 qui constate justement qu': *« aucune méthode de choix prédéterminée ne leur est imposée »*.

au même résultat. « *On lit souvent, dans les sentences, que l'application d'une autre méthode que celle privilégiée par l'arbitre aurait conduit au même résultat, ou « qu'aussi bien la règle de conflit du siège du Tribunal arbitral qu'un principe général du droit international privé aurait conduit à désigner telle loi* »[900]. Le souci de l'arbitre est de prouver aux parties que la solution appliquée est non seulement communément acceptée par plusieurs ordres juridiques, mais aussi que les méthodes convergent pour la désigner. L'application cumulative de méthode « procède d'un esprit d'apaisement »[901]. Elle montre aux parties, tentées très souvent d'invoquer chacune l'application exclusive de son système conflictuel ou le plus souvent de sa loi nationale, qu'il existe entre elles une certaine «communauté de droit»[902] conduisant à la désignation de la même loi.

509. La méthode de l'application cumulative des règles de conflit, comme c'est déjà évoqué, a vocation à déterminer une loi «à compétence internationale»[903] par l'application d'une règle de conflit universellement admise. La méthode des principes généraux du droit international privé ou substantiel donne également, par définition, une solution acceptable par le plus grand nombre d'arbitres.

510. Au-delà de l'application des méthodes dites de cumul, il arrive fréquemment aux arbitres de cumuler les méthodes entre elles[904]. Chacune des méthodes présente en effet comme nous l'avons exposé, des avantages et des inconvénients. Il paraît assez vain, voire dangereux, pour LALIVE, de vouloir se prononcer *in abstracto* sur le point de savoir laquelle des méthodes conflictuelles ou de « voie directe » est préférable. Pour être certain de parvenir à la meilleure solution, il vaut mieux alors les appliquer toutes. C'est le motif de la pertinence de la solution retenue qui anime les arbitres.

---

[900] **J. BEGUIN & M. MENJUCQ**, (sous la dir. de), *Droit du commerce international*, Collectif, Litec, Paris, 2005, spéc. p. 1054, n° 2710.

[901] **O. FILALI,** *Les principes généraux de la lex mercatoria* (…), *op.cit.*, spéc. p. 368.

[902] *Ibid.*

[903] **Y. DERAINS**, « L'application cumulative par l'arbitre des systèmes de conflits de lois intéressés au litiges », *R.A.*, 1972, p. 99, spéc. p. 104.

[904] **P. MAYER**, « Le choix de loi dans la jurisprudence arbitrale », prec. spéc. p. 430. L'auteur relève qu' « *entre les diverses méthodes (...), la jurisprudence arbitrale n'a pas opéré un choix : les sentences recourent tantôt à l'une, tantôt à l'autre, et très souvent une même sentence recourt à de raisonnements convergents, voire à plusieurs* »

511. En pratique, les arbitres préfèrent doubler une solution fondée sur une loi étatique par l'application de principes généraux du droit pour montrer qu'elles sont conformes l'une à l'autre, et ainsi prouver que la solution apportée au litige est la meilleure. Il arrive souvent que les arbitres ayant décidés d'appliquer directement une loi au fond du litige, confortent cette solution en observant une démarche conflictuelle. Ainsi dans la sentence partielle CCI rendue dans l'affaire n°**7710** en 1995, le Tribunal arbitral cherche à démontrer que le résultat serait le même « *que ce soit en recourant à la « voie directe » ou à la voie indirecte* »[905].

512. Dans une autre sentence CCI rendue dans l'affaire n°**4996**[906]en 1985, les arbitres accumulent les justifications pour motiver leur décision d'appliquer le droit français, à l'exclusion du droit italien également intéressé au litige. Le Tribunal pousse le souci de justification si loin qu'il ajoute que l'application du droit italien au contrat litigieux aurait pour conséquence la nullité de ce dernier[907].

513. La sentence CCI n° **12193**[908] montre également comment l'arbitre est apte à cumuler plusieurs méthodes d'une manière logique et méthodique. Le passage à la deuxième ne se fait qu'après avoir prouvé que la 1ère méthode est infructueuse. Dans cette affaire, le Tribunal fait en effet une application rigoureuse et didactique des différentes méthodes de détermination du droit applicable pour désigner la loi applicable au contrat.

Le Tribunal commence par répondre aux arguments de la défenderesse, qui prétend que les parties auraient implicitement désigné le droit suisse comme applicable au contrat dans la mesure où la clause compromissoire stipulait : " *Le lieu d'exécution et de compétence juridique est la Chambre de commerce Internationale de Bâle, pour tous les litiges éventuels résultant du présent contrat, y compris les*

---

[905] Sentence partielle CCI n° **7710** de 1995, *J.D.I.*, 2001, n° 4, pp. 1148-1164, obs. Y. DERAINS.

[906] Sentence CCI n° **4996**, *J.D.I.,* 1986, p.1131, obs. Y. DERAINS.

[907] **Y. DERAINS**, « L'ordre public et le droit applicable au fond du litige dans l'arbitrage international », *R.A.*, 1986, p. 375 ; V. aussi sur l'appropriation de l'application de la Convention de Vienne dans les relations économiques privées internationales : **E. DARANKOUM,** « L'application de la Convention des Nations Unies sur les contrats de vente internationale de marchandises par les arbitres de la CCI en dehors de la volonté des parties est-elle prévisible ? », *Rev. Québécoise de droit international* 2004, N° 17/2, p. 1 et s, spéc. page 15 à la page 18.

[908] Sentence CCI n° **12193,** *J.D.I.*, 2007, p. 1286, note **R.-E. SILVA**, disponible en ligne sur :https://www.trans-lex.org/196121

actions de change ". Le Tribunal constate que cette clause ne peut être interprétée comme renfermant une désignation du droit applicable, qu'elle soit explicite ou implicite. Un tel choix implicite aurait pu notamment résulter du fait que les parties ont plaidé conformément à une même loi nationale.

Le Tribunal arbitral entreprend ensuite la détermination de la loi applicable par application des différentes méthodes de conflits susceptibles de s'appliquer à l'affaire : droit allemand et droit libanais (droits des États dont les parties sont ressortissantes) et droit suisse (droit du siège de l'arbitrage). Le Tribunal constate également que les règles de conflit allemandes n'étaient pas les mêmes au jour de la signature du contrat et au jour où le Tribunal statue. L'Allemagne ayant ratifié la Convention de Rome sur la loi applicable aux obligations contractuelles du 19 juin 1980 entre-temps.

La méthode cumulative utilisée par le Tribunal consiste à faire simultanément application des règles de conflit de tous les systèmes présentant un rattachement avec la cause. Faisant application de la méthode cumulative, le Tribunal arbitral constate que la loi applicable au contrat de distribution est la loi du lieu dans lequel la prestation caractéristique a été exécutée. Le Tribunal constate également qu'en matière de contrat de distribution, il est généralement reconnu par la jurisprudence suisse et allemande, mais également par la" *jurisprudence arbitrale internationale* ", que la prestation caractéristique est celle du distributeur et par conséquent que la loi applicable est celle du lieu d'établissement de celui-ci.

Le Tribunal arbitral fait également, à la demande de la défenderesse, application de la méthode dite de la « voie directe ». Il décide finalement qu'il n'y a pas lieu de faire application des principes généraux du droit à la présente affaire dans la mesure où le litige comprend des liens de rattachement forts avec la loi d'un État déterminé et que la substance des principes généraux ne diffère pas de manière significative de la loi applicable au litige. Le Tribunal constate ainsi de manière incidente que les principes généraux du droit reconnaissent au distributeur un droit à des dommages et intérêts en cas de rupture fautive du contrat de distribution (sentence, §28). Le Tribunal arbitral ajoute également que l'application des principes généraux du droit ou la *lex mercatoria* pourraient être appliqués pour pallier les lacunes de la loi nationale désignée par les règles de conflit, notamment si celui-ci ne prévoyait aucun droit à dommages-intérêts.

514. La conséquence des sentences arbitrales ainsi rapportées est que l'objectif suprême des arbitres consiste à ce que le choix qu'il vont finalement effectuer ne paraisse ni partial ni même arbitraire. Or, cette préoccupation ne débouche pas sur une méthode unique. En fonction des circonstances de chaque espèce, le raisonnement qui paraîtra le plus solidement fondé varie. Ainsi, s'il y a convergence des règles de conflit des pays de résidence des parties, l'arbitre peut s'en tenir à cette constatation. Mais s'il constate que la règle de conflit du for converge également, il ne manquera pas de le relever[909]. En revanche, l'absence de convergence, il pourra recourir à la « voie directe », mais comme elle est en elle-même expression de sa seule volonté, qui risque d'apparaître arbitraire, elle doit être étayée par des motifs qui, selon le cas, pour en mettre en avant des éléments subjectifs aussi bien qu'objectifs[910], et se renforcer par le recours à des principes généraux ou à des conventions internationales[911].

§ 2 . La portée de cette tendance

515. Dans une conférence sur le choix de loi dont la jurisprudence arbitrale le Pr. Pierre MAYER constate que, «*...la liberté de l'arbitre présente aussi un aspect négatif, car elle se traduit par des hésitations, que tous ne résolvent pas de la même façon, d'où des incohérences, qui menacent la prévisibilité*»[912]. En effet, ce constat concerne certaines sentences qui montrent qu'il n'y a pas une tendance unique voir une méthode passe-partout pour l'appliquer à tous les litiges. Ainsi la démarche suivie connait de multiples variantes dans la pratique arbitrale.

516. Certains arbitres ont une approche objectiviste dans le sens qu'ils tentent de rattacher la méthode utilisée notamment celle de « la voie directe » ou bien à des critères de rattachement conflictuels ou en utilisant le cumul des méthodes. En d'autres termes, ils font référence souvent à un principe général de droit ou aux principes généraux du droit international privé, le cas échéant. Cependant, la possibilité de

---

[909] Sentence CCI n° **6281** rendue en 1989, Recueil des sentences arbitrales de la CCI, II, p. 394 ; Sentence CCI n° **7197** rendue en 1992, *J.D.I.*, 1993, p. 1029, note D. H ; Sentence CCI n° **7585** rendue en 1994, *J.D.I.*, 1995, p. 1015, note Y. D, citées par **Y. DERAINS**, « La jurisprudence des arbitres du commerce international en matière de détermination du droit applicable au contrat », *R.D.A.I.*, n° 4, 1996, pp. 514-530, spéc. p. 520.

[910] Sentence CCI n° **12193**, précitée.

[911] Sentence CCI n° **4996**, précitée.

[912] **P. MAYER**, « Le choix de loi dans la jurisprudence arbitrale », prec. spéc. p. 423.

dégager de tels principes généraux du droit international privé peut être discutée. Lorsque les règles de conflit des pays d'établissement des deux parties désignent la même loi, l'application cumulative de ces règles doit être privilégiée, car la compétence de la loi désignée repose alors sur des bases solides. Dans ce cas, la référence à un principe général du droit n'ajoute rien[913]. Or, lorsque les règles de conflit des deux parties ne désignent pas la même loi, la référence à un principe général du droit semble utile, mais apparaît bien délicate. En effet, par hypothèse, ce « principe général » peut ne pas être partagé par aucune des deux règles de conflit des parties. Sauf à considérer au moins un des systèmes de conflit de lois intéressé au litige est particulièrement archaïque, le principe général auquel l'arbitre se réfère est en réalité inexistant[914].

517. Dans cette approche objectiviste, les arbitres tentent de constater souvent des liens objectifs du contrat avec telle ou telle loi. Certains arbitres retiennent un seul critère de rattachement, alors que d'autres tiennent compte d'un ensemble de points de contact afin de déterminer le centre de gravité du contrat. Parmi ceux qui favorisent un seul critère de rattachement, certains privilégient le lieu d'exécution du contrat, d'autres le lieu d'établissement du débiteur de la prestation caractéristique. Certains arbitres ont une approche plutôt subjectiviste et font prévaloir la recherche de l'intention implicite des parties que nous avons déjà relevé les difficultés et les imperfections d'une telle approche.

518. Les sentences connues ou publiées confirment la grande variété des méthodes utilisées, dans des circonstances pourtant semblables, par les arbitres internationaux pour parvenir à la solution au fond du litige[915]. Il en découle que les variations rencontrées, d'une sentence à une autre, sur la justification donnée à la compétence de la loi désignée par l'arbitre, ne favorise guère la prévisibilité des solutions, ni parfois la conviction des parties sur la pertinence de la solution retenue. C'est ainsi qu'une partie demeurera perplexe face à l'utilisation de « la voie directe » si le droit désignée est favorable à son adversaire, alors qu'un autre ne l'était pas. La référence à un principe général du

---

[913] **J. BEGUIN & M. MENJUCQ**, (sous la dir. de), *Droit du commerce international*, spéc. p. 1053.

[914] *Ibid*, loc. cit ; V. aussi : **L. CHÉDLY**, « Les principes généraux de droit et l'arbitrage international », in, *La diversité dans le droit,* Mélanges offerts à la doyenne Kalthoum MEZIOU-DOURAI, C.P.U., 2013, p. 229.

[915] **P. LALIVE**, « Les règles de conflit de lois appliquées au fond du litige par l'arbitre international siégeant en Suisse », *R.A.,* 1976, n° 3, pp. 155-185, spéc. p. 180.

droit international privé ne renforcera guère sa conviction, dès lors que l'on peut douter de la possibilité de dégager des principes incontestés en la matière.

519. Le flottement de certaines sentences attire l'attention et met en relief la complexité de la tâche des arbitres face à certaines circonstances. La sentence CCI rendue en 2001illustre parfaitement ce constat[916]. Dans une affaire qui concernait un litige issu d'un contrat de licence entre une société française est une société italienne, le siège de l'arbitrage était à Genève. Le Tribunal arbitral commence par déclarer applicable l'article 187, § 1er, de la loi fédérale de droit international privé (LDIP), aux termes duquel, en l'absence de choix par les parties, l'arbitre doit appliquer le droit qui selon lui présente les liens les plus étroits avec la cause. Partant de là, il considère qu'un choix lui est ouvert entre plusieurs méthodes. Il décide d'écarter celle de « la voie directe », comme risquant d'inciter l'arbitre à ne pas motiver son raisonnement ; reste l'application de règles de conflit préexistantes. Le Tribunal identifie celle-ci « *par la méthode dite des principes généraux du droit international privé* ». Mais, pour dégager ces principes, il « *s'appuie sur la Convention de Rome de 1980 dès lors que l'Italie et la France sont parties à la Convention* ».

520. Aussi le Tribunal recourt-il, d'abord à la règle de conflit du siège, qui lui fournit une directive vague ; mais il dérape ensuite vers l'application des principes généraux du DIP, pour finalement appliquer la convention de Rome, supposée exprimer ces principes, mais qui est surtout désignée par la méthode cumulative. Seule la « voie directe » est condamnée. Comme le relève justement le Pr. MAYER, « *Dans ce raisonnement, les diverses méthodes se succèdent les unes aux autres, la première s'effaçant devant la suivante et ainsi de suite. Plus souvent, et de façon plus convaincante, elles sont toutes retenues en tant qu'elles convergent* »[917].

521. Du coup, ces divergences marquent d'abord la difficulté qu'il ait à dégager des règles de conflit véritablement internationales qui soient incontestables. L'ambition de créer un système de DIP propre à l'arbitrage, véritablement international qui résulterait d'une synthèse du droit comparé a été tant espérée par Berthold GOLDMAN[918]. Les vœux

---

[916] Sentence CCI n° **10988** rendue en 2001, *Bull. CIA. de la CCI*, vol. 19, n° 1, p. 118.

[917] **P. MAYER**, « Le choix de loi dans la jurisprudence arbitrale », prec. spéc. p. 431.

[918] **B. GOLDMAN**, *Les conflits de lois dans l'arbitrage international de droit privé* : *R.C.A.D.I.*, 1963, II, p .351.

formulés par l'éminent auteur pour la création d'un système autonome de droit international privé dans l'arbitrage international ont échoué[919]. Ce système n'a pas été réalisé. La preuve est que la pratique arbitrale atteste de l'emprise de la méthode conflictualiste classique sur le raisonnement des arbitres lors de la détermination du droit applicable au fond.

522. La conséquence qui en découle : l'impossibilité de systématiser la démarche des arbitres ce qui représente en quelque sorte « un talon d'Achille » des méthodes de détermination du droit applicable au fond du litige par les arbitres du commerce international. La démarche de certaines sentences atteste d'une « impression d'incohérence »[920] ou parfois d'un flottement remarquable incompatible avec les impératifs de prévisibilité et de sécurité juridique. La conclusion « décevante » qu'il n'y a pas de règle préétablie apte à s'appliquer à tous les litiges. L'arbitre est conduit à une solution qu'il justifie comme il veut par différents procédés.

523. Cela peut s'expliquer en quelque sorte par l'absence d'une méthode prédéterminée ; d'une méthode standard apte à s'appliquer à toutes les circonstances. Cela peut également être expliqué par la très grande liberté dont jouissent ici les arbitres. En effet, en l'absence de volonté exprimée par les parties et de contrôle réel par les juridictions étatiques sur la manière dont ceux-ci appliquent la loi au fond du litige, les arbitres disposent de la plus grande marge de manœuvre. Cette incohérence semble irrémédiable, elle est dans la nature des choses, c'est-à-dire qu'elle participe de la nature de l'arbitrage international[921].

---

[919] **B. GOLDMAN**, « Règles de conflit, règles d'application immédiate et règles matérielles dans l'arbitrage commercial international », *Rev. Com. fr. DIP.*, 1966-1969, Dalloz, Sirey 1971, pp. 119-148, spéc. p. 123 où l'éminent auteur reconnait clairement l'échec de cette tentative en ces termes : « ***Et pourquoi ne ferais-je point une confidence personnelle ? Il y a quelques mois à peine, souhaitant respecter ce qui est tout de même largement le droit positif, c'est-à-dire le droit international privé dans le noyau reste indiscutablement le règlement des conflits, je me suis efforcé, dans un travail qui était de droit positif pur, de présenter l'arbitrage commercial international presque exclusivement sous l'angle des conflits de lois. Il m'a été très difficile d'y parvenir et je pense que j'y ai à moitié échoué, parce que la matière ne s'y prête que très difficilement.*** »

[920] **Y. DERAINS**, « Attente légitime des parties et droit applicable au fond en matière d'arbitrage international », Trav. *Com. fr. DIP.*, 1984-1985, p .81 s, spéc. p. 84.

[921] **A. KASSIS**, Le nouveau droit européen des contrats internationaux, *op.cit.*, p. 514, spéc. n° 491.

524. Dans tous les cas, l'arbitre doit veiller à ce que sa sentence soit juste, convaincante et bien motivée pour l'immuniser contre les recours éventuels d'annulation. L'arbitre doit veiller à bien accomplir cette obligation notamment dans un contexte où on assiste en effet au développement des techniques de déstabilisation de l'arbitrage[922]. Plusieurs sentences attestent que la désignation de la loi applicable est étayée d'une motivation rigoureuse. « *La sentence suit en grande partie le régime juridique du jugement ; elle doit donc, au même titre qu'un jugement, être soutenue par une motivation suffisante et exempte de contradictions* »[923]. Une motivation minimum énoncera que le droit désigné apparait comme le plus proche des relations des parties au litige. Souvent, l'arbitre justifie davantage son choix et énonce le principe de localisation appliqué de sorte qu'une loi ne peut donc être déclarée applicable que lorsqu'elle corresponde le mieux aux prévisions des parties ou parce qu'elle dispose du plus grand nombre de points de contact avec le litige, ou encore, en matière de vente, parce qu'elle est la loi du lieu d'établissement du vendeur. Donc, plus le degré de précision dans la motivation est élevé, plus l'on se rapproche de la formulation d'une solution acceptable par les parties et par les acteurs du monde de l'arbitrage commercial international[924].

---

[922] **Th. CLAY**, « L'arbitre face aux parties », *R.T.A.*, 2005, n° 3, p. 103 s, spéc. p. 104. L'auteur précise : « *Les fossoyeurs de l'arbitrage ont orienté leurs manœuvres, non plus contre l'instance arbitrale, mais directement contre l'arbitre* ».

[923] **A. MOURRE**, « Réflexions critiques sur la suppression du contrôle de la motivation des sentences arbitrales en droit français », *19 ASA Bulletin*, Issue 4, 2001, pp. 634–652.

[924] *Cf.* sur ce point : **A. OUERFELLI**, « La motivation de la sentence arbitrale : un art et un devoir », *R.J.L.,* 2005, n° 5, p. 9 s ; du même : « La rédaction de la sentence arbitrale », *R.T.A.,* 2015, n° 7, pp. 9- 22 ; du même : « Chronique de la jurisprudence tunisienne en matière d'arbitrage », *Bull. A.S.A. Suisse* 2000, n° 2, p. 258 s, spéc. p. 273. Pour la C.A de Tunis, une motivation contradictoire est tantôt qualifiée de « non-respect des principes fondamentaux de la procédure » (Arrêt C.A de Tunis, n° 25 du 10/02/1998, *R.J.L.*, juin 1998, p. 143 s), tantôt assimilé à un défaut de motivation, entrainant l'annulation de la sentence (Arrêt C.A de Tunis, n° 25 du 04/05/1999, inédit cité par l'auteur). La contradiction des motifs révèle l'incompétence de la « logique » qui a mené à la solution retenue et sa dysharmonie, ce qui veut dire que la sentence est fondée sur l'arbitraire plutôt que la « logique ». V. contra. La jurisprudence de la Cour de cassation française jugeant que le moyen de recours en annulation, ou en refus d'*exequatur*, à l'encontre d'une sentence arbitrale, fondée sur une contradiction de motifs était irrecevable. Cass. Civ. 1re, 14 juin 2000, *Société Inter Arab Investment Guarantte Corporation c. BAII, R.A.*, 2001.729, (1ère esp.), note H. LÉCUYER, *Bull. civ.*, I, n° 181, *J.D.I.*, 2001.127, note A. BENCHENEB ; Cass. Civ. 1re, 3 nov. 2004, *Sté*

525. Donc, l'arbitre doit bien maitriser l'exercice de sa liberté car « *qui dit liberté dit possibilité, en l'absence de contrainte extérieure, de faire ou de ne pas faire ceci ou cela, bref de choisir entre actes possibles* »[925]. Par analogie à cette approche philosophique de la liberté, la liberté de l'arbitre doit embrasser ce qui est raisonnable et prévisible. L'arbitre doit opérer un choix qui puisse être expliqué sur la base de facteurs raisonnables. Il doit également bien argumenter sa sentence. « *Argumenter, ce n'est pas affirmer et contredire pour le principe, sans démontrer, en se contentant d'user de son autorité et de sa réputation* »[926]. « *C'est toute la tradition qui lie volonté en raison : il y a volonté quand l'homme se porte vers ce que son intelligence lui a montré comme bien – avec toutes les possibilités d'erreurs certes : la liberté est la faculté de choisir le raisonnable. Celui qui vaine ses passions pour suivre la raison se sent plus libre que celui qui leur cède* »[927]. C'est dans cette perspective que la liberté de l'arbitre doit s'exercer. Elle doit être guidée par des valeurs attendues qui sont les valeurs de la justice, d'indépendance[928], d'impartialité, du bon sens, de prévisibilité, de légitimité et de sécurité. Comme l'a relevé un auteur : « *La liberté n'est pas l'arbitraire du choix, elle ne prend son sens que par rapport à des valeurs (...) la revendication de la liberté absolue conduit à un néant de liberté*»[929].

526. Les arbitres doivent donc procéder d'une manière casuistique et choisir la méthode convenable selon les circonstances des litiges et leurs spécificités. En fait, les arbitres tendent à rendre leur sentence « efficace », c'est à dire à respecter les droits des États dans lesquels

---

Auchan c. Sté Puerto Loisirs, inédit, cité par : **E. GAILLARD**, « La jurisprudence de la Cour de cassation en matière d'arbitrage international », *R.A.*, 2007, p. 697.

[925] **H. BATIFFOL**, « La loi et la liberté », *A.P.D.*, T. 25, Sirey 1980, p. 79, spéc. p. 83.

[926] **P.-Y. GAUTIER**, « Pour convaincre l'arbitre », *Bull. ASA. Suisse,* 2014/3, (septembre), p. 508 s.

[927] Ibid, *op.cit.*, loc. cit.

[928] La littérature juridique sur ce concept/condition est très abondante V. à titre d'ex : **F. CHARTIER**, « L'arbitre », *Gaz. Pal.*, 1992, p. 135 s, spéc. p. 136 ; *adde*, **S. LAZAREFF,** « De la qualité des arbitres », *Cah. arb.,* 2004, n° 1, p. 3.

[929] **R. POLIN**, *La liberté de notre temps* (problèmes et controverses), Paris, 1977 ; V. compte-rendu de ce livre : **R. ANDRÉ** : Raymond Polin, « La liberté de notre temps », in : *Revue Philosophique de Louvain.* 4ème série, t. 77, n°35, 1979. pp. 448-449, en ligne sur : https://www.persee.fr/doc/phlou_0035-3841_1979_num_77_35_6064_t1_0448_0000_2

l'exécution de la sentence sera effectuée notamment les règles d'ordre public et les lois de police.

TITRE II : L'ADMISSION DU JUGE : L'ARBITRE GARANTIT L'EFFICACITE DE LA SENTENCE ARBITRALE

527. Les arbitres réservent une attention particulière à l'efficacité de leur sentence afin d'éviter au maximum qu'elle soit annulée. Pour cela, ils veillent à respecter l'ordre public **(chapitre 1)** et les lois de police **(chapitre 2).**

CHAPITRE I : LE RESPECT PAR L'ARBITRE DE L'ORDRE PUBLIC

528. Il est généralement admis que les tribunaux arbitraux peuvent juger les litiges intéressant l'ordre public et, même, sanctionner les violations de l'ordre public. Mais, vu qu'il « *est confronté à une potentielle myriade d'ordre publics* »[930], il faut s'interroger de quel ordre public l'arbitre est-il le gardien ? L'arbitre doit d'abord respecter l'ordre public international étatique **(Section 1),** d'autres types d'ordre public exigent un respect également attentif **(Section 2)**

---

[930] La formule est empruntée à **J.-B. RACINE**, *in* « Les normes porteuses d'ordre public dans l'arbitrage commercial international », *L'ordre public et l'arbitrage*, Collectif sous la dir. d'Éric Loquin & Sébastien Manciaux, *LexisNexis,* 2014, Vol. 42, pp. 7-35 ; du même, *Droit de l'arbitrage*, P.U.F., 1ère éd., 2016, spéc. p. 506, n° 796. Sur la question de la pluralité d'ordre public *Cf.* **J.-B. RACINE**, « La diversité de l'ordre public », *in La diversité du droit, Mélanges en l'honneur de J. Sainte-Rose*, C. Puigelier (dir.), Bruylant, 2012, p. 1201.

SECTION I : LE RESPECT DE L'ORDRE PUBLIC INTERNATIONAL ÉTATIQUE

529. Le devoir de l'arbitre d'appliquer et de respecter l'ordre public international étatique est largement admis actuellement **(§1)**. Toutefois, l'obligation de l'arbitre de respecter l'ordre public connait diverses atténuations, ce qui confirme de nouveau sa grande liberté de principe **(§ 2)**.

§ 1 . Le devoir de l'arbitre de respecter l'ordre public interne ou national

530. Dépourvu de for, l'arbitre international n'est soumis à aucun ordre juridique particulier. Seulement, il est soumis aux ordres publics des États directement intéressés à la relation litigieuse. Ces États gardent, en effet, toujours la faculté de refuser l'exécution d'une sentence violant leur ordre public interne[931] **(B)** ou de prononcer l'annulation de la sentence par eux jugée contraire à leur ordre public **(A)**

A- L'obligation pour l'arbitre de respecter l'ordre public du juge du siège de l'arbitrage

531. La notion d'ordre public au sens du droit international privé[932]**.** Il faut préciser tout d'abord que l'obligation pour l'arbitre de respecter l'ordre public du siège de l'arbitrage ne découle pas, en droit tunisien, d'une disposition expresse qui s'adresse directement aux arbitres. Elle résulte implicitement, mais d'une manière certaine, des articles 78 et 81 du Code de l'arbitrage[933]. Le législateur autorise le

---

[931] *Cf.* sur le contrôle de la sentence arbitrale dans les pays du sud de la méditerranée : **R. FAKHRI**, « Les régimes de reconnaissance et d'exécution des sentences arbitrales étrangères dans les pays de la Rive sud de la méditerranée », in : *Vers une lex mediterranea de l'arbitrage. Pour un cadre commun de référence*, Collectif sous la dir. de Filali OSMAN & Lotfi CHÉDLY, Bruylant 2015, pp. 341-366, spéc. p. 351.

[932] Sur la notion Cf. **L. CHÉDLY**, « Le contrôle judiciaire sur les sentences arbitrales internationales : l'ordre public », *Revue de l'arbitrage Arabe*, 2010, annexe du n° 8, pp. 886-924, spéc. p. 894 et s (en arabe) ; **N. GARA**, *Le Code de l'arbitrage annoté*, Maison du livre, 2016, spéc. p. 260 (commentaire de l'article 78) ; **A. MEZGHANI,** *Commentaire du Code de droit international* privé, C.P.U., 1999, spéc. p. 203.

[933] Le Code de l'arbitrage donne compétence exclusive à la Cour d'appel de Tunis pour statuer sur les recours contre la sentence arbitrale. En effet, l'article **78 § 2** prévoit

refus d'exécution des sentences arbitrales internationales si leur reconnaissance ou leur exécution sont contraires à l'ordre public au sens du droit international privé[934].

532. Le Code de l'arbitrage n'a pas identifié le contenu de l'ordre public « *au sens du droit international privé* ». C'est une notion fluide, voire élastique[935] et la formule employée suscite une discussion. Est-ce qu'un ordre public au sens du DIP tunisien malgré l'absence de l'adjectif « tunisien » ou un ordre public transnational par sa source ? Comment préciser le sens de cette formule ? En se référant au Code du DIP, l'article 36 alinéa 1er dispose que : « *l'exception de l'ordre public ne peut être soulevée par le juge que lorsque les dispositions du droit étranger désigné s'opposent aux choix fondamentaux du système juridique tunisien…* » Le même constat d'imprécision peut être déduit de cette disposition puisqu'on ne sait pas exactement quels sont ces choix fondamentaux[936].

En l'absence d'une indication législative expresse, l'interprète doit se livrer à une recherche pragmatique[937]. En effet, l'ordre public international ne vise pas en principe à réglementer une matière de droit mais plutôt à *« substituer ponctuellement des règles précises…aux*

---

que « *La Cour d'appel de Tunis ne peut annuler une sentence arbitrale que dans les deux cas suivants (...)* ». L'article **81** du même Code qui traite de l'*exequatur* et de la reconnaissance des sentences arbitrales prévoit de même que « *La sentence arbitrale, quel que soit le pays où elle a été rendue, à l'autorité de la chose jugée prévue à l'article 32 du présent Code. Elle est exécutée sur requête écrite adressée à la Cour d'appel de Tunis et sous réserve des dispositions du présent article et des articles 81 et 82 du présent Code* ». Cette solution consiste à octroyer la compétence exclusive à la Cour d'appel de Tunis. Elle a le mérite de concentrer toutes les demandes devant un juge unique et de limiter les voies de recours.

934 V. Articles 78-2 et 81 du CA.

935 **P. LAGARDE**, *Recherches sur l'ordre public en droit international privé*, Paris 1959, p. 127 ; **VALLINDAS**, « Le principe de l'élasticité de la réserve de l'ordre public et les réserves spécialisées », *Revue hellénique de droit international*, 1950/2, p. 55.

936 Selon une certaine doctrine, (**N. BEN AICHA,** « Ordre public d'éviction et lois de police du for : quel type de rapports ? », *Revue Etudes Juridiques*, n° 6, 1998-1999, éditée par la Faculté de Droit de Sfax, p. 113 s, spéc. p. 135.), l'expression « choix fondamentaux » employée dans l'alinéa 1er de l'article 36 doit être tenue pour équivalente au terme « principes fondamentaux ». Toute autre interprétation est de nature à conduire au risque consistant à ce que l'alinéa 1er de l'article 36 fasse un double emploi avec l'alinéa 1er de l'article 38 relatif aux lois de police.

937 **J.C POMMIER**, *Principe d'autonomie et loi du contrat en droit international privé conventionnel*, Paris 1992, p. 191.

règles correspondantes »[938]. Comme le précise une doctrine avisée « *l'ordre public international ne peut être conçu que sous son aspect fonctionnel* »[939]. Or, c'est à la discrétion du juge que la question de l'incompatibilité d'une loi étrangère à un principe d'ordre public international du for est soumise. Donc le contenu de l'ordre public dépend du degré de tolérance du juge du contrôle. Il « *dépend essentiellement de la plus au moins grande réserve que les juridictions étatiques veulent observer dans le contrôle qu'elles exercent* »[940]. Il s'agit donc d'un ordre public national, mais à contenu plus limité que celui de l'ordre public interne, car il appartient à chaque État de déterminer l'ordre public qu'il opposera à la réception de la sentence étrangère ou internationale dans son ordre juridique[941].

533. La Cour d'appel de Tunis semble avoir adopté cette interprétation qui conçoit l'ordre public comme celui du DIP tunisien. Elle considère dans son arrêt rendue en 1995 que «*tant qu'on est en matière d'arbitrage international, le contrôle est fait par rapport à l'ordre public au sens du droit international privé. Le fait que la sentence arbitrale internationale ait été rendue dans une langue étrangère ne heurte point l'ordre public international tunisien*»[942]

534. L'obligation pour l'arbitre de respecter l'ordre public est visée en tant que tel par la jurisprudence française[943]. Etant exposée à un contrôle *a posteriori* de sa conformité, la sentence doit être conforme à l'ordre public sous peine d'annulation. La sentence ne devrait pas être annulée au pays du siège, même si l'annulation n'a plus l'importance qu'elle avait auparavant.

---

[938] **P. MAYER**, « Les lois de police étrangères », *Clunet*, 1981, p. 289.

[939] **P. LAGARDE**, *Recherches sur l'ordre public (...) »*, prec. n° 149.

[940] **P. MAYER**, « La sentence contraire à l'ordre public au fond », prec. p. 633.

[941] **S. BABAY YOUSSEF**, « Le contrôle post-arbitral de la sentence internationale à l'épreuve de l'ordre public substantiel »*in : Le juge et l'arbitrage,* Collectif sous la dir. de S. BOSTANJI, F. HORCHANI & S. MANCIAUX, vingtième anniversaire du Code tunisien de l'arbitrage, éd., A. Pédone, Paris, 2014, pp. 207-248, spéc. p. 217.

[942] CA de Tunis arrêt n° **19335** du 3 mai 1995, Luidginai Akacha c./ SNCFT (inédit), cité par **A. OUERFELLI**, *L'arbitrage dans la jurisprudence tunisienne*, *op.cit.,* spéc. p. 401.

[943] A titre d'ex : CA de Paris, 7 avr. 2011, *R.A.*, 2011, p. 747, note S. BOLLÉE & B. HAFTEL : *« Il incombe aux arbitres, sous le contrôle du juge de l'annulation, de faire application de l'ordre public international aux différends dont ils sont saisis et de sanctionner sa méconnaissance éventuelle* ».

535. Le Code tunisien de l'arbitrage donne à la Cour d'appel de Tunis non pas le pouvoir de seulement refuser la reconnaissance et l'exécution mais celui d'annuler la sentence. Or, l'annulation de la sentence n'a de vocation distincte du refus d'exécution que de prévenir toute exécution en quelque État que ce soit. C'est ainsi que l'on reconnait en France que le contrôle doit viser à vérifier seulement si les « effets » ou la « reconnaissance » de la sentence, ou « la solution donnée au litige » par celle-ci[944], sont en conflit avec l'ordre public[945], « *l'annulation n'étant encourue que dans la mesure où (la) solution heurte l'ordre public* »[946]. La contrariété d'une sentence à l'ordre public international de l'État du siège du Tribunal arbitral pourra également conduire à son annulation par le juge du siège. Par conséquence l'arbitre, soucieux d'assurer l'efficacité de sa sentence, pourrait être enclin à ne pas donner effet à une loi, même choisie par les parties, qui apparaît contraire à l'ordre public international du siège de l'arbitrage ou du lieu d'exécution prévisible de la sentence afin d'éviter une annulation ou un refus d'*exequatur*.

536. Ordre public interne et ordre public international. Les juridictions étatiques chargées du contrôle de la sentence au titre d'une action en annulation ou d'une action tendant à la reconnaissance ou à l'exécution de la sentence doivent apprécier la conformité de la sentence à la conception de l'ordre public international de l'État qui les a institués. Cette conception ne se confond pas avec celle de l'ordre public interne[947]. La Convention de New York le reconnaît expressément en invoquant le contrôle de la conformité à l'ordre public de l'État dans lequel la reconnaissance et l'exécution sont demandées[948]. L'ordre

---

944 CA de Paris, 30 mars 1995, *Fabre c./ Espitalier, R.A.*, 1996, p. 130 ; CA de Paris, 12 janv.1995, *Ardi c./ Scapnor, Rev. arb.*,1996.72 ; CA de Paris, 07 mai 2002, *Gautier c./ Rougagnou, Gaz. Pal., Cah. arb.,* 2002/2, II, p. 7.

945 CA de Paris, 26 avr. 1988, *Matra c./ Alkan, Rev. arb.*, 1989, p. 208 ; CA de Paris, 16 fév. 1989, *Almira Films c./ Pierrel, Rev. arb.*, 1989, p. 711.

946 V. CA de Paris, 14 oct. 1993, *Aplix c./ Velcro*, *Rev. arb.*, 1994, p. 164 : « Le contrôle de la cour, exclusif de tout pouvoir d'appréciation au fond de la décision arbitrale, doit porter non sur l'appréciation que les arbitres ont faite des droits des parties au regard des dispositions d'ordre public invoquées, mais sur la solution donnée au litige, l'annulation en étant encourue que dans la mesure où cette solution de l'ordre public ».

947 *Cf.* sur cette notion nota. **N. REKIK**, *L'ordre public et le contrat civil,* Préf. du Pr. M.-K. CHARFEDDINE, Latrach Editions, 1ère éd., Tunis 2015.

948 Art. V, § 2 Convention de New York pour la reconnaissance et l'exécution des sentences arbitrales étrangères du 10 juin 1958.

public interne regroupe les normes auxquelles les parties ne peuvent déroger par voie contractuelle. Même s'il s'agit d'une notion versatile et fuyante[949], la doctrine tente tout de même de le définir comme étant « *une norme qui, exprimée ou non dans une loi, correspond à l'ensemble des exigences fondamentales considérées comme essentielles au fonctionnement des services publics, au maintien de la sécurité ou de la moralité, à la marche de l'économie ou même à la sauvegarde de certains intérêts particuliers primordiaux permet, quant à lui, au juge d'écarter la loi étrangère compétente lorsqu'elle heurte des conceptions sociales ou juridiques considérées comme essentielles dans son système de droit*»[950]. En droit tunisien, les causes de l'annulation sont inspirées de la loi-type de la CNUDCI et l'annulation est prononcée si la sentence est *« contraire à l'ordre public au sens du droit international privé* (Art. 78.2, II) »[951].

537. Le contrôle par le juge du respect de l'ordre public au motif de la violation des principes procédurales fondamentales : quelques illustrations. Parmi les règles relevant de l'ordre public procédurale, le Code de l'arbitrage tunisien exige le respect des droits de la défense et du principe du contradictoire[952]. Selon l'article 78 (b) du CA le non-respect des droits de la défense constitue un motif d'annulation de la sentence arbitrale. La jurisprudence tunisienne se montre très attachée au respect de ce principe et le considère comme un principe fondamental de la procédure voire un principe d'ordre public[953]. La jurisprudence tunisienne, notamment celle de la Cour d'appel de Tunis, n'hésite pas à annuler des sentences rendues en Tunisie et le refus

---

[949] **S. BABAY YOUSSEF**, « Le contrôle post-arbitral de la sentence internationale à l'épreuve de l'ordre public substantiel », *op.cit.*, spéc. p. 209 ; *adde*, **R. POLIN**, *L'ordre public*. Presses universitaires de France. Paris. 1995, spéc. p. 28 où il précise que : le concept d'ordre public est *« une notion vague, complexe, changeante, quelque peu mystérieuse, en tout cas difficile et même dangereuse à définir car elle est relative à la circonstance, à l'époque et au milieux ou elle est invoquée, et en même temps dépend d'un environnement politique, moral et religieux* ».

[950] *Vocabulaire juridique,* Association **H. CAPITANT**, *P.U.F.*, Paris, 1992, V° Ordre public.

[951] **K. MEZIOU** & **A. MEZGHANI**, « Le Code tunisien de l'arbitrage », *Rev. arb.*, 1993, n° 4, pp. 521-541, spéc. p. 540.

[952] Sur la question *Cf.* **KESSEDJIAN,** « Principe de la contradiction et l'arbitrage », *R.A.*, 1995, p. 381 ; **S. GUINCHARD**, « L'arbitrage et le respect du principe du contradictoire », *R.A.*, 1997.185.

[953] CA de Tunis, arrêt n° **25** du **10 février 1998**, *R.J.L.*, 1999, n° 5, p. 227.

d'*exequatur* des sentences rendues à l'étranger en cas de la violation de ce principe[954].

538. Bien que le respect des droits fondamentaux soit considéré parmi les principes fondamentaux en matière de procédure dont la violation entraîne la nullité de la sentence, la Cour d'appel de Tunis a essayé d'empêcher qu'ils ne soient utilisés comme un échappatoire à des fins dilatoires.

B- Le respect de l'ordre public lors de la reconnaissance et de l'*exequatur* de la sentence

539. L'article 81 du CA relatif à l'arbitrage international dispose que la reconnaissance ou l'exécution d'une sentence arbitrale quel que soit le pays où elle a été rendue, peut être refusée : si la Cour estime que cette reconnaissance ou cette exécution est contraire à l'ordre public au sens du droit international privé. L'arbitre aura donc intérêt à respecter l'ordre public de l'État d'exécution de la sentence[955], à condition bien sûre que ce dernier soit déterminable à l'avance. Les exigences de l'ordre public international concernent aussi bien la procédure que le fond. Ainsi, la partie qui entend demander l'exécution de la sentence doit déposer une demande dans tous les États dans lesquels elle souhaite que la sentence émette ses effets juridiques. Cette procédure est réglée par la Convention de New York pour la reconnaissance et l'exécution des sentences arbitrales étrangères de 1958. Au sens de cette Convention, l'*exequatur* d'une sentence peut être refusée « *si l'autorité compétente du pays où la reconnaissance et l'exécution sont requises*

---

[954] CA de Tunis, arrêt n° **56** du **13 mars 2001**, *Rev. CCAT.*, juin 2003, n° 13, p. 11. La Cour décide que « *Le tribunal arbitral n'est pas obligé de retenir toutes les preuves présentées par les parties, son comportement ne constitue pas une violation des droits de la défense et ne constitue pas une violation des principes fondamentaux de la procédure* ». Elle a refusé, en conséquence, d'annuler la sentence au titre de ce motif ; CA de Tunis, arrêt n° **115** du **8 octobre 2002**, *Rev. CCAT.*, janvier 2006, n° 17, p. 6 ; CA de Tunis, arrêt n° **101** du **23 octobre 2001**, *R.J.L.*, avril 2002, p. 245 ; la même position : CA de Tunis, arrêt n° **89** du 29 mai 2001, *R.J.L.*, 2002, n° 4, p. 231 ; CA de Tunis, arrêt n° **123** du **3 décembre 2002**, *Rev. CCAT.*, janvier 2006, n° 17, p. 11.

[955] Sur la question Cf. *L'exécution des sentences arbitrales internationales*, Collectif sous la dir. de Maximin de Font Michel & J. Jourdan-Marques, L.G.D.J., Lextenso éditions 2017 ; **J. JOURDAN-MARQUES**, « Le rôle du juge de l'exequatur », in *L'exécution des sentences arbitrales internationales, op.cit.,* pp. 101-118 ; du même : *Le contrôle étatique des sentences arbitrales internationales*, Préf. Th. Clay, L.G.D.J., coll. Bibl. de droit privé, 2017.

constate (...) que la reconnaissance ou l'exécution de la sentence serait contraire à l'ordre public de ce pays »[956]. Aux termes de l'article III *infinie* de la même Convention, chacun des États contractants reconnaît l'autorité d'une sentence arbitrale et s'engage à en assurer l'exécution selon les règles de procédures de l'État d'exécution et les conditions fixées par la clause arbitrale. La convention interdit par ailleurs d'imposer *« pour la reconnaissance ou l'exécution des sentences arbitrales auxquelles (elle) s'applique (...des) conditions plus rigoureuses (ou des) frais de justice sensiblement plus élevés que ceux qui sont imposés pour la reconnaissance ou l'exécution des sentences arbitrales nationales »*.

540. Toutefois, le lieu d'exécution prévisible de la sentence peut être difficile à déterminer à l'avance, et peut même être multiple. Une sentence heurte naturellement l'ordre public, si elle est fondée sur la discrimination religieuse ou raciale, si elle refuse d'annuler une convention obtenue par corruption ou une sentence allant à l'encontre d'une politique économique fondamentale[957]. Il se peut également que le contenu du droit appliqué heurte l'ordre public international de l'État

---

[956] Art. 5 al. 2 lit. b., V. sur cette convention **L. CHÉDLY**, « L'exécution des sentences internationales annulées dans leur pays d'origine : cohérences en droit comparé et incohérence du droit tunisien », *J.D.I.*, 2009, n° 4, pp. 1139-1179.

[957] Il faut noter que les sentences arbitrales contraires à l'ordre public international ne sont pas des hypothèses d'école bien que les cas ne sont pas nombreux. Selon une étude récente (**P. GIRAUD**, *La conformité de l'arbitre à sa mission,* Préf. Ch. Jarrosson, Bruylant, 2017, Annexe), entre 2009 et 2015, pas moins de quinze sentences ont été jugées contraires à l'ordre public. L'auteur ne distingue pas selon que la sentence arbitrale soit interne ou internationale. Il ne distingue pas non plus selon que le recours soit un recours en annulation ou contre l'ordonnance d'*exequatur*. En 2011 quatre sentences ont été déclarées contraires à l'ordre public, trois en 2012 et deux en 2013. Bien que les chiffres soient en recul- une seule sentence déclarée contraire à l'ordre public en 2014 et une seule en 2015- il n'en demeure pas moins que chaque année le juge constate la contrariété à l'ordre public de certaines sentences. Pour plus d'amples détails sur ce point *Cf.* **J. JOURDAN-MARQUES**, « Le rôle du juge de l'*exequatur* », article précité, spéc. p. 106 s, n° 12. V. aussi l'affaire **Vasarely** (Paris, 27 mai 2014, *R.A.*, 2014, Somm. p. 520 ; *D.* 2014, p. 2541, obs. Th. CLAY ; *Gaz. Pal.*, 21-22 nov.2014, p. 21, obs. D. BENSAUDE ; l'arrêt a été approuvé : Cass. 1re Civ. 4 nov.2015, *Vasarely, D.* 2015, p. 2326, obs. P. NOUAL ; *JCP G* 2015, p. 1370, § 1, obs. J. ORTSCHEIDT ; *D.* 2015, Pan. P. 2588, spéc. p. 2598, obs. Th. CLAY) et l'affaire **Tapie** (Paris, 17 fév. 2015, *D.* 2015, p. 1253 note D. MOURALIS, p. 425, édito. Th. CLAY et p. 2031, obs. L. D'AVOUT ; Cass. 1re civ., 30 juin 2016, *D.* 2016, p. 1505 ; *JCP* 2016, p. 954, note S. BOLLEE ; *D.* 2016, p. 2025, obs. L. D'AVOUT.

ou l'exécution de la sentence est demandée. Toutefois ce n'est pas le choix du droit qui est alors en cause, ce sont les solutions de fond.

541. C'est ainsi par exemple qu'une sentence condamnant une partie au paiement d'intérêts ne pourra pas être exécutée en Arabie Saoudite[958]. Peu importe le droit appliqué au fond du litige, le fait qu'il met en œuvre une solution contraire à la notion d'ordre public, telle que définie par la *charia* islamique sera la cause du refus d'exécution. La même position découle d'un arrêt rendu en 2013 par la Cour d'appel de Tunis[959].

542. Par ailleurs, la violation des droits de la défense représente également un motif d'annulation de la sentence arbitral qui a permis au juge étatique tunisien d'y exercer son contrôle[960]. En revanche, il faut établir que le demandeur d'annulation n'a pas été dûment informé de la nomination d'un arbitre ou de la procédure d'arbitrage, ou qu'il lui a été impossible pour une autre raison, de faire valoir ses droits. Il semble que cette preuve est sérieusement exigée et conditionne, selon la jurisprudence de la Cour d'appel de Tunis, l'annulation de la sentence. C'est ce qui peut être déduit de l'arrêt n° **47098**[961] de la Cour d'appel de Tunis.

543. La Cour de cassation tunisienne, statuant sur une demande d'*exequatur*, a adopté une conception différente de l'ordre public. L'ordre public au sens du DIP, appelé aussi ordre public international ou réellement international a été défini d'une manière extensive[962].

---

958 *Cf.* en ce sens : **G. MATIHIEU**, *Intérêts et moratoires en arbitrage international*, Genève, Schulthess, 2014, spéc. p. 141 et s.

959 CA de Tunis arrêt n° **42545** du **23 avril 2013** (inédit), cité par **N. GARA**, *Le Code de l'arbitrage annoté*, Maison du livre 2016, spéc. p. 268.

960 Art. 81 (b) du Code de l'arbitrage.

961 C.A de Tunis arrêt n°**47098** rendu le 21 janvier 2013, non publié, rapporté par : **W. BEN HAMIDA & M.A. BETTAIB**, in *Code tunisien de l'arbitrage annoté par la jurisprudence*, éd. Anis Bettaieb, 1ère éd., 2015, pp. 138-139.

962 Cass. Arrêt n° **2012.70334** du **19 juin 2012**, publié in *R.T.A*, 2016, n° 8, p. 202 s. Elle a considéré que :« *la notion* [d'ordre public international] *dépasse les règles fondamentales des procédures arbitrales représentées par le principe du contradictoire, le respect des droits de la défense, l'égalité des parties, l'indépendance et l'impartialité de l'arbitre, pour être étendue aux principes garantissant la justice privée à l'instar de la bonne foi, la loyauté, l'abstention d'user de manœuvres frauduleuses, de commettre d'escroquerie ou falsification, surtout que ces principes sont classés parmi les cas qui interdisent d'octroyer la reconnaissance au sens des dispositions de l'article 81 infinie du Code de l'arbitrage, tant que le non-respect de ces principes engendre une violation de l'ordre public international*(...)».

544. Cette solution a été motivée par l'étendue des pouvoirs du juge de l'*exequatur*. En effet, ce juge s'est reconnu le pouvoir d'exercer un contrôle de l'ordre public au sens du DIP, un rôle qui dépasse le simple contrôle formel de la validité de la sentence arbitrale, selon la Cour de cassation.

545. Certes, l'arbitre est tenu de respecter l'ordre public en veillant à prononcer une sentence qui ne tombe pas sous l'un des cinq cas prévus dans l'article 81 du Code de l'arbitrage uniformément tant pour annuler une sentence internationale rendue en Tunisie ou pour refuser la reconnaissance ou l'exécution d'une sentence rendue à l'étranger. Toutefois, l'examen de la jurisprudence et de la politique législative en matière d'arbitrage semble pencher vers la consécration d'une obligation atténuée.

§ 2 . Une obligation atténuée

546. N'étant pas le gardien d'aucun ordre public particulier, s'il est tenu de respecter l'ordre public, l'arbitre n'est pas obligé d'effectuer ce contrôle avec la même rigueur d'un juge étatique. C'est une obligation en quelque sorte atténuée. Elle découle de deux facteurs au moins : la difficulté de l'analogie avec le juge étatique **(A)** et la consécration du principe de la non révision de la sentence au fond **(B)**

A- La difficulté d'analogie entre l'office du juge et celui de l'arbitre face à l'ordre public

547. L'arbitre ne peut respecter l'ordre public interne comme le fait un juge étatique inséré dans un ordre juridique national[963]. Il est vrai que l'office de l'arbitre spécialement à l'égard des règles ou principes d'ordre public est comparable à l'office du juge quant à la mise en œuvre des règles de droit [964] . Or, étant un juge du commerce international, l'arbitre n'est pas tenu de veiller strictement au respect de l'ordre public interne à l'instar d'un juge étatique. L'ordre public interne

[963] Sur la question : Cf. **P. MAYER,** « Le contrôle de la sentence arbitrale au regard de l'ordre public, le point de vue français », *Journal des Tribunaux Luxembourg*, 5 juin 2016 ; **P. LALIVE**, « L'ordre public transnational et l'arbitre international », *précité*, spéc. p. 601 ;

[964] V. sur ce point : **P. MAYER,** « L'office du juge dans le règlement des conflits de lois », *Trav.com.fr. DIP,* 1979, pp. 233-268 ; du même : « L'arbitre et l'ordre public », in : *Mélanges E. Loquin*, *op.cit.,* spéc. p. 233 ; **C. CHAINAIS,** « L'arbitre, le droit et la contradiction : l'office du juge arbitral à la recherche de son point d'équilibre », *R.A*, 2010, n° 1, pp. 3-44.

peut être écarté s'il est manifestement contraire aux besoins du commerce international, notamment en ce qu'il est le reflet d'une politique purement interne d'un État sans écho au niveau international. Des statistiques, bien que peu anciennes relatives à des décisions rendues en matière d'arbitrage international entre 1991 et 2004 montrent que sur un total de 30 demandes d'annulation déposées au grief de la Cour d'appel de Tunis, uniquement **six** ont été annulées, 19 exécutées…et 5 en cours de résolution[965]. Ce qui montre que la politique du juge du contrôle en matière d'annulation est sélective, restrictive et de nature à encourager l'arbitrage.

548. La position qu'occupe un arbitre international détaché de tout ordre juridique, libre de tout allégeance à quiconque système national particulier le permet d'avoir une vision spécifique de l'ordre public[966]. Un ordre public qui n'a en tout cas pas sa force contraignante habituelle qui découle de son ordre juridique d'origine, il devient un ordre public « assoupli » ou « attendri » selon les propos de J.-B. RACINE[967] ou « semi-nécessaires » selon d'autres auteurs[968].

549. Toutefois ces réserves ainsi formulées de l'obligation pour l'arbitre d'appliquer l'ordre public interne de la loi choisie par les parties affrontent quelques difficultés. Force est de constater, comme l'avait relevé le Pr. SERAGLINI, «*pour le juge étatique, gardien de son ordre public, l'intensité du contrôle à opérer sur les sentences à cet égard ne*

---

[965] Statistiques faites au cours du mois de mars 2005 citées par : **M. BEN MOUSSA**, « Les orientations récentes de la jurisprudence tunisienne relatives aux motifs d'annulation des sentences d'arbitrage commercial international », in *Etudes juridiques dans diverses branches du droit privé*, (ensemble d'articles de l'auteur), 1ère éd., janv.2008, p. 463 s, spéc. p. 497, note n° 27.

[966] Cf. sur les difficultés qu'éprouvent l'arbitre face à l'application de tel ou tel ordre public : **P. LALIVE**, « L'ordre public transnational et l'arbitre international », *op. cit.,* spéc. p. 601 ; **L. CHÉDLY,** « L'efficacité de l'arbitrage commercial international », Cours précité, spéc. p. 172-174 qui précise justement que : « *L'identification des lois de police et de leur champ spatial est très difficile pour le juge privé, qu'est l'arbitre, extérieur par rapport aux ordres juridiques étatiques* » ; **É. LOQUIN**, *L'arbitrage du commerce international*, Joly éditions, Lextenso éditions, 2015, p. 363, n° 442 (Solitude de l'arbitre).

[967] Ibid, loc. cit.

[968] **L. G. RADICARI DI BROZOLO**, « Mondialisation, juridiction, arbitrage : vers des règles d'application semi-nécessaires ? », *Rev. crit. DIP.*, 2003, p. 1.

peut être fonction de l'universalité ou de l'absence d'universalité de la disposition d'ordre public en cause »[969].

550. La question de la pluralité d'ordre public que l'arbitre peut être appelé à respecter ou à prendre en considération avant de prononcer sa sentence représente également un facteur qui est de nature à singulariser la position de celui-ci par rapport au juge étatique face à ces ordres publics. Pour le juge étatique, il est tenu de respecter et de soulever l'exception d'un seul ordre public[970], celui des dispositions du droit étranger lorsque celles-ci désignées s'opposent aux choix fondamentaux du système tunisien[971]. Pour un arbitre statuant dans un arbitrage international, sachant qu'il n'a pas de for, il peut être appelé parfois, à la différence du juge, à respecter une multitude d'ordre public. L'hypothèse de recherche d'exécution de la sentence en de multiples lieux n'est pas une hypothèse d'école[972]. Par conséquent, le contenu de l'ordre public international n'est pas le même pour un arbitre. Se mêlent en effet les notions d'ordre public international étatique, de lois de police étrangères et d'ordre public transnational. Revient à l'arbitre de faire le choix selon un critère pertinent qui prend en considération l'importance des intérêts à protéger au nom de l'ordre public.

551. La doctrine tunisienne plaide, pour faire face à l'hypothèse de la multiplicité des lieux d'exécution, à un ordre public unique « *qui concentre en son sein (...) un consensus de la communauté internationale sur certaines valeurs fondamentales* » : c'est l'ordre

---

[969] **Ch. SERAGLINI**, « Le contrôle de la sentence au regard de l'ordre public international par le juge étatique : mythes et réalités » in, *Les Cah. arb.*, vol. 5, éd., A. Pédone, Paris 2011, pp. 198-220, spéc. p. 212.

[970] Il est vrai qu'il peut amener le juge à ce titre de dévier le jeu de la règle de conflit pour revenir à l'application de sa loi nationale, mais ça reste une déviation éventuelle et critiquable. *Cf.* sur ce point : **L. CHÉDLY**, « L'ordre public en droit international privé, instrument de chauvinisme, d'impérialisme ou d'universalisme ? », in *Impérialisme et chauvinisme juridiques*, Rapports présentés au Colloque à l'occasion du 20ème anniversaire de l'Institut suisse de Droit comparé, Lausanne, 3-4 octobre 2002, Pub. Shultess, Genève, Zurich, Bâle 2004, pp. 149-169 et s.

[971] Art. 36 du Code de DIP tunisien.

[972] **L. CHÉDLY,** « L'efficacité de l'arbitrage commercial international », Cours précité, spéc. p. 184.V. égal. **G. LEPAGE**, « L'opportunité d'utiliser les services d'une société de recouvrement », *intervention in colloque sur « L'exécution des sentences arbitrales internationales »* du 26 sep. 2016, Collectif sous la dir. de Maximin de Font Michel & Jérémy Jourdan-Marques, *op. cit.,* pp. 39-42.

public transnational[973]. Nous relevons enfin que, amené à appliquer une règle d'ordre public de nature européenne, l'arbitre sera peut-être conduit à se poser la question de l'écartement d'une norme nationale « inférieur ». Ce qui pose d'importantes questions de hiérarchie des normes[974].

B- La consécration du principe de la non révision au fond

552. La consécration du principe de la non révision au fond exige d'examiner comment le principe du contrôle formel sur la sentence arbitrale a été consacré **(1)** ; pour parvenir à adopter une conception restrictive de la notion d'ordre public international **(2)**.

1- Le principe du contrôle formel sur la sentence arbitrale

553. Le juge du contrôle peut-il dépasser le contrôle *a priori* formel pour s'étendre au fond de la sentence[975] ? Cette question a suscité une jurisprudence hésitante entre l'instauration d'un principe de contrôle formel sur les sentences arbitrales et un interventionnisme excessif des juridictions étatiques se traduisant par la révision de la sentence au fond. Et si la matière n'a pas fait au début l'objet d'une jurisprudence constante, le juge du contrôle est parvenue enfin à l'instauration d'un principe de contrôle formel sur la sentence arbitrale. Toutefois, ce principe est appliqué parfois d'une manière nuancée par les juridictions tunisiennes. Il ne faut pas, comme l'a relevé un auteur, que le contrôle essentiellement formel se transforme en contrôle « pour la forme »[976].

---

[973] **L. CHÉDLY,** « L'efficacité de l'arbitrage commercial international », Cours précité, spéc. p. 184.

[974] **P. MAYER**, « L'arbitre international et la hiérarchie des normes », *R.A.*, 2011, pp. 361 et s.

[975] Sur ce principe *Cf.* **L. CHÉDLY,** « Le contrôle judiciaire sur les sentences arbitrales internationales : l'ordre public », *R.A.A. Liban* 2010, annexe n° 8, pp. 885-924 (en arabe) ; **S. BABAY YOUSSEF**, « Le contrôle post-arbitral de la sentence internationale à l'épreuve de l'ordre public substantiel », in « *Le juge et l'arbitrage* », Colloque de Tunis, *op.cit.*, pp. 207- 248 ; **A. DAHMANI,** « La Cour d'appel et le principe du contrôle formel sur les sentences arbitrales », *R.J.L.*, 2007, n° 4, p. 13 s (en arabe) ; **A. OUERFELLI,** *L'arbitrage dans la jurisprudence tunisienne, Préf.* du Pr. Sami BOSTANJI, *op. cit.*, spéc. p. 401 et s.

[976] **A. OUERFELLI**, « La Cour de cassation exagère l'application de la notion du contrôle formel sur les sentences arbitrales », (en arabe), cité in « Justice et arbitrage international : l'actualité et l'ancien acquit », intervention présentée le 19/11/2019 à Milano à l'occasion du Colloque du Centre Libyen sur l'arbitrage commercial international (en arabe) à propos de l'arrêt de la Cour de cassation n°

Force est de relever que la majorité des décisions de la justice tunisienne en la matière est attachée au concept du contrôle formel dans son véritable sens, modéré et raisonnable. C'est ce qui découle des décisions suivantes.

554. Dans une affaire, la Cour d'appel de Tunis estime que l'article 78 ne permet pas de vérifier la validité de la sentence au fond. Cette position a été adoptée dans l'affaire *société travaux Afrique* n° **69** du 30/01/2001 par laquelle la CA de Tunis a jugé « *Les moyens invoqués quant au fond sont hors du contrôle formel exercé par la juridiction dans le cadre de l'article 78 du Code de l'arbitrage. La prise en considération des moyens invoqués, quant au fond par le Tribunal fait de ce dernier une juridiction de révision et non du contrôle* »[977].

555. Dans une autre affaire, la Cour de cassation tunisienne a adopté la conception minimaliste du contrôle dans son arrêt rendu le 7/06/2018[978]. Après avoir rappelé le caractère limitatif de la liste des cas d'annulation énumérés par l'article 78 du CA, elle a déduit que ces cas ne figurent pas dans le présent litige, et est parvenue à la cassation de la décision de la Cour d'appel qui a annulé la sentence arbitrale.

556. La même approche a été suivie par la même Cour mais avec nuance dans un arrêt plus récent rendu le 04 décembre 2019[979].

La Cour d'appel de Tunis, a confirmé sa position minimaliste dans une autre décision rendue le 27 mars 2018[980]. Après avoir rappelé la pertinence du principe du contrôle formel sur les sentences arbitrales, la Cour d'appel de Tunis, a considéré que : « *La discussion de ce motif* [la contestation de l'expertise] *est de nature à violer le principe du contrôle formel qu'exerce le juge du contrôle sur la sentence arbitrale.*

51522/2017 du **5/11/2018**, en ligne : https://www.ispramed.com/wp-content/uploads/2019/09/Ouerfelli-Ahmed-Arabic.pdf, spéc. p. 16.

[977] CA de Tunis arrêt n° **69** du **30 janvier 2001**, *R.J.L.*, avril 2001, p. 240.

[978] Cass. Tn. Arrêt n° **2017.50776** du **07 juin 2018**, en ligne sur : www.cassation.tn

[979] Cass. Tn. Arrêt n° **2018.65971** du **04 décembre 2019**, en ligne sur : www.cassation.tn. Dans cette affaire la Cour de cassation a adopté l'approche minimaliste du contrôle de l'ordre public procédural, en rejetant le motif invoqué par la demanderesse selon lequel la règle de l'article 87 du Code de l'enregistrement et du timbre fiscal fait partie de l'ordre public procédural. La demande d'annulation a été rejetée. Si le contrôle reste dans un cadre limité, la Cour a, en quelque sorte, vérifié si le motif invoqué relève ou non de l'ordre public sans pour autant dépasser ces contours.

[980] Cass. arrêt n° **6886** du **27 mars 2018**, Sté Tunisie télécom c/ Sté Destricom, la société Émirats International Télécommunications (Tunisie, Telecom Investment & Dubaï Investment Group (inédit).

Il en découle qu'il n'est pas permis de le soulever car il vise à réviser des questions de fond de la sentence relative à sa motivation, ce qui est absolument inacceptable »[981].

557. Il semble que ce principe a acquis une maturité incontestable, renforcée par une jurisprudence constante [982] et par une doctrine unanime en la matière.

558. Par ailleurs, dans une affaire n°**39** du **15 juin 1999**[983], la même Cour d'appel a modifié catégoriquement sa position en estimant que « *Le législateur a restreint le contrôle quant au fond uniquement à la violation des règles d'ordre public*». Cette décision a été réaffirmée dans une affaire datant du **23 octobre 2001**[984] précisant que « *Le domaine du contrôle de la Cour d'appel sur les sentences arbitrales se limite aux aspects formels,... Néanmoins le législateur a ouvert une brèche dans le contrôle sur le fond en veillant à la préservation de l'ordre public* ».

559. Cette décision reconnaît le rôle de la Cour d'appel du Tunis en matière de contrôle comme gardienne de l'ordre public. En effet, si les parties demandent l'annulation sur d'autres griefs, la Cour d'appel peut

---

[981] CA de Tunis arrêt n° **6886** du **27 mars 2018,** précité.

[982] V. également dans le même sens : CA de Tun. arrêt n° **14673** rendu le **26 mars 2019**, *Sté Ferrovial Agroman SA c/ Entreprise Electra –ESSID NEJI* (inédit) où elle a repris pratiquement la même attendue ; Et en matière d'arbitrage interne : CA de Tunis arrêt n° **24514** rendu le **30 avril 2019**, *Sté Touristique d'exploitation hôtelière hôtelière « STEH » c/ Sté Touristique Eddakhila* (inédit) ; Et en matière de reconnaissance des sentences arbitrales internationales : CA de Tunis arrêt n° **18012** du **26 mars 2019**, *Sté GS Inima Environnement SA et autres c/ Best Consulting Group et BEST Investment Group* (inédit). V. aussi les arrêts suivants : CA de Tunis arrêt n° **30** du **1 mars 1995** (inédit) ; CA de Tunis arrêt n° **25** du **10 février 1998**, *R.J.L.*, 1999, n° 5, p. 227 ; CA de Tunis arrêt n° **28** du **24 mars 1998** (inédit), CA de Tunis arrêt n° **46** du **18 avril 2000** (inédit) ; CA de Tunis arrêt n° **92** du **24 avril 2001** ; Cass. civ. n° **10768** du **22/01/2002** (inédit) ; arrêt n° **2522** du **1/06/2010** (inédit) ;CA de Tunis arrêt n° **55656** du **30 octobre 2007** (inédit) ; CA de Tunis arrêt n° **80326** du **20 janvier 2009** (inédit) ; CA de Tunis arrêt n° **4137** du **19 oct. 2010** (inédit) ; CA de Tunis arrêt n° **12677** du **08 novembre 2011** (inédit) , cités par : **S. BABAY YOUSSEF**, in « Le contrôle post-arbitral de la sentence internationale à l'épreuve de l'ordre public substantiel », précité., p. 242, note 113 et 144 ; CA de Tunis arrêt n° **69** du **30/01/2001**, *SOTRAF c/ Sté Ferroviale, R.J.L.*, avril 2001, p. 240 ; Cass. civ. n° **2013.2798** du 09/12/2013, (inédit). (En matière d'arbitrage interne), V. Cass. civ. Chambres réunies, arrêt n° **2013.3264** du **11/06/2015** (inédit).

[983] CA de Tunis arrêt n° **39** du **15 juin 1999**, *R.J.L.*, avril 2001, p. 129.

[984] CA de Tunis arrêt n° **101** du **23 octobre 2001**, *R.J.L.*, avril 2002, (n° spécial : arbitrage) p. 245.

soulever le grief de l'ordre public d'office si elle estime que la sentence a violé les règles impératives. Elle peut étendre son contrôle d'une manière exceptionnelle et statuer sur le fond[985].

560. La Cour de Cassation tunisienne a consacré également une application atténuée du principe du contrôle formel. Dans un arrêt rendu le 1erjuin 2017, elle semble écarter le principe du contrôle formel pour examiner en quelque sorte le fond[986]. Elle a annulé l'arrêt de la Cour d'appel de Tunis rendu le 22 octobre 2013 qui a ordonné l'*exequatur* d'une sentence arbitrale rendue en 2010 pour contrariété à l'ordre public procédural. Selon elle, *le principe du contrôle formel ne peut empêcher le juge d'étendre son contrôle sur le respect des règles procédurales relevant de l'ordre public.*

561. Ainsi, selon cette position, le juge peut effectuer un contrôle sur le droit qui a été appliqué par l'arbitre à travers le motif du respect du contradictoire. La sentence appliquant, un droit non choisi par les parties, sans le mettre au débat contradictoire des parties, est jugée contraire à l'ordre public et susceptible donc d'annulation. Force est de constater qu'il ne s'agit pas, dans cette affaire, simplement d'une application atténuée du contrôle formel. Cette solution n'écart-elle pas le principe du contrôle formel de la sentence arbitrale ?

---

[985] CA de Tunis arrêt n° **33** du **26 décembre 1999**, *R.J.L.*, avril 2001, p. 93 ; CA de Tunis arrêt n° **25** du **10 février 1998**, *R.J.L.*, mai 1999, p. 259. L'examen du litige au fond est une possibilité très exceptionnelle prévue par le Code de l'arbitrage concernant tant l'arbitrage interne que l'arbitrage international. Il s'agit d'une hypothèse très rare où les parties conviennent qu'au cas où la juridiction saisie conclut à la demande d'annulation, elle sera habilitée à statuer sur le fond du litige. La jurisprudence tunisienne a précisé qu'il s'agit là d'une substitution conventionnelle de l'arbitre, qui exige le consentement mutuel, certain et explicite de toutes les parties. La Cour d'appel aura dans ce cas les mêmes pouvoirs initiaux de l'arbitre. C'est le cas typique de ce que l'on appelle arbitrage judiciaire. V. sur ce point : **A. OUERFELLI,** *L'arbitrage dans la jurisprudence tunisienne, op.cit.*, spéc. p. 405, n° 1138.

[986] Cass. civ. arrêt n° **2016.43055** rendu le **1er juin 2017**, en ligne sur : www.cassation.tn. Dans un autre arrêt, (Cass. civ. arrêt n° **19043** rendu le **7 mai 2015** (inédit), cité par **N. GARA**, *Le Code de l'arbitrage annoté*, Maison du livre, 2016, pp. 284-285), la Cour de cassation semble opter pour la même application atténuée du principe du contrôle formel. Le contrôle qu'elle a effectué a touché le fond du litige à savoir le droit applicable au fond à travers le « filtre » du motif du contradictoire. Elle décide que : *« Doit être considéré comme étant contraire à l'ordre public, la sentence arbitrale qui ne respecte pas le principe du contradictoire. Il en est ainsi lorsque le Tribunal arbitral applique un droit non choisi par les parties sans qu'il soit soumis à leur discussion contradictoire »*.

562. Certes, il est légitime que le juge étatique, en tant que gardien de l'ordre public, avant d'incorporer une sentence dans le système juridique tunisien, puisse effectuer son contrôle sur la conformité aux principes fondamentaux et aux règles impératives. Toutefois, la Cour saisie du recours en annulation, n'étant pas juge du procès qui s'est déjà déroulé devant le Tribunal arbitral, ne peut accéder à la révision substantielle. Son rôle doit se limiter naturellement au contrôle formel. En outre, étant donné que le mal jugé, résultant de l'erreur de droit, ne constitue pas un cas d'ouverture du recours en annulation ou de refus d'*exequatur,* le juge du contrôle se doit adopter une conception minimaliste ou restrictive de sa mission.

2- Une conception restrictive de la notion d'ordre public international

563. La jurisprudence tunisienne a adopté une solution qui tend vers la restriction des cas d'annulation des sentences arbitrales internationales sur la base de la contrariété à l'ordre public. Et ce en appliquant une conception minimaliste de l'ordre public international. Ainsi, la Cour d'appel de Tunis ne manque pas d'apporter, dans de nombreux arrêts, des précisions sur le contenu de l'ordre public international, étant donnée consciente de la difficulté de cerner le contenu de l'ordre public au sens du droit international privé.

Elle affirme ainsi qu'il ressort de l'article 81 du CA, que lorsque l'*exequatur* concerne une sentence étrangère, «*l'ordre public doit être pris au sens de la théorie générale du DIP, qui ne peut être l'ordre public interne* ». Il s'agit d'un ordre public moins contraignant. Selon cette Cour, « *l'ordre public au sens du DIP correspond aux règles de base posées par l'État qu'elle soit d'ordre social, économique ou politique. Il vise à protéger les principes fondamentaux de la société du for, en évinçant la loi étrangère qui violerait ses principes* ». Le juge doit en faire un usage modéré. Partant, l'ordre public à un domaine plus étroit que celui qui s'oppose à l'accueil de la sentence interne et qui a été assimilé à l'impérativité[987]. C'est pourquoi, constatant que « *pour l'arbitrage interne, le contrôle est beaucoup plus étendu* ».

564. Ainsi, la Cour d'appel de Tunis refuse de retenir le caractère d'ordre public invoqué souvent à outrance pour demander l'annulation de la sentence ou pour s'opposer à son exécution. Elle considère que la

[987] V. en ce sens pour plus d'amples détails les développements de Mme YOUSSEF, *op.cit.*, spéc. pp. 217-218.

violation des règles relatives au procédé de preuve, le fait que la sentence soit rendue en langue étrangère[988], remboursement d'une dette en devise[989], le fait qu'il y ait eu transaction rendant la convention d'arbitrage sans objet,[990] etc..., ne constituent pas une violation de l'ordre public au sens du DIP.

565. L'arbitre n'est pas donc seulement tenu de mettre fin au litige mais aussi de prononcer une sentence qui respecte l'ordre public. Le juge du contrôle assure un contrôle limité en érigeant la violation de l'ordre public substantiel, et non seulement procédural, en motif de nullité. L'arbitre doit également veiller au respecter d'autres types d'ordre public largement admis au système juridique de la *société mercatorum.*

---

[988]Arrêt n° **19335** du **03 mai 1995**, Aff. *Luidginai Akacha c. SNCFT,* inédit, cité par **A. OUERFELLI**, *L'arbitrage dans la jurisprudence tunisienne,* Préf. du professeur Sami BOSTANJI, Latrach Editions, L.G.D.J., 2010, p. 401 où la Cour décide que « Tant qu'en matière d'arbitrage international, le contrôle est fait par rapport à l'ordre public au sens du droit international privé. Le fait que la sentence arbitrale ait été rendue dans une langue étrangère ne heurte point l'ordre public international de la Tunisie ».

[989] Arrêt de la CA de Tunis n° **6969** du **09 mars 2004**, affaire S. Sarda, inédit, cité par **K. MEZIOU**, « Le droit de l'arbitrage international en Tunisie », en ligne sur : www.courdecassation.fr/IMG/file/pdf/_2007/13-06-2007_meziou.pdf.

[990] Arrêt de la CA de Tunis n° **47** du **09 mai 2000**, inédit cité par Mme **YOUSSEF**, *op.cit.*, spéc. p. 219.

SECTION II : L'ARBITRE GARDIEN D'AUTRES ORDRE PUBLIC PLUS SUPREMES : L'ORDRE PUBLIC TRANSNATIONAL

566. La notion d'ordre public « transnational »[991] mérite d'être identifiée **(§ 1)**, avant de montrer comment l'arbitre peut être gardien de cet ordre public transnational **(§ 2)**.

§1 . Identification de la notion d'ordre public transnational

567. L'identification de la notion d'ordre public transnational exige de préciser ses caractéristiques par rapport aux autres types d'ordre public **(A)** ; ce qui nous permet d'explorer la méthode de sa création et de son contenu **(B)**.

A-Les caractéristiques de l'ordre public transnational

568. Caractère international renforcé. À la différence de l'ordre public international, de source principalement étatique ou interne, l'ordre public transnational est internationale par sa source. Il est issu de la communauté des États et de la société internationale des marchands. Il trouve son terrain d'élection dans l'arbitrage commercial international[992]. Il englobe des règles partagées par les divers systèmes juridiques. L'ordre public transnational est une traduction juridique de soucis essentiellement moraux. La mission de l'arbitre international consiste au même temps dans la protection des principes de l'ordre public transnational et la sanction de ce qui les contredit ; soit par l'annulation du contrat soit par l'éviction de la loi applicable. Même s'il ne reflète pas, selon certains auteurs[993], l'unanimité de tous les États,

---

[991] Sur la notion est ses applications *Cf.* not. la thèse du doyen : **L. CHÉDLY**, *Arbitrage commercial international & ordre public transnational*, Préf. de Kalthoum MEZIOU, C.P.U., 2002, spéc. p. 119 et s ; du même : « L'efficacité de l'arbitrage commercial international », *R.C.A.D.I.*, 2019, T. 400, pp. 9-624, spéc. pp. 167 à 217 et les références citées ; adde, **J.-M. JACQUET**, « L'ordre public transnational », in : « L'ordre public et l'arbitrage », sous la dir. d'Éric Loquin & Sébastien Manciaux, Actes du colloque de Dijon des 15 et 16 mars 2013, CREDIMI, LexisNexis 2014, vol. 42, p. 101 s.

[992] *Cf.* sur ce point : **J.-B. RACINE,** « La contribution de l'ordre public européen à l'élaboration d'un ordre public transnational en droit de l'arbitrage », *op.cit.,* spéc.p.228.

[993] **J. BÉGUIN & M. MENJUCQ**, *Droit du commerce international*, (sous la dir. de), Litec, Paris, 2005, p.1058, spéc. n° 2715 qui précisent que « *(...) cet ordre*

l'ordre public transnational demeure la garantie sûre et efficace de l'exécution des sentences arbitrales. Si la notion est contestée, d'aucuns y voient une notion au mieux inutile, au pire imaginaire[994].

569. Caractère commun de l'ordre public transnational. Le caractère commun de l'ordre public transnational se déduit de la référence faite à des valeurs largement partagées par la communauté internationale. C'est ce caractère « commun »[995] qui caractérise l'ordre public transnational. « *L'ordre public transnational est un ordre public **d'assemblage**, voué à la réorganisation des normes fondamentales dont il convient d'assurer le respect dans les relations juridiques transnationales* »[996]. Le même constat vaut pour les règles de fond. Le principe de l'estoppel représente un exemple significatif[997], comme d'autres : les principes de bonne foi, d'interdiction de la corruption, *pacta sunt servanda*, etc.

570. Ordre public transnational et ordre public au sens du droit international privé. Selon le Pr. GARA l'ordre public visé par l'article 78 du Code tunisien de l'arbitrage n'est pas l'ordre public transnational. Cet ordre public reste spécifique à l'ordre juridique arbitral international, parce qu'il est le produit des sentences arbitrales. Il ne doit pas se confondre entièrement avec les conceptions fondamentales d'un système juridique et ne peut être utilisé par conséquent devant le juge étatique[998]. Pour le même auteur, l'ordre public visé par l'article 78 du Code tunisien de l'arbitrage n'est autre que l'ordre public au sens du DIP tunisien. C'est donc par référence aux choix fondamentaux du système juridique tunisien qu'il y a lieu de contrôler la sentence

---

public véritablement international remplit un rôle nécessairement limité. Son contenu demeure pauvre puisque, par hypothèse, ses règles résultent de la constatation d'un consensus en droit comparé. De plus compte tenu du contenu très limité et, dans les faits, de la forte « orientation occidentale » d'un tel ordre public, il n'est pas certain que son application conduise toujours à un résultat satisfaisant ». Le même constat a été relevé par d'autres : **Ch. SERAGLINI & J. ORTSCHEIDT**, *Droit de l'arbitrage interne et international*, Montchrestien, Lextenso éditions, 2013, p. 816, spéc. n° 896 ; *adde*, **Ch. SERAGLINI**, *Lois de police et justice arbitrale internationale*, Dalloz, 2001, et les réf. citées.

[994] **J.-B. RACINE,** *Droit de l'arbitrage*, Thémis droit, P.U.F., 2016, 1ère éd., 2016, spéc. n° 800.

[995] **J.-B. RACINE,** « La contribution de l'ordre public européen à l'élaboration d'un ordre public transnational en droit de l'arbitrage », *op.cit.,* spéc.p.230.

[996] **J.-M. JAQUET**, « L'ordre public transnational », prec, p. 106.

[997] V. *infra*. n° 582.

[998] In : *Le Code de l'arbitrage annoté*, Maison du livre 2016, spéc. pp. 260-261.

arbitrale en cause[999]. C'est un ordre public national à projection international. C'est l'ordre public interne auquel on supprime sa partie « égoïste » ou vraiment « locale »[1000].

571. Cette définition de l'ordre public transnational est partagée par une certaine doctrine française qui considère également que l'ordre public transnational ou « réellement » ou « véritablement » international, par opposition à l'ordre public d'éviction au sens du DIP qui, lui, est exclusivement de source nationale)[1001]. Pour le doyen L. CHÉDLY, même s'il s'agit d'un ordre public étatique, l'ordre public transnational signifie un ordre public traduisant des valeurs partagés par la communauté internationale[1002].

572. De surcroit, même s'il n'est pas le gardien d'un ordre public étatique, l'arbitre doit respecter l'ordre public transnational pour garantir une sentence efficace. En matière d'arbitrage international, l'arbitre est gardien de l'ordre public international. Il ne rend pas la justice au nom d'un État ou d'une souveraineté étatique déterminée, mais défend les principes de la justice naturelle et l'ensemble de valeurs universelles partagées par l'humanité entière[1003].

573. Le Code de l'arbitrage prévoit que la sentence ne doit pas être contraire à l'ordre public au sens du DIP. La référence à cette dernière notion s'explique par la volonté du législateur d'éviter toute confusion avec la signification qu'elle a en matière de validité de la convention d'arbitrage, faisant ainsi de l'ordre public « au sens du DIP » un critère de contrôle de la validité de la sentence arbitrale internationale. C'est

---

[999] Ibid.

[1000] **A. OUERFELLI**, *L'arbitrage dans la jurisprudence tunisienne*, *op.cit.*, spéc. p. 401.

[1001] **J.-B. RACINE,** « La contribution de l'ordre public européen à l'élaboration d'un ordre public transnational en droit de l'arbitrage », *op.cit.*, spéc.p.229 ; adde, **T. STRUYCKEN**, « L'ordre public de la communauté européenne », in « *Vers de nouveaux équilibres entre ordres juridiques* », Mélanges en l'honneur d'H. GAUDEMET-TALLON, Dalloz 2008, pp.617-632, spéc. p. 619. « *Le terme « ordre public » c'est le noyau dur de l'ordre juridique du for. Le for réserve bien au droit étranger la possibilité de s'appliquer, mais ce toujours jusqu'à une certaine limite. Un noyau de valeurs juridiques est inébranlable. Inébranlable pour qui ? Pour la communauté juridique dont le for, le juge, est le porte-parole autorisé* ».

[1002] **L. CHÉDLY**, « L'efficacité de l'arbitrage commercial international », *Cours précité*, spéc. p. 180, note de bas de page n° 490.

[1003] **J.-B. RACINE,** « La contribution de l'ordre public européen à l'élaboration d'un ordre public transnational en droit de l'arbitrage », *op.cit.*, spéc.p.229.

ainsi que l'ordre public semble servir au juge de contrôle comme un moyen pour évincer toute sentence susceptible d'être contraire aux choix fondamentaux du système juridique tunisien relatif à la justice et à la morale, que l'État tunisien désire protéger. Au sens où l'expression est habituellement entendue, l'ordre public transnational rassemble en effet les normes d'ordre public international qui, parce qu'elles feraient l'objet d'un consensus universel, auraient vocation à prévaloir devant n'importe quel « *forum* » ayant juridiction à l'égard de personnes privées.

B- Méthode de création et contenu de la notion

574. Comment l'arbitre admet qu'un principe est d'ordre public transnational ? L'opération n'est pas assez facile. Pour parvenir à dégager un principe général du droit cela ne correspond pas à dégager un principe d'ordre public transnational[1004]. Dans une première étape l'arbitre doit découvrir la généralité du principe. Il doit rechercher les principes d'ordre public largement partagées à l'échelle internationale et reflétant des valeurs à vocation universelle. Dans une seconde étape, l'arbitre doit découvrir l'impérativité du principe. « *Seul le noyau dur des principes généraux du droit composera l'ordre public transnational, à savoir les principes non susceptibles de dérogation parce que le respect est vital pour l'ordre juridique dans lequel est intégré l'arbitre* »[1005]. La méthode des principes généraux est ici parfaitement transposable à l'ordre public transnational [1006]. La démarche à adopter doit donc être casuistique.

575. Dans une affaire CCI n° **8891** rendue en **1998**, après avoir exposé l'ensemble des sources privées et interétatiques qui convergent à fin d'identifier un principe d'ordre public transnational et mis en évidence le consensus, le Tribunal arbitral se prononce pour l'interdiction à l'ordre public transnational en ces termes : « *Le caractère illicite des contrats portant sur le versement de pots-de-vin est bien établi dans la jurisprudence arbitrale. Bien que la corruption soit illicite dans la plupart des ordres juridiques, les arbitres ne se limitent*

[1004] *Cf.* nota. **L. CHÉDLY**, « Les principes généraux du droit et l'arbitrage international », in : « *La diversité dans le droit* », Mélanges offerts à la Doyenne Kalthoum MEZIOU-DOURAI, C.P.U., 2013, p. 229 s, spéc. p. 261.

[1005] **L. CHÉDLY**, « L'efficacité de l'arbitrage commercial international », *Cours précité*, spéc. p. 170.

[1006] **E. GAILLARD**, « Du bon usage du droit comparé en matière d'arbitrage international », *R.A.*, 2005, p. 375, spéc. p. 382 et s.

généralement pas à fonder leur décision sur un droit étatique, mais font encore appel à un principe général du droit ou à l'ordre public international au transnational »[1007].

En fait la notion d'ordre public transnational traduit pour l'arbitre essentiellement une approche pragmatique. Dans son Cours récemment publié au *Recueil des Cours de l'Académie de Droit International*, le doyen Lotfi CHÉDLY plaide pour que l'arbitre, confronté à une « myriade » d'ordre public, s'attache à l'application de l'ordre public transnational[1008].

§2. Quelques applications du rôle de l'arbitre gardien d'un ordre public « transnational »[1009]

576. Les arbitres se fondent sur un arsenal de principes d'ordre public transnational pour lutter contre l'illicite et la corruption **(A).** Une attention particulière sera réservée au principe de l'estoppel **(B).**

A- La « réaction » des arbitres contre l'illicite et la corruption dans le commerce international

577. La littérature sur le principe de l'interdiction d'illicite et de la corruption dans le commerce international est abondante [1010]. La jurisprudence arbitrale connaît sur ce point une évolution spectaculaire et la matière semble être d'une actualité brulante. La réprobation internationale de la corruption englobe non seulement le versement de

---

1007 Sentence CCI n° **8891** rendue en 1998, *J.D.I.*, 2000, p. 1076.

1008 **L. CHÉDLY**, « L'efficacité de l'arbitrage commercial international », Cours précité, spéc. p. 177. Il pense justement que «(…) *si l'arbitre veut assurer l'efficacité de sa sentence dans le plus grand nombre de pays, il est plus réaliste et plus efficace d'appliquer l'ordre public commun aux différents systèmes à savoir l'ordre public transnational que de tenter d'appliquer tous les ordres publics des États où la sentence est susceptible d'être exécutée*».

1009 *Cf.* sur la notion de l'ordre public transnational en général : **L. CHÉDLY**, *Arbitrage commercial international et ordre public transnational, op.cit.*, et sur la même notion comme moyen d'efficacité de l'arbitrage : **L. CHÉDLY**, « L'efficacité de l'arbitrage commercial international », R.C.A.D.I., 2019, T. 400, pp. 9-624, spéc. pp. 167-217.

1010 *Cf.* nota. **E. GAILLARD**, « La corruption saisie par les arbitres du commerce international », *op.cit.* ; **É. LOQUIN**, « Les manifestations de l'illicite dans le commerce international » in *L'illicite dans le commerce international*, Litec, 1996, spéc. p. 276 s ; **D. GOLDENBAUM**, « L'arbitre international face à la corruption », *Rev. Mc Gill*, vol. 2, 2015-2016, pp. 82-107.

« pots-de-vin »[1011] à des agents publics étrangers, mais également le trafic d'influence[1012]. L'unanimité règne sur la règle de l'interdiction des « pots-de vin ».

578. Le Tribunal arbitral avait estimé, par une sentence du 24 octobre 2014[1013], qu'en l'absence de preuve « *concrète et décisive* » des allégations de blanchiment, celles-ci n'avaient pas été établies par l'État défendeur. La sentence était appuyée notamment sur le fait que l'État, « *en dépit de ses ressources et de ses pouvoirs* », n'avait pu prouver l'infraction devant ses juridictions nationales. Dans son arrêt rendu le 21 février 2017[1014], la Cour d'appel de Paris a annulé la sentence, au motif que l'examen du moyen d'annulation tiré de la violation de l'ordre public international, au rang duquel figure la prohibition du blanchiment, « *n'est pas subordonné à l'intervention préalable d'une condamnation pénale du chef de blanchiment* » et que « *le contrôle exercé par le juge de l'annulation sur la sentence arbitrale en vertu de*

1011 Somme d'argent donnée illégalement à quelqu'un en échange d'un service rendu. Au XVIe siècle, "verser un pot de vin" signifiait simplement "donner un pourboire", une somme permettant de se payer à boire. En effet, dans la culture occidentale, le fait d'offrir un verre à une personne a toujours signifié qu'on lui accordait une place privilégiée. Désormais, le "pot de vin" désigne la somme d'argent versée à une personne - de façon illégale - et qui apporte à celui qui la donne un avantage quelconque.

1012 Pratique illicite consistant pour une partie, publique ou privée, à se faire rémunérer pour abuser de son influence, réelle ou supposée, auprès d'une autorité ou d'une administration publique en vue d'obtenir un avantage indu, que l'influence produise ou non le résultat recherché. V. par ex. l'article 18 de la Convention des Nations Unies contre la Corruption de 2003 et l'article 12 de la Convention pénale sur la corruption du Conseil de l'Europe de 1999.

1013 Sentence du **24 octobre 2014,** *Valérie Belokon c/République de Kirghizistan* rendue par le Tribunal arbitral *ad hoc* composé de MM. Hobér et Schiersing, arbitres, et de M. Paulsson, Président en application du Règlement de la CNUDCI, § 163: « *If the host State, notwithstanding its resources and powers, is unable to discharge the burden of proof before a municipal court, an international tribunal will find itself in a situation where it cannot, in the absence of concrete and decisive evidence, consider identical allegations as proven by the host state. Anything else would fly in the face of any notion of due process*».

1014 CA de Paris, **21 février 2017**, l'arrêt *Belokon* **n° 15/01650**, *Rev. arb.*, 2017, n°3, p. 915, note S. BOLLÉE et M. AUDIT, en ligne sur le lien suivant :https://www.legiscompare.fr/web/IMG/pdf/2017-0221_arret_ca_paris_du_21_fevrier_2017_belokon.pdf ; rapporté aussi in Chronique de jurisprudence française en matière de droit international public, *RGDIP*, 2018, n° 1, pp. 248-268 en ligne sur : https://www.academia.edu/39116927/_Chronique_de_jurisprudence_fran%C3%A7aise_en_mati%C3%A8re_de_droit_international_public_RGDIP_2018_n_1_pp._248-268

l'article 1520-5° du Code de procédure civile [a] *pour objet* [...] *de s'assurer que l'exécution de la sentence n'est pas de nature à faire bénéficier une partie du produit d'activités délictueuses*». Ayant posé ce critère d'accueil de la sentence en l'ordre juridique français, la Cour, ne s'estimant pas lié par les « *éléments de preuve produits devant les arbitres, ni liée par les constatations, appréciations et qualifications opérées par ceux-ci* », se fonde sur la constatation d'un certain nombre d'*« indices graves, précis et concordants* » pour conclure à l'activité délictueuse du demandeur à l'arbitrage. La Cour d'appel de Paris trouve dans ses propres investigations les éléments qui la conduisent à considérer que l'exécution de la sentence aurait pour effet de violer de manière manifeste, effective et concrète l'ordre public international. Ce qui reflète un contrôle « renforcé » de l'ordre public transnational[1015].

579. Dans d'autres hypothèses, des allégations de corruption sont souvent avancées pour tenter de faire échec à la compétence du Tribunal arbitral. Cela a été le cas récemment, sans succès, dans des affaires *Flughafen Zurich* c/ *Venezuela*[1016], *Fraport II c/ République des Philippines*[1017], *Ampal c/République arabe d'Egypte*[1018], *Vladislav Kim*

[1015] V. dans un sens près la même solution mais déduite implicitement : CA Paris, **16 mai 2017**, *R.A.*, 2018.248, note J.-B. RACINE. La Cour, sans toutefois entrer en voie d'annulation, dit que l'annulation serait encourue s'il était démontré par des indices graves, précis et concordants, que la sentence aurait pour effet de donner force à un contrat obtenu par corruption. V. également : Paris **16 janvier 2018** *MK Group*, *R.A.*, 2018.401, note S. LEMAIRE, où elle a annulé une sentence en appliquant cette méthode du contrôle approfondi ; *adde*, CA Paris, **10 avril 2018**, *Alstom* où la Cour de Paris décide que le contrôle de l'*exequatur* a pour objet « **de s'assurer** » que l'exécution de la sentence n'a pas pour effet de donner force à un contrat de corruption. C'est ainsi qu'elle condamne une partie à fournir, sous astreinte de 1 000 euros par jour de retard, une importante série de pièces telles que documents contractuels, dépositions écrites et transcription intégrale des auditions de témoins et des débats devant le tribunal arbitral, rapports d'audit, etc... pour rechercher en droit et en fait tous les éléments concernant les vices en question. V. aussi : Cass, 1ère Ch. civ., **13 septembre 2017**, pourvoi n° **16-25.657**, Société *Indagro*", in *J.D.I.*, n° 4/2017, pp. 1361-1382., note E. GAILLARD.

[1016] Affaire CIRDI n° **ARB/10/19**, sentence du **18 novembre 2014***Flughafen Zurich A.G. and Gestion E Ingenieria IDC S.A.c/ Venezuela*, rendue par MM. J. FERNANDEZ- ARMESTO, Président, H. ALVAREZ et R. VINIESA, § 155.

[1017] Affaire CIRDI n° **ARB/11/12**, sentence du **10 décembre 2014** *Fraport a.g. Frankfurt Airport Services Worldwide c/ République des Philippines*, rendue par MM. P. BERNARDINI, Président, S. ALEXANDROVE et A. VAN DEN BERG, § 306.

[1018] Affaire CIRDI n° **ARB/12/11**, décision sur la compétence du **1er février 2016** *Ampal-American Israël Corp et autres c/ République arabe d'Egypte*, rendue par

c/République d'Ouzbékistan[1019] et *Getma International c/République de Guinée* [1020] et avec succès, dans l'affaire *Metal-Tech c/République d'Ouzbékistan*[1021].

580. L'affaire *Spentex Netherlands B.V.c/République d'Ouzbékistan*[1022]rendue en 2016 représente une illustration de cette démarche appliquée aux questions de corruption. En effet, l'arbitre qui constate que le contrat couvre une activité de corruption ne doit en déduire ni la non-arbitrabilité de la matière ni sa propre incompétence. Il doit au contraire retenir sa compétence et constater la nullité de la sentence ou du contrat pour contrariété à l'ordre public international. La jurisprudence, tant étatique[1023]qu'arbitrale[1024], y éprouve une parfaite unanimité.

Le temps où les arbitres, à l'instar du Juge *LAGERGREEN* en 1963, préféraient décliner leur compétence plutôt d'annuler un contrat de

---

MM. Y. FORTIER, Président, C. MCLACHLAN et F. ORREGO VICUNA, § 306.

[1019]Affaire CIRDI n° **ARB/13/6**, décision sur la compétence du **8 mars 2017** *Vladislav Kim et autres c/République d'Ouzbékistan*, rendue par MM. D. CARON, Président, Y. FORTIER et T. LANDAU, § 616.

[1020] Affaire CIRDI n° **ARB/11/29**, sentence du **16 aout 2016** *Getma International et autres c/République de Guinée*, rendue par Mme V. VAN HOUTTE, Présidente, et MM. B. CREMADES et P. TERCIERS, § 312.

[1021] Affaire CIRDI n° **ARB/10/3**, sentence du **04 octobre 2013** *Metal- Tech c/République d'Ouzbékistan*, rendue par Mme G. KAUFMANN-KOHLER, Présidente, et MM. J. TOWNSEND et C. VON WOBESER, § 389.

[1022] Affaire CIRDI n° **ARB/13/26**, sentence du **27 décembre 2016***Spentex Netherlands B.V.c/République d'Ouzbékistan*, rendue par MM. A. REINISH, Président, S. ALEXANDROV et Mme B. STERN (non publiée), citée par **E. GAILLARD**, « La corruption saisie par les arbitres du commerce international », *op.cit.* spéc. p. 814, note n° 29.

[1023] V. par ex. Trib. Fédéral suisse, 2 septembre 1993, *Affaire Westinghouse*, Arrêts TF, 119 II, pp. 380 et s, spéc. p. 385.

[1024] Affaire CCI n° **3916** rendue en 1982, *J.D.I.*, 1984, p. 935, obs. S. JARVIN ; Sentence provisoire rendue dans l'affaire CCI n° **4145,** *Y.C.A.*, 1987.97 ; Sentence du 19 aout 1988 rendue dans l'affaire CCI n° **5622,** *R.A.*, 1993.327, § 169 ; Sentence CCI n° **6401** de 1990, *J.D.I.*, 1996.1014, note D. HASCHER.

« pot de vin » est dépassé [1025]. D'ailleurs, cette décision avait été sévèrement critiquée sur ce point[1026].

Dans une affaire semblable, une sentence CCI n° **8891** [1027] a été rendue en 1998 pour trancher un litige mais à l'occasion de l'exécution d'un contrat de consultance, la société défenderesse soutenait que la demanderesse *«n'aurait eu d'autres moyens, pour débloquer la situation auprès du ministère, que de «verser des commissions à qui de droit* ». Le Tribunal arbitral est donc amené à rechercher les sources du principe d'illicéité de la corruption pour déterminer l'applicabilité de ce principe en l'espèce. Au vu des résultats donnés par ces trois analyses, le Tribunal arbitral estime qu'« *un contrat incitant ou favorisant la corruption des fonctionnaires est contraire à l'ordre public transnational et* [...] *qu'il n'a d'autre option que d'en constater la nullité* ».

581. Parmi les applications du rôle de l'arbitre comme gardien de l'ordre public transnational, outre ses « réactions » honorables contre l'illicite et la corruption dans le commerce international, l'application du principe de l'estoppel représente une illustration importante. C'est un principe d'ordre public transnational par excellence.

[1025] Sentence CCI n° **1110,** partiellement publiée par **J. LEW**, *Applicable Law in International Commercial Arbitration,* Oceana, 1978, p. 553, puis de façon plus complète par **J.-G. WETTER**, « Issues of Corruption bifore International Tribunals : The Authentic Text and True Meaining of Juge Gunnar Lagergren's 1963 Award in ICC Case n° 1110 », *Arb. Int'l.* 1994.277, cités par : **P. MAYER**, « L'arbitre et l'ordre public », in : « *Droit sans frontières* », Mélanges en l'honneur d'Eric LOQUIN, vol. 51, *LexisNexis* 2018, pp. 231-244, spéc. p. 240, n° 25, note 14.

[1026] *Cf.* notamment **A. El KOSHEIRI & Ph. LEBOULANGER**, « L'arbitrage face à la corruption et aux trafics d'influence », *R.A.*, 1984, p. 3. ; **B. GOLDMAN**, « L'action complémentaire des juges et des arbitres en vue d'assurer l'efficacité de l'arbitrage commercial international », in Arbitrage international 60 ans après Paris CCI 1984 (pub. n° 412), p. 271, spéc. p. 286 ; **L. CHÉDLY**, *Arbitrage commercial international & ordre public transnational, op.cit.,* spéc. p. 555. Contra. **I. FADLALLAH**, *L'ordre public dans les sentences arbitrales, R.C.A.D.I.*, 1994, t. 249, Brill, § 42, qui y voit une irrecevabilité de fond.

[1027] Sentence CCI n° **8891** rendue en 1998, *J.D.I.*, 2000, p. 1076, rapportée par **G. FLORIMOND**, « Les lois de police et d'ordre public réellement international dans l'arbitrage international », partie des « limites au choix de la loi dans l'arbitrage international », *Int. Lex.org (2006),* en ligne sur : http://www.intlex.org/Les-limites-au-choix-de , spéc. p. 10 et s, note 11.

B- Quelques applications du principe de *l'estoppel*

582. Le principe de l'interdiction de se contredire au détriment d'autrui, est considéré par les arbitres et par les juridictions étatiques parmi les principes d'ordre public transnational. Appelé aussi principe de « l'estoppel »[1028], il traduit l'exigence de la bonne foi dans les relations commerciales internationales.

583. Dans ce cadre la sentence rendue le 2/09/1983 par le Tribunal des différends irano-américains peut être rapportée[1029]. Applicable

---

[1028] *Cf,* sur ledit principe : **E. GALLAIRD**, « L'interdiction de se contredire au détriment d'autrui comme principe général du droit du commerce international. Le principe de l'estoppel dans quelques sentences arbitrales récentes », *Rev. arb.*, 1985, p. 241 s, en ligne sur : https://www.trans-lex.org/.../_/gaillard-emmanuel-linterdiction-de-se-contredire-au-dét...; *adde,* **L. CHÉDLY**, *Arbitrage commercial international & ordre public transnational*, Préf. de Kalthoum MEZIOU, C.P.U., Tunis 2002, spéc. pp. 257 à la page 261 ; **B. PAUL**, « L'interdiction de se contredire au détriment d'autrui (Estoppel) as a Substantive Transnational Rule in International Commercial Arbitration », in: Gaillard (ed.), *Transnational Rules in Commercial Arbitration*, in *International Rules in International Commercial Arbitration*, ICC Publishing and International Law Association, 1993 ; **E. SILVA ROMERO**, « Quelques brèves observations du point de vue de la Cour internationale d'arbitrage de la chambre de commerce internationale », intervention lors du colloque du 3 mai 2004 organisé par l'Institut des Hautes Etudes Internationales de l'Université de Paris II sur les nouveaux développements dans le contentieux arbitral transnational relatif à l'investissement international ; **P. PINSOLLE**, « Distinction entre le principe de l'estoppel et le principe de bonne foi dans le droit du commerce international », *J.D.I.*, 1998, n° 4, p. 904 ; **E. LOQUIN**, « La consécration de l'estoppel par le droit français de l'arbitrage », *R.T.D. Com 2006*., n° 2, p. 309 s ; **H. M. WATT**, « Une application de la règle de l'estoppel », *Rev. crit. DIP.*, 2006, n° 3, p. 602.

[1029] Affaire Wood Ward-Clyde c/ Iran et OEAI rendue sous la présidence de M. man Gard & MM. Morsi et Sami (arbitres) le 2/09/1983, rapportée par **L. CHÉDLY**, *Arbitrage commercial international & ordre public transnational*, *op.cit.*, spéc. p. 261, note 3 ; les extraits essentiels ont été publiés dans l'annexe de l'article de M. E. GAILLARD sur l'estoppel précité, *R A.*, 1985, p. 272 s. Le principe de l'estoppel a été invoqué dans cette affaire à propos d'une demande de paiement des honoraires d'un conseil refusé par l'OEAE. Pour s'opposer à ce paiement, l'OEAI se basait sur le contrat qui lui reconnaissait le droit de retenir le montant des cotisations sociales mises à la charge du conseil, jusqu'à ce que ce dernier justifie qu'il s'est acquitté de ces différentes sommes et ce par la production d'un reçu délivré par les autorités compétentes. Le Tribunal a constaté à l'occasion de cette demande que deux documents contradictoires étaient produits par l'OEAI. D'une part, un reçu présenté par le conseil et d'autre part une demande ultérieure de paiement relative aux mêmes années et ne faisant aucune mention du paiement. Le Tribunal a considéré que les conditions de l'estoppel étaient réunies en l'espèce

aussi aux personnes publiques qu'aux personnes privées[1030], il en résulte, selon le même principe de l'estoppel qu'en particulier que l'État, après avoir accepté de recourir à l'arbitrage, ne peut nier son engagement en se rétractant au motif que son droit national interdit l'arbitrage.

584. C'est ainsi que la Cour de cassation tunisienne affirme que le comportement de l'État tunisien se contredisait avec un principe d'ordre public transnational : le principe de l'estoppel dans un arrêt rendu le **16/04/2014** dans l'affaire *Freecom c/le représentant de l'État*[1031]. Cette position a été confirmée par la même Cour dans la même affaire le **20/02/2019**[1032]. Les juges de la Cour d'appel de Tunis cautionnent le raisonnement du représentant de l'État tunisien en concluant, dans leur arrêt du **19/05/2009**[1033], à l'inarbitrabilité du litige en cause, motif pris que le rapport contractuel liant, en l'espèce, les deux parties et ayant pour objet la construction d'un barrage, était de nature

---

suite à l'existence de documents dont l'authenticité n'est pas douteuse qui contiennent des « *affirmations totalement contradictoires et inconciliables...* ». Il a par conséquent ordonné le paiement des honoraires sur la base de « *la règle générale de preuve selon laquelle les affirmations contradictoires d'une partie intéressée devraient s'interpréter contre cette partie* ». La motivation de la sentence montre que les éléments de l'estoppel étaient réunis : contradiction, avantages acquis de la personne soumise à l'estoppel et préjudice de l'autre.

[1030] Sur la légitimité de l'application du principe de l'estoppel aux personnes privées Cf. **L. CHÉDLY**, *Arbitrage commercial international & ordre public transnational*, *op.cit.,* spéc. p. 259.

[1031] Cass. Tun. Arrêt n° **80575** du **16 avril 2014,** publié dans la *R.T.A.*, 2016, n° 8, p. 67 s, (en arabe) ; *R.A.I.*, 2017, n° 33, pp. 293 et s, avec la note L. CHÉDLY (en arabe) ; publié aussi in : « Lectures d'œuvres prétorienne II », Unité de recherche « Jurisprudence », sous la dir. du Pr. Mounir AYARI, *Latrach Editions*, Tunis 2020, pp. 423 et s, avec la note de **N. ZGHAL** (en arabe). Sur le même arrêt : V. aussi : **N. GARA**, « Annuaire de la jurisprudence de la cour de cassation en matière d'arbitrage », in *Revue de la cour de* cassation, n° 1, juin 2020, Latrach Editions, pp. 237-247, spéc. p. 240 (en arabe)

[1032] Cass. Tun. Arrêt n° **57135** du **20 février 2019,** (inédit).

[1033] C.A. de Tunis arrêt n° **69135** du **19 mai 2009,** extraits publié in : **A. BEN TAIB & W. BEN HAMIDA,** *Revue de l'arbitrage commenté*, 1ère éd., 2015, p. 24, publié aussi in : « Lectures d'œuvres prétorienne I », Unité de recherche « Jurisprudence », sous la dir. du Pr. Mounir AYARI, C.P.U., Tunis 2018, pp. 53 et s, avec la note de **R. BEN KHÉLIFA** ; *Cf.* **S. BOSTANJI**, « L'inarbitrabilité des litiges nés de l'exécution de contrats administratifs à caractère international : observations critiques sous la décision de la Cour d'appel de Tunis n° **69135** en date 19 mai 2009 (Ministère de l'Agriculture c/ Groupement Freecom), *Revue Info-juridiques*, n° 120/121, oct. 2011, p. 12 s.

administrative ; que cette dernière considération amenait, en l'occurrence, à exclure la contestation du champ arbitrable ce qui, aurait un effet d'entraînement, qui emporte la nullité de la convention d'arbitrage insérée dans le contrat de base et partant, l'annulation de la sentence rendue par le Tribunal arbitral sur la base de cette convention.

585. Le groupement *Freecom* a interjeté un 1er pourvoi en cassation contre la décision de la Cour d'appel de Tunis de 2009. Et la Cour de Cassation a décidé justement dans des propos sûrs et fermes qu' : «*en matière d'arbitrage international, la doctrine considère que l'ordre public international interdit aux personnes de droit public la rétractation de leur engagement arbitral en vertu d'une clause compromissoire (...) le cocontractant ne peut deviner cette réaction puisqu'il ignore le contenu du droit interne de la personne publique (...)*»[1034].

586. Cette solution a été saluée[1035]. Elle est fondée sur la loyauté et la bonne foi [1036] et sur l'interdiction de faire des surprises au cocontractant. Ce sont des principes primordiaux, non seulement à l'échelle internationale, mais aussi dans notre système juridique tunisien notamment en matière contractuelle.

587. En sanctionnant l'illicite au nom de l'ordre public transnational, les arbitres sont de véritables juges de la société *mercatorum*. Doivent-il le faire également et par quelle manière avec les lois de police ?

1034 «وحيث اعتبر فقهاء قانون التحكيم الدولي أنّ النّظام العام الدّولي يمنع على أشخاص القانون العام التّراجع عن التزامهم بالتحكيم بموجب شرط تحكيمي (...) باعتبار أنه لا يمكن للمتعاقد التّنبّؤ بهذا الموقف لجهله للقانون الدّاخلي للذّات العموميّة (...) ».

1035 **L. CHÉDLY**, note sous Cass. Tun. Arrêt n° **80575** du **16 avril 2014,** *R.A.I.*, 2017, n° 33, pp. 293 et s (en arabe) ; **N. GARA**, « Annuaire de la jurisprudence de la cour de cassation en matière d'arbitrage », in *Revue de la cour de cassation,* n° 1, juin 2020, Latrach Editions, pp. 237-247, spéc. p. 240 (en arabe) ; **N. ZGHAL**, note sous Cass. Tun. Arrêt n° **80575** du **16 avril 2014,** in « Lectures d'œuvres prétorienne II », Unité de recherche « Jurisprudence », sous la dir. du Pr. Mounir AYARI, *Latrach Editions*, Tunis 2020, p. 423 s (en arabe).

1036 Sur la convergence de ce principe avec ceux de la *lex mercatoria* : *Cf.* **L. CHÉDLY**, « Les principes du Code des obligations et des contrats et les principes de la *lex mercatoria* », in : *Livre du Centenaire du Code des obligations et des contrats (1906-2006)*, C.P.U., Tunis, 2006, pp. 635-673, spéc. p. 644.

CHAPITRE II : LE RESPECT PAR L'ARBITRE DES LOIS DE POLICE

588. Le problème de l'application des lois de police réside dans la détermination du statut de ces lois devant l'arbitre. Or, lorsqu'elles appartiennent à la loi choisie, ou à la loi déclarée applicable par lui en l'absence de choix des parties, elles s'imposent naturellement **(Section I)**. Néanmoins, les difficultés se multiplient en présence de lois de police extérieures à la *lex causae*. **(Section II).**

SECTION I : LA PRISE EN COMPTE ET L'APPLICATION DES LOIS DE POLICE DE LA *LEX CONTRACTUS*

589. L'arbitre donne *a priori* effet aux dispositions de police qui appartiennent au droit qui régit le contrat, et ce dans le cas où ce droit ait été choisi par les parties **(§ 1)** ou désigné par le Tribunal arbitral **(§ 2)**.

§ 1 . L'hypothèse où la *lex contractus* est choisie par les parties

590. Il convient tout d'abord de définir la notion des lois de police et d'exposer les problèmes qu'elles suscitent devant les arbitres par rapport au juge étatique **(A)**, avant d'exposer quelques exemples de l'application par les arbitres des lois de police de la *lex contractus* fixée par les parties **(B)**

A- Définition et exposé du problème

591. La notion des lois de police : définition matérielle ou description d'une méthode. Les lois de police sont des lois internationalement impératives[1037], autrement dénommée loi « *d'application immédiate* » les lois de police ont été définies selon plusieurs formules. L'article 9 § 1er du Règlement Rome I propose la définition suivante : « *une loi de police est une disposition impérative dont le respect est jugé crucial par un pays pour la sauvegarde de ses intérêts publics, tels que son organisation politique, sociale ou économique, au point d'en exiger l'application à toute situation entrant dans son champ d'application, quelle que soit par ailleurs la loi applicable au contrat d'après le présent Règlement* ».

592. Ces deux définitions rappellent celle qui a été proposée par FRANCESKAKIS[1038]. C'est donc le but de la loi qui permet de la qualifier de loi de police. Bien que cette définition soit critiquable en raison de l'imprécision du critère qu'elle adopte, puisque la sauvegarde de l'organisation politique, sociale et économique du pays semble être

---

[1037] **J.-B. RACINE,** *Droit de l'arbitrage*, *op.cit.*, p. 507, spéc. n° 797.

[1038] **Ph. FRANCESKAKIS,** « Quelques précisions sur les lois d'application immédiate et leur rapport avec les règles de conflit de lois », *Rev. crit. DIP.*, 1966, p. 1. Les lois de police sont : « *les lois dont l'observation est nécessaire pour la sauvegarde de l'organisation politique, sociale et économique du pays* ».

le but de toute loi[1039], il n'en demeure pas moins que l'approche finaliste doit être approuvée. C'est le but poursuivi par une règle qui lui vaut d'être qualifiée de loi de police. Dans sa thèse, le Pr. SERAGLINI adopte une définition à peu près similaire[1040].

593. Cela étant, l'on peut légitimement se demander, sur le terrain de la terminologie, s'il est justifié de qualifier de contraire à l'ordre public international une sentence contraire à une loi de police. En matière de conflit de lois la doctrine, qui semble être majoritaire au moins en Tunisie, oppose soigneusement ordre public et lois de police[1041]. L'ordre public international intervient comme une exception à l'application de la loi désignée par la règle de conflit lorsque cette loi est contraire aux principes fondamentaux du *for*. Par contraste, les lois de police sont rendues applicables, par l'effet d'un raisonnement unilatéraliste, en fonction de leur contenu ou de leur but, sans même qu'il soit besoin de déterminer dans un premier temps la loi normalement applicable. Il existe une méthode des lois de police, concurrente à la méthode bilatéraliste classique.

594. Lois de police et ordre public international[1042]. La question qui s'est posée à cet égard est celle de savoir si les lois de police (ou toutes les lois de police) peuvent rentrer dans la définition d'ordre public. La question est controversée. Le caractère d'ordre public a été considéré comme un critère d'identification des lois de police[1043]. Ainsi, une partie de la doctrine considère que les lois de protection ne répondent pas à la

---

[1039] Sur cette reproche : **Y. LOUSSOUARN**, « Cours général de droit international privé », R.C.A.D.I., 1973. II., p. 328-329 qui explique qu'«*il n'a pas de différence de nature entre les lois de police et les autres lois. Dans les Etats modernes, on peut dire que toute loi tend pratiquement à garantir des intérêts économiques ou sociaux (...) En réalité, il existe entre les lois de police et les autres lois une simple différence de degré, ce qui rend le clivage beaucoup plus difficile* ».

[1040] **Ch. SERAGLINI,** *Lois de police et justice arbitrale international*, Paris, Dalloz, 2001, p.1, spéc. n° 2, et n° 739, p. 355.

[1041] *Cf.* **L. CHÉDLY & M. GHAZOUANI,** *Code du DIP annoté, op.cit.,* spéc. p. 541 s ; **A. MEZGHANI,** *Commentaire du Code de droit international privé, op. cit.,* spéc. p. 47 ; **N. BEN AICHA,** « Ordre public d'éviction et lois de police du for : quel type de rapports ? », *Revue Études Juridiques*, n° 6, 1998-1999, éditée par la Faculté de Droit de Sfax, p. 113 s, spéc. p. 135.

[1042] Sur la distinction Cf. **P. COURBE**, « Ordre public et lois de police en droit des contrats internationaux », in *Etudes offertes à B. Mercadal*, éd., F. Lefebvre, 2002, p. 99 s, spéc., n° 19, p. 114.

[1043] **J.-B. RACINE**, *L'arbitrage commercial international et l'ordre public*, Thèse précité, n° 22.

définition des lois de police[1044]. La protection d'un intérêt individuel est mise en avant pour dire que de telles lois ne protègent qu'un intérêt privé qui ne concerne pas l'organisation de la société dans son ensemble. Néanmoins, une autre partie de la doctrine considère les lois protégeant une catégorie de personnes jugées en état vulnérable comme constituant des lois de police. En protégeant les personnes en état de faiblesse, le législateur vise la protection de la collectivité dans son ensemble[1045]. L'appartenance d'une loi à l'ordre public de protection ne s'oppose pas à ce qu'on lui reconnaisse le caractère de police. En ce sens, doit être considéré comme loi de police toute disposition interne qui, en raison du but qu'elle poursuit, bénéficie d'une impérativité qui s'étend à la matière internationale, de sorte qu'elle doit être appliquée quel que soit le droit normalement compétent. Une partie de la doctrine[1046] pense que rien n'empêcherait de considérer que toutes les lois de police fassent partie de l'ordre public et que par conséquent tout contraste avec une loi de police quelconque entrainerait l'annulation ou le refus d'*exequatur* de la sentence. Elle paraitrait avoir reçu le support aussi des recommandations de l'ILA[1047]. Pour d'autres[1048], il est difficile de concevoir que toutes les lois de police entrent dans la sphère de l'ordre public et que « *chaque loi de police codifie un principe d'ordre vraiment fondamental ou supérieur* »[1049]. La raison est simple : l'ordre public international est désormais interprété de manière restrictive et l'inclusion de la gamme entière des lois de police dans la notion d'ordre

---

1044 **A. MEZGHANI,** *Droit international privé ; Etats nouveaux et relations privées internationales,* Tunis, C.E.R.P., 1991, spéc. n° 448.

1045 **P. MAYER**, « Les lois de police étrangères », *J.D.I.*, 1981, pp. 276 et ss, spéc. p. 279.

1046 **J.-B. RACINE**, *L'arbitrage commercial international et l'ordre public*, Thèse précité ; **Ch. SERAGLINI,** *Lois de police et justice arbitrale international*, p. 127 ss ; **N. COIPEL-CORDONNIER**, *Les conventions d'arbitrage et d'élection de for en droit international privé*, L.G.D.J., 1999, p. 61 s.

1047 Résolution de l'Association de droit international adoptée à New Delhi en 2002 art. 1, lettre d). *Cf.* la présentation par **P. MAYER**, *R.A.*, 2002.1061, et **P. MAYER & A. SHEPPARD**, « Final ILA Report on Public Policy as a Bar to Enfoncement of International Arbitral Awards », (2003) 19 *Arbitration International* 249.

1048 **L. RADICATI DI BROZOLO**, « Arbitrage commercial international et lois de police », R.C.A.D.I., 2005, t. 315, p. 265 et s, spéc. p. 340, n° 53 ; **B. GOLDMAN**, « Nouvelles réflexions sur la *lex mercatoria* », in Etudes Pierre LALIVE, p. 241 s, spéc. p. 251.

1049 **L. RADICATI DI BROZOLO**, « Arbitrage commercial international (…) », *op.cit.* n° 53.

public international comporterait un élargissement très considérable de la sphère de l'ordre public, en plein contraste avec le développement de cette notion[1050]. Dans l'un de ses derniers écrits, Berthold GOLDMAN allait même jusqu'à nier « *qu'un arbitre soit tenu d'appliquer la loi de police d'un État, sauf si cette loi revêt un caractère d'ordre public transnational, ou véritablement international* »[1051].

595. Force est de constater que cette opposition entre loi de police et ordre public international, en ce qu'elle est fondée sur la différence des raisonnements, n'est pas transposable au domaine de la reconnaissance des jugements étrangers ou des sentences arbitrales. L'ordre public international, dans ce domaine, n'est plus une cause d'éviction d'une règle ; il est une cause de refus de reconnaissance d'une décision. Or la méconnaissance d'une loi de police par un jugement étranger ou par une sentence, si on décide de la sanctionner à précisément cet effet : elle se traduit par un refus de reconnaissance.

596. Il faut constater que rares sont les législations qui mentionnent expressément, parmi les éléments du contrôle que le juge exerce sur les sentences arbitrales, la conformité de celles-ci aux lois de police. Le droit tunisien ne le mentionne pas également. Aucune obligation expresse de respecter les lois de police n'est posée par le Code de l'arbitrage ; mais elle peut être déduite de l'article 82 alinéa 2 qui fait de la contrariété de la sentence avec l'ordre public international l'un des motifs justifiant le refus de sa reconnaissance ou de son *exequatur*. L'arbitre doit donc appliquer la loi de police si le refus de son application produit des effets contraires à l'ordre public international du lieu d'exécution[1052]. Et pour une partie de la doctrine, les lois de police étrangères légitimes devraient pouvoir, moyennant l'appréciation de leur légitimité par le juge des recours, être également intégrées à la notion d'ordre public international[1053].

597. Les arbitres montrent qu'ils s'attachent souvent à l'application des lois de police. Toutefois, l'examen de la jurisprudence arbitrale

---

[1050] Ibid.

[1051] **B. GOLDMAN**, « Nouvelles réflexions sur la *lex mercatoria* », prec. p. 251.

[1052] **Ph. FOUCHARD, E. GAILLARD, B. GOLDMAN**, *Traité*, *op.cit.,* spéc. n° 1520.

[1053] **L. D'AVOUT**, « Du nouveau en matière de contrôle de compatibilité des sentences aux lois de police ? », note sous CA de Paris, Ch. 1, arrêt du 23 oct. 2012, Sté Michel A. CHALHOUB Inc. c/ Sté DAUM, *R.A.*, 2013, n° 1, p. 170 s, spéc. p. 179.

montre qu'ils n'en assurent pas, dans tous les cas, une application immédiate.

B- Les applications par l'arbitre des lois de police de la *lex contractus* fixée par les parties

598. L'application d'office des lois de police. Étant tenus de respecter le choix du droit applicable opéré par les parties, les arbitres doivent appliquer les lois de police de la *lex contractus*. Par conséquent, les lois de police de la loi d'autonomie s'imposent à l'arbitre en tant qu'*electio juris*, c'est-à-dire en tant que consécration de la volonté des parties[1054]. Le fait que le choix de la *lex contractus* par les parties s'étend à ses lois de police signifie que leur application par l'arbitre ne dépend pas d'une désignation spécifique par les parties. Il n'est pas exigé que celles-ci manifestent en des termes distincts, dans la clause *d'électio juris*, la désignation de la loi de police. De même, il n'est pas exigé que les parties soulèvent l'application de la loi de police devant l'arbitre. Il appartient donc à celui-ci de soulever d'office l'application des lois de police appartenant à la loi d'autonomie.

599. Toutefois la jurisprudence arbitrale n'a pas toujours consacré la compétence des lois de police de *la lex contractus*. Ainsi, dans une sentence CCI n° **8335** de 1995[1055], le Tribunal arbitral avait considéré que le choix par les parties de la loi applicable ne comprenait pas « *ipso facto*» ses lois de police.

[1054] Ibid. n° 141.

[1055] Sentence CCI n° **8335** de 1995, *J.D.I.*, 1997, p. 1061, obs. Y. DERAINS, précitée. En l'espèce, une société belge, prévoyant la construction d'une usine en Bulgarie, avait conclu avec une société américaine un contrat lui permettant de bénéficier du transfert de know-how et de prestations de services. Les parties ont choisi le droit de New York comme applicable à leur contrat. La société américaine a saisi l'arbitre. Accusant sa contractante de fraude, elle a revendiqué l'application d'une loi de police fédérale américaine dite la loi « RICO ». Cette loi condamne la partie, qui recourt à la fraude dans l'exécution du contrat, au paiement de dommages et intérêts triples. Alors que le choix par les parties de la loi de New York imposait normalement l'application de la loi « RICO », l'arbitre a jugé nécessaire d'examiner la volonté implicite des parties pour savoir s'ils ont voulu désigner cette loi, comme si elle ne faisait pas partie de la loi choisie. En se référant à la sévérité des sanctions retenues par la loi « RICO », l'arbitre a estimé que les parties n'ont pas pu désigner une telle loi pour régir le litige. Il en déduit que leur application ne peut résulter que d'une désignation expresse et spécifique.

600. Dans les affaires CCI n° **12472** rendue en 2004[1056] et n° **15913** rendue en 2011, la même solution a été consacrée. Les tribunaux arbitraux ont décidé de ne pas appliquer la loi de police invoquée par l'une des parties pour écarter l'application de *la lex contractus*.

601. Dans l'hypothèse où l'une des parties invoque une loi de police et que l'autre la prétend inapplicable, l'arbitre retrouve selon la position du Pr. MAYER une pleine liberté pour choisir entre ces deux positions. D'ailleurs, l'arbitre n'est pas lié par un accord actuel des parties et si les deux parties sont d'accord pour qu'il laisse à l'écart une loi de police (qui par exemple annulerait leur contrat), il lui appartient, le cas échéant, de constater que le compromis qui tend à obtenir de lui une sentence illicite est nulle en raison de l'illicéité de son objet[1057]. Il en résulte qu'il y a des hypothèses où l'arbitre reprend sa pleine liberté même face à des litiges qui exigent en principe l'application des dispositions de lois de police. Ce qui confirme de nouveau sa grande liberté qui semble être sans limites.

602. La qualification de loi de police. La première question à laquelle les arbitres seront confrontés est celle de l'identification de la loi de police. La disposition invoquée par l'une des parties au soutien de sa position peut-elle être qualifiée de loi de police ? La qualification de loi de police doit s'opérer en application du droit auquel la loi en cause appartient, tant au regard des règles édictées par le législateur que de leur interprétation par les tribunaux de l'État concerné. L'arbitre ne dispose pas en principe d'aucune marge d'appréciation à ce stade du raisonnement puisqu'il doit s'incliner devant la qualification retenue par le droit dont est issue la loi de police[1058]. Cela suppose toutefois que le droit en question se soit prononcé sur cette qualification. C'est ce qui peut être déduit de l'affaire qui a donné lieu à la sentence CCI n° **15759**

[1056] Sentence CCI n° **12472** rendue en 2004, spécial supplément 2013 : *Tackling Corruption in Arbitration* (ICC, 2013), p. 46.

[1057] **P. MAYER**, « Les lois de police », prec. spéc. p. 113.

[1058] **Ch. SERAGLINI,** *Lois de police et justice arbitrale international*, *op.cit.*, n°s 740-746, pp. 356-358.

rendue en 2010[1059]. D'autres sentences CCI ont consacré la même position[1060].

603. Dans l'affaire CCI n° **16705**[1061] rendue en 2012, le Tribunal arbitral, après avoir procédé à une analyse détaillée de la finalité non seulement des dispositions en cause mais aussi de la loi relative à l'initiative économique dont elles étaient issues, a considéré que doivent être qualifiés de loi de police les articles L. 341-2 et 341-3 du Code de la consommation qui prévoient que toute personne physique qui se porte caution doit, à peine de nullité de son engagement, faire précéder sa signature des mentions manuscrites prévues à ces articles.

[1059] Sentence CCI n° **15759** rendue en 2010 (inédite), citée par : **S. BONNARD & S. TOUCHARD,** « Les lois de police dans l'arbitrage international : exemples de sentences récentes », R.D.A.I./I.B.L.J., 2015, n° 5, pp. 453-462, spéc. p. 455. Dans cette affaire, la demanderesse entendait obtenir réparation du préjudice subi du fait de la rupture de son contrat, non pas sur le terrain contractuel, puisque le préavis prévu au contrat avait été respecté, mais sur le fondement de l'article L. 442-6-1-50 du Code de commerce français qui prévoit que tout commerçant qui rompt brutalement une relation commerciale établie engage sa responsabilité. Elle soutenait que cette disposition constitue une loi de police qui ne saurait être écartée, que le contrat, soumis à la loi française, soit exécutée ou non sur le territoire français. Le Tribunal arbitral a considéré que l'article L.442-6-1-50 sus indiqué devait être qualifié de loi de police, en se fondant sur la jurisprudence française et sans entrer dans une quelconque discussion sur les critères de qualification de loi de police.

[1060] Sentence CCI n° **15709** rendue en 2009, « Chronique des sentences arbitrales », *J.D.I.*, 2015, n° 1, chron. 1, obs. C. TRUONG-NGUYEN ; Sentence CCI n° **14637** rendue en 2008 (inédite), citée par : **S. BONNARD & S. TOUCHARD,** « Les lois de police dans l'arbitrage international : exemples de sentences récentes », prec. p. 455. Dans cette dernière affaire, le Tribunal arbitral a constaté que «*la Cour d'appel de Lyon considère en septembre 2004 qu'il s'agit d'une loi de police économique au sens du DIP* » et a considéré qu'il :« *serait enclin à suivre le raisonnement de la cour d'appel de Lyon* [dans la mesure où] *l'objet de la loi en question et de sanctionner, par l'octroi de dommages-intérêts, et éventuellement d'une amende civile, un délit économique* ». Ainsi le Tribunal arbitral a évoqué la finalité de cette disposition, à savoir la protection du commerçant par le biais de la création d'un délit économique, en veillant à souligner qu'il s'inscrivait dans la jurisprudence.

[1061] Sentence CCI n° **16705** rendue en 2012 (inédite), citée par : **S. BONNARD & S. TOUCHARD,** « Les lois de police dans l'arbitrage international : exemples de sentences récentes », prec. p. 455.

§2 . L'hypothèse où la *lex contractus* est désignée par l'arbitre

604. L'examen de la jurisprudence arbitrale montre que les arbitres se prononcent dans ce cas sur l'applicabilité des lois de police de manière directe **(A)**, dans cette recherche ils ne sont pas guidés par le souci de garantir à tout prix la validité du contrat **(B)**

A- la désignation directe par les arbitres de la loi de police applicable

605. Cette tendance est relativement récente. Dans certaines sentences anciennes les arbitres adoptaient une démarche qui commence par combler la lacune laissée par les parties en ne désignant pas le droit applicable pour arriver dans une seconde étape à se prononcer sur l'applicabilité de la loi de police. L'arbitre arrive donc à affronter l'applicabilité de la loi de police, non pas de façon directe, mais par rapport à la *lex contractus* qu'il aura préalablement déterminé.

606. C'est ce qui peut être déduit de la sentence CCI dans les affaires n° **2977**, **2978** et **3033** rendues en 1978[1062]. En l'espèce le litige était né du refus d'un acheteur libyen de prendre livraison des pétroliers qu'il a commandé d'un chantier naval suédois. Les contrats ne contenaient pas une clause d'élection de droit. L'acheteur a fondé son refus de prendre livraison sur le droit libyen, qu'il estime être le droit régissant le contrat, or le vendeur en s'approvisionnant d'un fournisseur israélien pour construire les navires, aurait violé la loi libyenne de boycott d'Israël qui régit impérativement la vente.

607. Pour repousser ses allégations, le Tribunal arbitral fait une dissociation entre la question du droit applicable au fond et la question de l'applicabilité de la loi de police libyenne. Il commence par la première en écartant la loi du lieu de conclusion, le contrat était signé en Libye, au profit de la loi suédoise du lieu d'exécution car en matière de vente des navires « *le lieu de construction est certainement le plus important élément qui doit être pris en considération* ».

Ce n'est qu'après avoir tranché cette question, que le Tribunal a abordé le problème de l'applicabilité de la loi de boycott libyenne. Celle-ci se présente alors comme une loi de police étrangère à la *lex contractus*. Il refuse de lui donner effet en avançant la justification

[1062] Recueil des sentences arbitrales de la CCI., éd. Kluwer 1990, T. 1, p. 58 (origine en anglais).

suivante : « *l'application de la loi suédoise conduit au résultat évident que la loi de boycott libyenne ne peut s'appliquer aux contrats, sauf si une référence spéciale lui a été faite dans les contrats* ». L'arbitre n'a pas refusé dès le départ l'applicabilité de la loi de police libyenne, il n'a pu le faire que par l'intermédiaire de la *lex contractus*.

608. Il en résulte, qu'à défaut de choix par les parties de la *lex contractus*, l'arbitre peut se prononcer directement sur l'applicabilité de la loi de police. Les directives en vertu desquelles il pourrait être guidé sont uniquement à cet égard la volonté d'application de la loi et ses liens objectifs avec le litige abstraction faite de son effet négatif sur la convention des parties.

B- L'impérativité de la loi de police sur le contrat devant l'arbitre

609. La question s'est posée de savoir si l'arbitre dans le cas où les parties lui auraient laissé le pouvoir de déterminer le droit applicable, ne devrait pas parfois retenir une loi de police qui par sa teneur annulerait le contrat ? La question a suscité un intérêt ponctuel en doctrine[1063] et semble également avoir des aspects pratiques. L'arbitre doit-il garantir la validité du contrat à tout prix, même si cela le conduirait à écarter la loi de police ? Vu le caractère impératif des lois de police, leurs applications peuvent amener l'arbitre à annuler le contrat. Dans ce cas, l'arbitre devrait-il plutôt opter pour l'application d'une loi qui valide le contrat ?

610. M. BATTIFOL considère que la règle de l'effet utile des conventions prévue par le droit civil oblige l'arbitre à retenir une loi qui valide le contrat. Cette règle peut également être déduite du principe de l'interprétation utile posée par l'article 518 du Code tunisien des

---

[1063] Pour une synthèse v. **M. AUDIT, S. BOLLÉE** et **P. CALLÉ**, *Droit du commerce international et des investissements étrangers*, L.G.D.J., 2014, n° 911 et s ; **C. COHEN**, *Les normes permissives en droit international privé : étude critique*, thèse, Paris II, 2015 ; **F. BROTOLOTTI** & **P. MAYER** (éd), *The Application of Substantive Law by International Arbitration*, ICC, 2014 ; **F. PERRET**, « Quelques réflexions au sujet de l'application par l'arbitre international du droit matériel choisi par les parties », *in Mélanges S. LAZAREFF*, Pédone, 2011, p. 491, spéc. p. 495 ; du même, « Resolving Conflicts between Contractual Clauses and Specifics Rules of the Governing Law », in *The Application of Substantive Law by International Arbitration*, prec., p. 109 ; *adde*., **S. BOLLÉE,** « L'impérativité du droit choisi par les parties devant l'arbitre international », *R.A*., 2016, n° 3, pp. 675-705.

obligations et des contrats[1064]. M. BATTIFOL, en se référant aux dispositions de l'article 1157 du Code civil français, a estimé qu'*« a fortiori, faut-il imputer aux parties à un contrat la volonté implicite de choisir une loi qui valide celui-ci plutôt que celle qui ne lui donne aucun effet »*[1065].

611. Mr DERAINS estime également que le choix d'une loi annulant le contrat n'est pas « approprié » en considérant que l'appropriation de la loi qui est exigée par l'article 1496 du Code civil français impose à l'arbitre le choix d'une loi qui valide le contrat[1066]. Mme la doyenne K. MEZIOU adopte la même position, en se référant à l'alinéa 4 de l'article 73 du Code tunisien de l'arbitrage. Cet article prévoit l'obligation pour l'arbitre de statuer sur le différend en respectant dans tous les cas les stipulations du contrat. *« L'obligation pour l'arbitre de décider conformément aux stipulations du contrat « dans tous les cas » signifie-t-elle que celles-ci doivent être respectées même lorsque le droit applicable les déclare nulles ? ... Lorsque l'arbitre détermine lui-même la loi applicable, l'incompatibilité existante entre le texte du contrat et le contenu d'un droit doit être perçu comme un indice négatif, la loi n'est pas appropriée »*[1067].

Ces positions doctrinales ont laissé leur empreinte sur la jurisprudence arbitrale. Dans une sentence CCI n° **4145** rendue en 1984[1068] le Tribunal arbitral a écarté l'application d'une loi de police au motif qu'elle aura pour effet d'annuler le contrat.

1064 L'art. 518 COC dispose que : « *Lorsqu'une expression ou une clause est susceptible de deux sens, on doit plutôt l'entendre dans celui avec lequel elle peut avoir quelques effets, que dans le sens avec lequel elle n'en aurait aucun* »

1065 **H. BATTIFOL**, « La loi appropriée au contrat », in *Le droit des relations économiques internationales*, Mélanges offertes à B. GOLDMAN, Litec, 1983, p. 2.

1066 **Y. DERAINS**, « L'ordre public et le droit applicable au fond du litige dans l'arbitrage international », Rapport présenté au Congrès de New York en mai 1986, *R.A.*, 1986, n° 3, pp. 375-413, spéc. n° 34.

1067 **K. MEZIOU**, « Le droit applicable au fond du litige dans l'arbitrage international », in *L'arbitrage international dans le nouveau Code tunisien*, C.E.J.J., 1995, p. 60.

1068 Sentence CCI n° **4145** de 1984, *Recueil des sentences CCI*, Kluwer 1990, T.1, p. 558, obs. Y. DERAINS. En l'espèce, une société originaire d'un pays arabe était désignée comme consultant par une société coréenne. Cette dernière a refusé le paiement des commissions convenues en alléguant l'invalidité du contrat au regard de la loi du pays arabe qui prohibe la corruption. Or le contrat était utilisé pour cette fin. La demanderesse a repoussé cette prétention en estimant que le droit applicable est le droit suisse qui n'interdit pas la convention litigieuse. D'abord, le

612. Il faut noter que la position qu'occupe l'arbitre international peut l'amener à prendre des décisions plus libérales et moins contraignantes que celle d'un juge étatique face aux lois de police. D'ailleurs pour un auteur les lois de police revêtent un caractère « modulable »[1069]. Les mêmes règles de police, qui devant leur propre juge sont d'application nécessaires, deviennent devant l'arbitre international, juge étranger d'application, « semi-nécessaires »[1070]. Ce qui laisse aux arbitres une certaine latitude dans leur application.

613. En conséquence, l'arbitre, réputé juge du contrat plus que gardien des intérêts publics des États, peut être amené à notre sens à écarter une loi de police contraire aux stipulations du contrat pour sauver le même contrat. Les lois de police sont déplacées devant l'arbitre en simple règle d'ordre public interne, comme le relève à juste titre le Pr. RACINE[1071].

614. L'examen de la jurisprudence arbitrale montre que les arbitres ne se contentent pas de l'effet que produira la loi de police sur le contrat pour refuser son applicabilité. Ainsi, dans la sentence CCI n° **4996** de 1985[1072], le litige relatif à la rupture d'un contrat d'agence, opposait une société italienne à son agent qui est une société française. Les parties n'ayant pas choisi de droit applicable, il appartenait à l'arbitre de le faire. Le fait que le droit italien annule le contrat était considéré par le Tribunal arbitral comme « *une raison supplémentaire et importante* »

---

tribunal constate qu'«*il n'y a aucune raison d'envisager l'application cumulative des droits suisse et du [droit du pays arabe] au contrat*». Cette position se justifie par le fait que les deux droits posent des solutions contradictoires : l'un valide le contrat alors que l'autre le prohibe. Pour trancher cette question le Tribunal considère qu'« *il est raisonnable de supposer que des deux droits possibles, les parties auraient choisi celui qui assure la validité du contrat, c'est également un principe général largement reconnu qu'entre deux solutions juridiques, le juge choisi celle en faveur de la validité du contrat...* ». Dans ces circonstances, les arbitres ont décidé de choisir définitivement le droit suisse comme droit applicable. Le Tribunal a donc écarté l'application de la loi de police du pays arabe de lutte contre la corruption au seul motif qu'elle annulerait le contrat.

1069 **J.-B. RACINE**, « Les normes porteuses d'ordre public dans l'arbitrage commercial international », prec. n° 34, p. 24.

1070 V. en ce sens : **L. RADICATI DI BROZOLO**, « Mondialisation, juridiction, arbitrage : vers des règles d'application semi-nécessaires ? », *Rev. crit. DIP.*, 2003, p.1 ; du même « Arbitrage commercial international et lois de police », *R.C.A.D.I.*, 2005, t. 315, p. 265.

1071 **J.-B. RACINE**, « Les normes porteuses d'ordre public (…) », p. 23.

1072 Sentence n° **4996** de 1985, *Recueil des sentences CCI*, Kluwer 1990, T.1, p. 292.

de ne pas appliquer la loi italienne. La même démarche conduisant à l'annulation du contrat a été suivie dans d'autres sentences[1073].

[1073] Sentence n° **2930** de 1982, *Recueil des sentences CCI*, Kluwer 1990, T.1, p. 118 ; Sentence n° **5953** de 1988, *R.A.,* 1990, n° 3, p. 701.

SECTION II : LA PRISE EN COMPTE DES LOIS DE POLICE ÉTRANGERES A LA *LEX CONTRACTUS*

615. Si les lois de police sont étrangères à la *lex contractus*[1074], la question de savoir si les arbitres doivent ou peuvent tenir compte de lois de police est très controversée en doctrine[1075]. Ce n'est pas évident qu'ils aient l'obligation de les mettre en œuvre. L'arbitre ne doit les appliquer qu'à certaines conditions notamment si le phénomène des lois de police s'impose à lui en tant que tel. Il faut donc apprécier les fondements de cette compétence impérative **(§ 1)**, avant d'exposer certaines applications **(§ 2)**

§1 . Les fondements de la compétence impérative des lois de police étrangères à *la lex contractus*

616. Le respect des lois de police étrangères à la *lex contractus* s'impose à l'arbitre d'abord si elles remplissent certaines conditions **(A)**, il s'impose également pour préserver la pérennité de l'arbitrage **(B)**.

A- Les conditions d'application des lois de police étrangères à *la lex contractus*

617. Avant de mettre en œuvre les dispositions étrangères à la *lex contractus*, l'arbitre doit s'assurer d'abord qu'elles constituent une loi de police qui revendique son application au cas d'espèce **(1)** ; sa légitimité doit être ensuite vérifiée **(2)**

[1074] *Cf.* sur ce point : **A. KIWA**, « Les limites de l'efficacité du choix des parties de la loi applicable au contrat dans l'arbitrage commercial international », *R.J.L.*, n° 4, avril 2002, pp. 29-61, spéc. p. 53 (en arabe).

[1075] En faveur de l'application de lois de police par l'arbitre : *Cf. Ibid*, les auteurs cités à la note précédence ; *adde.* **A.-F. M. MANIRUZZAMAN,** International Arbitrator and Mandatory Public Law Rules in the Context of State Contracts: An Overview: 7 J. Int. Arb. 53 (Sept. 1990). Dans le sens contraire: **B. GOLDMAN**, Intervention au Comité français de DIP, *op. cit.*, p. 116; **J. ROBERT**, L'arbitrage, *op. cit*, 6ème éd., 1993, n° 356; **A.-T. VON MEHREN**, Limitations on Party Choice of the Governing Law: Do they Exist for International Commercial Arbitration, *The Mortimer and Reymond Sackler Institute of Advanced Studies*, Tel Aviv 1986, spéc. p. 13; **P. LALIVE, S. POUDRET & C. REYMOND**, *op. cit.*, p. 187.

1- Une loi de police qui revendique son application au litige

618. Les arbitres ont tendance à ne pas retenir pour applicable la loi dont les dispositions rentreraient en conflit avec les clauses du contrat. L'arbitre ne semble pas pouvoir faire abstraction de l'existence, sinon de toutes les lois de police existantes, du moins de certaines d'entre elles. C'est pour cette raison que les arbitres prennent en considération, en tant qu'élément de fait, les lois de police susceptibles d'interférer dans l'exécution du contrat [1076]. Lorsque l'arbitre « prend en considération » une loi de police étrangère, il l'évalue en tant que fait et non en tant que droit. C'est-à-dire qu'il n'applique pas la loi de police en tant que norme juridique, mais qu'il l'intègre dans le « présupposé» de la loi applicable[1077].

619. La question s'est posée également de savoir si les arbitres siégeant dans un lieu quelconque sont tenus d'appliquer les principes qui gouvernent les décisions des juridictions étatiques et notamment l'article 7 § 1er de la Convention de Rome du 19 juin 1980. En d'autres termes sont-ils tenus d'appliquer les lois de police du siège de l'arbitrage. L'idée a été avancée, à propos du nouveau droit suisse de l'arbitrage international, que des arbitres siégeant en Suisse devraient faire application de l'article 19 de la loi de DIP qui permet au juge étatique de tenir compte des lois de police étrangères tantôt pour critiquer l'insécurité qui en résulterait, tantôt pour en montrer l'opportunité.

620. Nous avons déjà montré qu'une telle assimilation de l'arbitre au juge étatique du lieu où il siège est dénuée de tout fondement. Il est aujourd'hui acquis que les arbitres n'ont aucunement l'obligation de faire application du DIP du siège de l'arbitrage, spécialement lorsqu'il existe, comme c'est le cas en Tunisie, en France et en Suisse, des règles propres à l'arbitrage international. Force est de constater que la majorité des auteurs manifeste leur souci de permettre aux arbitres de tenir

---

[1076] **E. GAILLARD**, J. Cl. Droit international, Fasc. 586-9-1, 1er avril 1996 (Théorie des lois de police), nos 96-109, spéc. n° 99.

[1077] **G. FLORIMOND**, *Les limites au choix de la loi dans l'arbitrage international*, Int Lex. Org (2006), en ligne sur : http://www.intlex.org/ Les limites-au-choix-de-la-loi.html. Ainsi par exemple, une loi autre que la loi applicable au contrat qui interdirait l'exportation des marchandises dans les conditions stipulées par la convention pourrait être considérée par la loi applicable au contrat elle-même, et aux conditions définies par celle-ci, comme un événement de force majeure. Pour d'autres exemples v. **Y. DERAINS**, « Les normes d'application immédiate dans la jurisprudence internationale », précité, p. 38.

compte des impératifs supérieurs de justice mais le font, tantôt par la méthode des lois de police, tantôt par le seul recours à la notion plus classique d'ordre public international, qui, pour les arbitres, doit être conçue comme un ordre public réellement transnational[1078]. Et il a été déjà montré dans le contexte du traitement de l'application des exigences de l'ordre public international, que les impératifs de la corruption ou du trafic de drogue par exemple peuvent parfaitement être pris en compte par les arbitres. Ils doivent l'être, sauf à exposer la sentence à une annulation ou à un refus d'exécution sur ce terrain.

621. L'on pourrait opposer à cela que le juge, lui, n'est jamais tenu d'appliquer des lois de police étrangères. Le juge n'est pas le gardien de l'ordre juridique du for. L'arbitre est soumis par contre à toutes les réglementations impératives qui appréhendent la relation litigieuse. Même si une partie de la doctrine considère que les lois de police deviennent devant l'arbitre international des règles d'application « semi nécessaire »[1079], cette pensée n'est pas partagée par d'autres. Le Pr. MAYER n'admet pas que « *les États accepteront, que les lois de police soient par-là transformées en lois d'application semi nécessaires. Les lois de police « se veulent », par définition, applicables à certaines situations nonobstant toute volonté contraire des parties*»[1080]. Pour lui, l'État qui édicte ces lois ne pourrait accepter que leur impérativité soit mise sous la dépendance du choix, par les parties, d'un Tribunal arbitral et l'amour de l'arbitrage ne va pas jusque-là, d'autant qu'un contrôle raisonnable ne le menace nullement[1081].

622. Il en résulte qu'une certaine moralité commerciale internationale doit être respectée par les arbitres du commerce international au nom du respect des lois de police.

2- Une revendication légitime

623. La légitimité des conditions d'application de la loi de police consiste à entretenir un lien effectif avec l'espèce. La réalisation des conditions d'application prévue par une loi de police étrangère à la *lex*

[1078] **E. GAILLARD**, J. Cl. Droit international, Fasc. 586-9-1, 1er avril 1996, prec. spéc. n° 102.

[1079] **L. RADICATI di BROZOLO**, « Mondialisation, juridiction, arbitrage : vers des règles d'application semi-nécessaires ? », *Rev. crit. DIP.*, 2003, p.1 ; du même « Arbitrage commercial international et lois de police », *R.C.A.D.I.*, 2005, t. 315, p. 265.

[1080] **P. MAYER**, « L'étendue du contrôle par le juge étatique, de la conformité des sentences arbitrales aux lois de police », prec. spéc. n° 13, p. 469.

[1081] Ibid, *op. cit., loc. cit.*

contractus, ne lui confère pas devant l'arbitre une application automatique. Après avoir vérifié que les conditions d'application prévues par la loi de police sont remplies, l'arbitre doit, entre autres, vérifier que ces conditions sont légitimes, c'est-à-dire que la loi de police entretient avec l'espèce un lien effectif. Même lorsqu'une loi de police est intéressée au litige, l'arbitre a toujours la faculté de l'écarter au motif qu'elle ne présente pas de lien étroit avec le litige. L'arbitre doit s'assurer que les conditions prévues par la loi de police ne sont pas excessives, en d'autres termes que le lien entre la loi et le litige est proportionné au but poursuivi.

624. Le critère du lien effectif permet à l'arbitre de résoudre le conflit de loi de police. Lorsque deux lois de police étrangères à la *lex contractus* se veulent applicables, l'arbitre n'en retiendra que celle qui entretient un lien effectif avec le litige. Une partie de la doctrine considère que l'existence d'un lien effectif entre la situation litigieuse et la loi de police n'exige pas toujours la vérification de la légitimité de son champ d'application.

À titre d'exemple, Mr DERAINS estime que les lois de police du lieu d'exécution du contrat ont, en tant que telles, un titre sérieux à s'appliquer. Une compétence naturelle serait donc reconnue aux lois de police du lieu d'exécution du contrat. L'auteur considère aussi que l'application des lois de police du lieu d'exécution de la sentence s'impose à l'arbitre[1082]. Il n'accorde aucune importance à la légitimité du champ d'application de ces lois[1083].

625. Le Pr. SERAGLINI a critiqué ces positions, en considérant que la reconnaissance d'une légitimité de principe aux lois de police du lieu d'exécution de la sentence ne prend pas en considération la substance de la loi, ni celle de la relation litigieuse. Il relève qu' « *il est préférable de partir du but de la loi de police pour étudier, en considération de ce but, son champ d'application légitime, plutôt que de poser en principe la légitimité de revendication de compétence des lois de police du lieu d'exécution du contrat* »[1084]. Il propose que l'arbitre vérifie la légitimité du critère de rattachement retenu par une loi de police étrangère à la *lex contractus* en se référant aux critères de rattachement généralement retenus en droit comparé pour le même type

---

1082 **Y. DERAINS**, « Les normes d'application immédiate dans la jurisprudence arbitrale international », p. 410, n° 56.

1083 *Cf.* dans le même sens : **J.-B. RACINE**, *Thèse précitée*, p. 330, spéc. n° 570.

1084 **Ch. SERAGLINI,** *Lois de police et justice arbitrale international, op.cit.,* n°835, p. 389.

de loi de police. Cette méthode qui, suivant l'auteur, ne doit pas être considérée comme une règle absolue, guidera l'arbitre dans la vérification de l'existence d'un lien effectif entre la loi de police et la situation litigieuse.

626. Une loi de police étrangère à la *lex contractus* ne remplit la condition de l'emploi des moyens légitimes que si, en plus de présenter un lien effectif avec le litige, les effets de son application sont jugés légitimes. La légitimité des effets de l'application d'une loi de police signifie leur adaptation, au vu de leur but, à la situation litigieuse. Ainsi, une proportionnalité entre le but poursuivi et les effets d'application de la loi de police étrangère à la *lex contractus* est exigée. L'arbitre doit donc s'assurer que l'application dans le litige de la loi de police ne conduise pas à des résultats injustes. Toutefois, l'application des lois de police étrangères à la *lex contractus* est souvent revendiquée par le défendeur pour lui permettre de s'exonérer de ses obligations contractuelles. Dans ce cas, l'application de la loi de police viole le principe de bonne foi[1085]. Ce principe, étant considéré comme un principe général du commerce international, justifie l'inapplication d'une loi de police étrangère à la *lex contractus*, lorsque l'application de cette loi profite à une partie de mauvaise foi. Or, le respect inconditionnel du principe de bonne foi conduit à ne pas sanctionner les contrats illicites. En outre, il réduira à néant les compétences des lois de police devant l'arbitre. C'est pour cette raison que seule une attitude manifestement abusive de la part du défendeur devra être considérée par l'arbitre comme étant de mauvaise foi.

B- La préservation de la pérennité de l'arbitrage

627. Une vision trop autonomiste de l'arbitrage, consistant à considérer que la juridiction arbitrale peut se suffire à elle-même, ne semble pas conforme à la réalité[1086]. Les juridictions étatiques assistent l'arbitre au moment du déroulement de l'instance arbitrale et assurent l'efficacité de la sentence. Plus encore, la communauté des États ne se contente plus d'assister l'arbitrage, elle l'encourage et participe à son développement. L'extension du domaine des litiges arbitrables est une

---

[1085] *Cf.* sur les applications du principe de bonne foi dans les relations commerciales internationales : **M. TAOK**, *La résolution des contrats dans l'arbitrage commercial international*, Préf. Rose-Noëlle Schutz, Avant-propos d'Éric SAVAUX, Delta, Bruylant, L.G.D.J., 2009, spéc. n°s 261, 303, 329, 335.

[1086] **Ch. SERAGLINI,** *Lois de police et justice arbitrale internationale,* Paris, Dalloz, Nouvelle bibliothèque de thèses, p. 187, spéc. n° 388.

manifestation de la participation étatique dans l'expansion de la justice arbitrale. L'admission de l'arbitrabilité régie par des lois de police a pour corollaire d'imposer à l'arbitre le respect des lois de police[1087]. Comme le souligne un auteur « *L'arbitrage international demeure en définitive un système qui ne peut s'affranchir des États, et qui ne peut par conséquent bénéficier de plus de liberté que celle que les États sont prêts à lui accorder* »[1088].

628. Dans l'arrêt *Mitsubishi*[1089], la Cour suprême américaine a admis l'arbitrabilité des litiges mettant en cause le droit *antitrust* malgré son caractère de police. La Cour a tout de suite remarqué, bien que le contrat litigieux était soumis au droit suisse, que le Tribunal arbitral devait trancher l'affaire conformément au droit *antitrust* américain. Le respect des lois de police par l'arbitre est ainsi présenté comme une condition de l'admission de l'arbitrabilité des litiges le mettant en cause.

629. Cela dit, un État ne tolérerait pas que l'arbitrage sert à la mise en échec des lois qui tracent les lignes directrices de sa politique. L'inobservation des lois de police serait un acte d'ingratitude à l'égard de la communauté des États, qu'il insistera forcément à reconsidérer sa position favorable à l'égard de l'arbitrage. Dépourvu du concours étatique, cette dernière serait une juridiction caduque et obsolète qui ne peut prétendre être la juridiction naturelle du règlement des litiges du commerce international. Préserver donc le crédit accordé par les États à la justice arbitrale est indispensable, l'intérêt est pour l'arbitre primordial[1090]. En se référant au danger que provoquerait l'abandon du concours étatique à l'institution arbitrale, le Pr. SERAGLINI estime que « *cette considération suffirait à justifier, afin d'assurer l'avenir de*

1087 **B. HANOTIAU**, « L'arbitrabilité et la *favori arbitrandum* : un réexamen », *J.D.I.*, 1994, n° 4, p. 899 s, spéc. n° 58.

1088 **L.G. RADICATI DI BROZOLO**, « Arbitrage commercial international et lois de police : (…) », Cours précité, spéc. p. 492, n° 174.

1089 *Mitsubis*hi v. *Soler Chrysler Plymouth*, 473, U.S. 614 (1985).

1090 **Ch. SERAGLINI,** *Lois de police et justice arbitrale internationale, op.*cit., p. 189, n° 394. L'auteur relève que « *(l'arbitre) ne peut se désintéresser du devenir du système arbitral. Il peut en effet être considéré comme membre de l'institution qui s'est vue attribuer le rôle de justice ordinaire des litiges du commerce international. Dans ces conditions, il ne peut avoir une attitude limitée au cadre de sa seule sentence et se désintéresser des applications futures de son comportement. Il doit, au contraire, avoir le souci de préserver, lorsqu'il exerce sa mission, l'efficacité des arbitrages futurs, et plus généralement de la justice arbitrale* »

l'arbitrage, que l'arbitre respecte, à titre de principe, le phénomène des lois de police »[1091].

630. Force est de souligner qu'il n'est pas exigé qu'une loi de police appartienne à la *lex contractus* pour qu'elle s'impose à l'arbitre. Le caractère de police d'une norme la dote d'une applicabilité de principe devant l'arbitre[1092]. L'obligation de respecter les lois de police n'impose pas forcément une application *stricto sensu* des lois de police étrangères à la *lex contractus*. La prise en considération des lois de police, puisque permettant de réaliser la conformité de la sentence aux lois de police, suffit pour assurer l'efficacité de la sentence. De même, étant un moyen de donner effet aux lois de police, elles ne risquent pas de mettre en danger la pérennité de l'arbitrage. « *Une loi, plus généralement une norme étrangère, est prise en considération lorsqu'elle entre dans le présupposé de la règle substantielle applicable* »[1093]. Ainsi, la prise en considération est employée « *lorsque la règle substantielle vise dans son présupposé un événement défini de façon générale et qu'une loi étrangère se trouve constitué l'événement en question* »[1094]. La prise en considération des lois de police, si elle n'exclut pas l'application des lois de police étrangères à la *lex contractus*, est une manière d'assurer le respect des lois de police. En plus, elle permet souvent à l'arbitre de concilier la volonté des parties et la volonté d'application de la loi de police.

§ 2 . Exemples de sentences traitant des lois de police étrangères à la *lex contractus*

631. Le principe de l'applicabilité de principe des lois de police étrangère à la *lex contractus* peut être illustré par plusieurs sentences.

Dans une sentence CCI n° **1512**[1095] opposant une partie indienne et une partie pakistanaise, l'arbitre se demandait si, à la suite du conflit entre l'Inde et le Pakistan, une interdiction de paiement fait à la banque pakistanaise à toute partie indienne devait être prise en considération, bien que le droit indien fut applicable au fond du litige. L'interdiction de paiement est ici la loi de police étrangère (pakistanaise) à la *lex contractus* (droit indien). La tendance générale des arbitres semble être

---

1091 Ibid. p. 192, n° 406.

1092 **J.-B. RACINE**, « Les normes porteuses d'ordre public dans l'arbitrage commercial international », prec. n° 34, p. 24.

1093 **P. MAYER**, « Les lois de police étrangères », *J.D.I.*, 1981, p. 307, n° 34.

1094 Ibid.

1095 Sentence CCI n° **1512**, *J.D.I.*, 1974, p. 904.

de prendre en considération ces lois de police « *lorsqu'elle rentre dans le présupposé de la règle substantielle applicable* ». Les arbitres ne font pas application de la loi d'application immédiate en tant que norme mais évalue, dans le cadre du droit régissant le contrat, les effets sur les obligations des parties de son intervention éventuelle, que celle-ci soit justifiée ou non. Certaines sentences vont dans ce sens et font une sorte de vérification cumulative de la validité de la sentence à l'égard de toutes les lois d'application nécessaire potentiellement en cause.

632. Ainsi, dans la sentence CCI n° **2901**[1096], les arbitres relèvent que la solution ne contrevient à aucune réglementation impérative des droits en présence. De même, dans une sentence de 1973, le Tribunal arbitral déclare que « *tout commerçant d'un pays qui cherche à vendre ses produits dans un autre pays est tenu de respecter les lois de police du pays d'accueil de sa marchandise, et ne saurait prétendre ignorer ou ne pas se soumettre aux lois de police ou à la réglementation relative à l'importation des marchandises, surtout lorsque cette loi ou réglementation existait à l'époque de la signature du contrat* »[1097].

633. En tout état de cause, l'examen de la jurisprudence arbitrale en matière des lois de police montre que les arbitres effectuent souvent une appréciation de l'applicabilité de ces lois avant de les mettre en œuvre au fond du litige[1098]. Parfois les lois en question, tout en ayant été pris en considération, ne sont finalement pas appliquées en l'espèce. Cela est toutefois le plus souvent uniquement le fruit de l'appréciation de l'arbitre quant aux données, de fait et de droit, du cas litigieux, laquelle peut le cas échéant ne pas être universellement partagée[1099].

634. C'est presque parfaitement le cas de l'arrêt *Chalhoub* rendu par la Cour d'appel de Paris le 23 octobre 2012[1100]. Cette affaire traduit

---

[1096] Sentence CCI n° **2901**, inédite citée par **E. LOQUIN** *in* « Les pouvoirs de arbitres internationaux à la lumière de l'évolution récente du droit de l'arbitrage international », prec. p. 298.

[1097] Extrait de sentence rapportée par **Y. DERAINS**, *in* « Le statut des usages du commerce international devant les juridictions arbitrales », *R.A.*, 1973, p. 122.

[1098] Sur la question v. not. **S. BONNARD & S. TOUCHARD,** « Les lois de police dans l'arbitrage international : exemples de sentences récentes », R.D.A.I./I.B.L.J., 2015, n° 5, pp. 453-462, spéc. p. 457.

[1099] **L.G. RADICATI DI BROZOLO**, « Arbitrage commercial international et lois de police : (…) », Cours précité, spéc. p. 439, n° 133.

[1100] CA de Paris Pôle 1- Ch. 1 du 23 oct. 2012, *Sté Michel A. Chalhoub Inc. c/ Sté Daum, R.A.*, 2013, n° 1, p. 170 et s, et la note L. D'AVOUT à la page 174 et s. Sur le même arrêt *Cf.* aussi : **J.-B. RACINE**, « Les normes porteuses d'ordre public dans l'arbitrage commercial international », in « *L'ordre public et l'arbitrage* »,

l'intensité des difficultés qu'éprouvent les arbitres face à l'application des lois de l'Union européenne [1101]. En l'espèce, les critères d'application de la loi de police n'étaient pas remplis. Il s'agissait d'un contrat de distribution exécutée dans les pays du proche et du Moyen-Orient, contrat soumis au droit français. Après résiliation dudit contrat, une sentence arbitrale avait condamné le commettant à payer une certaine somme au titre de l'article L.134-12 du Code de commerce (relative à l'indemnité de fin de contrat en matière d'agence commerciale). Le distributeur, mécontent de la décision, en demandait l'annulation, prétendant qu'elle était contraire à l'ordre public international, au motif que le Tribunal arbitral aurait violé le statut d'ordre public d'agent commercial, constitutif d'une loi de police qui commandait que l'indemnisation fut calculée sur la totalité des ordres transmis. Le recours est rejeté[1102].

635. La Cour d'appel de Paris choisit de statuer abstraction faite de ce motif procédural de rejet. Elle considère que les dispositions applicables relevaient en l'espèce exclusivement de l'ordre public interne, si bien que leur violation éventuelle était insusceptible d'être opposée à une sentence internationale. A l'inverse, déclare la Cour, une authentique loi de police serait susceptible de faire partie de la

---

Collectif, actes du colloque de Dijon, 2014, Vol. 42, LexisNexis, p. 7 s, spéc. p. 24, n° 34. *Adde*, **C. NOURRISSAT**, Cours magistral donnée le 04/04/2013 aux étudiants de 1ère année mastère de recherche à la Faculté du droit de Sfax sur le nouveau décret n° 2011-48 du 13 janvier 2011 portant réforme de l'arbitrage (non publié).

[1101] Sur la question *Cf.* not. « *Arbitrage & droit de l'Union européenne* », Actes du colloque tenu à Paris le 4 nov. 2011, Collectif sous la dir. de Pierre MAYER, publié par CREDIMI, LexisNexis 2012, Vol .38 ; adde., *Le droit européen et l'arbitrage d'investissement*, Collectif sous la dir. de C. KESSEDJIAN, Collège européen de Paris, éd. Panthéon-Assas, 2011.

[1102] « *Si le contrat d'agent commercial liant les parties et expressément soumis au droit français, les dispositions de la loi n° 95-593 du 25 juin 1991 portant statut des agents commerciaux, codifiée aux articles L. 134-1 et suivants du Code de commerce, transposition dans l'ordre juridique interne de la directive CE 86/653/CEE du Conseil du 18 décembre 1986 ne peuvent être regardées comme constitutives d'une loi de police applicable dans l'ordre international au sens de l'article 1520-5° du Code de procédure civile qu'autant que de l'ensemble des règles et des valeurs dont l'ordre juridique français ne peut souffrir la méconnaissance, même dans des matières internationales, n'est susceptible d'être atteinte qu'autant que l'agent commercial exerce son activité sur le territoire d'un État membre de l'Union européenne ; Qu'en effet, si tel n'est pas le cas, ces dispositions relèvent exclusivement de l'ordre public interne sans pouvoir être opposées à une sentence internationale* ».

«conception française de l'ordre public international », aux côtés des principes fondamentaux du droit français, et justifier alors un contrôle par le juge de l'annulation. La Cour a ainsi décidé que la disposition invoquée ne devait pas être regardée comme une loi de police, le contrat s'étant exécuté en dehors du territoire d'un État membre de l'Union européenne[1103]. Dès lors, la disposition en question n'était plus qu'une disposition d'ordre public interne, donc ce n'est pas une loi de police insusceptible de faire l'objet d'un contrôle au titre de l'ordre public international.

636. La conception restrictive de l'ordre public enseigne que des limites plus au moins strictes sont proposées. Il suffit d'examiner le dispositif de la sentence et le contrôle doit porter sur la sentence mais seulement sur la sentence. La jurisprudence ajoute que cet examen doit se limiter à découvrir ce qui est « flagrant »[1104]. Ce qui fait que l'étendue du contrôle se limiterait à une atteinte matérielle à l'ordre public, ce qui est presque rare.

637. Dès lors, y a-t-il lieu de craindre que l'atténuation du contrôle n'affaiblisse la défense des lois de police ? Dans ce cadre, les parties ne peuvent compter sur un rejet automatique et immédiat des lois de police par les arbitres. Et comme le précise P. MAYER que nous partageons ici son point de vue donnant confiance à l'arbitre pour rendre une justice responsable et équilibrée. Une justice qui concilie l'aspect conventionnel de l'arbitrage en respectant les stipulations contractuelles, l'attente légitime des parties et en jouant le rôle principalement du juge du contrat, prenant également compte à rendre une sentence efficace correcte raisonnable et acceptable par les parties et par les divers acteurs de l'arbitrage où elle allait peut-être circuler en faisant le tour d'horizon. Donc, « *s'il est vrai que l'on ne peut faire aveuglément confiance à ceux-ci (les arbitres), il serait évidemment excessif de leur imputer globalement des desseins aussi noirs* »[1105].

[1103] La solution rappelle celle de l'arrêt **INGMAR** : CJCE 9 nov. 2000, Europe 2001, p. 18, obs. L. IDOT : *J.D.I.*, 2001, p. 511, 2ème esp., note **J**.-M. JACQUET ; *Rev. crit. DIP.*, 2001, p. 107, note L. IDOT.

[1104] Cass. civ. 1ère, 4 juin 2008, *R.A.*, 2008.473, note I. FADLALLAH ; *JCP G*, 2008 I.164, note Ch. SERAGLINI ; *JCP G*, 2008, actu 430, note J. ORTSCHEIDT ; *D.*, 2008.2560, obs., S. BOLLÉE ; *RTD Com.*, 2008.518, obs. E. LOQUIN ; *LPA*, 2008, n° 199, note P. DUPREY, p. 21 ; *J.D.I.*, 2008.1107, note A. MOURRE.

[1105] **P. MAYER**, « L'étendue du contrôle, par le juge étatique, de la conformité des sentences arbitrales aux lois de police », spéc. p. 477, n° 25.

Conclusion de la deuxième partie

638. Au terme de cette deuxième partie, il s'est avéré que les arbitres bien que jouissant d'une grande liberté de principe, ne peuvent s'affranchir de quelques facteurs qui revêtent une importance particulière. Ils doivent statuer sur le fond conformément aux stipulations contractuelles. Ils doivent tenir compte également des usages du commerce.

639. Les sentences examinées fournissent également la preuve que les règles de la CVIM ont déjà acquis dans la pratique arbitrale une grande autorité. Du fait de son adoption par la majorité des États, la Convention a accédé au rang de « *règle universelle* » qui peut s'appliquer en dehors de toute référence aux droits nationaux dont elle fait toutefois partie.

640. La pratique arbitrale témoigne, dans la majorité des cas, que le litige permet souvent à l'arbitre de fonder sa décision sur une simple analyse des stipulations contractuelles, sans référence à une norme supérieure. Cette démarche est bien répandue dans la pratique arbitrale. Les sentences qui ont été étudiées y attestent. Parfois, les arbitres utilisent la méthode qui cumule l'application des stipulations contractuelles avec d'autres facteurs : siège de l'arbitrage, domicile de l'une des parties… etc., ce qui montre encore une fois que les arbitres ne peuvent s'affranchir totalement du raisonnement conflictuel.

641. La conclusion à tirer est que l'arbitre n'est pas « sans loi », mais surtout il n'est pas « sans contrat ». Il doit s'assurer que l'interprétation d'une loi applicable correspond aux prévisions des parties. Bref, l'arbitre donne la priorité à l'analyse contractuelle plutôt que celle légale. Les limites imposées à la liberté de l'arbitre sont toujours le respect de la volonté des parties et l'ordre public international, sans négliger également les lois de police. Qu'il applique la loi ou la règle de conflit qu'il estime appropriée, qu'il applique les stipulations contractuelles, dans tous les cas, l'arbitre doit démontrer le caractère approprié des normes qu'il a appliqué et le bien-fondé de sa solution.

642. L'examen des sentences arbitrales révèle qu'il n'y a pas un choix prédéterminé parmi les diverses méthodes employées par les arbitres. Les sentences recourent tantôt à l'une, tantôt à l'autre, et très souvent une même sentence recourt à des raisonnements convergents, voire à plusieurs. Dans la majorité des cas, les arbitres essaient de démontrer aux parties que les méthodes employées, pour déterminer le droit applicable au fond, reviennent en fait à appliquer la méthode conflictuelle et parfois ils n'emploient pas une méthode, mais procèdent au cumul de toutes les méthodes pour créer ou parvenir à une solution communément acceptée. La démarche qui consiste à rattacher la méthode dite de « la voie directe » à la méthode conflictuelle ressort de plusieurs sentences et représente une tendance omniprésente et courante dans la jurisprudence arbitrale. La tendance du cumul des méthodes applicables pour déterminer le droit applicable au fond domine un grand nombre de sentences arbitrales. L'objectif suprême des arbitres consiste à ce que le choix qu'il vont finalement effectuer ne paraisse ni partial ni même arbitraire. Or, cette préoccupation ne débouche pas sur une méthode unique.

643. Si l'arbitre est tenu de respecter l'ordre public en veillant à prononcer une sentence qui ne tombe pas sous l'un des cinq cas de l'article 81 du Code de l'arbitrage, l'examen de la jurisprudence et de la politique législative en matière d'arbitrage semble pencher vers la consécration d'une obligation atténuée. N'étant pas le gardien d'aucun ordre public particulier, l'arbitre n'est pas obligé d'effectuer ce contrôle avec la même rigueur d'un juge étatique. La jurisprudence tunisienne a instauré le principe de la non révision au fond. Désormais le principe du contrôle formel sur les sentences arbitrales est appliqué par le juge du contrôle d'une manière systématique en utilisant une formule pratiquement standard dans plusieurs décisions.

644. La mission de l'arbitre international consiste en même temps dans la protection des principes de l'ordre public transnational et dans la sanction de ce qui les contredit. L'arbitre doit également respecter les lois de police des États avec lesquels la situation présente des liens significatifs.

Conclusion générale

645. Multiples sont les résultats que nous pouvons tirer à l'issue de cette étude chargée de débats doctrinaux. Le juge est assujetti à des règles qualifiées de *for*, lui indiquant, d'une part, selon quelles normes procédurales le litige devra se dérouler et, d'autre part, surtout comment procéder à la détermination du droit applicable au fond. La position de l'arbitre international est toute autre. Juge privé, tenant ses pouvoirs de la seule volonté des parties, il est dans une situation d'autonomie par excellence : c'est la liberté de l'arbitre.

L'arbitre se trouve pratiquement libéré de toute contrainte juridique ce qui renforce sa liberté. « *La liberté qui lui est accordée est donc remarquable : les consignes sont réduites au minimum et, quand bien même il ne les respecterait pas, nulle censure ne peut être exécutée sur ce point, sauf à constater une violation par l'arbitre de la volonté certaine des parties* »[1106].

646. À partir de ces constatations, nous avons pu estimer, d'une part, que toute référence, à une règle de conflit quelconque ne saurait, par conséquent, qu'un simple «procédé » ou un « abus de langage ». D'autre part, le souci de l'arbitre n'est pas au fond de déterminer le droit applicable, son souci essentiel est de justifier l'application du droit qu'il retiendra en montrant que cette application ne peut que se conformer à l'attente légitime des parties. Ce qui nous a amené à conclure que l'arbitrage instaure un régime favorable à l'internationalisation des rapports contractuels et à leur dénationalisation. Il est un facteur d'élimination des conflits de lois et d'unification du droit. Cette unification s'est confirmée dans les années récentes par l'émergence de multiples codifications de nombreuses compilations des règles de droit flexible. Même si une certaine diversité de méthodes suivies dans la pratique arbitrale internationale pour déterminer le droit applicable au fond a été constatée, ces méthodes ont pu être classés en deux : la méthode conflictuelle et celle de « la voie directe ». L'examen de la jurisprudence arbitrale ne permet pas de déduire une tendance unique dans le choix des méthodes ou des règles de droit applicables au fond. « *Des quelques sentences diffusées et des nombreuses études publiées, rarement unanimes, pourront seulement être indiquées quelques grandes tendances, qui ne sont pas une systématisation de règles précises et immuables. Elle illustre la souplesse et l'originalité des*

1106 **M.-É. ANCEL, P. DEUMIER, M. LAAZOUZI**, *Droit des contrats internationaux*, 2ème éd., *Sirey* 2020, n° 502, p. 387.

méthodes de détermination du droit par l'arbitre et de l'utilisation pragmatique des sources du droit du commerce international »[1107].

647. La doctrine de la *lex mercatoria* autour de laquelle la discussion est ardente reste toujours divisée et la polémique, bien que s'est apaisée, anime toujours des questions qui partagent encore la doctrine[1108].

648. L'observation a été faite également à propos de certaines pratiques des arbitres internationaux qui fondent leurs décisions sur les seules stipulations contractuelles ainsi que sur les usages de la profession. Nous avons déjà constaté que l'arbitre peut faire l'économie du passage par la règle de conflit en utilisant des méthodes plus souples telles que celles des principes généraux du droit et celle de la « voie directe ». Toutefois, quelles que soient les avantages supposés et réels des différentes méthodes, il semble très difficile aux arbitres, de concevoir une sentence arbitrale qui ferait abstraction complète de tout esprit conflictuel. L'examen de la pratique arbitrale montre que les arbitres ne peuvent s'affranchir totalement du raisonnement conflictuel, il les incite tout simplement à l'occulter.

649. Nous avons estimé que n'étant pas tenu de suivre la règle de conflit de loi d'un État plutôt que l'un d'autre, l'arbitre est mieux placé que n'importe quelle autorité d'en s'affranchir totalement. L'ordre juridique arbitral est ainsi construit de toutes pièces normatives : les usages du commerce international, les conventions internationales, les sentences arbitrales et les décisions étatiques ainsi que les principes généraux du droit. En revanche, nous avons pu montrer que cette conception large des usages du commerce est fortement mise en cause par la majorité de la doctrine que ce soit les défenseurs de ce nouvel ordre juridique ou ses adversaires. Les usages sur lesquels la doctrine mercatoriste avait essentiellement fondé ses idées sont les pratiques habituellement suivies dans une branche d'activité déterminée.

650. Nous avons avancé les preuves montrant que les usages du commerce sont, avant tout, des moyens d'interprétation de la volonté des parties et font donc partie intégrante du principe général de

---

[1107] Ibid, loc. cit.

[1108] Cf. nota. **D. DE RUYSSCHER**, « La *lex mercatoria* contextualisée : tracer son parcours intellectuel », *Rev. hist. droit fr. et étranger*, 90 (4) oct-déc. 2012, pp. 499-515 ; **G. CUNIBERTI**, « Three Theories of *Lex Mercatoria* », *Columbia J. Trans. Law.* Vol. 52, 2014, n°2, p. 369 ; du même, « La *lex mercatoria* au XXIe siècle : une analyse empirique et économique », *J.D.I.*, 2016, n°3, pp. 765-780.

l'interprétation supplétive acceptée par le droit positif de tous les systèmes juridiques du monde. Il en résulte que les usages sont identifiés comme des dispositions contractuelles possédant la même force que les stipulations du contrat. C'est pour cette raison que la doctrine s'est penchée ces dernières années vers les principes généraux du droit en tant que seule et unique composante de la *lex mercatoria*, tout en abandonnant la conception large des usages du commerce international.

651. S'agissant des principes UNIDROIT, et à défaut d'une définition uniforme de la notion de *lex mercatoria*, la question de l'appartenance de ces principes à cette notion est également débattue. Ainsi, il y a ceux qui incluent les principes UNIDROIT ou les Principes du droit européen des contrats dans la *lex mercatoria,* alors que d'autres les excluent pour partie au motif qu'ils ne correspondaient pas à des pratiques communément admises en matière du commerce international.

652. Le droit transnational est incapable à fournir les solutions nécessaires pour régler l'ensemble des problèmes juridiques nés d'un contrat de commerce international. Le rôle des Principes d'UNIDROIT semble être minime pour accréditer ce droit transnational. Car, bien qu'ils puissent ainsi systématiser des normes applicables dans le commerce international, leur valeur de règles de droit reste cependant toujours controversée. Des statistiques récentes montrent également qu'ils sont rarement choisis par les parties dans leurs contrats pour régir les litiges qui pourront en résulter[1109].

653. La question du droit international privé applicable à l'arbitrage commercial international a été longuement discutée par la doctrine. Et il s'est avéré qu'il est presque impossible de soutenir un droit international privé spécifique applicable à l'arbitrage du commerce international. Dans cette perspective, nous avons approuvé, d'une part, la doctrine dominante en la matière qui considère la théorie du siège du Tribunal arbitral ainsi que celle du droit international privé de la *lex fori* comme incapables à fournir des solutions satisfaisantes aux spécificités de l'arbitrage international. D'autre part, nous avons approuvé la

---

[1109] **G. CUNIBERTI**, « La *lex mercatoria* au XXI e siècle : une analyse empirique et économique », *art. prec,* p. 773, spéc. n° 23 ; le même, « Une *lex mercatoria* pour la zone méditerranée ? Une analyse empirique des pratiques des opérateurs du commerce international », in *Vers une lex mediterranea de l'arbitrage : pour un cadre commun de référence*, sous la dir. de F. OSMAN et L. CHÉDLY, Bruylant, Bruxelles, 2015, p. 195 s, spéc. pp. 206-207.

formule retenue, dans la majorité des instruments sur l'arbitrage international, permettant aux arbitres de déterminer la loi applicable en vertu des règles qu'ils jugent appropriées en l'espèce.

654. Toutefois, nous avons également monté notamment la différence de vue en ce qui concerne le sens exact de la liberté de l'arbitre dans le choix de la règle de conflit appropriée. La formule ne permet pas, en aucun cas, aux arbitres qu'ils puissent forger la règle de conflit à leur guise. Ils doivent l'emprunter soit d'un système juridique déterminé, soit en se fondant sur les règles internationales de conflits à caractère substantiel contenues dans les conventions internationales appelées également les règles matérielles uniformes.

655. Les arbitres internationaux utilisent fréquemment la méthode des systèmes de conflit de lois intéressées au litige lorsque ces systèmes convergent vers une solution unique. Leur objectif suprême, tout en se fondant sur leur grande liberté, est de parvenir à la recherche du centre de gravité de l'opération en cause sans pour autant la placer nécessairement sous l'orbite d'un ordre juridique déterminé. Qu'ils appliquent donc la méthode conflictuelle ou celle de « la voie directe » au fond, l'objectif des arbitres est de parvenir à une solution, raisonnable, équitable et surtout ne choque pas les prévisions des parties.

656. Le souci de l'arbitre est de prouver aux parties que la solution appliquée est non seulement communément acceptée par plusieurs ordres juridiques, mais aussi que les méthodes convergent pour la désigner. Il découle des sentences arbitrales ainsi rapportées que l'objectif suprême des arbitres consiste à ce que le choix qu'il vont finalement effectuer ne paraisse ni partial ni même arbitraire. Or, cette préoccupation ne débouche pas sur une méthode unique. En fonction des circonstances de chaque espèce, le raisonnement qui paraîtra le plus solidement fondé varie. Il en découle que les variations rencontrées, d'une sentence à une autre, sur la justification donnée à la compétence de la loi désignée par l'arbitre, ne favorise guère la prévisibilité des solutions, ni parfois la conviction des parties sur la pertinence de la solution retenue. La conséquence qui en découle : l'impossibilité de systématiser la démarche des arbitres ce qui représente en quelque sorte « un talon d'Achille » des méthodes de détermination du droit applicable au fond du litige par les arbitres du commerce international. Les arbitres doivent donc procéder d'une manière casuistique et choisir la méthode convenable selon les circonstances des litiges et leurs spécificités.

657. Cette liberté spectaculaire, étonnante, remarquable ne peut s'exercer que dans des limites strictes : la volonté des parties, le respect de l'ordre public international et transnational et le respect des lois police. L'arbitre doit respecter les lois de police des États avec lesquels la situation présente des liens significatifs. Etant garant du prononcé d'une sentence qui doit respecter l'ordre public, l'arbitre doit prendre en compte les lois de police de la *lex contractus* ou étrangères à celle-ci. Ainsi, le respect des lois de police, parce que nécessaire à la survie de l'arbitrage, est considéré comme un devoir de l'arbitre vis-à-vis de la *societas mercatorum.*

658. Cette étude parvient un résultat qui est un peu inattendu : les impératifs de l'ordre public et des lois de police ne sont pas des limites rigides à la liberté des arbitres. En effet, ceux-ci sont tenus d'une obligation atténuée face à l'ordre public international, et ce pour plusieurs raisons. Tout d'abord, le principe de l'interdiction de la révision de la sentence au fond prive le juge étatique de tout contrôle au fond ce qui fait que l'arbitre reste toujours souverain et autonome. Ensuite, l'arbitre n'est pas tenue de respecter l'ordre public international comme le fait exactement un juge étatique. Enfin, la notion d'ordre public international change de contenu devant l'arbitre du commerce international. Il est tenu de respecter l'ordre public transnational.

659. La liberté des arbitres ne doit dès lors ni surprendre ni exiger d'autres limites. Elle ne menace ni les États ni les intérêts des opérateurs du commerce international. Elle ne peut d'ailleurs être un facteur d'insécurité juridique. En tout état de cause, il ne faut pas sous-estimer la grande valeur des arbitres internationaux qui recherchent le plus souvent dans leurs sentences, non pas à montrer aux parties l'étendue de leur pourvoir, mais au contraire à leur apporter une solution raisonnable, parfois équitable et surtout susceptible d'être exécutée spontanément. Et si les anomalies, les dérives[1110] ou même les abus existent dans l'arbitrage commercial international, ils demeurent des exceptions à dénoncer et à traiter casuistiquement sans nécessairement pointer le doigt sur les arbitres. Les arbitres sont libres et doivent rester libres : cela découle inéluctablement du libéralisme qui caractérise le droit de l'arbitrage.

[1110] **D. LEVY**, *Les abus de l'arbitrage commercial international*, Préf. de Ch. LARROUMET, l'Harmattan 2015.

BIBLIOGRAPHIE

BIBLIOGRAPHIE EN LANGUE FRANCAISE ET ANGLAISE

Cette bibliographie n'est pas exhaustive compte tenu de l'ampleur de la documentation relative aux points de recherche que nous abordons. Nous avons cependant choisi de citer certains travaux qui ont incontestablement nourri notre réflexion, sans être directement cités dans nos développements.

I- OUVRAGES : (Traités, Monographies et Thèses publiées)

A- Ouvrages généraux

AUDIT (M.), BOLLÉE (S.)et **CALLÉ (P.)**, *Droit du commerce international et des investissements étrangers*, L.G.D.J., 2014.

Association **Henri CAPITANT, CORNU Gérard** (sous la direction), *Vocabulaire juridique*, Paris, P.U.F., 9ème éd., 2011.

BATIFFOL (H.) et **LAGARDE (P.)**, *Traité de droit international privé*, Paris, L.G.D.J., T.1, 1993, T.2, 1995.

BATIFFOL (H.), *Aspects philosophiques du droit international privé*, Paris : Dalloz, 2002 (1966).

BEGUIN (J.) et **MENJUCQ (M.)**, sous la dir de, *Droit du commerce international*, Collectif, Lexis Nexis, Paris, Litec 2011.

BUCHER (E.), *Droit international privé suisse*, Helbing et Lichtenhahn Basel Frankfort-sur- Le Main, 1992.

CRAIG (W-L.), PARK (W.W), PAULSSON (J.),

- *International Chambre of Commerce Arbitration*, 3ème éd., New York, Londres, Rome, 2000.

GOODE (R.), KRONKE (H.) et **MCKENDRICK (E.)**, *Transnational Commercial Law*, Oxford University Press, 2e éd., 2011.

HEUZÉ (V.), *Traité des contrats, La vente internationale de marchandises*, dir Jacques Ghestin, L.G.D.J., 2000.

JACQUET (J.-M.), *Le contrat international*, Dalloz, 1992.

JACQUET (J-M.), (avec Ph. DELEBECQUE et S. CORNELOUP), *Droit du commerce international*, Dalloz, 3ème éd., 2014.

KAUFMANN-KOHLER (Gabrielle), RIGOZZI (Antonio), *Arbitrage international- Droit et pratique à la lumière de la LDIP*, Zurich/ Bâle/ Genève, Schulthess, 2ème éd., 2010

LALIVE (Pierre) POUDRET (Jean-François), REYMOND (Claude), *Le droit de l'arbitrage interne et international en Suisse* : édition annotée et commentée du Concordat sur l'arbitrage du 27 mars 1969 et des dispositions sur l'arbitrage international de la loi fédérale du 18 décembre 1987 sur le DIP, Lausanne, Payot, 1989.

LOUSSOUARN (Y.) BOUREL (P.), DE VAREILLES – SOMMIERES (P), *Droit international privé*, 8e éd., Dalloz, 2004.

MAYER (P.) et **HEUZÉ (V.)**, *Droit international privé*, Montchrestien, 11e éd., 2014.
MEZGHANI (A.), *Le cadre juridique des relations commerciales internationales de la Tunisie* Préf. Ph. Fouchard CERP, Tunis, 1981.
- *Droit international privé : États nouveaux et relations privées internationales* CERP Tunis 1991.
- *Commentaires du code de Droit international privé*, C.P.U., Tunis 1999.
MOTULSKY (H.), *Écrits, Études et notes de procédure civile*. Préf. G. Cornu et J. Foyer Dalloz, Paris, 1973.
- *Écrits, Études et notes de procédure civile*. Préf. G. BOLARD, Dalloz, 2009.
OPPETIT (B.), *Philosophie du droit*, Dalloz, 1999.
POMMIER (J.-C.), *Principe d'autonomie et loi du contrat en droit international privé conventionnel*, Préf. Yvon Loussouarn, Économica, Coll. Droit Civil dirigée par Christian Larroumet (Série : Etudes et recherches), Paris, 1992.
RACINE (J-B.), *Droit de l'arbitrage*, Thémis droit, P.U.F., 1ère éd, Paris, 2016.
RACINE (J-B.) et **SIRIAINEN (F.)**, *Droit du commerce international*, 3ème éd., Paris, Dalloz, 2018.
REKIK (N.), *L'ordre public et le contart civil,* Préf. du Pr. M.-K. Charfeddine, Latrach Editions, 1ère éd., Tunis 2015.
ROMANO (S.), *L'ordre juridique*, trad. française de la 2e éd, de « l'Ordinamento guidico » par François (L.) et Gothôt (P.), introduction de Francescakis (Ph), Dalloz Coll. Philosophie du droit, 1975.

B-Ouvrages spécialisés

ANCEL (M.-E.), DEUMIER (P.) et LAAZOUZI (M.), *Droit des contrats internationaux*, Sirey, 2ème éd., 2019.
ANDRADE LEVY (D-DE.), *L'abus de l'ordre juridique arbitral - contributions de la doctrine de l'abus de droit à l'arbitrage international.* Paris, Université Panthéon-Assas, 2013.
ARNALDEZ (J.-J) et **DERAINS (Y.)**, *Recueil des sentences arbitrales CCI 1996-2000*, London : Kluwer Law International, 2003.
AUDIT (B.), *L'arbitrage transnational et les contrats d'État : bilan et perspectives*, Centre d'études et de recherche de droit international et de relations internationales, Académie de droit international de La Haye, 1987 – Martinus Nijhoff.
BOISSESON (M.), *Le droit français de l'arbitrage interne et international*, Préf. P. Bellet, éd., G.L.N. Joly, 1990.
BOLLÉE (S), *Les méthodes du droit international privé à l'épreuve de sentences arbitrales*, Économica, 2e éd., 2004.
BORN (G.), *International Arbitration: law and practice*, Wolters Kluwer's, 2012.

BORTOLOTTI (F.) et **MAYER (P.)**, *The Application of Substantive Law by International Arbitration*, ICC Institute of Business Law Dossiers, 2014.
BUCHER (A.), *Le nouvel arbitrage en Suisse*, Bâle et Francfort – sur – Le Man, éd., Helbing et Lechtenhahn, 1988.
CHÉDLY (L.), *Arbitrage commercial international et ordre public transnational*, Préf. Mme K. Meziou, *C.P.U.*, Tunis 2002.
CORNELOUP (S.) et **JOUBERT (N.)**, *Le Règlement communautaire Rome I et le choix de la loi dans les contrats internationaux*, Université de Bourgogne- CNRS, 2011.
CLAY (T.), *L'arbitre*, Préf. Ph. Fouchard, *Nouvelle Bibliothèque de Thèses*, Dalloz, 2001.
DAVID (R.), *L'arbitrage dans le commerce international*, Économica 1982.
DE BOURNOUVILLE (Ph.), *Droit judiciaire de l'arbitrage*, Larcier, 2002.
DE FONTMICHEL (M.) et **JOURDAN-MARQUES (J.)** (sous la dir. de), *L'exécution des sentences arbitrales internationales*, L.G.D.J., Lextenso éditions 2017.
DERAINS (Y.),
- *Le droit et la pratique de l'arbitrage international en France,* actes du Colloque de nov. 1982, Fondation pour l'étude des usages du commerce international, Paris : FEDUCI, 1984.
- Sous la dir. d'Yves Derains et Jacques Ghestin : *La Convention de Vienne sur la vente internationale et les incoterms*, Actes du Colloque du 1er et 2 déc. 1989, Centre de Droit des Obligations de l'Université de Paris I, L.G.D.J.,1990.
DERAINS (T.) and SCHWARTZ (S.), *A Guide To The New ICC Rules of Arbitration*, La Haye, 1998.
DEUMIER (P.), *Le droit spontané : contribution à l'étude des sources du droit*, Préf. Jean-Michel Jacquet, Économica 2002.
EISEMANN (F.), *La pratique des incoterms : usages de la vente internationale*, pub. CCI, 3e éd., Jupiter, 1988, refondue et mise à jour par Y. Derains.
-EL-AHDAB (Abdel Hamid.), *L'arbitrage* dans *les pays arabes*, Préf. J. Robert Économica 1988.
FERRARI (F.), *Contrat de vente internationale : applicabilité et application de la Convention de Vienne sur les contrats de vente internationale de marchandises*, Bâle, Helbing & Lechtenhahn, 2005.
FOUCHARD (Ph.), GAILLARD (E.), GOLDMAN (B.), *Traité de l'arbitrage commercial international*, Paris, Litec, 1996.
FOUCHARD (Ph.), *L'arbitrage commercial international*, Paris, Dalloz, Préf. B. Goldman., coll. « Bibliothèque de droit international privé », t. 2, 1965. (Éditée aussi : Paris, Dalloz, 1965).
- *Écrits, droit de l'arbitrage, droit du commerce international de Philippe Fouchard,* sous la dir. de et avec la Préf. d'Xavier Boucobza, Emmanuel Gaillard et Charles Jarrosson, Paris, éd., Comité Français de l'Arbitrage, 2007.

FOUCHARD (Ph.) et **VOGEL (L.),** (dir.) *Actualité de la pensée de Berthold Goldman. Droit commercial international et européen*, Collectif, Paris II, éd., Panthéon-Assas (Colloque), 2004.
FILALI (O.), *Les principes généraux de la lex mercatoria : contribution à l'étude d'un ordre Juridique a national*, thèse, Préf. d'É. Loquin, L.G.D.J., Bibliothèque de droit privé, 1992.
-Sous la dir. de **FILALI (O.)**, *Vers une lex mercatoria mediterranea : Harmonisation, unification, codification du droit dans l'Union pour la méditerranée*, Préf. d'Ahmed MAHIOU, Bruylant, Belgique, 2012.
- Sous la dir. de **FILALI (O.)** et **L. CHÉDLY,** *Vers une lex mediterranea de l'arbitrage : pour un cadre commun de référence*, Préf. d'É. Loquin, Bruylant, Belgique, 2015.
GAILLARD (E.), La *jurisprudence du C.I.R.D.I*, Paris, Pédone 2004.
-*Legal Theory of International Arbitration*, Martinus Nijhoff Publishers, Leiden Boston 2010.
- *Aspects philosophiques du droit de l'arbitrage international*, Les livres du poche de l'Académie de droit international de La Haye, 2008.
GARA (N.), *Le Code de l'arbitrage annoté*, Maison du livre, 2016.
GIRAUD (P.), *Le devoir de l'arbitre de se conformer à sa mission,* thèse pour le doctorat en droit soutenue publiquement le 4 décembre 2014, sous la dir. de M. Ch. Jarrosson, Préf. Ch. Jarrosson, Larcier, Bruylant, 2017.
GRANGES (M.), *Les intérêts moratoires en arbitrage international*. Thèse, Genèse, Schulthess, 2014, en ligne sur : http:// archives-uverte.unige.ch/unige :83441
GRIGERA-NAON (H.), *Choice of Law Problems in International Commercial Arbitration*, J.C.B. MOHR Tubingen, 1992.
HOTTE (S.), *La rupture du contrat international : contribution à l'étude du droit transnational des contrats*, Préf. J.-M. Jacquet, Defrénois 2007.
JACQUET (J-M.), *Principe d'autonomie et contrats internationaux*, Préf. Jean-Marc Bischoff, Paris, Économica 1983.
JARROSSON (CH.), *La notion d'arbitrage*, Préf. B. Oppetit, L.G.D.J., 1987.
JARVIN (S.), DERAINS (T.) et **ARNALDEZ (J-J.),** *Recueil des sentences arbitrales de la Chambre de Commerce Internationale* (Paris), T. II, ICC Publishing, n°514, Kluwer, 1994.
JARVIN (S.), DERAINS (Y.) et **ARNALDEZ (J-J.),** *Recueil des sentences arbitrales de la Chambre de Commerce Internationale* (Paris), T. I, 1974 – 1985, ICC Publishing, n°433, Kluwer, 1990.
JOURDAIN (C.) & **MIGNOT (M.):** (sous la dir.), *Analyse comparée du droit français des contrats et des règles matérielles du commerce international*, LexisNexis, 2016, Vol. 47.
- *L'autonomie de l'arbitrage commercial international : le droit français en question*, Vol I, Logiques Juridiques, l'Harmattan, 2006.
- *Le nouveau droit européen des contrats internationaux*, L.G.D.J., Paris, 1993.

- *Théorie générale des usages du commerce : Droit comparé, contrats et arbitrages internationaux, lex mercatoria,*L.G.D.J., 1984.
KAUFMANN-KOHLER (G.) et **RIGOZZI (A.)**, *Arbitrage international*, Berne 2010.
LALIVE (P.), POUDRET (J.-F.) et **REYMOND (C.)**, *Le droit de l'arbitrage international en suisse*. Payot, Lausanne, 1989.
LE BRAS (B.) & DALMASSO (J.), *Arbitrage commercial international, les grands arrêts du droit français*, Préf. Gérard Worms, LexisNexis 2016.
LEW (J.),*Applicable Law international Commercial Arbitration*, Oceana Publications, Dobbs Ferry, New York, 1978.
LOQUIN (E.), - *L'amiable composition en droit comparé et international : Contribution à l'étude du non droit dans l'arbitrage international*, Litec, 1980.
- *L'application des règles matérielles internationales par les arbitres du commerce international*, in L'arbitrage détaché des lois étatiques, éd., l'Epitoge-Lextenso, 2012.
- *L'arbitrage du commerce international,* Joly éditions, Lextenso éditions, 2015.
LOQUIN (E.) et **MANCIAUX (S.)** dir, *L'ordre public et l'arbitrage*, Actes du Colloque des 16 et 16 mars 2013 – Dijon, LexisNexis, 2014, Vol. 42
MANCIAUX (S.), *Investissement étrangers et arbitrage entre États et ressortissants d'autres États*, 30 ans d'activité du CIRDI, Paris, Litec, 2004.
MANCIAUX (S.) et **LOQUIN (E.)**, *L'ordre public et l'arbitrage*, collectif, Actes du colloque des 15 et 16 mars 2013, Dijon, Lexis Nexis, V. 42, 2014.
MAYER (P.), *Arbitrage et droit de l'Union européenne*, LexisNexis, 2012.
MUSTILL (M.J) et **BOYD (S.C)**, *The Law and Practice of Commercial Arbitration in England,* 2è ed., Londres et Edinburgh 1989.
- *Commercial Arbitration, 2nd Edition,* 2001 *Compagnon,* Londres 2001.
NAJJAR (N.), Arbitrage *dans les pays arabes et commerce international,* Préf. d'Emmanuel Gaillard, L.G.D.J., 1ère éd., 2016.
OPPETIT (B.), *Théorie de l'arbitrage,* PUF, Collection droit, éthique, société, Paris, 1998.
- *La survie de la coutume et le droit spontané*, in Droit et modernité : PUF, 1998.
ORTSHEIDT (J.), *La réparation du dommage dans l'arbitrage commercial international*, Dalloz, Nouvelle bibliothèque de thèses, 2001.
ORTSHEIDT (J.) et **SERAGLINI (CH.)**, *Droit de l'arbitrage interne et international*, Montchrestien, 2013.
OUERFELLI (A.), *L'arbitrage dans la jurisprudence tunisienne*, Préf. S. Bostanji, Latrach Editions, L.G.D.J., 2010.
PAULSSON (J.), *The Idea of Arbitration*, Oxford University Press, 2014.
POUDRET (J.-F) et **BESSON (S.)**, *Droit comparé de l'arbitrage international*, L.G.D.J., Paris, 2002.

RACINE (J-B.), *L'arbitrage commercial international et l'ordre public*, Préf. Ph Fouchard, L.G.D.J., 1999.
- Droit de l'arbitrage, PUF. Thémis, 1ère éd., 2016.
RACINE (J.-B.) et **STRICKLER (Y.),** *L'arbitrage - questions contemporaines.* Paris, l'Harmattan, 2012.
SERAGLINI (Ch.), *Lois de police et justice arbitrale internationale*, Préf. P. Mayer, Nouvelle Bibliothèque des thèses, Dalloz, 2001.
TROUNG (C.), *Les différends liés à la rupture des contrats internationaux de distribution dans les sentences arbitrales CCI*, Litec 2002, Préf. Ph Fouchard.
UNIDROIT, *Principes relatifs aux contrats : du commerce international*, Institut international pour l'unification du droit privé, Rome, 1994.
VAN DE CASTEELE (L.B.), *Les principes fondamentaux de l'arbitrage*, Préf. Thomas Clay, Bruylant, 2012.

II- COURS

BATIFFOL (H.), « Pluralisme des méthodes en droit international privé », *R.C.A.D.I.,* 1973. T. 139, p. 75.
CHÉDLY (L.), « L'efficacité de l'arbitrage commercial international », *R.C.A.D.I.*, 2019, t. 400, pp.9-624.
GOLDMAN (B.), « les conflits de lois dans l'arbitrage international de droit privé », *R.C.A.D.I.,* 1963, T. 109, p. 347.
- « Frontières de droit et *lex mercatoria* », *R.C.A.D.I.*, 1964, n° 9, p. 177.
GRIGERA NAON (H.A), "*Choice-of-Law Problems in International Commercial Arbitration", R.C.A.D.I.*, 2001 (vol. 289), pp. 9-396.
FADHLALLAH (I.), « L'ordre public dans les sentences arbitrales », *R.C.A.D.I.*, Tome 249, Vol. V, 1994, p. 373.
JACQUET (J.-M), La loi applicable au fond du litige dans l'arbitrage international, Cours donné dans l'Institut de hautes études internationales et du développement (Genève), pp195-234
KESSEDJIAN (C.), « Codification du droit commercial international et droit international privé », *R.C.A.D.I.,* 2002, T.300, p. 79.
LAGARDE (P.), « Le principe de proximité dans le droit international privé contemporain », Cours général de droit international privé, *R.C.A.D.I.,* 1986, T. 196, p. 9.
LALIVE (P.), « Problèmes relatifs à l'arbitrage international commercial », *R.C.A.D.I.,* 1967, p. 229.
- « Tendances et méthodes en droit international privé », cours général de droit international privé, *R.C.A.D.I.,* 1977. II. T.155, p. 1.
LOQUIN (E.), « les règles matérielles internationales », *R.C.A.D.I.,* 2006, T. 322, p. 9.
MAYER (P.), « L'autonomie de l'arbitre international dans l'appréciation de sa propre compétence », *R.C.A.D.I.,* 1989, t. 217, p. 319.

- « Le phénomène de la coordination des ordres juridiques en droit international », *R.C.A.D.I.*, Martinus Nijhoff Publications, 2007.

OPETTIT (B.), « Le droit international privé, droit savant », *R.C.A.D.I.*, 1992-III, T. 234, p. 331.

SAINT-MARTIN (C.C), *Les conflits d'intérêts en arbitrage commercial international*, Préf. Bertrand Ancel, l'Harmattan 2016.

STRENGER (I), « La notion de *lex mercatoria* en droit du commerce international », *R.C.A.D.I.,* 1991 – II. T. 227, p.207.

VAN HECKE (G.), « Principes et méthodes de solution des conflits de lois », *R.C.A.D.I.,* 1969, T.126, p. 399.

WENGLER, « Les principes généraux du droit international privé », *R.C.A.D.I.,* 1961, III, p.430.

III- THESES DACTYLOGRAPHIÉES :

ABEDI (M –T.), *L'arbitre international de droit privé face aux problèmes de conflits de lois : (étude du problème du droit applicable au fond du litige et des méthodes de sa détermination à la lumière des sentences arbitrales de la C.C.I).* Thèse sous la direction de Roger le Moal, Nantes, 1998.

ABID (Ch.), *L'établissement du contenu du droit applicable en matière d'arbitrage international.* Thèse soutenue à Paris le 20 novembre 2017, Université Paris I, Panthéon- Sorbonne.

AYACHI (S.), *Étude des insuffisances et des lacunes du Code tunisien de l'arbitrage dans une perspective d'application jurisprudentielle et de droit comparé.* Thèse de doctorat en droit, Nice Sophia –Antipolis, 2008.

BADAWI (I.), *L'arbitre international et les règles matérielles uniformes.* Thèse dactyl. Paris I, 2001.

BUREAU (D.), *Les sources informelles du droit dans les relations privées internationales.* Thèse de doctorat d'Etat en droit, Paris II, 1992.

CALIER (P.), *L'utilisation de la lex fori dans la résolution des conflits de loi.* Thèse de doctorat, Faculté des sciences juridiques politiques et sociales de Lille 2 – Droit et santé, soutenue publiquement le 14 mars 2008.

GALLAUX (T.), *La « dénationalisation » de l'arbitrage commercial international.* Thèse Paris II, sous la direction de T. Loussouarn, dact., soutenue le 24 Juin 1998.

GARA (N.), *Le consentement de l'État à l'arbitrage relatif à l'investissement privé international :(Contribution à l'étude des grandes tendances dégagées de la Jurisprudence du CIRDI).* Thèse pour le Doctorat d'État en Droit, Faculté de Droit et des Sciences Politiques de Tunis , 2000 -2001.

HEYRAUD (Y.), *Le droit non-étatique dans les rapports internationaux privés : contribution à l'étude des fonctions du droit international privé.* Droit. Université Panthéon-Sorbonne - Paris I, 2017, disponible en ligne sur : https://tel-archives-ouvertes.fr/tel-01646107.

QUYEN CAM TRUONG (C.), *Les différends liés à la rupture des contrats internationaux de distribution dans les sentences arbitrales CCI*. Thèse sous la direction de Ph. Fouchard, Litec, Paris, 2002.
NAGUI (H.), *Les usages commerciaux dans les contrats internationaux : contribution à l'étude critique du rôle des normes anationales en matière de contrats d'installations industrielles*. Thèse, Université de Paris X, Nanterre, 1993.
NOGUEROLES (J-M.), *De la primauté des règles de droit transnationales dans la résolution au fond, par voie d'arbitrage, des litiges du commerce international : une étude comparée France-Suisse-Amérique du nord*. Thèse de doctorat en droit privé, Paris I, 1999. (Publication en 2002 par ANRT à Lille).
PELLEGRINI (C.), *Droits applicables au contrat international : étude théorique et pratique du dépeçage*. Thèse de doctorat en droit international privé soutenue le 27 septembre 2013, Université Jean Moulin (Lyon 3).
ROUISSI SEFI (Ch.), *L'arbitre et l'interprétation*, thèse de doctorat en droit privé, faculté de droit et des sciences politiques de Tunis, 2015-2016.
SAEZ (C. S), *Usages et arbitrage*. Thèse de doctorat soutenue le 4 juillet 2017, Université de Montpellier, sous la dir. de M. Pierre MOUSSERON, disponible en ligne sur : http : // tel. Archives-ouvertes. Fr/tel-01708056/document
TAOK (M.), *La résolution des contrats dans l'arbitrage commercial international*. Thèse pour le doctorat en droit, Université de Poitiers soutenue le 16 décembre 2006.
TALAU (J-M.), *L'arbitre du commerce international source de droit*. Thèse dact, Orléans 1998.

IV- ARTICLES

AMMAR (M.), « L'arbitrage international, une procédure au service d'un mythe : la globalisation », in *Ombres et lumières du droit international*, Mélanges en l'honneur du Professeur Habib SLIM, éd., A. Pédone 2016, p. 485.
ANCEL (J-P.), « L'application d'un droit non-étatique dans l'arbitrage international », *Revue Libanaise de l'Arbitrage*, n° 57, 2011, p.12.
ANCEL (M-E.), « Le Règlement Rome I, nouvelle pièce du système communautaire de droit international privé », *Revue Lamy Droit civil*, n°53 oct.2008, p. 7.
ARNALDEZ (J.-J), « *Chronique des sentences arbitrales de la Chambre de Commerce Internationale* », (Paris), *J.D.I.*, octobre 2011, n°4.
- « L'acte déterminant la mission de l'arbitre », Etudes offertes à P. Bellet, Litec, 1991, p.1.

ARNALDEZ (J.-J), DERAINS (Y.), HASCHER (D.), « Cour internationale de la CCI, chronique des sentences arbitrales », *J.D.I.*, 1999, n°4, p. 1060.
AUDIT (B.), « L'arbitre, le juge et la Convention de Bruxelles », in : *L'internationalisation du droit, Mélanges en l'honneur de Loussouarn*, Dalloz, 1994, p. 15.
- « Le choix des Principes d'Unidroit comme loi du contrat et le droit international privé », in *Mélanges Camille JAUFFRET-SPINOSI,* Dalloz, Etudes-Mélanges-Travaux, 2013, p. 13.
BABAY-YOUSSEF (S.), « L'autonomie de l'arbitrage international », in *Droit et droiture* : Mélanges en l'honneur du professeur Mohamed ZINE, C.P.U., 2018, pp- 157-207.
- « Le contrôle post-arbitral de la sentence internationale à l'épreuve de l'ordre public substantiel », *in : Le juge et l'arbitrage,* sous la dir. de S. BOSTANJI, F. HORCHANI & S. MANCIAUX, vingtième anniversaire du Code tunisien de l'arbitrage, éd., A. Pédone, Paris, 2014, p. 207 s.
BACHAND (F.), « La non-intégration de l'arbitrage international à l'ordre juridique du siège : réalité et conséquences », in Les couleurs du droit, *Mélanges Adrian Porpovic,* Montréal, éd., Thémis, 2010, pp. 387-416.
BART (J.), « La *lex mercatoria* en moyen âge : mythe ou réalité ? », *in Mélanges Ph. Khan*, Litec, 2000, p. 9.
BATTIFFOL (H.),
- « L'arbitrage et les conflits de lois », Conférence au Centre du droit comparé, 31 mai 1957, *RA*., 1957, p.111.
- « La sentence Aramco et le droit international privé », *Rev. crit DIP*1964, p. 647.
- « Subjectivisme et objectivisme dans le droit international privé des contrats », *Mélanges Maury*, 1960, T. I, p. 39.
- « La loi appropriée au contrat », *in Mélanges B. Goldman*, Litec, 1982, p. 1.
BÉGUIN (J.), « Le développement de la *lex mercatoria* menace-t-il l'ordre juridique international ? », *Mc Gill Law Journal*, Vol 30,1985, p. 478.
- « L'étonnante liberté de l'arbitre amiable compositeur », in *De code en code : mélanges au Doyen Georges Weiderkehr*, Dalloz 2009, pp. 1-16.

BEN AICHA (N.), « Ordre public d'éviction et lois de police du for : quel type de rapports ? », *Études Juridiques*, n° 6, 1998-1999, revue éditée par la FDS, p. 113.
BEN HAMIDA (W.), « Arbitrage et Charia », *Revue de l'arbitrage Internationale*, n° 33, 2017, pp. 27 s (en arabe)
- **BENSAUDE (D.),** « Recommandations de l'Association de Droit International sur la détermination du contenu du droit applicable en matière d'arbitrage commercial international », *R.A.*, 2009, n°2, p. 445.
BELAID (S.), « De quelques problèmes posés par la sentence TEXACO », *in* actes du colloque « Les entreprises tunisiennes et l'arbitrage commercial international », éd., CERP, Tunis 1983, pp. 149-190.
BERAUDO (J-P.),
- « La convention des Nations Unies sur les contrats de vente internationale de marchandises et l'arbitrage », *Bull CIA de la CCI*, mai 1994, Vol. 5 n°1, p. 61.
- «Les Principes UNIDROIT relatifs au droit du commerce international », 1995, I, Semaine juridique, éd. G., n°18, p. 189.
- « L'application des principes UNIDROIT par les tribunaux étatiques et supranationaux », in *UNIDROIT principles for international commercial contracts: a new lex mercatoria?, ICC publication* n°491/1, 1995, p.217.
- « Le congrès interaméricain sur les principes UNIDROIT *», Bull CIA/CCI*, Vol.8, n°1, Mai 1997, p. 49.
- « La mise en œuvre du droit matériel uniforme par le juge et par l'arbitre dans le règlement des litiges commerciaux », *R.D.U.*, 1998, Tome2-3, p. 259.
- « Faut-il avoir peur du contrat sans loi? », in *Droit international privé: esprit et méthodes, Mélanges P. Lagarde, Dalloz*, 2005, p.93.
BERGER (K-P.), « International Arbitral Practice and The UNIDROIT Principles of International Commercial Contracts », *Am. J. Comp. Law,* XIVI 1998/1, p. 129.
BERNARDINI (P.), « Arbitrage international et règles de droit anationales », *Bull CIA de la CCI* 2004, Vol.15, n°2, p. 62.
BERNARDEAU (L.), « Droit communautaire et lois de police à la suite de l'arrêt CJCE, 9 nov 2000, *Ingmar*, Aff. C 381/98 », *JCP.* 2001.I. 328.
BLESSING (M.), «Choice of substantive law in international arbitration », 1997 14 (2) *J. Int'l. Arb.*, p.39.

-« Arbitration rules and choice of law», in planning efficient arbitration proceeding, the applicable law in international arbitration, *ICCA Congress ser.* n°7, p. 440.

BOKOR-SZEGO (H.), « Les principes généraux du droit », in *Droit international- Bilan et perspectives*, Rédacteur général M. Bedjaoui, éd., Pédone, 1991, p. 223.

BOLLÉE (S.), « La place du principe de la non-révision au fond dans le contrôle de la conformité des sentences à l'ordre public », *R.A.*, 2007.100, 9

BONNARD (S.) et **TOUCHARD (S.),** « Les lois de police dans l'arbitrage international : exemples de sentences récentes », *R.D.A.I./I.B.L.J.*, 2015, n° 5, p. 453.

BONELLE (J.), « Principes d'UNIDROIT relatifs aux contrats du commerce international : réflexions sur leur utilisations dans l'arbitrage international», *Bull CIA de la CCI*, Suppl. 2002, p. 140.

BOSTANJI (S.), « De la promotion des usages du commerce international par la justice étatique (à propos de l'affaire *Interco c / North Africa International Bank*) », *J.D.I.*, 2005, p. 1067.

-« L'inarbitrabilité des litiges nés de l'exécution de contrats administratifs à caractère international : observations critiques sous la décision de la Cour d'appel de Tunis n° **69135** en date 19 mai 2009 (Ministère de l'Agriculture c/ Groupement Freecom), *Revue Info-juridiques*, n° 120/121, oct. 2011, p. 12 s.

- « L'arbitrage en matière administrative : actualité du droit tunisien », Mélanges en l'honneur d'Éric Loquin, LexisNexis 2018, p. 75.

F. BROTOLOTTI et **P. MAYER** (ed), *The Application of Substantive Law by International Arbitration*, ICC, 2014.

BRAHMI-ZOUAOUI (N.), « L'efficacité de l'arbitrage en Tunisie : lecture dans le Code de l'arbitrage et de la jurisprudence arbitrale (Arrêts de la Cour d'appel de Tunis rendus entre 2013 et 2018) », Revue canadienne de l'arbitrage et de la médiation, juillet 2020, pp. 111 s.

BREUDO (J.-P), « Faut-il avoir peur du contrat sans loi », in *Mélanges P. Lagarde* 2005, p. 93.

BUHLER (M.) et **JARVIN** (S.), « L'amiable compositeur : peut-il laisser la question du droit applicable au fond indéterminée **?** **»,** *Mélanges en l'honneur de François Knoeplfler*, Bâle Helbing & Lechtenhahn, 1ère éd., 2005.

BUCHMAN (L.) et **LOQUIN (E.)**, « Préférez l'arbitrage », *Gaz. Pal.*, 2008, n° 260, p. 9.

BURDEAU (G.),« Droit international et contrats d'États. La sentence Amin oïl contre Koweït du 24 mars 1982 », *A.F.D.I.*, 1982, p.454.
- « Nouvelles perspectives pour l'arbitrage dans les contrats économiques intéressant les États », *R.A.*, 1995, n°1, p. 1.
CACHARD (O.), « Arbitrage et soupçons de blanchiment de revenus issus d'activités illicites », in : *Le droit des rapports internationaux économiques et privés*, Mélanges en l'honneur du professeur J.-M. JACQUET, LexisNexis 2013, pp. 53-73.
CAPRASSE (O.), « Arbitrage et ordre public européen », *in « L'ordre public & l'arbitrage »*, Collectif sous la dir. d'Éric Loquin & S. Manciaux, éd. *LexisNexis Litec-CREDIMI* 2014, vol. 42, pp. 115-128
CHARTIER (F.), « L'arbitre », *Gaz. Pal.*, 20 février 1992, p. 135.
CHÉDLY (L.),« Lois de police et unilatéralisme (une lecture de l'article 38 du Code tunisien de DIP) », *R.J.L.*, juin 2001, n° 6, p. 27 s
- « Ordre public et contrôle des sentences arbitrales internationales », *R.T.D.*, 2002, p. 49.
- « Principe de proximité et droit applicable au fond en matière d'arbitrage commercial international », *R.J.L.*, avril 2002, spécial (arbitrage), p. 35.
- « Le rejet du renvoi par le Code de droit international privé », *Mélanges Sadok Belaid*, C.P.U, 2004, p. 295.
-- « Le principe de proximité dans le code tunisien du droit international privé », *in Mélanges Sassi Ben Halima*, C.P.U., Tunis 2005, p. 325.
- « Les principes du Code des obligations et des contrats et les principes de la *lex mercatoria* », in : *Livre du Centenaire du Code des obligations et des contrats (1906-2006)*, C.P.U., Tunis, 2006, pp. 635-673.
- « L'arbitrage international en droit tunisien », *J.D.I.*, 2008, p. 3.
- « L'exécution des sentences internationales annulées dans leur pays d'origine : cohérences en droit comparé et incohérence du droit tunisien », *J.D.I.*, 2009, n° 4, pp. 1139-1179.
- « Les principes généraux du droit et l'arbitrage international », *Mélanges en l'honneur de Madame la doyenne Kalthoum MEZIOU-DOURAI*, C.P.U, 2013, p. 229 et s.
- « Où va le for arbitral », in « Où va l'arbitrage international ? », Journées d'études méditerranéennes en l'honneur du Pr. Ali BENCHENEB, sous la dir. de F. OSMAN &A. C. YILDIRIM, LexisNexis 2017.
CLAY (Th.),
- « Le rôle de l'arbitre dans l'exécution de la sentence arbitrale », Bull *CIA de la CCI*, 2009, vol. 20/1, p. 47.

- « A quoi sert le siège de l'arbitrage international ?», in : *Le juge et l'arbitrage* sous la dir. de S. Bostanji, F. Horchani et S. Manciaux, A. Pédone, Paris, 2014, p. 45 s. Publié aussi in *Gaz.Pal.,* 2008, n° 184, p. 20 et aux *Cah. arb*, V.5, éd., A. Pédone, Paris 2011, p. 21

- « De l'autonomie de la convention d'arbitrage à l'autonomie de la sentence arbitrale : les grands arrêts de la jurisprudence française en matière d'arbitrage international de 1963 à 2007 », *J.D.I,* 2015, n° 1, pp. 13-38.

- « L'arbitre est-il un être normal ? », in : L'exigence de justice, Mélanges en l'honneur de Robert Badinter, Dalloz 2016, pp. 225-247

CROZE (H.), « Le juge doit-il dire le Droit ? », in *Justices et droit du procès : du légalisme procédurale à l'humanisme processuel, Mélanges Serge GUINCHARD,* Dalloz 2010, p. 225.

CUNIBERTI (G.), « Three Theories of Lex Mercatoria», *Columbia Journal of Transnational Law*, vol. 52, 2014, n° 2, p. 369.

- « La *lex mercatoria* au XXe siècle, une analyse empirique et économique », communication in : *L'arbitrage dans les pays de l'Union pour la Méditerranée*, Colloque méditerranéen, Acte IV : journées de Tunis : Rives Sud les 11 et 12 avril 2014, sous la dir. de L. Chedly et Filali Osman, *J.D.I.,* 2016, n° 3, p. 765 et s.

DARANKOUM (S.E), « L'application de la convention des Nations – Unies sur les contrats de vente internationale de marchandises par les arbitres de la Chambre du Commerce Internationale en dehors de la volonté des parties est-elle prévisible? », *Revue québécoise de droit international* 2004, n°17-2, p.1.

DEBOISSÉSON (M.), « Substantive Applicable Law in International Arbitration: An Arbitrator's Perspective », The Application of Substantive Law by International Arbitration, ICC Institute of Business Law Dossiers, 2014, Edited by Fabio Bortolotti & Pierre Mayer.

DELANOY (L.-Ch.), « Le contrôle de l'ordre public au fond par le juge de l'annulation : trois constats, trois propositions », *R.A.*, 2007.177.

- « L'arrêt M. Schneider du 12 février 2014 : feu rouge pour la « révision », feu vert pour la corruption ? », *Cah. arb.*, oct. 2014, n° 3, p. 585.

DERAINS (Y.), « L'application cumulative par l'arbitre des systèmes de conflits de lois intéressés aux litiges », *RA*., 1972, p. 99.

- « Le statut des usages du commerce international devant les juridictions arbitrales », *RA*., 1973, p. 122.

- Cours d'arbitrage de la CCI : chronique des sentences arbitrales, *J.D.I.,* 1974, p. 876.
- « Les normes d'application immédiate dans la jurisprudence arbitrale internationale », *Mélanges B. Goldman*, Litec, 1982, p. 29.
-« Attente légitime des parties et droit applicable au fond en matière d'arbitrage international », *Trav. Com. fr. DIP*, 1984-1985, Paris, éd., du C.N.R.S., 1987, pp.81-92.
- « Sources et domaines d'application du droit français de l'arbitrage international », in *Droit et pratique de l'arbitrage international*. Feduci 1984, p. 1.
- La liberté de l'arbitre », in *l'arbitrage commercial international- L'apport de la jurisprudence arbitrale,* Séminaire des 7 et 8 avril 1986, Pub. CCI, n° 440/1, p. 12.
- « Détermination de la *lex contractus* », in *Dossiers de l'Institut de la Chambre de Commerce Internationale*, Colloque CCI, *L'apport de la jurisprudence arbitrale*, 1986, p. 28.
- « L'ordre public et le droit applicable au fond du litige dans l'arbitrage international », *R.A.*, 1986, p. 375.
- « Les tendances de la jurisprudence arbitrale internationale », *J.D.I.*, 1993, p. 829.
- « Discussion on the Resolution on transnational rules of international business law and practice », 23 october 1992, in *transnational rules in international commercial arbitration*, Ch. II, Institut de droit et des pratiques des affaires internationales de la CCI, pub° CCI 480/4, 1993, p. 57.
- « Le choix du droit applicable au contrat et l'arbitrage international », in *Le processus arbitral* CCI-VIII partie ; *Bull CIA de la CCI*, Vol 6/n°1-mai, 1995, p. 10.
- « La jurisprudence des arbitres du commerce international en matière de détermination du droit applicable au contrat », *R.D.A.I.*, 1996, n°4, p. 514.
- « L'arbitre et le juge », in *Arbitrage : regards sur la prochaine décennie*, *Bull CIA de la CCI,* 1999, Supp. Spécial, p. 27.
DE RUYSSCHER (D.), « La *lex mercatoria* contextualisée : tracer son parcours intellectuel », Rev. hist. droit, 2012/4, p. 499.
DEUMIER (P.),
- « Les principes UNIDROIT ont dix ans : bilan en demi-teinte », *R.D.C.*, 2004, p. 766.
- « La *lex mercatoria* entre ordre et désordre", in *Le monde du droit, in Mélanges Jacques FOYET,* Économica, 2007, p. 305.

- « Les sources du droit et les branches du droit. À propos d'une conception doctrinale des sources du droit du commerce international », in : *Le droit des rapports internationaux économiques et privés*, Mélanges en l'honneur du Pr. Jean-Michel JACQUET, LexisNexis 2013, pp. 181-199.

DESSEMENTET (F.), « L'utilisation des principes UNIDROIT pour interpréter et compléter le droit national », Bull. CIA de la CCI, 2002, Supp, p. 39.

El KOSHEIRI (A.) & LEBOULANGER (Ph.), « L'arbitrage face à la corruption et aux trafics d'influence », *R.A.*, 1984, p. 3.

EISENMAN (F.), « La *lex fori* de l'arbitrage commercial international », *Trav.com.fr. DIP*, 1973-1975 séance du 19/03/1975, Dalloz, 1977, p. 191.

HEUZÉ (V.), « La morale, l'arbitre et le juge », *R.A.*, 1993, p. 196.

FADLALLAH (I.), « Motivation et fraude dans le contrôle des sentences arbitrales internationales », in *Mélanges en l'honneur du Pr. Mohamed CHARFI* : *C.P.U.*, 2001, p. 589.

- « Les jugements étatiques et les sentences arbitrales devant les arbitres », in *La diversité dans le droit*, Mélanges offerts à la doyenne Kalthoum MEZIOU-DOURAI, C.P.U., 2013, pp. 271-277.

FAKHRI (R.), « Les régimes de reconnaissance et d'exécution des sentences arbitrales étrangères dans les pays de la Rive sud de la méditerranée », in : *Vers une lex mediterranea de l'arbitrage. Pour un cadre commun de référence*, Collectif sous la dir. de Filali OSMAN & Lotfi CHÉDLY, Bruylant 2015, pp. 341- 366

FERRARI (F.), « Interprétation uniforme de la convention de Vienne de 1980 sur la vente internationale », *R.I.D.C.,* 4-1996, p. 818.

- « La convention de Vienne sur la vente internationale et le D.I.P », *J.D.I.*, 2006, p. 27.

FILALI (O.) et **SALAMA(S),** « Les méthodes de détermination du droit applicable par l'arbitre : vers un rattachement de la « voie directe » à la méthode conflictuelle », *Bull ASA* 2003, p. 272.

FORTEAU (M.), « L'ordre public transnational ou « réellement international », *J.D.I.*, 2011, p. 3.

FOUCHARD (Ph.), « L'autonomie de l'arbitrage commercial international », *R.A.*, 1965 (3), p. 99.

- « L'État face aux usages du commerce international », *Trav.com.fr DIP*, 1973-1975, p. 71.(Publié aussi in : *Ecrits*, p. 531.)

- « Les usages, l'arbitre et le juge », in *Mélanges B. Goldman*, Paris, Litec, 1982, p. 67. (Publié aussi in : *Ecrits*, p. 337.)

- « L'arbitrage *Elf Aquitaine Iran c/National Iranien Oïl Company*, une nouvelle contribution au droit international de l'arbitrage », *R.A.*, 1984, 333.
-« La portée internationale de l'annulation de la sentence arbitrale dans son pays d'origine », *R.A.*, 1997, p.329 et s.
- « Suggestions pour accroitre l'efficacité internationale des sentences arbitrales », *R.A.*, 1998, n°4, p. 653.
FRANCESCAKIS (Ph), « Quelques précisions sur les lois d'application immédiate et leur rapport avec les règles de conflits de lois », *Rev. crit. D.I.P* 1966, p.1 s.
- « Les lois d'application immédiate et règles de conflit », *Riv. dir. int. priv. e. proc.*, 1967, p. 698.
GAILLARD (E.), « L'interdiction de se contredire au détriment d'autrui comme principe général du droit du commerce international (le principe de *l'estoppel* dans quelques sentences arbitrales récentes) », *RA.*, 1985, p.241.
- « Les sentences *AMCO* et *KLOCKNER* », *J.D.I.*, 1987, p.156.
-« La distinction des principes généraux du droit et des usages du commerce international », *Mélanges Pierre Bellet*, Litec, 1991, p.203.
- « Arbitrage commercial international, sentence arbitrale, droit applicable au fond du litige », in : *Jurisclasseur*, Droit international, Fasc. 586-9-1, 1991.
- « Trente ans de *lex mercatoria* : pour une application sélective de la méthode des principes généraux du droit », rapport au XIIe congrès de l'ICCA, Vienne, les 3-6 nov.1994, *J.D.I.,* 1995, p.5.
- « L'exécution des sentences annulées dans leur pays d'origine », *J.D.I.*, 3, 1998, p.645.
- "Transnational Law: A legal system or Method of Decision Making», *Arb. Int'l*, Vol.17, n°1, p. 59.
- « Du bon usage du droit comparé dans l'arbitrage international », *R.A.*, 2005, n°2, p.375.
- « Chronique des sentences arbitrales », *J.D.I.,* 1999
- « General Principles of Law More Predictable After All», *N.Y.L.J*, 6 December 2001, p.3
- « L'interférence des juridictions du siège dans le déroulement de l'arbitrage », *Mélanges C. Reymond*, Litec, 2004, p.83.
- «Souveraineté et autonomie : réflexions sur les représentations de l'arbitrage international », *J.D.I.,* 2007, n° 4 (oct-nov-déc), p. 163.

- « L'ordre juridique arbitral : réalité, utilité et spécificité » -*Conférence commémorative John E.C. Brierly*- Revue de droit *Mc Gill* 2010, n°55 p. 891.
- « La corruption saisie par les arbitres du commerce international », *R.A.*, 2017, n° 3, pp. 805-838.
GANNAGE (L.), « Le contrat sans loi devant les tribunaux étatiques », *Mélanges J. Foyer.*, Économica, 2007, p. 417.
GARA (N.), « L'efficacité de l'arbitrage dans la jurisprudence tunisienne », in *La diversité dans le droit*, Mélanges offerts à la doyenne Kalthoum MEZIOU-DOURAI, C.P.U., 2013, pp. 341-351.
GAUTIER (P.-Y.), « Pour convaincre l'arbitre », *Bull. ASA Suisse*, 2014, Vol. 32, n° 3, p. 508.
GUILLAUME (G.), « Le précédent dans la justice et l'arbitrage international », *J.D.I.*, 2010, n° 3, p. 685.
GELINAS (F.), « Code, silence et harmonie- Réflexions sur les principes généraux et les usages du commerce dans le droit international des contrats », *Les Cahiers de droit*, vol. 46, n° 4, 2005, pp. 941-960 (Disponible sur le site : www.erudit.org)
GHAZOUANI (M.), « L'applicabilité des lois de police par l'arbitre du commerce international », *R.J.L.*, avril 2002, n° spécial (arbitrage), p. 9.
GIARDINA (A.), « La *lex mercatoria* et la sécurité du commerce et des investissements internationaux », in *Mélanges F. Rigaux*, Bruylant, Bruxelles 1993, p. 223.
GOLDMAN (B.), « Arbitrage commercial et droit commun des nations », *R.A.*, 1956, p.115.
- « Frontières de droit et *lex mercatoria* », *A.P.D.*, 1964, p.177.
- « Règles de conflit, règles d'application immédiate et règles matérielles dans l'arbitrage commercial international », *Trav. Com. fr. DIP* 1966-1969, p.120.
- « La *lex mercatoria* dans les contrats et l'arbitrage internationaux : réalité et perspectives », *J.D.I.,* 1979, p. 747.
- « Les problèmes spécifiques à l'arbitrage international », XI colloque des institutions judiciaires : *Le juge et l'arbitre*, *R.A.*, 1980, p.323.
- « La volonté des parties et le rôle de l'arbitre dans l'arbitrage international », *R.A.*, 1981, p. 469.
- « Une bataille judiciaire autour de la *lex mercatoria* : l'affaires Norsolor », *R.A.*, 1983, p.379.
- « The Applicable Law : General principles of Law-the *lex mercatoria* », in contemporary problems in international Arbitration,

edited of Julian HEW, London, school of international arbitration, queen Mary College, 1986, p.103.
- « L'arbitre, les conflits de lois et la *lex mercatoria* » dans Nabil Antaki et Alain Prujiner, dir., *actes du 1er colloque sur l'arbitrage commercial international tenu à Québec du 14 au 17 oct. 1985*, Montréal, Wilson & Lafleur, 1986, 103.
- « Nouvelles réflexions sur la *lex mercatoria* », In : Études de droit international, *Mélanges* P. Lalive, 1993, p. 1.
GRISEL (F.), « Droit et non-droit dans les sentences arbitrales CCI : une perspective historique », *Bull CIA de la CCI*, vol 25, n° 2/ 2014, pp. 13-20.
GUNIBERTI (G.), « Three Theories of Lex Mercatoria: 52 Columbia Journal of Transnational Law 2014, p. 369.
- « La faible attractivité internationale du droit français des contrats : Mélanges en l'honneur de Bernard Audit, 2014, p. 253.
HACHEM (M-L.),
- « Le droit applicable au contrat d'investissement selon l'article 42 de la Convention B.I.R.D », *RTD* 1992, p.121.
- « L'arbitrage commercial international en droit tunisien », *R.J.L.*, avril 2000, p. 15.
HAFTEL (B.), « Pour en finir avec le cercle vicieux du principe d'autonomie (ou presque) », *in Mélanges B. Audit*, L.G.D.J., 2014, p. 409.
HUET (J.), « Les contrats commerciaux internationaux et les nouveaux principes d'UNIDROIT : une nouvelle *lex mercatoria* ? », *P.A*, 10 nov. 1995, n°135, p. 8.
JACQUET (J-M.),
- « L'incorporation de la loi dans le contrat », *Trav.com.fr. DIP*, 1993-1994 éd., *A. Pédone* Paris, 1996, p. 23.
- « Le droit de la vente internationale de marchandises : la mélange des sources », souveraineté étatique et marchés internationaux à la fin du XXe siècle, *Mélanges Ph. Kahn*, Travaux du CREDIMI, Vol 20, 2000, p.75.
- « Le droit français des contrats et les Principes d'UNIDROIT, in *Uniform Law Review* 2008, p. 179.
- « Avons- nous besoin de jurisprudence arbitrale ?», *R.A.*, 2013, n°3, p. 445.
- « L'ordre public transnational », in : « *L'ordre public et l'arbitrage* », sous la dir. d'Éric Loquin & Sébastien Manciaux, CREDIMI, LexisNexis 2014, vol. 42, p. 101 s.

- « Les libertés de l'arbitre international », *Mélanges en l'honneur du Professeur Pierre MAYER,* L.G.D.J., Lextenso éditions, 2015, pp. 311-329.
JARVIN (S.) et **BOISSARY(M.)**, « L'arbitre CCI et la Convention de Vienne du 11 avril 1980 sur la vente internationale de marchandises », *R.D.A.I.*, n°3, 1999, p. 354.
JOLIVET (E.), « La jurisprudence arbitrale de la CCI et la *lex mercatoria* », *Gaz. Pal.*, 2001, *Cahiers de l'arbitrage*, n°119-123.
- « Les principes UNIDROIT dans l'arbitrage CCI », *Bull CIA de la CCI* 2005, p.71.
JOUBERT (N.), « Le choix tacite dans les jurisprudences nationales : vers une interprétation uniforme du Règlement Rome I ? », in *Le Règlement « Rome I » et le choix de loi dans les contrats internationaux*, dir. S. CORNELOUP & N. JOUBERT, Université de Bourgogne- CNRS-Travaux de recherche sur le droit des marchés et des investissements internationaux, Litec, 2011, vol. 35, p. 229.
JOURDAN-MARQUES (J.), « Le rôle du juge de l'*exequatur* », *in L'exécution des sentences arbitrales internationales*, Collectif sous la dir. de Maximin de Fontmichel & J. Jourdan-Marques, L.G.D.J., Lextenso éditions 2017,pp. 101-118.
KAHN (Ph), « L'interprétation des contrats internationaux », *J.D.I.*, 1981, p. 5.
-« Droit international économique, droit du développement, *lex mercatoria* : Concept unique ou pluralisme des ordres juridiques ? », *Mélanges* B. Goldman, Litec 1982, p. 96.
- « Les principes généraux du droit devant les arbitres du commerce international », *J.D.I.,* 1989, p.305.
- « La *lex mercatoria* : point de vue français après quarante ans de controverses, *Rev.de droit de Mc. Gill*, Vol 73, août 1992, n°2, p. 413.
- « L'internationalisation de la vente », in : *L'internationalité dans les institutions et le droit : convergences et défis*, Mélanges Alain Plantey, éd., A. Pédone, Paris, 1995, p. 297.
- « A propos de l'ordre public transnational : Quelques observations », *Mélanges Fritz Sturm*, sous la direction de J.F. Gerkens, H. Peter, R. Vigneron, P. Trenk, Hinterberger, éd., juridique de l'Université de Liège, 1999, p.1539.
- « Les conventions du droit uniforme et les tribunaux arbitraux », *R.D.U.*, 2000-1, p.127.
- « La *lex mercatoria* et son destin », *L'actualité de la pensé de B. Goldman*, éd., Panthéon-Assas, 2004, p.25.

KAMMOUN (S.), « Problématique pour un État émergent, la Tunisie et les principes d'UNIDROIT relatifs aux contrats du commerce international », *R.J.L.*, 2008, n°2, p.99, (spécial) : actes du colloque international sur la « codification du droit des affaires ».
KASSIS (A.), « L'arbitre, les conflits de lois et la *lex mercatoria* », in Actes du 1er Colloque sur l'arbitrage commercial international, Université Laval, Montréal 1986, p.137.
KAUFMANN- KOHLER (Gabrielle), « Le lieu de l'arbitrage à l'aune de la mondialisation », *R.A.*, 1998, pp. 517-536.
- « *Le contrat et son droit devant l'arbitre international* », in : Le contrat dans tous ses états : publication de la société genevoise de droit et de législation à l'occasion du 125ème anniversaire de la Semaine Judiciaire, Berne, Staempfli, 2004, pp. 361-373.
- « *JURA NOVIT ARBITER* »- est-ce bien raisonnable ? Réflexions sur le statut du droit de fond devant l'arbitre international », in *De lege ferenda* : réflexions sur le droit désirable, Mélanges en l'honneur du professeur Alain Hirsch, Genève, éd., Slaktine, 2004, pp.71-78.
- « Qui contrôle l'arbitrage ? Autonomie des parties, pouvoirs des arbitres et principe d'efficacité », in *Mélanges Claude Reymond*, Litec, Paris, 2004, p. 153.
- « The Governing Law: Law or Fact? », in: Best practices in international arbitration, *ASA* Suiss arbitration Association Conference of January 27, 2006 in Zürich, ASA Special Series, n° 26, 2006, pp. 79-85.
- « The Transnationalization of National Contract Law By The International Arbitrators », in : Le droit des rapports internationaux économiques et privés, *Mélanges en l'honneur du Professeur Jean-Michel JACQUET*, sous la dir. de Marcelo Kohen et Dolores Bentolila, Lexis Nexis, 2013, pp. 107-120.
« **KESSEDJIAN (C.)**, « Un exercice de rénovation des sources du droit du commerce international : les principes proposés par l'UNIDROIT », *J.D.I.*, (4) 1995, p.641.
- « La codification en droit international, Colloque : Aix-en-Provence, éd., *Pédone*, 1999, p.101.
- « Les dangers liés à un mauvais choix du droit applicable », *R.I.D.C.*, n°2, 1995, p.373.
LAGARDE (P.), « Approche critique de la *lex mercatoria* ». *Mélanges B. Goldman*, Paris, Litec 1982, p.125.
- « Les interprétations divergentes d'une loi uniforme donnent-elles lieu à un conflit de loi ? », *Rev. crit. DIP*, 1964, p.235.

LALIVE (P.), « Un récent arbitrage suisse entre un organisme d'État et une société privée étrangère (*Sapphire international petroleums Limited c/ National Iranian Company*), Ann, Suisse dr.int, 1962, V.XIX, p.273.

- « Les règles de conflit de lois appliquées au fond du litige par l'arbitrage international siégeant en Suisse », *R.A.*, 1976, p.155.
- « Le droit applicable au fond du litige en matière d'arbitrage », *Rev. Rassegna Dell'arbitarto,* Rome, V. XVII, n° 1, 1977, pp. 1-19.
- « Ordre public transnational (ou réellement international) et arbitrage international », *R.A.*, 1986, p. 329.
- « Le droit applicable au fond par l'arbitre international », in *Droit international et Droit communautaire,* Fondation Calouste Gulbenkian, Actes du Colloque, 5-6 avril 1991, Paris , pp. 33-53.
- « L'application des règles transnationales par les arbitres internationaux » in : Transnational rules in international commercial arbitration, CCI, Paris 1993
- «Un grand arbitrage pétrolier entre un Gouvernement et deux Sociétés privées étrangères (*Arbitrage Texaco Calasiatic c/Gouvernement Libyen*) », *JDI,* 1997, p.319.
- « Les principes d'UNIDROIT en tant que *lex contractus*, avec ou sans choix explicite ou tacite de la loi : point de vue de l'arbitre », *Bull CIA de la CCI*, 2002, Supp, p. 81.
- « L'ordre public transnational et l'arbitrage international », in *Nouveaux instruments du droit international privé, Liber Fausto Pocar,* Dott. A. Giuffrè Editore S. p. A, Milan, 2009, vol. II. pp. 599-611

LANDO (O.), « The law applicable to the merits of the dispute »: in Contemporary problems in international arbitration 1986, p.101.

LAUDE (A.), « L'obligation de minimiser son propre dommage existe-t-elle en droit privé français ? », in *Faut-il moraliser le droit français de la réparation du dommage ? P.A.,* 2002, n°232, p.55.

LAAZOUZI (M.), « Le contentieux étatique et arbitral des contrats administratifs internationaux : quelles interactions ?», *Cah. arb.,* 2015-2, p. 217.

LAZAREFF (S), « L'arbitre face à l'ordre public : suite …et non fin », in Mélanges en l'honneur de Pierre Tercier, Zurich/ Bâle/ Genève, Schulthess, 2008, pp. 851-862.

LEVEL (P.), « Le contrat dit sans loi », *Trav.com.fr DIP* 1964-1966, p.209.

- « Brèves réflexions sur l'office de l'arbitre », In *Nouveaux juges, nouveaux pouvoirs*, *Mélanges R. Perrot*, Dalloz 1996, p. 259.

LEW (J.M),« The Law Applicable to the Form and Substance of the Arbitration Clause», in Albert Jan van den Berg (ed.) Improving the Efficiency of Arbitration Agreements and Awards: 40 Years of Application of the New York Convention, ICC Congress Series Volume 9 (1999) 114.
- « Les principes UNIDROIT en tant que *lex contractus* choisie pour les parties et sans choix exprès de droit applicable : point de vue du conseil », *Bull CIA de la CCI*, 2002 Supp, p.89.
LOQUIN (E.), « Les pouvoirs des arbitres internationaux à la lumière de l'évolution récente du droit de l'arbitrage international », *J..D.I.*, 1983, p.293.
- « L'application des règles anationales dans l'arbitrage commercial international », in *L'apport de la jurisprudence arbitrale*, Dossiers de l'Institut du droit et des pratiques des affaires internationales, CCI, pub. n° 440/1, 1986, p.67.
- « La réalité des usages du commerce international », *RID éco.*, 1989, p.163.
- « Où en est la *lex mercatoria* ? », *Mélanges Ph. Kahn*, Travaux du CREDIMI, Vol. XX, Litec, 2000, p.39
- « Application de la loi choisie par les parties et respect par l'arbitre de sa mission », *RTD.com* 2003, p.487.
- « les règles matérielles du commerce international », *in journée d'hommage et d'études à Philippe Fouchard, RA.*, 2005, p. 441.
- avec **(L. B. BUCHMAN)**, « Préférer l'arbitrage ! », *Gaz. Pal.,* 16 sept. 2008, p. 9.
- « Le contrôle du respect de sa mission par l'arbitre jugeant en amiable composition », *Revue Libanaise de l'Arbitrage*, 2009, n° 50, p. 12.
- « Retour sur les sources premières de la *lex mercatoria* : les usages du commerce international », Mélanges en l'honneur du Pr. J.-M. JAQUET, *LexisNexis*, 2013, pp. 215-234.
- « Le juge et l'arbitre », in *Le juge et l'arbitrage,* Pédone, 2014, pp. 19-30.
- « L'ordre public et l'arbitrage », Propos conclusif, in *L'ordre public et l'arbitrage,* LexisNexis, 2014, pp. 243-251.
- « L'application par les tribunaux arbitraux internationaux des règles qu'ils estiment appropriées », Mélanges en l'honneur du Pr. Pierre MAYER, L.G.D.J., Lextenso éditions, 2015, p. 533-545.
- « L'influence des principes directeurs du droit du commerce international sur les principes généraux du droit des contrats consacrés par la réforme du droit français des contrats », in *Analyse comparée du*

droit français réformé des contrats et des règles matérielles du commerce international, Cl. JOURDAIN-FORTIER et M. MIGNOT (dir.), Lexis Nexis, 2016, pp. 13 s.

LONDO (O.), « Choice of Lex *Mercatoria* », *Vers de nouveaux équilibres entre ordres juridiques,* Mélanges Gaudemet-Tallon, Dalloz 2008, p. 747.

MANCIAUX (S.), « La place des usages professionnels en droit commercial à travers le prisme des relations entre publicitaires et annonceurs », *P.A.*, 19 janvier 1999, p.15.

- « Le sort des sentences arbitrales annulées dans l'État du siège : proposition pour sortir du désordre actuel », *in, Droit sans frontières,* Mélanges en l'honneur d'Éric Loquin, *Travaux du Centre de recherche sur le droit des marchés et des investissements internationaux*, Vol. 51, LexisNexis 2018, pp. 215-230.

MAYER (P.), « L'office du juge dans le règlement des conflits de lois », *Trav.com.fr. DIP,* 1979, pp. 233-268

- « Les lois de police étrangères », *J.D.I.,* 1981, p. 277.
- « Le mythe de l'ordre juridique de base », in *Mélanges B. Goldman,* Litec 1982, p. 199.
- « L'interférence des lois de police », in *L'arbitrage commercial international - L'apport de la jurisprudence arbitrale,* pub. CCI n°440/1, 1986, p. 31.
- « La neutralisation du pouvoir normatif de l'État en matière de contrat d'État », *J.D.I.*, 1986, p.50.
- « Mandatary rules of law in international arbitration », *2 Arb. Int'l 274* (1986).
- « Les lois de police », in « Problèmes actuels de méthode en droit international privé », journée du cinquantenaire, *Trav. Com. fr. DIP.*, Paris, 23/11/1985, éd., CNRS, 1989, p. 105
- « La règle morale dans l'arbitrage international », *Mélanges P. Bellet,* Litec, 1991, p. 379.
- « La loi applicable et respect des lois de police », in *Les commissions illicites* : Institut du droit et pratiques des affaires internationales 1992, p.49.
- « Le principe de bonne foi devant les arbitres du commerce international », *Mélanges P. Lalive,* Institut Universitaire de Hautes Études Internationales, Genève, 1993, p. 543.
- « La sentence contraire à l'ordre public au fond », *RA.*, 1994 (4), p. 615.

- « L'application par l'arbitre des conventions internationales de droit privé », in l'internationalisation du droit, *Mélanges Loussouarn,* Dalloz 1994, p. 275.
- « L'arbitre et la loi », in *Le droit privé français à la fin du XXe siècle, Mélanges P. Catala*, Litec 2001, p.225.
- « Reflexions of the International Arbitrator's Duty to Apply the Law: The 2000 Fresh fields Lecture», 17 Arbitration International (2001), p. 235.
- Préface de la thèse de Ch. SERAGLINI, *Lois de police et justice arbitrale international*, Paris, Dalloz, 2001, p. 11.
- « Le rôle des principes d'UNIDROIT », *Bull CIA de la CCI* 2002, Supp, p. 115.
- « Principes UNIDROIT et *lex mercatoria* », in : *L'actualité de la pensée de Berthold Goldman*, droit commercial international et européen 2004, p. 31.
- « L'étendue du contrôle, par le juge étatique, de la conformité des sentences arbitrales aux lois de police », in « *Vers de nouveaux équilibres entre ordre juridiques* », Liber Amicorum H. GAUDEMET-TALLON, Dalloz 2008, p. 459.
- « Le choix de la loi dans la jurisprudence arbitrale », in : *Le Règlement communautaire « Rome I » et le choix de la loi dans les contrats internationaux,* Actes du colloque de Dijon des 9-10 septembre 2010, sous la dir. de Sabine Corneloup et Nathalie Joubert (éd.), Vol.35, Litec, Paris, 2011, p. 423-442.
- « L'arbitre international et la hiérarchie des normes », *R.A.*, 2011, n°2, p. 361.
- « The Laws or Rules of Law Applicable: to the Merits of a Dispute and the Freedom of the Arbitrator», in *ICC Institute of World Business Law*, Dossiers VIII, 2011, p. 47.
- « La liberté de l'arbitre », *RA.*, 2013, n°2, p. 339.
- « Le contrôle de la sentence arbitrale au regard de l'ordre public, le point de vue français », *Journal des Tribunaux Luxembourg*, 5 juin 2016.
- « L'arbitre et l'ordre public » in, *Droit sans frontières*, Mélanges en l'honneur d'Éric Loquin, Travaux du CREDIMI, Vol. 51, LexisNexis 2018, p. 215 s.

MEZGHANI (A.), « Observations sur les différents ordres juridiques applicables aux contrats internationaux », *R.T.D.,* 1985, n° spécial *Mélanges Chaker*, p. 295.

MEZIOU (K.), « Le droit applicable au fond du litige dans l'arbitrage international » in colloque L'arbitrage international dans le nouveau code tunisien organisé les 26-27 nov.1993 pub. *C.E.J.J.,* 1995, p. 60.
- Avec M. Mezghani (A.) : « Le code tunisien de l'arbitrage », *R.A.*, 1993, p.521.
MOURALIS (D.), « Les divers modes d'application du droit français des contrats en tant que *lex contractus* dans l'arbitrage international », *R.D.A.I.*, 2017, n° 6, p. 533.
MOURRE (A.), « Le libre arbitre, ou l'aveuglement de Zaleucus (variations sur l'arbitrage, l'ordre public et le droit communautaire) », *in* Mélanges François KNOEPFLER, Bale, *Helbing & Lichtenhahn*, 2005, p. 283.
- « L'application par l'arbitre de la Convention de Vienne sur la vente internationale de marchandise », *Bull CIA de la CCI* 2006, n°17, p.45.
- « A propos des articles V et VIII de la Convention de New York et la reconnaissance des sentences annulées dans leur pays d'origine : où va-t-on après les arrêts *Termo Rio et Putrabali* ? », *R.A.*, 2008, p. 263.
MOUSSERON (J.-M), « *Lex mercatoria* : bonne mauvaise idée ou mauvaise bonne idée ? », *in Mélanges J. Boyer,* Presses de l'Université des Sciences Sociales de Toulouse, 1996, p. 469.
MUIR WATT (H.), « L'applicabilité de la convention des Nations Unies sur les contrats de vente internationale de marchandise devant l'arbitre international », *R.D.A.I./IBLJ*, n°3, 1996, p.401.
- « Les principes généraux en droit internationale de marchandises », *R.D.A.I.,* 1996, n°8, p.1032.
MUSTIL (L.-J.), « The New *Lex Mercatoria*: The First Twenty-Five Years», in Dr. Maarten Bos et Ian Brownline, dir., *Liber Amicorum for the Rt. Hon. Lord of Wilberforce*, Oxford, Clarendon Press,1987, p.149, reproduit aussi in *Arb int'l*, 1988.
- « The new *lex mercatoria* », J. Int. Arb., 1988, p. 86.
NOURISSAT (C.), « Présentation du Règlement (CE) n° 593/2008 du Parlement Européen et du Conseil du 17 juin 2008 sur la loi applicable aux obligations contractuelles (Rome I) », note de synthèse réalisée par le réseau Entreprises Network de la CCI de Lyon dans le cadre de la réunion organisée le 16/12/2008 à la CCI de Lyon, disponible in : www.lyon.cci.fr
OPETIT (B.), « La notion de source du droit du commerce international », *A.P.D.,* 1982, Tome 27, Paris Sirey, p. 43.
- « Arbitrage et contrat d'État, l'arbitrage Framatome et autres c/*Atomic Energy Organisation of Iran* », *J.D.I.*, 1984, p. 37.

- « Les principes généraux en droit international privé », *A.P.D.*, Tome 32, 1987, p. 179.
- « Droit du commerce international et valeurs non marchandes », Etudes de droit international en l'honneur de P. Lalive Helbing & Lichtenhahn, 1993, p. 309.
- « Philosophie de l'arbitrage commercial international », *J.D.I.,* 1993, p. 811.
OSMAN (F.), « Une *Lex Mediterranea* de l'arbitrage : quelles perspectives d'harmonisation/unification pour l'Union pour la Méditerranée ? », rapport conclusif in : *Vers une Lex Mediterranea de l'arbitrage. Pour un cadre commun de référence*, sous la dir. de Filali Osman et L. Chédly, Bruxelles, Bruylant, 2015, pp. 505-541.
- « Lex *Mercatoria et Lex Mediterranea* :convergence et émergence d'un *ius commune mercatorum* », in *Droit sans frontières : Mélanges en l'honneur d'Éric Loquin,* LexisNexis 2018, vol. 51, pp. 521-552.
PAMBOUKIS (C.P.), « La *lex mercatoria* reconsidérée », in *Le droit international privé, esprit et méthode*, *Mélanges P. Lagarde*, Paris, Dalloz, 2005, p. 635.
PAULSSON (J.), « La *lex mercatoria* dans l'arbitrage CCI », *R.A.*, 1990, p. 55.
- « L'exécution des sentences arbitrales en dépit d'une annulation en fonction d'un critère local (ACL), *Bull CIA de la CCI,* V. 9, n° 1, mai 1998, p. 22.
- « **PELLET (A),** « La *lex mercatoria,* « tiers ordre Juridique ?» Remarques ingénues d'un internationaliste de droit public », in *Mélanges Ph. Kahn*, Litec 2000, p. 53.
PERRET (F.),« Quelques réflexions au sujet de l'application par l'arbitre international du droit matériel choisi par les parties »,in *Mélanges Serge Lazareff*, sous la dir. De Laurent Lévy et Yves Derains, éd., Pédone, 2011, p. 491.
POMMIER (J.-Ch.), « La résolution du conflit de lois en matière contractuelle en présence d'une élection de droit : le rôle de l'arbitre », *J.D.I.,* 1992, p. 6.
POUDRET (J.-F.), « L'arbitre n'a pas de for », in Mélanges en l'honneur de Henri- Robert Schupbach, Bâle/ Genève/ Munich, Helbing & Lichtenhahn, 2000, p. 227.
- « Quelle solution pour en finir avec l'affaire Hilmarton ? Réponse à Philippe Fouchard », *R.A.,* 1998, p.7.
PRUJINER (A.), « L'arbitre et le droit », *Mc Gill Law Journal*, V 1:1, 2014, p. 83.

QUYEN CAM TRUONG (C.), « Le droit applicable au fond dans les contrats internationaux de distribution : analyse des sentences arbitrales de la CCI », *Bull de la CCI* 2001, n°1, p. 40.
RADICATI DI BROZOLO (L.G.), « Mondialisation, juridiction, arbitrage : Vers des règles d'application semi nécessaire ? », *Rev. crit. DIP* 2003, p.1.
- « Arbitrage commercial international et lois de police », 2005, T. 315, p. 265.
- « Arbitration and Competition Law: The Position of Courts and of Arbitrators»: *Arb. Int'l 2011*, p. 1.
- « Arbitration and mandatory rules»: American Review of Int'l Arbitration 2012, p. 49.
- « Règles transnationales et conflit de lois : réflexions à la lumière des principes UNIDROIT et des principes de La Haye », in : Le droit des rapports internationaux économiques et privés, *Mélanges en l'honneur du Professeur Jean-Michel JACQUET,* sous la dir. de Marcelo Kohen et Dolores Bentolila, LexisNexis, 2013, pp. 275-298.
RACINE (J.-B.), « L'arbitrage commercial international et les mesures d'embargo. A propos de l'arrêt de la Cour d'appel du Québec du 31 mars 2003, *J.D.I.*, 2004, n° 4, p. 90 s.
- « Réflexions sur l'autonomie de l'arbitrage commercial international », *in Journée d'hommage et d'études à Philippe Fouchard, R.A.*, 2005, p. 306.
- « La contribution de l'ordre public européen à l'élaboration d'un ordre public transnational en droit de l'arbitrage », *R.A.E.,* 2005/2, p.227.
- « L'arbitre face aux pratiques illicites du commerce international », *P.A.,* 08/10/2010, n°201, pp. 8-13.
- « Droit économique et lois de police », *R.I.D.E.*, 2010, (t. XXIV/1), n°1, pp. 61-79.
- « Les usages dans l'arbitrage commercial international : une place à géométrie variable », *Journal des Sociétés*, 01/11/2011, n°92, p. 37-41.
- « Les normes porteuses d'ordre public dans l'arbitrage commercial international », in E. Loquin et S. Manciaux (dir. pub.), *L'ordre public et l'arbitrage*, *Trav. du CREDIMI*, 2014, volume 42, LexisNexis, 2014, p. 7.
RUBINO SAMMARTANO (M), « Le tronc commun des lois nationales en présence : réflexions sur le droit applicable par l'arbitre internationale », R.A., 1987, p.133.
- « The channel Tunnel and the tronc commun doctrine », J. *Int Arb* 59 (sept.1993).

SAMUEL (A.), « Lesotho Highlands: 'Denaturing' an Arbitration Statue and an EXPRESS

SAUVAGE (N.), « La *lex mercatoria* : une loi, facteur d'insécurité et d'imprévisibilité juridique ? », *R.R.J.,* 2013, n° 2, p. 971.

SERAGLINI (Ch.), « Du bon usage des principes UNIDRIOT dans l'arbitrage international », *R.A.*, 2003, p. 1101.

- « Le contrôle de la sentence au regard de l'ordre public international par le juge étatique : mythes et réalités », *Cah. arb.,* V. 5, 2011, p. 128.

SNOUSSI (M.), « La détermination du droit applicable devant le CIRDI », in Le CIRDI, 45 ans après : Bilan d'un système. Actes du Colloque de Tunis les 3 et 4 mars 2006, (dir.) F. Horchani, éd., Pédone, Paris, 2006.

STERN (B.), « Trois arbitrages, un même problème, trois solutions : les nationalisations pétrolières libyennes devant l'arbitrage international », *R.A.*, 1980, p.2.

- « Quelques observations sur les règles internationales relatives à l'application extraterritoriale du droit », *A.F.D.I.*, 1986, p.6.

TRUONG (Gorinore Cam Quyen), « Le droit applicable au fond dans les contrats internationaux de distribution : analyse des sentences arbitrales », *Bull CIA de la CCI*, 2001, Vol.12, n°1, p. 40.

VANHOUTTE (H), « La loi applicable à l'arbitrage commercial international », *R.D.I.D.C.*, 1980, p.285. « La convention de Vienne dans la pratique arbitrale de la chambre de commerce internationale », *Bull CIA de la CCI*, Vol.11/2, 2000, p.27.

WEISZBERG (G.), « Vingt ans d'interprétation et de comblement des lacunes dans la Convention internationale de vente de marchandises di 11 avril 1980 », étude dédiée au professeur Albert H. KRITZER, Pace Law School Institute of International Commercial Law, White Plains, New York, March 2009.

XAVIER TRAIN (F.), « Les recommandations de l'Association de droit international sur l'établissement de la teneur du droit applicable dans l'arbitrage commercial international », *Cah. arb.,* V 5, 2011.

V- Sentences arbitrales étudiées ou citées

- Petroleum Development (Trucial Coast) Ltd. vs c/ le Sheikh d'Abu Dhabi, (original en anglais) rendue le 28 août 1951 par Lord Asquith of Bishopstone (1952) I.C.L.Q., vol 1, 1952, p. 247.
- Affaire **RULER** Ruler of Qatar vs/ International Marine Oïl Company Ltd, sentence rendue en 1953 par Sir Alfred BUCKNILL (*referee*), *20 International Law Reports*, 1953, p.534.
- Sentence CCI n° **1005**, Doc. n° 410/592, 10-IV-1952.

• Sentence Emir de Qatar c. International Marine Oïl Co de 1953, *I.R.L.*, 1953. 534.
• Sentence CCI rendue le 22/12/1954, *The Alsing Trading Company Ltd, Svenska Tandsticks Aktiebolaget c/ Etathellénique* », *R.A.*, 1955, p. 27.
• Sentence **ARAMCO**, *Gouvernement de l'Arabie Saoudite et l'Arabian Americain Oïl Company* le 23 aout 1958, *Rev. crit. DIP* 1963, p. 272, note H. Batiffol.
• Sentence CCI n° **1250** de 1964, Yearbook, 1980, p. 168.
• Sentence CCI n° **1354**, Doc. n° 410/1306, 7-VII-1965.
• Sentence CCI n° **1422** de 1966, *J.D.I.*, 1974, 884, obs. Y. Derains.
• Sentence CCI n° **1641** de 1969, *Clunet*, 1974, 889, obs. Y. Derains.
• Sentence CCI n° **1512** de 1971, *J.D.I.*, 1974, p. 905, note Y. Derains.
• Sentence CCI n° **1776** de 1972, obs. Y. Derains.
• Sentence CCI n° **1990** de 1972, *J.D.I.*, 1974, p. 901.
• Sentence CCI n° **2096** de 1972, *R.A.,* 1972, p. 99.
• Sentence CCI n° **2103** de 1972, Clunet 1974, p. 903, obs. Y. Derains.
• Sentence CCI n° **2152** de 1972, *J.D.I.*, 1974, p. 889, note Y. Derains.
• Affaire BP Exploration Company (Libye) vs/ Government of the Libyen Arab Republic, sentence en anglais rendue par Gunnar LAGUERGEN le 10/12/1973, *R.A.,* 1980, n° 1, p. 132.
• Tribunal Fédéral, sentence 10/12/1974, *AsbrinkEiker*, A.T.F. 100 II 450 ; *J.D.I.,* 1976, p. 712.
• Sentence CCI n° **2216** de 1974, in S.JARVIN et Y. DERAINS, *Recueil des sentences arbitrales de la CCI 1974-1985*, Kluwer Law & Taxation/ICC Publishing, 1990, p. 224.
• Sentence CCI n° **2291** de 1975, *Clunet*, 1976, 989, obs. Y. Derains ; *Rec. des sentences arbitrales C.C.I.*, Vol. 1, p. 274.
• Sentence C.C.I n° **1434** de 1975, *Clunet* 1976, p. 978, obs. Y. Derains.
• Sentence CCI n° **2375** de 1975, *J.D.I*, 1976, n°4, pp. 973-978, obs. Y. Derains.
• Sentence CCI n° **2438** de 1975, *J.D.I.*, 1976, p. 969.
• Sentence CCI n° **2478** de 1975, *J.D.I.,* 1975, p. 925.
• Sentence CCI n° **2520** de 1975, *J.D.I.,* 1976, p. 992, obs. Y. Derains, spéc. p. 995 ; **S.** JARVIN & Y. DERAINS, *Recueil des sentences arbitrales de la CCI 1974-1985*, p. 281.
• Sentence CCI n° **1512** de 1976, Yearbook 1976, Vol. I, p. 128.

• Sentence CCI n° **2508** de 1976, *Clunet* 1977, p. 939, obs. Y. Derains.
• Affaire **Texaco** : Texaco Oversa Petrolieum Company (TOPCO), California Asiatic Oïl Company (Calasiatic), c/ Gouvernement de la république arabe de Lybie, sentence en français rendue le 19 janvier 1977 par l'arbitre unique René Dupuy, *J.D.I,* 1977, note J.-F Lalive, p. 350 et 319 ; International Legal Materials, vol. 17, 1977
• Sentence CCI n° **1110** de 1977, citée par **J.-G. WETTER**, « Issues of Corruption before International Tribunals: The Authentic Text and True Meaning of Judge Gunnar Lagergren's 1963 Award in ICC Case n° 1110 », *Arb. Int'l.* 1994. 277.
• Sentence CCI n° **1704** de 1977, Clunet 1978, p. 977, obs. Y. Derains.
• Sentence n° **2637**, II. *Y.C.A.*, (1977), 153.
• Sentence ad hoc rendue le 12 avril 1977 à Genève, (Libyen Americain Oïl Company (LIAMCO) c/ Gouvernement de la République arabe libyenne, *R.A.*, 1980, n° 1, p. 134 ; publiée aussi in : *I.L.M.,* 1980, vol. 20, pp. 1-87, trad. Française in *R.D.A.,* 1980, pp. 132-191, spéc. pp. 154 s, note B. Stern.
• Sentence n° **2680** de 1977, Clunet, 1978, p. 998, obs. Y. Derains.
• Sentence CCI n°s **2735** et **2391**, *J.D.I.,* 1977, p. 947 et p. 950.
• Sentence CCI n° **2119** de 1978, *J.D.I.*, 1979. p. 997, obs. Y. Derains.
• Sentence CCI rendue dans les affaires n° **2977**, **2978** et **3033** de 1978 Recueil des sentences arbitrales de la CCI., éd. Kluwer 1990, T. 1, p. 58.
• Sentence CCI n° **3267** de 1979, *Clunet*, 1980, 962, obs. Y. Derains.
• Sentence CCI n° **3130** de 1980, *J.D.I.* 1981, p. 932.
• Sentence CCI n° **3380** de 1980, *J.D.I.*, 1981, p. 928.
• Sentence CCI n° **3540** de 1980, *Clunet*, 1981, pp. 914-927, obs. Y. Derains.
• Sentence AAA n° **1310-0417-78** de 1980, *Y.C.A.*, 1983, T. VIII, p. 166.
• Chambre arbitrale pour les fruits, légumes et primeurs frais et comestibles C.E.E. de Strasbourg, 23 jan. 1980, *Y.C.A.*, 1983, VIII, p. 118.
• Sentence CCI n° **3327** de 1981, *Clunet*, 1982, 971, obs. Y. Derains.
• Sentence CCI n° **3344** de 1981, *Clunet*, 1982, 978, obs. Y. Derains.
• Affaire **Amin oil:** The Government of THE State of Kuwait vs/ the American Independent Oil Company (Amin oil), sentence en anglais rendue le 24 mars 1982 par Paul REUTER (président), Hamed

SULTAN & Sir Gerald FITZMAURICE, *J.D.I,* 1982, p. 869; International Legal Materials, 1982, p. 976.
• Sentence CCI n° **2730** (1982), *J.D.I.,* 1984, p. 914 s, obs. Y. Derains.
• Sentence CCI n° **2930** de 1982, Recueil des sentences arbitrales de la CCI, Kluwer 1990, T1., p. 118.
• Sentence CCI n° **3572** de 1982: *Y.C.A.*, Deventer [Kluwer Law and Taxation Publ.], vol. 14, 1989, p. 111.
• Sentence CCI n° **3916** de 1982, *J.D.I.*, 1984, p. 935, obs. S. Jarvin.
• Sentence CCI n° **3938** de 1982, Recueil 11, Tome I, p. 503.
• Sentence CCI n° **4123**, *J.D.I.*, 1983, p. 891, obs. Y. Derains.
• Sentence CCI n° **4132** de 1983, Recueil des sentences arbitrales de la CCI, Kluwer 1990, T1., p. 164 ;extrait publié aussi au *J.D.I.*, 1984, n° 4, p. 891 obs.Y. Derains.
• Sentence CIRDI du 25/09/1983, Amco Asia, *J.D.I.*, 1986, p. 200, obs. Gaillard.
• Sentence CCI n° **2730**, *J.D.I*, 1984, p. 914.
• Sentence CCI n° **3919** de 1981, *J.D.I.*, 1984, p. 920.
• Sentence CCI n° **4434**, 1983, *J.D.I.,* 1983, p. 893.
• Sentence CCI n° **4338** de 1984, *Clunet*, 1985, pp. 982-986, obs. Y. Derains.
• Sentence CCI n° **4695** de 1984 : XI *Y.C.A.*, 1986, 149.
• Sentence C.I.R.D.I., 1984, affaire *Letco c. République Libéria* : Y.C.A., 1988, 35.
• Sentence CIRDI dans l'affaire *Kartika Plaza* du **20 nov. 1984**, *J.D.I.*, 1987, p. 145.
• Sentence n° **4237**, *Y.C.A.*, 1985, p. 52, publiée aussi in *Recueil* I, p. 167.
• Sentence n° **4996** de 1985, *Recueil des sentences CCI*, Kluwer 1990, T.1, p. 292.
• Sentence CCI n° **4996**, *J.D.I.,* 1986, p.1131, obs. Y. Derains.
• Sentence finale arbitrage ad hoc du 20 novembre 1987 (*Pipeline Contractor v. Oïl Company), Y.C.A.*, Deventer, Kluwer Law and Taxation Pub. vol. 14, 1989, p. 47-70.
• Sentence CCI n° **5118** de 1986, *J.D.I.,* 1987, p. 1027, obs. Jeanlet.
• Sentence CCI n° **2561** du 31 mars 1987 de la *Society of Maritime Arbitrators*, Y.C.A., vol. XV, 1990, p. 109.
• Sentence CCI n° **3916** de 1987, *J.D.I.,* 1987, p. 988.
• Sentence CCI n° **4555** de 1987, *J.D.I.,* 1987, p. 965.

- Sentence CCI n° **5065**, *J.D.I.*, 1987, p. 1039.
- Sentence CCI n° **5460** de 1987, *Y.C.A.*, 1989p. 104.
- Sentence C.C.I n° **3755** en 1988, Bull. CIA de la CCI, Vol. 1, n°2, 1990. 25.
- Sentence CCI n° **5103** de 1988, *Clunet*, 1988, pp. 1206-1215, obs. G.A. Alvarez.
- Sentence CCI n° **5346** de 1988, *J.D.I.*, 1991, p. 1080.
- Sentence C.C.I n° **5460**, *Y.C.A.*, 1988, p. 104, publiée aussi in *Recueil* II, p. 136.
- Sentence CCI de 1988, Primary coal v *Compania Valenciana de cementos Portland*, *R.A.*, 1990, n° 3, p. 663.
- Sentence *ad hoc* du 5/02/1988 rendue à La Haye par MM. J. Stevenson, Président, I. Brownline et B. Cremades, arbitres, dans l'affaire *Winter Shell c. Qatar*, Yearbook, 1990.30.
- Sentence CCI n° **5551** de 1988, *Bull. CIA de la CCI,* vol. 7/n°1, p. 83.
- Sentence *Iran-United States Claim Tribunal*, July 28, 1989, (1990), *Y.C.A.*, 220, (*Watkins Johnson Ltd. V the Islamic Republic of Iran & Bank Saderat Iran*).
- Sentence C.C.I n° **5713** de 1989, disponible sur : www.unilex.info
- Sentence CCI, n° **5865** de 1989, *J.D.I.*, n°4, 1998, p. 1008, note D. Hasher.
- Sentence CCI n° **5904** de 1989, *J.D.I.*, 1989, p. 1112 ; *Rec. C.C.I.* II. p, 387, note G.- A. Alvarez.
- Sentence CCI n° **6281** de 1989, Recueil des sentences arbitrales de la CCI, II, p. 394 ; *J.D.I.*, 1991, p. 1054, obs. D. Hascher ; Yearbook 1990, p. 96.
- Sentence CCI n° **5717**, *Bull. C.I.A. de la C.C.I.*, 1990, n°2, p. 22.
- Sentence CCI n° **5721**, *J.D.I.,* 1990, p. 1020, obs. J.-J. Arnaldez.
- Sentence CCI n° **6401** de 1990, *J.D.I.*, 1996.1014, note D. Hascher.
- Sentence CCI n° **6560** de 1990, Yearbook, 1992. 226.
- Sentence CCI n° **5953***Primary Coal v. Compania Valenciana*, *R.A.*, 1990, p. 701.
- Sentence CCI n° **6527** de 1991, Y.C.A., Deventer [Kluwer Law and Taxation Publ.], vol. 19, 1993, p. 44.
- Sentence CCI. n° **5030** de 1992, *J.D.I.,* n° 4, 1993, p. 1004, note Y. Derains ; Rec. C.C.I. III, p. 475.
- Sentence CCI n° **6500** de 1992, *J.D.I.*, 1992, p. 1015.
- Sentence CCI n° **6840**, *J.D.I.*, 1992, p. 1031, note Y. Derains.

- Sentence CCI n° **7153** de 1992, *J.D.I.,* 1992. 1006, obs. D. Hascher.
- Sentence CCI n° **7197** de 1992, *J.D.I.*, 1993, p. 1029, note D.H.
- Sentence CCI n° **7319** de 1992, *Bull. CIA. de la CCI*, 1992, n°2, p. 56.
- Sentence CCI n° **6653** de 1993, *J.D.I.,* 1993. 1040, obs. J.-J. Arnaldez.
- Sentence CCI n° **6294** de 1994, *J.D.I.*, 1994, n° 4, p. 1050, obs. J.-J. Arnaldez.
- Sentence CCI n° **6497** de 1994, *Y.C.A.*, 1999.71.
- Sentence CCI n° **7331** de 1994, *Bull CIA de la C.C.I.*, vol 6, n° 2, nov. 1995, p. 73 ; disponible en ligne sur : http://cisgw3.law.pace.edu/cases/947331il.html
- Sentence CCI n° **7518** de 1994, Collection of ICC Arbitral Awards (1996-2000), p. 516.
- Sentence CCI n° **7585** de 1994, *J.D.I.*, 1995, p. 1015, note Y.D.
- Sentence CCI n° **6653**, *Recueil des sentences arbitrales de la C.C.I.,* 1991-1995, p. 513.
- Sentence CCI n° **7110** de 1995, *Bull. CIA de la CCI*, vol. 10/n° 2, 1999, p. 40 s, publiée aussi in *J.D.I.*, 2001, p. 1148, note Y. Derains.
- Sentence CCI n° **7544** de 1995, *Cah. arb.*, *Gaz. Pal.*, juillet 2002, p. 242.
- Sentence CCI n° **7710** de 1995, *J.D.I.*, 2001, n° 4, p. 1148, obs. Y. Derains.
- Sentence C.C.I n° **8128**, de 1995, *J.D.I.*, 1996, p. 1024, note Hascher.
- Sentence C.C.I n° **8128**, de 1995, *J.D.I.*, 1996, p. 1024, note Hascher.
- Sentence n° **8324** de 1995, Recueil des sentences arbitrales de la CCI (1996-2000), J.-J. Arnaldez, Y. Derains & D. Hasher, ICC Publishing, p. 435, note D.H, à la page 438.
- Sentence CCI n° **8385** de 1995, *J.D.I.,* 1997, n° 4, p. 1061, note Y. Derains, Collection of ICC Arbitral Awards (1996-2000), p. 474.
- Sentence CCI n°**7375** de 1996, *Mealey's International Report*, 1996, A-1 A-69, p. 11 ; J.-J. ARNALDEZ, Y. DERAINS et D. HASCHER, *Rec. des sentences arbitrales C.C.I.* 1996-2000, *I.C.C. Publishing, Kluwer Law Arbitration* 2003. ; *R.D.U.*, 1997, n°3, p. 599.
- Sentence CCI n° **8486** de 1996, *Bull. C.I.A de la C.C.I* (1996-2000), p. 527.

- Sentence CCI n°s **8502** et **8502** de 1996, *Bull C.I.A de la C.C.I*, Vol. 10/ 2, 1999, p. 72.
- Sentence CCI n° **8782** de 1997, *Y.C.A.*, vol. XXVIII, 2003, pp. 39-53.
- Sentence CCI n° **8817** de 1997, *Bull. CIA de la CCI* 10/2, 1999, p. 75.
- Sentence CCI n° **8855** de 1997, *J.D.I.*, 2000. 1070, obs. J.-J. Arnaldez.
- Sentence C.C.I n° **8873** de 1997, *Bull. C.I.A de la C.C.I*, vol. 10/ n°10, 1999, p. 81.
- Sentence CCI n° **8891** de 1998, *J.D.I.*, 2000, p. 1076, note D. Hascher.
- Sentence CCI n° **8908** de 1998, *Bull. CIA de la CCI* 1999, p. 86.
- Sentence C.C.I n° **9029** de 1998, disponible sur : www.unilex.info
- Sentence CCI n° **9392** de 1998, 26 *Y.B. Comm. Arb* 13.
- Sentence CCI n° **9426** de 1998, 26 *Y.B. Comm. Arb* 13
- Sentence CCI n° **9187** de 1999, *Bull. CIA de la CCI*, 2000, p. 95.
- Sentence CCI n° **9448** de 1999, *Bull. CIA de la CCI*, 2000, p. 105.
- Sentence partielle CCI n° **9875** de 1999, en ligne sur www.unilex.info.
- Sentence CCI n° **8769** *Bull. C.I.A. de la C.C.I.*, vol. 11/ n° 2, 2e semestre 2000.
- Sentence CCI n° **8962**, *Bull. C.I.A. de la C.C.I.* vol. 11/ n° 2, 2e semestre 2000.
- Sentence CCI n° **10264** de 2000, *J.D.I.*, 2004, n° 4, p. 1255 s, note S. Jarvin.
- Sentence partielle n° **10137** de 1999, *Cah. arb.*, V.5, 2010, p. 519.
- Sentence CCI n° **9083**, *Bull. CIA de la CCI.*, 2000, p. 11.
- Sentence n° **10264** de 2000, *J.D.I.*, 2004, n° 4, p. 1255, note S. Jarvin.
- Sentence CCI n° **8501** de 2001, *J.D.I.*, 2001, n° 4, p. 1164.
- Sentence CCI n° **10988** de 2001, *Bull. CIA. de la CCI*, vol. 19, n° 1, p. 118.
- Sentence CCI n° **7235** de 2001, *Gaz. Pal.*, 2001, p. 37.
- Sentence CCI n° **10385** de 2002, *Bull. CIA. de la CCI.*, supp. spécial 2005, pp. 80-83, en ligne sur : http://www.unilex.info/case.cfm?id=1063

- Sentence CCI n° **14046**: *Y.C.A.*, Deventer [Kluwer Law and Taxation Publ.], vol. 35, 2010, p. 241.
- Sentence CCI n° **11440** rendue en 2003, *Y.C.A.,* vol. XXXI, 2006, pp. 127-147.
- Sentence finale rendue dans l'affaire n° **12045** en 2003, *J.D.I.,* 2006, n°4, p. 1434 s, note S. J & C.T.-N.
- Sentence CCI n° **12173** de 2004, en ligne sur : http://cisgw3.law.pace.edu/cases/041217 3il.html
- Sentence CCI n°**73365**, rapportée in Bull. C.I.A de la C.C.I. Vol. 15/n° 2, 2ème semestre 2004, p. 117 à 118, § 8-9, 8-10.
- Sentence CCI n° **12193** de 2004**,** *J.D.I.*, 2007, p. 1286, note Romero Eduardo Silva, disponible en ligne sur :https://www.trans-lex.org/196121
- Sentence CCI n° **11934** de 2004, *Bull CIA de la CCI*, 2007, vol. 18, n° 1, p. 108.
- Sentence CCI n° **12472** de 2004, spécial supplément 2013 : *Tackling Corruption in Arbitration* (ICC, 2013), p. 46.
- Sentence finale n° **12603** de 2004, rapportée par E. Jolivet, in, Les *Cah. arb.*, V.5, 2010, *op.cit.,* spéc. p. 524.
- Sentence finale CCI n° **12990** de2005, *J.D.I.*, 2010.1406, note F. Mantilla Serrano, « *Tackling Corruption in Arbitration* », *Bull. CCI.*, 2013, Supp. spécial
- Sentence CCI n° **13509** de 2006, J.-J. ARNALDEZ, Y. DERAINS, D. HASCHER, dir., Collection of ICC Arbitral Awards, Recueil des sentences arbitrales de la CCI, 2008-2011, Wolters Kluwer/ICC, 2013, p. 739.
- Sentence CCI n° **13515** de 2006, publiée in « *Tackling Corruption in Arbitration* », *Bull. CCI.*, 2013, supplément spécial, p. 66.
- Sentence CCI n° **7913,** Bull. CIA de la CCI, vol. 18/n°1, 2007, p. 71.
- Sentence CCI n° **8501**, in J.-J. Arnaldez, Y. Derains et D. Hasher(éd.), *Recueil des sentences arbitrales de la CCI 2001-2007*, Kluwer Law International, 2009, p. 529.
- Sentence CCI n° **9669**, Extrait in Bull. C.I.A. de la C.C.I, vol. 18/n°1, 2007, p. 89.
- Sentence CCI n° **11934**, *Bull CIA de la CCI*, 2007, Vol. 18, n° 1, p 108, § 88.
- Sentence CCI n° **12070**, Extrait publié in *Bull. de la C.C.I*, vol. 18/n°1, 2007, p. 89.

• Sentence CCI n° **13914** de2008, *Bull. CCI.*, 2013, supp. spécial, p. 77.
• Sentence CCI n° **14046** : *Y.C.A.*, Deventer [Kluwer Law and Taxation Publ.], vol. 35, 2010, p. 241 ; disponible en ligne sur : http://archive.unige.ch/unige:83441
• Sentence CCI n° **14748** de 2009, *J.D.I.*, 2016, n° 4, p. 623, note B. D.
• Sentence CCI n° **15042** de 2009, *J.D.I.*, 2013, n° 1, p. 257, note C.T.-N
• Sentence CCI n° **15709** de 2009, « Chronique des sentences arbitrales », *J.D.I.*, 2015, n° 1, chron. 1, obs. C. Truong-Nguyen.
• Sentence CCI n° **15913** de 2011, « Chronique des sentences arbitrales », *J.D.I.*, 2015, n° 1, chron. 1, obs. Ph. Cavalieros.
• Décision sur la compétence rendue sous l'égide du CIRDI dans l'affaire n° ARB/10/11 et ARB/10/18, le 19 aout 2013, *Niko Ressources (Bangladesh) Ltd.c. Peoples Republic of Bangladesh Oïl Gaz and Mineral Corporation (« Petrobangla »)*, p. 137 n° 502.
• Affaire CIRDI n° **ARB/10/3**, sentence du 04/10/2013 *Metal- Tech c/République d'Ouzbékistan*, rendue par Mme G. Kaufmann-Köhler, Présidente, et MM. J. Townsend et C. Von Wobeser, § 389.
• Affaire CIRDI n° **ARB/10/19**, sentence du 18/11/2014 *Flughafen Zurich A.G. and Gestion E Ingenieria IDC S.A. c/ Venezuela*, rendue par MM. J. Fernandez- Armesto, Président, H. Alvarez et R. Viniesa, § 155.
• Affaire CIRDI n° **ARB/11/12**, sentence du 10/12/2014*Fraport a. g. Frankfurt Airport Services Worldwide c/ République des Philippines*, rendue par MM. P. Bernardini, Président, S. Alexandrov et A. van den Berg, § 306.
• Affaire CIRDI n° **ARB/12/11**, décision sur la compétence du 1er/02/2016*Ampal-American Israël Corp. et autres c/ République arabe d'Egypte*, rendue par MM. Y. Fortier, Président, C. MC Lachlan et F. Orrego Vicuna, § 306.
• Affaire CIRDI n° **ARB/11/29**, sentence du 16/08/2016*Getma International et autres c/République de Guinée*, rendue par Mme V. Van Houtte, Présidente, et MM. B. Cremades et P. Terciers, § 312.
• Affaire CIRDI n° **ARB/13/26**, sentence du 27/12/2016 *Spentex Netherlands B.V.c/République d'Ouzbékistan*, rendue par MM. A. Reinish, Président, S. Alexandrov et Mme B. Stern (non publiée)

• Sentence CCI n° **14748** de 2009, *J.D.I.,* 2016, n° 4, p. 623 s, note B.D.
• Affaire CIRDI n° **ARB/13/6**, décision sur la compétence du 8/03/2017 *Vladislav Kim et autres c/République d'Ouzbékistan*, rendue par MM. D. Caron, Président, Y. Fortier et T. Landau, § 616.

VI- Les décisions tunisiennes

• CA de Tunis arrêt n° 24 du 2/06/1998, *Multi finance Investissement c/ Mrad*, cité par **M. AMMAR**, « L'arbitrage en Tunisie depuis l'édiction du Code de l'arbitrage », *R.A.*, 2000, p. 247.
• CA de Tunis, arrêt n° **25** du 10/02/1998, *R.J.L.*, 1999, n° 5, p. 227.
• C.A de Tunis, arrêt n° **31-32** du 12/01/1999, *R.J.L.*, mai 1999 (n° spécial -arb), p. 292.
• CA de Tunis arrêt n° **33** du 26/12/1999, *R.J.L.*, avril 2001, p. 93.
• CA de Tunis, arrêt n° **40**, du 4/05/1999, *Revue Libanaise de l'Arbitrage Arabe et International*, n° 3, p. 65.
• CA de Tunis arrêt n° **39** du 15/06/1999, *R.J.L.*, avril 2001, p. 129.
• CA de Tunis, arrêt n° **56** du 13/03/2001, *Rev. CCAT.*, juin 2003, n° 13, p. 11.
• CA de Tunis arrêt n° **69** du 30/01/ 2001, *SOTRAF/ Sté Ferrovial, R.J.L.*, avril 2001, p. 240
• CA de Tunis, arrêt n° **101** du 23/10/2001, *R.J.L.*, avril 2002, p. 245.
• CA de Tunis arrêt n° **69** du 30/01/2001, *R.J.L.*, avril 2001, p. 240.
• CA de Tunis, arrêt n° **89** du 29/05/2001, *R.J.L.,* 2002, n° 4, p. 231.
• CA de Tunis, arrêt n° **115** du 8/10/2002, *Rev. CCAT.*, janvier 2006, n° 17, p. 6.
• CA de Tunis, arrêt n° **123** du 3/12/2002, *Rev. CCAT.*, janvier 2006, n° 17, p. 11.
• C.A. de Tunis arrêt n° **69135** du 19 mai 2009**,** extraits publié in : A. BEN TAIB & W. BEN HAMIDA, *Revue de l'arbitrage commenté*, 1ère éd., 2015, p. 24, publié aussi in : « Lectures d'œuvres prétorienne I », Unité de recherche « Jurisprudence », sous la dir. du Professeur Mounir AYARI, C.P.U., Tunis 2018, pp. 53 et s, avec la note de R. BEN KHALIFA.
• CA de Tunis arrêt n° **6886** du 27 mars 2018, Sté Tunsietélecom c/ Sté Destricom, la Sté Emirates International Télécommunications (Tunisie, Telecom Investment & Dubaï Investment Group(inédit).
• Cass. civ. arrêt n° **2017.54758** du 30 octobre 2018(inédit)

- CA de Tunis arrêt n° **17738** rendu le 26 février 2019, *Sté Venus Hôtel Management c/ Sté d'Etudes et de Promotion Touristique de Hammamet* (SEPTH), (inédit).
- CA de Tunis arrêt n° **14673** rendu le 26 mars 2019, *Sté Ferrovial Agroman SA c/ Entreprise Electra –ESSID NEJI* (inédit)
- CA de Tunis arrêt n° **24514** rendu le 30 avril 2019, *Sté Touristique d'exploitation hôtelière « STEH » c/ Sté Touristique Eddakhila* (inédit).
- CA de Tunis arrêt n° **15395** rendu le 25 décembre 2019, *Mustapha Chihaoui c/ NUTRISUD*, (inédit).
- CA de Tunis arrêt n° **35564** du 31 décembre 2019, *Sté Oceana Inc. Delaware USA c/ Sté DRM Investment Inc.*, (inédit).
- Cass. civ. 1ère Ch. n° **44857** du **30/07/1995** (inédit), cité par **S. BABAY YOUSSEF**, « Le contrôle post-arbitral (…) », spéc. note 145.
- Cass. arrêt n° **37** du 1er janvier 2000, *Rev. CCAT.*, octobre 2001, n° 9, p. 6.
- Cass. civ., arrêt n° **5139** du 20 fév. 2001, *R.J.L.*, 2002, n° 4, p. 155.
- Cass. civ. n° **10768** du 22/01/2002 (inédit).
- Cass. arrêt n° **2639** du 15 octobre 2004, *Rev. CCAT.*, avril 2005, n° 16, p. 6.
- Cass. arrêt n° **19474.2007** du 11/07/2008 (inédit). V. annexe.
- Cass. civ., arrêt n° **20596** du 27 nov. 2008, *Revue Internationale de l'arbitrage*, n°3, avril 2009, p. 334, extrait cité par **W. BEN HAMIDA** et **M. A. BETTAIB** in : *Code tunisien de l'arbitrage annoté par la jurisprudence*, éd., Bettaieb, 1re éd., Tunis 2015, p. 120.
- Cass. Arrêt n° **2012.70334** du 19 juin 2012, publié in *R.T.A,* 2016,n° 8, p. 202 s.
- Cass. arrêt n° **2014.13928** du 09 oct. 2014**,** publié in *R.T.A,* 2016,n° 8, p. 131.
- Cass. arrêt n° **80575** du 16 avril 2014, *R.J.L.,* 2017, n° 9, (novembre 2017), p. 19 et s, note **N. ZGHAL**, in « Lectures d'œuvres prétoriennes II », Unité de Recherche « Jurisprudence », sous la dir. du Prof. M. AYARI, Latrach Editions 2020, p. 423 s (en arabe).
- Cass. civ. Chambres réunies, arrêt n° **2013.3264** du 11/06/2015 (inédit).
- Cass. arrêt n° **2017.50776** du 07 juin 2018 (inédit).
- Cass. arrêt n° **2018.65971** du 04 décembre 2019 (inédit).
- Tribunal administratif n° **1082** du 1er février 1993, Groupement Bec Gtaf c/ Ministère de l'équipement, *Revue servir*, 1993, n° 22, p. 25

VII- Principales observations commentaires et notes[1111] :

A- Observations commentaires et notes relatives à des sentences arbitrales et à des décisions arbitrales de procédure

1- Observations publiées dans le cadre d'ouvrages :

JARVIN (S.) & DERAINS (Y.) : *Collection of ICC arbitral Awards, Recueil des sentences arbitrales de la CCI 1974-1985*- Pub. CCI n° 433 Kluwer 1990. Cet ouvrage rassemble les sentences rendues par la CCI et publiées entre 1974 et 1985 au Yearbook of commercial arbitration et au J.D.I. ainsi que les observations des auteurs.

JARVIN (S.), DERAINS (Y.) & ARNALDEZ (J.J.) : *Collection of ICC arbitral Awards, Recueil des sentences arbitrales de la CCI 1986-1990*- Pub. CCI n° 514 Kluwer 1994. Cet ouvrage rassemble les sentences rendues par la CCI et publiées entre 1986 et 1990 ainsi que les observations des auteurs au Yearbook of commercial arbitration et au J.D.I. et dans « the international construction law Review ».

2- Autres observations commentaires et notes :

ADDEL (St.) : Notes sous : CA de Paris, 31 janv. 2008, n° 06/07787, *Sté ivoirienne de raffinage* : PA 2008, n° 199, p. 24.

AUDIT (M.)&BOLLEE (S.) : Notes sous : Paris **21 fév. 2017**, *République du Kirghizistan c. M. Belokon, R.A.*, 2017.915.

BATIFFOL(H.) : Notes sous :

- Cass. Française *Messageries Maritimes*, 21/06/1950, Grands arrêts de la jurisprudence française de DIP, 5ème éd., 2006, arrêt n° 22, p. 194, Rev. crit. DIP, 1950, p. 609.
- Commentaire de la sentence du Président Cassin du 10/06/1955, *Rev. Crit. DIP* 1956, p. 278.

BEGUIN (J.) :Notes sous : Civ.1re du 6/07/2005, *Golshani/Iran, J.D.I.*, 2006, p. 608.

- Cass. Civ. 1ère, 17/12/2008, Aff. *Sté Odalys, J.C.P. G.* 2009, Actu. 30, p. 18.

BENSAUDE (D.), Notes sous : Paris, 27/05/2014, *Gaz. Pal.*, 21-22 nov.2014, p. 21.

BETTO (J-G.) : Notes sous Civ. 2e, 10/07/2003, *RA.*, 2003, p. 1361.

BOLLEE (S.) : Notes sous :

- Paris, 18/11/2004, Thalès, *Rev. crit. DIP* 2006, p. 104.
- Cass. civ. 17/01/2006 (*Sté Varassedis c/Sté Prodim*), *R.A.*, 2007, n°1, p. 97.
- Paris, 23/03/2006, *Cytec, R.A.*, 2007.100.
- Soc. 10/05/2006, *J.C.P., éd. G*, 2006, II, 1121.
- Com. 17/01/2006, *R.A.*, 2007, p. 97.

[1111] Les jugements, arrêts et sentences publiées sans commentaires, ne seront pas citées. Ne seront citées ici que les observations et notes les plus importantes.

- Cass. 1ère civ., 27/06/2007, Sté PT *Purtabali/ Rena Holding, Rev. crit. DIP* janv. Mars 2008, p. 109.
- Cass, 3e civ., n° 26338 du 28/05/2009, Aff. *Flamengo Center, T. B. R et sa famille c. M.A. en sa qualité d'associé dans la Sté Flamengo Center et Sté Flamengo, Journal of Arab Arbitration* (Liban), oct. 2009, n°4, p. 238.
- Cass. 1re civ., 30/06/2016, *D.* 2016, p. 1505 ; *JCP* 2016, p. 954.
- avec **(HAFTEL (B.))** CA de Paris, 7/04/2011, *R.A.*, 2011, p. 747.
- Cass. civ. 1ère n° 10-17076 du 12/02/2014, *Sté M. Schneider Schaltgeratebeau Und Elektroinstallationen c/ Sté CPL Industries Limited, D.* 2014, p. 1967.
- Paris, **21 février 2017**, l'arrêt *Belokon* n° 15/01650, R.A., 2017, n°3, p. 915, Chr. de jurisprudence française en matière de droit international public, *RGDIP*, 2018, n° 1, pp. 248-268

BOISSESSON (M.) : Notes sous : Cass. civ. 1ère 29/06/2007, *P.A.*, 2007, p. 20.

BUREAU (D.) : Notes sous :
- CA de Paris 28/05/1993 (*Sté générale pour l'Industrie*), *R.A.*, 1993. 664.
- Paris 20/06/1996 (Sté Paris), *R.A.*, 1996. 657.
- Paris, 11/12/1997, *Cubana (Sté) c/ Société Consavio International*, *R.A.,* 1999, p. 121.
- avec (**H. Muir Watt**) Cass. 1ère civ. 8/07/2010, n° 09-67.013, *Sté Doga c/ Sté HTC Sweeden AB*, *Rev. crit. DIP.*, 2010, p. 743.

CLAY (Th.) : Notes sous :
- Cass. civ. 1ère 29/06/2007, Société *Purtabali*, *J.D.I.*, 2007.1236.
- Paris, 27/05/2014, (Affaire *Vasarely),R.A.*, 2014, somm. p. 520.

CHABOT (G.) : Notes sous : Paris du 18/11/2004, Affaire *SA Thalès Air Défense c/GIE Euromissile, JCP*, éd. G, 2005, II. 10038.

D'AVOUT (L.) : Notes sous : CA de Paris (Pole 1-Ch) *Sté Michel A. Chalhoub Inc c/ Sté Daum*, 23/10/2012, *RA*., 2013, n°1, p. 174.
- Cass. 1re civ., 30/06/2016, *D.* 2016, *D.* 2016, p. 2025.

DE FONTMICHEL(A.) : Notes sous : CA de Paris, arrêt du 4/11/2014 *(SAS Man Diesel & Turbo France c/ Sté Al Maimana General Trading Compagny Ltd)*, *R.A.*, 2015, n° 2, p. 543.

DELANOY (L.-C.) : Notes sous : Cass. civ. 1ère n° 10-17076 du 12/02/2014, *Sté M. Schneider Schaltgeratebeau Und Elektroinstallationen c/ Sté CPL Industries Limited, Cah. arb.*, 2014, p. 585.

DUBARRY (J.-C.) & LOQUIN (E.) : Notes sous : CA de Paris 19/12/1991, *R.A.*, 1993, p. 300, *R.T.D. civ.*, 1993, p. 645.

HAMEL (J.), Note sous : civ. 27/06/1950, *Messageries maritimes.*1951, p. 749.

HASCHER (D.), Note sous : CA de Paris 1ère Ch. 12/02/1993, 3e esp. (*Unichips Finanziaria c/ Gesnouin)*, *R.A.*, 1993, p. 225,

HEUZE (V.) : Notes sous : CA de Paris arrêt du 30/09/1993, *Rev. crit. DIP* 1994, p. 349.

FADLALLAH (I.) : Notes sous : cass. civ. 1ère, 4/06/2008, *R.A.*, 2008.473.
FALLON (M.) :Note sous : CJCE 23/11/1999, *Rev. crit. DIP* 2000, p. 710.
GAILLARD (E.) : Notes sous : Paris 21/02/2017, *République du Kirghizistan c. M. Belokon J.D.I.,* 2017.1261.
- Notes sous : Cass, 1ère Ch. civ., 13/09/2017, pourvoi n° 16-25.657, Société *Indagro*", in *J.D.I.*, n° 4/2017, p. 1361.
- Notes sous : Paris 27/09/2016, n° 15/12614, *S.A Ancienne Maison Marcel Bauche c/ société Indagro, R.A.,* 2017.942 ; *J.D.I.*, 2017, n°4, p. 1369.
- Notes sous : Cass. 1re civ., 13/09/2017. n° 16-25.657, 445, *Sté Ancienne maison Marcel Bauche, Sté Indagro, Bull. civ.* I, n° 951, *R.A.*, 2017.900 ; *J.D.I.*, 2017, n°4, p. 136.
- « Le contrôle du droit appliqué au fond par l'arbitre et la durée de la mission de l'arbitre international », note sous Cass. civ. 1ère, (*Sté Soniped c/ Sté Sigmoil*) 15 juin 1994, *R.A.*, 1995, p. 88.
GOLDMAN (B.) : Notes sous : Civ. 1ère 22/10/1991, *Valenciana, J.D.I.,* 1992, p. 117.
HASCHER (D.), note sous CA de Paris 1ère Ch. Suppl. 12/02/1993, *Unichips Finanziaria c/ Gesnouin, R.A.*, 1993, p. 225, 3e esp.
HUET (A.) : Notes sous : civ.1er, 15 mai 2001, *J.D.I.,* 2001, p.1121.
IDOT (L.) : Notes sous : cass. 1ère civ. 19 nov. 1991, *R.A.*, 1992, p. 76.
JARROSSON (Ch.), Notes sous : Paris 16/06/1988 (Sté Swiss Oïl), *RA.*, 1989. 309.
JARVIN (S.) : Notes sous la sentence n° 6317 rendue en 1989, *J.D.I.*, 2003, n°4, p. 1156.
JOLIVET (E.) : Notes sous : Sentence CCI n°**10664** de 2002, *Gaz. Pal.,* 2007, p. 23.
KHAN (Ph.) : Notes sous : civ.1ère, 4/10/1989, *J.D.I.,* 1990, p. 415.
LAGARDE (P.) : Notes sous ;
- Civ. 1er 4/10/1989, *Rev. crit. DIP.,* 1990, p. 316.
- Civ.1er 22/10/1991, *Valenciana, R.A.*, 1992, p. 457.
- Civ.1er, 15/05/2001, *Rev. crit. DIP.,* 2000, p. 86.
LOQUIN (E.) : Notes sous :
- Paris, 19/04/1991, *R.A.*, 1991, p. 673.
- Paris, 28/11/1996, *R.A.*, 1997, p. 380.
- Civ. 2e, 15/02/2001, (1ère esp.) *R.A.*, 2001, p.135.
- Civ.1er, 6/05/2003, *R.A.*, 2004, p. 313.
- Civ.1er, 6/07/2005, *Golshani/Iran, R.T.D.com.,* 2006, p. 309.
LIBCHABER, Notes sous : Cass. arrêt du 7/07/ 2017, Ch. Mixte, *JCP* 2017, 1355, n°9.
MAYER (P.), Notes sous : CA de Paris, 8/03/1990 (*Coumet ès qual. et Ducler*) (2e esp.), *R.A.*, 1990. 675.
MOURALIS (D.), Notes sous : Paris, 17/02/2015 (l'affaire **Tapie),** *D.* 2015, p. 1253.

NOUAL (P.), Notes sous : Cass. 1re Civ., 4/11/2015, *Vasarely, D.* 2015, p. 2326.
NOEL (M.) : Notes sous : Paris 17/01/2008, *R.A.*, 2008, n°2, p. 33.
NIBOYET (J.-P.) : Notes sous : Cass. civ., 19/02/1930, Mardelé : *DH* 1930, p. 228 ; *Rev. crit. DIP* 1930, p. 282 ; *J.D.I.*, 1931, p. 90 ; S. 1933, I, p. 41.
- Notes sous : Cass. civ., 27/01/1931, Dambicourt : *Rev. crit. DIP* 1931, p. 514 ; *J.D.I.*, 1932, p. 93 ; S.1933, I, p. 41
- Notes sous : CA de Paris, 24/04/1940, *S.* 1942, 2, p. 29.
ORTSCHEIDT (J.) Notes sous: C.A de Paris, 15 janv. 2013, n° 11/08143, *Sté Sibirsky Cement* : *JCP G 2013*, doctr., 784, § 6.
- Notes sous : Cass. 1re Civ. 4/11/2015, *Vasarely, JCP G* 2015, p. 1370, § 1.
PINNA (A.), Notes sous : Cass. 1ère Ch. civ arrêt du 19/12/2012 Sté d'économie mixte Botas Petroleum Pipeline Corporation (Botas) c/ Sté Tepe Insaat Sanayii AS (Tepe), *R.A.*, 2013, n°1, p. 147 s.
RACINE (J.-B.) : Notes sous :
- Cass. 1ère Ch. Civ., n° 10-19.517 du 12/10/2011, *Rev .cont,* 01/07/2012, n°3, p. 951.
- La loi Doubin qualifiée de loi de police, Note sous C.A de Paris, 5ème pole, 8ème Ch., 25/10/2011, pourvoi n° 10/24023, *Rev. cont,* 01/04/2012, n°2, p. 536.
- Lois de police et sous-traitance : le retour à la « mal-aimée » loi du 31/12/1975, Notes sous Cass, Ch.Com., 27/04/2011, pourvoi n° 09-13.524, *Rev. cont,* 01/10/2011, n°4, p. 1294.
- Précisions quant à la détermination de la loi applicable à un contrat international en l'absence de choix des parties en vue de la Convention de Rome du 19 juin 1980, Notes sous Cass, Ch.Com., 19/10/2010, pourvoi n° 09-69.246, *Rev. cont,* 01/07/2011, n°3, p. 935.
- Review of Arbitrator's Jurisdiction under French Law: the Lesson of the Abela Case, Notes sous Cass, 6/10/2010, Fondation Abela, pourvoi n° 09-10.530, *Cah. arb.*, 01/06/2011, n°2, p. 443.
- Délais et Convention de Vienne de 1980 sur la vente internationale de marchandises, *Rev.* cont, 1/10/2009, n°2009/4, p. 1549.
- Paris 16 janvier 2018 arrêt n° 15/21703,*MK group c. Onix*, document consulté sur http://www.lexis360.frle 09/04/2020.
RADICATI di BROZOLO (L.-G.), Note sous Paris du 18 nov. 2004, Affaire *SA Thalès Air Défense c/GIE Euromissile* : « L'illicéité « qui crève les yeux » : critère de contrôle des sentences au regard de l'ordre public international (à propos de l'arrêt Thalès de la cour d'appel de Paris) », *R.A.*, 2005, n° 3, p. 529.
RAYNARD (J.) : Notes sous : Civ.1ère, 15/05/2001, *JCP* éd *G*.II, 10634.
SERAGLINI (Ch.) : Notes sous :
- Paris, 14/06/2001, *R.A.*, 2001, p. 773.
- Paris, 18/11/2004, Thalès, JCP éd G.2005, I 134, n°8.
VIANDIER (A.) : Notes sous : Paris 21/05/1996 (1ère esp.), *RA.,* 1996. p. 625.

VIDAL (D.), Notes sous : Cass. civ. 1ère n°10-17076du12/02/2014, *Sté M. Schneider Schaltgeratebeau Und Elektroinstallationen c/ Sté CPL Industries Limited, R.A.*, 2014. 389.

BIBLIOGRAPHIE EN LANGUE ARABE

أولا: المراجع العامّة

-**حسن الممّي**: القانون الدّولي الخاص، نظريات ومبادئ، شركة فنون الرسم، تونس 1994.

- **محمد الشّرفي وعليّ المزغنّي**: مدخل لدراسة القانون. المركز القومي البيداغوجي، تونس 1993.

- **محمّد الزّين**، النّظرية العامة للالتزامات،1- العقد، مطبعة الوفاء، طبعة ثانية، تونس، 1997.

- **نور الدّين الغزواني**، إجراءات مدنيّة وتجاريّة القانون الإجرائي العام، منشورات مجمع الأطرش للكتاب المختصّ، تونس 2012.

-**سامي الجربي**، تفسير العقد،تقديم المرحوم محمّد العربي هاشم، مركز النّشر الجامعي، ط 3، تونس2014.-

ثانيا: المراجع المتخصّصة ورسائل الدّكتوراه

- **أحمد الورفلّي**، التحكيم الدّولي في القانون التونسي والقانون المقارن، تقديم عبد الله الهلالي، مجمع الأطرش لنشر وتوزيع الكتاب المختصّ، تونس 2006.

- **أحمد الورفلّي**، مجلة التّحكيم معلّق عليها- التحكيم الدّاخلي، مركز الدّراسات القانونية والقضائية، تونس 2006.

- **الحسين السّالمي**، التّحكيم وقضاء الدّولة: دراسة علميّة تأصيليّة مقارنة، المؤسّسة الجامعية للدّراسات والنشر والتوزيع، مركز الدّراسات القانونية والقضائية، الطبعة الأولى، تونس 2008.

- **أشرف عبد العليم رفاعي**، القانون الواجب التطبيق على موضوع التحكيم والنظام العام في العلاقات الخاصّة الدولية: دراسة فقهية قضائية مقارنة، الإسكندرية، دار الفكر الجامعي، 2003.

- النظام العام والقانون الواجب التطبيق على إجراءات التحكيم في العلاقات الدولية: دراسة فقهية قضائية مقارنة، الإسكندرية، دار الفكر الجامعي،2003.

- النّظام العام والتحكيم في العلاقات الدولية الخاصّة: دراسة في القضاء التحكيم دار النهضة العربية 1997.

- **بديع بن عبّاس**، التّحكيم الدّاخلي والدّولي: الرّقابة القضائية على أحكام المحكّمين في فقه القضاء التونسي والمقارن، معهد الدّراسات العليا للنّشر، الطبعة الأولى، تونس 2021، ص. 569 وما بعد، خاصة عدد 511.

- **حفيظة السيد الحدّاد**، الطّعن بالبطلان على أحكام التحكيم الصّادرة في النزاعات الخاصة الدّولية، دار الفكر الجامعي، 1997.

- **فوزي محمّد سامي**، التّحكيم التّجاري الدّولي، دار الحكمة للطّبع والنّشر، بغداد، 1992.

-**رضوان أبو زيد**، الأسس العامّة للتّحكيم التّجاري الدّولي، دار الفكر العربي، 1981.

-**لطفي الشّاذلي ومالك الغزواني**، مجلّة القانون الدّولي الخاص معلّق عليها، مركز الدّراسات القانونيّة والقضائيّة، تونس 2008.

- **مبروك بن موسى**، أسباب الحكم القضائي في المادتين المدنية والتجارية، أطروحة دكتوراه في القانون الخاص، كلية الحقوق والعلوم السياسية بتونس، 2010.

- **نادر إبراهيم**، مكانة القواعد الدّولية في التحكيم التجاري الدولي، أطروحة دكتوراه الإسكندرية، 1998.

- **نور الدّين قارة**،

-قانون التّحكيم (مقدمة عامة- التحكيم الدّاخلي)، مركز النّشر الجامعي، طبعة ثانية، تونس 2017.

- الوجيز في القانون الدّولي الخاص، مجمع الأطرش لنشر وتوزيع الكتاب المختص، تونس 2021.

- **هشام صادق**، القانون المنطبق على عقود التجارة الدولية، منشأة المعارف الإسكندرية، 1995.

- **هشام عليّ صادق**، القانون المنطبق على الأصل في عقود التجارة الدّوليّة، منشأة المعارف، الإسكندريّة، 1995.

ثالثا- المقالات:

- **أحمد الورفلّي**،" دور القاضي في إنشاء قواعد التّحكيم"، أعمال مهداة إلى الأستاذ محمّد العربي هاشم، كليّة الحقوق والعلوم السّياسيّة بتونس، 2006، ص. 962 وما بعد.

" القضاء والتحكيم الدّولي: المستجدّ والقديم الرّاسخ"، محاضرة ألقيت في ملتقى المركز اللّيبي للتحكيم التجاري الدّولي، ميلانو 19 نوفمبر 2019، منشور على الرّابط التّالي:

https://www.ispramed.com/wp-content/uploads/2019/09/Ouerfelli-Ahmed-Arabic.pdf

- "محكمة التّعقيب توغل في تطبيق مفهوم الرّقابة الشكلية على أحكام التّحكيم"، ملاحظات حول القرار التعقيبي عدد 51522 مؤرّخ في 5 نوفمبر 2018، منشور بصفحته الخاصة لينكد على الرّابط التالي:

https://www.linkedin.com/pulse/-ahmed-ouerfelli

- **أنور زيد رضوان**، "قانون التجارة الدولية ودراسة لفكرة "لاكسماركاتوريا""، مجلة العلوم القانونية والاقتصادية، مطبعة جامعة عين شمس 1993، العدد 1 السنة 35، ص1.

- **حفيظة السّيد الحدّاد**، "الرّقابة القضائية على أحكام التحكيم بين الازدواجية والوحدة"، المجلّة اللّبنانية للتحكيم العربي والدولي، 2009، العدد 51، ص 4.

- **سمير الشّرقاوي**، "القانون الواجب التطبيق على موضوع النّزاع في التحكيم التجاري الدّولي"، المجلة اللّبنانية للتحكيم العربي والدّولي (دراسة مقارنة لقوانين الدول العربية)، العدد 16، ص.6.

- **سامي بديع منصور**، "تنازع القوانين والقانون المطبق من المحكم في عقود التجارة الدّولية"، المجلة اللّبنانية للتحكيم العربي والدّولي، 2009، العدد 50، ص 4.

- **عبد العزيز الدّهماني**، "محكمة الاستئناف ومبدأ الرّقابة الشكلية على أحكام التحكيم"، م.ق.ت.، 2007 العدد 1، ص.13.

-**عبد المنعم كيوة**، "منهج تحديد القانون المنطبق على العقد عند غياب قانون الإرادة في التحكيم التجاري الدّولي"، م.ق.ت.، ماي 1999، (عدد خاص بالتّحكيم)، ص 19.

- "اختيار الأطراف للقانون المنطبق على أصل النزاع في التحكيم التجاري الدّولي"، م.ق.ت.، أفريل 2001، عدد خاص بالتحكيم، ص 44.

- "حدود فعاليّة اختيار الأطراف للقانون المنطبق على العقد في التّحكيم التّجاري الدّولي"، م.ق.ت.، أفريل 2002، ص. 29.

- **عبد الله الهلالي**، "مجلّة التحكيم بين الواقع والآفاق"، مجلّة الأخبار القانونية العدد 25-24 ماي 2007، ص. 6.

- "واقع التحكيم في تونس وآفاقه"، أعمال ملتقى نظمه مركز تونس للمصالحة والتحكيم، مجلّة الأخبار القانونية، عدد 89/88، أفريل 2010، ص 34.

- **ظافر الدّريدي**، " الطّعن بالإبطال في مادّة التّحكيم الدّولي"، التّنوّع في القانون، مجموعة أمال مهداة إلى العميدة كلثوم مزيو درعي، مركز النّشر الجامعي، تونس 2013، ص. 171.

- **محمّد العربي هاشم**، "القانون المنطبق على العقد التجاري"، م.ق.ت.، ديسمبر، 1994، ص 23.

- "اختيار القانون المنطبق"، مداخلة في مائدة مستديرة حول المؤسسات العمومية واتفاقات التحكيم نظمها مركز الدّراسات القانونية والقضائية بالتعاون مع مركز البحوث والدراسات الإدارية، 9 و10 ديسمبر 1994.

-**لطفي الشّاذلي**، "الرّقابة القضائية على أحكام التّحكيم الدّوليّة: النّظام العام"، مجلّة التّحكيم العربيّة، 2010، ملحق عدد 8 ص. 886-924.

- " التّعليق على المادّة 16 من قواعد الأنسيترال للتّحكيم حول استبعاد المسؤوليّة"، المرأة ومحيطها، أولويّتها..." مجموعة أعمال مهداة إلى الأستاذة سكينة بوراوي، مركز النّشر الجامعي، 2018، ص. 71.

- **مبروك بن موسى** : " الاتجاهات الحديثة في فقه القضاء التونسي المتعلّق بأسباب إبطال قرارات التّحكيم التّجاري الدّولي"، دراسات قانونية في مختلف فروع القانون الخاص، مجموعة مقالات للمؤلّف، ط. 1، جانفي 2008، ص. 463.

- " فقه قضاء محكمة التّعقيب والتّحكيم التّجاري الدّولي"، خمسون عاما من فقه القضاء المدني (1959-2009)، تحت إشراف الأستاذ محمّد كمال شرف الدّين، مركز النّشر الجامعي، تونس 2010، ص.453.

-**نادر الزّغل**، " مسألة إعادة تكييف التحكيم على ضوء التطبيقات القضائية والمواقف الفقهية"، مجموعة دراسات في القانون مهداة إلى الأستاذ محمّد الزّين، مركز النّشر الجامعي، تونس، 2018، ص. 9.

- **نور الدّين قارّة**، " حوليّة فقه قضاء محكمة التّعقيب في مجال التّحكيم"، مجلّة محكمة التّعقيب، العدد 1/جوان 2020، مجمع الأطرش لنشر وتوزيع الكتاب المختصّ، تونس 2020، ص. 237 وما بعد.

رابعا: الملاحظات والتعليقات:

- **لطفي الشّاذلي**: «تعليق على القرار التعقيبي عدد 80575 الصّادر بتاريخ 16 أفريل 2014"، مجلّة التّحكيم العالميّة، العدد 33، لسنة 2017، ص. 293.

- تعليق على القرار عدد 69135 صادر عن محكمة الإستئناف بتونس بتاريخ 2009/05/19، مجلّة التحكيم العالميّة، العدد 10 لسنة 2011، ص. 255.

- **محمّد العربي هاشم**: ملحوظات على قرار محكمة الاستئناف بتونس عدد 44967 المؤرخ في 1979/12/5، المجلّة القانونية التونسية 1980، ص. 159.

- ملحوظات على قرار محكمة الاستئناف بتونس عدد 45823 المؤرخ في 22 أفريل 1981، المجلّة القانونية التونسية 1981، ص. 101.

- نادر الزّغل: «**التّحكيم ونزاعات الصّفقات العموميّة: تعليق على القرار التعقيبي عدد 80575 الصّادر بتاريخ 16 أفريل 2014"**، قراءات في اجتهادات قضائيّة (2)، مؤلّف جماعي، وحدة البحث " فقه القضاء"، مركز النّشر الجامعي، 2020، ص. 423.

- **نور الدّين قارة**: - ملاحظات على حكم المحكمة الابتدائية بتونس، استعجالي عدد 17499 المؤرخ في9 نوفمبر 1994، المجلّة القانونية التونسية 1994 ص. 301.

- **إبراهيم أحمد إبراهيم**: تعليق على حكم تحكيمي نهائي صادر عن غرفة التّجارة الدّوليّة، رقم 10274 لسنة 1999، مجلّة التّحكيم العالميّة، 2015، السنة 25، ص. 665 وما بعد

INDEX ALPHABETIQUE

(*Les chiffres renvoient aux numéros de paragraphes*)

-U-

-V-

TABLE DES MATIERES

TABLE DES MATIERES

Structures éditoriales du groupe L'Harmattan

L'Harmattan Italie
Via degli Artisti, 15
10124 Torino
harmattan.italia@gmail.com

L'Harmattan Hongrie
Kossuth l. u. 14-16.
1053 Budapest
harmattan@harmattan.hu

L'Harmattan Sénégal
10 VDN en face Mermoz
BP 45034 Dakar-Fann
senharmattan@gmail.com

L'Harmattan Cameroun
TSINGA/FECAFOOT
BP 11486 Yaoundé
inkoukam@gmail.com

L'Harmattan Burkina Faso
Achille Somé – tengnule@hotmail.fr

L'Harmattan Guinée
Almamya, rue KA 028 OKB Agency
BP 3470 Conakry
harmattanguinee@yahoo.fr

L'Harmattan RDC
185, avenue Nyangwe
Commune de Lingwala – Kinshasa
matangilamusadila@yahoo.fr

L'Harmattan Congo
67, boulevard Denis-Sassou-N'Guesso
BP 2874 Brazzaville
harmattan.congo@yahoo.fr

L'Harmattan Mali
ACI 2000 - Immeuble Mgr Jean Marie Cisse
Bureau 10
BP 145 Bamako-Mali
mali@harmattan.fr

L'Harmattan Togo
Djidjole – Lomé
Maison Amela
face EPP BATOME
ddamela@aol.com

L'Harmattan Côte d'Ivoire
Résidence Karl – Cité des Arts
Abidjan-Cocody
03 BP 1588 Abidjan
espace_harmattan.ci@hotmail.fr

Nos librairies en France

Librairie internationale
16, rue des Écoles
75005 Paris
librairie.internationale@harmattan.fr
01 40 46 79 11
www.librairieharmattan.com

Librairie des savoirs
21, rue des Écoles
75005 Paris
librairie.sh@harmattan.fr
01 46 34 13 71
www.librairieharmattansh.com

Librairie Le Lucernaire
53, rue Notre-Dame-des-Champs
75006 Paris
librairie@lucernaire.fr
01 42 22 67 13

www.ingramcontent.com/pod-product-compliance
Lightning Source LLC
LaVergne TN
LVHW021148061026
849535LV00002B/395
9782140287589